Zapf-Siegert

Das Biersteuergesetz

vom 14. März 1952

(in der Fassung des Änderungsgesetzes vom 10. Oktober 1957)
mit Durchführungsbestimmungen, Nebengesetzen
und Erläuterungen

4. Auflage

neu bearbeitet von

Dr. W. Arndt
Finanzpräsident

H. Klingemann
Regierungsrat

1959

J. SCHWEITZER VERLAG · BERLIN

Satz, Druck und Bindearbeiten: Dr. F. P. Datterer & Cie. - Inh. Sellier - Freising

Inhaltsverzeichnis

Inhaltsverzeichnis

Anhang

Abkürzungen

AB	=	Ausführungsbestimmungen
AO	=	Reichsabgabenordnung
AZO	=	Allgemeine Zollordnung
BAnz.	=	Bundesanzeiger
BdF	=	Bundesminister der Finanzen
BeckerAO	=	E. Becker, Reichsabgabenordnung, 7. Aufl., 1930
BFH	=	Bundesfinanzhof
BG	=	Bundesgerichtshof
BGB	=	Bürgerliches Gesetzbuch
BierAO	=	Bierausfuhrordnung
BGBl.	=	Bundesgesetzblatt
BStBl	=	Bundessteuerblatt
BZBl.	=	Bundeszollblatt
DB	=	Durchführungsbestimmungen
DDZ	=	Zeitschrift „Der Deutsche Zollbeamte"
BraurO	=	Braurechtsordnung
FBierO	=	Farbebierordnung
GG	=	Grundgesetz
GVBl.	=	Gesetzes- und Verordnungsblatt
HGB	=	Handelsgesetzbuch
Kartei	=	Mrozek, Steuer-Rechtsprechung in Karteiform
JW	=	Juristische Wochenschrift
RAnz.	=	Reichsanzeiger
RegBl.	=	Regierungsblatt
RFH	=	Sammlung der Entscheidungen und Gutachten des Reichsfinanzhofs
RGBl.	=	Reichsgesetzblatt
RGStrafs.	=	Entscheidungen des Reichsgerichts in Strafsachen
RGZivils.	=	Entscheidungen des Reichsgerichts in Zivilsachen
RMinBl.	=	Reichsministerialblatt
RZBl.	=	Reichszollblatt
StAnpG	=	Steueranpassungsgesetz
StGB	=	Strafgesetzbuch
StPO	=	Strafprozeßordnung
ZfZ	=	Zeitschrift für Zölle und Verbrauchsteuern
ZBlDR	=	Zentralblatt für das Deutsche Reich
ZG	=	Zollgesetz
ZPr.	=	Zeitschrift „Zollpraxis"

Geschichtliche Entwicklung der deutschen Bierbesteuerung

A. Die Entwicklung bis 1919

Durch Gesetz vom 27. März 1919 (RGBl. S. 345) trat Württemberg, durch Gesetz vom 24. Juni 1919 (RGBl. S. 599) traten Bayern und Baden der — die übrigen Länder des Deutschen Reiches umfassenden — Biersteuergemeinschaft bei. Erst seit dem 1. Juli 1919, dem Tage des Inkrafttretens des letzteren Gesetzes, gab es eine einheitliche Bierbesteuerung im ganzen Reich.

Bis zum Anschluß der drei süddeutschen Länder an die Biersteuergemeinschaft bestanden im Deutschen Reich folgende Biersteuergebiete:

1. Der Geltungsbereich des reichsrechtlichen Biersteuergesetzes (Biersteuergemeinschaft),
2. der Geltungsbereich der bayerischen Biersteuergesetzgebung,
3. Württemberg,
4. Baden.

Ein fünftes Biersteuergebiet bildete während seiner Zugehörigkeit zum Reich Elsaß-Lothringen.

Die geschichtliche Entwicklung der Bierbesteuerung in diesen Gebieten war folgende:

1. Biersteuergemeinschaft

Die Besteuerung des Bieres in den Gebieten der Biersteuergemeinschaft, früher Brausteuergemeinschaft, ist aus der *preußischen Gesetzgebung* hervorgegangen. Diese gründet sich auf das Gesetz wegen Besteuerung des inländischen Branntweins, Braumalzes, Weinmostes und der Tabaksblätter vom 8. Februar 1819 (GS S. 97). Nach § 18 dieses Gesetzes hatte, wer Bier aus Getreide verfertigte, von jedem Zentner Malzschrot eine Abgabe von 16 Groschen zu entrichten. Die gleiche Abgabe war vorgesehen für Malzschrot, das zur Essigbereitung verwendet wurde. Die Versteuerung des Malzes mußte vor der Einmaischung erfolgen. Wer sich verpflichtete, in Brauanlagen nur zum Bedarf seines Hausstandes zu brauen, konnte die Erlaubnis dazu gegen Vorausbezahlung einer Abfindungssumme auf einen bestimmten Zeitraum erhalten. Die Bereitung des Haustrunks in gewöhnlichen Kochkesseln war steuerfrei, wenn das Bier ausschließlich für den eigenen Bedarf in Familien von nicht mehr als zehn Personen über 14 Jahren bestimmt war. Eine Ordnung zu diesem Gesetz vom 8. Februar 1819 (GS S. 102) enthielt Ausführungs- und Strafbestimmungen.

Der Steuersatz von 16 Groschen für einen Zentner wurde infolge des Gesetzes über die Münzverfassung in den Preußischen Staaten vom 30. September 1821 (GS S. 159) in 20 Silbergroschen = 2 ℳ umgerechnet und erhielt sich in dieser Höhe bis zum Jahre 1906.

Durch die Zollvereinigungsverträge wurde die preußische Brausteuergesetzgebung in den meisten norddeutschen Staaten eingeführt. So in Anhalt-Köthen und Dessau im Jahre 1828, in Anhalt-Bernburg und Waldeck 1831, in Sachsen und den zum Thüringischen Steuerverein gehörigen Staaten 1833, in Braunschweig, Lippe und Pyrmont 1841 und in Hohenzollern 1856. 1867 trat Oldenburg bei, und für die 1866 mit Preußen vereinigten Landesteile wurde die preußische Brausteuergesetzgebung durch Verordnung vom 11. Mai 1867 in Kraft gesetzt. Durch das Bundesgesetz vom 4. Juli 1868 wurde die Brausteuer für beide Mecklenburg, für Lauenburg, für Lübeck sowie für die nach dem 1. Januar 1868 in die Zollinie des Zollvereins gezogenen und noch zu ziehenden preußischen und hamburgischen Gebietsteile eingeführt. Dagegen sollte es in der zum Norddeutschen Bund gehörigen hessischen Provinz Oberhessen bis zum Erlaß eines allgemeinen Bundesgesetzes über die Besteuerung des Bieres bei der dortigen Raumsteuer und den etwas höheren Braumalzsteuersätzen verbleiben. Ein Versuch, diese einheitliche Besteuerung herbeizuführen, der im Jahre 1869 gemacht wurde, scheiterte. Nach Art. 35 Abs. 1 der Reichsverfassung vom 16. April 1871 hatte das Reich ausschließlich die Gesetzgebung über die Besteuerung des im Bundesgebiet bereiteten Bieres. Gemäß Abs. 2 a.a.O. blieb aber in Bayern, Württemberg und Baden die Besteuerung des inländischen Bieres der Landesgesetzgebung vorbehalten. Die Bundesstaaten sollten jedoch ihr Bestreben darauf richten, eine Übereinstimmung der Gesetzgebung über die Besteuerung des Bieres herbeizuführen. Nach Art. 78 Abs. 2 a.a.O. konnte Art. 35 Abs. 2 nur mit Zustimmung der beteiligten Bundesstaaten abgeändert werden. Auch in Elsaß-Lothringen blieb, und zwar durch § 4 des Gesetzes, betreffend die Einführung der Verfassung des Deutschen Reiches in Elsaß-Lothringen, vom 25. Juni 1873 (RGBl. S. 161), die Bierbesteuerung der landesgesetzlichen Regelung vorbehalten. Die Sonderrechtsstaaten hatten an Stelle der in die Reichskasse fließenden Biersteuer Ausgleichungsbeträge zu entrichten, andererseits unterlag das aus den einzelnen Biersteuergebieten in die anderen eingeführte Bier dort der Übergangsabgabe[1]). Durch das Reichsgesetz wegen Erhebung der Brau-

[1]) Die geschichtliche Entwicklung der Übergangsabgabe war folgende: Bis zum Abschluß der Zollvereinigungsverträge wurde das Bier beim Übergang von einem Staat in den anderen verzollt. Im Zollvereinigungsvertrage vom 22. März 1833, in dem Preußen, Bayern, Württemberg und Hessen sich zu einem gemeinsamen Zoll- und Handelssystem verbanden, wurde in Art. 11 in Bezug auf die Erzeugnisse, bei denen hinsichtlich der Besteuerung im Inneren noch eine Verschiedenheit der Gesetzgebung unter den Vertragsstaaten bestand, verabredet, daß zur Vermeidung der Nachteile, die für die Produzenten des eigenen Staates im Verhältnis zu den Produzenten in anderen Vereinsstaaten aus der ungleichen Besteuerung erwachsen würden, *Ergänzungs- oder Ausgleichungsabgaben* von Bier, Branntwein usw. erhoben werden, während gleichzeitig Rückvergütungen für ausgeführte Erzeugnisse nicht gewährt werden sollten. Diese Ausgleichungsabgaben wurden nach dem Unterschiede der Steuern im Bestimmungs- und im

Herkunftsstaat bemessen, fielen daher gegenüber Staaten mit gleicher oder höherer Besteuerung des gleichen Erzeugnisses fort. Diese Art des Steuerausgleichs wurde im Zollvereinigungsvertrag vom 8. Mai 1841 verlassen, weil sie die Staaten, die fremdes Bier einführten, insofern benachteiligte, als sie von dem Einfuhrbier die innere Abgabe nicht oder nur zum Teil erhielten, und weil andererseits den Herstellern mangels einer Rückvergütung der Steuer der Wettbewerb dann erschwert wurde, wenn die Steuer im Ausfuhrgebiet höher war als im Einfuhrgebiet. Es wurde deshalb neben der Brausteuerrückvergütung die Übergangsabgabe in der Form eingeführt (Art. 3 II und Nr. 9 und 10 des Separatartikels 4 des Vertrages vom 8. Mai 1841), wie sie durch die folgenden Verträge vom 4. April 1853, vom 16. Mai 1855 und zuletzt vom 8. Juli 1867 (Art. 5 II §§ 1 bis 3,5) übernommen wurde und bis zum Jahre 1919 bestanden hat. Dementsprechend bestimmte Art. 33 Abs. 2 der Reichsverfassung vom 16. April 1871, daß alle im freien Verkehr eines Bundesstaates befindlichen Gegenstände in jedem anderen Bundesstaate eingeführt und in letzterem einer Abgabe nur insoweit unterworfen werden durften, als daselbst gleichartige inländische Erzeugnisse einer inneren Steuer unterlagen.

Die Übergangssteuersätze wurden zu jedem Vertrage in besonderen Übersichten festgestellt. Die Übergangsabgabe vom Bier wurde auf Grund des Vertrages vom 8. Mai 1841 in der zugehörigen Übersicht (Nr. 9 des Separatartikels 4 zu II 3c des Vertrages und Beilage hierzu) für Preußen zu 7 Silbergroschen 6 ₰ für den Zollzentner festgesetzt und in dieser Höhe in Preußen und den mit ihm zu einem Brausteuergebiet vereinigten Staaten auch unter den folgenden Verträgen und nach der Gründung des Reichs bis zum Jahre 1874 erhoben. Durch Bundesratsbeschluß vom 25. März 1874 wurde auf Wunsch Bayerns und Hessens zur Erhebung der Übergangsabgabe nach dem Hohlmaß übergegangen und der Satz von 7½ Silbergroschen für 1 Zollzentner auf 2 ℳ für 1 hl umgerechnet; dabei wurde nach dem Ergebnis der von einzelnen Bundesregierungen veranlaßten Gewichtsermittlungen das Bruttogewicht von 1 hl Bier zu 260—265 Pfund angenommen.

Die Übergangsabgabe hat in der Folge fast beständig Anlaß zu Meinungsverschiedenheiten unter den Bundesstaaten gegeben, um deren Ausgleich der Bundesrat in wiederholten Beschlüssen bemüht war. Durch den Bundesratsbeschluß vom 23. Juni 1906 wurde aus Anlaß der Brausteuererhöhung durch das Gesetz vom 3. Juni 1906 die Übergangsabgabe für das in die norddeutsche Brausteuergemeinschaft eingeführte Bier vorläufig vom 1 Juli 1906 ab auf 2,75 ℳ für 1 hl Bier festgesetzt. Durch Bundesratsbeschluß vom 1. Juni 1907 wurden Grundsätze beschlossen, nach denen die Übergangsabgabe und die Brausteuervergütung in den einzelnen Brausteuergebieten spätentens vom 1. April 1908 ab zu regeln waren. So sollte die Übergangsabgabe für alle Biersorten nach dem gleichen Satze erhoben, der Berechnung der Höchsteuersatz der Steuerstaffel und eine Malzverwendung von 25 kg für 1 hl Bier zugrunde gelegt, bei der Brausteuervergütung nicht mehr als der wirklich gezahlte Steuerbetrag erstattet werden und die Vergütung nicht die Natur und Wirkung einer Ausfuhrprämie erhalten. Die Vergütung sollte nach oben insoweit begrenzt werden, als sie nur bis zu dem Betrage gewährt werden dürfte, der der bei der Berechnung der Übergangsabgabe zugrunde gelegten Malzmenge entsprach. Dementsprechend wurde auf Grund des Höchststeuersatzes von 10 ℳ für 1 dz Malz des Brausteuergesetzes vom 3 Juni 1906 durch Bundesratsbeschluß vom 26. März 1908 (ZtrBl. S. 126) die Übergangsabgabe von dem in die norddeutsche Brausteuergemeinschaft eingeführten Bier auf 2,50 ℳ für 1 hl festgesetzt. Dieser Satz wurde durch den Bundesratsbeschluß vom 24.Juni 1909 (ZtrBl. S. 617) verdoppelt, entsprechend der Erhöhung des Höchststeuersatzes der Brausteuer auf 20 ℳ für 1 dz durch das Brausteuergesetz vom 15. Juni 1909.

Durch den Bundesratsbeschluß vom 22. Juni 1911 (ZtrBl. S. 397) wurden die Grundsätze des Beschlusses vom 1. Juni 1907 durch neue Grundsätze ersetzt. Die Brausteuervergütung sollte vom 1. Oktober 1911 ab in vollem Betrage nach Maßgabe der für das ausgeführte Bier verwendeten Malzmenge gewährt werden. Die Übergangsabgabe sollte unter Anwendung des Höchstsatzes der im Einfuhrgebiet geltenden regelmäßigen Steuerstaffel nach der Malzmenge erhoben werden, die im Herstellungslande der Rückvergütung der Steuer bei der Ausfuhr des Bieres zugrunde gelegt wurde. Die hiernach für jede Biersendung zutreffende Malzmenge war von der Steuerbehörde des Ausfuhrlandes im Abfertigungspapier in Kilogramm anzugeben. Bei der Berechnung der Übergangsabgabe war in den ersten zwei Jahren nach dem 1. Oktober 1911 mindestens eine Malzmenge von 22 kg, für die spätere Zeit von 21,5 kg für 1 hl Bier zugrunde zu legen. Fehlte die steueramtliche Angabe der Malzverwendung, so waren 30 kg für 1 hl Bier anzunehmen.

Hiernach ergab sich für die Zeit vom 1. Oktober 1911 bis zum 30. September 1913 ein Mindestbetrag der Übergangsabgabe in der Brausteuergemeinschaft von 4,40 ℳ für 1 hl, für die spätere Zeit von 4,30 ℳ.

Wegen des Rückganges der Malzverwendung bei der Bierbereitung während des Krieges 1914/1918 wurde die Mindestmalzmenge durch Bundesratsbeschluß vom 12. Juli 1917 (ZtrBl. S. 233) für die Zeit vom 1. August bis 30. September 1918 auf 9,5 kg festgesetzt. Dem entsprach in der Brausteuergemeinschaft ein Mindestsatz von 1,90 ℳ für 1 hl Bier.

Aus Anlaß der Erhöhung der Neugestaltung der Bierbesteuerung durch das Biersteuergesetz vom 26. Juli 1918 wurde die Übergangsabgabe für Bier im Gebiet der norddeutschen Biersteuergemeinschaft durch den Beschluß des Bundesrats vom 15. August 1918 (ZtrBl. S. 502) mit Wirkung vom 1. Oktober

steuer vom 31. Mai 1872 (RGBl. S. 153) wurde nunmehr für das innerhalb der Zollinie liegende Gebiet des Reiches, jedoch mit Ausschluß von Bayern, Württemberg, Baden, Elsaß-Lothringen sowie des Großherzoglichen sächsischen Vordergerichts Ostheim und des sachsen-koburg-gothaischen Amtes Königsberg, die an das bayerische Biersteuersystem angeschlossen waren, eine einheitliche Brausteuergesetzgebung geschaffen. Infolge Zollanschlusses vom 1. Oktober 1888 traten Hamburg und Bremen der Brausteuergemeinschaft bei.

Zu erwähnen ist noch das Verhältnis des Großherzogtums *Luxemburg* zum Brausteuergebiet. Auf Grund des Vertrags vom 8. Februar 1842 über den Anschluß des Großherzogtums an das Zollsystem Preußens und der übrigen Staaten des Zollvereins bestand zwischen den vertragsschließenden Teilen Freiheit des Verkehrs. Durch Vertrag vom 2. März 1907 (RGBl. S. 149) trat Luxemburg in die Brausteuergemeinschaft ein und führte eine mit dem Brausteuergesetz vom 3. Juni 1906 im wesentlichen übereinstimmende Gesetzgebung durch. Am 1. August 1909 trat Luxemburg aus der Brausteuergemeinschaft wieder aus, weil es die durch das Brausteuergesetz vom 15. Juli 1909 erfolgte Abgabenerhöhung nicht mitmachen wollte, so daß Luxemburg nunmehr ein selbständiges Brausteuergebiet innerhalb des deutschen Zollgebietes in ähnlicher Weise wie die süddeutschen Sonderrechtsstaaten bildete (s. RGBl. 1909 S. 933). Dieser Zustand endete durch das Ausscheiden Luxemburgs aus dem Zollverein infolge der Bestimmungen in Art. 40 des Vertrags von Versailles mit dem 1. Januar 1919.

Bis zum Jahre 1872 blieb die Brausteuergesetzgebung, wie sie nach dem preußischen Gesetz vom 8. Februar 1819 bestand, im allgemeinen unverändert. Durch die Kabinettsorders vom 2. Juni 1827 (GS S. 75) und vom 17. August 1831 (GS S. 173) wurde eine Ermächtigung zu *Brausteuerabfindungen* gegeben, durch die letztgenannte Entschließung die Erhebung der Steuer als *Mahlsteuer* bedingt zugelassen.

Das Reichsgesetz vom 31. Mai 1872 wegen Erhebung der Brausteuer (RGBl. S. 153), das am 1. Januar 1873 in Kraft trat, füllte die bis dahin bestehende Lücke in der Reichsgesetzgebung aus und brachte gleichzeitig eine sachliche Änderung in der Brausteuergesetzgebung durch Mitbesteuerung

1918 neu geregelt. Sie betrug für Bier, das nach der Bescheinigung des Ausfuhrlandes einen Stammwürzegehalt von nicht mehr als 4,5 v.H. hatte, 6,25 ℳ, für Bier mit einem Stammwürzegehalt von nicht mehr als 13 v. H. 12,50 ℳ, für anderes Bier 18,75 ℳ vom Hektoliter. Es wurde also der Grundsatz der Anwendung des Höchstsatzes der im Einfuhrgebiet geltenden regelmäßigen Steuerstaffel für die Bemessung der Übergangsabgabe beibehalten.

Das *Verfahren* bei der Erhebung und Überwachung der Übergangsabgaben ist durch die Übereinkunft vom 8. Mai 1841 im Anschluß an den Zollvereinigungsvertrag vom gleichen Tage erstmals geregelt worden. Die damals vereinbarten Grundsätze wurden auch später im wesentlichen beibehalten (vgl. für Preußen, Bekanntmachung des Finanzministeriums vom 13. Dezember 1841, Rundverfügung vom 13. Dezember 1841, II 20061 und Anleitung zur Ausfertigung und Erledigung von Übergangsscheinen vom 21. Dezember 1841).

Verzolltes ausländisches Bier unterlag der Übergangsabgabe nicht.

Auf die Bestrafung von Hinterziehungen der Übergangsabgabe sowie von sonstigen Zuwiderhandlungen gegen die Bestimmungen über den Verkehr mit übergangssteuerpflichtigem Bier fanden die Vorschriften über die Bestrafung der Zollhinterziehungen (§§ 135 ff. des Vereinszollgesetzes) und der Zollordnungswidrigkeiten (§ 152 daselbst) Anwendung (§ 61 des Biersteuergesetzes vom 26. Juli 1918).

Mit dem 1. Juli 1919, dem Tage des Inkrafttretens des Gesetzes über den Eintritt Bayerns und Badens in die Biersteuergemeinschaft, fielen die Übergangsabgaben und damit die letzten innerhalb des Zollinlandes bestehenden Zollschranken.

der Malzersatzstoffe (s. Begründung, Verhandlungen des Reichstags 1872, Anlageband 3 S. 91). Seit dem Inkrafttreten des preußischen Gesetzes vom 8. Februar 1819, welches sich noch auf die Besteuerung des Malzschrotes beschränkt hatte, war man mit dem Fortschreiten der Technik in steigendem Maße zur Verwendung anderer stärkemehl- und zuckerhaltiger Stoffe (Stärkemehl, besonders aus Kartoffeln, Zucker, Sirup, namentlich Kartoffelstärkesirup, Reis) übergegangen. Darunter hatte das Steueraufkommen gelitten. Zu einem Verbot der Verwendung von Ersatzstoffen, wie es in Bayern bestand, konnte man sich aus volkswirtschaftlichen Gründen nicht entschließen.

Die Steuersätze für die Ersatzstoffe wurden nach deren Extraktgehalt im Verhältnis zum Extraktgehalt des Gerstenmalzschrotes und nach dem Steuersatz des letzteren bemessen. Der Steuersatz für *Gerstenmalzschrot* und Getreide einschließlich *Mais* blieb mit 20 Silbergroschen für einen Zentner unverändert wie im Gesetz vom 8. Februar 1819 bestehen. Der gleiche Satz wurde für *Reis* trotz seines höheren Extraktgehalts (Gerstenmalz 60 v. H., Reis 80 v. H.) vorgeschrieben, weil Reis bereits einem Eingangszoll von 15 Sgr. unterlag. Der Steuersatz für *grüne Stärke* mit einem Wassergehalt von mindestens 30 v. H. betrug 20 Sgr., für *Stärke, Stärkemehl* (mit Einschluß des Kartoffelmehls) und *Stärkegummi* (Dextrin) 1 Taler. Dem letzteren Satz lag die Gleichstellung des Brauwertes von 100 Pfund lufttrockenen Kartoffelmehls mit dem von 150 Pfund Gerstenmalz zugrunde. Die Abgabe für *Zucker aller Art* sowie Zuckerauflösungen wurde auf 1 Taler 10 Sgr. festgesetzt (s. Reichstagsdrucks. 1872 Anlageband 3 S. 312), für *Sirup aller Art* auf 1 Taler, für *alle übrigen Malzersatzstoffe* auf 1 Taler 10 Sgr., jedoch war der Bundesrat ermächtigt, für die letzteren vorbehaltlich der nachträglichen Genehmigung des Reichstags den Steuersatz dem Brauwert dieser Stoffe entsprechend zu ermäßigen.

Von den Braustoffen war die Brausteuer auch dann zu entrichten, wenn sie zur Essigbereitung verwendet wurden.

Im übrigen waren die Grundzüge des Gesetzes folgende:

Die Braustoffe wurden nach dem Reingewicht versteuert. Die Bereitung von Bier als *Haustrunk* ohne besondere Brauanlagen war wie nach preußischem Recht *steuerfrei*, wenn das Bier nur zum eigenen Bedarf in einem Haushalt von nicht mehr als 10 Personen über 14 Jahren bereitet wurde. Die Regel bildete die *Versteuerung der Braustoffe nach der Brauanzeige*. Vor den Einmaischungen, die verbindlich in der Brauanzeige unter Angabe der zu verwendenden Stoffe anzumelden waren und nur an Wochentagen während bestimmter Tagesstunden vorgenommen werden durften, mußten die Braustoffe in Gegenwart eines Steuerbeamten verwogen werden. Nach dem Ergebnis der Verwiegung wurde die Steuer berechnet. Nachmaischungen waren grundsätzlich verboten. Daneben war die Besteuerung nach Übereinkommen mit der Steuerbehörde durch Entrichtung einer Abfindungssumme auf einen bestimmten Zeitraum (*Fixation*) zugelassen. Nach den vom Bundesrat aufgestellten Grundsätzen wurde regelmäßig für den Abfindungszeitraum der Steuerbetrag in bestimmter Summe unabänderlich festgestellt. Ausnahmsweise konnte auch der zum mindesten zu entrichtende Steuerbetrag mit Vorbehalt der Nachversteuerung festgesetzt werden. Endlich konnte, wie dies bisher nach den Landesgesetzen im Anschluß an eine örtlich bestehende Mahlsteuer angängig war, den Brauern unter gewissen Bedingungen und Voraussetzungen auf Antrag gestattet werden, die Brausteuer von den Braustoffen, die vor der Einmaischung einer Vermahlung unterliegen, nach dem Gewichte der zur Verarbeitung auf der Mühle bestimmten noch unvermahlenen Stoffe zu entrichten (*Vermahlungssteuer*). In diesen Fällen mußte vor der Vermahlung bei der Hebestelle ein Mahlerlaubnisschein erwirkt werden, der den steuerpflichtigen Braustoffen beim Verbringen nach und von der Mühle beizugeben war. Die Stoffe durften in der Regel nur auf den hierfür ein für allemal genehmigten Mühlenwerken (Privat- oder Genossenschaftsmühlen) verarbeitet werden. Die Mühlen standen unter amtlichem Verschluß, den die Steuerbeamten bei jedesmaliger Verwendung zu lösen und nach Aufschüttung des amtlich zu verwiegenden Malzes wieder anzulegen hatten. Der die Vermahlungssteuer entrichtende Brauer war von verschiedenen Betriebsbeschränkungen befreit, denen der nach der Brauanzeige versteuernde Brauer unterworfen war.

Nach Einführung der Goldwährung (Münzgesetz vom 9. Juni 1873, RGBl. S. 233) betrugen die Steuersätze 2, 3 und 4 ℳ für einen Zentner der steuerpflichtigen Brau- oder Ersatzstoffe. Das Brausteuergesetz vom 31. Mai 1872 blieb bis zum Jahre 1906 unverändert. Inzwischen wurde jedoch mehrmals versucht, die Steuer zu erhöhen oder die Art der Erhebung zu ändern.

1. 1875 wurde dem Reichstag ein Gesetzentwurf vorgelegt, der eine Verdoppelung der Brausteuer vorsah und davon eine Mehreinnahme von 14 400 000 ℳ erwartete (Bundesratsdrucks. Nr. 76 von 1875, Reichstagsdrucks. Nr. 42 III 1875). Da die Reichstagsmehrheit ein Bedürfnis zur Aufbringung neuer Mittel verneinte, wurde der Entwurf abgelehnt (Komm.-Ber. Nr. 125 der Reichstagsdrucksachen von 1875, Bd. 1 der Sitzungsberichte S. 729).

2. 1879 wurden dem Reichstag gleichzeitig zwei Gesetzentwürfe über die Bierbesteuerung vorgelegt (Bundesratsdrucks. Nr. 61 von 1878/79, Reichstagsdrucks. Nr. 135 von 1879). Hiervon wollte der Entwurf eines Gesetzes wegen Erhebung der Brausteuer neben einer Verdoppelung der Abgabenbelastung und einem Mehrertrage von rund 18 000 000 ℳ die bayerische Besteuerungsart einschließlich Reinheitsgebot im Brausteuergebiet einführen, während der Entwurf eines Gesetzes, betreffend Erhöhung der Brausteuer, bis zu der eine längere Vorbereitung erfordernden Einführung der neuen Besteuerungsform eine Mehrung der Reichseinnahmen durch Verdoppelung der Brausteuer auf der Grundlage der bestehenden Besteuerungsart herbeiführen sollte. Mit der vorgeschlagenen Änderung der Besteuerungsart und der Abgabenerhöhung wollte man der in Art. 35 der Reichsverfassung angestrebten Vereinheitlichung der Biersteuergesetzgebung im Reich und auch den unter der bisherigen Brausteuergesetzgebung erwachsenen Verhältnissen Rechnung tragen. Bereits bei der Bearbeitung des Entwurfs zum Brausteuergesetz vom 31. Mai 1872 hatte man in Erwägung gezogen, im Anschluß an die bayerische und württembergische Besteuerungsart zum Mahlsteuersystem überzugehen, sich aber schließlich mit der wahlweisen Zulassung der Vermahlungssteuer für größere Brauereien begnügt. Der verhältnismäßig umfangreiche Gebrauch, der hiervon gemacht

wurde, bewirkte, daß neben der Vermahlungssteuer und der durch die Gesetzgebung begünstigten Abfindung (Fixation) die gesetzlich bestehende Hauptform der Biersteuer (Brauanmeldung) nur noch in beschränktem Umfang in Übung war. Die drei nebeneinander bestehenden Steuerformen legten den Brauern ein verschiedenes Maß von Verpflichtungen auf und boten der Steuerverwaltung nicht die gleiche Sicherheit. Letzteres war namentlich bei der Abfindung der Fall. Die in Aussicht genommene Verdoppelung der Steuer ließ eine Abhilfe nach beiden Richtungen hin als erwünscht erscheinen. Diese glaubte man durch den Übergang zur Vermahlungssteuer erreichen zu können, die eine erhöhte Sicherheit des Steueraufkommens und eine gleichmäßige Bewegungsfreiheit für die Brauer gewährt hätte. In ersterer Hinsicht versprach man sich von der Anbringung selbsttätiger Wägevorrichtungen an den eigenen Malzmühlen der Brauer, wie sie in Bayern in Gebrauch waren, besonderen Erfolg. Den hauptsächlichen Gegengründen gegen die Vermahlungssteuer, die in der Belästigung des Müllereigewerbes und der Betriebe mit steuerfreiem Malzverbrauch sowie der Besitzer von Mühlwerken für wirtschaftliche Zwecke gefunden wurden, maß man eine durchschlagende Bedeutung nicht bei. Die Versteuerung des Malzes nach dem Hohlmaß statt wie bisher nach dem Gewicht war vorgeschlagen worden, nachdem die preußische technische Deputation für Gewerbe die Anschauung vertreten hatte, daß erstere mehr zur Verwendung besseren Malzes veranlasse, und da aus den in Bayern und England gemachten Erfahrungen zu schließen war, daß die Bierherstellung unter der Maßbesteuerung eine nach Menge und Beschaffenheit hohe Stufe zu erreichen und zu behaupten vermöchte. Für die beim Inkrafttreten des Gesetzes zur Anschaffung einer selbsttätigen Maßvorrichtung verpflichteten Brauer sollten die Kosten von der Brausteuergemeinschaft getragen werden.

Der Gesetzentwurf wollte ferner die Verwendung von Malzersatzstoffen bei der Bierbereitung verbieten, da ein wirkliches Bedürfnis zu deren Verwendung nicht anzuerkennen war.

Die bisherige steuerfreie Haustrunkbereitung sollte nach dem Entwurf beseitigt werden. Sie war damals nur in beiden Mecklenburg und in Schleswig-Holstein verbreitet. Da die Vergünstigung für den größten Teil der in Betracht kommenden Kreise, meist Gutspächter, Bauern usw. einen mehr eingebildeten als wirklichen Wert hatte, auch eine Benachteiligung des Braugewerbes enthielt, die durch die Verdoppelung der Steuer verschärft wurde, sollte sie beseitigt werden.

Die Kommission des Reichstags nahm den Gesetzentwurf wegen Erhebung der Brausteuer in seinen Hauptgrundzügen — Übergang zur Vermahlungssteuer und unbedingtes Reinheitsgebot — an, erhöhte jedoch die Steuer nur um die Hälfte, auf 3 ℳ für ein Hektoliter Malz (Reichstagsdrucks. Nr. 397 von 1879). Der Gesetzentwurf, betreffend Erhöhung der Brausteuer, wurde abgelehnt. Eine Beschlußfassung über den Antrag der Kommission erfolgte indessen in der Reichstagssession 1878/9 nicht mehr, so daß die Entwürfe unerledigt blieben.

3. Ein gleiches Schicksal erfuhr der dem Reichstag 1880 (Bundesratsdrucks. Nr. 18 von 1879/80, Reichstagsdrucks. Nr. 21 von 1880) vorgelegte

Entwurf eines Gesetzes wegen Erhebung der Brausteuer, der eine Wiedergabe des gleichnamigen Entwurfs von 1879 gebildet hatte unter Berücksichtigung der von der Reichstagskommission beschlossenen Änderungen und unter Hinzufügung von Übergangsbestimmungen, durch die der zweite Entwurf von 1879 entbehrlich werden sollte.

4. Auch die Wiedereinbringung des Entwurfs im Jahre 1881 (Bundesratsdrucks. Nr. 172 für 1880/81, Reichstagsdrucks. Nr. 58 von 1881) hatte keinen Erfolg; er wurde vom Reichstag abgelehnt (Sitzungsberichte, Bd. 2 S. 1057, 1073). Bei der Beratung des Entwurfs im Reichstag wurde ein Antrag (Nr. 100 der Drucks. von 1881) eingebracht, der im allgemeinen auf die Belassung des Brausteuergesetzes vom 31. Mai 1872 abzielte, jedoch das unbedingte Reinheitsgebot einführen wollte. Die Kommission stimmte dem Antrag, jedoch unter Verdoppelung des Brausteuersatzes, zu (Nr. 198 der Reichstagsdrucks. 1881), er wurde aber im Reichstag nicht mehr erledigt.

5. Ein 1892 eingebrachter Entwurf eines Gesetzes, betreffend Abänderung des Gesetzes wegen Erhebung der Brausteuer vom 31. Mai 1872 (Bundesratsdrucks. Nr. 128 von 1892, Reichstagsdrucks. Nr. 51 von 1892/3) sah von dem Übergang zu einer anderen Besteuerungsart ab, und zwar nach der Begründung deshalb, weil der mit früheren Versuchen erstrebte Anschluß der Sonderrechtsstaaten an die Brausteuergemeinschaft aussichtslos erschien, solange der Ertrag der Brausteuer in der Brausteuergemeinschaft hinter dem der süddeutschen Staaten erheblich zurückblieb.

Auch in diesem Entwurf wurde eine Verdoppelung der Brausteuersätze vorgeschlagen, jedoch sollte für Getreide und Reis eine Abstufung des regelmäßigen Satzes von 8 ℳ für einen Doppelzentner dadurch eintreten, daß von den ersten im Laufe des Rechnungsjahres in einer Brauerei verwendeten 150 Doppelzentnern die Abgabe nur mit je 6,50 ℳ, von den weiteren 350 Doppelzentnern nur je mit 7 ℳ zu erheben war. Für die über 5000 Doppelzentner verwendete Menge von Getreide und Reis sollte der Steuersatz von 8 ℳ erhöht werden, und zwar für die nächstfolgenden 10000 Doppelzentner um 0,50 ℳ und für die 15000 Doppelzentner übersteigende Menge um 1 ℳ für einen Doppelzentner. Dieser erstmalige Versuch einer *Staffelung* der Brausteuer wurde damit begründet, daß die kleineren Brauereien infolge der Mangelhaftigkeit ihrer Einrichtungen meist nicht imstande seien, die Braustoffe vollständig auszunutzen, so daß sie verhältnismäßig mehr Malz verbrauchten als die größeren. Sie erzielten deshalb nicht nur geringere Reinerträge, sondern hätten auch mehr Steuern zu entrichten als jene. Um Unbilligkeiten auszuschließen und namentlich um die Nachforderung von Steuerbeträgen für den Fall einer Betriebsvergrößerung zu vermeiden, sollten an den den kleineren Betrieben zugedachten Steuerermäßigungen innerhalb der für diese vorgeschlagenen Grenzen alle Brauereien teilnehmen, während die Erhebung des erhöhten Satzes bei einem Verbrauch von mehr als 5000 Doppelzentnern beginnen sollte (Grundsatz der Durchstaffelung). Für die Gleichstellung des Reises mit dem Getreide war die Rücksicht auf dessen gestiegene Verwendung zur Bierbereitung maßgebend. Auf die übrigen Malzersatzstoffe sollte die Steuerermäßigung nicht ausgedehnt werden, um deren Verwendung nicht zu begünstigen.

Der Bierzoll sollte von 4 ℳ auf 6 ℳ für einen Doppelzentner erhöht werden. Weiter war wegen der erwarteten höheren Einnahmen eine Ermäßigung der den beteiligten Bundesregierungen für die Erhebung und Verwaltung der Brausteuer zu gewährenden Vergütung von 15 v. H. der Gesamteinnahme auf 10 v. H. vorgeschlagen.

Eine Vorschrift über das Reinheitsgebot war in den Entwurf nicht aufgenommen worden, weil vermieden werden sollte, in die bestehenden Verhältnisse tiefer einzugreifen, als es der unmittelbar vorliegende Entwurfszweck — Steigerung der Einnahmen — erforderte (StenBer. des Reichstags 1892/3, Bd. 1 S. 416).

Der Ertrag des Entwurfs war auf rund 63000000 ℳ veranschlagt, der Mehrertrag gegenüber der bisherigen Einnahme auf rund 32000000 ℳ.

Auch dieser Entwurf blieb im Reichstag unerledigt.

6. Erst im Jahre 1905 wurde wieder eine Erhöhung der Brausteuer in Aussicht genommen. Der dem Reichstag vorgelegte Entwurf eines Gesetzes wegen Änderung des Brausteuergesetzes (Anlage 1 zu Aktenstück 10, Verh. des Reichstags 1905/6 Anl. Bd. 2 S. 950) bezweckte, die bisherige Steuerbelastung im Durchschnitt auf das Zweieinhalbfache zu erhöhen, und zwar ohne Änderung der Besteuerungsform. Damit sollten Neuerungen verbunden werden, die dem Braugewerbe einige längst erstrebte wirtschaftliche Vorteile gewährten. Diese sollten bestehen in einer Staffelung der Steuer nach dem Betriebsumfang mit Steuersätzen von 7 bis 12,50 ℳ, dem Verbot der Verwendung von Malzersatzstoffen mit Ausnahme von Zucker, der Besteuerung der bierähnlichen Getränke, der Zulassung der Stundung, der Einschränkung und festen Abgrenzung der Steuerabfindung und der Verpflichtung für größere Brauereien, die Steuer als Vermahlungssteuer zu entrichten. Der steuerfreie Haustrunk sollte in vollem Umfang erhalten bleiben. Der Mehrertrag der Abgabenerhöhung war bei Einrechnung der vollen Ausgleichungsbeträge der Sonderrechtsstaaten auf 67000000 ℳ veranschlagt. Für die Übergangszeit waren den Sonderrechtsstaaten für die Errichtung der erhöhten Ausgleichungsbeträge Erleichterungen zugestanden.

Im einzelnen ist zu den vorgeschlagenen Änderungen zu bemerken: das Reinheitsgebot sollte nur für die Bereitung untergärigen Bieres entsprechend den süddeutschen Vorschriften gestaltet und demgemäß zur Herstellung untergäriger Biere nur Gerstenmalz, Hopfen, Hefe und Wasser verwendet werden dürfen. Für obergäriges Bier sollte auch anderes Malz sowie technisch reiner Zucker zugelassen sein, letzteres um dem in Norddeutschland bestehenden Bedürfnis nach einem leichten kohlensäure- und wenig weingeisthaltigen Getränk und der bisherigen Gewöhnung der Bevölkerung entgegenzukommen. Die Besteuerung der bierähnlichen Getränke war in Aussicht genommen, weil wiederholt zwischen den Gerichten und den Steuerbehörden Meinungsverschiedenheiten über den Begriff „Bier" entstanden waren, indem erstere im Anschluß an die Auffassung der Technik nur gegorene Getränke zum Bier gerechnet hatten. Hierdurch war die steuerliche Behandlung der oft unvergorenen Farb- und Süßbiere sowie der Malzbiere in Frage gestellt worden. Für die Feststellung des für die Höhe der Steuer maßgebenden Gesamtgewichts der steuerpflichtigen Braustoffe sollte 1 dz Zucker gleich 2 dz Malz gerechnet werden. Die Inhaber der am 1. April 1906 bestehenden Brauereien, in denen entweder der Verbrauch an Malz und Malzersatzstoffen in den Rechnungsjahren 1904 und 1905 nach den Steuersätzen des Gesetzes vom 31. Mai 1872 den Steuerwert von 8000 ℳ überstieg oder das Gesamtgewicht der steuerpflichtigen Braustoffe in einem späteren Zeitpunkt mehr als 2000 dz betrug, sowie die Inhaber der nach dem 1. April 1906 errichteten Brauereien, in denen das Gesamtgewicht der in einem Jahr steuerpflichtig werdenden Braustoffe 500 dz überstieg, sollten verpflichtet sein, in ihrer Brauerei selbst oder doch in räumlicher Verbindung mit ihr eigene Mühlwerke oder Malzquetschen (Malzsteuermühlen) mit selbsttätiger Verwiegungsvorrichtung zu halten und ausschließlich zum Schroten des in ihrer Brauerei zur Bierbereitung bestimmten Malzes zu benutzen. Sie sollten die Steuer nach dem Gewichte des auf die Malzsteuermühle gebrachten noch ungeschroteten Malzes entrichten (Vermahlungssteuer), wobei für die Feststellung des steuerpflichtigen Gewichts die Anzeige der Verwiegungsvorrichtung maßgebend sein sollte. Derartige Brauer sollten für das auf ihrer Malzsteuermühle geschrotete Malz von den für die übrigen Brauer geltenden Erschwerungen hinsichtlich der Aufbewahrung der Vorräte an Malzschrot, der Anmeldung jeder Einmaischung, der Zeit der Einmaischung usw. und des Nachmaischens befreit sein. Für den verwendeten Zucker sollte die Steuer neben der Vermahlungssteuer entrichtet werden. Für den Bierzoll war eine Erhöhung auf 8 ℳ für 1 dz vorgeschlagen.

Der Reichstag stimmte dem Entwurf mit folgenden wesentlichen Änderungen zu:

Die Steuersätze des Entwurfs wurden unter gleichzeitiger Erweiterung der Staffelung auf folgende Sätze ermäßigt:

von den ersten	250 dz	4,— ℳ
„ „ folgenden	250 „	4,50 „
„ „ „	500 „	5,— „
„ „ „	1000 „	5,50 „
„ „ „	1000 „	6,— „
„ „ „	1000 „	6,50 „
„ „ „	1000 „	7,— „
„ „ „	1000 „	8,— „
„ „ „	1000 „	9,— „
von dem Rest		10,— „

Der Bierzoll wurde auf 7,20 ℳ festgesetzt. Hierbei ging man von der Erwägung aus, daß die Mehrbelastung besten inländischen Bieres durch die angenommene Änderung der Brausteuersätze 1,50 ℳ für das Hektoliter oder bei einem Hektolitergewicht von 131,25 kg rund 1,20 ℳ beträgt. Dementsprechend wurde der bisherige Bierzoll von 6 ℳ um den Betrag von 1,20 ℳ auf 7,20 ℳ erhöht.

Weiter wurde hinsichtlich der Versteuerung des zur Bierbereitung verwendeten Zuckers bestimmt, daß der dem obergärigen Bier nach Abschluß des Brauverfahrens und außerhalb der Braustätte zugesetzte Zucker nicht der Brausteuer unterliegen sollte, auch wurde der Bundesrat ermächtigt, den Zucker von der Brausteuer gänzlich frei zu lassen (vgl. Nr. 399 und 518 der Reichstagsdrucks. von 1905/6 und StenBer. 1905/6 Bd. 4 S. 2798ff. und 3253ff.).

Das aus diesen Beschlüssen hervorgegangene Gesetz wegen Änderung des Brausteuergesetzes vom 3. Juni 1906 ist im Reichsgesetzblatt von 1906 S. 622, die neue Fassung des Brausteuergesetzes unter dem 7. Juni 1906 ebenda S. 675 veröffentlicht. Die Ausführungsbestimmungen wurden vom Bundesrat am 16. Juni 1906 erlassen (Zentralbl. f. d. Deutsche Reich S. 709). In § 4 machte der Bundesrat von seiner Befugnis, Zucker von der Brausteuer freizulassen, Gebrauch.

7. Der Geldbedarf des Reiches führte 1909 abermals zu einer Erhöhung der Brausteuer. Nach dem Entwurf eines Gesetzes wegen Änderung des Brausteuergesetzes (Nr. 995 der Reichstagsdrucks. 1907/9) sollten folgende Staffelsätze erhoben werden:

von den ersten	250 dz	14,— ℳ
„ „ folgenden	1250 „	15,— „
„ „ „	1500 „	16,— „
„ „ „	2000 „	18,— „
von dem Rest	. . . . . .	20,— „

Hiervon wurde ein Mehrbetrag von rund 100000000 ℳ erwartet. Neben der Mehrung der Reichseinnahmen sollte hierdurch auch eine angemessene Abwälzung erreicht werden. Die Erfahrung hatte gezeigt, daß die im allgemeinen gering bemessene Brausteuererhöhung im Jahre 1906 eine dem Wesen und der Absicht der Verbrauchsteuer entsprechende Abwälzung trotz aller Bemühungen des Gewerbes nicht oder doch nur unzureichend hatte durchführen lassen, weil die kleineren Betriebe entweder gar nicht oder nur unerheblich von der Abgabenerhöhung betroffen waren. Deshalb sollten unter Belassung der bisher zwischen dem höchsten und niedrigsten Brausteuersatz bestehenden Spannung von 6 ℳ die Sätze gleichmäßig um 10 ℳ für 1 dz erhöht werden. Dagegen sollte im Anschluß an das Badische Biersteuergesetz eine Vereinfachung der Staffelung des Brausteuergesetzes vom 3. Juli 1906 eintreten. Eine ungünstige Wirkung der Spannung von 6 ℳ auf die Durchführung der Steuerabwälzung glaubte man dadurch vermeiden zu können, daß der höchste Steuersatz von 20 ℳ bereits bei einem jährlichen Malzverbrauch von 5000 dz einsetzte. Für die bereits bestehenden kleineren Brauereien mit einer jährlichen Malzverwendung bis zu 150 dz, von denen eine ungünstige Beeinflussung der Preisbildung im Sinne einer Hemmung der Steuerabwälzung nicht befürchtet wurde, war ein ermäßigter Steuersatz von 10 ℳ für 1 dz vorgesehen.

Die Steuerfreiheit des Haustrunkbieres sollte nicht mehr aufrecht erhalten bleiben, um bei der hohen Steuerbelastung keinen Anreiz für eine für das Braugewerbe und das Steueraufkommen nachteilige Ausdehnung der steuerfreien Haustrunkbereitung zu geben. Da jedoch das bei der Haustrunkbereitung mit unvollkommenen Hilfsmitteln und meist minderwertigen Braustoffen hergestellte Bier nach Menge und Gehalt dem gewerblich hergestellten Bier erheblich nachsteht, sollte dafür der wesentlich ermäßigte Steuersatz von 4 ℳ für 1 dz gelten. Diese Ermäßigung sollte jedoch entsprechend dem Zwecke und der bisherigen tatsächlichen Inanspruchnahme der Steuervergünstigung auf obergäriges Bier beschränkt und an die Voraussetzung geknüpft werden, daß das Gesamtgewicht der für die Haustrunkbereitung verwendeten Braustoffe in einem Rechnungsjahr 5 dz nicht übersteigt. Die bisherige Beschränkung auf Familien mit einer bestimmten Personenzahl dagegen sollte als entbehrlich fallen gelassen werden.

Die im Gesetz vom 3. Juni 1906 eingeräumte Befreiung des nach Abschluß des Brauverfahrens und außerhalb der Braustätte dem obergärigen Bier zugesetzten Zuckers von der Brausteuer und die Befugnis des Bundesrats zur Freilassung des Zuckers von der Brausteuer sollten beseitigt werden, da die völlige Befreiung des Zuckers von der Brausteuer im Jahre 1906 nach verschiedenen Richtungen hin ungünstig gewirkt hatte. Es war eine mit dem Reinheitsgebot nicht vereinbare Ausdehnung der Zuckerverwendung eingetreten, an der sich insbesondere größere Brauereibetriebe, für die die Vergünstigung nicht gedacht war, beteiligten. Der bisher bestehende Unterschied in der steuerlichen Behandlung des Zuckers nach dem Zeitpunkt, in dem er dem Bier zugesetzt wurde, war sachlich nicht gerechtfertigt und erschwerte die Steueraufsicht. Immerhin sollten der Verwendung von Zucker bei der Bierbereitung einzelne Erleichterungen zugestanden werden. Zunächst sollte der Zucker (jeder Art) nicht mehr mit dem doppelten, sondern nur mit dem eineinhalbfachen Malzgewicht in Rechnung gestellt werden, da das Ergebnis neuerer Ermittlungen dies bei der besseren Malzausbeute der vorgeschrittenen Technik gerechtfertigt erscheinen ließ. Ferner sollte der Bundesrat befugt sein, für Zucker, soweit er der Zuckersteuer unterlag, die Biersteuer entsprechend zu ermäßigen und sie zu erlassen, wenn seine Verwendung in Brauereien mit einem jährlichen Verbrauch an steuerpflichtigen Braustoffen von nicht mehr als 250 dz erfolgte. Letztere Maßnahme sollte der Zulassung der Zuckerverwendung die ursprünglich beabsichtigte Wirkung einer Unterstützung der kleinen Brauereien sichern. Dem zum Brauen verwendeten Stärkezucker, der außer der Brausteuer keiner Steuer unterlag, sollten diese Begünstigungen nicht zuteil werden, zumal er lediglich als Bierfärbemittel und Ersatz für Malz verwendet wurde. Von den sonstigen Abänderungsvorschlägen des Entwurfs sind zu erwähnen die Besteuerung des Malzes, das zur Herstellung von Malzextrakt und Malzauszügen zu gewerblichen Zwecken verwendet wird, die steuerliche Behandlung des Malzes, das durch eine andere Bearbeitung als Schroten vor oder nach dem Mälzen eine Gewichtsverminderung erfahren hat, und die Ausdehnung der Vermahlungssteuer auf sämtliche Brauereien mit einer jährlichen Braustoffverwendung von über 1500 dz.

Eine notwendige Folge der vorgeschlagenen Brausteuererhöhung war die Aufhebung der im Art. 5 II § 2 des Zollvereinigungsvertrages vom 8. Juli 1867 für die staatliche Bierbesteuerung festgesetzten Grenze. Diese war für den Ohm zu 120 Quart preußisch auf 1 Rtlr. 15 Sgr., d. i. 3,275 ℳ für 1 hl bestimmt.

Während für die staatliche Bierbesteuerung eine anderweite Höchstgrenze nicht vorgesehen war, sollte die Besteuerung des Bieres durch die *Gemeinden* auf die bisherige Höchstgrenze beschränkt bleiben, um diese

Steuerquelle vor einer zu weit gehenden Inanspruchnahme außerhalb der staatlichen Besteuerung zu schützen. Nach Art. 5 II § 7 Abs. 5 des Zollvereinigungsvertrages sollten die für Rechnung von Gemeinden zu erhebenden Bierabgaben 20 v. H. des oben erwähnten für die Staatssteuern verabredeten Höchstsatzes nicht übersteigen dürfen. Dementsprechend sollte die Grenze für die gemeindliche Biersteuer auf 2,60 ℳ für 1 dz Malz oder 65 ₰ für 1 hl Bier festgesetzt werden.

Der Bierzoll sollte auf 9,56 ℳ für 1 dz erhöht werden, entsprechend der vorgeschlagenen Abgabenerhöhung und ohne Änderung des bestehenden Zollschutzes (Spanne zwischen Zoll und Steuer).

Um die Überwälzung der Brausteuer zu sichern, sollten die Abnehmer verpflichtet werden, dem Brauer einen Zuschlag zum Hektoliterpreise in dem Betrage zu zahlen, um den die Brausteuer für ein Hektoliter des in der Brauerei hergestellten Bieres durch das Gesetz erhöht wurde.

Der Reichstag stimmte den vorgeschlagenen Abgabesätzen und Steuerstufen zu (s. Kommissionsbericht Nr. 1451 und Reichstagsdrucks. Nr. 1549 und 1626 von 1907/9). Im übrigen nahm er folgende wesentliche Änderungen des Entwurfs vor:

Um den Gebrauch des Wortes „Bier" für Getränke zu verhindern, die dem herkömmlichen Begriff von Bier nicht entsprechen, wurde bestimmt, daß als Bier nur Getränke in Verkehr gebracht werden dürfen, die gegoren sind und den Vorschriften des Reinheitsgebots genügen. Außerdem wurde einer mißbräuchlichen Ausnutzung der Bezeichnung „Malzbier" entgegengetreten und der Zusatz von Wasser zum Bier durch Brauer, Bierhändler oder Wirte nach Abschluß des Brauverfahrens außerhalb der Brauereien untersagt. Für die Feststellung des für die Höhe der Steuer maßgebenden Gewichts der Braustoffe sollte 1 dz Weizenmalz gleich 0,8 dz Gerstenmalz und 1 dz Zucker gleich 1,5 dz Malz gerechnet werden. Daneben sollte insoweit, als zur Herstellung obergäriger Biere auf 100 dz Malz nicht mehr als 25 dz Zucker verwendet werden, der Zucker, der auf die ersten 150 dz des Jahresverbrauchs an Malz entfällt, außer Ansatz gelassen, der auf die folgenden 100 dz Malz entfallende Zucker nur mit der Hälfte und der auf die weiteren 100 dz Malz entfallende nur mit dem Einfachen seines Gewichts in Rechnung gestellt werden. Diese Vorschriften traten an die Stelle der vorgeschlagenen Steuerbegünstigung für die Zuckerverwendung in kleinen Betrieben. Zum Schutz der bestehenden Betriebe während der Übergangszeit wurde für nach dem 1. August 1909 neu entstehende Betriebe eine Erhöhung der Brausteuer bis zum 31. März 1918 eingeführt, die zunächst 50 v. H. und später 25 v. H. der regelmäßigen Steuersätze betragen sollte. Der Bierzoll wurde auf 9,65 ℳ festgesetzt und dem Bundesrat die Befugnis erteilt, für Bier in amtlich geeichten Fässern die Verzollung nach dem Raumgehalt der Fässer zum Zollsatz von 12,70 ℳ für 1 hl zuzulassen.

Das Gesetz wegen Änderung des Brausteuergesetzes vom 15. Juli 1909 (Reichsgesetzbl. S. 695, Neufassung des Gesetzes vom 15. Juli 1909, Reichsgesetzbl. S. 773) trat am 1. August 1909 in Kraft. Unter dem 24. Juli 1909 erließ der Bundesrat die Brausteuer-Ausführungsbestimmungen (ZtrBl. S. 413). Gleichzeitig ließ er die Raumverzollung von Bier zu (ZtrBl. S. 407).

8. Zur Aufbringung der Mittel für die Verzinsung der Kriegsanleihen wurde 1918 dem Reichstag mit anderen Steuergesetzentwürfen auch der Entwurf eines *Biersteuergesetzes* (Reichstagsdrucks. Nr. 1455 von 1918) vorgelegt, der mit der bisherigen Steuerform brach und an Stelle der Besteuerung der Rohstoffe die Besteuerung des fertigen Bieres vorschlug. Nach der Begründung zum Entwurf war für diesen Wechsel die Erwägung maßgebend, daß sich die Beibehaltung der Rohstoffbesteuerung im Hinblick auf die Entwicklung des Braugewerbes und vom Standpunkt der steuerlichen Gerechtigkeit und der Erzielung der gebotenen Mehreinnahmen aus der Bierbesteuerung nicht mehr rechtfertigen ließ.

Die Ausbeute an fertigem Bier aus dem Malz war schon vor dem Kriege 1914/18 infolge der Fortschritte der Technik, der Verwendung hochwertiger Gersten und der Herabsetzung des Stammwürzegehaltes des Bieres erheblich gestiegen. Während des Krieges nahm sie aus dem letztgenannten Grunde, namentlich seit der Einschränkung der Malzverwendung in den Brauereien durch die Bundesratsverordnung vom 15. Februar 1915 (RGBl. S. 67) so zu, daß die Steuerbelastung des fertigen Bieres schon 1917 bis auf weniger als ein Drittel der Vorkriegsbelastung herabgesunken war. Der Bierhersteller hatte aus der erhöhten Ausbeute einen erhöhten Gewinn und hatte dennoch keine höhere Abgabe zu entrichten als bei einer geringeren Ausbeute. Wollte man, wie das die Absicht des Entwurfs war, aus dem Bier eine Mehreinnahme von rund 330000000 *M* erzielen, so hätte man im Falle der Beibehaltung der Rohstoffbesteuerung die bisherige Steuer auf die Braustoffe in einer Weise erhöhen müssen, bei der die ungleichmäßige Wirkung dieser Besteuerungsart auf das fertige Bier sich in verstärktem Maße geltend gemacht und die Wettbewerbsverhältnisse der Brauereien beeinflußt hätte. Dabei bestand keine Gewähr für das tatsächliche Aufkommen der beabsichtigten Einnahmen. Es ergab sich deshalb die Notwendigkeit, entweder der Bierverdünnung durch geeignete Maßnahmen, wie z. B. die Festsetzung eines Mindeststammwürzegehalts, entgegenzuwirken oder zur Besteuerung des fertigen Bieres überzugehen.

Der erstere Weg war wegen des Rohstoffmangels und der gebotenen Rücksichtnahme auf das Braugewerbe nicht gangbar. Auch eine anderweite Abstufung der Brausteuersätze kam nicht in Frage, da die Bierverdünnung bei allen Brauereien gleichmäßig eingetreten war. Es blieb deshalb nur die Möglichkeit, die Abgabe auf das fertige Erzeugnis zu legen. Dadurch wurde der tatsächliche Inlandverbrauch an Bier und der dafür vom Verbraucher gemachte Aufwand gleichmäßiger getroffen und zugleich schon durch die Besteuerungsart selbst ein gewisser Ausgleich für die Verschiedenartigkeit der Betriebsverhältnisse geschaffen. Der Brauer war bei der Besteuerung des fertigen Bieres unabhängiger von der Beschaffenheit und Ergiebigkeit der verwendeten Rohstoffe, was namentlich für die kleinen und mittleren Brauereien von Vorteil war, die nicht in der Lage sind, hochwertige Gersten zu verarbeiten. Eine Beeinträchtigung des deutschen Gerstenbaues glaubte man nicht befürchten zu sollen, weil der geldkräftige und rechnende Brauer nach wie vor die für ihn vorteilhafteren hochwertigen Gersten verwenden würde.

A. Die Entwicklung bis 1919

Für die Besteuerung des bei der Bierbereitung gewonnenen Erzeugnisses konnte man sich auf zahlreiche Beispiele im Ausland berufen. In Österreich und Italien wurde die Bierwürze nach ihrer Menge und ihrem Gehalt an löslichen Stoffen besteuert; auch England, Frankreich und die Niederlande erhoben die Abgabe von der Bierwürze, jedoch nach ihrer Menge und ihrer Dichte im Vergleich zur Dichte reinen Wassers; in den Vereinigten Staaten von Nordamerika und in Dänemark war die Abgabe ausschließlich auf die Menge des fertigen Bieres gelegt. Für die beiden ersteren Besteuerungsarten sprach zwar, daß sie der Beschaffenheit und dem Wert der einzelnen Biersorten mehr Rechnung trugen als die reine Biersteuer. Sie lieferten jedoch bei erheblicher Bierverdünnung wegen der Rücksichtnahme auf die Stärke des Bieres einen geringeren Ertrag und die Feststellung und Überwachung der Abgabe war schwierig, kostspielig und namentlich in kleineren Betrieben schwer durchführbar. Die Besteuerung des fertigen Bieres ausschließlich nach seiner Menge dagegen war für das Steueraufkommen in Zeiten weitgehender Bierverdünnung am vorteilhaftesten. Sie ließ sich verhältnismäßig einfach und sicher und ohne große Übergangsschwierigkeiten für das Gewerbe und die Steuerverwaltung durchführen, wenn die Überwachungsgrundsätze des Brausteuergesetzes beibehalten und durch eine entsprechende Buchführung ergänzt wurden. In reiner Form durchgeführt, hätte die Besteuerung des Fertigerzeugnisses an dem Mangel gelitten, daß sie stärkeres und schwächeres Bier gleichmäßig belastete und den Wert der einzelnen Biersorten nicht berücksichtigte. Von einer Wertsteuer nach dem rechnungsmäßigen Verkaufspreis des Herstellers sah der Entwurf ab. Dagegen sprach, daß der Herstellungspreis nicht immer dem Wert und der Güte des Bieres entspricht, vielmehr von verschiedenen Umständen, namentlich der Zahlungsfähigkeit und der Höhe des Absatzes des Kunden abhängig ist und daß ferner wegen der im Braugewerbe üblichen Nebenleistungen der Wert der tatsächlichen Gegenleistung für das gelieferte Bier schwer festzustellen ist. Die Überwachung einer derartigen Abgabe wäre äußerst schwierig und nicht immer erfolgreich gewesen. Außerdem hätte sie sich auf das weitverzweigte Wirtsgewerbe erstrecken müssen, das bisher davon nicht berührt war und auch bei den übrigen Arten der Bierbesteuerung hätte unberührt bleiben können. Der Entwurf wollte das Ziel einer verschiedenen Belastung der einzelnen Biersorten dadurch erreichen, daß für Einfachbier eine Ermäßigung und für Starkbier eine Erhöhung der für gewöhnliches Bier (Vollbier) vorgesehenen Abgabesätze bestimmt wurde. Für das Vollbier, das nach dieser Regelung mit einheitlichen Steuersätzen belastet blieb, erwartete man einen allmählichen Ausgleich der Unterschiede in der Höhe des Stammwürzegehaltes.

Der 32. Ausschuß des Reichstages (vgl. Ausschußbericht in Nr. 1686 der Reichstagsdrucks. von 1914/18) erklärte sich mit dem Übergang zur Besteuerung des fertigen Bieres einverstanden. Er beschloß Änderungen des Entwurfs durch eine Abschwächung der Steuersätze in den vier unteren Stufen, jedoch unter Belassung der im Entwurf vorgeschlagenen Spannung zwischen dem höchsten und dem niedrigsten Steuersatz, durch die gesetzliche Festlegung der Begriffe Einfachbier, Vollbier und Starkbier und durch eine Verschärfung der Steuererhöhung für neu entstehende Brauereien und bei Überschreitung der zugewiesenen Jahresmenge (Kontingent). Außerdem wurde noch die Steuerfreiheit des Haustrunks der Brauereiarbeiter und -angestellten, ein Verbot der Vermischung verschiedener Biergattungen sowie des Zuckerzusatzes zum Bier nach Eintritt der Steuerpflicht, sowie die Entschädigungspflicht der Brauereien für Arbeiter und Angestellte, die durch Übertragung der Jahresmenge von einem Betrieb auf den anderen geschädigt werden, in das Gesetz eingefügt. Im übrigen nahm der Reichstag den Entwurf im wesentlichen unverändert an.

Die Grundzüge des Biersteuergesetzes vom 26. Juli 1918 (RGBl. S. 885), das am 1. Oktober 1918 in Kraft trat, waren folgende:

Das fertige Bier wurde nach der in den Verbrauch übergehenden Menge besteuert. Die Steuer betrug für jedes Hektoliter der in einem Brauereibetrieb innerhalb eines Rechnungsjahres hergestellten Biermenge

von den ersten folgenden	2000 hl	10,— ℳ
,, ,, ,, ,,	8000 ,,	10,50 ,,
,, ,, ,, ,,	10000 ,,	11,— ,,
,, ,, ,, ,,	10000 ,,	11,50 ,,
,, ,, ,, ,,	30000 ,,	12,— ,,
,, ,, ,, ,,	60000 ,,	12,30 ,,
von dem Rest		12,50 ,,.

Diese Steuersätze ermäßigten sich für Einfachbier und erhöhten sich für Starkbier je um die Hälfte.

Die Steuer bedeutet gegenüber der Zeit vor dem Kriege annähernd eine Vervierfachung der Belastung. Die Abstufung der Steuersätze erhöhte den bisherigen Schutz der Klein- und Mittelbrauer wesentlich. Abgesehen von dem Ausgleich, den die Biersteuer schon als solche für die Verschiedenheit der Betriebsverhältnisse bildete, berechnete sich nunmehr bei gleichen Betriebsverhältnissen der Unterschied in der Belastung eines Hektoliters Bier für eine Brauerei mit 2000 hl Jahreserzeugung, d. i. einem jährlichen Malzverbrauch von 320 dz, gegenüber einer Brauerei mit einer Jahreserzeugung von 2000000 hl Bier, d. i. einer jährlichen Malzverwendung von 320000 dz auf 2,46 ℳ, und für eine Brauerei mit 15000 hl Jahreserzeugung, d. i. einem jährlichen Malzverbrauch von 2400 dz, auf 1,86 ℳ, während nach dem Brausteuergesetz vom 15. Juli 1909 sich dieser Unterschied auf nur 0,92 ℳ und 0,75 ℳ berechnete.

In § 4 des Gesetzes war, um die Brauereien vor einem schrankenlosen Wettbewerb in den ersten zehn Rechnungsjahren nach dem Inkrafttreten des Gesetzes zu schützen, eine Kontingentierung auf der Grundlage des Bierabsatzes im Durchschnitt der Kalenderjahre 1912 und 1913 vorgesehen. Das Kontingent selbst sollte nach dem voraussichtlichen Bierverbrauch im Biersteuergebiet innerhalb eines Rechnungsjahres bemessen werden.

Die Vorschriften des Brausteuergesetzes vom 15. Juli 1909 über die Bierbereitung, insbesondere das Reinheitsgebot, wurden auf Wunsch des Braugewerbes aufrecht erhalten.

Die steuerliche Überwachung stützte sich im Anschluß an das Verfahren bei der bisherigen Malzgewichtsteuer zunächst auf die Überwachung der

Rohstoffe und erweiterte die Verpflichtung zur Aufstellung von Malzmühlen mit selbsttätiger Verwiegungsvorrichtung. Die Rohstoffüberwachung wurde ergänzt durch eine Buchführung über die Bierbereitung. Die Steuererhebung gründete sich auf die Eintragungen der steuerpflichtig gewordenen Biermengen im Steuerbuch, die sich durch die Anschreibungen über die Rohstoffverwendung und Bierbereitung im Sudbuch nachprüfen ließen. Die meisten Betriebe hatten schon eine ähnliche Buchführung und die in Bayern seit dem Jahre 1910 mit Erfolg durchgeführte Einrichtung des Sudbuchs hatte gezeigt, daß auch für kleinere Brauereien eine derartige Buchführung möglich und sogar nützlich war.

Der Ertrag des Gesetzes aus den Einnahmen an Biersteuer, Bierzoll, Übergangsabgabe, den Ausgleichungsbeträgen der Staaten mit eigener Bierbesteuerung und aus den Abfindungen der nicht zum Biersteuergebiet gehörigen Gebietsteile der norddeutschen Staaten wurde auf rund 493000000 *M* geschätzt. Gegenüber den gleichen Einnahmen an Brausteuer usw. im Rechnungsjahr 1913 bedeutete das ein Mehr von rund 320000000 *M*.

Der Bierzoll wurde durch ein besonderes Gesetz über den Bierzoll vom 26. Juli 1918 (RGBl. S. 885) geregelt. Der Zollsatz für Bier in Behältnissen bei einem Raumgehalt von 15 Litern oder mehr betrug danach 19,35 *M*, für Bier in anderen Behältnissen 25,— *M*. Außerdem war entsprechend der bisherigen Regelung der Bundesrat ermächtigt, für Bier in amtlich geeichten Fässern die Raumverzollung zum Zollsatz von 25,40 *M* für 1 hl zuzulassen. Der Bundesrat hat von dieser Ermächtigung durch Beschluß vom 8. August 1918 Gebrauch gemacht (ZtrBl. f. d. Deutsch Reich S. 418, 427).

Ein weiteres Gesetz, gleichfalls vom 26. Juli 1918 (RGBl. S. 886), über Biersteuerausgleichungsbeträge gewährte den deutschen Staaten mit landesrechtlicher Bierbesteuerung, in denen im Laufe des Rechnungsjahres 1918 eine Erhöhung der landesrechtlichen Bierbesteuerung nicht eintrat, Erleichterungen hinsichtlich der Entrichtung der Ausgleichungsbeträge für dieses Rechnungsjahr. Ähnliche Begünstigungen der Sonderrechtsgebiete waren in § 6 des Gesetzes, betreffend die Ordnung des Reichshaushalts und die Tilgung der Reichsschuld vom 3. Juni 1906 (RGBl. S. 620), und in Art. VII Abs. 2 des Gesetzes wegen Änderung des Brausteuergesetzes vom 15. Juli 1909 vorgesehen gewesen.

Die Ausführungsbestimmungen zum Biersteuergesetz wurden vom Bundesrat am 8. August 1918 beschlossen und im ZtrBl. für das Deutsche Reich S. 863ff. veröffentlicht.

2. Bayern[1])

Eine Abgabe vom Bier wurde in Bayern schon früh erhoben, und zwar zunächst nur für einzelne Gebietsteile und bei besonderem Bedarf. Eine allgemeine Landesbiersteuer trat ein, als gegen Ausstellung eines herzoglichen Freiheitsbriefs vom 19. Dezember 1543 von den Ständen der Bieraufschlag von 2 Kreuzern vom Münchener Eimer bis zur Ablösung der aus

[1]) *S. Zapf*, Das bayerische Malzaufschlaggesetz vom 18. März 1910; *Schmauser*, Geschichtliche Entwicklung der Bierbesteuerung in Bayern im Finanzarchiv von *G. Schanz*, 1920 (37. Jahrg.), Bd. 1, S. 30 ff.

dem Türkenkriege stammenden Schuld von 600000 Gulden zugestanden wurde. Der Aufschlag wurde zunächst nur vom ein- und ausgeführten Bier erhoben, im Jahre 1572 aber auch auf das im Lande erzeugte Bier ausgedehnt. Im Jahre 1612 wurde der Bieraufschlag auf 17 Kreuzer 1 Heller erhöht und nach Wahl des Pflichtigen die Erhebung des Aufschlags nach dem Maßgehalte des Malzes auf der Mühle zugelassen. Nachdem vorübergehend (1620) die Besteuerung durch Erhebung von Pauschbeträgen bei den Brauerinnungen gegolten hatte, wurde durch Mandat vom 3. Februar 1751 allgemein die Erhebung des Malzaufschlags nach dem Maße des zur Mühle gebrachten eingesprengten Malzes und die Ausstellung von Malzscheinen eingeführt. Seitdem erhielt sich in Bayern die Maßbesteuerung, bis durch das Malzaufschlaggesetz vom 18. März 1910 der Übergang zur Gewichtssteuer erfolgte. Durch das Mandat vom 28. Juli 1807 (RegBl. S. 1273) wurde die eigentliche Grundlage für die Malzbesteuerung geschaffen. Das Malzaufschlaggesetz vom 16. Mai 1868 (GesBl. S. 462) erhöhte den Malzaufschlag auf 5 fl. 12 kr. für den bayerischen Schäffel (= 222 Liter) und sicherte die Überwachung des Steueraufkommens durch die Einführung von selbsttätigen Malzmeßvorrichtungen.

Durch das Gesetz, die metrischen Maße im Aufschlagwesen betreffend, vom 18. Februar 1871 (GesBl. S. 337) wurde der Steuersatz auf 2 fl. 20 kr. für 1 hl Malz und mit der Einführung der Markwährung vom 1. Januar 1876 an auf 4 ℳ umgerechnet.

Durch das Finanzgesetz vom 10. März 1878 (GVBl. S. 117) wurde der Malzaufschlag mit Wirkung vom 1. Juli 1878 an auch auf das Gebiet der bayerischen Rheinpfalz ausgedehnt, die bis zu diesem Zeitpunkt das einzige Gebiet in Deutschland war, das keine Steuer auf Bier und auf Branntwein hatte. Durch Gesetz vom 31. Oktober 1879 (GVBl. S. 1475) wurde der Malzaufschlag von 4 auf 6 ℳ für 1 hl Malz erhöht, zunächst aber nur bis zum 1. Januar 1882. Eine dauernde Beibehaltung dieses Satzes konnte die Regierung beim Landtag nicht durchsetzen. Die Forterhebung des erhöhten Satzes wurde durch verschiedene Gesetze bewilligt, bis durch das Gesetz vom 8. Dezember 1889 (GVBl. S. 575) durch die Einführung von abgestuften Steuersätzen eine grundlegende Änderung eintrat. Für Brauereien, die im Jahre 1888 nicht mehr als 6000 hl Malz verarbeitet hatten, wurde für die ersten in einem Jahre verarbeiteten 2000 hl der regelmäßige Steuersatz von 6 ℳ auf 5 ℳ ermäßigt, während neu entstehende Brauereien, sowie Brauereien, die im Jahre 1888 mehr als 6000 hl verarbeitet hatten, für die ersten 10000 hl je 6 ℳ, für die folgenden 30000 hl je 6,25 ℳ und für die 40000 hl übersteigende Malzmenge je 6,50 ℳ für 1 hl zu entrichten hatten. Die Vergünstigung des ermäßigten Satzes von 5 ℳ ging verloren, sobalb der Malzverbrauch der betreffenden Brauerei in einem Jahr 7000 hl überschritt, sie lebte wieder auf, sobald in einem späteren Jahre der Malzverbrauch des Betriebes auf 5000 hl zurückgegangen war. Unter dem 10. Dezember 1889 (GVBl. S. 559) wurde das Malzaufschlaggesetz neu gefaßt.

Die Erhöhung der norddeutschen Brausteuer in den Jahren 1906 und 1909 nötigte infolge der Erhöhung der Ausgleichungsbeträge auch Bayern zur Erhöhung seines Malzaufschlags. Das Malzaufschlagsgesetz vom

18. März 1910 (GVBl. S. 113) brachte gleichzeitig gegenüber dem bisherigen Gesetzesstand grundlegende Änderungen. Vor allem trat an die Stelle der Besteuerung des Malzes nach dem Hohlmaß die Besteuerung nach dem Gewicht. Die Abstufung der Steuersätze wurde zugunsten der Klein- und Mittelbrauer wesentlich erweitert und ausgestaltet. Im Gegensatz zu dem in den übrigen deutschen Brausteuergebieten geltenden Grundsatz, daß auch größere Betriebe an den für kleinere Betriebe geltenden ermäßigten Sätzen teilnahmen (Durchstaffelung), bestimmte das bayerische Gesetz, daß für den gesamten Malzverbrauch eines Brauereibetriebes innerhalb eines Kalenderjahres nur ein Steuersatz und zwar der in Betracht kommenden höchsten Steuerstufe zur Anwendung kommen soll (Nichtdurchstaffelung).

Die Malzaufschlagsätze betrugen für 1 dz Malz bei einem Gesamtmalzverbrauch innerhalb eines Kalenderjahres

	bis zu 1000 dz	15,— ℳ
von mehr als 1000 dz	„ „ 1500 „	15,50 „
„ „ „ 1500 „	„ „ 2000 „	16,— „
„ „ „ 2000 „	„ „ 2500 „	16,50 „
„ „ „ 2500 „	„ „ 3000 „	17,— „
„ „ „ 3000 „	„ „ 3500 „	17,50 „
„ „ „ 3500 „	„ „ 4000 „	18,— „
„ „ „ 4000 „	„ „ 4500 „	18,50 „
„ „ „ 4500 „	„ „ 5000 „	19,— „
„ „ „ 5000 „	„ „ 6000 „	19,50 „
„ „ „ 6000 „		20,— „

Um etwas Bewegungsfreiheit beim Erreichen der Grenzen der einzelnen Steuerstufen zu schaffen und dem jährlich wechselnden Extraktgehalt der Gerste Rechnung zu tragen, war bestimmt, daß, wenn die erste Staffel um nicht mehr als 50 dz und eine der übrigen Staffeln um nicht mehr als 100 dz überschritten wurde, nicht für den gesamten Malzverbrauch der Brauerei, sondern nur für die überschreitende Menge der Malzaufschlag nach dem Satz für die höhere Staffel zu entrichten war.

Um der übermäßigen Ausdehnung einzelner Betriebe zum Nachteil anderer entgegenzuwirken, sah das Gesetz für die Zeit bis zum 31. März 1918 eine Kontingentierung vor, die auf dem Durchschnittsmalzverbrauch der einzelnen Brauereien in den Jahren 1907 bis 1909 aufgebaut war. Wurde dieser von Betrieben mit einem jährlichen Malzverbrauch bis zu 6000 dz um mehr als 10 v. H., bei größeren Betrieben um mehr als 5 v. H. überschritten, so erhöhten sich die regelmäßigen Aufschlagsätze für die Mehrmenge um 10 v. H. Für nach dem 1. März 1910 neu entstandene Brauereien sollten sich die regelmäßigen Steuersätze um 25 v. H. erhöhen. Neu eingeführt wurde durch das Gesetz eine Steuerbegünstigung von Personen, die Bier nur für ihren Hausbedarf bereiten und dazu nicht mehr als 5 dz Malz im Jahr verwenden (Hausbrauer), durch Zubilligung eines ermäßigten Steuersatzes von 10 ℳ für 1 dz.

Die Grundzüge des Malzaufschlaggesetzes vom 18. März 1910 waren folgende:

Dem Malzaufschlag unterlag das zur Bierbereitung innerhalb Bayerns bestimmte, in Bayern geschrotete Malz. Er wurde auch von dem zur Bereitung bierähnlicher Getränke bestimmten Malz erhoben. Zur Bierbereitung durften andere Stoffe als Malz, Hopfen, Hefe und Wasser nicht verwendet werden (Reinheitsgebot). Zur Bereitung von untergärigem Bier durfte nur Gerste verwendet werden. Diese Vorschriften, die bereits auf Grund des Malzaufschlaggesetzes vom 16. Mai 1868 galten, haben viel zur günstigen Entwicklung des bayerischen Braugewerbes beigetragen. Die Verwendung von Malzersatzstoffen zur Bereitung bierähnlicher Getränke wurde auf Grund gesetzlicher Ermächtigung im Verwaltungswege verboten. Bei der Ausfuhr von Bier wurde der Malzaufschlag zurückvergütet.

Das Malz wurde steuerbar, sobald es für den Zweck der Erzeugung von Bier zum Schroten in die Mühle eingebracht wurde. Der Malzaufschlag wurde vom Reingewicht des ungeschroteten Malzes erhoben. Dabei wurde 1 dz Weizenmalz gleich 0,9 dz Gerstenmalz gerechnet. Den Malzaufschlag hatte der zu entrichten, für dessen Rechnung das Malz geschrotet wurde. Malz durfte nur geschrotet werden auf öffentlichen, als solchen zugelassenen Malzmühlen und auf eigenen, besonders genehmigten Malzmühlen. In ander Mühlen durfte Malz nicht eingebracht werden. Zum Schroten von Malz auf einer öffentlichen Malzmühle bedurfte es eines von der Steuerbehörde ausgestellten Malzscheines. Ohne diesen durfte in einer öffentlichen Malzmühle Malz vom Müller nicht übernommen werden. Der Müller hatte das Malz zu verwiegen, das Gewicht auf dem Malzschein und in einem Mühlbuche zu vermerken, die Malzscheine aufzubewahren und bei nächster Gelegenheit einem Steuerbeamten zu übergeben. Für das steuerpflichtige Gewicht des Malzes war die Gewichtsfeststellung des Müllers und, wenn die Mühle mit einer selbsttätigen Verwiegungsvorrichtung versehen war, deren Anzeige maßgebend. Eigene Malzmühlen mußten mit einer selbsttätigen Verwiegungsvorrichtung versehen sein und sollten in der Regel nur für den Bedarf des Betriebsberechtigten benutzt werden. Der Inhaber einer eigenen Malzmühle hatte ein Mühlbuch zuführen, in das nach jedem Schroten der Stand des Zählwerks der Verwiegungsvorrichtung einzutragen war. An Stelle der Malzscheine genügte eine jeweilige schriftliche Anzeige über das beabsichtigte Schroten an die Steuerbehörde. Das steuerpflichtige Gewicht des auf einer eigenen Malzmühle geschroteten Malzes bemaß sich ausschließlich nach der Anzeige der Verwiegungsvorrichtung soweit diese nicht als unrichtig festgestellt werden konnte. Der Verkehr mit geschrotetem Malz war verboten. Gewerbliche Brauer hatten ein Sudbuch zu führen, in das die Mengen des für die einzelnen Sude verwendeten Malzes, der daraus gewonnenen Bierwürze sowie deren Extraktgehalt vom Brauer einzutragen waren. Das Sudbuch sollte zur Sicherung des Steueraufkommens dienen, andererseits die Grundlagen für die Vergütung der staatlichen und gemeindlichen Bierabgaben bei der Bierausfuhr schaffen. Die Entstehung neuer Brauereien war erschwert. Für sie trat eine Erhöhung der regelmäßigen Sätze um 25 v. H. ein, außerdem war ihnen die Verpflichtung zum Halten eigener Malzmühlen mit selbsttätigen Verwiegungsvorrichtungen auferlegt.

Im Anschluß an die Erhöhung der Abgaben vom Bier im Reich durch das Biersteuergesetz vom 26. Juli 1918 entschloß man sich auch in Bayern zu gleichem Vorgehen. Der dem Landtag unter dem 21. Juni 1918 vorgelegte Entwurf eines Biersteuergesetzes (Beilagen Bd. 18, Beilage 2503 S. 720 zu den Verhandlungen der Kammer der Abgeordneten) schlug die Besteuerung des fertigen Bieres nach den im Reich angenommenen Grundsätzen vor. Die Rohstoffüberwachung war insofern verschärft, als für *alle* Malzmühlen, auf denen zur Bierbereitung bestimmtes Malz geschrotet werden sollte, die Anbringung selbsttätiger Verwiegungsvorrichtungen gefordert war. Im übrigen wich der Entwurf vom Biersteuergesetz hauptsächlich dadurch ab, daß er aus dem bisherigen Malzaufschlaggesetz den Grundsatz der Nichtdurchstaffelung beibehielt und in den beiden ersten Steuerstufen gegenüber dem Biersteuergesetz je um 0,50 ℳ ermäßigte Steuersätze enthielt. Der Entwurf sah von einer Abfindung ab und kannte auch keine Brauanzeige. Das Reinheitsgebot wurde im bisherigen Umfange aufrecht erhalten. Eine Steuerbegünstigung der Hausbrauer fehlte im Entwurf, ebenso wie die Steuerfreiheit für das Haustrunkbier der Brauereiarbeiter und -angestellten. Die Kontingentierung des Biersteuergesetzes war übernommen, jedoch mit der Maßgabe, daß für Kontingentierungsüberschreitungen ein nach dem Betriebsumfang der Brauerei abgestufter Spielraum vorgesehen war. Der Entwurf wurde einem verstärkten Finanzausschuß überwiesen (StenBer. Bd. 19 S. 472), der die Beratung bis zur Herbsttagung des Landtags vertagte. Die Wiederaufnahme der Verhandlungen im Landtage wurde dann durch die Staatsumwälzung unterbrochen.

3. Württemberg

Der Bierverbrauch war in Württemberg bis zum Jahre 1821 mit einer Herstellungsabgabe, dem Halbtalergeld von 45 Kreuzern vom Eimer, einer Akzise von 5 v. H. des Erlöses und mit einer Ausschankabgabe von weiteren 10 v. H. des Ausschankpreises belegt (Generalreskripte vom 11. September 1643 und 22. Juli 1764). An die Stelle dieser Abgaben trat von 1821 ab eine Pauschversteuerung, die durch das Wirtschaftsabgabengesetz vom 9. Juli 1827 (RegBl. S. 269) aufgehoben wurde. Dieses Gesetz brachte infolge des 1827 mit Bayern abgeschlossenen Handelsvertrages und im Anschluß an die in Bayern damals bestehende Besteuerungsart den Übergang zur Besteuerung der zur Bierbereitung verwendeten Rohstoffe (Malz und dessen Ersatzstoffe). Es bestimmte die Steuer auf 21 Kreuzer für ein Simri (= 22,15 Liter) eingesprengten Malzes, so daß bei dem gesetzlich festgestellten Verhältnis des eingesprengten Malzes zum trockenem von 7:6 der Steuersatz für ein Simri trockenen Malzes sich auf 24½ Kreuzer berechnete. Der Brauer hatte die Steuer zu entrichten, sobald das Malz zum Schroten in die Mühle gebracht oder der Ersatzstoff zur Bierbereitung verwendet wurde. Der Steuerwert der Ersatzstoffe sollte von Fall zu Fall zu dem Getreidemalz in Verhältnis gesetzt werden. Das Malz sollte in der Regel auf öffentlichen Mühlen geschrotet werden; eigene Malzmühlen durften nur auf Grund besonderer Erlaubnis benutzt werden. Von der im Gesetz gegebenen

Möglichkeit einer Pauschversteuerung hat die Finanzverwaltung keinen Gebrauch gemacht.

Durch das Finanzgesetz vom 24. Dezember 1833 (RegBl. S. 541) wurde die Malzsteuer auf 20 Kreuzer für ein Simri eingesprengten, d. i. 23 1/3 Kreuzer für ein Simri trockenen Malzes herabgesetzt. Das Finanzgesetz vom 20. September 1852 (RegBl. S. 246) erhöhte den Steuersatz auf 24 Kreuzer für ein Simri und zwar ohne Unterscheidung des trockenen und des eingesprengten Malzes. Das Malzsteuergesetz vom 8. April 1856 (Reg.-Bl. S. 99) faßte die damals geltenden Vorschriften über die Besteuerung des zur Bierbereitung bestimmten Malzes zusammen, verbesserte die Überwachungsvorschriften, insbesondere hinsichtlich der Benutzung eigener Malzmühlen und beseitigte die Möglichkeit von Pauschversteuerungen. Durch das Finanzgesetz vom 23. März 1868 (RegBl. S. 143) wurde der Steuersatz um 10 v. H. auf 26,4 Kreuzer und durch Gesetz vom 5. Juli 1871 (RegBl. S. 171) nochmals um 10 v. H. auf 28, 8 Kreuzer für ein Simri erhöht.

Das Gesetz vom 12. Dezember 1871 (RegBl. S. 333) brachte die Besteuerung des Malzes nach dem Gewicht und bestimmte, daß der Steuersatz jeweils durch das Finanzgesetz festzusetzen sei. Indem man davon ausging, daß ein Simri Malz 23 Pfund wiege, wurde der Steuersatz durch das Finanzgesetz vom 15. April 1872 (RegBl. S. 152) auf rund 2 fl. 5 kr. für einen Zentner Malz festgesetzt. Bei der Einführung der Markrechnung wurde dieser Satz auf 3,60 ℳ für einen Zentner (50 kg) umgerechnet, wodurch eine Erhöhung von 2,75 ₰ oder 1 kr. für einen Zentner eintrat. Im Finanzgesetz vom 24. März 1881 wurde die Abgabe für das zur Bierbereitung bestimmte Malz auf 5 ℳ für einen Zentner erhöht.

Die Rücksicht auf die kleineren Brauereien führte zu dem Gesetz, betreffend die Abstufung der Malzsteuer vom 28. April 1893 (RegBl. S. 81). Hierdurch wurde für Brauereien mit einem Malzverbrauch im Etatsjahr von nicht mehr als 2000 Zentner mit Wirkung vom 1. April 1893 an der durch das Finanzgesetz bestimmte Steuersatz für die ersten 1000 Zentner um ein Zehntel ermäßigt. Diese abgestufte Veranlagung der Malzsteuer wurde durch das Gesetz vom 8. Juli 1895 (RegBl. S. 219) noch weiter ausgebaut, indem für gewerbliche Bierbrauer mit einem jährlichen Malzverbrauch von mehr als 10000 Zentnern der regelmäßige Steuersatz für die diese Menge übersteigenden nächsten 30000 Zentner um 5 v. H. und für die 40000 Zentner übersteigende Malzmenge um 10 v. H. erhöht wurde. Gleichzeitig wurde für Hausbrauer, die nicht mehr als 10 Zentner Malz verwenden, der durch das Finanzgesetz bestimmte Steuersatz um 75 v. H. ermäßigt.

Das Gesetz, betreffend die Biersteuer, vom 4. Juli 1900 (RegBl. S. 542) brachte wesentliche Neuerungen. Mit dem Verbot der Verwendung von Malzersatzstoffen und der Vorschrift, daß zur Bereitung untergärigen Bieres nur Gerstenmalz verwendet werden dürfe, wurde in Württemberg das unbedingte Reinheitsgebot zur Geltung gebracht, wie es in Bayern seit langem und in Baden seit 1897 bestand. Die Abstufung der Steuersätze wurde ebenfalls geändert und zwar wurde die Steuer für die von einer Brauerei in einem Rechnungsjahr verwendete Malzmenge festgesetzt für die ersten 500 dz auf 80 v. H., für die folgenden 1500 auf 100 v. H., für die folgenden

2000 auf 110 v. H., für die folgenden 5000 auf 120 v. H. und für den Rest auf 125 v. H. des jeweils durch Finanzgesetz bestimmten Steuersatzes. Dieser betrug seit dem Jahre 1881 10 ℳ für 1 dz, so daß sich für die Dauer der Geltung dieses Satzes folgende Steuersätze ergeben: 8, 10, 11, 12 und 12,50 ℳ. Für Brauereien, die in einem Rechnungsjahr nicht mehr als 500 dz Malz verwenden, sollte die Steuer nur 70 v. H. des Steuersatzes (7 ℳ) betragen. Hausbrauer hatten wie bisher nur 25 v. H. des Steuersatzes, d. i. 2,50 ℳ zu entrichten. Außerdem enthielt das Gesetz Änderungen und Erleichterungen der Überwachungsvorschriften, von denen besonders die Aufhebung der Transportkontrolle für ungeschrotetes Malz zu erwähnen ist.

Die Erhöhung der Bierbesteuerung im Brausteuergebiet durch die Brausteuergesetze von 1906 und 1909 und die dadurch bedingte Erhöhung der von Württemberg zu zahlenden Ausgleichungsbeträge führte im Jahre 1909 zu einer Erhöhung der Biersteuer auch in Württemberg. Damit war eine anderweite Staffelung der Steuersätze verbunden. Nach dem Gesetz vom 16. August 1909 (RegBl. S. 149) betrug die Steuer von der in einem Brauereibetrieb innerhalb eines Rechnungsjahres steuerpflichtig gewordenen Malzmenge für die ersten 250 dz 65 v. H., für die folgenden 1250 dz 80 v. H., für die folgenden 1500 dz 90 v. H., für die folgenden 2000 dz 95 v. H. und für den Rest 100 v. H. des jeweils durch Finanzgesetz festgesetzten Steuersatzes. Durch das Finanzgesetz vom 18. August 1909 (RegBl. S. 152) wurde mit Wirkung vom 1. Oktober 1909 an der Höchstbetrag des Steuersatzes auf 22 ℳ für 1 dz ungeschroteten Malzes festgesetzt. Dadurch ergaben sich für die vorerwähnten Steuerstufen die Sätze von 14,30, 17,60, 19,70, 20,90 und 22 ℳ. Für Hausbrauer wurde der Steuersatz für die ersten 5 dz Malz auf 20 v. H. des Steuersatzes, d. i. auf 4,40 ℳ für 1 dz, ermäßigt.

Die Überwachungsvorschriften entsprachen im allgemeinen denen des bayerischen Malzaufschlaggesetzes. Als Besonderheiten des württembergischen Biersteuergesetzes sind hervorzuheben, daß der Malzschein bei der Verbringung des Malzes zur Mühle mitzuführen und den Steuerbeamten auf Verlangen vorzuzeigen war, daß für eigene Malzmühlen ein Zwang, sie mit selbsttätigen Verwiegungsvorrichtungen zu versehen, nicht bestand, daß aber derartige Mühlen gewissen Betriebsbeschränkungen unterlagen, unter amtlichem Verschluß standen und das auf ihnen zu schrotende Malz in Gegenwart des Ortssteuerbeamten, der das Gewicht festzustellen hatte, zu verwiegen war.

Die Neuregelung der Bierbesteuerung in der Biersteuergemeinschaft durch das Biersteuergesetz von 1918 veranlaßte die württembergische Regierung, der verfassungsgebenden Landesversammlung unter dem 13. Februar 1919 den Entwurf eines Gesetzes, betreffend die Besteuerung des Bieres, vorzulegen (Beilage 36 der verfassungsgebenden württ. Landesversammlung), der im wesentlichen dem Reichsbiersteuergesetz entsprach. Von diesem unterschied sich der Entwurf namentlich dadurch, daß statt der beiden ersten Steuerstufen des Reichsbiersteuergesetzes deren drei mit Sätzen von 9,50 ℳ (bis 1500 hl), 10 ℳ (von den folgenden 3000 hl) und 10,50 ℳ (von den folgenden 5500 hl) vorgesehen waren und daß die zweithöchste Stufe um 5 ₰ niedriger war als die norddeutsche, ferner dadurch, daß Abfindung und Brauanzeige fehlten, Steuerbefreiung des Haustrunkbieres und Steuerbegünstigung der Hausbrauer nicht vorgesehen waren, Überschreitung der Jahresmenge in bestimmtem Umfange zugelassen war, das strenge Reinheitsgebot und die bisherigen Vorschriften über die Malzschrotüberwachung beibehalten waren.

Nachdem durch das Gesetz vom 27. März 1919 (RGBl. S. 345) Württemberg der Biersteuergemeinschaft beigetreten war, wurde der Gesetzentwurf am 31. März 1919 von der Staatsregierung zurückgezogen (Beil. 61 der Landesversammlung vom 11. April 1919).

4. Baden

Durch die Akzisordnung von 1812 wurde zum erstenmal in Baden eine Landesbiersteuer eingeführt. Sie wurde von dem zur Bierbereitung bestimmten Malz nach dem Hohlmaß erhoben und betrug an Akzise und Ohmgeld je 1 fl. vom Malter = 150 Liter. Dabei war für die Herstellung des Bieres die Verwendung einer Mindestmalzmenge vorgeschrieben. 1825 wurde die Besteuerung der Bierwürze nach dem Raumgehalt des Braukessels (Kesselsteuer) eingeführt. Die Abgabe betrug zunächst 6, dann 5 kr. von jeder Stütze = 15 Liter des Kesselinhalts, d. i. 1,14 und 0,95 ℳ für 1 hl. Das Gesetz vom 30. April 1845, das in seinen Grundzügen bis zum 1. Januar 1897 galt, behielt diese Besteuerungsart in ihrer bisherigen Höhe bei. 1868 wurde die Abgabe auf 7 kr. = 20 ₰ für 15 Liter (1,33 ℳ für 1 hl) des Raumgehaltes des Braukessels erhöht und durch das Gesetz vom 22. März 1880 (GVBl. S. 81) um weitere 50 v. H., so daß von da ab 2 ₰ von jedem Liter des Rauminhalts des Braukessels erhoben wurden. Die Steuer war zu entrichten, bevor mit der Feuerung des Braukessels begonnen wurde. War mit der Entleerung des Kessels zum Zwecke der Abkühlung begonnen, so durfte mit Ausnahme des Hefezusatzes eine Vermehrung der Flüssigkeit nicht mehr stattfinden. Die Steuer war nach dem vollen Inhalt des amtlich geeichten Braugefäßes zu entrichten, wobei Kränze und Aufsätze als Teil des Braugefäßes galten. Die Kessel der Braugefäße standen unter amtlichem Verschluß, der vor dem Gebrauch durch die Steuerbeamten abgenommen und nach Beendigung des Brauaktes wieder angebracht wurde. Wer Bier brauen wollte, mußte dies wenigstens eine Stunde vor dem Beginn der Feuerung unter gleichzeitiger Steuerentrichtung mit einer besonderen Brauanmeldung der Steuerstelle anzeigen. Obwohl diese Art der Abgabenerhebung von Anfang an nach keiner Seite hin befriedigt hatte und deshalb von den Brauern mehrfach die Einführung einer Braumalzsteuer beantragt worden war, fand doch bei den badischen Ständen ein 1884 vorgelegter Gesetzentwurf, die Erhebung der Braumalzsteuer betreffend, keine Annahme.

Erst das Gesetz, die Biersteuer betreffend, vom 30. Juni 1896, brachte den Übergang zur Malzgewichtssteuer nach bayerischem und württembergischem Vorbild. Zur Bierbereitung durften statt Malz Stoffe irgendwelcher Art als Ersatz oder Zusatz, also auch ungemälztes Getreide, nicht verwendet werden. Für untergäriges Bier war nur die Verwendung von Gerstenmalz zugelassen. Die Steuersätze waren nach dem Betriebsumfang der

Brauereien abgestuft. Dabei waren drei Gruppen von Brauereien gebildet, die verschiedenen Steuersätze unterlagen (Nichtdurchstaffelung). Die Steuer betrug bei einem jährlichen Gesamtmalzverbrauch

1. bis zu 1500 dz
   a) für die ersten 250 dz . . . . 8 ℳ
   b) für die folgenden 1250 dz . . . . 10 „
2. von mehr als 1500 bis zu 5000 dz . . . . 11 „
3. von mehr als 5000 dz . . . . 12 „

für je 100 kg gebrochenen oder ungebrochenen Malzes. Für diejenigen, die obergäriges Bier nur zu ihrem Hausbedarf bereiteten und hierzu in einem Kalenderjahr nicht mehr als 5 dz Malz verwendeten, betrug die Steuer nur je 2 ℳ für 1 dz Malz. Die Überwachungsbestimmungen entsprachen im allgemeinen denen des württembergischen Biersteuergesetzes.

Auch Baden wurde durch die Wirkung der Brausteuergesetze der Brausteuergemeinschaft von 1906 und 1909 auf die Ausgleichungsbeträge zu einer Erhöhung seiner Biersteuer veranlaßt (Gesetz vom 25. Januar 1910, die Abänderung des Biersteuergesetzes betreffend, GVBl. 1910 S. 55). Dabei wurde zwar die bisherige Abstufung der Steuersätze, insoweit der Betriebsumfang der Brauereien in Betracht kam, beibehalten, jedoch der Grundsatz der Nichtdurchstaffelung verlassen und allen Brauereien die Teilnahme an sämtlichen regelmäßigen Steuersätzen zugestanden. Die Steuersätze betrugen für die ersten 250 dz 15,— ℳ, für die folgenden 1250 17,50 ℳ, für die folgenden 1500 20,— ℳ, für die folgenden 2000 21,— ℳ und für den Rest 23,— ℳ.

Für die vor dem 1. August 1909 betriebsfähig hergerichteten Brauereien wurde, sofern in ihnen im Durchschnitt der Jahre 1907 bis 1909 nicht mehr als 150 dz Malz steuerbar geworden waren, die Steuer von den ersten 150 dz des in einem Jahr steuerbar gewordenen Malzes auf 13 ℳ für 1 dz ermäßigt. Diese Vergünstigung sollte dauernd mit dem Ablauf des Jahres erlöschen, in dem in der Brauerei mehr als 150 dz steuerbar geworden sind. Der ermäßigte Steuersatz für Hausbrauer wurde auf 4 ℳ für 1 dz erhöht. Für neue nach dem 1. Februar 1910 in Betrieb genommene Brauereien sowie für Brauereien, die nach dem 1. Februar 1910 wieder in Betrieb genommen wurden, nachdem sie mehr als zwei Jahre außer Betrieb waren, sollte eine Erhöhung der regelmäßigen Steuersätze um 25 v. H. eintreten, und zwar in der Zeit bis zum 31. Dezember 1912.

Das Gesetz, die Biersteuer betreffend, vom 5. Oktober 1918 (GVBl. S. 365) trug dann der Änderung und Erhöhung der Bierbesteuerung im Reich durch das Biersteuergesetz vom 26. Juli 1918 Rechnung. Es entsprach im allgemeinen und namentlich hinsichtlich der Steuersätze dem Reichsbiersteuergesetz. Die wesentlichen Unterschiede bestanden darin, daß der Steuerbehörde die Befugnis eingeräumt war, die Menge des an Brauereiangestellte und -arbeiter als Haustrunk abgegebenen steuerfreien Bieres festzusetzen, daß eine Abfindung kleiner Betriebe nicht zugelassen worden war und daß für die Verteilung der Jahresmenge auf die einzelnen Betriebe im Gegensatz zum Biersteuergesetz nicht der Bierabsatz in den Kalenderjahren 1912 und 1913, sondern der Malzverbrauch der Brauereien in diesen Jahren zugrunde gelegt war. Das Reinheitsgebot wurde im bisherigen Umfang beibehalten, insbesondere war die Verwendung von Zucker und Farbmitteln aus Zucker zur Bereitung obergärigen Bieres verboten. Das Reinheitsgebot galt auch für die steuerbegünstigten Hausbrauer.

5. Elsaß-Lothringen

Durch § 4 des Gesetzes, betreffend die Einführung der Verfassung des Deutschen Reiches in Elsaß-Lothringen, vom 25. Juni 1873 (RGBl. S. 161) blieb die in Art. 35 der Reichsverfassung erwähnte Besteuerung des inländischen Bieres der inneren Gesetzgebung Elsaß-Lothringens bis auf weiteres vorbehalten. Dafür waren die gleichen Erwägungen maßgebend, die für die sonderrechtliche Besteuerung des Bieres in Bayern, Württemberg und Baden bestimmend waren, sowie die Rücksichtnahme auf die Finanzen des Landes. Bis 1907 verblieb es bei der bisherigen französischen Gesetzgebung (französisches Gesetz über die Finanzen vom 28. April 1816, Art. 107 bis 137). Die im Laufe der Zeit dazu ergangenen abändernden Bestimmungen wurden in den „Dienstvorschriften zur Ausführung der gesetzlichen Bestimmungen über die Biersteuer" vom 10. März 1875 (Amtsblatt der Generaldirektion der Zölle und indirekten Steuern in Elsaß-Lothringen 1875 S. 65) zusammengefaßt. Die Steuer wurde nach dem Inhalt des Braukessels erhoben (Kesselsteuer) und betrug 2,30 ℳ für 1 hl starken und 58 ₰ für 1 hl dünnen Bieres. Diese veraltete Besteuerungsform wurde durch das Biersteuergesetz vom 21. Mai 1907 (GesBl. S. 46) beseitigt, das die Vorschriften der §§ 1—53 des Brausteuergesetzes vom 3. Juni 1906 mit der Maßgabe einführte, daß die Steuersätze erhöht und anderweit abgestuft wurden. Die Steuer betrug nach der verwendeten Malzmenge 8 bis 13 ℳ für 1 dz.

Mit Rücksicht auf die Erhöhung der Brausteuer durch das Brausteuergesetz vom 15. Juli 1909 wurden diese Steuersätze 1910 auf 15—23 ℳ erhöht (Gesetz vom 20. Juli 1910, GesBl. S. 80). Gleichzeitig wurde das unbedingte Reinheitsgebot eingeführt, jedoch mit Ausnahmen für die Haustrunkbereitung und für die Bereitung besonderer Biere sowie von Ausfuhrbier.

Durch das Gesetz vom 17. Mai 1918 (GesBl. S. 33) wurde das Ministerium ermächtigt, für den Fall, daß im Geltungsbereich des Reichsbrausteuergesetzes im Jahre 1918 ein neues Biersteuergesetz erlassen werden sollte, die Bestimmungen dieses neuen Gesetzes vom Zeitpunkt seines Inkrafttretens ab bis zur anderweiten gesetzlichen Regelung durch Verordnung in Elsaß-Lothringen für wirksam zu erklären. Von dieser Ermächtigung ist indessen nicht mehr Gebrauch gemacht worden. § 56 des Biersteuergesetzes vom 26. Juli 1918 sah vor, daß Elsaß-Lothringen durch Beschluß des Bundesrats und des Reichstags in den Geltungsbereich des Biersteuergesetzes einbezogen werden konnte.

B. Die einheitliche Bierbesteuerung durch das Reich bis 1945

Die in Art. 35 Abs. 2 und 78 Abs. 2 der Reichsverfassung vom 16. April 1871 niedergelegten Bierbesteuerungssonderrechte Bayerns, Württembergs und Badens teilten nach dem Zusammenbruch des Jahres 1918 das Schicksal der übrigen Reservatrechte der Bundesstaaten. Der Entwurf einer Verfassung des Deutschen Reiches, der unter dem 17. Februar 1919 dem Staatenausschuß zuging (Nr. 4 der Drucksachen zu den Verhandlungen des Staatenausschusses für 1919), wies in Art. 7 Abs. 2 dem Reich „die Gesetzgebung über die Abgaben und sonstigen Einnahmen" zu, „soweit sie ganz oder teilweise für seine Zwecke in Anspruch genommen werden". Nach Art. 7 Abs. 3 des Entwurfs stand dem Reich ferner die Erhebung und Verwaltung der Zölle und Verbrauchsteuern zu. Württemberg stellte im Staatenausschuß den Antrag (Anlage zu Nr. 4 der Drucksachen des Staatenausschusses für 1919), daß es in Württemberg — und den anderen Sonderrechtsstaaten — hinsichtlich der Erhebung der Zölle und Verbrauchsteuern bei den bisher geltenden Vorschriften und hinsichtlich der Bierbesteuerung bei der Vorschrift des Art. 35 Abs. 2 der bisherigen Verfassung so lange bleiben solle, bis ein Freistaat für sein Gebiet das Einverständnis mit dem Inkrafttreten des Art. 7 Abs. 1 bis 3 und 5 erkläre und die Reichsregierung dem Inkrafttreten zustimme. Der Verfassungsentwurf wurde in der Zeit vom 18. bis 21. Februar 1919 vom Staatenausschuß beraten. Bereits vorher waren in Weimar Verhandlungen zwischen der Reichsregierung und den Sonderrechtsstaaten begonnen worden, in denen auf Wunsch der letzteren die Frage eines freiwilligen Verzichtes dieser Staaten auf ihre Sonderrechte gegen angemessene, in Form zeitlicher oder dauernder jährlicher Überweisungen aus den Biersteuereinnahmen des ganzen Reiches zu zahlende Entschädigungen erörtert wurde. Auf Grund dieser Verhandlungen erklärte Württemberg durch den Finanzminister Liesching bereits am 20. Februar 1919 seine grundsätzliche Bereitschaft zur Ablösung seines Sonderrechtes.

Der Entwurf der Reichsverfassung, der nach der Beratung durch den Staatenausschuß unter dem 21. Februar 1919 der verfassungsgebenden deutschen Nationalversammlung in Weimar zuging (Nr. 59 der Drucksachen der verfassungsgebenden deutschen Nationalversammlung), entsprach in Art. 7 Abs. 2 und 3 dem ersten Entwurf. Ein neuer Artikel 116 erhielt für Bayern, Württemberg und Baden hinsichtlich der Besteuerung des inländischen Bieres den Art. 35 Abs. 2 der alten Reichsverfassung aufrecht, bis ein Gliedstaat sein Einverständnis mit dem Inkrafttreten des Art. 7 Abs. 2 der neuen Verfassung für sein Gebiet erkläre und die Reichsregierung dem Inkrafttreten zustimme. Danach war die endgültige Aufhebung der Sonderrechte nicht mehr wie nach Art. 78 Abs. 2 der alten Reichsverfassung von der Zustimmung der beteiligten Staaten abhängig, sondern konnte nur durch verfassungsänderndes Reichsgesetz erfolgen.

Nachdem die Verhandlungen mit Württemberg zu einem Einvernehmen auch im einzelnen geführt hatten, legte die Reichsregierung unter dem 20. März 1919 der Nationalversammlung den Entwurf eines Gesetzes über den Eintritt des Freistaates Württemberg in die Biersteuergemeinschaft vor (Nr. 172 der Drucksachen der verfassungsgebenden deutschen Nationalversammlung), der am 26. März 1919 von der Nationalversammlung in allen drei Lesungen einstimmig angenommen wurde.

Den besonderen Verhältnissen Württembergs bei seinem Eintritt in die Biersteuergemeinschaft war in diesem Gesetz dadurch Rechnung getragen, daß die Aufrechterhaltung des strengen Reinheitsgebots, insbesondere das Verbot der Zuckerverwendung bei der Herstellung obergärigen Bieres und die Fortgeltung des Reinheitsgebots auch für steuerbegünstigte Hausbrauer, ihm vorbehalten wurde, und ferner dadurch, daß zum Ausgleich für die bisherigen Überschüsse die Biersteuereinnahmen Württembergs über seine Ausgleichungszahlungen an das Reich ihm ein entsprechender Anteil aus den Biersteuereinnahmen der Biersteuergemeinschaft, nämlich 3,45 vom Hundert jährlich gewährt wurde. Bei der Berechnung dieses Vomhundertsatzes war von den Landesreineinnahmen an Biersteuer und Übergangsabgabe ausgegangen worden, die Württemberg nach seiner durchschnittlichen Biererzeugung in den Rechnungsjahren 1912 und 1913 erzielt haben würde, wenn es das Biersteuergesetz vom 26. Juli 1918 als Landesgesetz eingeführt hätte. Vor dem Krieg war der Bierverbrauch auf den Kopf der Bevölkerung in Württemberg wesentlich höher, 1913 z. B. um mehr als das Doppelte höher, als im Gebiet der Biersteuergemeinschaft gewesen, und darauf hatten die Überschüsse der Biersteuereinnahmen über die Ausgleichungszahlungen beruht. Um einer etwaigen Verschiebung im Bierverbrauch zugunsten der Biersteuergemeinschaft Rechnung zu tragen — wie sie übrigens nach dem Kriege tatsächlich eingetreten ist —, wurde für die Überweisungen eine Höchstgrenze von 15 Millionen *M* vorgesehen. Die Festsetzung eines Höchstbetrages bedeutete ferner, daß die Vorteile einer etwaigen späteren Erhöhung der Reichsbiersteuer ausschließlich dem Reich zufließen sollten. Für den Fall des Beitritts anderer Staaten war eine Neuberechnung der Verhältniszahl von 3,45 vom Hundert vorbehalten[1]). Als besondere Sicherung Württembergs war die Bestimmung vorgesehen, daß das Gesetz nur unter den Voraussetzungen geändert werden konnte, die nach der Reichsverfassung für Verfassungsänderungen vorgesehen war. Das Gesetz wurde am 27. März 1919 vollzogen und trat am 1. April 1919 in Kraft (RGBl. S. 345).

Mit dem Eintritt Württembergs in die Biersteuergemeinschaft entfiel seine Verpflichtung zur Zahlung der Ausgleichungsbeträge, die zum 1. April 1919 eine sehr beträchtliche Erhöhung erfahren hätten, da die durch das Gesetz vom 26. Juli 1918 über die Biersteuerausgleichungsbeträge (RGBl. S. 886)[2]) den Sonderrechtsstaaten gewährten Erleichterungen mit dem Rechnungsjahre 1918 ihr Ende erreichten. Die erhöhten Ausgleichungsbeträge bildeten dagegen eine fühlbare Belastung für Bayern, das im Gegensatz zu Baden eine Angleichung seiner Bierbesteuerung an die Erhöhung der Belastung im Reich nicht durchgeführt hatte.

Nach dem Beitritt Württembergs zur Biersteuergemeinschaft setzten Bayern[3]) und Baden die Verhandlungen mit der Reichsregierung über die Ab-

[1]) Infolge des Eintritts Bayerns und Badens in die Biersteuergemeinschaft war die Verhältniszahl mit Wirkung vom 1. Juli 1919 neu auf 2,50 v. H. festgesetzt worden (Bekanntmachung zum Gesetz über den Eintritt des Freistaates Württemberg in die Biersteuergemeinschaft vom 27. März 1919, RGBl. S. 345, vom 5. Juli 1919, RGBl. S. 635).

[2]) vgl. S. 17.

[3]) Der bayerische Standpunkt ist dargelegt in einem Aufsatz des nachmaligen bayerischen Finanzministers Dr. *Schmelzle* in den Bayerischen Verwaltungsblättern 1926 Heft 11 (vgl. Staatszeitung Nr. 146 vom 29. Juni 1926). Bayerische Biersteuereinnahmen 1880: 30,6, 1890: 36,7, 1900: 44, 1910: 53,3 Mill. *M* bei einer Gesamteinnahme von 214,6 — 321,6 — 445 — 629,2 Mill. *M*.

lösung ihrer Biersteuersonderrechte fort. Am 11. Juni 1919 richtete Bayern und im Anschluß daran am 12. Juni 1919 Baden an die Reichsregierung das Ersuchen, den Entwurf eines Gesetzes über ihren Eintritt in die Biersteuergemeinschaft beim Staatenausschuß einzubringen. Das geschah. In der Sitzung des Staatenausschusses vom 20. Juni 1919 erklärten Bayern und Baden, sie hätten für die im Gesetzentwurf vorgesehene Neuregelung die Form eines Vertrages vorgezogen; sie stimmten zu unter der Voraussetzung, daß ihnen die jährliche Entschädigung auch nicht durch ein verfassungsänderndes Gesetz wieder entzogen würde; Württemberg schloß sich dieser Erklärung an (§ 383 der Niederschriften des Staatenausschusses für 1919). Nach Zustimmung des Staatenausschusses wurde der Entwurf unter dem 20. Juni 1919 der verfassungsgebenden deutschen Nationalversammlung vorgelegt (Nr. 393 der Drucksachen der Nationalversammlung) und von dieser am 23. Juni 1919 unverändert angenommen. Das Gesetz über den Eintritt der Freistaaten Bayern und Baden in die Biersteuergemeinschaft wurde am 24. Juni 1919 vollzogen und im RGBl. S. 599 veröffentlicht. Es trat am 1. Juli 1919 in Kraft. Damit wurde die letzte innerhalb des Reiches bestehende Zollschranke beseitigt.

Das Gesetz schloß sich eng an das Gesetz vom 27. März 1919 über den Eintritt Württembergs in die Biersteuergemeinschaft an. Hinsichtlich des Reinheitsgebotes war die Ermächtigung Bayerns und Badens, die Geltung bestimmter Vorschriften des Reichsbiersteuergesetzes für ihr Gebiet auszuschließen, erweitert, indem auch § 13 Abs. 5 des Reichsbiersteuergesetzes (Ausnahmen vom Reinheitsgebot für die Bereitung besonderer Biere und von Ausfuhrbier) sollte ausgeschlossen werden können. Die Anteile Bayerns und Badens aus den Biersteuereinnahmen der erweiterten Biersteuergemeinschaft wurden für Bayern auf 13,55 und für Baden auf 1,60 v. H., die Höchstbeträge auf 78 und 10 Millionen bemessen.

Art. 116 der Regierungsvorlage wurde bereits vom Verfassungsausschuß (8. Ausschuß) der Nationalversammlung gestrichen, da er durch den Verzicht der süddeutschen Staaten auf ihre Sonderrechte gegenstandslos geworden war (Nr. 656 der Drucksachen der Nationalversammlung). Art. 8 der Reichsverfassung vom 11. August 1919 (RGBl. S. 1383), in dem Art. 7 Abs. 2 der Regierungsvorlage aufgegangen war, bestimmte: „Das Reich hat ferner die Gesetzgebung über die Abgaben und sonstigen Einnahmen, soweit sie ganz oder teilweise für seine Zwecke in Anspruch genommen werden. Nimmt das Reich Abgaben oder sonstige Einnahmen in Anspruch, die bisher den Ländern zustanden, so hat es auf die Erhaltung der Lebensfähigkeit der Länder Rücksicht zu nehmen." Damit war das ausschließliche Recht des Reiches zur Gesetzgebung auf dem Gebiet der Bierbesteuerung auch durch die Reichsverfassung festgelegt.

In der weiteren Besteuerung des Bieres durch das Reich sind folgende Abschnitte zu unterscheiden:

1. Am 23. Dezember 1919 trat die Reichsabgabenordnung vom 13. Dezember 1919 (RGBl. S. 1993) in Kraft, die wie die anderen Abgabengesetze so auch das Biersteuergesetz vom 26. Juli 1918 in mehrfacher Hinsicht abänderte und ergänzte (vgl. §§ 444 Abs. 3, 451, 453 der Reichsabgabenord-

nung; ferner die Verordnung zur Einführung der Reichsabgabenordnung vom 18. Dezember 1919, RGBl. S. 2101; allgemeine Verfügungen des Reichsministers der Finanzen über das Inkrafttreten der Reichsabgabenordnung im Bereiche der Zölle und Verbrauchsabgaben, veröffentlicht im Reichszollblatt 1920 S. 13, 1921 S. 161, 1923 S. 200). Nach § 452 der Reichsabgabenordnung hatte der Reichsminister der Finanzen die vor dem Inkraftreten der Reichsabgabenordnung verkündeten Steuergesetze dieser anzupassen, wobei er der Zustimmung des Reichsrates und eines Reichstagsausschusses bedurfte, und sie in neuer Fassung zu veröffentlichen. Demgemäß wurde die Neufassung des Biersteuergesetzes unter dem 15. Juni 1920 dem Reichsrat (Nr. 147 der Reichsratsdrucks. für 1920) und nach dessen Zustimmung unter dem 15. Juli 1921 dem Reichstagsausschuß vorgelegt (Nr. 1 der Drucksachen des 32. Ausschusses des Reichstages I 1920/21). Von dem letzteren ist die Vorlage indessen nicht erledigt worden.

2. Die Notwendigkeit der Steigerung der Reichseinnahmen veranlaßte die Reichsregierung 1921 zur Einbringung des Entwurfs eines Gesetzes, betreffend Erhöhung einzelner Verbrauchsteuern (Reichsratsdrucks. Nr. 200 für 1921 und Reichstagsdrucks. Nr. 2872 I/1921). Art. III des Entwurfs schlug für Bier eine Erhöhung der geltenden regelmäßigen Steuersätze von 10—12,50 ℳ auf 41—50 ℳ, des Steuersatzes für die 1000 hl-Brauer des § 3 Abs. 3 des Biersteuergesetzes vom 26. Juli 1918 von 8 auf 39 ℳ und des Steuersatzes für steuerbegünstigte Hausbrauer (§ 6 Abs. 2 a. a. O.) von 3 auf 24 ℳ für 1 hl vor. Andererseits war eine Erweiterung des Zahlungsaufschubs (§ 11 Abs. 2 a. a. O.) von 3 auf 6 Monate, und zwar ohne Verzinsung, vorgesehen. Die Verzollung des Bieres sollte unter Aufhebung des Gesetzes über den Bierzoll vom 26. Juli 1918 (RGBl. S. 885) neu geregelt werden. Der bisherige Bierzoll von 19,35 ℳ (Faßbier) und 25,— ℳ (Flaschenbier) enthielt auch die innere Steuer, und zwar nach dem Satz für Starkbier. Da nach dem Gesetz über die Erhebung der Zölle in Gold vom 21. Juli 1919 (RGBl. S. 1361) der Valutaausgleich nicht nur für den eigentlichen Zollschutz, sondern auch für die in dem Zoll enthaltene innere Steuer verlangt werden mußte und dies zu lebhaften Beanstandungen des Auslandes geführt hatte, sollten nunmehr wie bei den anderen Verbrauchssteuern Zoll und Steuer getrennt werden. Die Zollsätze sollten 8 und 12 ℳ für 1 dz betragen und fortan die Verzollung nur nach dem Gewicht stattfinden. Der Reichsminister der Finanzen sollte ermächtigt werden, bei der Veröffentlichung der an die Reichsabgabenordnung angepaßten Fassung (§ 452 AO) des Biersteuergesetzes die Änderungen dieses Gesetzes zu berücksichtigen. Der Reichstag stimmte dem Entwurf im wesentlichen zu, fügte aber einige Neuerungen ein. So wurde die Grenze des Stammwürzegehalts des Einfachbieres von 4,5 auf 5,5 v. H. erhöht und neben den Begriffen des Einfach-, Voll- und Starkbieres entsprechend bayerischen Wünschen der des Schankbieres eingeführt, für welches die Steuer auf drei Viertel der Steuer für Vollbier festgesetzt wurde. Neben dem Haustrunk der Brauereiangestellten und -arbeiter wurde der Haustrunk der Inhaber von Privatbrauereien, soweit sie selbst im Betrieb tätig sind, für steuerfrei erklärt.

B. Die einheitliche Bierbesteuerung durch das Reich bis 1945

Das Gesetz, betreffend einzelner Verbrauchsteuern, wurde als Anlage 7 des Gesetzes über Änderungen im Finanzwesen am 8. April 1922 vollzogen und im RGBl. I S. 380 verkündet.

3. Die Biersteuererhöhung des Jahres 1922 wurde durch das Fortschreiten des Währungsverfalls in kurzem überholt. Der Grundsatz der festen Biersteuersätze war so wie bisher nicht mehr aufrecht zu erhalten. Der Entwurf eines Biersteuergesetzes, der im Frühjahr 1923 dem Reichsrat gleichzeitig mit den Entwürfen eines neuen Mineralwasser-, Spielkarten-, Leuchtmittel-, Zündwaren-, Salz- und Zuckersteuergesetzes zuging, sah eine Verfünfzigfachung der geltenden Steuer vor, ermächtigte aber den Reichsminister der Finanzen, mit Zustimmung des Reichsrats die Steuer zur Anpassung an die Bierpreise zu erhöhen. Auf diese Weise sollte ein beweglicher Faktor in die Steuer eingeschaltet werden, andererseits sollten die Vorzüge des bisherigen Systems — Einfachheit der Überwachung und Erhebung, Gleichmäßigkeit der Besteuerung — erhalten bleiben. Von der Einführung einer Besteuerung des Bieres nach dem Wert nahm man Abstand. Eine Verbraucherwertsteuer nach dem Muster der Weinsteuer wäre steuertechnisch nicht durchführbar gewesen und einer Herstellerwertsteuer nach Art der Kohlensteuer stand das Bedenken entgegen, daß die im Geschäftsverkehr zwischen Brauern und Gastwirten üblichen Nebenleistungen der Ermittlung des Steuerwertes große Schwierigkeiten, insbesondere durch die Ausdehnung der Überwachung auf die Wirte, bereitet hätten. Der Entwurf sah den Fortfall der bisherigen steuerlichen Begünstigungen der 1000 hl-Brauer des § 3 Abs. 3 und der Hausbrauer des § 6 Abs. 2 des Biersteuergesetzes vom 26. Juli 1918, ferner den Fortfall der Steuerfreiheit des Haustrunks der Inhaber von Privatbrauereien vor, da diese die Befreiung der Hausbrauer von der Steuer zur Folge gehabt hatte. Der Entwurf beseitigte weiter den Zahlungsaufschub, wie das auch in den übrigen oben genannten Entwürfen zur Vermeidung der Entwertung der Reichseinnahmen geschehen war. Die die Kontingentierung sowie die Errichtung neuer Brauereien betreffenden Vorschriften des bisherigen Biersteuergesetzes sollten aufrecht erhalten bleiben. Der Entwurf war der Reichsabgabenordnung angepaßt.

Gleichzeitig wurde der Entwurf eines Gesetzes zur Änderung der Gesetze über den Eintritt der Freistaaten Württemberg, Bayern und Baden in die Biersteuergemeinschaft eingebracht, der die Gesetze vom 27. März 1919 (RGBl. S. 345) und vom 24. Juni 1919 (RGBl. S. 599) dem neuen Biersteuergesetz anpassen sollte. In der Vorlage an den Reichstag wurden entsprechend den Beschlüssen des Reichsrates die in jenen Gesetzen vorgesehenen Höchstbeträge für die Anteile der drei süddeutschen Staaten an der Biersteuereinnahme auf deren Wunsch von 15, 78 und 10 Millionen ℳ auf 380 Millionen, 2 Milliarden und 260 Millionen ℳ erhöht.

Der Reichstag, dem die Entwürfe unter dem 14. April 1923 (Reichstagsdrucks. Nr. 5739 I 1920/23) zugingen, nahm verschiedene Änderungen vor (vgl. Reichstagsdrucks. Nr. 6016 u. 6046). So wurden die Steuersätze des Entwurfs verdoppelt auf 4100 bis 5000 ℳ, der Stammwürzegehalt des Vollbieres von 13 auf 14 v. H. erhöht, die Steuerbegünstigung der 1000 hl-

Brauer wiederhergestellt, die Erhöhung der Steuer von der Zustimmung auch eines Reichstagsausschusses abhängig gemacht, als Bierpreis, dessen Steigen für die Steuererhöhung maßgeblich sein sollte, der Preis vom 15. Juni 1923 bestimmt, die Steuerfreiheit des Haustrunks der Inhaber von Privatbrauereien wiederhergestellt. In das Gesetz zur Änderung der Gesetze über den Eintritt der Freistaaten Württemberg, Bayern und Baden in die Biersteuergemeinschaft, das mit einfacher, nicht verfassungsändernder Mehrheit beschlossen worden war, wurde die Ermächtigung des Reichsministers der Finanzen eingefügt, die Höchstbeträge von 380 Millionen ℳ, 2 Millionen ℳ und 260 Millionen ℳ mit Zustimmung des Reichsrats und eines Ausschusses des Reichstages im Falle der Erhöhung der Biersteuer entsprechend zu erhöhen und die so erhöhten Beträge im Falle der Ermäßigung entsprechend, jedoch nicht unter die Höchstbeträge der bisherigen Gesetze, herabzusetzen.

Die beiden unter dem 9. Juli 1923 vollzogenen und im RGBl. I S. 557 und 563 veröffentlichten Gesetze traten am 1. August 1923 in Kraft (RGBl. I S. 650). Die Ausführungsbestimmungen sind unter dem 23. Juli 1923 erlassen und im Reichsministerialblatt S. 805 veröffentlicht.

4. Die vom Reichstag beschlossenen Biersteuersätze, die nur 2,8 bis 3,7 v. H. der Brauereipreise vom 15. Juni 1923 entsprachen, blieben weit hinter dem von der Reichsregierung damals für notwendig erachteten Maß einer Belastung des Bieres in Höhe von mindestens 20 v. H. der Brauereipreise zurück. Der Entwurf eines Gesetzes über Abänderung einzelner Verbrauchsteuergesetze (Reichstagsdrucks. Nr. 6131 I 1920/23) sah deshalb eine Erhöhung der Biersteuersätze auf 41000 bis 50000 ℳ auf der Grundlage der Brauereipreise vom 1. Juli 1923 vor. Eine Erhöhung der Biersteuereinnahme sollte ferner dadurch erreicht werden, daß nunmehr der Reichsminister der Finanzen ermächtigt wurde, allein, ohne Mitwirkung von Reichsrat und Reichstag, die Steuer zu erhöhen. Zur Vermeidung der Entwertung der Einnahmen sollten die Fälligkeitsfristen sehr wesentlich verkürzt, insbesondere die Steuer halbmonatlich gezahlt werden. Da der Reichstag dem Entwurf eines Mineralwassersteuergesetzes seine Zustimmung versagt hatte und das Mineralwassersteuergesetz vom 26. Juli 1918 (RGBl. S. 849) im Hinblick auf die Geldentwertung wegen seiner niedrigen Steuersätze außer Kraft gesetzt werden mußte, andererseits die Notwendigkeit bestand, die bierähnlichen Getränke, die bisher als künstlich bereitete Getränke dem Mineralwassersteuergesetz unterlagen, sowohl im Interesse des Steueraufkommens wie des Braugewerbes einer Steuer zu unterwerfen, sah der Entwurf die Einbeziehung der bierähnlichen Getränke in die Biersteuer vor.

Reichsrat und Reichstag stimmten dem Entwurf mit unwesentlichen Änderungen zu. Das Gesetz über Abänderung einzelner Verbrauchsteuergesetze vom 11. August 1923 (RGBl. I S. 770) trat bereits am 1. September 1923 in Kraft. Durch Verordnung vom 18. August 1923 (RMinBl. S. 902) wurden die Ausführungsbestimmungen geändert.

Nach § 5 des Biersteuergesetzes vom 9. Juli/11. August 1923 war der Reichsminister der Finanzen ermächtigt, die Steuer zu erhöhen, wenn die

Preise seit dem 1. Juli 1923 oder dem Inkrafttreten der letzten Festsetzung um wenigstens 25 v. H. gestiegen waren. Auf Grund dieser Ermächtigung ist durch eine große Zahl von Verordnungen die Steuer erhöht, durch die 20. Verordnung über die Höhe der Biersteuer (RAnz. Nr. 270 vom 27. November 1923) endlich auf 5 bis 6,10 Goldmark festgesetzt worden.

Aus dem Inhalt des Gesetzes ist bemerkenswert, daß die Zahl der Ausnahmen vom Reinheitsgebot durch die Vorschrift des § 10 Abs. 9 erweitert wurde, wonach zur Bereitung obergärigen Bieres die Verwendung von Süßstoff zugelassen werden konnte. Von dieser Möglichkeit wurde durch die Verordnung über Verwendung von Süßstoff zur Bereitung obergärigen Bieres vom 21. Juli 1923 (RGBl. I S. 746) Gebrauch gemacht[1]). Die Vorbehalte der süddeutschen Staaten auf dem Gebiete des Reinheitsgebotes wurden auch auf die Süßstoffverwendung ausgedehnt. Die Steuer für bierähnliche Getränke mit einem Stammwürzegehalt von 8 bis 14 v. H. wurde nach dem höchsten Satz der jeweiligen Steuer vom Schankbier erhoben. Sie erhöhte oder ermäßigte sich je um die Hälfte für Getränke mit höherem oder geringerem Stammwürzegehalt. Die Vorschriften der §§ 4, 72 des Biersteuergesetzes vom 26. Juli 1918 über die Kontingentierung und die damit zusammenhängenden Arbeiterschutzbestimmungen, ferner der § 5 über den Schutz der bestehenden Brauereien gegen Neugründungen wurden aufrecht erhalten. Die Aufrechterhaltung des § 4 a. a. O. bedingte auch die Fortgeltung der Braurechtsordnung (ZtrBl. f. d. Deutsche Reich 1919 S. 41). § 63 des Biersteuergesetzes vom 26. Juli 1918 über Gemeindeabgaben vom Bier war fortgefallen, da dieser Gegenstand nunmehr durch die allgemeine Regelung der Gemeindegetränkesteuern in § 14 des Finanzausgleichsgesetzes (RGBl. 1923 I S. 494) geordnet war.

§ 27 des Biersteuergesetzes vom 9. Juli/11. August 1923, der die Förderung des Braugewerbes durch Mittel aus der Biersteuereinnahme regelte, ist durch Art. I der auf Grund des Ermächtigungsgesetzes vom 8. Dezember 1923 (RGBl. I S. 1179) ergangenen Verordnung vom 13. Februar 1924 zur Abänderung einzelner Verbrauchsteuergesetze (RGBl. I S. 68) gestrichen worden.

5. Zum Steuerprogramm des ersten Kabinetts Luther vom Jahre 1925 gehörte auch der Entwurf eines Gesetzes über Erhöhung der Bier- und Tabaksteuer, in dem eine Verdoppelung der Steuersätze der 20. Verordnung auf 10 bis 12,20 RM vorgeschlagen wurde (Reichsratsdrucks. Nr. 30 von 1925). Die Ermächtigung des Reichsministers der Finanzen zur Erhöhung oder Herabsetzung der Sätze sollte fortfallen. Der Entwurf sah ferner die Erweiterung der Fälligkeitsfrist auf einen Monat, die Beseitigung der Steuerfreiheit des Haustrunks der Inhaber von Privatbrauereien und eine Anzahl kleinerer Änderungen des Biersteuergesetzes vor. Der Bierzoll sollte um 50 v. H. erhöht, die Anteile der drei süddeutschen Länder am Ertrage der Biersteuer verdoppelt werden. Von der Erhöhung der Steuer wurde ein Mehrertrag von 125 Millionen Reichsmark erwartet. Der Reichs-

[1]) Eine weitere, von vorneherein jedoch nur als vorübergehend gedachte Ausnahme enthielt das Gesetz vom 9. Juli 1922, betreffend Abweichungen von dem Biersteuergesetze vom 26. Juli 1918, dessen zuletzt durch Gesetz vom 18. Juli 1923 (RGBl. I S. 643) verlängerte Geltungsdauer am 30. September 1924 abgelaufen ist. Hiernach war die Verwendung von Reis, geschältem und entkeimten Mais in Gestalt von Grieß, sowie von Maisstärke als Zumaischstoffe zur Bierbereitung zugelassen.

rat stimmte der Vorlage zu, erhöhte jedoch die Anteile der süddeutschen Länder beträchtlich (§ 237 der Niederschriften).

Eine wenig günstige Aufnahme fand der Entwurf (Reichstagsdrucks. Nr. 800 III 1924/25) im Reichstag. Der Steuerausschuß lehnte ihn ab. Die Regierungsparteien brachten darauf einen Antrag Dr. Beusch u. Gen. (Reichstagsdrucks. Nr. 1063 III 1924/25) ein, der die Vorlage der Regierung wieder aufnahm, jedoch eine Erhöhung der Biersteuer um nur 50 v. H. und das Inkrafttreten dieser Erhöhung erst zum 1. Januar 1926 vorsah. Der Antrag Dr. Beusch u. Gen. wurde dem Steuerausschuß überwiesen (Sitzungsberichte S. 2891 ff., 2905) und die Regierungsvorlage nunmehr zurückgezogen. Der Steuerausschuß (Bericht s. Drucks. Nr. 1261 III 1924/25) setzte die Steuersätze des Antrags Beusch noch weiter herab, besonders bei den unteren Staffeln, und teilte die erste Steuerstaffel von 2000 hl in zwei Staffeln von je 1000 hl. Eine weitere wichtige Änderung, die Wünschen des Braugewerbes entsprach, war die Beseitigung des besonderen Steuersatzes für Schankbier und damit die Rückkehr zu der Dreiteilung von 1918 in Einfach-, Voll- und Starkbier. Die Stammwürzegehaltsgrenzen wurden neu festgesetzt, und zwar für Einfachbier auf bis 6,5, für Vollbier auf 11 bis 14 und für Starkbier auf 16 v. H. und mehr. Im Zusammenhang damit sollte die Steuer von bierähnlichen Getränken mit einem Stammwürzegehalt von 8 bis 14 v. H. nunmehr 75 v. H. des höchsten Satzes der Steuer vom Vollbier betragen. Die Anteile der drei süddeutschen Länder an der Biersteuereinnahme wurden entsprechend einem zwischen Reichsregierung und Ländern geschlossenen Kompromiß neu festgesetzt, und zwar für Württemberg auf 3,3, Bayern auf 17,2 und Baden auf 2,2 Millionen Reichsmark. Dieser Beschluß wurde mit einfacher Mehrheit gefaßt. Bei der Beratung des Antrags Beusch im Plenum wurden Anträge der Regierungsparteien angenommen, durch die die Biersteuersätze gegenüber den Ausschußbeschlüssen in den höheren Staffeln wieder herabgesetzt wurden (Steuersätze von 6 bis 8,15 RM) und das Inkrafttreten des Gesetzes, soweit es die Änderung des Biersteuergesetzes betraf, auf den 1. April 1926 und, soweit es die Anteile der süddeutschen Länder betraf, mit Rückwirkung vom 1. Oktober 1924 festgesetzt wurde. Im übrigen trat das Plenum den Ausschußbeschlüssen bei (Sitzungsberichte S. 3921 ff., 3965 ff., 4216 ff., Drucks. Nr. 1369 III 1924/25). Durch das neue Gesetz, das unter dem 10. August 1925 verkündet wurde (RGBl. I S. 244), wurden die geltenden Biersteuersätze um rund ein Drittel erhöht.

Die Beratung des von der Reichsregierung im Frühjahr 1926 eingebrachten Entwurfs eines Gesetzes über Steuermilderungen zur Erleichterung der Wirtschaftslage (Reichstagsdrucks. Nr. 1992 III 1924/26) bot Anlaß, den Zeitpunkt des Inkrafttretens des Gesetzes hinauszuschieben. Der Reichstag beschloß die Aufhebung der Weinsteuer zum 1. April 1926, und da schien es nicht angängig, dem Braugewerbe zuzumuten, in demselben Augenblick, in dem der im Wettbewerb mit dem Bier stehende Wein steuerfrei wurde, die Erhöhung der Biersteuer auf sich zu nehmen. Durch Art. IVa des Gesetzes über Steuermilderungen wurde das Inkrafttreten der Biersteuernovelle auf den 1. Januar 1927 hinausgeschoben (vgl. Bericht des Steuerausschusses, Drucks. Nr. 2187 und 2210 III 1924/26; Sitzungsberichte S. 6799 ff.; RGBl. I S. 185)[1]).

Im Jahre 1925 erfuhr das Biersteuergesetz noch weitere Änderungen durch Art. VI des Gesetzes zur Änderung von Verbrauchsteuern vom 10. August 1925 (RGBl. I S. 248), der eine Anzahl von Vorschriften, die sich übereinstimmend in den behandelten Verbrauchsteuergesetzen fanden, aus diesen herausnahm und in das gemeinschaftliche Steuergesetz, die Reichsabgabenordnung einfügte. So wurden die § 1 Abs. 2 (Geltungsbereich des Gesetzes), § 7 Abs. 1 Satz 2 (Maßnahmen bei Gefährdung der Steuereingänge), § 25 (Übertragung der strafrechtlichen Verantwortlichkeit), § 26 (Vereinbarungen mit fremden Staaten) des Biersteuergesetzes durch die neuen §§ 7a, 82a, 357a der Reichsabgabenordnung ersetzt. Die Ausführungsbestimmungen zum Biersteuergesetz wurden geändert durch die Verordnungen vom 10. September 1925 (Reichsministerialblatt S. 1022, Geltungsbereich des Gesetzes, Anordnung für die Zollausschlüsse der Seehäfen), vom 15. März 1926 (Reichsministerialbl. S. 79, Berücksichtigung der Änderungen durch die Biersteuernovelle), vom 4. Mai 1926 (Reichsministerialbl. S. 208, Inkrafttreten), 9. November 1926 (a. a. O. S. 982, Inkrafttreten zum 1. Januar 1927), ferner durch die Verfügung des Reichsministers der Finanzen vom 21. Dezember 1926 (a. a. O. S. 1069, Änderung der Muster und Anlagen).

Durch die Verordnung über Verwendung von Süßstoff zur Bierbereitung vom 16. Januar 1926 (RGBl. I S. 95) wurde die Verwendung von Süßstoff zur Bereitung obergärigen Bieres bis zum 30. September 1926, zur Bereitung obergärigen Einfachbieres bis zum 30. September 1927 zugelassen. Die Verordnung vom 18. November 1927 (RGBl. I S. 330) ließ die Süßstoffverwendung mit Wirkung vom 1. Oktober 1927 zur Bereitung obergärigen Einfachbieres mit einem Stammwürzegehalt von nicht mehr als 4 v. H. bis zum 30. September 1928 zu. Am 1. Oktober 1928 trat dann die Verordnung vom 30. September 1928 (RGBl. I S. 377) in Kraft, die diese Verwendung unbefristet zuließ.

Im Zusammenhang mit der vorläufigen Regelung des Finanzausgleichs durch das Gesetz zur Übergangsregelung des Finanzausgleichs zwischen Reich, Ländern und Gemeinden vom 9. April 1927 (RGBl. I S. 91) wurden durch das mit einfacher Mehrheit zustande gekommene Gesetz zur Änderung der Gesetze über den Eintritt der Freistaaten Württemberg, Bayern und Baden in die Biersteuergemeinschaft vom 9. April 1927 (RGBl. I S. 94) die Anteile der drei süddeutschen Länder an der Biersteuereinnahme beträchtlich erhöht, nämlich für Württemberg auf 8,633, Bayern auf 45,

[1]) Der Kommissar für die verpfändeten Einnahmen erhob gegen die Hinausschiebung der Erhöhung der Biersteuer Widerspruch, den er auf Kap. III Nr. 11 des Kontrollprotokolls (Protokoll, betr. die Zahlungen aus dem deutschen Reichshaushalt und betr. die Einrichtung einer Aufsicht über die Einnahmen aus den Zöllen und aus den Abgaben auf Alkohol, Tabak, Bier und Zucker, RGBl. 1924 II S. 300) stützte, wonach die Sätze der verpfändeten Einnahmen auf Bier usw. nicht ohne Einwilligung des Kommissars herabgesetzt werden sollten. Der Schiedsrichter, dessen Anrufung Reichsregierung und Kommissar vereinbarten, entschied zuungunsten des Reiches. Indessen wurde demnächst ein Abkommen mit dem Kommissar für die verpfändeten Einnahmen getroffen, auf Grund dessen er gegen Übernahme gewisser Garantien durch die Reichsregierung seine Zustimmung zu dem Aufschub des Inkrafttretens nachträglich erteilte.

Baden auf 5,755 Millionen Reichsmark. Durch das letztgenannte Gesetz wurde die Beteiligung der drei süddeutschen Länder an der Biersteuereinnahme von dem Zusammenhang mit der Biersteuer getrennt und von nun an in die Regelung des Finanzausgleichs einbezogen. An das Gesetz knüpft sich ein bedeutungsvoller Rechtsstreit. Den Antrag Preußens, gegen das Gesetz Einspruch zu erheben, hatte der Reichsrat mit einfacher Mehrheit abgelehnt (vgl. § 214 der Niederschr., ferner die Erörterungen in § 315 a. a. O.). Preußen rief nunmehr gegenüber dem Reich auf Grund des § 16 Abs. 3 des Gesetzes vom 9. Juli 1921 (RGBl. S. 905) und des Art. 19 Abs. 1 der Reichsverfassung die Entscheidung des Staatsgerichtshofs darüber an, daß das Gesetz vom 9. April 1927 rechtsungültig sei, da es nicht gemäß §§ 6 bzw. 8 der Eintrittsgesetze und Art. 76 der Reichsverfassung mit verfassungsändernder Mehrheit zustande gekommen sei. Die Erhöhungen von 1927 seien auch nicht als bloße Aufwertung anzusehen. Das Reich und die ihm beigetretenen Sonderrechtsländer beriefen sich demgegenüber in materiellrechtlicher Hinsicht auf ein aus den Novellen zu den Eintrittsgesetzen von 1923 und 1925 ersichtliches Staatsgewohnheitsrecht und den Willen des Gesetzgebers, der dahin ginge, daß sich §§ 6 bzw. 8 der Eintrittsgesetze deren Änderung dann nicht entgegenständen, wenn die Sonderrechtsländer der Änderung zustimmten. Das Reich machte außerdem geltend, daß die §§ 6 bzw. 8 durch Art. 178 der später in Kraft getretenen Reichsverfassung aufgehoben seien. Der Staatsgerichtshof (Urteil vom 17. November 1927, RGZivils. Bd. 122 Anhang S. 17) erkannte dahin, daß das Gesetz vom 9. April 1927 — ebenso wie die Änderungsgesetze von 1923 und 1925 — ungültig sei, da es nicht mit verfassungsändernder Mehrheit verabschiedet worden sei. Zur Feststellung eines Staatsgewohnheitsrechtes reichten die beiden Gesetze von 1923 und 1925 nicht aus. Von einer Aufhebung der Eintrittsgesetze durch die Reichsverfassung könne keine Rede sein, da diese Gesetze für die Dauer bestimmt gewesen seien. Andererseits stellte der Staatsgerichtshof fest, daß das Reich Preußen gegenüber berechtigt sei, die in § 3 der Eintrittsgesetze bestimmten Höchstsummen angemessen aufzuwerten, wobei er sich die Entscheidung über die Höhe der Aufwertung vorbehielt. Zur Ausfüllung der durch die Ungültigkeitserklärung des Gesetzes vom 9. April 1927 entstandenen Lücke ordnete der Staatsgerichtshof im Wege der einstweiligen Verfügung an, daß bis zur Endentscheidung oder einer mit verfassungsändernder Mehrheit zustandegekommenen Änderung der Eintrittsgesetze das Reich dem Land Preußen gegenüber berechtigt sei, den Sonderrechtsländern die im Gesetz vom 9. April 1927 bezeichneten Beträge weiter zu zahlen. Preußen hat keine Schritte unternommen, um den Fortgang des Verfahrens beim Staatsgerichtshof zu betreiben und darauf hinzuwirken, daß der Staatsgerichtshof die Endentscheidung über die Höhe der Aufwertung der Höchstsumme der Biersteuerabfindungen trifft[1])[2]).

[1]) Schrifttum zu der Streitfrage: Heinrich Weber, Die staatsrechtliche Bedeutung der §§ 6 und 8 in den Gesetzen über den Eintritt usw., Diss. Marburg 1927; Löwenthal, Reichsverwaltungsblatt Bd. 50 S. 172; Jahn, J. W. 1930 Sp. 1160; Leibholz, Dtsch. Jur. Ztg. 1929 Sp. 1119; Jerusalem, Die Staatsgerichtsbarkeit 1930 S. 187; vgl. auch RGZivils. Bd. 126 Anhang S. 1.

[2]) Zu der vom Staatsgerichtshof für das Deutsche Reich ausgesprochenen Ungültigkeit der Änderungsgesetze vom 9. Juli 1923, 10. August 1925 und 9. April 1927 ist zu bemerken: Hinsichtlich der in den

B. Die einheitliche Bierbesteuerung durch das Reich bis 1945

6. Im Jahre 1929 nötigte die Finanzlage des Reichs das Kabinett Müller-Hilferding, zusammen mit anderen Deckungsvorlagen den Entwurf eines Gesetzes zur Änderung des Biersteuergesetzes einzubringen, durch den die Biersteuer um rund 50 v. H. von 6 bis 8,15 RM auf 9 bis 12,20 RM erhöht werden sollte (Reichsratsdrucks. Nr. 5 von 1929). Daraus wurde ein Mehrbetrag von 185000000 RM erwartet. Aus dem übrigen Inhalt der Vorlage ist zu erwähnen, daß zu § 3 Abs. 3 des Biersteuergesetzes vorgeschlagen wurde, den Betrieb mehrerer Brauereien für Rechnung einer Person oder Gesellschaft dann als vorliegend anzusehen, wenn der wirtschaftliche Erfolg mindestens zur Hälfte der Person oder Gesellschaft zugute kommt. Ferner wurde zur Einschränkung des überhandnehmenden Hausbrauerwesens der Fortfall der Steuerfreiheit für den Haustrunk des Brauereiinhabers erneut vorgeschlagen. Die Kontingentierung sollte um zwei Jahre verlängert werden. Der Reichsrat stimmte der Vorlage am 5. März 1929 mit einer Änderung zu, die die Erhöhung des Vomhundertsatzes für die Beteiligung in § 3 Abs. 3 von 50 auf 75 betraf (§ 109 der Niederschr.). Im Reichstag stieß die Vorlage (Drucks. Nr. 881 IV 1928) auf Schwierigkeiten. Da mit einer rechtzeitigen Verabschiedung vor Ablauf der Kontingentierung (31. März 1929) nicht zu rechnen war, wurde die Geltung der Vorschriften über die Kontingentierung (§§ 4, 5, 72 des Biersteuergesetzes vom 26. Juli 1918) durch das

Änderungsgesetzen neu festgesetzten Höchstsummen der Abfindungsbeträge ist der Mangel praktisch unschädlich geblieben, nachdem der Staatsgerichtshof im Wege der einstweiligen Verfügung festgestellt hat, daß bis auf weiteres das Reich dem Lande Preußen gegenüber berechtigt ist, den Sonderrechtsländern die im Gesetze vom 9. April 1927 bezeichneten Beträge als Aufwertungsbeträge weiter zu zahlen, und nachdem diese vorläufige Regelung von keiner Seite angegriffen worden ist. Die Geltung des Reichsbiersteuergesetzes in den Sonderrechtsstaaten, die im Änderungsgesetz vom 9. Juli 1923 besonders ausgesprochen ist, kann auch infolge der Ungültigkeit dieses Änderungsgesetzes nicht bezweifelt werden, da das Reichsbiersteuergesetz vom 9. Juli 1923 mit seinen Nachtragsgesetzen an die Stelle des in den Eintrittsgesetzen genannten und außer Kraft getretenen Biersteuergesetzes vom 26. Juli 1918 getreten ist und der Sinn der Eintrittsgesetze der ist, daß in den drei süddeutschen Ländern das jeweilige Reichsbiersteuerrecht — unter Beachtung der Sonderrechte — gelten soll, auch wenn es nicht nach den Regeln eines verfassungsändernden Gesetzes zustande gekommen ist. Hinsichtlich der badischen Zollausschlüsse ist nach § 2 Abs. 1 des Eintrittsgesetzes vom 24. Juni 1919 der Reichsminister der Finanzen ermächtigt zu bestimmen, „nach welchen Sätzen und in welcher Weise die Biersteuer in diesen Gebietsteilen von dem aus dem Ausland eingeführten Bier zu erheben ist". Durch Art. II Nr. 1 des Änderungsgesetzes vom 9. Juli 1923 sind die Worte „nach welchen Sätzen" gestrichen worden, da für die Besteuerung des Einfuhrbieres allgemein die Vorschrift des § 4 des Biersteuergesetzes gilt. Aus diesem Grunde ist die Ungültigkeit dieser Änderung als unschädlich zu bezeichnen. Durch Art. I Nr. 1 und Art. II Nr. 1 des Änderungsgesetzes vom 9. Juli 1923 ist die Ermächtigung der obersten Landesfinanzbehörden der drei Sonderrechtsländer zur Verschärfung der Reichsvorschriften über das Reinheitsgebot durch die Ermächtigung erweitert worden, die Verwendung von Süßstoff bei der Bereitung obergärigen Bieres auszuschließen. Da die §§ 6 bzw. 8 der Eintrittsgesetze *jede* Änderung dieser Gesetze von der Beobachtung der für Verfassungsänderungen vorgeschriebenen Formen abhängig machen, wird man nicht umhin können, die Ermächtigung der Sonderrechtsstaaten zum Verbot des Süßstoffs auf Grund des Änderungsgesetzes von 1923 als hinfällig anzusehen. Andrerseits ist zu bedenken, daß das Sonderrecht der drei süddeutschen Länder zur Verschärfung des reichsrechtlichen Reinheitsgebots bei ihrem Eintritt in die Biersteuergemeinschaft auf Süßstoff nur deswegen nicht erstreckt worden ist, weil die Verwendung von Süßstoff zur Bierbereitung damals reichsrechtlich nur für das Gebiet der Biersteuergemeinschaft zugelassen war (vgl. Verordnungen vom 20. Juli 1916, RGBl. S. 763 und vom 8. August 1918, RGBl. S. 1063). Was nach den §§ 2 Abs. 2 der Eintrittgesetze für das Verbot des Zuckers gilt, muß erst recht für das Verbot des Ersatzstoffes Süßstoff gelten. Die Rechtsgültigkeit der landesrechtlichen Verordnungen in Bayern, Württemberg und Baden über das Verbot zur Verwendung des Süßstoffs zur Bierbereitung kann aus diesem Grunde nicht bezweifelt werden. Die Änderungsgesetze von 1925 und 1927 enthalten nur Änderungen der Höchstsummen der Abfindungsbeträge, die ohnehin inzwischen überholt sind.

Gesetz über die vorläufige Regelung des Reichshaushaltes für das Rechnungsjahr 1929 bis zum 30. Juni 1929 verlängert (RGBl. II S. 168; vgl. Reichstagsdrucks. Nr. 884 IV 1928). Am 27. Juni 1929 lehnte der Reichstag in Übereinstimmung mit dem Vorschlag des Steuerausschusses einen Antrag der Regierungsparteien auf Verlängerung der Kontingentierung bis zum 31. März 1931 (Reichstagsdrucks. Nr. 1270 IV 1928; Sitzungsberichte S. 3093) ab. Die Kontingentierung trat infolgedessen am 30. Juni 1929 außer Kraft.

Die immer ernster werdende Finanzlage des Reiches veranlaßte die Reichsregierung, um die Jahreswende 1929/30 auf die im Reichstag nicht endgültig verabschiedete Biersteuernovelle zurückzugreifen (vgl. Sitzungsberichte des Reichstags S. 3538 von 1929). Im Rahmen einer Anzahl von Deckungsvorlagen wurde dem Reichsrat unter dem 5. März 1930 der Entwurf einer Ergänzung zu dem Entwurf eines Gesetzes zur Änderung des Biersteuergesetzes (Reichsratsdrucks. Nr. 39 von 1930) zugeleitet. In dieser Vorlage wurde wegen der Notwendigkeit, im Rahmen des Finanzausgleichs einen Teil des Biersteueraufkommens den Ländern zu überweisen, eine Erhöhung der geltenden Biersteuersätze um 75 v. H. vorgeschlagen, die mit Sätzen von 11,65 bis 14,15 RM einen Mehrertrag der Biersteuer von 300 000 000 RM erbringen sollte. Für Kleinbetriebe, die jährlich nicht mehr als 1000 hl erzeugen, sollte der Steuersatz sich auf 11 RM ermäßigen. Von der Wiedereinführung einer Kontingentierung wurde, nachdem die frühere fortgefallen war, wegen der Verwaltungsschwierigkeiten abgesehen, jedoch sollte das Gewerbe gegen Neugründungen dadurch geschützt werden, daß für neue Brauereien, die nach dem 1. April 1930 in Betrieb genommen würden, in der Zeit vom 1. April 1930 bis 31. März 1935, sich die Steuer auf das Doppelte erhöhte. Auf Wunsch des Gewerbes wurde ferner eine untere Grenze des Stammwürzegehalts von Einfachbier mit 3 v. H. und ein Verbot des Inverkehrbringens von Bierbereitungsmitteln jeder Art vorgesehen. Die Brauereien sollten schließlich bei Neufestsetzung des Bierpreises nicht mehr als den Durchschnittsbetrag der Steuererhöhung zuschlagen dürfen. Der Reichsrat stimmte der Vorlage mit Änderungen der Staffelung zugunsten der Kleinbetriebe zu (§ 160 der Niederschriften).

Im Reichstag fand die Vorlage (Reichstagsdrucks. Nr. 1758 IV 1928) zunächst eine wenig günstige Aufnahme. Der Steuerausschuß lehnte sie mit großer Mehrheit ab (Drucks. Nr. 1923, Sitzungsberichte S. 4886). Schließlich kam ein Kompromiß der hinter dem neugebildeten Kabinett Brüning-Moldenhauer stehenden Parteien dahin zustande, daß die Biersteuer statt um 75 nur um 50 — später nur rund 45 — v. H. erhöht wurde, wofür der finanzielle Ausgleich in einer Erhöhung der Umsatzsteuer gefunden wurde (s. Reichstagsdrucks. Nr. 1938, 1951, 1958, 1968 IV 1928, Sitzungsberichte S. 4861ff.). Die geänderte Staffel brachte Steuersätze von 9,50 bis 12 RM, für 1000 hl-Brauer 9 RM. Der Fortfall der Steuerfreiheit des Inhaberhaustrunks wurde zugunsten der ländlichen Hausbrauer durch die neue Vorschrift gemildert, daß für Brauereien, die innerhalb eines Rechnungsjahres aus selbstgewonnener Gerste nicht mehr als 20 hl erzeugen, sich der Steuersatz auf 2 RM für 1 hl ermäßigt, sofern sie bereits vor dem 1. April 1930 in

Betrieb gewesen sind. Das Höchstmaß des den Brauereien erlaubten Preiszuschlags wurde auf den Betrag bemessen, um den sich die Steuersätze *in der höchsten Staffel* erhöhen. Die Länder sollten mit Wirkung vom 1. April 1930 eine Überweisung in Höhe von einem Sechstel des Aufkommens an Biersteuer erhalten, die nach dem Verhältnis des Aufkommens verteilt werden sollte. Das Inkrafttreten wurde auf den 1. Mai 1930 hinausgeschoben. In dieser Form wurde das Gesetz angenommen (Sitzungsberichte S. 4879ff., 4919ff., 4943, 4996), wobei ein Teil der deutschnationalen Volkspartei den Ausschlag gab, die durch die Verbindung der Vorlage mit dem agrarpolitisch bedeutsamen Gesetz über Zolländerungen gewonnen war. Das Gesetz zur Änderung des Biersteuergesetzes wurde am 15. April 1930 verkündet und im Reichsgesetzbl. I S. 136 veröffentlicht. Durch zwei Verordnungen vom 23. April 1930 (Reichsministerialbl. S. 264 und 266) wurden die Biersteuerausführungsbestimmungen und einige Muster zu ihnen geändert. Durch Art. IV des Gesetzes wurde der Reichsminister der Finanzen ermächtigt, mit Zustimmung des Reichsrats das Biersteuergesetz in fortlaufender Paragraphenfolge neu bekannt zu machen und es dabei den geltenden Vorschriften anzupassen.

Die Neufassung des Gesetzes ist durch Bekanntmachung vom 28. März 1931 (RGBl. I S. 110) veröffentlicht. Durch Verordnung vom gleichen Tage sind neue Durchführungsbestimmungen erlassen worden (RMinBl. S. 135). Der Reichsrat hatte beiden Entwürfen mit geringfügigen Änderungen zugestimmt (§ 178 der Niederschriften).

Die Vorschrift des Art. VIII des Gesetzes zur Änderung der Biersteuer über den Anteil der Länder an dem Aufkommen der Biersteuer in Höhe von einem Sechstel ist durch die Notverordnung des Reichspräsidenten vom 1. Dezember 1930 (RGBl. I S. 517, 5. Teil Art. 3 und 5) mit Wirkung vom 1. Mai 1930 gestrichen und als § 42b in das Finanzausgleichsgesetz eingefügt worden. Zu bemerken ist, daß dieser Anteil der Länder an der Biersteuer unabhängig von den Anteilen ist, die den drei süddeutschen Ländern nach den Gesetzen über ihren Eintritt in die Biersteuergemeinschaft zustanden.

7. Die durch das Gesetz vom 15. April 1930 eingetretene Biersteuererhöhung sollte nicht von langer Dauer sein. Sie hat im Zusammenwirken mit dem damaligen allgemeinen wirtschaftlichen Niedergang und dem damit verbundenen Ansteigen der Erwerbslosigkeit zu einem stets zunehmenden Rückgang des Bierabsatzes geführt. Als erschwerender und diese Entwicklung verschärfender Umstand kam hinzu, daß im Jahre 1930 auch die Belastung des Bieres durch die Gemeindebiersteuer[1]) erweitert und

---

[1]) Schon frühzeitig ist das Bier Gegenstand der Besteuerung auch durch die *Gemeinden* gewesen. Länder und Reich waren darauf bedacht, den Anteil der Gemeinden an dieser Steuerquelle einzuschränken, um in ihren eigenen Einnahmen nicht zu sehr geschmälert zu werden.

Art. 5 II § 7 Abs. 5 des Zollvereinigungsvertrages vom 8. Juli 1867 bestimmte, daß die für Rechnung von Kommunen oder Korporationen zur Erhebung gelangenden Abgaben von Bier in Ansehung ihres Betrages der Beschränkung unterliegen sollten, daß sie den Satz von 20. v. H. des für die Staatssteuern in § 2 a. a. O. verabredeten Höchstsatzes nicht überschreiten dürften. Da letzterer sich auf 1 Rtlr. 15 Sgr. für die Ohm zu 120 Quart Preußisch = 3, 275 ℳ für 1 hl Bier berechnete, betrug die Grenze für die gemeindlichen Biersteuern nach dem Zollvereinigungsvertrag 1/100 × 327,5 × 20 = 65,5 ₰ für 1 hl Bier.

Durch Art. IV Abs. 1 des Gesetzes wegen Änderung des Brausteuergesetzes vom 15. Juli 1909 wurde die in Art. 5 II Abs. 2 des Zollvereinigungsvertrages für die staatliche Besteuerung des Bieres festgesetzte Grenze beseitigt. Die im Zollvereinigungsvertag für die gemeindliche Besteuerung des Bieres festgesetzte Höchstgrenze wurde jedoch durch Art. IV Abs. 2 des letzterwähnten Gesetzes aufrecht erhalten (s. Begründung zu Art. IV des Entwurfs eines Gesetzes wegen Änderung des Brausteuergesetzes, Reichstagsdrucks. Nr. 995 von 1907/09). Während nach dem Entwurf diese Höchstgrenze für die Besteuerung des Bieres sowohl durch die Gemeinden als auch durch Korporationen gelten sollte, wurde sie bei der Beratung des Entwurfs im Reichstagsausschuß nur für die Besteuerung durch die Gemeinden festgesetzt (s. Reichss tagsdrucks. Nr. 1451 von 1907/09 S. 67). Da gleichzeitig die Vorschrift in Art. 5 II § 7 Ziff. 5 des Zollvereinigungsvertrages in Ansehung des Bieres aufgehoben wurde, bestand für die Besteuerung des Biere- durch Korporationen seit dem 1. August 1909 keine Höchstgrenze mehr, so daß diese hinsichtlich des Höhe ihrer Biersteuersätze nicht beschränkt waren. Dieser Rechtszustand wurde auch durch § 63 der Biersteuergesetzes vom 26. Juli 1918 für das Gebiet der Biersteuergemeinschaft aufrecht erhalten. Die Erhebung von Abgaben vom Bier für Rechnung von Korporationen (Stiftungen, Kirchengemeinden usw.) war indessen sehr selten.

In dem auch nach dem Inkrafttreten des Biersteuergesetzes vom 26. Juli 1918 noch in Geltung befindlichen Art. IV des Gesetzes wegen Änderung des Brausteuergesetzes vom 15. Juli 1909 war weiter bestimmt, daß, soweit auf Grund der bisherigen Vorschriften Gemeinden vor dem 1. Oktober 1908 höhere Abgaben von den Braustoffen oder dem Biere als 65 ℛ𝓅 für 1 hl Bier erhoben, diese höheren Abgaben forterhoben werden durften, falls nicht durch die Landesgesetzgebung ein anderes bestimmt würde. Für das Gebiet der Biersteuergemeinschaft war diese Forterhebung höherer Abgaben durch § 58 Abs. 3 des Brausteuergesetzes vom 15. Juli 1909 nur bis zum 1. Oktober 1915 zugelassen worden. Das Biersteuergesetz von 1918 (§ 63) ließ die Erhebung höherer gemeindlicher Abgaben vom Biere als 30 ℛ𝓅 hür 1 hl Einfachbier und 65 ℛ𝓅 für 1 hl anderen Bieres nicht mehr zu.

Bei der Beratung des Entwurfs des Biersteuergesetzes von 1918 im Reichstag bestand große Neigung, die Besteuerung des Bieres durch die Gemeinden überhaupt zu beseitigen. Die Gemeindebiersteuer wurde als eine unerwünschte Doppelbesteuerung bezeichnet, die im Verhältnis zu den Umständlichkeiten ihrer Überwachung und Erhebung doch nur geringe Erträge bringe (s. Reichstagsdrucks. Nr. 1686 von1914/18 S. 23—27, 37—40; StenBerichte 1918 S. 5979 u. 6128). Aus ähnlichen Erwägungen sowie im Hinblick auf die damals geplante Neuregelung im Landessteuergesetz wurde die im Entwurf des Gesetzes, betr. Erhöhung einzelner Verbrauchsteuern, von 1922 (Reichstagsdrucks. Nr. 2872 von 1921) mit Rücksicht auf die Geldentwertung vorgeschlagene Erhöhung des Satzes von 65 ℛ𝓅 auf 10 ℳ vom Reichstag nicht beschlossen, so daß die gemeindliche Bierbesteuerung damit praktisch beseitigt war. Die Not der Gemeinden zwang dazu, in die ihnen durch das Gesetz vom 23. Juni 1923 zur Änderung des Landessteuergesetzes (RGBl. I S. 483; Finanzausgleichsgesetz, RGBl. S. 494) zugewiesenen Steuerquellen auch gemeindliche Getränkesteuern einzubeziehen. Das genannte Gesetz trat am 1. Juli 1923 in Kraft. Es war bis zum 31. März 1925 befristet.

Nach § 14 des Finanzausgleichsgesetzes waren die Gemeinden (Gemeindeverbände) berechtigt, mit Genehmigung der Landesregierung Steuern auf den örtlichen Verbrauch u. a. von Bier zu erheben. Die Getränkesteuern konnten entweder nach dem Kleinhandelspreisen bemessen werden, wobei sie vom Bier fünf vom Hundert dieses Preises nicht überschreiten durften, oder nach der Menge des steuerbaren Getränkes. Im letzteren Falle durften die bei Bemessung nach dem Kleinhandelspıeise sich ergebenden Sätze nicht überschritten werden. Der Reichsminister der Finanzen hatte die jeweils bei Berücksichtigung der Kleinhandelspreise sich ergebenden Höchstsätze mit Zustimmung des Reichsrats zu bestimmen. Die reichsrechtlichen Vorschriften, die sich auf die Besteuerung der in § 14 Abs. 1 des Finanzausgleichsgesetzes bezeichneten Getränke beziehen, darunter § 63 des Biersteuergesetzes von 1918, waren durch § 14 Abs. 7 a. a. O. außer Kraft gesetzt worden.

Die Geltungsdauer des Gesetzes zur Änderung des Landessteuergesetzes vom 23. Juni 1923 wurde durch Gesetz vom 26. März 1925 (RGBl. I S. 29) bis zum 30. September 1925 verlängert. Durch Art. III Nr. 6 des Gesetzes über Änderung des Finanzausgleichs zwischen Reich, Ländern und Gemeinden vom 10 August 1925 (RGBl. I S. 254) wurde für die Gemeinden, die bis zum 1. September 1925 Gemeindegetränkesteuern eingeführt hatten, das Recht zur Besteuerung von Getränken bis zum 31. März 1927 befristet, wobei sie die Steuersätze nicht erhöhen durften, für die Gemeinden jedoch, die sie an jenem Stichtag noch nicht eingeführt hatten, die Neueinführung untersagt (§ 16 des Finanzausgleichgesetzes in der Neufassung vom 27. April 1926, RGBl. I S. 203). Durch das Gesetz zur Übergangsregelung des Finanzauslgeichs zwischen Reich, Ländern und Gemeinden vom 9. April 1927 (RGBl. I S 91) wurden die gemeindlichen Getränkesteuern von anderen Getränken als Bier beseitigt, unter Streichung der Abbauvorschrift des § 16 des Finanzausgleichgesetzes aber das Recht der Gemeinden zur Erhebung von Steuern auf den örtlichen Verbrauch von Bier ohne Befristung festgelegt. Die Steuern durften nur vom Hersteller oder Einbringer erhoben werden und 7 v. H. des Herstellerpreises nicht übersteigen. Die Genehmigung

angehoben wurde. Das außerordentliche Absinken des Bierverbrauchs konnte auf das Steueraufkommen nicht ohne Einfluß bleiben. Die Biersteuer sollte nach ihrer Erhöhung im Rechnungsjahr 1930 550 Millionen RM erbringen; das tatsächliche Aufkommen betrug jedoch nur 473 Millionen RM.

Die Finanzlage des Reiches ließ es nicht zu, die rückläufige Entwicklung im Aufkommen an Reichsbiersteuer fortschreiten zu lassen und dem Niedergang des Braugewerbes untätig zuzusehen. Eine starke Senkung der Reichsbiersteuer war unter diesen Umständen unumgänglich. Sie wurde durch die Verordnung des Reichspräsidenten über Biersteuersenkung, Realsteuersperre 1932 und sonstige steuerliche, wirtschaftliche und zollpolitische Maßnahmen vom 19. März 1932 (RGBl. I S. 135) in der Weise verwirklicht, daß die bestehenden Steuersätze in allen Staffeln je um 3,— RM gekürzt wurden. Dadurch wurde gleichzeitig eine stärkere steuerliche Begünstigung des kleinen und mittleren Braugewerbes erreicht, weil die vorgesehene Kürzung für die unterste Staffel eine Ermäßigung um 32 v. H., für die höchste Staffel dagegen nur eine solche um 25 v. H. bedeutete. Ebenfalls wurde, um eine wirklich fühlbare Senkung der Ausschankpreise für Bier zu ermöglichen, die Gemeindebiersteuer gesenkt. Die durch die Ermäßigung dieser Steuer betroffenen Gemeinden wurden aus Haushaltsmitteln des Reiches entschädigt. Da vornehmlich in Bayern ein besonderer Rückgang des Bierabsatzes der gewerblichen Brauereien auch durch im Hausbrauwesen aufgetretene Mißstände zu beobachten war, sah die Notverordnung zur Abhilfe ferner vor, daß die steuerlichen Vergünstigungen für Hausbrauer erlöschen, wenn Hausbrauer Bier an nicht zum Haushalt gehörige Personen gegen Entgelt abgeben. Die Durchführungsbestimmungen wurden durch Verordnung vom 24. März 1932 (Reichsministerialblatt S. 136) entsprechend geändert.

Auf die Schutzvorschrift des Art. V Abs. 1 des Gesetzes vom 15. April 1930 (numerus clausus), die eine Erhöhung der regelmäßigen Biersteuersätze auf das Zweifache für neue Brauereien für die Zeit vom 1. April 1930 bis 31. März 1935 festsetzte, konnte auch in der Folgezeit noch nicht verzichtet

der Landesregierung zur Einführung oder Erhöhung der Steuern sollte nur erteilt werden, wenn entsprechende Steuersenkungen auf anderen Gebieten, insbesondere der Realsteuern vorgenommen wurden.

Durch die Notverordnungen des Reichspräsidenten vom 26. Juli 1930 (RGBl. I S. 311, 2. Abschnitt) und vom 1. Dezember 1930 (RGBl. I S. 517, 1. Teil Kap. I) hat das Bierbesteuerungsrecht der *Gemeinden* erhebliche Änderungen erfahren, vor allem durch den Übergang zu festen Sätzen (s. Anhang IX). Nach der erstgenannten Verordnung waren die Gemeinden berechtigt und, wenn für das Rechnungsjahr 1930 in einer Gemeinde die Realsteuern (Gemeindegrund- oder -gewerbesteuer) über den bis zum 1. August 1930 beschlossenen Satz erhöht wurden, verpflichtet, vom Hersteller oder Einbringer eine Gemeindebiersteuer mit Sätzen von 2,50ℳ für Einfachbier, 3,75 ℳ für Schankbier (im Sinne des § 29 Abs. 5 der Biersteuer-Durchführungsbest. vom 28. März 1931, Reichsministerialbl. S. 135), 5,— ℳ für Vollbier, 7,50 ℳ für Starkbier für je 1 hl oder eine Bürgersteuer oder unter gewissen Voraussetzungen beide Steuern (unter Umständen sogar mit Zuschlägen bis zu 100 v. H.) zu erheben. Außerdem wurden die durch Wohlfahrtslasten besonders belasteten Gemeinden ermächtigt, neben der Gemeindebiersteuer eine Gemeindegetränkesteuer von mindestens 5 v. H. des Kleinhandelspreises auf Wein, weinähnliche und weinhaltige Getränke, Schaumwein, schaumweinähnliche Getränke, Trinkbranntwein usw. bei entgeltlicher Abgabe zum Verzehr an Ort und Stelle zu erheben. Durch § 1 Abs. 4 der Durchführungsbestimmungen (RGBl. 1930 I S. 450) wurde die Bestimmung auch auf bierähnliche Getränke erstreckt. Durch die Notverordnung vom 1. Dezember 1930 ist das Recht und die Pflicht der Gemeinden zur Einführung der Gemeindebiersteuer in mehrfacher Hinsicht noch erweitert worden. Vor allem dürfen die Gemeindebiersteuersätze bis zum Doppelten der oben genannten Sätze gehen. S. auch Ausführungen S. 41.

werden. Die Gültigkeit dieser Vorschrift wurde deshalb durch das Gesetz über die steuerliche Behandlung neu errichteter Brauereien vom 20. März 1935 (RGBl. I S. 386) bis zum 31. März 1937 und durch Gesetz vom 26. Januar 1937 (RGBl. I S. 96) schließlich bis zum 31. März 1940 verlängert.

Ab 1. März 1935 wurde das im Reich geltende Biersteuerrecht auf Grund der Verordnungen vom 19. Februar 1935/19. Juni 1935 (RGBl. I S. 228 und S. 763) auch wieder im Saargebiet angewandt.

8. Nach Art. 3 des Dritten Gesetzes zur Änderung des Finanzausgleichs vom 31. Juli 1938, abgedruckt im RGBl. I S. 966, sollte die Gemeindebiersteuer, die sich in zunehmendem Maße als unzulänglich erwies und auch als nicht angebrachte Doppelbesteuerung empfunden wurde, ab 1. Oktober 1938 aufgehoben werden. Diese Maßnahme bezweckte nicht etwa eine weitere steuerliche Entlastung des Bieres, sondern lediglich die Verlagerung einer Einnahmequelle der Gemeinden auf das Reich. Da im Durchschnitt jedes Hektoliter Bier mit 4,— RM Gemeindebiersteuer belastet war, sollten als Folge hiervon die Reichsbiersteuersätze in jeder Staffel um 4,— RM erhöht werden. Gegen einen entsprechenden der Reichsregierung vorgelegten Gesetzentwurf erhob Bayern zunächst jedoch Einspruch, weil in zahlreichen bayerischen Gemeinden die Gemeindebiersteuer weniger als 4,— RM je Hektoliter betragen hatte und deshalb befürchtet wurde, daß durch die steuerliche Mehrbelastung in diesen Gemeinden eine Verteuerung des Bierpreises eintreten würde. Bis zur Klärung der Meinungsverschiedenheiten wurde, um einen Steuerausfall zu vermeiden, durch das Vierte Gesetz zur Änderung des Finanzausgleichs vom 30. September 1938 (RGBl. I S. 1321) als überbrückende Maßnahme bestimmt, daß die Gemeinden die Gemeindebiersteuer nach den am 30. September 1938 geltenden Bestimmungen zwar weiter erheben durften, jedoch 96 v. H. der Erträge an das Reich abzuführen hatten. Nachdem es gelungen war, die bayerischen Bedenken auszuräumen, wurde der den Wegfall der Gemeindebiersteuer betreffende Teil des Dritten Gesetzes zur Änderung des Finanzausgleichs durch Verordnung vom 23. Dezember 1938 (RGBl. I S. 1965) ab 1. Januar 1939 in Kraft gesetzt. Für die Länder, in denen die Gemeinden durch den Wegfall der Gemeindebiersteuer einen erheblichen Einnahmeausfall erlitten, wurden aus Reichsmitteln jährlich 12 Millionen RM bereitgestellt. Außerdem erhielten die Länder 10 v. H. des Aufkommens an Biersteuer.

Am 1. Januar 1939 trat auch das Gesetz zur Änderung des Biersteuergesetzes vom 21. Dezember 1938 (RGBl. I S. 1897) in Kraft, das als Kernstück den Einbau der Gemeindebiersteuer in die Reichsbiersteuer durch Erhöhung sämtlicher Steuersätze des § 3 Abs. 1 und § 4 um 4,— RM vornahm. Das Gesetz wurde als günstige Gelegenheit zum Anlaß genommen, eine Reihe weiterer Änderungen des Biersteuergesetzes durchzuführen. Die §§ 1 und 2 wurden neu gefaßt. Die neuen Begriffsbestimmungen bezweckten keine sachlichen Änderungen. Sie berücksichtigten die fortentwickelten Rechtsvorstellungen auf verbrauchsteuerrechtlichem Gebiet, die auch bei den übrigen Verbrauchsteuern verwirklicht werden sollten. Für das von Hausbrauern hergestellte Bier wurde die steuerbegünstigte Biermenge von bisher 20 auf 10 Hektoliter für ein Jahr herabgesetzt, da, wie die Biersteuerstatistik seit 1931 gezeigt hat, die von Hausbrauern erzeugte Biermenge im Durchschnitt pro Kopf und Jahr 9 Hektoliter nicht überschritten hat. Einem langgehegten Wunsch des Braugewerbes entsprechend wurde die steuerliche Belastung des unter Verwendung von Süßstoff hergestellten Einfachbieres (des sog. Jung- oder Braunbieres) und des Schankbieres ermäßigt. Eine Verschärfung erfuhr das Verbot der Herstellung und des Vertriebs von Bierbereitungsmitteln nach § 11, in das nunmehr Bierbereitungsmittel jeder Art einbezogen wurden. Der bisherige § 18 mit seinen Vermutungstatbeständen wurde gestrichen, da diese Regelung im Hinblick auf die Strafvorschriften der Reichsabgabenordnung als entbehrlich und mit dem neuen Rechtsdenken nicht mehr vereinbar angesehen wurde. Die Durchführungsbestimmungen wurden durch die im Reichsministerialbl. S. 947 abgedruckte Verordnung vom 23. Dezember 1938 entsprechend geändert.

9. Die durch den Ausbruch des zweiten Weltkrieges im Jahre 1939 ausgelösten wirtschaftlichen Schwierigkeiten wirkten sich alsbald auch auf die Herstellung von Bier aus. Der Mangel an Gerste zwang dazu, daß der Stammwürzegehalt des Bieres und der bierähnlichen Getränke durch die vom Ministerrat für die Reichsverteidigung am 29. November 1939 mit Gesetzeskraft erlassene Verordnung zur Änderung des Biersteuergesetzes (RGBl. I S. 2327) auf 10,3 v. H. begrenzt werden mußte. Es wurde als neue Biergattung das „Lagerbier" mit einem Stammwürzegehalt von 9—10,3 v. H. eingeführt. Vollbier und Starkbier durften nicht mehr hergestellt werden[1]).

Eine weitere Kürzung der für die Bierherstellung erforderlichen Braugerstemengen erforderte eine neue Herabsetzung des Stammwürzegehalts bei Lagerbier auf 7,5 bis 8,5 v. H. und bei Einfachbier auf 3 bis 6 v. H. Diese vom 1. August 1941 auf Grund der Verordnung zur Änderung des Biersteuergesetzes vom 8. August 1941 (RGBl. I S. 507) in Kraft getretenen Vorschriften setzten auch den Stammwürzegehalt für bierähnliche Getränke herab. Da die künftige Entwicklung der Versorgung der Bevölkerung mit Getreide und Getreideerzeugnissen sich nicht übersehen ließ, wurde durch Art. IV dieser Verordnung bestimmt, daß der Reichsminister der Finanzen im Einvernehmen mit dem Reichsminister für Ernährung und Landwirtschaft die Vorschriften des Biersteuergesetzes jeweils den wirtschaftlichen Bedürfnissen anpassen konnte[2]).

Bereits ab 1. Februar 1942 ergab sich die Notwendigkeit, die Stammwürzegehaltsgrenzen erneut herabzusetzen. Die Verordnung zur Änderung des Biersteuergesetzes vom 24. Januar 1942 (RGBl. I S. 47) begrenzte den Stammwürzegehalt für Lagerbier von 3,3 bis 7,5 v. H. und für Einfachbier von 2 bis 3 v. H.[3]). Durch die Verordnung zur 7. Änderung des Biersteuergesetzes vom 2. November 1943 (RGBl. I S. 651) schließlich wurden die entsprechenden Stammwürzegehaltsgrenzen für Lagerbier von 2,7 bis 7,5

---

[1]) Anpassung der Durchführungsbestimmungen durch Verordnung vom 2. Dezember 1939 (Reichsministerialbl. S. 1503).

[2]) Anpassung der Durchführungsbestimmungen durch Verordnung vom 21. August 1941 (Reichsministerialbl. S. 209).

[3]) Anpasung der Durchführungsbestimmungen durch Verordnung vom 26. Januar 1942 (Reichsministerialbl. S. 24).

v. H. und für Einfachbier von 1,7 bis 2,4 v. H. bemessen, da die der Brauwirtschaft für das Betriebsjahr 1943/44 zur Verfügung gestellten Gerstenvorräte es nicht zuließen, den Stammwürzegehalt dieser Biere in der bisherigen Höhe aufrecht zu erhalten.

Die Kriegsverhältnisse zwangen auch zu anderen Änderungen des Biersteuergesetzes und seiner Durchführungsbestimmungen. Es sind im einzelnen folgende Regelungen ergangen:

1. Die Verordnung über Änderung der Fälligkeit von Verbrauchsteuern vom 9. Mai 1942 (RGBl. I S. 295), durch die die Fälligkeitsfrist für die Biersteuer um 1 Monat verkürzt wurde.
2. Die 6. Verordnung zur Änderung der Biersteuer-Durchführungsbestimmungen vom 29. Juni 1942 (Reichsministerialbl. S. 177), die insbesondere die biersteuerlichen Vorschriften der geänderten Eichverordnung und dem fortentwickelten Steuerrecht anpaßte.
3. Die 7. Verordnung zur Änderung der Biersteuer-Durchführungsbestimmungen vom 23. November 1942 (Reichsministerialbl. S. 260), die eine Vereinfachung der Berechnung der Biersteuer brachte.
4. Die 8. Verordnung zur Änderung der Biersteuer-Durchführungsbestimmungen vom 9. Februar 1944 (Reichsministerialbl. S. 32), durch die eine Reihe biersteuerrechtlicher Vorschriften vereinfacht wurde.
5. Die am 1. April 1945 in Kraft getretene Verordnung zur 8. Änderung des Biersteuergesetzes vom 30. Dezember 1944 (RGBl. 1945 I S. 4), die eine Erweiterung der Vorschriften über die Abfindung der Brauereien anordnete.
6. Die 9. Verordnung der Änderung der Biersteuer-Durchführungsbestimmungen vom 30. Dezember 1944 (Reichsministerialbl. 1945 S. 12), die den Wegfall der Farbebierordnung bestimmte.

Infolge des durch den Krieg immer stärker gewordenen Finanzbedarfs des Reiches fielen nach der im RGBl. I S. 282 verkündeten Finanzausgleich-Verordnung vom 30. Oktober 1944, die auf Grund des Dritten Gesetzes zur Ordnung des Finanzausgleichs vom 31. Juli 1938 durch das Reich gezahlten Gemeindebiersteuer-Entschädigungen weg. Das Reich beschränkte sich den Gemeinden und Landkreisen gegenüber auf Finanzzuweisungen, soweit ihre eigenen Einnahmen zur Erfüllung der Ausgaben nicht ausreichten. Auch die Länder und die Hansestadt Hamburg erhielten Finanzzuweisungen nur noch nach Maßgabe ihres Bedarfs, die an Stelle der bisherigen Reichssteuer-Überweisungen sowie der Biersteuer-Sonderentschädigung an die Länder Bayern, Württemberg und Baden auf Grund der Beitrittsgesetze zur Biersteuergemeinschaft traten.

10. Zur Erschließung weiterer Einnahmen wurde durch die Kriegswirtschaftsverordnung vom 4. September 1939 (RGBl. I S. 1609) neben der Biersteuer als Kriegssteuer der Kriegszuschlag auf Bier eingeführt. Dem Kriegszuschlag unterlag der Verbrauch von Bier, das im Reich erzeugt oder dorthin eingeführt wurde. Seine Höhe betrug 20 v. H. des Preises, den der Verbraucher aufzuwenden hatte. Die Erhebung des Kriegszuschlags oblag zunächst den Finanzämtern, da die ihn regelnden Bestimmungen denen des

Umsatzsteuerrechts angenähert waren (vgl. Erste Durchführungsbestimmungen über den Kriegszuschlag vom 4. September 1939 — RGBl. I S. 1615). Dieser Zustand wurde durch die Zweite Durchführungsverordnung über den Kriegszuschlag vom 30. Oktober 1941 (RGBl. I S. 666) grundsätzlich geändert. Durch sie erhielt der Kriegszuschlag den Charakter einer Verbrauchsteuer im Sinne der Reichsabgabenordnung. Seine Erhebung wurde nunmehr den Zollstellen übertragen und dem Biersteuergesetz angeglichen. Als Besteuerungsgrundlage dienten für die einzelnen Verbrauchsgebiete festgesetzte Durchschnitts-Hektoliterpreise.

11. Die biersteuerrechtlichen Vorschriften des Reichs wurden in zahlreichen anderen Ländern, die ihm seit 1938 entweder angeschlossen oder während des zweiten Weltkrieges besetzt waren, eingeführt. Es handelte sich dabei um folgende Gebiete:

Österreich (Verordnung vom 8. Februar 1939, RGBl. I S. 194); Sudetendeutsche Gebiete (Verordnung vom 14. September 1939, RGBl. I S. 1933); Memelland (Gesetz vom 23. März 1939, RGBl. I S. 559); Danzig (Gesetz vom 1. September 1939, RGBl. I S. 1547); Eupen, Malmedy und Moresnet (Verordnung vom 11. Juni 1940, RGBl. I S. 865); Protektorat Böhmen und Mähren (Verordnung vom 16. September 1940, RGBl. I S. 1238); Luxemburg (Verordnung vom 30. September 1940, Verordnungsblatt für Luxemburg S. 17); Elsaß (Verordnung vom 31. Oktober 1940, Verordnungsblatt des Chefs der Zivilverwaltung im Elsaß S. 325); Lothringen (Verordnung vom 20. Dezember 1940, Verordnungsbl. für Lothringen S. 443); Untersteiermark (Verordnung vom 10. Oktober 1941, Verordnungs- u. Amtsblatt des Chefs der Zivilverwaltung in der Untersteiermark S. 339); Kärnten (Verordnung vom 14. Oktober 1941, Verordnungs- u. Amtsblatt des Chefs der Zivilverwaltung in der Untersteiermark S. 339); Kärnten (Verordnung vom 14. Oktober 1941, Verordnungs- u. Amtsblatt des Chefs der Zivilverwaltung in den besetzten Gebieten Kärnten und Krains S. 285).

C. Die Bierbesteuerung nach 1945

Das Biersteuergesetz blieb nach Kriegsende zunächst in seiner damals gültigen Fassung bestehen. Malz durfte allerdings zur Herstellung von Bier für den Bedarf der deutschen Bevölkerung nicht verwendet werden. Als Rohstoff für das Braugewerbe diente Molke. Das daraus hergestellte Getränk wurde je nach Herstellungsart entweder als Bier oder als bierähnliches Getränk versteuert.

1. Als erste gesetzliche Maßnahme auf dem Gebiet des Biersteuerrechts nach Kriegsende wurde von dem Kontrollrat der vier Besatzungsmächte das Gesetz Nr. 28 vom 10. Mai 1946 (Amtsbl. des Kontrollrats S. 150) erlassen, das vom Biersteuergesetz, ohne dessen einzelne Bestimmungen ausdrücklich zu ändern, abweichende Vorschriften vorsah, die an Stelle der damit im Widerspruch stehenden biersteuergesetzlichen Regelungen traten. Artikel I des Gesetzes beseitigte die bisherige Staffelung der Steuersätze nach § 3 Abs. 1 BierStG und ersetzte sie durch einheitliche Steuersätze, die

nach dem Stammwürzegehalt des Bieres in drei Kategorien eingeteilt waren. Es betrug der Steuersatz erster Kategorie für Bier mit einem Stammwürzegehalt von nicht mehr als 2 v. H. 35,— RM, der Steuersatz zweiter Kategorie für Bier mit einem Stammwürzegehalt von mehr als 2 v. H und nicht mehr als 3,2 v. H. 75,— RM und der Steuersatz dritter Kategorie für Bier von mehr als 3,2 v. H. Stammwürzegehalt 118,— RM/hl. Lückenbiere gab es danach nicht mehr. Nach Artikel II des Gesetzes waren diese Steuersätze auf alle Brauereien einheitlich anzuwenden. Damit waren die bisherigen Steuervergünstigungen für Kleinbrauereien (Hausbrauer und 1000 hl-Brauer — § 3 Abs. 1 Sätze 2ff. BierStG —) beseitigt. Durch die Einführung einheitlicher Steuersätze für alle Brauereien wurde auch der bis dahin noch gültige § 3 Abs. 3 BierStG über die Zusammenstaffelung mehrerer Brauereien, wenn der wirtschaftliche Erfolg mindestens zu $^3/_4$ einer und derselben Person oder Gesellschaft zugute kommt, außer Kraft gesetzt. Das KRG Nr. 28 hob auch den Kriegszuschlag zur Biersteuer auf.

Das sich durch seine maßlos überhöhten Steuersätze auszeichnende Gesetz hatte zunächst keine größere Bedeutung, da die Herstellung von Bier für den Inlandbedarf gering war und Bier sowie bierähnliche Getränke mit einem Stammwürzegehalt von mehr als 2 v. H. nicht in den Verkehr kamen. Diese Verhältnisse änderten sich jedoch schlagartig mit der Währungsreform am 21. Juni 1948. Das noch kurz zuvor aus Gerstenmalz zugelassene Dünnbier mit 1,7 v. H. Stammwürzegehalt wurde von dem Verbraucher abgelehnt, der ein stärker eingebrautes Bier verlangte. Trotz Bierpreissenkung durch steuerliche Billigkeitsmaßnahmen konnte der Bierabsatz nicht gehoben werden. Das Brauereigewerbe gelangte hierdurch in eine schwierige Krise, die zu umfangreichen Betriebseinschränkungen und zur Einführung von Kurzarbeit zwang. Die Lage wurde noch dadurch verschärft, daß in den einzelnen Ländern hinsichtlich der Zulassung stärker eingebrauter Biere verschieden verfahren wurde sowie hier und dort einzelne Brauereien durch Inverkehrbringen stärker eingebrauter Biere einfach zur Selbsthilfe übergingen.

Eine gewisse Ordnung wurde erst wieder durch das Gesetz des Wirtschaftsrates vom 21. Oktober 1948 zur Änderung des Biersteuergesetzes geschaffen, das für den Bereich des die amerikanische und die britische Besatzungszone umfassenden Vereinigten Wirtschaftsgebiets erging (Gesetzbl. der Verwaltung des Vereinigten Wirtschaftsgebietes vom 21. Oktober 1948 Nr. 21 S. 102). Dieses Gesetz beseitigte die hohen Steuersätze des KRG Nr. 28 und stellte zum Schutz der Brauereien mit geringem Ausstoß gegenüber denen mit hoher Erzeugung die Staffelung, wie sie vorher bestanden hatte, im wesentlichen wieder her. Es unterlag danach Einfachbier mit einem Stammwürzegehalt bis 2 v. H. einem Steuersatz von 8,— bis 9,— DM, Schankbier mit einem Stammwürzegehalt von 4,5 bis 5,5 v. H. einem Steuersatz von 16,— bis 18,— DM und Lagerbier mit einem Stammwürzegehalt von 7 bis 8 v. H. einem Steuersatz von 20,— bis 22,50 DM je Hektoliter. Lückenbier und Biere mit einem höheren Stammwürzegehalt als 8 v. H. durften nicht in Verkehr gebracht werden (§ 2 a. a. O.). Es war jedoch der Direktor der Verwaltung für Finanzen ermächtigt, von diesem

Verbot Ausnahmen zuzulassen. Dadurch sollte die Möglichkeit geschaffen werden, wenn es aus brautechnischen oder sonstigen Gründen notwendig werden sollte, Bier innerhalb anderer Stammwürzegehaltsgrenzen herzustellen, diesem Bedürfnis zu entsprechen. Bier über 8 v. H. Stammwürze, das ausnahmsweise erlaubt in Verkehr gebracht wurde, sollte dem 1½-fachen Steuersatz für Schankbier, Bier dagegen, das verbotswidrig in Verkehr gebracht wurde, dem doppelten Steuersatz für Schankbier unterworfen werden, um den Anreiz, etwa aus Wettbewerbsgründen dieses bessere Bier anzubieten, einzuschränken (aus der Begründung des Gesetzes in ZfZ 1949 S. 12 u. f.).

Das Änderungsgesetz vom 21. Oktober 1948 wurde ebensowenig wie das KRG Nr. 28 in das Biersteuergesetz eingebaut. Die Zuständigkeit des Wirtschaftsrats zur Änderung des KRG Nr. 28 ergab sich aus der Proklamation Nr. 7 der amerikanischen Militärregierung sowie aus der Verordnung Nr. 126 der britischen Militärregierung (vgl. hierzu das Gutachten des OFG vom 21. Oktober 1948 — II z D 5/48 S, ZfZ 1949 S. 62)[1]). Das Oberste Finanzgericht stellte mit diesem Gutachten klar, daß trotz der Wiedereinführung der Staffelsätze die durch das KRG Nr. 28 beseitigte gemeinsame Staffelung mehrerer Brauereien, die für Rechnung einer und derselben Person oder Gesellschaft betrieben werden (§ 3 Abs. 3 BierStG) ebenso wie die früheren Steuervergünstigungen für Hausbrauer und 1000 hl-Brauer nicht wieder aufgelebt waren.

Als weiteres die Biersteuer betreffendes Gesetz ist für den Bereich des Vereinigten Wirtschaftsgebietes das Gesetz des Wirtschaftsrats über Zölle und Verbrauchsteuern vom 11. März 1949 (Wirtschaftsgesetzbl. S. 53) hervorzuheben. Dieses Gesetz stellte klar, daß im Vereinigten Wirtschaftsgebiet u. a. das Biersteuergesetz in seiner damals geltenden Fassung gilt, d. h. die Änderungen zu berücksichtigen waren, die durch das vorher ergangene KRG Nr. 28 sowie das Änderungsgesetz vom 21. Oktober 1948 angeordnet wurden. Ebenfalls bestätigte das Gesetz erneut die schon auf Grund der obengenannten Anordnungen der amerikanischen und britischen Militärregierung bestehende Zuständigkeit des Wirtschaftsrats, das Recht der Gesetzgebung über Zölle und Verbrauchsteuern einschließlich der Monopole auszuüben.

Das Änderungsgesetz des Wirtschaftsrates vom 21. Oktober 1948 galt nicht in der französischen Besatzungszone. Es wurden jedoch, um in dem westlichen Besatzungsbereich eine einheitliche Bierbesteuerung sicherzustellen, die Länder der französischen Zone durch Verordnung Nr. 183 des französischen Oberkommandos vom 18. Oktober 1948 (Journal Officiel Nr. 210/11) ermächtigt, die Steuervorschriften für Bier entsprechend dem in dem Vereinigten Wirtschaftsgebiet geltenden Rechtszustand zu ändern. Von dieser Ermächtigung ist Gebrauch gemacht worden im ehemaligen

---

[1]) Die sich auf die Biersteuer beziehenden Artikel I und II des KRG Nr. 28 sind für das Gebiet der Bundesrepublik erst durch Artikel I des Gesetzes Nr. A-14 der Alliierten Hohen Kommission „Beseitigung von Rechtsvorschriften der Besatzungsmächte und Aufhebung solcher Rechtsvorschriften" vom 15. Februar 1951 (Amtsbl. der Hochkommission S. 779, Bundesanzeiger 1951 Nr. 46 vom 7 Dezember 1951 S. 2) aufgehoben worden.

Lande Baden durch das Landesgesetz vom 23. November 1948 (Badisches Gesetz- und Verordnungsbl. 1949 S. 1), im ehemaligen Lande Württemberg-Hohenzollern durch die Verordnung vom 27. Oktober 1948 (Regierungsbl. S. 160), im Lande Rheinland-Pfalz durch die Landesverordnung vom 7. März 1949 (Gesetz- und Verordnungsbl. S. 83) und für den bayerischen Kreis Lindau durch die Rechtsverordnung des früheren Kreispräsidenten vom 30. November 1948 (Amtsbl. Nr. 84). Das Saargebiet, das am 22. November 1947 aus dem französischen Besatzungsbereich ausgeklammert wurde und seit dem 1. April 1948 als Zollausschlußgebiet behandelt wird, blieb von dieser Regelung ausgenommen.

Abweichend entwickelten sich die Verhältnisse auf biersteuerrechtlichem Gebiet in Berlin. Dort wurde durch die Änderung des Biersteuergesetzes vom 21. Juli 1949 (Verordnungsbl. I S. 219) die Biersteuer für 1 Hektoliter Schankbier auf 18,— DM festgesetzt. Dieser Steuersatz ermäßigte sich für Einfachbier um die Hälfte und erhöhte sich für Lagerbier auf das 1 ¼-fache. Staffelsätze wurden nicht eingeführt. Dagegen wurden die Stammwürzegehaltsgrenzen für die einzelnen Biergattungen in gleicher Weise wie in dem westlichen Besatzungsbereich festgesetzt.

Die Verwaltung der Biersteuer war in allen Ländern der westlichen Besatzungszonen Landessache. Den Ländern floß auch das Aufkommen aus der Biersteuer zu.

2. Mit der Errichtung der die drei westlichen Besatzungszonen umfassenden Bundesrepublik Deutschland auf Grund des vom Parlamentarischen Rat am 8. Mai 1949 beschlossenen und am 24. Mai 1949 in Kraft getretenen Grundgesetzes für die Bundesrepublik Deutschland vom 23. Mai 1949 (BGBl. S. 1) ging die Zuständigkeit für die Gesetzgebung und die Verwaltung auf dem Gebiet der Verbrauchssteuern einschließlich der Biersteuer auf die Bundesorgane über. Auf der Grundlage von Artikel 125 GG wurde das Biersteuerrecht unter Berücksichtigung seiner bis dahin erfolgten Änderungen Bundesrecht. Wenn auch nach Artikel 105 Abs. 2 Nr. 1 GG dem Bund nur die konkurrierende Gesetzgebung auf verbrauchsteuerlichem Gebiet zusteht, so war im Hinblick auf Artikel 125 GG für die Länder keine Möglichkeit mehr gegeben, sich auf dem Gebiet der Biersteuer gesetzgeberisch zu betätigen. Mit Rücksicht darauf, daß die Biersteuer nach Artikel 106 Abs. 2 in der Fassung des Gesetzes zur Änderung und Ergänzung der Finanzverfassung (Finanzverfassungsgesetz vom 23. Dezember 1955, BGBl. I S. 817) in die Länderhaushalte fließt, bedürfen die die Biersteuer betreffenden Bundesgesetze jedoch der Zustimmung des Bundesrates (Art. 105 Abs. 3 GG). Die Zuständigkeit des Bundes, neben den anderen Verbrauchssteuern auch die Biersteuer durch eigene Behörden zu verwalten, ergibt sich aus Artikel 108 des Grundgesetzes. Ihr Aufbau ist durch das Gesetz über die Finanzverwaltung vom 6. September 1950 (BGBl. I S. 448) geregelt. Für die Verwaltung der Biersteuern sind damit die Hauptzollämter zuständig[1]).

[1]) Der Bund erhielt nach dem Gesetz über die Finanzverwaltung vom 6. September 1950 von den Ländern als Beitrag für die Kosten der Verwaltung der Biersteuer 4 v. H. des Biersteueraufkommens. Dieser Satz wurde durch das Zweite Überleitungsgesetz vom 20. August 1951 (BGBl. I S. 774) auf 2 v. H. herabgesetzt. Durch das Vierte Überleitungsgesetz vom 27. 4. 1955 (BGBl. I S. 189) ist die Beteiligung der Länder an den Ausgaben des Bundes schließlich überhaupt wegfallen.

C. Die Bierbesteuerung nach 1945

Der Bund sah sich auf biersteuerlichem Gebiet den gleichen Schwierigkeiten gegenüber, wie sie schon vor seiner Errichtung bestanden. Mit der zunehmenden Verbesserung der wirtschaftlichen Verhältnisse als Folge der Währungsreform fanden auch die Biere mit einem Stammwürzegehalt von 7 bis 8 v. H. keinen ausreichenden Absatz mehr. Der Rückgang im Bierabsatz konnte nach anfänglichen Erfolgen auch nicht durch das Inverkehrbringen im Stammwürzegehalt höherprozentiger Biere (zuerst 11 bis 14 v.H., später sogar 16 bis 18 v. H.) aufgehalten werden, da der zu hohe Bierpreis den Anstrengungen des Braugewerbes enge Grenzen zog. Der Steuersatz für das 11 bis 14%ige Bier lag mit 24 bis 27,— DM mehr als doppelt so hoch wie vor dem Krieg.

Um in dieser Lage wirksame Abhilfe zu schaffen, nahm das Bundesfinanzministerium im Herbst 1949 mit den Länderfinanzministerien und den Vertretungen des Braugewerbes Verhandlungen über eine Senkung der Biersteuer mit dem Ziel auf, den Bierpreis soweit zu verbilligen, daß eine wirkliche Absatzbelebung gesichert erschien. Dieses Ergebnis konnte aber nur erwartet werden, wenn der Ausschankpreis über die Steuerermäßigung hinaus in fühlbarem Umfang gesenkt wurde. Es sollten deshalb auch die übrigen an der Bildung des Bierpreises beteiligten Kreise, also das Braugewerbe und das Gaststätten- und Schankgewerbe ihren Beitrag zu der Preissenkung in zumutbaren Grenzen leisten. Das Ergebnis der eingehenden Verhandlungen bestand schließlich darin, daß die Preissenkung, die über 0,12 DM je l (Steuerermäßigung) hinausgeht, mit 0,03 DM von den Brauern und mit dem Rest vom Schankgewerbe getragen werden sollte. Danach sollten in den drei großen Bierpreisgebieten des Bundesgebietes für 1 l Konsumbier folgende Preisermäßigungen eintreten: in Norddeutschland von bisher 1,66 DM auf 1,28 DM bis 1,18 DM, in Mittel- und Südwestdeutschland von bisher 1,27 DM bis 1,17 DM auf etwa 1 DM und in Bayern von bisher 1 DM auf 0,80 DM bis 0,78 DM. Der Entwurf des Gesetzes zur Änderung des Biersteuergesetzes sah dementsprechend bei Wiedereinführung der Staffelung Steuersätze von 12,— DM bis 15,— DM für 1 hl Vollbier (Stammwürzegehalt 11 bis 14 v. H.) vor. Die früheren Biergattungen Einfachbier, Schankbier, Vollbier und Starkbier sollten wieder eingeführt werden. Der Steuersatz für Vollbier sollte sich für Einfachbier (Stammwürzegehalt von 2 bis 5,5 v. H.) um die Hälfte und für Schankbier (Stammwürzegehalt von 7 bis 8 v. H.) um ein Viertel ermäßigen, für Starkbier (Stammwürzegehalt von 16 v. H. und mehr) dagegen um die Hälfte erhöhen. Der durch die Steuersenkung zunächst bedingte Ausfall an Biersteuer wurde in der Erwartung hingenommen, daß die als Folge dieser Maßnahme erhoffte Belebung des Bierabsatzes wieder zu höheren Biersteuereinnahmen führen werde.

Der Gesetzentwurf sah des weiteren die Wiedereinführung der Steuervergünstigung für Hausbrauer in gegenüber früher modifizierter Form vor. Die Steuervergünstigung sollte nur solchen Hausbrauern zugestanden werden, die Inhaber eines landwirtschaftlichen Betriebes sind und aus selbstgewonnener Gerste bei einer Grundfläche des Betriebes bis zu 10 Hektar nicht mehr als 10 Hektoliter und bei einer Grundfläche des Betriebes von mehr als 10 Hektar bis höchstens 15 Hektoliter Bier im Jahr herstellen, wenn sie die Brauereien bereits vor dem 1. April 1930 in Betrieb hatten. Die Steuerermäßigung für das Hausbrauerbier, das auf einen Stammwürzegehalt von nicht mehr als 12 v. H. beschränkt wurde, sollte 40 v. H. betragen. Der Entwurf setzte ferner die Fälligkeit der Biersteuer wieder auf den 15. Tag des zweiten Monats fest, der auf den Monat folgt, in dem die Steuerschuld entstanden ist. Auch wurde die Abfindung in der vor dem 1. April 1945 gültigen Fassung des § 16 BierStG wieder zugelassen. Nicht wieder eingeführt wurde jedoch die Steuervergünstigung für die „1000 hl-Brauer" und der frühere § 3 Abs. 3. Der Steuersatz für das Farbebier wurde auf den höchsten Satz für Starkbier festgesetzt. Für bierähnliche Getränke wurde auf eine Begrenzung des Stammwürzegehaltes verzichtet.

Der Bundestag stimmte dem Entwurf (Bundestagsdrucks. Nr. 1054, 1122) in seiner Sitzung am 19. Juli 1950 zu (Protokoll der 77. Sitzung). Anträge auf weitere Senkungen der Steuersätze und auf Beseitigung der Steuervergünstigung für Hausbrauer wurden abgelehnt. Abweichend von dem Regierungsentwurf beschloß der Bundestag jedoch, daß das Gesetz nicht erst am 14. Tag nach seiner Verkündigung, sondern bereits am 1. August 1950 in Kraft treten sollte. Gleichzeitig wurde im Bundestag eine Entschließung eingebracht, nach der der Bundesminister der Finanzen ermächtigt wurde, die Biersteuer ab 1. August 1950 nur noch in der Höhe zu erheben, wie sie in dem Änderungsgesetz vorgesehen ist; die nach den bisherigen gesetzlichen Bestimmungen höhere Steuer sollte gestundet werden.

Bevor der Bundesrat erneut mit dem Gesetz befaßt wurde, hatten Besprechungen zwischen Bundesfinanzministerium und dem zuständigen Ausschuß der Alliierten Hohen Komission ergeben, daß das Inkrafttreten des Änderungsgesetzes am 1. August 1950 nicht die Zustimmung der Hohen Kommision finden würde, die dadurch ihr Einspruchsrecht innerhalb der 21 tägigen Frist als verletzt ansah. Um eine nichtabsehbare Verzögerung des Inkrafttretens des Gesetzes auf Grund dieser Schwierigkeiten zu vermeiden, wurde am 28. Juli 1950 aus der Mitte des Bundestages der Entwurf eines Gesetzes zur Änderung des eben erst verabschiedeten Gesetzes zur Änderung des Biersteuergesetzes (Bundestagsdrucks. Nr. 1264) eingebracht, das in Abänderung des am 19. Juli 1950 beschlossenen § 3 das Inkrafttreten des Gesetzes entsprechend dem Regierungsentwurf wieder am 14. Tag nach seiner Verkündung vorsah. Dieser Entwurf wurde noch in der gleichen Sitzung (Protokoll der 81. Sitzung) verabschiedet. Der Bundesrat stimmte beiden Gesetzen in seiner Sitzung am 28. Juli 1950 zu. Nachdem die Alliierte Hohe Kommission auf Veranlassung des Bundesfinanzministeriums sich entgegen ihrer Gepflogenheit bereit fand, den Gesetzen ausdrücklich die Zustimmung zu erteilen, konnten diese nach ihrer Vollziehung am 14. August bzw. 15. August 1950 schon am 18. August 1950 im BGBl. S. 363 bzw. 365 verkündet werden und am 1. September 1950 in Kraft treten.

Im Lande Berlin trat das vom Bundestag beschlossene Gesetz zur Änderung des Biersteuergesetzes vom 14. August 1950 auf Grund von § 12 Abs. 2 des Dritten Überleitungsgesetzes vom 4. Januar 1952 (BGBl. I S. 1) erst am 1. Januar 1952 in Kraft. Berlin hatte bereits vorher durch sein Gesetz zur Änderung des Biersteuergesetzes vom 7. August 1950 (Verordnungsbl. I

S. 395) die gleichen biersteuerrechtlichen Änderungen wie im Bundesgesetz vom 14. August 1950 getroffen. Jedoch wurde der Steuersatz für obergäriges Einfachbier mit einem Stammwürzegehalt von nicht mehr als 3 v. H., bei dessen Herstellung Süßstoff verwendet worden ist, um $^2/_3$ des Satzes für Vollbier ermäßigt. Diese Berliner Sonderregelung ist bisher beibehalten worden (vgl. § 12 Abs. 3 des Dritten Überleitungsgesetzes vom 4. Januar 1952, Gesetz zur Änderung des Gesetzes über die Stellung des Landes Berlin im Finanzsystem des Bundes vom 20. Dezember 1952 — BGBl. I S. 821 — und Zweites Gesetz zur Änderung des Dritten Überleitungsgesetzes vom 25. Dezember 1954 — BGBl. I S. 504).

Die Biersteuer-Durchführungsbestimmungen wurden der veränderten Gesetzeslage durch die 10. Verordnung zur Änderung der Durchführungsbestimmungen zum Biersteuergesetz vom 14. November 1951 (Bundesanzeiger Nr. 231 S. 1) angepaßt. Als wesentlich ist die Wiederherstellung des früheren § 4 und der Anlage A (Farbebierordnung) hervorzuheben, die in den meisten Ländern auf Grund von Verwaltungsordnungen bereits wieder angewandt wurden.

Der Wortlaut des Biersteuergesetzes wurde auf Grund von § 2 des Änderungsgesetzes neu gefaßt. Die Neufassung ist durch die Bekanntmachung vom 14. März 1952 (BGBl. I S. 149) veröffentlicht. Unter dem gleichen Datum wurde auch die Neufassung der Durchführungsbestimmungen bekanntgegeben (BGBl. I S. 153).

3. Als das Zollgesetz vom 20. März 1939 (RGBl. I S. 529) durch das Dritte Zolländerungsgesetz vom 9. August 1956 (BGBl. I S. 735) in einigen wesentlichen Punkten geändert wurde, erwies es sich, wie im übrigen auch bei den anderen Verbrauchsteuergesetzen, auf Grund der entsprechenden Anwendung der Vorschriften des Zollrechts bei der Einfuhr von Bier (§ 2 Abs. 3 BierStG.) als notwendig, das Biersteuergesetz ebenfalls zu ändern. Eine Ausnahme bildet lediglich das Mineralölsteuergesetz, bei dem die erforderliche gesetzliche Anpassung bereits im Dritten Zolländerungsgesetz selbst vollzogen worden war. Die Angleichung des Biersteuerrechts an den neuen Stand des Zollrechts bot sich als günstige Gelegenheit an, einige weitere Bestimmungen des Gesetzes zu ändern. Es wurde vor allem angestrebt, das Gesetz in Gliederung und Wortlaut so weit als möglich den anderen Verbrauchsteuergesetzen anzupassen.

Der Entwurf eines Gesetzes zur Änderung des Biersteuergesetzes wurde dem Bundestag von der Bundesregierung am 7. Mai 1957 zugeleitet (vgl. Bundestagsdrucks. 3501). Als wesentliche Neuerung übernahm der Entwurf in Änderung des § 1 des Gesetzes nach dem Vorbild des Mineralölsteuergesetzes vom 25. Mai 1953 (BGBl. I S. 234) und des Fünften Gesetzes zur Änderung des Zuckersteuergesetzes vom 26. März 1956 (BGBl. I S. 131) den Begriff „Erhebungsgebiet", das den Geltungsbereich des Gesetzes mit Ausnahme der Zollausschlüsse umfaßt. Dadurch wird es ermöglicht, die Biersteuer auch für das aus der sowjetischen Besatzungszone in das Gebiet der Bundesrepublik verbrachte Bier zu erheben. Diese Regelung war unerläßlich, da die besatzungsrechtlichen Anordnungen, die bisher der Abgabenerhebung in Fällen dieser Art dienten, durch die politische Entwicklung überholt waren. Bestimmend dafür waren aber auch die inzwischen geänderten biersteuerrechtlichen Vorschriften der sowjetischen Besatzungszone einschl. Ost-Berlin. Die Gesetzesänderung verschafft im übrigen den Brauereien der Bundesrepublik den Vorteil, ihrerseits Bier in die sowjetische Zone sowie nach Ost-Berlin steuerfrei liefern zu können. In einem neuen § 6a wurden die im Biersteuergesetz über mehrere Paragraphen verstreuten Vorschriften, die bei der Einfuhr von Bier gelten, zusammengefaßt und dem Dritten Zolländerungsgesetz angepaßt. Es wurde vor allem die Anwendung der Zollvorschriften für Rückwaren, für Bearbeitungs- und Verarbeitungsverkehre in Freihäfen, sowie für passive Veredlungsverkehre (§ 69a Abs. 1 Nr. 39ff. Zollgesetz) auf die Biersteuer ausgeschlossen, um zu verhindern, daß steuerfrei ausgeführtes oder in einem Freihafen hergestelltes Bier bei seiner Einfuhr steuerfrei bleibt, soweit die Zollbefreiung darauf zutrifft. Diesen Umstand berücksichtigt die vorgesehene Beschränkung der Zollbefreiungsvorschriften im Biersteuergesetz auf die Befreiungstatbestände des § 69 Abs. 1 Nr. 1—38 des Zollgesetzes. Als wesentlicher Mangel wurde es empfunden, daß mit der Streichung des § 12 der Reichsabgabenordnung durch das Gesetz zur Änderung von einzelnen Vorschriften der Reichsabgabenordnung vom 11. Juli 1953 (BGBl. I S. 511) die bisher im wesentlichen maßgebliche gesetzliche Ermächtigung zum Erlaß von Rechtsverordnungen zur Durchführung des Biersteuergesetzes erloschen war. Zur Abhilfe wurde der neue § 25 des Gesetzes in den Entwurf aufgenommen (siehe Begründungen).

Der Bundestag stimmte dem Entwurf, der im Ausschuß für Finanz- und Steuerfragen nur unwesentlich abgeändert worden war (Bundestagsdrucks. 3634), in seiner 227. Sitzung am 29. August 1957 zu. Die Zustimmung des Bundesrats wurde in seiner 183. Sitzung am 20. September 1957 (Bundesratsdrucks. 389/57) erteilt. Das Gesetz zur Änderung des Biersteuergesetzes vom 10. Oktober 1957 wurde im BGBl. I S. 1712 vom 16. Oktober 1957 veröffentlicht. Das Gesetz gilt nicht im Saarland (Art. 3). Die angleichende Regelung der übrigen Verbrauchsteuergesetze wurde durch das Gesetz zur Änderung von Verbrauchsteuergesetzen (Verbrauchsteueränderungsgesetz) vom gleichen Tage (BGBl. I S. 1704) verwirklicht. Die Durchführungsbestimmungen zum Biersteuergesetz wurden durch die Änderungsverordnung vom 2. Dezember 1957 (BGBl. I S. 1831) angepaßt.

Biersteuergesetz

in der Fassung der Bekanntmachung des Bundesministers der Finanzen vom 14. März 1952[1]) (BGBl. I S. 149)

Auf Grund des § 2 des Gesetzes zur Änderung des Biersteuergesetzes vom 14. August 1950 (Bundesgesetzbl. S. 363) wird nachstehend der Wortlaut des Biersteuergesetzes in der nunmehr geltenden Fassung bekanntgegeben.

Bonn, den 14. März 1952

Der Bundesminister der Finanzen
Schäffer

---

[1]) Das vom 9. Juli 1923 (RGBl. I S. 557) stammende und inzwischen in seiner zweiten Neufassung (Bekanntmachung des Reichsministers der Finanzen vom 28. März 1931 — RGBl. I S. 110 — ,Bekanntmachung des Bundesministers der Finanzen vom 14. März 1952 — BGBl. I S. 149 —) veröffentlichte Biersteuergesetz ist seit seinem Inkrafttreten am 1. August 1923 durch folgende Gesetze und Verordnungen geändert worden:

1. Gesetz über Änderung einzelner Verbrauchsteuergesetze vom 11. August 1923 (RGBl. I S. 770);
2. Verordnung zur Abänderung einzelner Verbrauchsteuergesetze vom 13. Februar 1924 (RGBl. I S. 68);
3. Dritte Steuernotverordnung vom 14. Februar 1924 (RGBl. I S. 74);
4. Gesetz über Erhöhung der Bier- und Tabaksteuer vom 10. August 1925 (RGBl. I S. 244);
5. Gesetz zur Änderung von Verbrauchsteuern vom 10. August 1925 (RGBl. I S. 248);
6. Gesetz zur Änderung des Biersteuergesetzes vom 15. April 1930 (RGBl. I S. 136); Bekanntmachung der Neufassung des Biersteuergesetzes vom 28. März 1931 (RGBl. I S. 110) auf Grund von Art. IV des Änderungsgesetzes;
7. Verordnung des Reichspräsidenten über Biersteuersenkung, Realsteuersperre 1932 und sonstige steuerliche, wirtschaftlich und zollpolitische Maßnahmen vom 19. März 1932 (RGBl. I S. 135);
8. Gesetz zur Änderung des Biersteuergesetzes vom 21. Dezember 1938 (RGBl. I S. 1897);
9. Verordnung zur Änderung des Biersteuergesetzes vom 29. November 1939 (RGBl. I S. 2327);
10. Verordnung zur Änderung des Biersteuergesetzes vom 8. August 1941 (RGBl. I S. 507);
11. Verordnung zur Änderung des Biersteuergesetzes vom 24. Januar 1942 (RGBl. I S. 47);
12. Verordnung über Änderung der Fälligkeiten von Verbrauchsteuern vom 9. Mai 1942 (RGBl. I S. 295);
13. Verordnung zur siebenten Änderung des Biersteuergesetzes vom 2. November 1943 (RGBl. I S. 651);
14. Verordnung zur achten Änderung des Biersteuergesetzes vom 30. Dezember 1944 (RGBl. 1945 S. 4);
15. Kontrollratsgesetz Nr. 28 vom 10. Mai 1946 (Amtsbl. des Kontrollrats S. 150); dieses Gesetz enthält keine Änderung des Textes des Biersteuergesetzes;
16. Gesetz des Wirtschaftsrats für das Vereinigte Wirtschaftsgebiet zur Änderung des Biersteuergesetzes vom 21. Oktober 1948 (Gesetzbl. der Verwaltung des Vereinigten Wirtschaftsgebietes vom 21. Oktober 1948 Nr. 21 S. 102), das ebenso wie das unter Nr. 15 genannte Gesetz auf eine Änderung des Textes des Biersteuergesetzes verzichtet, sowie die entsprechenden Gesetze und Verordnungen der Länder der ehemaligen französischen Besatzungszone (s. § 1 des unter Nr. 17 aufgeführten Gesetzes vom 14. August 1950);
17. Gesetz zur Änderung des Biersteuergesetzes vom 14. August 1950 (BGBl. S. 363) i. V. m. dem Gesetz zur Änderung des Biersteuergesetzes vom 15. August 1950 (BGBl. S. 365); Bekanntmachung der Neufassung des Biersteuergesetzes vom 14. März 1952 (BGBl. I S. 149) auf Grund von § 2 des Änderungsgesetzes vom 14. August 1950);
18. Gesetz zur Änderung des Biersteuergesetzes vom 10. Oktober 1957 (BGBl. I S. 1712).

Biersteuergesetz

I. Allgemeine Vorschriften

Gegenstand der Biersteuer

§ 1

Bier, das im Geltungsbereich dieses Gesetzes mit Ausnahme der Zollausschlüsse (Erhebungsgebiet) hergestellt oder in das Erhebungsgebiet eingeführt wird, unterliegt einer Abgabe (Biersteuer). Die Biersteuer ist eine Verbrauchsteuer im Sinne der Reichsabgabenordnung.

Zu § 1 siehe DB §§ 3, 4.

1. Die Neufassung des § 1 aufgrund des Änderungsgesetzes vom 10. Oktober 1957 (BGBl. I S. 1712) berücksichtigt, daß den veränderten staatspolitischen Verhältnissen nach 1945 zufolge der Geltungsbereich des Biersteuergesetzes in der Fassung der Bekanntmachung vom 14. März 1952 (BGBl. I S. 149) sich (im Gegensatz zum früheren Reichsbiersteuergesetz) nicht mehr mit dem das Zollinland und die badischen Zollausschlüsse umfassenden „Inland" des § 2 DB 1952 deckt. Zum Zollinland gehört auch das Gebiet der sowjetisch besetzten Zone, da die Zonengrenze keine Zollgrenze ist. Das Biersteuergesetz dagegen gilt nur in dem zum Bundesgebiet gehörenden Teil des Zollgebiets, sowie auf Grund von § 12 Abs. 2 des Dritten Überleitungsgesetzes vom 4. Januar 1952 (BGBl. I S. 1) im Land Berlin. Dieser Mißstand ließ es zu, versteuertes oder unversteuertes Bier aus der sowjetisch besetzten Zone in die Bundesrepublik zu verbringen, ohne daß die Möglichkeit bestand, es hier zu versteuern, obwohl die Bierbesteuerung jenseits der Zonengrenze inzwischen eine abweichende Entwicklung genommen hat. Das Reichsbiersteuergesetz in der Fassung der Bekanntmachung vom 28. März 1931 (RGBl. I S. 110) ist in der Sowjetzone und in Ost-Berlin seit dem 14. Oktober 1955 aufgehoben und durch eine neue Regelung ersetzt („Gesetzbl. der Deutschen Demokratischen Republik", Teil I S. 769). Das Verbringen von Bier über die Zonengrenze stellte bisher keine Ausfuhr im Sinne des § 7 Abs. 2 des Gesetzes dar, da die Zollgrenze noch nicht überschritten wurde. Dieser unbefriedigende Zustand ist durch die Einführung des neuen Begriffs „Erhebungsgebiet" beseitigt worden. Es ist jetzt für das aus der sowjetischen Besatzungszone und Ost-Berlin in das Gebiet der Bundesrepublik verbrachte Bier die Biersteuer zu erheben (s. § 6a des Gesetzes). Die Brauereien des Bundesgebiets können umgekehrt ihr Bier in die sowjetische Zone und nach Ost-Berlin steuerfrei liefern (§ 7 Abs. 2 des Gesetzes). Das Biersteuergesetz folgt damit den bereits für den Bereich des Mineralölsteuergesetzes vom 21. Mai 1953 (BGBl. I S. 234) sowie des Zuckersteuergesetzes nach dem 5. Gesetz zur Änderung des Zuckersteuergesetzes

vom 26. März 1956 (BGBl. I S. 131) getroffenen entsprechenden Regelungen, nach deren Vorbild aufgrund des Gesetzes zur Änderung von Verbrauchsteuergesetzen (Verbrauchsteuer-Änderungsgesetz) vom 10. Oktober 1957 (BGBl. I S. 1704) auch die anderen Verbrauchsteuergesetze umgestellt worden sind.

Die Erhebung der Biersteuer beim Verbringen von Bier aus dem nicht zum Bundesgebiet gehörenden Teil des deutschen Zollgebiets in die Bundesrepublik ist eine zwangsläufige Folge des Bestehens zweier unterschiedlicher Biersteuersysteme im Bereich ein und desselben Zollgebiets. Die Einheit des Zollgebiets wird dadurch nicht beeinträchtigt, da sie nicht auch das Vorhandensein einer einheitlichen Verbrauchbesteuerung voraussetzt. Es erinnert die nunmehr bestehende Regelung an die früheren Übergangsabgaben, die als Folge der unterschiedlichen Bierbesteuerung im Reich vor Eintritt der drei süddeutschen Staaten in die Biersteuergemeinschaft erhoben wurden (s. S. 2).

2. Das *Erhebungsgebiet* wird durch den Geltungsbereich des Biersteuergesetzes mit Ausnahme der Zollausschlüsse gebildet. Zum Geltungsbereich des Bundesbiersteuergesetzes gehören das Bundesgebiet und das Land Berlin, nicht aber das Saarland (s. Art. 2 und 3 des Änderungsgesetzes vom 10. Oktober 1957). Der Geltungsbereich des Gesetzes in seiner nunmehrigen Fassung umfaßt auch alle Zollauschlußgebiete, die badischen Zollausschlüsse, wie auch die Freihäfen und die Insel Helgoland. Die bisherige Ausklammerung der Zollausschlüsse, mit Ausnahme der badischen, aus dem Geltungsbereich des Gesetzes (§ 1 Abs. 2 BierStG 1923, § 2 DB 1931, § 2 DB in der Fassung der Verordnung vom 23. Dezember 1938 — RMinBl. S. 947 —, die den vorherigen Begriff „Geltungsbereich des Gesetzes" durch den Begriff „Inland" ersetzte, ohne damit mehr als eine redaktionelle Änderung zu bezwecken, § 2 DB 1952) ist nicht mehr aufrechterhalten. Nach der Streichung des § 2 DB durch die Verordnung zur Änderung der Durchführungsbestimmungen vom 2. Dezember 1957 (BGBl. I S. 1831) sind sowohl im Gesetz als auch in den Durchführungsbestimmungen den Geltungsbereich des Gesetzes einschränkende Bestimmungen nicht mehr vorhanden. Die Erstreckung des Geltungsbereiches des Gesetzes auch auf die anderen als die badischen Zollausschlüsse, insbes. auf die Freihäfen, entspricht dem Grundgedanken des § 1 des Gesetzes in seiner neuen Fassung; sie wird auch durch den neu eingeführten § 25 Abs. 1 Nr. 1 des Gesetzes unterstrichen, der die Ermächtigung enthält (bisher nur § 16 AO) in den Freihäfen den Verbrauch von unversteuertem Bier zu verbieten und andere Zollausschlüsse als Freihäfen in das Erhebungsgebiet einzubeziehen. Diese Vorschrift wäre nicht sinnvoll, wenn das Biersteuergesetz nicht auch in allen Zollausschlüssen Geltung hätte. Die sowjetische Besatzungszone gehört nicht zum Geltungsbereich des Gesetzes, da mit den Worten „dieses Gesetzes" das allein im Bundesgebiet und in Berlin (West) geltende Biersteuergesetz in der Fassung vom 14. März 1952 und nicht etwa das frühere Reichsbiersteuergesetz gemeint ist. Die sowjetische Zone liegt daher außerhalb des Erhebungsgebietes, wenn sie auch zum deutschen Zollgebiet gehört.

Die Zollausschlüsse zählen zum Geltungsbereich des Gesetzes, nicht aber zum Erhebungsgebiet. In den Zollausschlüssen hergestelltes oder dorthin von außerhalb des Erhebungsgebietes verbrachtes Bier unterliegt deshalb nicht der Biersteuer.

Das Erhebungsgebiet wird gegenüber den Zollausschlüssen durch die Zollgrenze abgegrenzt. Die Zollgrenze grenzt das Erhebungsgebiet im übrigen auch gegenüber dem politischen Ausland ab, da dort Hoheitsgrenze und Zollgrenze übereinstimmen. Wegen der Zollanschlüsse s. Bemerk. 6. Die Grenze des Erhebungsgebietes gegenüber der sowjetischen Zone wird durch die Zonengrenze gebildet.

3. Wegen der Zollausschlüsse siehe § 5 Abs. 1 ZG. Die wichtigsten Zollausschlüsse sind:

a) die als *Freihäfen* bezeichneten, vom Zollgebiet ausgeschlossenen Teile von Seehäfen (§ 5 Abs. 1 Nr. 1 ZG). Es bestehen Freihäfen in Emden, Bremen, Bremerhaven, Cuxhaven, Kiel und Hamburg (Hamburg-Freihafen u. Hamburg-Waltershof) — s. hierzu Siegert, Kommentar zum Zollgesetz, 5. Auflage, Bemerk. 3 zu § 5. In Freihäfen ist der Verbrauch von unversteuertem Bier nach Maßgabe des § 4 DB beschränkt (s. Bemerk. zu § 4 DB). Die Rechtsgrundlage für die Anordnung der Beschränkungen nach § 4 DB, die bisher § 16 Abs. 1 Buchst. c AO bildete, ist nunmehr in § 25 Abs. 1 Nr. 1 des Gesetzes selbst verankert. Zuwiderhandlungen gegen die Verbrauchsbeschränkungen des § 4 DB sind nach § 413 Abs. 1 Nr. 1 Buchst. b AO strafbar. Freihäfen können nach § 25 Abs. 1 Nr. 1 des Gesetzes nicht in das Erhebungsgebiet einbezogen werden. Damit wurde Hamburger Wünschen entsprochen;

b) die *badischen Zollausschlüsse*. Von den badischen Zollausschlüssen bestehen noch die Gemeinde Büsingen und die Büttenhardter Höfe (beide Kreis Konstanz). Das frühere Zollausschlußgebiet Jestetten ist durch Gesetz vom 24. September 1935 (RGBl. I S. 1161) in das Zollgebiet einbezogen worden. Die badischen Zollausschlüsse gehörten nach dem nunmehr gestrichenen § 2 DB zum „Inland" mit der Folge, daß dort hergestelltes oder dorthin eingebrachtes Bier der Besteuerung unterlag. Irgendwelche praktische Bedeutung kam dieser Regelung jedoch nicht mehr zu, da beide Zollausschlußgebiete de facto dem schweizerischen Zoll- und Wirtschaftsgebiet angeschlossen und damit als Zollausland zu betrachten sind. Für die Gemeinde Büsingen trifft dies seit dem 1. Januar 1947 und für die Büttenhardter Höfe sogar schon früher zu. Die Ausklammerung auch der badischen Zollausschlüsse aus dem Erhebungsgebiet entspricht daher den gegenwärtigen tatsächlichen Verhältnissen, nach denen dort ohnehin die Biersteuer nicht mehr erhoben wurde. Es sind mit der Schweiz Verhandlungen im Gange mit dem Ziel, den derzeitigen Zustand auf staatsvertraglicher Grundlage auch rechtlich zu bestätigen. Im Falle einer späteren Änderung der Rechtsverhältnisse wäre es nach § 25 Abs. 1 Nr. 1 des Gesetzes möglich, die beiden Zollausschlüsse wieder in das Erhebungsgebiet einzubeziehen. Die Sondersteuerordnung für die Einfuhr von Bier in die außerhalb der Zollinie liegenden Gebietsteile in Baden vom 19. Juli 1923 (RGBl. I S. 729) ist nunmehr als überholt anzusehen;

c) die *Insel Helgoland* (§ 5 Abs. 1 Nr. 5 ZG. Die Einfuhr von Bier auf Helgoland unterliegt jedoch nach der Einfuhrsteuerordnung des Innenministers von Schleswig-Holstein vom 18. September 1953 (Gesetz- und Verordnungsblatt für Schleswig-Holstein S. 75) einer Gemeinde-Einfuhrsteuer. Zur Einbeziehung von Helgoland in das Erhebungsgebiet genügt eine Rechtsverordnung aufgrund von § 25 Abs. 1 Nr. 1 des Gesetzes;

d) Zollausschlüsse sind auch die Feuerschiffe, wenn sie sich außerhalb der Zollgrenze befinden (s. ZfZ 1919 S. 50). Leuchttürme dagegen gehören, da sie mit dem Grund und Boden in fester Verbindung stehen und deshalb Inseln sind, zum Zollgebiet (§ 1 AZO). Als zum Zollgebiet innerhalb der Bundesrepublik gehörig sind sie somit auch Erhebungsgebiet.

4. Als Zollausschluß ist auch das Saarland zu behandeln (BFH vom 24. April 1951 — II z 36/50 — ZfZ 1951 S. 238). Seit dem 1. Januar 1957 ist das Saarland als neues Bundesland wieder in die Bundesrepublik eingegliedert (Gesetz über die Eingliederung des Saarlandes vom 23. Dezember 1956, BGBl. I S. 1011), allerdings mit der in dem Saarvertrag vom 27. Oktober 1956 (BGBl. II S. 1589) vorgesehenen Einschränkung, daß für eine Übergangszeit, längstens bis 31. Dezember 1959, seine Zugehörigkeit zum französischen Wirtschafts-, Währungs- und Zollbereich aufrechterhalten bleibt. Bis dahin finden das Biersteuergesetz, wie im übrigen auch die anderen Verbrauchsteuergesetze, im Saarland keine Anwendung (Artikel 3 des Änderungsgesetzes vom 10. Oktober 1957 — BGBl. I S. 1712). Da das Saarland mithin nicht zum Geltungsbereich des Biersteuergesetzes gehört, zählt es auch nicht zum Erhebungsgebiet.

5. Das Biersteuergesetz gilt in Bayern und den ehem. Ländern Württemberg und Baden nach Maßgabe des § 3 DB. Die in dieser Vorschrift verankerte Sonderstellung dieser Gebiete gründete sich auf Artikel 35 Abs. 2 der Reichsverfassung vom 16. April 1871, wonach in diesen Gebieten die Besteuerung des inländischen Bieres der Landesgesetzgebung vorbehalten war. Diese Vorschrift konnte gem. Art. 78 Abs. 2 der alten Reichsverfassung nur mit Zustimmung der berechtigten Bundesstaaten abgeändert werden. Das Sachsen — Weimarische Vordergericht Ostheim war durch Vertrag zwischen Bayern und Sachsen — Weimar vom 17. Juli 1843, das Sachsen-Koburg-Gothaische Amt Königsberg in Franken durch Vertrag zwischen Bayern und Sachsen-Koburg-Gotha vom 27. Mai 1891 an das bayerische Verbrauchsteuersystem angeschlossen. Durch das Gesetz vom 27. März 1919 (RGBl. S. 345) trat vom 1. April 1919 ab Württemberg, durch das Gesetz vom 24. Juni 1919 (RGBl. S. 599) traten vom 1. Juli 1919 ab Bayern (einschließlich Ostheim und Königsberg) und Baden (zugleich mit den außerhalb der Zollinie liegenden badischen Gebietsteilen) in die Biersteuergemeinschaft ein. Die Sonderrechte, die Bayern und die ehem. Länder Württemberg und Baden aufgrund der Eintrittsgesetze vom 27. März und 24. Juni 1919 in der Fassung der Gesetze vom 9. Juli 1923 (RGBl. I S. 563), 10. August 1925 (RGBl. I S. 244), 9. April 1927 (RGBl. I S. 94) auf dem Gebiet der Bierbesteuerung jetzt zustehen, beschränken sich gegenwärtig noch auf die Ermächtigung, über das Reinheitsgebot des § 10 (§ 9 der Neufassung) des Biersteuergesetzes hinausgehende Vorschriften zu erlassen, sowie die Sicherungsvorschrift, daß Änderungen der Gesetze nur nach Maßgabe der Vorschriften über Verfassungsänderungen erfolgen dürfen. Die Vorschriften dieser Gesetze über einen bestimmten Anteil der Sonderrechtsstaaten an den Biersteuereinnahmen sind aufgrund von Art. 106 Abs. 2 Nr. 5 des Grundgesetzes inzwischen gegenstandslos geworden.

6. Für die *Zollanschlüsse* kann nach § 16 AO die Reichsregierung mit Zustimmung des Reichsrats mit fremden Regierungen Vereinbarungen dahin treffen, daß in diesen Gebieten den Verbrauchsteuern entsprechende Steuern erhoben werden. Zollanschlüsse bilden gegenwärtig die österreichischen Gemeinden Jungholz und Mittelberg. Die zu Tirol gehörige österreichische Gemeinde *Jungholz* ist durch Vertrag zwischen Bayern und Österreich vom 3. Mai 1868 dem bayerischen Zoll- und indirekten Steuersystem angeschlossen worden (Bayer. Reg-Bl. S. 1245 ff.). Mit Rücksicht darauf, daß in Jungholz Malz weder erzeugt noch verbraucht wurde, war gem. Nr. 1 Ziffer 2 Abs. 2 des Schlußprotokolls zu dem genannten Vertrage die Erzeugung und der Verbrauch von Malz in Jungholz solange verboten, als das ein-

schlägige bayerische Malzaufschlaggesetz durch die österreichische Regierung in Jungholz nicht eingeführt wurde. Das ist nicht geschehen. Aufgrund der Bestimmung in Art. 4 Abs. 2 des Vertrages bestand jedoch zwischen Bayern und Jungholz ein freier Verkehr mit Bier. Die zu Vorarlberg gehörige Gemeinde *Mittelberg* ist durch Vertrag zwischen dem Deutschen Reich und Österreich-Ungarn vom 2. Dezember 1890 (RGBl. 1891 S. 59) an das deutsche Zollgebiet angeschlossen worden. Hinsichtlich des gem. Art. 4 gleichzeitig erfolgenden Anschlusses an das in Bayern bestehende System der Besteuerung des Bieres, Essigs und Branntweins wurde am gleichen Tage ein besonderes Abkommen zwischen Bayern und Österreich-Ungarn getroffen, wonach das in Bayern geltende System der Bierbesteuerung in Mittelberg maßgebend sein sollte. Art. 6 des Vertrages bestimmt, daß, wenn im deutschen Zollgebiet oder in Bayern neue Verbrauchssteuern zur Einführung gelangen, die betreffenden Bestimmungen von der österreichischen Regierung in Mittelberg in Kraft gesetzt werden. Beide Gemeinden sind vom 1. Juli 1919, dem Zeitpunkt des Eintritts Bayerns in die Biersteuergemeinschaft ab, als zum Biersteuergebiet gehörig behandelt worden. Die österreichische Regierung hat die deutschen Gesetze und Verordnungen über die Bierbesteuerung, beginnend mit dem Biersteuergesetz vom 26. Juli 1918, in beiden Gemeinden in Kraft gesetzt, und zwar mit Wirkung von den gleichen Zeitpunkten, in denen die Gesetze und Verordnungen im Reich in Kraft getreten sind.

Dieser Rechtszustand blieb bis zur Eingliederung Österreichs in das Reich im Jahre 1938 bestehen. Von diesem Zeitpunkt an gehörten die beiden Zollanschlüsse zum Reichsgebiet. Seit Kriegsende sind die Rechtsverhältnisse ungeklärt. Eine formelle Verständigung zwischen der Bundesrepublik und Österreich über die Wiederanwendung der Zollanschlußverträge hat noch nicht stattgefunden. Tatsächlich werden die Gebiete jedoch als zum deutschen Zoll- und Verbrauchsteuergebiet gehörig behandelt. Die in den Staatsverträgen vorgesehene Inkraftsetzung der deutschen Verbrauchsteuergesetze durch die österreichische Regierung ist bisher aber nicht wieder aufgenommen worden. Das Biersteuergesetz in seiner jetzigen Fassung gilt daher in beiden Zollanschlüssen nicht. Mit seiner ordnungsmäßigen Inkraftsetzung würden die Zollanschlüsse in den Geltungsbereich des Biersteuergesetzes und damit auch in das Erhebungsgebiet einbezogen werden. Praktische Bedeutung kommt der gegenwärtigen ungeklärten Rechtslage aber nicht zu, da Brauereien in beiden Gemeinden nicht vorhanden sind und in ihnen nur im Erhebungsgebiet versteuertes Bier verbraucht wird.

7. Der Begriff „*Bier*" ist im Biersteuergesetz ebensowenig wie im Biersteuergesetz von 1918 und in den früheren Brausteuergesetzen bestimmt. Das Gesetz trifft in § 9 zur Erhaltung des Rufes des deutschen Bieres Vorschriften über die Stoffe, aus denen allein im Geltungsbereich des Gesetzes Bier hergestellt werden darf, und bezeichnet damit die Normaltypen des deutschen Bieres. Es schreibt ferner in § 10 zum Schutze der Verbraucher und zur Verhütung unlauteren Wettbewerbes vor, was unter der Bezeichnung „Bier" in Verkehr gebracht werden darf. Beide Vorschriften wollen also in klar erkennbarer Weise nur einen Ausschnitt aus dem Begriff „Bier" geben. Reisbier z. B. ist unzweifelhaft Bier, darf aber im Erhebungsgebiet nicht hergestellt und, wiewohl eingeführt, doch nicht unter der Bezeichnung Bier in Verkehr gebracht werden. Der Begriff Bier bestimmt sich nach den Anschauungen

von Technik und Verkehr. Seine möglichst genaue Umschreibung ist für das Biersteuerrecht von Bedeutung, weil davon die Beantwortung zahlreicher wichtiger Fragen abhängt. Nur Getränke, die wirklich Bier sind, unterliegen dem Reinheitsgebot des § 9 und den Verkehrsvorschriften des § 10. Was nicht Bier ist, ist entweder als bierähnliches Getränk steuerbar oder ist nicht steuerbar.

Gemeinsam ist allen Bierarten die Entstehung durch *weingeistige Gärung*, d. h. eine durch Hefe hervorgerufene Gärung, bei der Zucker in Weingeist und Kohlensäure zerlegt wird, ohne nachfolgende Destillation (vgl. RFH Bd. 14 S. 215 und das dort angeführte Schrifttum). Als Bier müssen indessen auch Erzeugnisse angesehen werden, die nicht gegoren sind, die aber die regelmäßig durch Gärung entstehenden hauptsächlichen Eigenschaften auf andere Art erhalten haben, z. B. durch Zusatz von Weingeist und Durchdringung mit künstlicher Kohlensäure. Kein Bier sind die Malzauszüge in mehr oder minder großer Verdünnung, wie z. B. die Braunschweiger Mumme, da sie nicht im Gärungsverfahren hergestellt sind. Ein Getränk, bei dem die Gärung begonnen, aber durch Erhitzen unterbrochen worden ist, gilt als gegoren (§ 25 DB). Die bei der Bierherstellung durch Hefe zu vergärenden Stoffe sind *Malz oder pflanzliche Ersatzstoffe für Malz.* Als Ersatzstoffe dieser Art kommen gewöhnlich nur Körnerfrüchte in Betracht, jedoch gehören hierher auch Rüben, die der Hefe ähnliche Nährstoffe bieten wie die Körnerfrüchte (vgl. Bem. 2 zu § 21 des Gesetzes), ferner Zucker und Kartoffelstärke. Nicht als Bier anzusehen sind wegen des nicht pflanzlichen Ursprungs der Ersatzstoffe Met und Kumyß. Gewöhnliche Zutat zum Bier ist der *Hopfen.* Es sind jedoch auch andere Bitter- und Würzestoffe üblich, deren Verwendung nach Maßgabe des § 9 Abs. 5 zugelassen werden kann (vgl. die Bemerkung dazu). Danach ist, was übrigens auch aus § 9 Abs. 6 hervorgeht, für den Begriff „Bier" nicht erforderlich, daß zur Herstellung des Getränks tatsächlich nur die in § 9 zugelassenen Stoffe verwendet worden sind. Es genügt, daß das Getränk durch Gärung aus Malz oder pflanzlichen Malzersatzstoffen entstanden ist und sich *nach Aussehen und Geschmack* als Bier darstellt (vgl. Urteil des Reichsfinanzhofes vom 18. September 1929, RZBl. 1930 S. 78). Bier ist nach Sinn und Zweck des Gesetzes jedes Erzeugnis, das sich nach seiner Beschaffenheit als Bier darstellt und als solches verbraucht wird (RFH IV A 50/33 vom 21. November 1933; s. auch Bem. 11 zu § 2 des Gesetzes). Sind bei der Herstellung nach dem Biersteuergesetz unzulässige Stoffe verwendet worden, so liegt ein gepanschtes Bier vor, und es würde Bestrafung nach § 18 oder § 19 des Gesetzes einzutreten haben.

Die wesentlichen Bestandteile des Bieres sind Wasser, Weingeist, Kohlensäure und Extrakt (nicht flüchtige, unvergorene, lösliche Bestandteile). Ein tatsächlicher Weingeistgehalt ist für den Begriff „Bier" nicht erforderlich. Würde z. B. dem fertigen Bier durch irgendein Verfahren nachträglich der Weingeist wieder entzogen, ohne wesentliche Veränderung der sonstigen Eigenschaften des Getränkes, so wäre ein derartiges Getränk als „Bier" im Sinne des Biersteuergesetzes zu behandeln (unrichtig die entgegengesetzte Auffassung von Siller in ZfZ 1929 S. 62).

Wegen der *bierähnlichen Getränke* vgl. §§ 21 bis 23 und die Bemerkungen dazu.

8. Die Biersteuer wird von dem im Erhebungsgebiet hergestellten (§ 2), sowie in das Erhebungsgebiet eingeführten (§ 6 a) Bier erhoben. Dieser Rechtszustand

entsprach auch der bisherigen Fassung des § 1, nach dem alles Bier, sowohl das im Inland (§ 2 DB) hergestellte, als auch das eingeführte der Biersteuer unterlag. Die Belastung auch des eingeführten Bieres mit der Biersteuer entspricht dem Grundsatz der Trennung von Zoll und Steuer, wie er aus Art. III Nr. 3 und 5 Abs. 2 des Gesetzes betr. Erhöhung einzelner Verbrauchssteuern vom 8. April 1922 (RGBl. I S. 380) in das Gesetz übergegangen ist (vgl. hierzu Bem. 8 zu § 6 a des Gesetzes). Wegen der Befreiungen von der Biersteuer siehe § 7 des Gesetzes und die Bemerkungen dazu.

9. § 1 Satz 2 wurde durch das Biersteueränderungsgesetz vom 21. Dezember 1938 (RGBl. I S. 1897) in das Gesetz aufgenommen. Eine entsprechende Vorschrift enthalten auch die anderen Verbrauchsteuergesetze. Die Reichsabgabenordnung kennt keine Bestimmung des Begriffs „Verbrauchsteuern"; sie sieht jedoch in verschiedenen Vorschriften Regelungen für Verbrauchsteuern vor, die aufgrund von § 1 Satz 2 auf die Biersteuer anzuwenden sind, z. B.: § 76 Ziffer 8 (örtliche Behördenzuständigkeit), § 94 (Rücknahme von Steuerbescheiden), § 121 (dingliche Haftung), § 129 (Zahlungsaufschub, dessen Inanspruchnahme für die Biersteuer jedoch durch § 6 Abs. 2 des Gesetzes ausgeschlossen ist), § 144 (Verjährung), §§ 190ff. (Steueraufsicht), § 193 (Nachschau), § 196 (Behandlung von Fehlmengen bei Bestandsaufnahmen), §§ 200, 200a (Sicherstellung verbrauchsteuerpflichtiger Erzeugnisse im Aufsichtswege). Für das Rechtsmittelverfahren gegen Verbrauchsteuerbescheide gelten keine Sondervorschriften mehr. Das bisherige Anfechtungsverfahren ist durch die Neufassung des § 228 AO aufgrund des Gesetzes über Maßnahmen auf dem Gebiete der Finanzgerichtsbarkeit vom 22. Oktober 1957 (BGBl. I S. 1746), das am 1. Januar 1958 in Kraft getreten ist, fortgefallen (vgl. § 5 a. a. O.). Damit ist nunmehr im Bundesgebiet die Rechtseinheit im Rechtsmittelverfahren wieder hergestellt und gegen Verbrauchsteuerbescheide nur noch das Berufungsverfahren (§ 229 AO) gegeben. In der ehem. britischen Besatzungszone bestand dieser Zustand bereits aufgrund der Verordnung Nr. 175 (VO-Bl. Brit. Z. 1948 S. 385).

Als Verbrauchsteuer obliegt die Verwaltung der Biersteuer, deren Ertrag gem. Artikel 106 Abs. 2 Nr. 5 GG den Ländern zufließt, den Bundesfinanzbehörden (Art. 108 Abs. 1 GG). Als örtliche Bundesbehörden sind hierfür die Hauptzollämter einschließlich ihrer Hilfsstellen (Zollämter, Bezirkszollkommissariate, Zollaufsichtsstellen) zuständig (§ 13 des Finanzverwaltungsgesetzes vom 6. September 1950 — BGBl. S. 448). Die Hauptzollämter gelten als Finanzämter i. S. der Reichsabgabenordnung (§ 1 Abs. 1 Nr. 2 des Finanzverwaltungsgesetzes). Die Festsetzung und Erhebung der Biersteuer ist Aufgabe der Hauptzollämter, soweit sie über einen eigenen Hebebezirk verfügen, oder der Zollämter. Hauptzollamt und Zollamt sind die „Zollstelle" i. S. der DB. Das Bezirkszollkommissariat und die Zollaufsichtsstellen sind für die Ausübung des Steueraufsichtsdienstes zuständig. Der Leiter des Bezirkszollkomissariats, sowie sein Vertreter (Gehilfe) sind Oberbeamte i. S. der DB. Den Hauptzollämtern sind als Mittelbehörden die Oberfinanzdirektionen (Abteilung für Zölle und Verbrauchsteuern) und als Oberste Bundesbehörde das Bundesfinanzministerium übergeordnet (§ 1 des Finanzverwaltungsgesetzes).

Steuerschuld bei Herstellung im Erhebungsgebiet

§ 2

(1) Die Steuerschuld entsteht dadurch, daß Bier aus der Brauerei entfernt oder innerhalb der Brauerei getrunken wird, und zwar im Zeitpunkt der Entfernung oder der Entnahme des Biers. Der Bundesminister der Finanzen kann für die Versendung von Farbebier Ausnahmen zulassen.

(2) Steuerschuldner ist, wer Bier für seine Rechnung herstellt oder herstellen läßt. Steuerschuldner ist auch der Inhaber einer Brauerei für das fremde Bier, das in seine Brauerei eingebracht wird.

Zu § 2 Abs. 1, s. DB §§ 1 u. 5.

1. Nach § 3 Abs. 1 StAnpG entsteht die Steuerschuld, sobald der Tatbestand verwirklicht ist, an den das Gesetz die Steuer knüpft. Wann danach die einzelne Steuerschuld entsteht, wird für jede Steuer durch das einschlägige Gesetz bestimmt. Das Biersteuergesetz unterscheidet zwischen der Entstehung der Steuerschuld bei der Herstellung von Bier im Erhebungsgebiet (§ 2 BierStG, § 3 Abs. 5 Nr. 7 StAnpG) und bei der Einfuhr von Bier in den Bereich dieses Gebiets (§ 6a). Die Festsetzung der Steuer (§ 210 AO, § 63 DB) und die Bekanntgabe des Steuerbescheides (§ 211 AO, § 63 Abs. 6 DB) sind ohne Bedeutung für die Entstehung der Biersteuerschuld; sie haben deklaratorische Bedeutung (vgl. § 3 Abs. 2 StAnpG). Demzufolge beginnt z. B. die Verjährung mit Ablauf des Jahres, in dem der Steueranspruch des Bundes entstanden ist (§ 145 Abs. 1 AO u. Begr. zu dieser S. 103); ferner kann der Steueranspruch nach seiner Entstehung und vor der Festsetzung (§ 210 AO) im Konkurse geltend gemacht werden (s. Pendele, Biersteuerschulden im Konkurs, ZfZ 1939 S. 309).

Das Biersteuergesetz von 1918 sprach in § 8 Abs. 2 S. 1 von dem Eintritt der Steuerpflicht. Sachlich bedeutet diese Fassung gegenüber dem heutigen Wortgebrauch keine Änderung. Der Ausdruck Steuerpflicht ist jedoch doppelsinnig. Er bezeichnet einmal eine bestimmte Steuerschuld und sodann allgemein, daß jemand einer Steuer unterworfen ist. Entsprechend werden in vielen der Verbrauchssteuergesetze aus der Zeit vor 1923 als „steuerpflichtige" Gegenstände sowohl bestimmte Gegenstände bezeichnet, in Bezug auf die bereits eine Steuerschuld entstanden ist, als auch die Gattung der Gegenstände, auf die nur das Steuergesetz Anwendung findet. Die letzteren, die steuerunterworfenen Gegenstände werden in der Verbrauchsteuergesetzgebung seit 1923 als „steuerbare" Gegenstände bezeichnet. Früher war der Sprachgebrauch ein anderer. Wenn es in Art. 3 des bayerischen Malzaufschlagesetzes vom 18. März 1910 (GBBl. S. 113) heißt: „Das Malz wird steuerbar, sobald es für den Zweck der Erzeugung von Bier zum Schroten in die Mühle eingebracht wird" und in Art. 10: „Der Malzaufschlag wird . . . . erlassen, wenn das nach Art. 3 steuerbar gewordene Malz nachweislich nicht geschrotet worden ist", so wurde hier als „steuerbar" das Malz bezeichnet, in Bezug auf welches bereits eine Steuerschuld entstanden ist. Im Biersteuergesetz findet sich der Ausdruck nicht.

2. Während nach § 7 Abs. 2 des Brausteuergesetzes vom 15. Juli 1909 die Steuerschuld bereits mit der Pflicht zur Anmeldung der zur Bierbereitung zu verwendenden Rohstoffe oder mit der Verbringung des Malzes auf die Malzsteuermühle entstand, entsteht sie nach dem Biersteuergesetz bei der Herstellung von Bier im Erhebungsgebiet erst dann, wenn das Bier aus der Brauerei entfernt oder innerhalb der Brauerei getrunken wird. Dadurch und durch die Vorschrift des § 6 Abs. 1 wird für den Brauer die Verpflichtung zur Abgabenentrichtung näher an den Zeitpunkt herangerückt, in dem er die Bezahlung seines Erzeugnisses vom Abnehmer erhält; eine Abminderung des Zinsverlustes für die vom Brauer verauslagte Steuer ist die Folge (vgl. Begr. zum Biersteuergesetz von 1918, Reichtagsdrucks. Nr. 1455, S. 25).

3. Der erste steuerschuldbegründete Tatbestand bei der Herstellung von Bier im Erhebungsgebiet ist das Entfernen des Bieres aus der Brauerei. Dieser Tatbestand ist erfüllt, wenn das Bier aus der Brauerei hinausgelangt. Im Unterschied zu § 1 Nr. 1 des Umsatzsteuergesetzes (1951) knüpft die Entstehung der Steuerschuld nicht an eine Lieferung oder an eine sonstige Leistung der Brauerei als Unternehmen, sondern an den rein örtlichen, körperlichen Vorgang an, daß das Bier die Brauerei verläßt. Daraus folgt, daß unter „Brauerei" nicht das Unternehmen oder der Unternehmer, für dessen Rechnung Bier hergestellt wird, sondern die Räumlichkeit zu verstehen ist, in der das Bier hergestellt wird (RFH V z 45/37 U vom 8. Oktober 1937, RZBl. S. 712). Die Brauerei wird durch die örtlich begrenzte Betriebsstätte gebildet (siehe auch Bem. 2 zu § 3). Bier ist so lange aus der Brauerei nicht entfernt, als es sich noch in deren Räumen befindet, gleichwohl, ob diese zollamtlich zugelassen sind oder nicht. Das Verbringen von Bier aus zugelassenen Räumen, auch den Räumen nach § 51 DB, in nicht zugelassene Räume einer Brauerei löst deshalb die Steuerschuld nicht aus. Obwohl Bier nur aus den Räumen nach § 51 DB abgegeben werden darf, entsteht die Steuerschuld aber auch, wenn es aus der Brauerei aus anderen Räumen hinausgebracht wird, auch wenn diese zollamtlich nicht zugelassen sind. Bier, das aus der Brauerei aus den nach § 51 DB für die Abgabe von Bier zugelassenen Räumen ausgeht, wie es nach den regelmäßigen Betriebsverhältnissen der Fall sein wird, gilt nach § 1 Abs. 1 DB bereits als aus der Brauerei entfernt, sobald es aus diesen Räumen fortgebracht wird, selbst wenn es damit noch nicht aus dem Brauereibereich hinausgelangt. In diesem Zeitpunkt gilt auch die Steuerschuld als entstanden. Die Fiktion des § 1 Abs. 1 DB bezweckt, die richtige Anschreibung des ausgehenden Bieres im Biersteuerbuch, sowie die Ausübung der Steueraufsicht zu sichern.

Das Verbringen von Bier in zollamtlich nicht zugelassene Brauereiräume sowie die Abgabe von Bier aus anderen als den im § 51 DB bestimmten Räumen stellt eine Zuwiderhandlung gegen § 413 Abs. 1 Nr. 1 b AO dar, weil dadurch gegen die Verkehrsbeschränkung des § 51 DB verstoßen wird.

Wer das Bier aus der Brauerei entfernt, ist für die Entstehung der Steuerschuld unerheblich.

Die Steuerschuld entsteht im Zeitpunkt der Entfernung des Bieres aus der Brauerei. Dies trifft auch für den Fall des „Schwarzbrauens" zu. Der gegenteiligen Ansicht von Leidhold in „Zoll und Steuer" 1935 S. 68 wird nicht zugestimmt.

4. Das Gesetz enthält keine Bestimmung des Begriffs „Brauerei" i. S. des § 2 Abs. 1 Unzweifelhaft ist als Brauerei eine Anlage anzusehen, die zur Herstellung von Bier

geeignet und bestimmt ist (Nachr. Bl. f. d. Zollstellen 1919 S. 118). Eine solche den Anschauungen von Technik und Verkehr entsprechende Begriffsbestimmung wird im Regelfall auch genügen. Sie ist jedoch zu eng, da sie es nicht ermöglicht, die Herstellung von Bier oder bierähnlichen Getränken, z. B. aus Zubereitungen nach § 11 des Gesetzes, in Haushalten zu erfassen. Als „Brauerei" nach § 2 Abs. 1 ist vielmehr jede Betriebsstätte anzusehen, in der Bier erzeugt oder fertiges Bier einer Behandlung unterworfen wird, die nach Sinn und Zweck des Gesetzes als Bierherstellung (s. Bem. 11) zu betrachten ist (RFH IV A 50/30 vom 21. November 1933, Bd. 34 S. 298 = RZBl. 1933 S. 672). Die zollamtliche Anmeldung der Betriebsstätte ist kein Begriffsmerkmal der Brauerei.

5. § 2 Abs. 1 findet auf Bier, das in abgefundenen Brauereien hergestellt wird, keine Anwendung (§16 des Gesetzes). In diesen Fällen entsteht die Steuerschuld mit der Festsetzung der Biersteuer durch die Zollstelle (DB § 74). Diese Ausnahme mußte getroffen werden, weil bei der Abfindung die Biersteuer nicht von der tatsächlich in der Brauerei hergestellten Biermenge, sondern von der aus den verwendeten Rohstoffen nach dem vom Hauptzollamt festgesetzten Ausbeuteverhältnis herstellbaren Biermenge zu entrichten ist. Die Festsetzung der Biersteuer erfolgt monatlich im Abfindungsbuch (DB § 74). Weitere Besonderheiten bestehen für das Ausfuhrbier (§ 7 Abs. 2 des Gesetzes, § 10 BierAO), für das Farbebier (§ 2 Abs. 1 Satz 2, FBierO §§ 6, 7 und 12) und für Rückbier, das mit Genehmigung des Oberbeamten außerhalb der Brauerei vernichtet oder unbrauchbar gemacht wird (DB § 15 Abs. 3). In diesen drei Fällen entsteht eine auflösend bedingte Steuerschuld (§ 4 StAnpG).

6. Der zweite steuerschuldbegründende Tatbestand des § 2 Abs. 1 ist das Trinken des Bieres innerhalb der Brauerei. Die Steuerschuld entsteht in diesem Fall mit der Entnahme des Bieres zum Verbrauch (§ 1 Abs. 1 S. 2 DB). Nach § 1 Abs. 2 DB wird eine Steuerschuld dann nicht begründet, wenn das Bier innerhalb der Brauerei zu Untersuchungszwecken getrunken oder in anderer Weise (z. B. im Laboratorium) verbraucht wird. Außerhalb der Brauerei zu Untersuchungen getrunkenes oder sonst verbrauchtes Bier ist deshalb nicht steuerfrei (RFH IV A 107/36 vom 10. März 1937, Bd. 41 S. 137 = RZBl. 1937 S. 319). Darunter fällt Bier, das an Versuchsstationen geschickt oder außerhalb der Brauerei als Kostprobe genommen wird. Keine Steuerschuld entsteht für Bier, das innerhalb der Brauerei zollamtlich zu Untersuchungszwecken (§ 31 DB) entnommen wird (§ 1 Abs. 2 DB).

7. Die Vorschrift des § 57 des Biersteuergesetzes von 1918, wonach die Berechnung und die Verpflichtung zur Zahlung der Biersteuer durch das Strafverfahren nicht berührt wird, ist in das geltende Gesetz nicht übernommen worden, „da § 57 bei der klaren Scheidung, die in der Reichsabgabenordnung zwischen dem Steuerfestsetzungsverfahren und dem Strafverfahren eingehalten ist, als selbstversändlich entbehrlich ist" (Begr. 1923 zu §§ 20 bis 25 S. 11; vgl. auch Drucks. Nr. 1 des 32. Reichstagsausschusses, Bem. zu § 57 des der Abgabenordnung anzupassenden Biersteuergesetzes). Die Begründung lehnt dadurch bereits für das frühere Gesetz die für das Zollrecht und die älteren Verbrauchsteuergesetze vielfach vertretene Auffassung ab, daß die Hinterziehung als solche Entstehungsgrund für eine Zoll- oder Steuerschuld sei (vgl. Hummel, ZfZ 1923 S. 383 ff, 1924 S. 15 ff, 23 ff, 29 ff, 40 ff; anders Urteil des RFH vom 8. Februar 1922 IV a A 7/22, auszugsweise abgedruckt im RZBl. 1922

S. 146 ff). Im geltenden Gesetz findet sich keine Vorschrift, die dahin ausgelegt werden müßte, daß eine Biersteuerhinterziehung die Entstehung einer Steuerschuld zur Folge hat. Wohl aber besteht nach § 112 AO eine Haftung des Steuerhinterziehers oder -hehlers für den Betrag der Steuerverkürzung.

8. Die Steuerschuld erlischt außer durch Zahlung (§ 122 AO), Aufrechnung (§ 124 AO), Erlaß (§ 131 AO; s. Erlaß BdF vom 7. Dezember 1953, Dritter Teil — BZBl. 1953 S. 819.ff. —) durch *Verjährung* (§§ 143 ff AO). Zu den Ansprüchen aus Steuergesetzen, die nach § 143 AO der Verjährung unterliegen, gehören außer den eigentlichen Steueransprüchen und den Ansprüchen auf Steuerzuschläge nach dem Steuersäumnisgesetz vom 24. Dezember 1934 in seiner derzeitigen Fassung (abgedruckt in der amtlichen Textausgabe der AO) auch die Ansprüche auf andere Leistungen, wie die Kosten besonderer Aufsichtsmaßnahmen nach § 197 AO, die Erzwingungsgelder und Ausführungskosten aus § 202 AO, die Sicherungsgelder (§ 203 AO), die Kosten der Beitreibung und des Rechtsmittelverfahrens. Die Verjährung beginnt nach § 145 AO mit Ablauf des Jahres, in dem der Anspruch entstanden ist, und, wenn die Zahlung gestundet oder wenn Sicherheit geleistet ist, mit Ablauf des Jahres, in dem die Stundung abgelaufen oder die Sicherheit erloschen ist. Die spätere Fälligkeit (§ 6 des Gesetzes) ist ohne Einfluß auf den Beginn und Lauf der Verjährungsfrist. Bei bedingten Steuerschulden (vgl. § 4 Abs. 1 und 2 StAnpG) beginnt die Verjährung mit Ablauf des Jahres, in dem die Ungewißheit über den Eintritt der Bedingung beseitigt wurde (§ 225 Satz 3 AO). Die Verjährungsfrist für die Biersteuer beträgt nach § 144 AO ein Jahr. Unterbrechung der Verjährung bewirken: Stundung, jede Anerkennung des Zahlungspflichtigen, schriftliche Zahlungsaufforderung und jede Handlung, die das zuständige Finanzamt zur Feststellung des Anspruchs oder des Verpflichteten vornimmt. Mit Ablauf des Jahres, in dem die Unterbrechung ihr Ende erreicht hat, beginnt eine neue Verjährung (§ 147 AO). Durch die Festsetzung der Steuer (s. §§ 63, 74 DB) wird die Verjährung unterbrochen. Mündliche Aufforderungen zur Zahlung führen keine Unterbrechung herbei, ebensowenig Zahlungsaufforderungen durch unzuständige Stellen. Die Verjährung ist gehemmt, solange die Ansprüche innerhalb der letzten sechs Monate der Verjährungsfrist wegen höherer Gewalt nicht verfolgt werden können. Die Verjährung hat die Wirkung, daß der Anspruch mit seinen Nebenansprüchen (z. B. Beitreibungskosten) erlischt (§ 148 AO). Das Erlöschen wirkt auch zugunsten des neben dem Steuerpflichtigen Haftenden, es sei denn, daß ihm selbst eine Hinterziehung hinsichtlich dieser Schuld zur Last fällt (§ 149 AO). Für hinterzogene Beträge gilt insofern Besonderes, als die Verjährungsfrist 10 Jahre beträgt (§ 144 AO) und der Anspruch nicht verjährt, bevor die Strafverfolgung und Strafvollstreckung verjährt sind (§ 145 AO).

Die Reichsabgabenordnung trifft keine Regelung über die Verjährung *der Ansprüche des Steuerpflichtigen*. Für den wichtigsten Fall, den Anspruch auf Erstattung, sind Ausschlußfristen für die Geltendmachung bestimmt (§§ 151—154 AO).

Kein Erlöschen der Steuerschuld wird durch die *Niederschlagung* wegen Aussichtslosigkeit oder zu hoher Kosten der Zwangsvollstreckung nach § 130 AO (vgl. §§ 26 ff der Beitreibungsordnung vom 23. Juni 1923, RMinBl. S. 595) herbeigeführt. Bis zum Eintritt der Verjährung ist vielmehr die Vollstreckung vorzunehmen, wenn die Vermögens- und Einkommensverhältnisse der Vollstreckungsschuldner sich gebessert haben (§ 30 Beitr. O).

9. *Haftung des Bieres für die Steuer.* Nach § 7 des Biersteuergesetzes von 1918 haftete biersteuerpflichtiges Bier ohne Rücksicht auf die Rechte Dritter für den Betrag der darauf ruhenden Biersteuer und konnte, solange diese nicht entrichtet war, von der Steuerbehörde mit Beschlag belegt werden. Dieser Vorschrift, durch die ein öffentlich-dringliches Recht an dem steuerpflichtigen Bier geschaffen wurde, hatten ähnliche Vorschriften in § 14 des früheren Vereinszollgesetzes, § 3 Abs. 2 des Zuckersteuergesetzes vom 27. Mai 1896, § 8 des Branntweinsteuergesetzes vom 15. Juli 1909, § 6 des Zündwarensteuergesetzes vom 15. Juli 1909 als Vorbild gedient. Die Haftung begann nach § 7 a.a.O. mit der Entstehung der Steuerschuld, auch der bedingten Steuerschuld, und erlosch, abgesehen von den Fällen des Unterganges oder Verbrauchs des Bieres, mit der Entrichtung der Steuer oder deren Verjährung. Die Beschlagnahme war erst zulässig, nachdem die Biersteuer fällig geworden war. Ein unmittelbares Recht zur Verwertung des Bieres hatte die Steuerbehörde nicht.

An die Stelle des § 7 des frühreren Gesetzes ist der allgemein und ausschließlich für Zölle und Verbrauchsteuern geltende § 121 AO getreten, und zwar für das Gebiet der Biersteuer auch insoweit, als er, nämlich in Abs. 2, nicht zwingendes Recht enthält. § 121 AO hat die öffentlich-dingliche Haftung des Bieres für die Steuer nach verschiedenen Richtungen hin beträchtlich erweitert (vgl. Ernst in der Zeitschr. für Zollwesen u. Reichssteuern, Bd. 20 S. 145 ff). Nach § 121 Abs. 2 *entsteht die Haftung* bei steuerpflichtigen Erzeugnissen mit Beginn ihrer Herstellung, bei zollpflichtigen Waren mit Überschreitung der Zollgrenze. Unter steuerpflichtigen Erzeugnissen sind, wie sich aus § 121 Abs. 2 klar ergibt, nicht etwa Erzeugnisse zu verstehen, für die eine Steuerschuld bereits entstanden ist, sondern steuerunterworfene Erzeugnisse (vgl. Bem. 1). Entsprechendes gilt hinsichtlich der zollpflichtigen Waren. Danach entsteht also die Haftung aus § 121 AO schon vor der Steuerschuld und der Zollschuld sogar dann, wenn noch nicht einmal feststeht, ob die Steuer- oder Zollschuld entstehen wird (Begr. zur AO S. 107). Was als „Beginn der Herstellung" anzusehen ist, ist Tatfrage. Mälzt eine Brauerei selbst, so ist das Mälzen der Gerste bereits Beginn der Herstellung. Bezieht sie fertiges Malz, so wird die Herstellung mit dem Schroten beginnen. Die Herstellung beginnt also mit der Verarbeitung der Rohstoffe oder der bezogenen Halbfabrikate oder auch Fertigerzeugnisse. Von Bedeutung kann dieser frühe Eintritt der Haftung namentlich bei vorbereitenden Handlungen des Hinterziehers werden. Aus der verschiedenen Regelung, die für den Beginn der Haftung bei steuerpflichtigen und bei zollpflichtigen Waren in § 121 Abs. 2 getroffen ist, folgt, daß die Haftung für die Steuer und den Zoll bei eingeführten Waren unabhängig voneinander eintritt (vgl. Ernst a.a.O. S. 146). Praktische Schwierigkeiten ergeben sich daraus für das Gebiet der Biersteuer nicht. Die dingliche Haftung für die Steuer wird, obwohl sie mit der Herstellung beginnt, erst praktisch, wenn der Finanzbehörde der Zugriff möglich ist. Vor Überschreitung der Grenze des Erhebungsgebietes, die sich, abgesehen von der Zonengrenze, mit der Zollgrenze deckt, kann beim Bier ein solcher Zugriff auch nicht in Frage kommen. Beginn der Haftung für Steuer- und Zollschuld fallen danach in der Regel praktisch zusammen. Entsteht keine Zollschuld und damit auch keine Haftung, wie z. B. bei der Einfuhr über die Zonengrenze, so wird dadurch die praktisch mit der Überschreitung der Steuergrenze beginnende Haftung für die Steuer nicht berührt. Die Haftung entsteht auch dann, wenn die Steuerschuld unter einer Bedingung entsteht (vgl. Bem. 5).

Während die dingliche Haftung nach dem früheren Biersteuerrecht nur ein Zurückbehaltungsrecht der Behörde bedeutete, ist sie nach §§ 121, 381 AO zu einem öffentlich-rechtlichen Sicherungsmittel nach Art des Pfandrechts ausgestaltet. Die Finanzbehörde hat insbesondere das Recht, zur Befriedigung der auf den steuerunterworfenen Erzeugnissen ruhenden Steuer diese zu *verwerten*, und zwar ohne Rücksicht auf Rechte Dritter. Der Rechtsweg vor den ordentlichen Gerichten hiergegen ist nach § 381 AO ausgeschlossen. Steuerunterworfene Erzeugnisse haften nur für den Betrag der darauf ruhenden Steuer. Die Haftung kann nicht etwa auch zur Sicherung oder Befriedigung anderer Ansprüche des Bundes geltend gemacht werden.

Das Erlöschen der Haftung ist in § 121 Abs. 3 AO wesentlich anders geordnet als im Biersteuerrecht von 1918. Die Haftung hört auf nicht nur mit dem Erlöschen der Steuerschuld, sondern auch mit der Aufhebung der Beschlagnahme und dadurch, daß die Erzeugnisse mit Zustimmung des Hauptzollamts in einen steuerechtlich nicht beschränkten Verkehr übergehen. Die Zustimmung des Hauptzollamts braucht nicht ausdrücklich zu erfolgen; sie ist zu unterstellen, wenn beim Übertritt der Erzeugnisse in den freien Verkehr alle steuerlichen Vorschriften erfüllt sind (vgl. Begr. zur AO S. 107). Nur unter dieser Voraussetzung ist der gutgläubige Erwerber geschützt.

Ihre Ergänzung findet die Haftung aus § 121 AO in der Einziehung im Strafverfahren (vgl. §§ 401, 415 AO).

10. Die Bestimmungen über die steuerliche Behandlung des Farbebieres sind in § 3 Abs. 2 des Gesetzes und in der Farbebierordnung getroffen. (vgl. DB §§ 5, 17 und die Anlage A zu der DB). Danach unterliegen die Herstellung und die Abgabe von Farbebier der Genehmigung der Oberfinanzdirektion. Die Zwischenlagerung in genehmigten Farbebierlagern ist zulässig. Jede Versendung von Farbebier ist dem für den Empfänger zuständigen Oberbeamten anzumelden. Durch die Entfernung des Farbebieres aus der Farbebierbrauerei entsteht die Steuerschuld bedingt. Sie fällt bei ordnungsmäßiger Versendung des Farbebieres mit dessen Aufnahme in den Betrieb des Empfängers weg (§ 6 Abs. 3 FBierO). Ist dagegen das Farbebier auf dem Weg zum Empfänger nachweislich untergegangen, so fällt die Steuerschuld des Inhabers der Farbebierbrauerei weg (§ 7 Abs. 3 FBierO). Bei ordnungsmäßiger Versendung des Farbebieres an Farbebierlager geht die Steuerschuld mit Aufnahme des Farbebiers in das Farbebierlager auf dessen Inhaber über und fällt bei ordnungsmäßiger Versendung mit der Aufnahme des Farbebieres in einen empfangsberechtigten Betrieb weg (§ 12 Abs. 1 FBierO). Diese besondere Behandlung des Farbebieres ist dadurch gerechtfertigt, daß das Farbebier nicht zum Genuß, sondern zur weitern Verarbeitung zu Bier bestimmt ist und mit dem Bier, bei dessen Herstellung es verwendet wird, zur Versteuerung gelangt. Die beziehende Brauerei hat das Farbebier im Zuckerverwendungsbuch anzuschreiben. Als solches versteuert wird das Farbebier auch hier nicht; die Biersteuer ist vielmehr erst von dem unter Mitverwendung des Farbebieres hergestellten Bier nach Maßgabe der Beschaffenheit dieses Bieres zu entrichten, da Farbebier kein genußfähiges Bier ist, sondern nur einen erlaubten Zusatz (§ 9 Abs. 3 des Gesetzes) bei der Bierbereitung darstellt.

Die Biersteuer für Farbebier wird nur erhoben, wenn der Empfang des Farbebieres durch den empfangsberechtigten Betrieb nicht nachgewiesen wird oder wenn sich bei der Bestandsaufnahme in einer Farbebierbrauerei oder in einem Farbebierlager

Fehlmengen ergeben, soweit nicht dargetan wird, daß sie auf Umstände zurückzuführen sind, die keine Steuerschuld begründen (§ 9 Abs. 2 und § 13 Abs. 3 FBierO). Farbebier ist stets nach dem höchsten Satze für Starkbier zu versteuern (§ 3 Abs. 2 des Gesetzes).

Die Bestimmungen der Farbebierordnung gelten nur für im Erhebungsgebiet gelegene Herstellungsbetriebe. Farbebier, das in das Erhebungsgebiet eingeführt wird, ist zu versteuern. Seine Verwendung zur Bierbereitung im Geltungsbereich des Gesetzes ist unzulässig (vgl. Bem. 19 zu § 9).

Zu § 2 Abs. 2.

11. Steuerpflichtiger im Sinne der Reichsabgabenordnung ist nach AO § 97 Abs. 1, wer nach den Steuergesetzen eine Steuer als Steuerschuldner zu entrichten hat. Steuerschuldner ist der, in dessen Person die Steuerschuld entsteht, dem das einzelne Steuergesetz die Steuerlast auferlegt. Vom Steuerschuldner zu unterscheiden, wenngleich tatsächlich meist mit ihm identisch, ist, wer die Steuer zu entrichten hat, der Steuerzahlungspflichtige. Nach AO § 97 Abs. 1 ist also Steuerpflichtiger, wer sowohl Steuerschuldner wie Steuerzahlungspflichtiger ist. Dem Steuerpflichtigen ist aber nach AO § 97 Abs. 2 gleichgestellt, wer sonst nach den Steuergesetzen neben dem Steuerpflichtigen oder an dessen Stelle auf Entrichtung der Steuer in Anspruch genommen werden kann. Dem Steuerpflichtigen liegen insbesondere die in AO §§ 160 bis 174 bezeichneten Pflichten ob.

Nach § 8 Abs. 1 des Biersteuergesetzes von 1918 war „zur Entrichtung der Biersteuer verpflichtet", wer Bier für seine Rechnung herstellt oder herstellen läßt. Eine sachliche Änderung ist durch die Fassung des § 2 Abs. 2 Satz 1 des geltenden Gesetzes nicht beabsichtigt. Steuerschuld und Steuerzahlungspflicht treffen für das Biersteuergesetz regelmäßig in derselben Person zusammen.

Wie der Reichsfinanzhof in seinem Urteil vom 21. November 1933 IVa 50/33, Bd. 34 S. 298 ausführt, haben weder das Gesetz noch die Durchführungsbestimmungen den Begriff des Herstellens im Sinne des § 2 Abs. 1 festgelegt. § 16 DB kann hiernach für die vorliegende Auslegung nicht unmittelbar verwertet werden. Nach dieser Vorschrift sind die Ausdrücke „Bereitung von Bier" und „Bierbereitung" im weitesten Sinne zu verstehen. Sie umfassen alle Teile der Herstellung und Behandlung des Bieres in der Brauerei selbst wie außerhalb dieser — beim Bierverleger, Wirt u. dgl. — bis zur Abgabe des Bieres an den Verbraucher. Die Heranziehung der Vorschrift des § 16 DB, die, wie sich aus der Überschrift ergibt, nur zu den Vorschriften über das Reinheitsgebot im § 9 Abs. 1—4 des Gesetzes eine Regelung trifft, auch zur Auslegung der Frage, durch welche Tätigkeit eine Biersteuerschuld nach § 2 des Gesetzes entsteht, begegnet nach dem Urteil schon deshalb Bedenken, weil dann unter Umständen die Steuerpflicht von Bier bei Selbstherstellung durch den Verbraucher, z. B. bei der Herstellung von Bier für den Eigenbedarf aus nach § 11 des Gesetzes verbotenen Zubereitungen im Haushalt des Verbrauchers in Frage gestellt wäre. Ist sonach weder im Gesetz noch in den gleichgestellten Vorschriften eine ausdrückliche Bestimmung des Begriffes „Bierherstellung" im Sinne des § 2 enthalten, so ist nach den Ausführungen des Urteils, bevor auf die Anschauungen von Technik und Verkehr zurückgegriffen wird, erst zu prüfen, ob nicht aus Sinn und Zweck des Gesetzes zu erkennen ist, wie es den Begriff verstanden wissen will. Wenn das Gesetz auch grundsätzlich, insbesondere bei Anordnung der Aufsichtsvorschriften (§§ 12 ff.) von den üblichen Verfahren der Bierherstellung durch Brauer ausgeht, so kann daraus noch nicht der Schluß gezogen werden, daß eine die Steuerpflicht nach § 2 begründende Bierherstellung nur dann vorliegt, wenn das Bier in den üblichen vom Gesetz als Regelfall behandelten Verfahren hergestellt wird; die Art und Weise, auf welche das Bier hergestellt wird, kann für die Frage der Steuerbarkeit nicht von entscheidender Bedeutung sein (vgl. auch RGSt. Bd. 21 S. 348). Sinn und Zweck des Gesetzes erfordern, daß jedes Erzeugnis, das sich nach seiner Beschaffenheit als Bier darstellt und als solches verbraucht wird, der Biersteuer unterliegt. Als Herstellungshandlung nach § 2 des Gesetzes bezeichnet das Urteil vom 21. November 1933 in Verfolg dieses Grundsatzes auch jede Behandlung fertigen Biers, durch die dessen Menge vermehrt wird; dies gilt insbesondere für den Zusatz von Wasser oder von wässriger Hefelösung. Die Entstehung der Steuerschuld hat jedoch zur Voraussetzung, daß das Erzeugnis der Herstellungstätigkeit sich als „Bier" darstellt. Wird deshalb durch den Wasserzusatz eine so starke Verdünnung des Bieres herbeigeführt, daß das Gemisch als Bier nicht mehr angesehen werden kann, so kann auch nicht von einer Herstellung von Bier die Rede sein. Als Herstellung von Bier ist auch das Vermischen von Bier mit Wasser durch den Verbraucher anzusehen, wenn größeren Mengen auf Vorrat Wasser zugesetzt wird.

Nach den im o. a. Urteil aufgeführten Grundsätzen ist als Herstellung steuerbaren Bieres nicht nur das eigentliche Brauen, sondern auch jede Behandlung von Bier nach seiner Entfernung aus der Brauerei, also nach der Entstehung der Steuerschuld, anzusehen, durch die eine Änderung der Steuermerkmale bewirkt, nämlich die Biermenge vergrößert wie in dem dem Urteil zu Grunde liegenden Fall oder der Stammwürzegehalt, z. B. durch den Zusatz von Zucker verändert wird. Das Gesetz verbietet deshalb die Vornahme solcher Handlungen von einem bestimmten Zeitpunkt an, vor allem außerhalb der Brauerei (§ 9 Abs. 7—8 des Gesetzes), um eine Herabminderung der vom Gesetz gewollten Belastung des Bieres zu verhindern. Bierherstellung ist deshalb auch das Vermischen verschiedener Biere, wenn das Gemisch einen höheren Stammwürzegehalt aufweist als der Verschnittanteil mit dem geringsten Stammwürzegehalt (ZfZ 1934 S. 73).

Die Frage, ob bei nachträglichem Wasser- oder Zuckerzusatz die für die ursprüngliche Biermenge und -beschaffenheit entrichtete Steuer auf die Steuerschuld anzurechnen ist, ist mangels einer dahingehenden Vorschrift im Gesetz zu verneinen. Beim Vermischen von Bier mit Wasser oder wässriger Hefelösung ist deshalb die gesamte Menge des Gemisches steuerbar (vgl. das RFH-Urteil vom 21. November 1953).

Eine Betriebsstätte, in der Bier in der geschilderten Weise hergestellt wird, ist nach dem RFH-Urteil vom 21. November 1933 als Brauerei i. S. des § 2 anzusehen. Die zollamtliche Anmeldung ist kein Begriffsmerkmal (s. Bem. 4).

Für eigene Rechnung stellt Bier her oder läßt Bier herstellen nicht nur der Inhaber einer Brauerei (Eigentümer, Pächter, Nießbraucher) sondern auch wer auf eigene Rechnung Bier in einer fremden Brauerei herstellen läßt. Im letzteren Falle ist nicht der *Lohnbrauer*, der das Bier herstellt, sondern derjenige, auf dessen Rechnung die Braustoffe beschafft werden, der Steuerschuldner. Ein Lohnbrauverhältnis in diesem Sinne liegt dann nicht vor, wenn die beauftragte Brauerei die Braustoffe selbst beschafft, selbst wenn der Auftraggeber das Bier unter eigenem Namen und für eigene Rechnung vertreibt (Urt. des Reichsfinanzhofs vom 25. Juni 1930 IV A 330/29, RZBl. 1930 S. 383; ZfZ 1930 S. 344).

Wird Bier auf gemeinsame Rechnung mehrerer Personen hergestellt, so sind diese sämtlich Steuerschuldner. Ist die Steuer tatsächlich vom Lohnbrauer im eigenen Namen entrichtet, wie das die Regel ist, so ist dieser auch als befugt anzusehen, Erstattungsansprüche geltend zu machen. Ebenso kann er Rechtsmittel einlegen, wenn er wegen der Steuer für den Auftraggeber in Anspruch genommen ist.

Nach § 2 Abs. 2 wird der Dieb, der Bier aus der Brauerei entfernt oder innerhalb der Brauerei trinkt, nicht Steuerschuldner, da er Bier nicht auf eigene Rechnung herstellt oder herstellen läßt. Steuerschuldner wird vielmehr durch diese Handlungen des Diebes der Inhaber der Brauerei (vgl. RFH IV A 163/26, ZfZ 1926 S. 219). Eine Steuerschuld aus dem Tatbestand der Hinterziehung kommt nicht in Frage (vgl. oben Bem. 7). Der Dieb haftet aber, wenn er sich der Steuerhinterziehung oder -hehlerei schuldig gemacht hat, nach § 112 AO für den Betrag, in dessen Höhe Biersteuereinnahmen verkürzt sind.

Nach § 2 Abs. 2 Satz 2 ist der Inhaber einer Brauerei Steuerschuldner auch für das in seine Brauerei eingebrachte fremde Bier.

Fremdes Bier, das mit Genehmigung des Oberbeamten in die Brauerei eingebracht wird, ist steuerlich wie Rückbier, d. h. wie eigenes Bier, zu behandeln (DB §§ 15 Abs. 8, 65). Wird es aus der Brauerei entfernt oder in der Brauerei getrunken, so entsteht deshalb die Steuerschuld in der Person des Betriebsinhabers. Die Vorschrift des § 2 Abs. 2 S. 2 ist durch das Änderungsgesetz vom 21. Dezember 1938 (RGBl. I S. 1897) eingeführt worden, um die bis dahin bestandene Unklarheit über die Steuerschuldnereigenschaft des Brauereiinhabers für das eingebrachte Fremdbier zu beseitigen.

12. Der Steuerschuldner kann eine physische oder juristische Person des privaten oder öffentlichen Rechtes sein, ebenso auch eine nicht rechtsfähige Personenvereinigung, wie z. B. die Gesellschaft des BGB, ferner eine Erbengemeinschaft, ein Zweckvermögen. Die gesetzlichen Vertreter des § 103 AO, die Vermögensverwalter des § 104 AO (z. B. der Vormund, der Konkursverwalter), ferner die Vertreter der steuerlich rechtsfähigen, aber nach bürgerlichem Recht nicht als juristische Personen anerkannten Personenvereinigungen des § 105 AO (z. B. der Vorstand einer studentischen Verbindung, die nicht eingetragener Verein ist) sind nach § 2 Abs. 2 des Gesetzes selbst nicht Steuerschuldner. Sie haben indes nach AO §§ 103ff. die steuerlichen Pflichten der von ihnen vertretenen Personen zu erfüllen zur Vermeidung der persönlichen Haftung aus § 109. Ihre steuerliche Haftung ist selbstverständlich auf die von ihnen verwalteten Mittel beschränkt.

Stirbt der Steuerschuldner, so haften die Erben nach § 8 StAnpG für die aus dem Nachlaß zu entrichtenden Steuern wie für Nachlaßverbindlichkeiten nach bürgerlichem Recht, d. h. die Grundsätze des BGB über die Haftung des Erben und deren Beschränkung sind auch für das Steuerrecht als anwendbar erklärt. Darüber hinaus ist den Erben, Testamentsvollstreckern usw. durch § 106 AO die Verpflichtung auferlegt, dafür zu sorgen, daß Mittel zur Bezahlung der vor dem Wegfall des Steuerpflichtigen entstandenen und der aus dem Nachlaß zu entrichtenden Steuerschulden zurückgehalten und diese Steuerschulden bezahlt werden. Schuldhafte Verletzung dieser Pflicht hat persönliche Haftung zur Folge (§ 109 AO).

Eine Übereignung der Brauerei im ganzen befreit den Veräußerer gegenüber der Steuerbehörde nicht von der Haftung für die bis zum Wechsel des Eigentums entstandenen Steuerschulden, auch wenn der Erwerber sie übernommen hat. § 116 AO bestimmt aber auch eine weitgehende Haftung des Erwerbers. Dieser haftet, wenn sich die Steuerschuld auf den Betrieb eines Unternehmens gründet und das Unternehmen oder ein in der Gliederung eines Unternehmens gesondert geführter Betrieb im ganzen übereignet wird, neben dem Veräußerer für die Steuern, die auf die Zeit seit dem Beginn des letzten, vor der Übereignung liegenden Steuerabschnitts oder Kalenderjahres entfallen.

Eine Brauerei ist ohne weiteres als Unternehmen i. S. des § 116 AO anzusehen; ebenso gründet sich die Biersteuerschuld auf den Betrieb der Brauerei. Die Brauerei muß im ganzen übereignet sein. Dabei müssen die wesentlichen Grundlagen des Betriebes vorhanden sein. Es muß, wie schon der RFH in ständiger Rechtssprechung entschieden hat, ein „lebender Betrieb" übergegangen sein (RZBl. 1930 S. 100, s. auch Hübschmann-Hepp-Spitaler, Anm. 5 zu § 116 AO). Wie der 4. Senat des RFH im Urteil IV A 283/29 vom 6. Februar 1930 (nicht veröffentlicht) ausgeführt hat, kommt es darauf an, ob die übernommenen Gebäude und Betriebsräume, sowie die Geräte (vgl. RZBl. 1931 S. 113 für Maschinen) und Betriebsgegenstände der Brauerei im betriebsfähigen Zustand, im wesentlichen vollständig und brauchbar waren und ob die immateriellen Werte wie Ruf und Kundschaft sich soweit erhalten hatten, daß eine Fortführung durch den Erwerber möglich war. Durch das Fehlen einzelner notwendiger Inventarstücke wird die Haftung nach § 116 AO nicht ausgeschlossen, wenn der Erwerber nach Ergänzung des Inventars den Betrieb fortzuführen in der Lage ist (RFH V A 2/32, Kartei 1931, R 6 zu § 116 Abs. 1 AO). Unerheblich ist auch, daß ein Teil der Einrichtungsgegenstände nicht übernommen wird oder daß ein Teil der Kundschaft verloren gegangen ist (RFH IV A 10/31, nicht veröffentlicht). Ein Brachliegen des Unternehmens, zumal von kurzer Dauer, hindert die Anwendbarkeit des § 116 AO nicht (RFH V A 194/29, StW 1928 Nr. 471). Beim Erwerb einer Brauerei wird die Haftung nach § 116 AO nicht schon dadurch ausgeschlossen, daß der Betrieb vor dem Übergang auf den Erwerber zollamtlich abgemeldet worden ist (RFH IV A 12/34, RZBl. 1934 S. 623). Die Haftung des Erwerbers entsteht jedoch nicht, wenn ein vom Vorgänger längst aufgegebener, stillgelegter Betrieb übernommen ist, dessen wirtschaftliche Funktion erloschen ist (RFH V A 1072/29, Kartei 1928, R 54 zu § 96 AO). Die Nichtfortführung des Unternehmens schließt § 116 nicht aus (RFH Bd. 11 S. 195, vgl. auch RFH V A 86/33, Kartei 1931, R 12 zu § 116 Abs. 1 AO). Es genügt, daß der Erwerber einer Brauerei in der Lage ist, diese fortzuführen oder zu seinen Gunsten über die Fortführung durch andere Bestimmungen zu treffen (RFH IV A 228/33, RStBl. 1934 S. 1371). Die Haftung des Erwerbers ist deshalb gegeben, wenn er eine von ihm erworbene Brauerei stillegt, um sich eines mit ihm im Wettbewerb stehenden Unternehmens zu entledigen (RFH IV A 12/34, RZBl. 1934 S. 623). Nicht notwendig ist die Fortführung der Firma (RFH V A 735/28, RZBl. 1929 S. 73). Die Haftung nach § 116 Abs. 1 knüpft an die Übereignung des Unternehmens oder des Betriebes „im ganzen" an. Da das bürgerliche Recht ein Eigentum an einem Betrieb nicht kennt, muß sich die Übereignung auf die zu den wesentlichen Grundlagen des Unternehmens oder des Betriebes gehörenden Gegenstände erstrecken (Hübschmann-Hepp-Spitaler, Anm. 6 zu § 116 AO). Der Tatbestand der Übereignung „im ganzen" wird nicht durch die Verpachtung erfüllt. Der Pächter eines Unternehmens haftet also nicht für Steuerschulden des Verpächters oder Vorpächters, es sei denn, daß die Form der Verpachtung zur Umgehung der Haftung mißbraucht wurde (Pr. OVG VIII C 1/37, RStBl. 1939 S. 700). Die Haftung nach § 116 gilt auch für den Erwerb in der Zwangsvollstreckung (RFH IV A 63/36, RZBl. 1936 S. 194), nicht dagegen für den Erwerb aus einer Konkursmasse (§ 116 Abs. 3 AO). Der Erwerber haftet für die Biersteuer, die für die Zeit seit dem Beginn des letzten vor der Übereignung liegenden Kalenderjahres entfällt, d. h. die in diesem Zeitraum entstanden ist (§ 2 Abs. 1 BierStG). Die Haftung erstreckt sich auch auf Zinsen, nicht dagegen auf Zuschläge nach dem Steuersäumnisgesetz (BFH V 90/55, BZBl. 56 S. 156). Keine Haftung besteht für Steuern, die der Rechtsvorgänger hinterzogen hat. Die Haftung umfaßt nicht Beitreibungskosten — Kartei 1928 R 36 zu § 96 (§ 116) —.

Höhe der Biersteuer

§ 3

(1) Die Biersteuer beträgt für jedes Hektoliter der in einem Brauereibetrieb innerhalb eines Rechnungsjahrs erzeugten Biermenge

von den ersten	**2000 hl**	**12,— DM**
von den folgenden	**8000 hl**	**12,30 DM**
„ „ „	**10000 hl**	**12,60 DM**
„ „ „	**10000 hl**	**12,90 DM**
„ „ „	**30000 hl**	**13,20 DM**
„ „ „	**30000 hl**	**13,80 DM**
„ „ „	**30000 hl**	**14,40 DM**
von dem Rest		**15,— DM**

Für Hausbrauer (§ 9 Abs. 6), die Inhaber landwirtschaftlicher Betriebe mit einer Grundfläche bis zu 10 Hektar sind, die innerhalb eines Rechnungsjahres aus selbstgewonnener Gerste nicht mehr als 10 Hektoliter Bier mit einem Stammwürzegehalt von nicht mehr als 12 vom Hundert herstellen und die bereits vor dem 1. April 1930 die Brauereien in Betrieb hatten, ermäßigt sich der Steuersatz um 40 vom Hundert. Für Hausbrauer, die Inhaber eines landwirtschaftlichen Betriebes mit einer Grundfläche von mehr als 10 Hektar sind, erhöht sich die steuerbegünstigte Jahreshöchstmenge auf 15 Hektoliter Bier. Die Vergünstigung wird nur Hausbrauern gewährt, die gewerbsmäßig fremdes Bier nicht abgeben oder abgeben lassen. Die Vergünstigung erlischt mit Ablauf des Rechnungsjahres, in dem in der Brauerei mehr als 10 oder 15 Hektoliter Bier erzeugt werden oder in dem die Hausbrauer Bier, für das die Steuervergünstigung in Anspruch genommen worden ist, an nicht zum Haushalt gehörige Personen gegen Entgelt abgeben.

(2) Die Steuersätze im Absatz 1 gelten für Vollbier. Sie ermäßigen sich für Schankbier um ein Viertel und für Einfachbier um die Hälfte. Sie erhöhen sich für Starkbier um die Hälfte. Farbebier ist nach dem höchsten Satz für Starkbier zu versteuern. Einfachbier ist Bier mit

einem Stammwürzegehalt von 2 bis 5,5 vom Hundert. Schankbier ist Bier mit einem Stammwürzegehalt von 7 bis 8 vom Hundert. Vollbier ist Bier mit einem Stammwürzegehalt von 11 bis 14 vom Hundert. Starkbier ist Bier mit einem Stammwürzegehalt von 16 vom Hundert und mehr.

(3) Wird eine Braustätte von mehreren für eigene Rechnung brauenden Personen gemeinsam benützt, so ist für die Höhe des Steuersatzes nicht die in der Brauerei insgesamt hergestellte Biermenge, sondern die Biermenge entscheidend, die jede einzelne dieser Personen auf eigene Rechnung herstellt. Nach dem 1. August 1909 errichtete Brauereien dieser Art erhalten die Vergünstigung nicht; Ausnahmen können nach näherer Bestimmung des Bundesministers der Finanzen zugelassen werden.

Zu § 3 Abs. 1, s. DB §§ 6, 7.

1. Die Steuersätze des geltenden Gesetzes sind wie die der früheren Brausteuergesetze und die des Biersteuergesetzes von 1918 starr. In § 5 des Biersteuergesetzes vom 9. Juli/11. August 1923 war zum erstenmal in der Entwicklung der deutschen Bierbesteuerung die Biersteuer beweglich gestaltet worden, um der Veränderung des Geldwertes in der Zeit des Währungsverfalls zu begegnen. Der Reichsminister der Finanzen war ermächtigt, die Biersteuer entsprechend dem Steigen oder Fallen der Brauereipreise für Bier zu erhöhen oder zu ermäßigen (s. Reichstagsdrucks. Nr. 5739 I 1920/23). Die Ermächtigung ist durch Art. I Nr. I 5 Novelle von 1925 gestrichen worden.

2. Ein *Brauereibetrieb* i. S. des § 3 Abs. 1 ist der Betrieb einer Braustätte zum Zwecke der Herstellung von Bier. Eine Malzessigfabrik, die sich die benötigte Bierwürze selbst herstellt und nur über Einrichtungen zur Herstellung von *Bierwürze* verfügt, ist keine Brauerei und unterliegt deshalb auch nicht der Steueraufsicht nach § 12 Abs. 1 des Gesetzes (vgl. Nachrichtenbl. f. d. Zollst. 1919 S. 117). Die Braustätte besteht als örtliche Abgrenzung aus den Gebäuden und Räumen, die zur Aufbewahrung der Braustoffe und dem Betrieb der Brauerei dienen (vgl. DB § 34 mit dem dazugehörigen Muster 4). Der gesamte Betrieb in einer Braustätte bildet einen einzigen Brauereibetrieb. Eine Ausnahme bildet die Benutzung einer Braustätte durch mehrere auf eigene Rechnung brauende Personen (§ 3 Abs. 3), sofern die Brauerei bereits vor dem 1. August 1909 errichtet worden ist, oder beim Fehlen dieser Voraussetzung, wenn die Vergünstigung des § 3 Abs. 3 ausnahmsweise zugebilligt ist. In diesem Falle ist nach der genannten Gesetzesvorschrift der Brauereibetrieb jeder einzelnen auf eigene Rechnung brauenden Person steuerlich als ein Betrieb für sich anzusehen. Die frühere Zusammenfassung mehrerer für Rechnung einer und derselben Person oder Gesellschaft betriebenen Braustätten zu einem Betrieb auf Grund von § 3 Abs. 3 des Gesetzes in seiner Fassung von 1931 ist in das jetzige Biersteuergesetz nicht mehr übernommen worden (OFG-Gutachten II z D 5/48 vom 28. Dezember 1948, BZBl. 1950 S. 40). Ein wirtschaftlicher Zusammenhang mehrerer Braustätten (z. B. die Erfassung aller Geschäftsvorfälle mehrerer Brauereibetriebe in der Buchhaltung nur eines Brauereibetriebes) ist auf die Staffelung der in den einzelnen Braustätten hergestellten Biermengen ohne Einfluß (vgl. BFH V 230/56 — nicht veröffentlicht).

Die Verhältnisse des einzelnen Brauereibetriebes sind auf die Biersteuer insofern von Einfluß, als

a) sich gemäß § 3 Abs. 1 des Gesetzes die Höhe der Steuersätze nach dem Umfang des Betriebes innerhalb eines Rechnungsjahres bemißt;

b) von dem Betriebsumfang der Braustätte und dem Zeitpunkt ihres Entstehens die Verpflichtung zum Halten von Malzmühlen (§ 14 des Gesetzes) und die Möglichkeit der Abfindung (§ 16 des Gesetzes) abhängig ist.

Auf die Zweckbestimmung des im Betriebe hergestellten Bieres kommt es nicht an. Z. B. ist auch ein Laboratorium, in dem Bier ausschließlich zu irgendwelchen Versuchszwecken und nicht zum Verbrauch hergestellt wird, eine Brauerei.

3. *Als erzeugte Biermenge* im Sinne des § 3 Abs. 1 gilt nicht die in einem Brauereibetrieb überhaupt hergestellte Biermenge, sondern nur die Biermenge, für die gem. § 2 Abs. 1 eine Steuerschuld entstanden ist, zuzüglich der nach § 7 Abs. 1 als Haustrunk und der nach § 7 Abs. 2 als Ausfuhrbier steuerfrei bleibenden Biermenge (s. § 6 DB). Sogenanntes Heeresbier und Haustrunk davon sind bei der Staffelung der Biersteuersätze mitzurechnen (OFH = Gutachten II z D 1/49 vom 8. Juni 1949, ZfZ 1949 S. 222). Außer Ansatz bleiben Biermengen, die noch in der Brauerei lagern oder die vor Entstehung der Steuerschuld in der Brauerei nachweislich zugrunde gegangen sind (DB § 62), ferner die nach DB § 1 Abs. 2 zu Untersuchungszwecken innerhalb der Brauerei verbrauchten und die amtlich zu Untersuchungszwecken entnommenen Biermengen. Die Einbeziehung des Haustrunks und des Ausfuhrbieres in den für die Anwendung der Steuersätze des § 3 Abs. 1 maßgebenden Betriebsumfang einer Brauerei rechtfertigt sich dadurch, daß die Abstufung der Steuersätze einen Ausgleich für die günstigeren Herstellungsbedingungen der größeren Betriebe gegenüber den kleineren Betrieben bilden soll und daß zu diesem Zwecke der gesamte Bierabsatz einer Brauerei, nicht nur die im Erhebungsgebiet abgesetzte Biermenge, berücksichtigt werden muß (vgl. auch RFH Bd. 18 S. 20).

Die erzeugte Biermenge und zwar diejenige, für die eine Steuerschuld entstanden ist, vermindert sich nach § 6 DB um die Menge des Rückbieres und das wie Rückbier zu behandelnde fremde Bier (§ 15 DB).

4. Die Staffelsätze sind auf die in einem Brauereibetrieb innerhalb eines Rechnungsjahres (1. April bis 31. März) erzeugten Biermengen abgestellt. Nachdem die durch das Kontrollratsgesetz Nr. 28 vom 10. Mai 1946 beseitigte Steuerstaffelung durch das Gesetz des Wirtschaftsrats vom 21. Oktober 1948 mitten im Rechnungsjahr 1948 wieder eingeführt worden war, war der Staffelung nur die nach dem Inkrafttreten dieses Gesetzes (23. Oktober 1948) erzeugte Biermenge und nicht etwa die gesamte Erzeugung des Rechnungsjahres 1948 zu Grunde zu legen (BFH II z 138/50, nicht veröffentlicht).

5. § 3 Abs. 1 hat aus dem Biersteuergesetz von 1918 den Grundsatz der *Staffelung* der Steuer nach dem Betriebsumfang der Brauereien übernommen. Dieser den Schutz der kleineren Betriebe bezweckende Grundsatz war zum ersten Male in dem nicht Gesetz gewordenen Entwurf vom Jahre 1892 vorgesehen und sodann in den Brausteuergesetzen von 1906 und 1909, übrigens auch in den bis 1919 in Bayern, Württemberg und Baden in Kraft befindlichen Gesetzen enthalten (vgl. die geschichtliche Entwicklung der Bierbesteuerung). Ebenso wie die Brausteuergesetze von 1906 und 1909 und das Biersteuergesetz von 1918 hat das geltende Gesetz den Grundsatz der *Durchstaffelung*, d. h. an den Biersteuersätzen nehmen sämtliche

Brauereien ohne Rücksicht auf ihre Betriebsgröße teil. Dadurch wird ein gleichmäßiges Ansteigen der Steuerbelastung ermöglicht. Der höchste Steuersatz begann nach dem Brausteuergesetz von 1906 bei einer jährlichen Biererzeugung von etwa 42000 hl (7000 dz Malz), nach dem Brausteuergesetz von 1909 bei etwa 30000 hl (5000 dz Malz). Darüber hinaus enthielt das Biersteuergesetz von 1918 erhöhte Steuersätze für eine Jahreserzeugung von mehr als 60000 hl und von mehr als 120000 hl, um einen erhöhten Ausgleich für die Überlegenheit der Großbetriebe zu schaffen. Das geltende Gesetz hat diese letztere Staffelung übernommen. Dabei ist die bisherige sechste Staffel von 60000 hl in zwei Staffeln von je 30000 hl aufgeteilt worden. Die *Spannung* zwischen dem niedrigsten und dem höchsten Steuersatz — gewöhnlich Gegenstand erheblicher Meinungsverschiedenheiten innerhalb des Gewerbes — betrug nach dem Biersteuergesetz von 1918 2,50 M (Steuersätze 10 bis 12,50 M), nach der 20. Verordnung über die Höhe der Biersteuer vom 26. November 1923 1,10 GM (Steuersätze 5—6,10 GM), nach dem Gesetz vom 10. August 1925 vom 1. Januar 1927 ab 2,15 RM (Steuersätze 6—8,15 RM) und nach dem Gesetz vom 15. April 1930 2,50 RM (Steuersätze 9,50 — 12 RM), nach der Verordnung des Reichspräsidenten über Biersteuersenkungen vom 19. März 1932 2,50 RM (Steuersätze von 6,50—9,— RM), nach dem Änderungsgesetz vom 21. Dezember 1938 2,50 RM (Steuersätze 10,50—13 RM), nach dem Gesetz des Wirtschaftsrats vom 21. Oktober 1948 2 DM (Steuersätze 16 — 18,— DM) und nach dem Gesetz vom 14. August 1950 3,— DM (Steuersätze 12—15, — DM).

6. Für die *Berechnung der Biersteuer* nach den verschiedenen Staffelsätzen werden die in einer Brauerei innerhalb eines Monats (vgl. § 6 des Gesetzes) erzeugten Biermengen nicht streng nach der zeitlichen Aufeinanderfolge ihrer Erzeugnung in Ansatz gebracht, sondern es ist zum Zwecke einer einfacheren Berechnungsweise in § 63 Abs. 3 DB bestimmt, daß für die monatliche Steuerberechnung von der in einem Monat erzeugten Biermengen nur der Teil zu berücksichtigen ist, für den *die Steuer* geschuldet wird, also die zu versteuernde Biermenge. Dabei ist zunächst das Einfachbier, dann das Schankbier, dann das Vollbier und zuletzt das Starkbier anzusetzen. Die im Berechnungsmonat gemäß § 7 Abs. 1, 2 des Gesetzes *steuerfrei* abgelassenen Biermengen bleiben für die Bemessung der Staffelsätze in diesem Monat außer Betracht; sie kommen erst bei der Steuerberechnung für den nächsten Monat dadurch zur Geltung, daß sie in die bis zum Beginn dieses Monats erzeugte Biermenge, von der bei der Steuerberechnung zunächst ausgegangen werden muß, eingerechnet werden (vgl. RFH Bd. 18 S. 20 = ZfZ. 1925 S. 30). Ihre gesetzliche Grundlage findet diese aus Zweckmäßigkeitsgründen getroffene Regelung darin, daß in § 6 des Gesetzes eine monatliche Fälligkeit der Steuer als Regel aufgestellt ist. Diese Art der Steuerberechnung ist für den Steuerschuldner insofern günstig, als sie die innerhalb eines Monats steuerfrei abgelassenen Biermengen auf die etwaigen höheren Steuersätze und die Biermengen, für die die Steuer geschuldet wird, auf die niederen Steuersätze anrechnet. Die bei der Steuerfestsetzung einzuhaltende Reihenfolge: Einfachbier, Schankbier, Vollbier, Starkbier rechtfertigt sich durch die in § 3 Abs. 2 und § 10 Abs. 3 Satz 3 des Gesetzes bestimmte verschiedene Belastung dieser Biergattungen. Wegen der Berechnung der Biersteuer s. die Beispiele im Anhang VII.

7. Zur Frage der steuerlichen Sonderbehandlung der *Hausbrauer* ist folgendes vorauszuschicken:

Vor 1872 unterlag in verschiedenen Gebieten der Brausteuergemeinschaft die sog. Haustrunkbereitung oder das Kesselbier ebenso der Steuer wie jeder andere Brauakt. Aber auch da, wo bis zu einer gewissen Grenze die Steuerfreiheit gesetzlich bestand wie in Preußen (mit Ausnahme der Hohenzollernschen Lande), war davon in weiten Gebieten kein oder nur ein ganz geringer Gebrauch gemacht worden. Am meisten war die Bereitung des steuerfreien Haustrunks üblich in den Küstengebieten: Schleswig-Holstein, Mecklenburg, Ostpreußen, Pommern, Hannover.

Als 1872 die Frage der Aufhebung der Steuerfreiheit des Haustrunks erwogen wurde, entschied man sich für die Beibehaltung der Steuerfreiheit. Da der Anlaß zur Sitte des Hausbrauens vielfach in der ungesunden und schlechten Beschaffenheit des Trinkwassers in den Niederungen und Marschen der Küstengebiete zu finden ist, so würde dort die Aufhebung der bisherigen Steuerfreiheit voraussichtlich als eine größere Härte empfunden werden, auch aus Gesundheitsrücksichten bedenklich sein. Andererseits schien eine etwaige örtliche Beschränkung der Steuerfreiheit auf jene Gebiete gegen den Grundsatz der Gleichheit in der Steuerpflicht zu verstoßen (Reichstagsdrucks. 1872 Bd. 3 Nr. 11 S. 94).

Das Brausteuergesetz vom 31. Mai 1872 enthielt als § 5 folgende Vorschrift:

„I. Die Bereitung von Bier als Haustrunk ohne besondere Brauanlagen ist von der Steuerentrichtung frei, wenn die Bereitung lediglich zum eigenen Bedarf in einem Haushalt von nicht mehr als 10 Personen über 14 Jahre geschieht.

II. Wer von dieser Bewilligung Gebrauch machen will, muß solches der Steuerbehörde zuvor anmelden und darüber einen Anmeldungsschein sich erteilen lassen.

III. Ein jedes Ablassen des Haustrunks an nicht zum Haushalt gehörige Personen ohne Entgelt ist untersagt.

IV. Im Falle einer Verletzung der vorstehend an die Bewilligung der Steuerfreiheit geknüpften Bedingungen kann dem Schuldigen die Befugnis zur steuerfreien Haustrunkbereitung nach dem Ermessen der Steuerbehörde auf bestimmte Zeit oder für immer entzogen werden.

V. Bierverkäufer haben auf die Bewilligung des steuerfreien Haustrunkes keinen Anspruch."

In das Brausteuergesetz vom 3. Juni 1906 sind diese Vorschriften unverändert übergegangen (§ 9).

Das Brausteuergesetz vom 15. Juli 1909 beseitigte die Steuerfreiheit des Haustrunks, bestimmte aber in § 6 Abs. 4, daß für Personen, die *obergäriges* Bier nur für ihren Hausbedarf bereiten, die Steuer für den Doppelzentner auf 4 ℳ ermäßigt werden sollte, wenn das Gesamtgewicht der steuerpflichtigen Braustoffe in einem Rechnungsjahr nicht über 5 dz beträgt. Das Verbot der entgeltlichen Abgabe des steuerbegünstigten Bieres an nicht zum Haushalt gehörige Personen und der Ausschluß der Bierverkäufer von der Begünstigung blieb aufrecht erhalten. In der Begründung zu Art. I Ziff. 1, 6 (§ 6 Abs. 3), 7, 8 und 14 (§ 46 Nr. 6) des Entwurfs eines Gesetzes wegen Änderung des Brausteuergesetzes vom 3. November 1908 (Nr. 995 der Reichstagsdrucks. von 1907/09) ist hierzu bemerkt:

„Bei der Höhe der Steuer wird die Steuerfreiheit des Haustrunkbieres, die auch in Bayern, Württemberg und Baden nicht besteht, nicht mehr aufrecht erhalten werden können, da die hohe Steuer einen starken Anreiz zu einer für das Braugewerbe unerwünschten und für das Steueraufkommen nachteiligen Ausbreitung der steuerfreien Haustrunkbereitung bilden würde. Die Beseitigung der Steuerfreiheit erscheint aber auch deshalb geboten, weil die Gründe, die für die Beibehaltung des Steuerprivilegiums im Jahre 1872 sprachen, heute zum großen Teil ihre Bedeutung verloren haben. Nach der Brauereistatistik ist die Sitte der Haustrunkbereitung am meisten in Schleswig-Holstein und Mecklenburg verbreitet. Da man den Grund hierfür in der vielfach ungesunden und schlechten Beschaffenheit des Trinkwassers in den Niederungen und Marschen dieser Gegenden zu finden glaubte, hielt man es seinerzeit für bedenklich, die schon früher in Preußen und auch in anderen Teilen des späteren Brausteuergebietes bestehende Steuerfreiheit des Haustrunks aufzuheben. Neuere Erhebungen haben aber ergeben, daß obige Annahme nicht mehr als zutreffend anerkannt werden kann, daß der Grund für das Fortbestehen der Haustrunkbereitung vielmehr teils in dem Festhalten an einer althergebrachten Sitte, verbunden vielfach mit der irrigen Auffassung, daß das selbstbereitete Bier gehaltreicher und gesünder sei als das in gewerblichen Betrieben hergestellte, teils in der Schwierigkeit der Beschaffung des erforderlichen Bieres infolge ungenügender Entwicklung der Verkehrsmittel oder mangels gewerblicher Brauereien, also in Verhältnissen zu suchen ist, die eine Steuer*befreiung* nicht zu rechtfertigen vermögen. Dazu kommt, daß der ärmere Teil der Bevölkerung, insbesondere aus gewerblichen und städtischen Kreisen, nicht in der Lage ist, die Vergünstigung für sich auszunützen.

Wenn hiernach die Aufhebung der Steuerfreiheit des Haustrunkbieres ausreichend begründet erscheint, so geht es andererseits nicht an, es steuerlich ebenso zu belasten wie das in gewerblichen Brauereien hergestellte Bier, da man sonst die bisherige Steuerbegünstigung in eine steuerliche Überlastung umwandeln würde. Das bei der Haustrunkbereitung mit unvollkommenen Hilfsmitteln aus meist minderwertigen Braustoffen hergestellte Bier steht nach Menge und Gehalt hinter dem gewerblich hergestellten Bier erheblich zurück, weshalb die in Art. 1 Ziff. 6 (§ 6 Abs. 3) für das Haustrunkbier vorgesehene wesentliche Ermäßigung des Steuersatzes der untersten Staffel gerechtfertigt sein wird.

Die Beschränkung dieser Steuerermäßigung auf obergäriges Bier entspricht dem Zwecke und der bisherigen tatsächlichen Inanspruchnahme der Begünstigung.

Die gleiche Steuerermäßigung für Haustrunkbrauereien enthält auch das württembergische Biersteuergesetz (Art. 7 Abs. 5) und das badische Biersteuergesetz (Art. 7 Abs. 2), letzteres ebenfalls unter Beschränkung auf obergäriges Bier.

Die vom Entwurf vorgesehene Steuerermäßigung ist an die Bedingung geknüpft, daß das Gesamtgewicht der für die Haustrunkbereitung verwendeten steuerpflichtigen Braustoffe in einem Rechnungsjahr nicht über 5 dz beträgt, wogegen die Beschränkung auf Familien mit bestimmter Personenzahl als entbehrlich beseitigt werden konnte. Die bezeichnete Bedingung wird von sämtlichen 27111 zur Zeit bestehenden Haustrunkbrauereien erfüllt werden, da sich ihr jährlicher Verbrauch an Braustoffen durchschnittlich nur auf 62 kg beläuft. Für sie wird an Stelle der bisherigen Steuerfreiheit eine durchschnittliche Belastung von 2,48 ℳ für das Jahr treten.

Die vorgesehene Steuerermäßigung kommt einem größeren Kreise von Haushaltungen zugute als die bisherige Steuerfreiheit. Es werden weitere 338 Haushaltungen mit einem Malzverbrauche von zusammen 676 dz im Jahre, die bisher die Steuer der untersten Klasse mit 4 ℳ zu zahlen hatten, von der Vergünstigung Gebrauch machen können und dadurch von der Erhöhung der Brausteuer befreit bleiben.

Das schon bisher geltende, auch in Baden und Württemberg bestehende Verbot, Bier, das unter Inanspruchnahme der Steuerermäßigung für Haustrunkbier hergestellt ist, an nicht zum Haushalt gehörige Personen gegen Entgelt abzugeben, folgt aus dem Zwecke der Steuerbegünstigung.

Daß, wie schon unter dem geltenden Gesetze, Bierverkäufern die Steuerermäßigung versagt wird, erfordert die Steuersicherheit, da bei diesen die Beachtung des Verbotes nicht überwacht werden kann. Eine Härte wird in dieser Ausnahmebestimmung nicht erblickt werden können. Die gleiche Bestimmung enthält auch das württembergische Gesetz."

Das Biersteuergesetz vom 26. Juli 1918 hielt die steuerliche Begünstigung der Hausbrauer in § 6 Abs. 2 grundsätzlich aufrecht. Es wurde ihnen ein ermäßigter Biersteuersatz von 3 ℳ für 1 hl zugestanden, der der Belastung entsprach, die dem nicht steuerbegünstigten Bier durch das Brausteuergesetz vom 15. Juli 1909 auferlegt war. Gleichzeitig wurde die Vergünstigung auf Hausbrauer beschränkt, die in einem Jahre nicht mehr als 20 hl Bier herstellen. Man glaubte damit dem tatsächlichen Bedürfnis ausreichend Rechnung getragen zu haben und hielt ein weiteres Entgegenkommen aus steuerlichen und volkswirtschaftlichen Gründen nicht für angezeigt (Begründung zu § 6 des Entwurfs des Biersteuergesetzes von 1918, S. 25).

Art. III Nr. 1b des Gesetzes, betreffend Erhöhung einzelner Verbrauchssteuern, vom 8. April 1922 (RGBl. I S. 380), erhielt, während die Biersteuer im übrigen rund vervierfacht wurde, lediglich die bisherige Spanne von 7 ℳ für die Hausbrauer aufrecht, indem das Hektoliter mit 34 ℳ belastet wurde. Die Begründung zum Entwurf dieses Gesetzes (Reichstagsdrucks. Nr. 2872 I 1921 S. 10) sprach aus, daß auf einen langsamen Abbau der Hausbrauer-Vergünstigung hinzuwirken sei, da die Hausbrauer die Rohstoffe nicht sachgemäß auszunutzen verständen und deshalb eine Vergeudung mit wichtigen Nahrungsstoffen trieben. Diese Absicht wurde indessen dadurch hinfällig gemacht, daß der Reichstag die Steuerfreiheit des Haustrunkes der Inhaber von Privatbrauereien beschloß. Dadurch wurde der Haustrunk der Hausbrauer tatsächlich steuerfrei (vgl. Bem. 8 zu § 7 des Gesetzes).

Das Biersteuergesetz von 1923 hob die Steuerbegünstigung der Hausbrauer überhaupt auf. Die Begründung (S. 7) machte dafür geltend, daß in einer Zeit größter Nahrungsmittelknappheit kein Raum mehr für die steuerliche Bevorzugung von Betrieben sei, die infolge ungenügender technischer Einrichtungen und Kenntnisse wichtige Rohstoffe unvollkommen ausnutzten und damit vergeudeten. Auch diesmal wurden die Absichten der Reichsregierung durch die Wiedereinschaltung der Steuerfreiheit des Inhaberhaustrunks in das Gesetz durch den Reichstag durchkreuzt.

Nachdem die Steuerfreiheit des Inhaberhaustrunks durch die Biersteuernovelle vom 15. April 1930 (RGBl. I S. 136) wieder beseitigt worden war, wurde als Ausgleich dafür die steuerliche Sonderbehandlung der Hausbrauer in Gestalt der Zwergbrauer (20 hl-Brauer) in das Gesetz aufgenommen (§ 3 Abs. 1 Satz 2, 1931). Es sollte dadurch der Bestand der namentlich nordbayerischen Hausbrauer erhalten werden, denen ohne die eingeräumte Steuerbegünstigung das Lebenslicht ausgeblasen worden wäre. Eine weitere Ausbreitung des Hausbrauwesens über den Stand vom 1. April 1930 hinaus sollte jedoch verhindert werden (s. auch Bem. 12 zu § 7). Die Notverordnung vom 19. März 1932 RGBl. I S. 135 führte dann die Beschränkung ein, daß die Steuerbegünstigung erlischt, wenn Hausbrauer Bier an nicht zum

Haushalt gehörige Personen gegen Entgelt abgeben. Durch das Änderungsgesetz vom 21. Dezember 1938 (RGBl. I S. 1897) wurde die steuerbegünstigte Biermenge auf 10 hl herabgesetzt. Nach dem Krieg ist die steuerliche Begünstigung der Hausbrauer zunächst durch das Kontrollratsgesetz Nr. 28 beseitigt und erst durch das Änderungsgesetz vom 14. August 1950 (BGBl. S. 363), bayerischen Wünschen entsprechend, wieder in seiner heutigen Gestalt in § 3 Abs. 1 des Gesetzes verankert worden.

8. Steuerbegünstigt sind Hausbrauer, d. s. Brauer, die Bier nur für den Hausbedarf herstellen (§ 9 Abs. 6 des Gesetzes), wenn in ihrer Person die Voraussetzungen des § 3 Abs. 1 S. 2 ff. vorliegen. Die Steuerbegünstigung ist Hausbrauern vorbehalten, die Inhaber eines landwirtschaftlichen Betriebes sind. Nach Sinn und Zweck der Steuerbegünstigung kann in Ermangelung einer näheren Bestimmung im Gesetz das Vorhandensein eines Betriebes dieser Art anerkannt werden, wenn in diesem Feld- und insbes. Erntearbeiten in nennenswertem Umfang zu leisten sind. Es muß außer dem mit der Hausbraugerste bebauten Boden noch weiterer landwirtschaftlich genutzter Grund in angemessenem Umfang zum Betrieb gehören. Wollte man nämlich den Besitz von Boden nur zum Anbau der Hausbraugerste genügen lassen, so würde die heutige Gesetzesfassung gegenüber früher keine sachliche Änderung bedeuten, da steuerbegünstigtes Hausbraubier bisher schon nur aus selbstgewonnener Gerste hergestellt werden konnte. Die Steuerbegünstigung wird deshalb Hausbrauern zu versagen sein, die lediglich Gerste zum Hausbrauen oder andere Feldfrüchte nur in ganz unbedeutendem Umfang neben solcher Gerste anbauen, insbesondere, wenn anzunehmen ist, daß sie Landwirtschaft nur deshalb betreiben, um steuerbegünstigtes Hausbraubier herstellen zu können.

Voraussetzung ist ferner, daß der Hausbrauer die Brauerei bereits vor dem 1. April 1930 in Betrieb hatte. Es ist dabei nicht auf die Betriebsstätte abzustellen. Ein Hausbrauer, der vor dem Stichtag in seinem Anwesen gebraut hat, kann seinen Betrieb später in den einer Genossenschaft verlegen, ohne dadurch den Anspruch auf die Steuerbegünstigung zu verlieren. Auch kann die Betriebsstätte gewechselt werden, wie das bei Hausbrauern häufig der Fall ist. Die Verlegung eines Hausbraubetriebes selbst ist, ohne daß der Verlust der Steuerbegünstigung eintritt, nur dann möglich, wenn der Hausbraubetrieb auch nach der Verlegung als „bereits vor dem 1. April 1930 in Betrieb gewesen" angesehen werden kann. Diese Voraussetzung ist als erfüllt anzusehen, wenn der Hausbraubetrieb von seinem Eigentümer innerhalb der gleichen Gemeinde auf ein anderes ihm gehörendes Anwesen verlegt und dort von ihm weiter betrieben wird. Die Steuerbegünstigung kann auch von dem Rechtsnachfolger des Eigentümers (Käufer, Nießbraucher, Pächter, Erben oder sonst Nutzungsberechtigte) in Anspruch genommen werden. Der Erwerb allein der Geräte (Fässer) eines Hausbraubetriebes reicht für den Übergang der Steuerbegünstigung nicht aus. Stets ist Voraussetzung, daß zugleich auch der Besitz an Räumen übergeht, die dem Betrieb der Hausbrauerei dienen (also die Braustätte, soweit eine solche mit dem Hausbraubetrieb selbst örtlich verbunden ist, die Gär- und Lagerkeller für das Bier, die Aufbewahrungsräume für die Braustoffe usw.). Es muß also ein Besitzwechsel des zur Brauerei gehörenden Anwesens hinzukommen.

9. Für die Inanspruchnahme der Steuerbegünstigung ist es ohne Belang, in welcher Weise der Brauereibetrieb und der landwirtschaftliche Betrieb in der Person des Hausbrauers zusammengekommen sind. Bei abgeleitetem Besitzerwerb ist es

möglich, daß der Brauereibetrieb mit dem dazugehörigen landwirtschaftlichen Betrieb auf den Erwerber übergeht, oder aber lediglich der Brauereibetrieb zu einem bereits vorhandenen landwirtschaftlichen Betrieb hinzu erworben wird. Eine Trennung des Betriebes vom landwirtschaftlichen Betrieb in der Person des Veräußerers ist in biersteuerrechtlicher Hinsicht auch dann unerheblich, wenn diese schon vor der selbständigen Veräußerung des Brauereibetriebes bewirkt worden ist. Die Trennung des Brauereibetriebes vom landwirtschaftlichen Betrieb hat auch bei längerer Dauer nicht das Erlöschen der Möglichkeit zur Folge, die Steuerbegünstigung in Bezug auf diesen Brauereibetrieb in Anspruch zu nehmen, wenn später die Voraussetzungen dafür in der Person des Besitzers wieder zusammentreffen. Der Verlust des landwirtschaftlichen Betriebes hat nicht etwa das Erlöschen der Steuerbegünstigung zur Folge. Nur das Vorhandensein des Brauereibetriebes ist nach dem Gesetz an einen bestimmten Zeitpunkt gebunden.

10. Das Hausbraubier muß aus selbstgewonnener Gerste erzeugt sein. Selbstgewonnen ist auch die vom Nießbraucher, Pächter usw. angebaute Gerste. Das Mälzen darf auch ein anderer als der Hausbrauer vornehmen. Es ist ferner nichts dagegen einzuwenden, daß die Hausbrauer Malz verwenden, das von der Mälzerei aus einem Gemisch der selbstgewonnenen und anderen Gerste hergestellt ist oder das sie im Austausch für gelieferte selbstgewonnene Malzgerste bezogen haben. Unzulässig ist es jedoch, die selbstgewonnene Gerste zu verkaufen, um das Malz anderweitig zu erstehen.

11. Die steuerbegünstigte Biermenge richtet sich nach der Größe des landwirtschaftlichen Betriebes. Sie beträgt bei einer Grundfläche bis zu 10 ha nicht mehr als 10 hl und bei einer Grundfläche von mehr als 10 ha höchstens 15 hl. Für den Begriff der im Rechnungsjahr „erzeugten" Höchstmenge kommt es nach § 6 DB auf die Biermenge an, für die innerhalb eines Rechnungsjahres die Steuerschuld entstanden ist. Werden die zugelassenen Jahreshöchstmengen überschritten, so sind die Mehrmengen nach den Sätzen des § 3 Abs. 1 zu versteuern (§ 7 Abs. 2 DB). Unabhängig davon erlischt die Steuervergünstigung.

12. Der Stammwürzegehalt des steuerbegünstigten Bieres darf nicht mehr als 12% betragen. Der Steuersatz ermäßigt sich auf 40 v. H. und beträgt für Vollbier 7,20 DM/hl, für Schankbier 5,40 DM/hl, für Einfachbier 3,60 DM/hl. Bei Überschreiten des zugelassenen Stammwürzegehaltes ist der volle Steuersatz von 12,— DM/hl zu entrichten.

13. Die Steuervergünstigung kann nicht von Hausbrauern in Anspruch genommen werden, die gewerbsmäßig fremdes Bier abgeben oder abgeben lassen. Darunter fallen Gastwirte, Bierhändler, Bierverleger usw. Der Hausbrauer ist von der Steuervergünstigung so lange ausgeschlossen, als die gewerbsmäßige Abgabe fremden Bieres andauert. Treten die Voraussetzungen des § 3 Abs. 1 S. 4 erst nach Abgabe der Anmeldung nach § 7 Abs. 1 DB ein, so sind die zu wenig erhobenen Biersteuerbeträge nach § 4 Abs. 3 Nr. 2 StAnpG in Verbindung mit § 94 AO nachzuerheben.

14. Die Steuervergünstigung erlischt und zwar auf Dauer, wenn der Hausbrauer die zugelassene Jahreshöchstmenge von 10 oder 15 hl überschreitet oder steuerbegünstigtes Bier an nicht zum Haushalt gehörige Personen entgeltlich abgibt (z. B. auch Austausch von Bier zwischen einzelnen Hausbrauern). Der Verlust der Steuervergünstigung tritt mit Ablauf des Rechnungsjahres ein, in dem die Überschreitung der Jahreshöchstmenge oder die entgeltliche Abgabe des Bieres erfolgt. In der Praxis

hat es sich eingebürgert, bei Überschreitung der Erzeugungsgrenze ggf. Nachsicht zu gewähren. Das steuerbegünstigte Hausbraubier ist zum Verbrauch im Haushalt des Hausbrauers bestimmt. Wegen der zum Haushalt gehörigen Personen s. Bemerkung 29 zu § 9. Als Haushalt i. S. dieser Vorschrift ist nicht allein ein Familienhaushalt, sondern auch ein von einer juristischen Person betriebener Haushalt (z. B. der Gutshaushalt des einer AG gehörenden landwirtschaftlichen Gutes) anzusehen (BFH-Urteil V z 232/56 vom 2. Mai 1957, nicht veröffentlicht). Hausbrauer i. S. des § 9 Abs. 6 des Gesetzes können danach im Gegensatz zu der bisherigen Erlaßpraxis nicht allein natürliche sondern auch juristische Personen sein.

15. Voraussetzung für die Anwendung des ermäßigten Steuersatzes ist die rechtzeitige Abgabe der in § 7 Abs. 1 DB vorgeschriebenen Anmeldung (RFH V z 112/38, Bd. 47 S. 263 = Kartei R 1 zu § 3 Abs. 1 BierStG).

16. Die Steuervergünstigung für Hausbrauer ist kein mit dem Hausbraubetrieb verbundenes Recht. Auf sie erwirbt der Hausbrauer einen gesetzlichen Anspruch erst und auch nur dann, wenn alle Voraussetzungen des § 3 Abs. 1 in seiner Person zusammentreffen. Es gibt keine Zulassung als Hausbrauer durch einen besonderen steueramtlichen Bescheid über den zu gewährenden Steuersatz. Die Ablehnung eines Antrages auf Zulassung als steuerbegünstigter Hausbrauer hat nur die Bedeutung eines belehrenden Hinweises auf die bestehende Rechtslage und ist kein im Rechtsmittelverfahren anfechtbarer Akt. Dem Rechtsmittelverfahren unterliegt erst der Steuerbescheid, in dem die Anwendung des ermäßigten Steuersatzes für Hausbrauerbier abgelehnt wird (BFH V z 102/56 vom 11. April 1957 — BStBl. III 1957 S. 231 —).

17. Die steuerbegünstigten Hausbrauer stellen das Bier in der Regel in gewerblichen Brauereien auf der Grundlage von Lohnbrauverträgen oder in gemeindeeigenen Brauhäusern her. Nur ausnahmsweise verfügen sie noch über eigene Braustätten, in denen sie selbst die Sude ansetzen. Den steuerbegünstigten Hausbrauern ist die Vergünstigung eingeräumt, ihr Bier in Sammelsudverfahren herzustellen. Die an einem Sammelsud beteiligten Hausbrauer bleiben Steuerschuldner. Wegen der Anwendung der Vergünstigung nach § 3 Abs. 3 des Gesetzes s. § 9 Abs. 3 DB (Bem. 4 zu § 9 Abs. 3 DB).

18. Hausbrauer nach § 9 Abs. 6 des Gesetzes sind auch die sog. „Neuhausbrauer". Sie sind nicht im Besitz einer bereits vor dem 1. April 1930 in Betrieb gewesenen Brauerei und können deshalb auch nicht den vergünstigten Steuersatz in Anspruch nehmen. Wohl aber steht ihnen die Vergünstigung nach § 3 Abs. 3 in Verbindung mit § 9 Abs. 3 DB zu, wenn sie auch kaum in der Lage sein werden, davon Gebrauch zu machen, weil sie einen Sud allein für sich nicht werden bestreiten können. Die Teilnahme an den Sammelsuden der steuerbegünstigten Hausbrauer ist ihnen verschlossen. Die „Neuhausbrauer" sind sonst wie gewerbliche Brauer zu behandeln und unterliegen allein den für diese geltenden Vorschriften. Es können sich aber mehrere Brauer dieser Art auf der Grundlage einer Gesellschaft nach bürgerlichem Recht zur Durchführung eines Sudes zusammenschließen, den sie in einem ihnen miet- oder leihweise zur Verfügung gestellten gemeindeeigenen Brauhaus durchführen. In diesem Fall sind sie für die Dauer der alleinigen Benutzung des Brauhauses Inhaber einer nach dem 1. April 1918 errichteten Brauerei und damit gem. § 14 Abs. 1 S. 2 des Gesetzes auch verpflichtet, eine Malzmühle mit selbsttätiger Verwiegungsvorrichtung aufzustellen, sofern eine solche nicht in dem Brauhaus bereits

vorhanden ist. Für die Höhe des in Rechnung zu stellenden Steuersatzes ist die Biermenge entscheidend, die in der gemeindeeigenen Braustätte insgesamt hergestellt worden ist (§ 3 Abs. 3 S. 2 des Gesetzes, § 9 Abs. 1 DB).

19. Wegen der Beachtung des Reinheitsgebotes durch Hausbrauer s. Bem. 29 zu § 9 Abs. 6.

20. Was das Verfahren anbelangt, so können Hausbrauer nach ihrer Wahl behandelt werden als nicht abgefundene oder als nach der allgemeinen Vorschrift (§ 16 des Gesetzes) abgefundene Brauer. Im letzteren Falle müssen sie die für die Abfindung bestehenden Voraussetzungen erfüllen, insbes. müssen ihre Hausbraubetriebe also vor dem 1. April 1918 bestanden haben.

21. Die frühere durch das Kontrollratsgesetz beseitigte Vergünstigung für Brauereien, die nicht mehr als 1000 hl Bier in einem Rechnungsjahr herstellen, ist durch das Änderungsgesetz vom 14. August 1950 (BGBl. S. 363) nicht mehr übernommen worden, da das Gefälle in der Steuerstaffel gegenüber dem früheren Ausmaß um 0,50 DM erweitert worden ist.

Zu § 3 Abs. 2, s. DB § 8

22. Die unterschiedliche steuerliche Behandlung des Bieres je nach dem, ob es sich um Einfachbier, Schankbier, Vollbier oder Starkbier handelt, trägt dem verschiedenen Wert der einzelnen Biergattungen bei der Besteuerung des Fertigerzeugnisses Rechnung. Das Biersteuergesetz vom 26. Juli 1918 kannte nur drei Gattungen (Einfachbier, Vollbier, Starkbier). Der Reichstag hatte in das Gesetz, betr. einzelne Verbrauchsteuern vom 8. April 1922 (RGBl. I S. 380) sodann den Begriff des Schankbieres mit einem Stammwürzegehalt von 8—9 v. H. eingefügt, jedoch wurde die besondere Stufe für Schankbier durch die Novelle vom 10. August 1925 (RGBl. I S. 244) wegen des Rückganges der gesamten Erzeugung an Schankbier, entsprechend den Wünschen des Braugewerbes, wieder beseitigt, so daß das Biersteuergesetz 1931 in dieser Beziehung wieder mit dem Biersteuergesetz von 1918 übereinstimmte. Allerdings wurde die Bezeichnung Schankbier für die auf Grund von § 10 Abs. 3 des Gesetzes vom ehem. Reichsminister der Finanzen besonders zugelassene Berliner Weiße und das Grätzer Bier mit einem Stammwürzegehalt von 7—8 v. H., sowie für andere Biere der damaligen Zwischenstufe zwischen 6,5 und 11 v. H. in die Durchführungsbestimmungen (§ 29 Abs. 5) aufgenommen und für diese ein Bezeichnungszwang eingeführt (vgl. schon Verordnung über Änderung der AB zum Biersteuergesetz vom 15. März 1926, RMinBl. S. 79 Nr. 7). Zum Unterschied von dem Schankbier des früheren Gesetzes wurde für dieses Schankbier in den Durchführungsbestimmungen die Bezeichnung „Schankbier (§ 29 Abs. 5 DB)" gebraucht. Dieser Schankbierbegriff ist als Folge des herabgesetzten Stammwürzegehalts der Biere im zweiten Weltkrieg wieder fortgefallen. Seine Wiederaufnahme in das Gesetz als besondere Biergattung hat das Schankbier nach dem Kriege zuerst im Gesetz zur Änderung des Biersteuergesetzes vom 21. Oktober 1948 und schließlich in der jetzigen Fassung des Gesetzes auf Grund des Biersteueränderungsgesetzes vom 14. August 1950 gefunden.

23. In dem Entwurf zum Biersteuergesetz von 1918 war die Begriffsbestimmung für Einfachbier, Vollbier und Starkbier dem Bundesrat überlassen. Der Reichstag erachtete indessen eine Festlegung im Gesetz selbst für erforderlich (Reichstagsdrucks. Nr. 1686 S. 1914/18), eine Regelung, an der das Biersteuergesetz fest-

gehalten hat. Einfachbier ist Bier mit einem Stammwürzegehalt von 2—5,5 v. H., Schankbier ist Bier mit einem solchen von 7—8 v. H., Vollbier ist Bier mit einem solchen von 11—14 v. H., Starkbier ist Bier mit einem Stammwürzegehalt von 16 v. H. und mehr. Wegen des Begriffs Stammwürzegehalt s. § 8 DB und die Bemerkungen dazu. Bier, dessen Stammwürzegehalt weniger als 2 oder mehr als 5,5 und weniger als 7 oder mehr als 8 und weniger als 11 oder mehr als 14 und weniger als 16 v. H. beträgt, darf nach § 10 Abs. 3 nicht in Verkehr gebracht werden. Die Herstellung solcher Lückenbiere ist jedoch nicht verboten; derartiges Bier kann z. B. vor Entstehung der Steuerschuld mit anderem Bier vermischt werden, das Gemisch muß aber den Stammwürzegehaltsgrenzen in § 3 Abs. 2 entsprechen. Der Bundesminister der Finanzen kann jedoch nach § 10 Abs. 3 Satz 2 ausnahmsweise auch das Inverkehrbringen sog. Lückenbiere zulassen. Die hierfür geltenden Steuersätze sind in § 10 Abs. 3 Satz 3 bestimmt (vgl. Bem. 10 zu § 10).

24. Bier wird in der Weise bereitet, daß das zunächst zerkleinerte Malz (Malzschrot) mit Wasser vermischt und darauf die Masse (Maische) auf höhere Wärmegrade gebracht wird. Beim Maischen werden die löslichen Bestandteile des Malzes vom Wasser ausgezogen und die im Malz enthaltene Stärke in gärungsfähigen, leicht löslichen Zucker und in Dextrin übergeführt. Die nach dem Maischen von den unlöslichen Bestandteilen des Malzes befreite, Zucker, Dextrin usw. enthaltende Flüssigkeit heißt Würze. Die klare Würze wird mit Hopfen gekocht und darauf nach dem Abseihen des Hopfens gekühlt. Die gehopfte und gekühlte Würze erlangt durch Gärung die Eigenschaften des Bieres, indem der größte Teil des vergärbaren Zuckers sich in Weingeist und Kohlensäure verwandelt. Das Bier besteht aus Wasser, Kohlensäure, Weingeist und Extrakt, d. h. nicht flüchtigen, löslichen Bestandteilen. Der Stammwürzegehalt des Bieres ist der Gehalt an löslichen, aus der Malz- und Zuckerverwendung herrührenden Stoffen (Extraktgehalt) in Zuckerspindelgraden, wie er sich für die ungegorene Anstellwürze aus der Zurückrechnung des Extraktgehalts (Gehalt an nicht flüchtigen, gelösten Stoffen) des genußfertigen Bieres ergibt (§ 8 DB).

Der Stammwürzegehalt deckt sich nicht mit dem Extraktgehalt der Würze, aus der das Bier tatsächlich hergestellt worden ist, da dieser sich ändert durch einen etwaigen Zucker- oder Farbebierzusatz nach Vollendung der Hauptgärung, durch unvermeidliche Veränderungen der Dichte der Würze, letztere durch Zusammenziehung (Kontraktion) der heißen Würze beim Abkühlen und unter Umständen durch einen im regelmäßigen Brauereibetrieb erfolgten Wasserzusatz (vgl. Bem. 2 zu § 8 DB). Der Gehalt der Bierwürze an löslichen Stoffen (die Dichte) wird durch Anwendung der Zuckerspindel (Sacharimeter) bestimmt. Diese gibt an, wieviel fester Rohrzucker (Saccharose) in 100 Gewichtsteilen einer Rohrzuckerlösung enthalten ist. Wegen der Prüfung des Bieres auf seinen vorschriftsmäßigen Stammwürzegehalt vgl. § 31 Abs. 1 DB und die Bem. dazu.

25. Einen Spielraum bei Überschreitung der in § 3 Abs. 2 festgelegten Stammwürzegehaltsgrenzen läßt das Gesetz nicht zu (vgl. RFH IV A 130/26, Kartei R 1 zu § 3 Abs. 2).

Zu § 3 Abs. 3 s. DB § 9.

26. Die Vorschrift entspricht dem § 3 Abs. 5 des Biersteuergesetzes vom 26. Juli 1918 und dem § 6 Abs. 7 des Brausteuergesetzes vom 15. Juli 1909. Die Vorschrift

in Satz 1 des § 3 Abs. 3 war bereits im Brausteuergesetz vom 3. Juni 1906 als § 6 Abs. 3 enthalten. Wie in der Begründung zum Entwurf des letzteren Gesetzes ausgeführt ist (S. 24), werden häufig Braustätten von mehreren Personen gemeinsam benutzt, insbesondere bei den vielfach bestehenden Gemeindebrauereien. Daß man hier nicht die in der Brauerei innerhalb eines Rechnungsjahres insgesamt verbrauchte Menge an Braustoffen, sondern die von jedem einzelnen Benutzer der Braustätte zur Bierbereitung verwendete Braustoffmenge für die Höhe des Steuersatzes entscheidend sein läßt, entspreche einerseits der Billigkeit, andererseits auch dem Sinn und der Absicht der Staffelung der Steuersätze, die mit Rücksicht auf die verschiedenen Verhältnisse der Brauenden und nicht der Braustätten eingeführt werden solle.

Im Entwurf eines Gesetzes wegen Änderung des Brausteuergesetzes vom 3. November 1908 war eine Änderung dieser Vorschrift nicht vorgeschlagen worden. Bei der zweiten Beratung des Entwurfs in der Vollsitzung des Reichstages am 1. Juli 1909 (StenBer. I 1907/09 S. 8912 C) wurde die Befürchtung geäußert, daß diese Vergünstigung durch die Bildung weiterer Genossenschaftsbrauereien zum Nachteile der bestehenden nicht genossenschaftlichen Brauereien ausgenützt werden könnte. Um dies zu verhindern, wurde § 6 Abs. 7 des Brausteuergesetzes vom 15. Juli 1909 dahin ergänzt, daß die Vergünstigung auf Brauereien beschränkt werden solle, die schon vor dem Inkrafttreten des Gesetzes von mehreren auf eigene Rechnung brauenden Personen gemeinsam benutzt worden waren. Die Beschränkung sollte sich danach in erster Linie gegen den dauernden Zusammenschluß mehrerer auf eigene Rechnung brauender Personen zum gemeinsamen Betriebe einer Brauerei richten, nicht aber gegen die gelegentliche und nur vorübergehende Benutzung einer fremden Braustätte. In § 6 Abs. 7 des Brausteuergesetzes vom 15. Juli 1909 ist diese Absicht nicht zum Ausdruck gekommen. § 3 Abs. 5 des Biersteuergesetzes von 1918 sah dann die Zulassung von Ausnahmen vor, und diese Regelung hat das geltende Gesetz in § 3 Abs. 3 übernommen. Der Bundesminister der Finanzen hat von der ihm zustehenden Befugnis in § 9 Abs. 2 und 3 DB Gebrauch gemacht. Von besonders großer praktischer Bedeutung ist die zugunsten der Hausbrauer eingeräumte Ausnahme.

27. Unter die Bestimmungen des § 3 Abs. 3 fallen auch die bayerischen Kommunbrauereien. Es handelt sich dabei um Braustätten, die früher in der Regel von Gemeinden errichtet und unterhalten wurden und an bestimmte, dem Gemeindeverband angehörige, im Besitz des Bürgerrechtes befindliche Anwesenbesitzer gegen Entrichtung des sog. Kesselgeldes zur Bierherstellung überlassen wurden. Jeder Brauberechtigte (Kommunbrauer) stellte früher sein Bier selbst her und hatte gemäß Artikel 9 Buchstabe b Nr. 1 des Bay. Gesetzes betr. Gewerbewesen vom 30. 1. 1868 (GBl. 1866/69 S. 309) das Recht, sein eigenes Erzeugnis in seinem Anwesen auszuschenken. Der Eigentümer des Anwesens, mit dem das Kommunbraurecht verbunden ist, ist dann jeweils Inhaber des dem Kommunbraurecht entsprechenden Brauereibetriebes. Die Kommunbraurechte wurzeln im Gemeindeverband und sind daher öffentlich-rechtlicher Natur. Ihre Ausübung in einem gemeindlichen Brauhaus stellt sich sonach als Benützung einer öffentlichen, dem Gemeingebrauch dienenden Einrichtung im Sinne von Artikel 21 (4) der Gemeindeordnung für den Freistaat Bayern vom 25. 1. 1952 (GVBl. S. 19) dar (s. a. VGH 38, 61; 55/154; 56, 36). Diese Kommunbaurrechte sind nicht durchweg im Grundbuch eingetragen, da diese Rechte, deren Entstehung auf sehr frühe Zeiten zurückgeht, bei Anlegung des Grundbuches nicht von Amts we-

gen, sondern nur auf Antrag eingetragen wurden. Die Begründung neuer derartiger Rechte ist nach Artikel 7 Abs. 2 des Bay. Gesetzes vom 30. 1. 1868, betr. das Gewerbewesen, untersagt, so daß nach diesem Zeitpunkt keine neuen Kommunbrauer auftreten konnten. Nach dem Gesetz zur Änderung des Gaststätten-Gesetzes vom 27. 9. 1938 (RGBl. I S. 1245) ist durch Ergänzung des § 28 des Gaststättengesetzes (RGBl. I 1930 S. 150) bestimmt, daß die in Bayern bestehenden Kommunbraubeberechtigungen erlöschen, wenn sie seit 10 Jahren nicht mehr ausgeübt worden sind; sie sind als erloschen zu betrachten, wenn sie während der letzten 10 Jahre vor Inkrafttreten dieses Gesetzes nicht mehr ausgeübt wurden. Durch diese Bestimmungen des Gaststättengesetztes werden die Vorschriften des Biersteuergesetzes nicht berührt. Solange die in Betracht kommenden Brauer die Voraussetzungen für eine Herstellung von Bier nach biersteuerrechtlichen Bestimmungen erfüllen, können sie Bier herstellen.

28. Weitere Anwendungsfälle des § 3 Abs. 3 sind Genossenschaftsbrauereien, bei denen eine gemeinsame Braustätte auf Grund eines Zivilrechtsverhältnisses von mehreren Brauern gemeinsam benutzt wird, und Leihbrauereien, bei denen die Benutzung einer Braustätte vom Inhaber anderen gestattet wird. Für Lohnbrauverträge hat diese Vorschrift heute keine Bedeutung mehr, da bis zum 1. August 1909 zurückreichende Betriebsgemeinschaften in dieser Form nicht mehr bestehen.

29. Für eigene Rechnung braut, wer Bier für seine Rechnung herstellt oder herstellen läßt (§ 2 Abs. 2 Satz 1 des Gesetzes).

30. Treffen die Voraussetzungen für das Brauen auf eigene Rechnung nur bei einem Teil der Personen zu, die eine fremde Braustätte benutzen, so ist der Betrieb der Personen, bei denen die Voraussetzungen nicht gegeben sind, als *ein* Brauereibetrieb anzusehen, wobei ihnen die Biermengen der begünstigten Personen zuzurechnen sind. Die letzteren werden getrennt behandelt (Bem. 4 zu § 9 Abs. 3 DB).

31. Als „nach dem 1. August 1909 errichtete Brauereien dieser Art" gelten Brauereien, in denen bis zum genannten Zeitpunkt ein gemeinsamer Betrieb mehrerer auf eigene Rechnung brauender Personen nicht stattgefunden hat (§ 9 Abs. 1 Satz 1 DB).

32. Nach dem Zweck der Vorschrift (s. Bem. 26) muß angenommen werden, daß die Vergünstigung mit dem Wechsel der Braustätte durch den einzelnen Berechtigten für dessen Betrieb erlischt. Hört aber die gemeinsam betriebene Braustätte zu bestehen auf und wird sie durch eine andere ersetzt, die sich wirklich als ihre Fortsetzung darstellt, z. B. durch einen Neubau an einer anderen Stelle, so gehen die Begünstigungen der Einzelbetriebe auf die neue Braustätte über.

33. Die Abfindung sowohl der eine fremde Braustätte benutzenden wie der benutzten Brauerei ist an sich zulässig. Sie ist dann auch unbedenklich, wenn beide Brauereien abgefunden sind. Dabei werden die für die Betriebsbrauerei festgesetzten Ausbeutesätze auch für die benutzende Brauerei zu gelten haben. Zu Unzuträglichkeiten würde jedoch die Abfindung hinsichtlich der Buchführung und der Überwachung führen, wenn eine nicht abgefundene Brauerei aushilfsweise benutzt wird. Die Abfindung wird in diesem Falle zweckmäßig zu versagen sein.

34. Die unbefugte Inanspruchnahme der Vergünstigung des § 3 Abs. 3 wäre eine Biersteuerhinterziehung nach § 396 AO, es sei denn, daß bei dem einen oder anderen der Brauer sich auch bei der Behandlung als *ein* Brauereibetrieb kein höherer Steuersatz für die von ihm hergestellten Biermengen ergeben sollte.

§ 4 (gestrichen)

Vgl. Biersteueränderungsgesetz vom 10. Oktober 1957 (BGBl. I S. 1712). Die Vorschrift des bisherigen § 4 befindet sich nunmehr in § 6a Abs. 3 des Gesetzes.

Steuerpflichtige Menge

§ 5

Die Feststellung der steuerpflichtigen Menge des innerhalb der Brauerei getrunkenen Biers erfolgt nach näherer Anordnung des Bundesministers der Finanzen. Im übrigen bestimmt sich die steuerpflichtige Menge nach dem Raumgehalt der Umschließungen (Fässer, Flaschen usw.).

Zu § 5, s. DB § 11.

1. Die Vorschrift entspricht dem § 10 des Biersteuergesetzes von 1918. Ein Verbrauch von Bier innerhalb der Brauerei, durch den eine Steuerschuld entsteht, wird verhältnismäßig selten vorkommen, da der Haustrunk der Brauereiangestellten und -arbeiter steuerfrei, der Verbrauch von Bier zu Untersuchungszwecken nach DB § 1 Abs. 2 von der Steuerpflicht ausgenommen und ein gewerbsmäßiger Ausschank von Bier in den Betriebsräumen nach DB § 68 unzulässig ist. Es wird hierfür wohl nur ein etwaiger Bierverbrauch durch den Brauereiinhaber und seine Familienmitglieder, soweit die letzteren von der Steuerfreiheit des § 7 Abs. 1 ausgeschlossen sind, oder die gelegentliche Abgabe an andere als die in § 7 Abs. 1 des Gesetzes genannten Personen in Betracht kommen (vgl. DB § 1 Abs. 1 Satz 2). In derartigen Fällen darf nach DB § 51 Bier nur aus den zur Lagerung fertigen, unversteuerten Bieres zugelassenen Räumen und nur in den nach DB §§ 52, 53 zulässigen Gefäßen abgegeben werden. Jede Abgabe derartigen Bieres ist täglich im Steuerbuch anzuschreiben (vgl. Muster 13, Anl. Nr. 2).

2. § 5 Satz 2 des Gesetzes gilt anders als § 10 Abs. 1 des Gesetzes von 1918 auch für Bier, das in das Erhebungsgebiet eingeführt wird. Die näheren Bestimmungen für die Feststellung der steuerpflichtigen Menge des Einfuhrbieres enthält § 5 der Steuerordnung für Einfuhrbier (Anl. B der DB).

3. Nach DB §§ 52 und 53 darf Bier aus der Brauerei nur in amtlich geeichten, mit dem Eichstempel, einer Nummer, der Bezeichnung der Brauerei, die das Bier hergestellt hat und des Raumgehalts versehenen Fässern, in anderen Gefäßen nur dann entfernt werden, wenn diese Gefäße vorher nach Art und Raumgehalt angemeldet sind.

4. Maßgebend für die steuerpflichtige Menge des aus der Brauerei entfernten Bieres ist der Raumgehalt der Umschließungen ohne Rücksicht darauf, ob diese voll gefüllt sind (vgl. RFH IV A 224/29, RZBl. 1929 S. 251 = ZfZ S. 456). Darauf, daß die Gefäße, in denen Bier aus der Brauerei entfernt wird, voll gefüllt sind, ist nur dann zu achten, wenn Bier gem. § 7 Abs. 2 des Gesetzes steuerfrei ausgeführt werden soll (s. BierAO § 4 Abs. 1). Eine entsprechende Bestimmung für das Einfuhrbier kennt die Steuerordnung für Einfuhrbier nicht. Auch bei pasteurisiertem Bier bestimmt sich die steuerpflichtige Menge nach dem Raumgehalt der Fässer (RFH V z. 3/41 vom 19. Juni 1942 = Kartei R 2 zu § 5 BierStG = RZBl. 1942 S. 237). Ist der Raumgehalt der Umschließungen unrichtig festgestellt, so ist nicht die tatsächliche in den Umschließungen aus der Brauerei entfernte Biermenge steuerpflichtig,

sondern die Biermenge, die dem wirklichen Raumgehalt entspricht (RFH IV A 61/33 vom 6. Dezember 1933 = Kartei R 1 zu § 5 BierStG).

5. Eine weitere Ausnahme von der Vorschrift des § 5 Satz 2 wird für den Fall anzuerkennen sein, daß der Oberbeamte die Entfernung von Bierwürze oder Bier auch in anderen als den angemeldeten Gefäßen gestattet (das sog. Auslitern im Handverkauf s. DB § 53 Abs. 2 Satz 3 und die Bem. 17 dazu). § 5 des Gesetzes gilt auch für Jungbier, wie in der in Bem. 4 angeführten Entscheidung des RFH IV A 224/29 ausgesprochen ist.

6. Zuwiderhandlungen können zu einer Bestrafung wegen Biersteuerhinterziehung nach § 396 AO führen.

Fälligkeit

§ 6

(1) Der Steuerschuldner hat die Steuer bis zum fünfzehnten Tag des zweiten Monats zu entrichten, der auf den Monat folgt, in dem die Steuerschuld entstanden ist.

(2) Zahlungsaufschub ist nicht zulässig.

Zu § 6 Abs. 1.

1. Die Reichsabgabenordnung versteht unter Fälligkeit den Zeitpunkt, in dem die Steuerschuld gezahlt werden *muß*. Sie sieht von einer allgemeinen Vorschrift darüber, wann eine Steuerschuld fällig wird, ab (vgl. Begr. S. 103) und beschränkt sich darauf, in § 99 zu sagen, daß, wenn eine Frist für die Zahlung einer Steuerschuld gesetzt wird, die Steuerschuld, soweit nichts anderes vorgeschrieben ist, mit Ablauf der Frist fällig wird. Daraus folgt, daß grundsätzlich, nämlich, wenn keine Frist gesetzt ist, Entstehung und Fälligkeit der Steuerschuld zusammenfallen. Alle Steuergesetze regeln indes die Frage der Fälligkeit ausdrücklich.

2. Die ursprüngliche Fassung des Gesetzes vom 9. Juli 1923 sah monatliche Fälligkeit am fünfzehnten Tage des zweiten Monats vor, der auf den Monat folgt, in welchem dieSteuerschuld entstanden ist. Die verhältnismäßig geräumige Frist sollte ein Ersatz für den Fortfall des Zahlungsaufschubs sein. Damit räumte angesichts des durch die Inflation herbeigeführten Zerfließens der Reichssteuereinnahmen und der Notwendigkeit, das Reich möglichst schnell in deren Besitz zu setzen, das Gesetz über Abänderung einzelner Verbrauchssteuergesetze vom 11. August 1923 auf und führte entsprechend der auch für die anderen Verbrauchsteuergesetze getroffenen Regelung die halbmonatliche Fälligkeit ein. Die Novelle von 1925 (Art. I Nr. 15) erweiterte die Fälligkeitsfrist auf den fünfundzwanzigsten Tag des zweiten auf den Entstehungsmonat der Steuerschuld folgenden Monats, um damit einen teilweisen Ausgleich für die damalige Erhöhung der Steuer zu gewähren. Diese Fälligkeit wurde erst wieder durch die Verordnung über Änderung der Fälligkeit von Verbrauchssteuern vom 9. Mai 1942 (RGBl. I S. 295) auf Grund der Kriegsbedürfnisse geändert und um einen Monat verkürzt. Das Biersteueränderungsgesetz vom 14. August 1950 stellte als geltendes Recht schließlich die ursprüngliche Fassung des Gesetzes von 1923 dadurch wieder her, daß es die Entrichtung der Biersteuer bis zum fünfzehnten Tag des zweiten Monats, der auf den Monat der Entstehung der Steuerschuld folgt, vorsah. Der Steuerschuldner ist zur Einzahlung der fälligen Steuer verpflichtet,

auch wenn ihm ein Steuerbescheid bis zum Fälligkeitstage nicht zugeht (§ 63 Abs. 1 DB).

3. Abgefundene Brauereiinhaber haben die Biersteuer am fünfzehnten Tage des zweiten auf die Festsetzung folgenden Monats zu entrichten (vgl. § 16 des Gesetzes).

4. Nach § 101 AO (vgl. § 7 Abs. 1 Satz 2 des Biersteuergesetzes von 1923) kann die Zahlung oder Sicherstellung (AO §§ 132—141) der Steuer vor Fälligkeit aber nach Entstehung der Steuerschuld verlangt werden, wenn die Steuer mehrfach nicht rechtzeitig entrichtet worden ist oder sonst Gründe vorliegen, aus denen der Eingang der Steuer gefährdet erscheint. Unter Umständen genügt schon einmaliger Verzug, um diese Maßnahmen zu rechtfertigen. Die Sicherstellung kann nach § 202 AO erzwungen werden.

Wird die Zahlung der Biersteuer vor der gesetzlichen Fälligkeit aber nach der Entstehung der Steuerschuld gefordert, so wird die Biersteuer zu diesem Zeitpunkt fällig (vgl. Bem. 1). In derartigen Fällen hat der Steuerschuldner das Biersteuerbuch oder das Abfindungsbuch (u. U. mit Kellerbuch) der Zollstelle zur Festsetzung der Biersteuer jedesmal vorzulegen, sobald eine Steuerschuld für Bier entstanden ist. Kommt er dieser ihm von der Zollbehörde auferlegten Verpflichtung nicht nach, so kann deren Einhaltung nach § 202 AO erzwungen werden. Gegen die Anordnung der vorzeitigen Zahlung aus § 101 AO ist die Beschwerde gegeben (RFH Bd. 22 S. 176). Die Haftung des Bieres für die Steuer entsteht bereits mit dem Beginn der Herstellung des Bieres (AO § 121, vgl. Bem 9 zu § 2). Solange die Steuer nicht entrichtet ist, kann das Bier von der Zollbehörde mit Beschlag belegt werden.

5. § 6 gilt auch für die Steuer aus einer nach § 196 AO zu versteuernden Fehlmenge, sowie für die Zahlung hinterzogener oder sonst zurückgebliebener Steuerbeträge, gleichviel ob der Steuerschuldner abgefunden oder nicht abgefunden, oder ob er zollamtlich angemeldet oder nicht angemeldet (§ 13 des Gesetzes, §§ 34, 35 DB) ist. Der Monat, in dem die Steuerschuld entsteht, ist im Falle des § 196 AO der Monat, in dem die Bestandsaufnahme vorgenommen wurde, im übrigen der Monat, in dem das Bier aus der Brauerei entfernt oder in ihr getrunken wurde. Ist dieser Monat nicht genau bekannt, so ist er im Wege der Schätzung nach § 217 AO festzustellen.

6. Die Bestimmungen über die *Berechnung* der Biersteuer finden sich für nicht abgefundene Brauereien in § 63 DB und für abgefundene Brauer in § 74 DB. Ausnahmen s. Bem. 6 zu § 63 DB. Siehe die Berechnungsbeispiele Anhang VII.

Zu § 6 Abs. 2.

7. Das Brausteuergesetz vom 6. Juli 1906 hatte eine Stundung (hier wie im folgenden = Zahlungsaufschub) der Brausteuer nur gegen Sicherheitsleistung für eine Frist von drei Monaten zugelassen. Der Entwurf eines Gesetzes wegen Änderung des Brausteuergesetzes vom 3. November 1908 (Reichstagsdrucks. Nr. 995 von 1907/09) hatte eine Änderung nicht vorgeschlagen. Bei der Beratung im 32. Ausschuß des Reichstages wurde indessen mit Rücksicht auf die große Rolle, die die Stundungsfrage im Braugewerbe spielte, beschlossen, die Stundung gegen Sicherheitsleistung auf eine Frist von sechs Monaten und ohne Sicherheitsleistung auf eine Frist von drei Monaten zuzulassen (s. Reichstagsdrucks. Nr. 1451 von 1907/09 S. 54ff. und § 8 Abs. 2 des Brausteuergesetzes vom 15. Juli 1909). Mit Rücksicht darauf, daß bei der Besteuerung des fertigen Bieres für den Brauer die Verpflichtung zur Abgaben-

entrichtung näher an den Zeitpunkt herangerückt ist, in dem er die Bezahlung von seinem Abnehmer erhält, wurde im Biersteuergesetz von 1918 eine dreimonatige Stundung als ausreichend erachtet (s. Begr. zu § 11 des Entwurfs). Die Stundung war nur gegen Sicherheitsleistung zulässig. § 11 Abs. 2 des Biersteuergesetzes galt auch nach dem Inkrafttreten der Reichsabgabenordnung gemäß § 7 Abs. 2 der Verordnung zur Einführung der AO zunächst weiter. Durch Art. III Nr. 1c des Gesetzes, betreffend Erhöhung einzelner Verbrauchsteuern, vom 8. April 1922 wurde die Vorschrift dahin geändert, daß abweichend von § 105 Abs. 1 Satz 1 (jetzt § 129) AO die Zahlung fälliger Biersteuerbeträge auf Antrag durch das Finanzamt ohne Verzinsung gegen Sicherheitsleistung auf sechs Monate hinauszuschieben war. Diese Erleichterung war als Ausgleich für die Vervierfachung der Steuer gedacht (vgl. Begr. zum letztgenannten Gesetz S. 10). Dabei blieb es auch zunächst, nachdem § 105 AO durch § 1 der Stundungsordnung vom 29. Januar 1923 (RGBl. I S. 75) allgemein in Kraft gesetzt war, vgl. StundO § 6 Abs. 3. Durch das geltende Gesetz wurde entsprechend der für alle anderen Verbrauchsteuergesetze im Jahre 1923 getroffenen Regelung der Zahlungsaufschub gänzlich beseitigt. Die Begründung zu § 7 erläutert dies und die Verschiebung der Fälligkeit damit, daß es erforderlich und andererseits genügend sei, daß der Steuerschuldner die Zahlung zu dem Zeitpunkt leistet, wo er den Steuerbetrag von dem Steuerschuldner erhalten haben kann.

8. Die *Stundung* — § 127 AO — ist an zwei Voraussetzungen geknüpft: die Einziehung muß mit erheblichen Härten für den Steuerschuldner verbunden sein, und der Anspruch darf durch die Stundung nicht gefährdet werden. Die Stundung soll in der Regel nur gegen Sicherheitsleistung gewährt werden. Die näheren Bestimmungen über die Stundung enthält die Stundungsordnung vom 29. Januar 1923 (RGBl. I S. 75, Änderungen S. 811, 917, 1238). Wegen der Erhebung von Stundungzinsen s. § 10 des Steuersäumnisgesetzes vom 24. Dezember 1934 in der derzeit geltenden Fassung des 2. Gesetzes zur vorläufigen Neuordnung von Steuern vom 20. April 1949 (WiGBl. S. 69 vom 25. Mai 1949, abgedruckt in der amtlichen Ausgabe der AO). Die Erhebung von Stundungzinsen wird gewöhnlich nicht in Betracht kommen, weil damit eine weitere Härte für den Steuerschuldner verbunden wäre (s. ErlBdF vom 4. November 1952 — III A — S. 1152 — 1/52 — BZBl. 1952 S. 494).

9. Werden fällige Verbrauchssteuern nicht rechtzeitig entrichtet, so werden vom Fälligkeitstage an Steuersäumniszuschläge nach Maßgabe des Steuersäumnisgesetzes (s. Bem. 8) erhoben. Verzugzinsen werden nicht mehr erhoben (§ 9 a. a. O. in Verbindung mit § 20 Abs. 1 StAnpG). Gegen die Anforderung des Säumniszuschlages steht nur die Beschwerde offen (§ 6 a. a. O.). Wegen der Erhebung des Säumniszuschlages s. ErlBdF vom 6. Mai 1953 (BZBl. S. 242). Die Haftung nach § 121 AO auch für den Säumniszuschlag wird entsprechend den Ausführungen im BFH-Urteil vom 8. 11. 1955 (BZBl. 1956 S. 156) zu verneinen sein.

10. § 11 Abs. 3 des Biersteuergesetzes von 1918 ordnete an, daß Nebengebühren, insbesondere für Quittungen und Bescheinigungen der Steuerbehörden, nicht erhoben werden. Nach § 227 AO ist das Steuerermittlungsverfahren kosten- und stempelfrei. Im übrigen bestimmt der Reichsminister der Finanzen den Umfang der Gebühren. Für die Biersteuer, z. B. Untersuchungen von Bierproben, sind solche Bestimmungen nicht getroffen. Im Verbrauchsteuerverfahren allgemein sind Warenuntersuchungen, die zum Zweck der Abgabenermittlung vorgenommen werden, gebührenfrei (§ 21 Abs. 1 GO).

Steuerschuld bei Einfuhr in das Erhebungsgebiet

§ 6a

(1) Bei der Einfuhr von Bier in das Erhebungsgebiet gelten für die Entstehung der Steuerschuld, für die Person des Steuerschuldners, für die persönliche Haftung, für den für die Bemessung der Steuerschuld maßgebenden Zeitpunkt, für die Fälligkeit und die Tilgung der Steuerschuld und für das Steuerverfahren die Vorschriften für Zölle entsprechend. Zahlungsaufschub ist unzulässig.

(2) Bier ist von der Steuer befreit, wenn es unter Voraussetzungen in das Erhebungsgebiet eingeführt wird, unter denen nach § 69 Abs. 1 Nr. 1 bis 38 des Zollgesetzes Einfuhrzoll nicht erhoben wird.

(3) Bier, das in das Erhebungsgebiet eingeführt wird, ist mit dem höchsten Staffelsatz für das im Erhebungsgebiet hergestellte Bier mit entsprechendem Stammwürzegehalt zu versteuern. Das gilt auch für Bier, das nach § 7 Abs. 2 steuerfrei ausgeführt worden ist.

Zu § 6a.

1. § 6a wurde in das Gesetz durch das Biersteueränderungsgesetz vom 10. Oktober 1957 (BGBl. I S. 1712) aufgenommen. Eine entsprechend lautende Bestimmung wurde nach dem Verbrauchssteueränderungsgesetz gleichen Datums (BGBl. I S. 1704) auch den anderen Verbrauchsteuergesetzen eingefügt. Diese Regelung wurde durch die Erweiterung des § 69 Abs. 1 ZG auf Grund des Dritten Zolländerungsgesetzes vom 9. August 1956 (BGBl. I S. 735) ausgelöst. Die entsprechende Anwendung der Zollvorschriften für Rückwaren, Bearbeitungs- und Verarbeitungsverkehre in Freihäfen und passive Veredelungsverkehre (§ 69 Abs. 1 Nr. 39ff. ZG) auf die Biersteuer mußte ausgeschlossen werden, um zu vermeiden, daß steuerfrei ausgeführtes oder in einem Freihafen hergestelltes Bier bei seiner Einfuhr steuerfrei zu bleiben hat, soweit die Zollbefreiung darauf zutrifft (vgl. § 6a Abs. 2 des Gesetzes). Die neue Regelung wurde, wie auch bei den anderen Verbrauchssteuergesetzen, zum Anlaß genommen, die im Biersteuergesetz bisher über mehrere Paragraphen verstreuten Vorschriften über die Regelung der Einfuhr von Bier (§§ 2 Abs. 3, 4, 6 Abs. 2) in einer Bestimmung zusammenzufassen.

Zu § 6a Abs. 1, s. DB § 11a und Anlage B (Steuerordnung für Einfuhrbier).

2. § 6a Abs. 1 enthält einen Grundsatz, der in der Verbrauchsteuergesetzgebung des Jahres 1923 neu eingeführt worden ist. Es soll ein Auseinanderfallen der Entstehung der Zollschuld und der Steuerschuld sowie eine Verschiedenheit der Person des Zollschuldners und des Steuerschuldners vermieden werden. Soweit die Vorschriften für Zölle bei der Einfuhr von Bier in das Erhebungsgebiet (vgl. Bem. 1 und 2 zu § 1) entsprechend anzuwenden sind, gelten die in Betracht kommenden zollrechtlichen Tatbestände als Bestandteil des Biersteuerrechts. Die Entstehung der Steuerschuld ist deshalb unabhängig von der Entstehung einer Zollschuld. Die Vorschriften für Zölle sind auch dann entsprechend anzuwenden, wenn eine Zollschuld nicht entsteht, wie es z. B. bei der Einfuhr von Bier aus dem zollrechtlich freien Verkehr der Ostzone der Fall ist.

3. Die Entstehung der Steuerschuld und die Person des Steuerschuldners bestimmen sich nach §§ 45, 47 ZG. Die Steuerschuld bei Einfuhrbier entsteht hier-

nach unbedingt dadurch, daß das Bier zum freien Verkehr abgefertigt wird, oder daß darüber erstmalig vorschriftswidrig so verfügt wird, als wäre es im freien Verkehr. Im ersten Fall entsteht die Steuerschuld in dem Zeitpunkt, in dem die Zollstelle das abgefertigte Bier dem Zollbeteiligten (vgl. § 71 ZG.) überläßt, im zweiten Fall in dem Zeitpunkt, in dem erstmalig über das Bier vorschriftswidrig verfügt wird. Die Steuerschuld entsteht nur bedingt mit der Abfertigung von Bier zu einem Zollvormerkverkehr (vgl. § 101 ZG). Sie wird unbedingt mit der Entnahme des Biers aus diesem Verkehr in den freien Verkehr und fällt weg, wenn das Bier (Zollgut) wiedergestellt wird. Steuerschuldner ist, wer die Abfertigung des Biers zum freien Verkehr oder zu einem Zollvormerkverkehr beantragt, d. i. der Zollbeteiligte (§ 71 ZG) als Antragsteller oder bei vorschriftswidriger Verfügung, wer über das Bier erstmalig vorschriftswidrig verfügt (z. B. beim Einfuhrschmuggel der Schmuggler).

Keine Zoll- und damit auch Steuerschuld entsteht bei der Abfertigung des Einfuhrbiers zu einem Zollbindungsverfahren (§§ 88 ff. ZG). Darunter fällt z. B. die Zollanweisung mittels Zollbegleitschein oder die Zollagerung in einem öffentlichen Zolllager oder in einem Zolleigenlager. Die Steuerschuld entsteht hier erst mit der Abfertigung des Biers aus dem zollgebundenen zum freien Verkehr oder dadurch, daß das Bier durch vorschriftswidrige Verfügung der Zollbindung entzogen wird (z. B. Diebstahl aus einem Zolleigenlager). Die gleiche Wirkung wie eine Abfertigung zum Zollanweisungsverfahren hat die Überweisung gemäß §§ 9—11 der Interzonenüberwachungsordnung vom 9. Juli 1951 (BGBl. I S. 439) von Bier des zollrechtlich freien Verkehrs, das im Interzonenverkehr in das Erhebungsgebiet eingeführt wird (§ 2 Abs. 2 BierEO). Auch in diesem Fall entsteht die Steuerschuld deshalb erst mit der Abfertigung des Biers zum steuerrechtlich freien Verkehr.

4. Mit der persönlichen Haftung ist die Haftung des Zollbegleitscheinnehmers nach § 89 Abs. 2 ZG gemeint. Bei sich im Zollanweisungsverfahren befindenden Bier haftet der Zollbegleitscheinnehmer deshalb auch für den Betrag der Steuerschuld. Bei Überweisungen von im Interzonenverkehr eingebrachtem Bier obliegt die persönliche Haftung für die Steuerschuld dem Überweisungsscheinnehmer (vgl. § 2 Abs. 2 BierEO).

5. Wegen des für die Bemessung der Steuerschuld maßgebenden Zeitpunkts s. § 58 ZG, wegen der Fälligkeit und Tilgung der Steuerschuld s. §§ 64, 66 ZG. Die unbedingte Steuerschuld wird danach mit ihrer Entstehung (vgl. Bem. 3) fällig. Ein Zahlungsaufschub ist auch bei der Steuerschuld für Einfuhrbier unzulässig.

6. Die Vorschriften für Zölle gelten entsprechend auch für das Steuerverfahren (s. dazu §§ 71 ff. ZG). Ergänzend sind die Vorschriften der BierEO zu beachten (s. Bem. zur BierEO).

Zu § 6a Abs. 2.

7. In das Erhebungsgebiet eingeführtes Bier ist steuerfrei, soweit darauf die Zollbefreiungstatbestände des § 69 Abs. 1 Nr. 1 — 38 ZG zutreffen. Hervorzuheben sind die Zollbefreiungen für Gesandtschafts- und Konsulargut der in der Bundesrepublik bestellten fremden diplomatischen und konsularischen Vertretungen (Nr. 10), für Nahrungs- und Genußmittel zum Reiseverbrauch (Nr. 25), sowie für aus

dem Zollausland eingebrachten Schiffsbedarf (Nr. 26). Siehe dazu Siegert, Kommentar zum Zollgesetz, Erläuterungen zu § 69. Die Befreiungsvorschriften sind auch dann zu beachten, wenn eine Zollschuld nicht entsteht, z. B. bei der Einfuhr von Bier des zollrechtlich freien Verkehrs im Interzonenverkehr. Keine Anwendung auf die Biersteuerschuld finden die Befreiungstatbestände der Nr. 39 ff. In diesen Fällen ist zwar nicht der Zoll, wohl aber die Steuer zu erheben. Als Meß- oder Marktgut (Nr. 39) oder als Rückbier (Nr. 40) wiedereingeführtes Bier (auch vorher versteuertes) ist danach nach § 6a zu versteuern. Diese Regelung zwingt dazu, für Ausfuhrbier stets die Steuerbefreiung nach § 7 Abs. 2 des Gesetzes in Anspruch zu nehmen.

Zu § 6a Abs. 3.

8. Der Grundsatz der Trennung von Zoll und Steuer für Einfuhrbier ist erst durch Artikel III Nr. 2 und 3a des Gesetzes, betreffend Erhöhung einzelner Verbrauchsteuern, vom 8. April 1922 (RGBl. I S. 380) eingeführt und seitdem in das geltende Gesetz übernommen worden. Der Umstand, daß bis dahin der Zollsatz auch die innere Steuer enthielt, hatte zu lebhaften Beanstandungen des Auslands geführt, als durch das Gesetz über Erhebung der Zölle in Gold vom 21. Juli 1919 (RGBl. I S. 1361) die Wirkung eintrat, daß die Zahlung des Valuta-Ausgleichs nicht nur für den eigentlichen Zollschutz, sondern auch für die ihm zugeschlagene Starkbiersteuer gefordert werden mußte. Der Entwurf eines Gesetzes, betreffend Erhöhung einzelner Verbrauchssteuern, vom 21. Oktober 1921 (Reichstagsdrucks. Nr. 2872 I/1921) schlug daher eine Trennung von Zoll und Steuer bei Einfuhrbier wie bei den übrigen Verbrauchsteuern vor. Bei der Festsetzung der Höhe der Steuersätze für Einfuhrbier wurden nach dem Vorgang der Bekanntmachung vom 25. Juni 1919 — Biersteuersätze für die Einfuhr in die Bad. Zollausschlüsse vom 25. Juli 1919 — (RGBl. S. 601) und des Gesetzes über die Erhebung der Biersteuer von dem auf Grund des Friedensvertrages zur Einfuhr kommenden Bier vom 31. März 1920 (RGBl. S. 457) die Sätze der höchsten Staffel jeder Biergattung zu Grunde gelegt. Das Verfahren bei der Einfuhr wurde durch die Steuerordnung für Einfuhrbier vom 8. Juli 1922 (RGBl. S. 446) geregelt.

Das geltende Gesetz hat an dem Grundsatz, daß Einfuhrbier mit dem höchsten Staffelsatz für das im Erhebungsgebiet hergestellte Bier mit entsprechendem Stammwürzegehalt zu versteuern ist, festgehalten. Es beträgt danach der Steuersatz für Vollbier 15 DM/hl, für Einfachbier 7,50 DM/hl, für Schankbier 11,25 DM/hl und für Starkbier 22,50 DM/hl. Diese Sätze gelten auch bei der Einfuhr von nach § 7 Abs. 2 des Gesetzes steuerfrei ausgeführtem Bier, auch wenn dieses im Herstellungsbetrieb einer geringeren Steuer unterlegen hätte. Wegen der Feststellung des Stammwürzegehaltes s. § 31 DB und die Bem. dazu.

Der Bierzoll betrug seit der Novelle vom 10. August 1925 (RGBl. I S. 244) bis zur Einführung des Wertzolls im Jahre 1951 je nach dem Raumgehalt der Behältnisse 12 und 18 DM für einen dz (TNr. 186). Mit dem Inkrafttreten des Zolltarifs 1951 am 1. Oktober 1951 auf Grund des Zolltarifgesetzes vom 16. August 1951 (BGBl. I S. 527) wurde die Zollbelastung auf 20% des Zollwertes festgesetzt. Diese Zollbelastung ist in dem am 1. Januar 1958 auf Grund des Zolltarifgesetzes vom 27. Juli 1957 (BGBl. I S. 1350) in Kraft getretenen Zolltarif 1958 aufrechterhalten (TNr. 22.03). Wegen des Zollwertes s. §§ 53, 53a und 53b ZG.

Steuerbefreiung

§ 7

(1) Bier, das von Brauereien an ihre Angestellten und Arbeiter als Haustrunk gegen Entgelt oder unentgeltlich abgegeben wird, ist nach näherer Bestimmung des Bundesministers der Finanzen von der Steuer befreit. Brauereien dürfen Bier, das nach dieser Vorschrift steuerfrei geblieben ist, an andere Personen als ihre Angestellten und Arbeiter nicht abgeben.

(2) Von der Biersteuer befreit ist Bier, das nach näherer Bestimmung des Bundesministers der Finanzen unter Steueraufsicht ausgeführt wird.

Zu § 7 Abs. 1, s. DB §§ 12 und 13.

1. In Brauereien ist es üblich, daß die dort beschäftigten Angestellten und Arbeiter Bier für ihren Hausbedarf entweder unentgeltlich oder zu ermäßigten Preisen erhalten. In neuerer Zeit ist dieser Haustrunk meist Bestandteil des Lohnes und damit Gegenstand der Regelung durch die Tarifverträge geworden. Wo der Haustrunk gegen Entgelt abgegeben wird, ist es vielfach üblich, daß die Arbeitnehmer Biermarken zu billigen Preisen erhalten und dafür aus Automaten oder aus den Kantinen Bier entnehmen können.

In den Brausteuergesetzen war eine steuerliche Begünstigung dieses Haustrunkbieres nicht vorgesehen, ebensowenig im Entwurf des Biersteuergesetzes von 1918 (vgl. Reichstagsdrucks. Nr 1455 von 1914/18). Bei der Beratung des Entwurfs im 32. Ausschuß des Reichstages wurde jedoch die Steuerfreiheit für Bier, das von Brauereien an ihre Angestellten und Arbeiter als Haustrunk gegen Entgelt oder unentgeltlich abgegeben wird, in den Entwurf aufgenommen (Reichstagsdrucks. Nr. 1686 von 1914/18 S. 6ff., 16ff., 35). Der Grund war der, daß man von einem Fortfall des Haustrunks infolge der Belastung durch die höhere Steuer Mißhelligkeiten zwischen Brauereien und Arbeitnehmern und Diebstähle befürchtete. Andererseits sollte ein Mißbrauch der Vergünstigung verhütet werden, indem man die Steuerfreiheit auf den eigenen Bedarf der Arbeitnehmer und ihrer Familien beschränkte.

2. Die näheren Bestimmungen hat das geltende Gesetz dem Bundesminister der Finanzen überlassen, der sie in §§ 12, 13 DB getroffen hat. Entscheidend für die Steuerfreiheit ist hiernach, daß das Bier den Berechtigten als *Haustrunk*, d. i. für deren eigenen Verbrauch und den Verbrauch ihrer Familien gegeben wird, und zwar nur in einer den örtlichen Gewohnheiten entsprechenden Menge und nur, soweit den Angestellten und Arbeitern auf Grund des Tarifvertrags oder, wo ein solcher nicht besteht, auf Grund des schriftlichen Dienstvertrags ein Anspruch darauf zusteht. Die Berücksichtigung der örtlichen Gewohnheiten hinsichtlich der Menge, die bereits in § 9 Abs. 1 der Ausführungsbestimmungen von 1918 bestimmt war, hat durch die Neufassung des § 8 (jetzt 7) Abs. 1 Satz 1 im Gesetz von 1923 die — bis dahin zweifelhafte (vgl. RFH Bd. 11 S. 124) — gesetzliche Grundlage erhalten. Die Neuerung in § 15 der DB von 1931 (jetzt § 12 DB), wonach als steuerfreier Haustrunk nur gilt, worauf auf Grund des Tarifvertrags oder des schriftlichen Dienstvertrags ein Rechtsanspruch besteht, hat die Verhinderung von Auswüchsen zum Ziel (vgl. RFH a. a. O.). Es ist kein Raum mehr für die Anschauung, in der ständigen Gewährung der Biermenge könne die stillschweigende Vereinbarung des Anspruchs liegen. Die Streit-

frage, ob ein zu einem Familienfest geliefertes Faß Bier steuerfrei ist, ist damit dahin entschieden, daß Steuerfreiheit nur dann zu gewähren ist, wenn die Lieferung im Rahmen der den örtlichen Gewohnheiten entsprechenden Menge bleibt und wenn sie auf Grund des Tarif- oder schriftlichen Dienstvertrags zugestanden wird.

Steuerbegünstigter Haustrunk kann nur an Angestellte und Arbeiter abgegeben werden, die im eigentlichen Brauereiunternehmen tätig sind, d. h., daß sie mit der Herstellung des Bieres oder mit seinem Vertrieb aus der Brauerei befaßt sind. Dabei kommt es nicht auf die räumliche Verbindung der in Betracht kommenden Betriebe mit der Braustätte, sondern allein auf deren gewerblichen Zusammenhang an (RFH V z 166/37 vom 2. Dezember 1938, Bd. 45 S. 275 = Kartei R 4 zu § 7 BierStG). Nicht mehr zum eigentlichen „Brauereiunternehmen" gehören danach stillgelegte, bei der Zollbehörde abgemeldete Abteilungen. Dort tätigem Personal, z. B. Grundstückswächtern, Hauswarten usw. kann deshalb steuerfreier Haustrunk nicht geliefert werden, selbst wenn ihm auf Grund des Tarif- oder Dienstvertrages ein entsprechender Anspruch zusteht. Die Vergünstigung erstreckt sich auch nicht auf Kellner, die in einem vom Brauereiinhaber in Verbindung mit der Brauerei betriebenen Bierausschank beschäftigt sind, da dieser Ausschank nicht mit dem Brauereibetrieb gewerblich zusammenhängt, sondern einen selbständigen Gewerbebetrieb darstellt (RFH IV A 53/26 vom 2. Juni 1926, Bd. 19 S. 118 = Kartei R 1 zu § 8 Abs. 1 (früher § 6) BierStG = RZBl. 1926 S. 173). Sie kommt auch nicht für im Dienst einer Brauerei stehende Betriebsschreiner in Frage, soweit diese mit der Instandsetzung von brauereieigenen Möbeln und Kühlschränken in brauereieigenen Gaststätten oder in Kundenwirtschaften beschäftigt sind (BFH V z 142/57 U vom 6. März 1958, BStBl. 1958 III S. 231 = ZfZ. 1958 S. 177). Dagegen ist steuerfrei der Haustrunk der Angestellten und Arbeiter einer von der Brauerei selbstbetriebenen, nicht aber einer für sie im Lohn arbeitenden Mälzerei. Brauarbeiter, die in eine Lohnmälzerei abgeordnet sind, kommen für die Steuervergünstigung auch dann nicht in Betracht, wenn Brauerei und Mälzerei durch eine Interessengemeinschaft verbunden sind (RFH IV A 180/28 vom 11. Juli 1928 = Kartei R 2 zu § 8 Abs. 1 (früher § 6) BierStG = RZBl. 1928 S. 300). Nach dem o. a. Urteil des RFH V z 166/37 umfaßt der Personenkreis, an den eine Brauerei steuerfreien Haustrunk abgeben darf, im allgemeinen Angestellte und Arbeiter, die mittelbar oder unmittelbar beschäftigt sind,

a) mit der Herstellung des Bieres und mit der Beschaffung und Herstellung seiner Rohstoffe, sowie seiner Vorerzeugnisse (Hopfen, Malz), soweit die Vorerzeugnisse ganz oder überwiegend zur Herstellung von Bier in der Brauerei und nicht etwa, wie das namentlich bei Malz vielfach vorkommt, zum Verkauf bestimmt sind,

b) mit dem Vertrieb des Bieres aus der Brauerei oder aus den brauereieigenen Niederlagen.

Zu den mittelbar mit der Herstellung und dem Absatz des Bieres beschäftigten Arbeitnehmern gehören z. B. Hausmaurer, Hauszimmerleute, Eisarbeiter, Fuhrleute, Büroangestellte, Bieraufschreiber. Manche Brauereien beschäftigen auch Betriebspflegerinen, Werksköche, Bibliothekare, Autoschlosser, Pferdepfleger und Putzfrauen. Auch diese Personen können zu dem Kreis der mittelbar mit der Herstellung und dem Absatz des Bieres beschäftigten Arbeitnehmern gerechnet werden (BZBl. 1953 S. 605). Die gleichzeitige Beschäftigung von Arbeitern im Haushalt, in der Landwirtschaft oder in einem Mineralwasserbetrieb des Brauereiinhabers schließt die Steuerfreiheit von Haustrunkbier nicht aus. Die Vergünstigung des steuerfreien Haustrunks kommt auch für solche Arbeitnehmer in Betracht, die nur gelegentlich, d. h. manchmal oder nur vorübergehend in der Brauerei beschäftigt sind (RFH IV A 210/32 vom 22. Februar 1933 = Kartei R 1 zu § 7 BierStG. = ZfZ 1933 S. 127). Personen, die auf Grund eines Werkvertrages in der Brauerei tätig sind, sind nicht Angestellte und Arbeiter der Brauerei. Ihr Freitunk ist deshalb nicht steuerfrei.

Es können nach Sinn und Zweck des § 7 Abs. 1 des Gesetzes und § 12 Abs. 1 DB bei in Brauereien nur nebenbeschäftigten Arbeitnehmern die Mengen nicht höher bemessen werden, als es dem Verhältnis ihrer Arbeitszeit zur Arbeitszeit der vollbeschäftigten Brauereiarbeiter und -angestellten entspricht. Steuerfreier Haustrunk steht also den Arbeitnehmern nur für die Zeit zu, in der sie im eigentlichen Brauereibetrieb oder in eigenen Niederlagen der Brauerei beschäftig sind (s. das oben angeführte BFH-Urteil vom 6. März 1958).

3. Die Angestellten und Arbeiter müssen z.Z. der Gewährung des steuerfreien Haustrunks in der Brauerei gegen Entgelt beschäftigt sein. Das ist also bei Angestellten und Arbeitern, die sich im Ruhestand befinden, nicht der Fall. Die Steuerfreiheit kann auch für Bier in Anspruch genommen werden, das erholungssuchenden Arbeitnehmern einer Brauerei in ein von dieser unterhaltenes Erholungsheim geliefert wird. Dagegen erhalten keinen steuerfreien Haustrunk die in dem Erholungsheim ständig beschäftigten Personen, die nicht außerdem im eigentlichen Brauereibetrieb tätig sind (RFH V z 15/40 vom 19. Dezember 1941 Bd. 51 S. 148 = Kartei R 5 zu § 7 BierStG = RZBl. 1942 S. 69).

Familienangehörigen des Brauereiinhabers steht steuerfreier Haustrunk nur dann zu, wenn sie Angestellte oder Arbeiter der Brauerei sind. Der Inhaber kann nicht gleichzeitig Angestellter sein, selbst wenn für seine Tätigkeit eine besondere Entlohnung ausgeworfen ist (RZBl. 1920 S. 28). Der Gesellschafter einer offenen Handelsgesellschaft kann nicht zugleich Angestellter der Gesellschaft sein (RFH IV A 406/28 vom 6. Februar 1929, Kartei R 4 zu § 8 Abs. 1 (früher § 6) BierStG = ZRBl. 1929 S. 75, ZfZ 1929 S. 96). Der Geschäftsführer einer GmbH. *kann* Angestellter sein. Er ist es dann nicht, wenn er zu der Gesellschaft nicht in einem Dienstverhältnis steht, z. B. seine Bestellung auf dem Gesellschaftsvertrag beruht und er die Gesellschaft beherrscht. Dies trifft für den alleinigen Gesellschafter einer GmbH. zu (RFH IV A 107/36 vom 10. März 1937, Bd. 41 S. 137 = Kartei R 2 zu § 7 BierStG = RZBl. 1937 S. 319). Keinen Anspruch auf steuerfreien Haustrunk haben auch persönlich haftende Gesellschafter, Komplementäre, die zugleich Geschäftsführer (leitende Direktoren) einer in der Form einer Kommanditgesellschaft betriebenen Brauerei sind, weil sie selbst bei Gewährung einer festen Tätigkeitsvergütung (Gehalt) durch die Brauerei nicht als Angestellte anzusehen sind (FG Hamburg IV 70/52, ZfZ 1954 S. 27).

4. Durch § 12 DB (1952) ist die frühere Fassung von § 15 DB (1931) wieder hergestellt worden, nach der der Haustrunkanspruch „auf Grund des Tarifvertrages" bestehen muß. Damit wurde die durch die Änderungsverordnung vom 23. Dezember 1938 (RMinBl. S. 947) in Anpassung an das frühere Gesetz zur Ordnung der nationalen Arbeit vom 20. Januar 1934 (RGBl. I S. 45) statt dessen eingeführte Fassung „auf Grund der Betriebs- oder Tarifordnung" wieder beseitigt. Hierdurch ist der Tatsache Rechnung getragen worden, daß das Gesetz vom 20. Januar 1934 durch

das Kontrollratsgesetz Nr. 40 vom 30. November 1946 (AmtsBl. des Kontrollrats S. 229 vom 1. Januar 1947) aufgehoben wurde. Das OFG hat mit Urteil vom 28. Dezember 1948 — II z 13/48 (ZfZ 1949 S. 78) — dazu entschieden, daß die früheren Tarifordnungen jedoch als Tarifverträge weiter gelten können. Soweit Tarif- oder Betriebsordnungen (ebenso aber auch Tarifverträge) die Abgabe von Haustrunk mit rückwirkender Kraft regeln, kommt ihnen für die Steuerbefreiung insoweit keine Bedeutung zu, als sich das Bestehen und der Umfang der Biersteuerschuld grundsätzlich nach dem Tatbestand im Zeitpunkt der Entstehung des Steueranspruches richten (OFH II (V) z 3/43 vom 23. Juni 1948, ZfZ 1949 S. 139). Zur Frage, wann einem Angestellten oder Arbeitnehmer (Bürovorsteher, technischem Beamten, Personenkraftwagenführer) ein Anspruch auf Haustrunk zusteht s. RFH V z 6/41 und 15/41 vom 20. Februar 1942, Bd. 51 S. 248 = Kartei R 7 zu § 7 BierStG = RZBl. 1942 S. 67. Während der Urlaubstage an Angestellte oder Arbeiter gewährter Haustrunk ist beim Vorliegen der sonstigen Voraussetzungen nur dann steuerfrei, wenn ihnen auf Grund des Tarifvertrages oder auf Grund der schriftlichen Dienstverträge ein Anspruch darauf zusteht. Ob in Brauereiunternehmen, in denen die 5-Tagewoche eingeführt und in den Tarifverträgen oder sonstigen schriftlichen Arbeitsverträgen die Bemessung des Haustrunks nach Arbeitstagen vorgesehen ist, auch der arbeitsfreie Samstag als Werktag zu betrachten ist, richtet sich nach der Auslegung der Verträge (vgl. Urteil des Bundesarbeitsgerichts I AZR 184/56 vom 26. Oktober 1956, nach dem ein arbeitsfreier Samstag als Urlaubstag zählt — Mitteilungsblatt des Bayerischen Brauerbundes e. V. „Das Bayerische Braugewerbe" vom 15. Oktober 1957 Nr. 19). Wegen der Zweifelsfrage, ob ein schriftlicher Dienstvertrag auch dann abgeschlossen werden muß, wenn ein Tarifvertrag, der die Haustrunkgewährung regelt, zwar besteht, der Arbeitnehmer oder der Arbeitgeber aber nicht zu den Parteien des Tarifvertrages gehört, s. BZBl. 1953 S. 213 (Bem. 3 zu § 12 DB). Für einen schriftlichen Dienstvertrag i. S. des § 12 Abs. 1 S. 1 DB genügt nicht eine bloße schriftliche Vereinbarung, die dem Arbeitnehmer einen Anspruch auf eine bestimmte Menge Haustrunk gewährt (BFH V z 157/51 vom 20. März 1952, BZBl. 1952 S. 231 = ZfZ 1952 S. 156). Ein Dienstvertrag ist ausreichend, wenn er den Mindestanforderungen nach BZBl. 1953 S. 213 (Bem. 3 zu § 12 DB) genügt.

5. Die den Brauereiangestellten und -arbeitern zustehende Menge an steuerfreiem Haustrunkbier bestimmt sich nach den örtlichen Gewohnheiten. Die Rechtsverbindlichkeit ist kein Merkmal des tatsächlichen Begriffes „örtliche Gewohnheit". Wie auf Haustrunk ein Rechtsanspruch bestehen kann, ohne daß dieser den örtlichen Gewohnheiten entspricht, so kann Haustrunk den örtlichen Gewohnheiten entsprechen, ohne daß ein Rechtsanspruch darauf gegeben ist. Die Ermittlung der den Gewohnheiten entsprechenden Menge des Haustrunks im Einzelfall ist Sache der Würdigung der tatsächlichen Verhältnisse (RFH V z 2/41 vom 20. Februar 1942, Bd. 51 S. 245 = RZBl. 1942 S. 69 = Kartei R 6 zu § 7 BierStG). Der Bildung neuer örtlicher Gewohnheit wird vom Standpunkt der Steuerbefreiung für Haustrunk die Anerkennung nicht zu versagen sein.

6. Daß das Bier von dem Bezugsberechtigten tatsächlich als Haustrunk verwendet wird, ist für die Steuerfreiheit nicht Voraussetzung. Angestellte und Arbeiter können deshalb Bier, das sie als Haustrunk steuerfrei bekommen haben, veräußern (s. Bericht des 32. Ausschusses des Reichstages, Reichstagsdrucks. Nr. 1686 1914/1918, RFH IV A 87/22 vom 20. Dezember 1922, Kartei R 1 zu § 6 Abs. 1

BierStG). Die Veräußerung des Haustrunks einschränkende Bestimmungen des Tarif- oder Dienstvertrages sind ohne biersteuerrechtliche Wirkung.

7. Die Steuerfreiheit kann nur beansprucht werden, wenn die einschlägigen Bestimmungen der DB über das Verfahren, besonders über Anmeldung und Überwachung, eingehalten werden. Ob die Nichtbeachtung aus Unkenntnis der Rechtslage oder auf Verschulden beruht, ist dabei unerheblich (RFH IV A 93/28, RZBl. 1928 S. 432 = ZfZ S. 434). Der Reichsfinanzhof hat z. B. entschieden, daß die Vergünstigung dann nicht in Betracht kommt, wenn die Angestellten und Arbeiter nicht in dem nach § 15 (jetzt § 12) Abs. 2 DB zu führenden Verzeichnis eingetragen sind (RFH IV A 432/27 vom 22. Februar 1928, Kartei R 3 zu § 8 Abs. 1 (früher § 6) BierStG = RZBl. 1928 S. 162 = ZfZ 1928 S. 135, RFH IV A 55/30 vom 16. Mai 1930, nicht veröffentlicht, RFH V z 15/40 vom 19. Dezember 1941, Kartei R 5 zu § 7 BierStG = RZBl. 1942 S. 9). Auch die Eintragung in die zutreffende Spalte des Biersteuerbuches gehört zu den Voraussetzungen der Steuerfreiheit.

8. Die steuerliche Überwachung des steuerfreien Haustrunks ist durch §§ 12, 13 DB in der Weise geregelt, daß Haustrunkbier nur aus den für die Abgabe von Bier zugelassenen Räumen (§ 51 DB) und nur in den nach §§ 52, 53 DB zugelassenen Gefäßen entnommen und nur an bestimmten vom Oberbeamten zu genehmigenden Orten der Brauerei an die bezugsberechtigten Angestellten und Arbeiter abgegeben werden darf. Die Arbeitnehmer sind in ein besonders zu führendes Verzeichnis in Übereinstimmung mit den Lohnlisten einzutragen. Soll steuerfreies Haustrunkbier aus einer Braustätte an Arbeitnehmer in einer anderen, demselben Unternehmen gehörenden Braustätte geliefert werden, so müssen diese Arbeitnehmer in dem Verzeichnis der liefernden Braustätte eingetragen sein (RFH V z 45/37 vom 8. Oktober 1937, Kartei R 3 zu § 7 BierStG = RZBl. 1937 S. 712). Die Arbeitnehmer dürfen ihren steuerfreien Haustrunk nicht beliebig in der Brauerei entnehmen, sondern nur unter den genannten Voraussetzungen. Zuwiderhandlungen wären als Biersteuerhinterziehung zu ahnden. Das Haustrunkbier ist sogleich bei der Entnahme im Biersteuerbuch anzuschreiben.

9. Bier, das zur Abgabe als steuerfreier Haustrunk den in § 51 DB bezeichneten Räumen entnommen und in die Anschreibungen über steuerfreies Haustrunkbier eingetragen ist, darf nur an im Verzeichnis über die bezugsberechtigten Angestellten und Arbeiter eingetragene Personen abgegeben werden. Die Abgabe an andere kann gemäß § 396 Abs. 2 AO als Biersteuerhinterziehung bestraft werden. Für Bier, das die Brauerei im Wege des Ankaufs von Bierzeichen von den bezugsberechtigten Arbeitnehmern etwa erwirbt, kommt ihr bei der Abgabe des Bieres an andere nichtbezugsberechtigte Personen Steuerbefreiung nicht zu (RFH IV A 432/27 vom 22. Februar 1928, Kartei R 3b zu § 8 Abs. 1 = RZBl. 1928 S. 162 = ZfZ 1928 S. 135). Es sind danach nicht die den Arbeitern und Angestellten zustehenden, sondern die tatsächlich als steuerfreier Haustrunk entnommenen Biermengen im Biersteuerbuch anzuschreiben. Nur für diese Biermengen kommt auch in dem Fall, daß eine Genehmigung nach § 13 Abs. 3 DB erteilt ist, die Steuerfreiheit in Betracht. An sich für einen Monat zustehender, in diesem aber nicht entnommener Haustrunk darf nicht auf die Folgezeit übertragen werden, er verfällt (OFH II z 34/49 vom 1. März 1950, ZfZ 1950 S. 111).

10. Gewisse *Erleichterungen* sind im Hinblick auf die Bedürfnisse namentlich der Großbetriebe durch DB § 13 Abs. 3 zugelassen worden.

11. Bier, das auf Grund von § 7 Abs. 1 des Gesetzes steuerfrei gelassen wird, ist auf die Höhe der Steuersätze für die sonst in der Brauerei hergestellten Biere insofern von Einfluß, als es in die für die Anwendung der Steuersätze des § 3 Abs. 1 maßgebende erzeugte Biermenge mit einzubeziehen ist (s. DB §§ 6 und 63). Bei den *Abfindungsbrauereien* sind gemäß § 74 DB von den aus den angemeldeten Malz- und Zuckermengen nach den vom Hauptzollamt festgesetzten Ausbeutesätzen ermittelten Biermengen für den steuerfreien Haustrunk der Arbeitnehmer, wenn solche beschäftigt sind, 3 v. H. in Abzug zu bringen. Im übrigen finden §§ 12 und 13 DB auf abgefundene Brauereien keine Anwendung (§ 73 DB). Für die Prüfung der Frage, ob die in einer abgefundenen Brauerei innerhalb eines Rechnungsjahres hergestellte Biermenge die für die Abfindung vorgesehene Höchstgrenze von 500 hl übersteigt, ist jedoch die für den steuerfreien Haustrunk in Abzug gebrachte Biermenge dem steuerpflichtig gewordenen Biere zuzurechnen.

12. Der Reichstag hatte durch Art. III Nr. 1b des Gesetzes, betr. Erhöhung einzelner Verbrauchsteuern, vom 8. April 1922 in § 8 Abs. 1 des Biersteuergesetzes vom 26. Juli 1918 auf Wunsch eines Teiles des Braugewerbes die Vorschrift eingeschaltet, daß der *Haustrunk der Inhaber von Privatbrauereien*, soweit sie selbst im Betrieb tätig sind, steuerfrei sei. Die Regierungsvorlage von 1923 (Reichstagsdrucks. Nr. 5739 I 1920/23) schlug die Wiederbeseitigung der Vorschrift vor, da die Steuerfreiheit der Haustrunkbereitung, die die notwendige Folge der Vorschrift war, zu erheblichen Steuerausfällen geführt hatte (vgl. Begr. zu § 8, S. 9). Eine Beschränkung der Steuerfreiheit auf die Inhaber gewerblicher Betriebe hätte sich vom Standpunkt steuerlicher Gerechtigkeit nicht rechtfertigen lassen. Der Reichstag ging darauf nicht ein und fügte die Vorschrift in das Gesetz von 1923 wieder ein. Der gleiche Vorgang wiederholte sich bei der Biersteuernovelle von 1925 (vgl. Art. I Nr. 5 der Vorlage). In der Vorlage von 1929 nahm die Reichsregierung ihren Vorschlag mit ausführlicher Begründung (Reichstagsdrucks. Nr 881 IV 1928 S. 5) wieder auf. Die große Zahl der Hausbrauer, die die Steuerfreiheit des Inhaberhaustrunks genossen, bedrohte in den damaligen Landesfinanzamtsbezirken Würzburg, Nürnberg und Thüringen den Bestand der kleineren Brauereien und des ländlichen Wirtegewerbes und verursachte einen Steuerausfall, der für 1928 auf 1,8 Millionen Reichsmark geschätzt wurde. Die Hausbrauer stellten vielfach Lagerbier her. Alle Schichten, nicht nur die bäuerliche Bevölkerung, befaßten sich damit. Vielfach waren Gemeinschaftsbrauhäuser errichtet worden, die geradezu als steuerfreie Brauereien bezeichnet werden konnten. Die Abgabe zu billigen Preisen an andere war häufig. Dem Verwaltungsaufwand für die Überwachung durch zahlreiche Beamte standen Einnahmen nicht gegenüber. Die Steuermoral, besonders auch der schwer betroffenen gewerblichen Brauereien, mußte unter diesem Unwesen leiden. Ein innerer Grund für die Steuerfreiheit war nicht anzuerkennen, da vor 1922 der Haustrunk stets besteuert worden und nicht einzusehen war, weshalb ein Teil der Bevölkerung anders als die überwiegende Mehrheit sein Bier unversteuert genießen sollte. Der Reichstag stimmte daher 1930 der Beseitigung der Steuerfreiheit für den Inhaberhaustrunk zu. Die bestehenden Hausbraubetriebe wurden indes durch die neu eingeführte Steuerbegünstigung der Zwergbrauer (§ 3 Abs. 1 Satz 2 des Gesetzes 1931), die durch die Steuerbegünstigung der Hausbrauer nach § 3 Abs. 1 Satz 2ff. des Gesetzes abgelöst wurde, erhalten. Ihrer weiteren Verbreitung ist jedoch durch die Bestimmung des Stichtages (1. April 1930) vorgebeugt.

Zu § 7 Abs. 2, s. DB § 14 und Bierausfuhrordnung (Anlage C der DB).

13. Durch die Entfernung des Bieres, das zur steuerfreien Ausfuhr angemeldet ist, aus der Brauerei entsteht eine auflösend bedingte Steuerschuld (vgl. § 4 StAnpG; Bem. 5 zu § 2). Die Befreiung von der Biersteuer tritt erst ein, wenn die Ausfuhr aus dem Erhebungsgebiet nachgewiesen wird, wenn auch tatsächlich das mit dem Anspruch auf Steuerfreiheit aus der Brauerei ausgehende Bier sogleich im Biersteuerbuch als steuerfrei ausgeführt abgeschrieben (§ 10 Abs. 1 BierAO) und die Biersteuer dafür nicht erhoben wird. Wird der Nachweis der Ausfuhr nicht erbracht, so ist das Bier gemäß § 10 Abs. 2 BierAO zur Versteuerung im Biersteuerbuch anzuschreiben, es sei denn, daß der Nachweis erbracht ist, daß das Bier innerhalb der Ausfuhrfrist zugrunde gegangen ist (§ 10 Abs. 3 BierAO).

14. Eine Vergütung der Biersteuer für aus dem steuerlich freien Verkehr ausgeführtes Bier ist im Biersteuergesetz nicht vorgesehen. Daraus folgt, daß bei der Ausfuhr *versteuerten* Bieres eine Vergütung der Biersteuer nicht angängig ist. Aus diesem Grunde konnte in § 1 BierAO die Steuerbefreiung nur den Inhabern der Brauereien, in denen das ausgeführte Bier hergestellt worden ist, zugestanden werden. Wollen Bierhändler oder andere Personen Bier ohne Entrichtung der Biersteuer ausführen, so müssen sie dies durch Vermittlung der herstellenden Brauerei tun, oder es muß das Bier zuerst von der Brauerei zu einem Zollverkehr (§ 16 ZG) abgefertigt werden (§ 1 letzter Satz BierAO). Siehe Bemerk. 3 zu § 1 BierAO.

Aus den gleichen Erwägungen konnte auch Inhabern der nach § 16 des Gesetzes abgefundenen Brauereien für das von ihnen ausgeführte Bier Steuerfreiheit nicht zugestanden werden, weil für diese gemäß § 16 des Gesetzes und § 74 DB die Biersteuer im voraus nach der Menge der zur Bierbereitung verwendeten Braustoffe festgesetzt wird und das Bier sofort mit seiner Herstellung in den steuerlich freien Verkehr tritt. Inhaber abgefundener Brauereien, die Bier steuerfrei ausführen wollen, müssen deshalb auf die Abfindung verzichten und sich den für die nicht abgefundenen Brauereien geltenden Vorschriften unterwerfen.

15. Die Möglichkeit, unversteuertes Bier auf ein Biersteuerlager zu bringen und von dort unter Steuerbefreiung auszuführen, ist Brauern oder Bierhändlern im Gesetz nicht gegeben. Nur die Abfertigung des Bieres zu einem Zollverkehr (s. Bemerk. 14) steht gemäß § 1 BierAO der Ausfuhr aus dem Erhebungsgebiet gleich mit der Folge, daß das Bier beim etwaigen Wiedereingang in den freien Verkehr wie in das Erhebungsgebiet eingebrachtes Bier zu versteuern und ggf. auch zu verzollen ist.

16. Wegen des Erhebungsgebietes s. Bem. 2 zu § 1.

17. Über die Ausnahme vom Reinheitsgebot vgl. § 9 Abs. 5.

18. Eine *Erstattung* der Biersteuer tritt gemäß § 8 des Gesetzes und § 15 DB ein für Bier, das in die Brauerei zurückgelangt, sog. Rückbier. Für derartiges Bier wird die Biersteuer bei Einhaltung der Überwachungsvorschriften durch Abschreibung von der Summe des steuerpflichtig gewordenen Bieres erstattet.

19. Wegen der Steuerfreiheit für von den Streitkräften bezogenes Bier siehe die Ausführungen in Anhang VIII.

Erstattung der Steuer **§ 8**

Für Bier, das in die Brauerei zurückgelangt oder das in eine andere Brauerei eingebracht wird, wird die Biersteuer nach näherer Bestimmung des Bundesministers der Finanzen erstattet.

Siehe DB § 15 und die Bemerkungen dazu.

1. Bier, für das die Steuerschuld entstanden ist, weil es aus der Brauerei entfernt wurde, wird vielfach in die Brauerei zurückgebracht, entweder weil es nicht sofort abgesetzt werden konnte oder weil es vom Abnehmer zurückgewiesen wurde (sog. *Rückbier*, auch Retourbier genannt). Für derartiges Bier würde beim Wiederausgang aus der Brauerei erneut eine Steuerschuld entstehen. Die Vorschrift des § 8 will die Doppelbesteuerung vermeiden.

2. § 8 bezieht sich nicht nur auf bereits *versteuertes* Bier, das in die Brauerei, in der es hergestellt wurde, zurückgebracht wird. Er gilt in gleicher Weise auch für die Einbringung von *betriebsfremdem* Bier in eine Brauerei (§§ 15 Abs. 8, 65 DB). Für die steuerliche Behandlung von Bier, das nach § 7 Abs. 2 des Gesetzes zum Zwecke der Ausfuhr die Brauerei verlassen hat und in diese zurückgebracht wird, ist § 10 BierAO maßgebend. Die bei der Entfernung bedingt entstandene Steuerschuld (vgl. Bem 13 zu § 7) wird dadurch, daß der Nachweis der Ausfuhr nicht erbracht wird, unbedingt. Wird wegen unterlassener Ausfuhr die Ausfuhranmeldung an die Zollstelle zurückgegeben, so ist das Bier zur Versteuerung im Steuerbuch anzuschreiben. Das zurückgebrachte Bier wird im Rückbierbuch angeschrieben. Ist das Bier aus dem Erhebungsgebiet verbracht worden und kommt es als Rückware zurück, so kann Steuerfreiheit nicht gewährt werden (§ 6a Abs. 2), da die Zollbefreiung für Rückware nach § 69 Abs. 1 Nr. 40 ZG auf die Biersteuer keine Anwendung findet. Das Bier ist nach § 6a des Gesetzes zu versteuern und bei der Einbringung in eine Brauerei als Rückbier zu behandeln.

3. Die steuerliche Behandlung des in die Brauerei, in der es hergestellt wurde, zurückgebrachten Bieres ist in § 15 DB derartig geregelt, daß die Wiedereinbringung mit der Wirkung zugelassen ist, daß das Bier wieder als unversteuertes Bier gilt. Sämtliches in die Brauerei eingebrachte Bier ist beim Wiedereingang im Rückbierbuch anzuschreiben. Die Erstattung der Biersteuer erfolgt in der Weise, daß das im Rückbierbuch angeschriebene Bier am Monatsschluß von der Summe des steuerpflichtigen Bieres im Steuerbuch abgeschrieben wird. Die Erstattung findet nicht statt, wenn die vom Bundesminister der Finanzen getroffenen Bestimmungen nicht beachtet sind (RFH IV A 50/30 vom 30. April 1930, nicht veröffentlicht).

Da das wiedereingebrachte Bier dem unversteuerten Bier gleichgestellt ist, unterliegt es hinsichtlich seiner weiteren Behandlung im Brauereibetrieb keinerlei Beschränkungen; es kann also umgefüllt oder weiter bearbeitet werden. Nur dann, wenn Bier unter amtlicher Überwachung vernichtet oder unbrauchbar gemacht werden soll, sind besondere Überwachungsmaßnahmen vorgesehen.

Wird in die Brauerei eingebrachtes Rückbier wieder aus der Brauerei entfernt, so ist es stets im Biersteuerbuch neu anzuschreiben, und zwar auch dann, wenn das Bier die Brauerei unverändert und in den gleichen Umschließungen wieder verläßt.

Wird Rückbier in der Brauerei weiter verarbeitet oder umgefüllt, so ist beim späteren Wiederausgang nur die tatsächlich ausgehende Biermenge im Biersteuerbuch anzuschreiben. Etwaige bei der Bearbeitung oder der Umfüllung entstehende

Verluste bleiben außer Betracht, sie müssen allerdings später bei der Bestandsaufnahme (§§ 66 und 67 DB) entsprechend aufgeklärt werden.

4. Eine Erstattung der Biersteuer für Rückbier findet bei abgefundenen Brauereien (§ 16 des Gesetzes) nicht statt (s. §§ 73, 74 DB und die Bemerkung 2 Abs. 5 zu § 16 des Gesetzes).

5. Rückbier kann auch unter amtlicher Aufsicht in der Brauerei vernichtet oder zur Verwertung als Bier unbrauchbar gemacht werden (§ 15 Abs. 3 DB). Es entspricht dies dem Grundsatz, der in § 62 DB für Bier, das vor Eintritt der Steuerpflicht in der Brauerei vernichtet wird, aufgestellt ist.

6. Eine unrichtige Führung des Rückbierbuches kann zu einer Biersteuerhinterziehung nach § 396 AO führen. S. auch § 406 AO (Vorbem. 13 zu § 18 des Gesetzes).

7. Über die steuerliche Behandlung von Bier oder Bierwürze, die in der Brauerei vor Entstehung der Steuerschuld für das Bier zugrunde gehen oder unbrauchbar werden, sind in § 62 DB Anordnungen getroffen.

8. Für Bier, das außerhalb der Brauerei zugrunde geht oder — abgesehen von dem Sonderfall des § 15 Abs. 3 Satz 6 DB — unbrauchbar gemacht wird, kommt eine Erstattung der Steuer nur ausnahmsweise auf Grund des § 131 Abs. 1 AO in Frage. Wegen der in dieser Hinsicht bestehenden Verwaltungsgrundsätze s. Erlaß BdF vom 7. Dezember 1953, Dritter Teil (BZBl. 1953 S. 819ff).

Für in eine Brauerei eingebrachtes betriebsfremdes Bier sind nach § 15 Abs. 8 die für Rückbier geltenden Vorschriften entsprechend anzuwenden, soweit nicht nach § 65 Abs. 2 und 3 Ausnahmen zugelassen sind (s. Bem. zu § 65 DB).

Bierbereitung

§ 9

(1) Zur Bierbereitung von untergärigem Bier darf, abgesehen von der Vorschrift im Absatz 3, nur Gerstenmalz, Hopfen, Hefe, und Wasser verwendet werden.

(2) Die Bereitung von obergärigem Bier unterliegt derselben Vorschrift; es ist hierbei jedoch auch die Verwendung von anderem Malz und die Verwendung von technisch reinem Rohr-, Rüben- oder Invertzucker sowie von Stärkezucker und aus Zucker der bezeichneten Art hergestellten Farbmitteln zulässig.

(3) Die Verwendung von Farbebieren, die nur aus Malz, Hopfen, Hefe, und Wasser hergestellt sind, ist bei der Bierbereitung gestattet, unterliegt jedoch besonderen Überwachungsmaßnahmen.

(4) Unter Malz wird alles künstlich zum Keimen gebrachte Getreide verstanden.

(5) Für die Bereitung besonderer Biere sowie von Bier, das nachweislich zur Ausfuhr besimmt ist, können Abweichungen von den Vorschriften in den Absätzen 1 und 2 gestattet werden.

(6) Die Vorschriften in den Absätzen 1 und 2 finden keine Anwendung für diejenigen Brauereien, die Bier nur für den Hausbedarf herstellen (Hausbrauer).

(7) Der Zusatz von Wasser zum Bier durch Brauer nach Feststellung des Extraktgehalts der Stammwürze im Gärkeller oder

durch Bierhändler oder durch Wirte ist untersagt. Das Hauptzollamt kann Brauern unter den erforderlichen Sicherungsmaßnahmen den Zusatz von Wasser zum Bier nach Feststellung des Extraktgehalts der Stammwürze im Gärkeller gestatten.

(8) Die Vermischung von Einfachbier, Schankbier, Vollbier und Starkbier miteinander, sowie der Zusatz von Zucker zum Bier durch Brauer nach Entstehung der Steuerschuld oder durch Bierhändler oder Wirte ist untersagt. Der Bundesminister der Finanzen kann Ausnahmen zulassen.

(9) Zur Herstellung von obergärigem Einfachbier kann Süßstoff nach § 5 Nr. 3 der Verordnung über den Verkehr mit Süßstoff vom 27. Februar 1939 (Reichsgesetzbl. I S. 336) verwendet werden.

Zu § 9 Abs. 1, s. DB §§ 16, 17, 19 und 20 und die Bemerkungen dazu.

1. Die Vorschrift, daß zur Bereitung von Bier nur bestimmte Stoffe verwendet werden dürfen, das sog. *Reinheitsgebot*, ist, nachdem es in Bayern seit 1516, in Baden seit 1896, in Württemberg seit 1900 bestanden hatte, für das Gebiet der norddeutschen Biersteuergemeinschaft auf Wunsch des Braugewerbes erstmals durch das Brausteuergesetz vom 3. Juni 1906 eingeführt worden. Die Vorschriften des geltenden Gesetzes in § 9 entsprechen bis auf den letzten Satz in Abs. 8 und den Abs. 9 dem § 13 des Gesetzes von 1918. Wegen der geschichtlichen Entwicklung s. die Geschichte der deutschen Bierbesteuerung, ferner Begründung von 1906 S. 18ff. Siehe auch Kühn „Das Reinheitsgebot für Bier" in ZfZ 1955 S. 193.

§ 9 sowie §§ 10, 11 enthalten nur zum Teil Vorschriften, die im Interesse der Besteuerung getroffen sind (vgl. Bem. 1 zu § 18). Die dem Gebiet der Lebensmittelpolizei angehörigen Vorschriften hat § 22 des Lebensmittelgesetzes in der Fassung der Bekanntmachung vom 17. Januar 1936 (RGBl. I S. 17) im Auge, nach welchem der Reichs-(Bundes-)minister des Innern mit Inkrafttreten der nach § 5 zu erlassenden Verordnungen die durch diese Verordnungen ersetzten Vorschriften u.a. des Biersteuergesetzes außer Kraft setzen kann. Als besonders glücklich wird der Gedanke dieser Verweisung nicht bezeichnet werden können, weil ein Teil der genannten Vorschriften gleichzeitig steuerlichen Charakter trägt, weil ihre Durchführung Aufgabe der mit der Überwachung der Brauereibetriebe betrauten Zollbeamten wird bleiben müssen und da auf diesem Gebiete einschneidende Sonderrechte der drei süddeutschen Staaten bestehen, die nur im Wege eines verfassungsändernden Gesetzes geändert werden können.

2. Wegen des Begriffes „Bier" s. die Bemerkung 7 zu § 1 des Gesetzes. Bei der Entscheidung darüber, ob ein Getränk als Bier anzusehen ist, sind die Gerichte von der Entscheidung der Finanzbehörden dann unabhängig, wenn Zuwiderhandlungen gegen §§ 9, 18 des Gesetzes in Frage stehen, da diese Zuwiderhandlungen keine Steuervergehen sind, mithin der § 468 AO nicht in Betracht kommt. Hängt aber eine Verurteilung wegen Steuerhinterziehung (§ 396 AO) oder fahrlässiger Steuerverkürzung (§ 402 AO) davon ab, ob ein Steueranspruch besteht, weil ein Getränk als Bier anzusehen ist (Beispiel: Herstellung eines solchen Getränks durch einen nicht angemeldeten Brauer), so sind die Gerichte an die Entscheidung des Bundesfinanzhofs über diese Frage, die unter Umständen von ihnen herbeizuführen ist, gebunden (AO § 468). Das Vorliegen der Entscheidung des Bundesfinanzhofs würde Urteilsvoraus-

setzung sein, von welcher der Erlaß des strafgerichtlichen Erkenntnisses abhängt (vgl. RGStrafs. Bd. 56 S. 107).

3. Die Ausdrücke „Bereitung von Bier" und „Bierbereitung" (vgl. Bem. 11 zu § 2) sind nach § 16 DB im weitesten Sinne zu verstehen; sie umfassen alle Teile der Herstellung und Behandlung des Bieres in der Brauerei selbst wie außerhalb dieser — beim Bierverleger, Wirt u. dgl. — bis zur Abgabe des Bieres an den Verbraucher. Diese Absicht des Gesetzes ergibt sich insbesondere aus den Vorschriften in § 9 Abs. 7 und 8 des Gesetzes über das Verbot des Wasser- und Zuckerzusatzes zum Bier sowie über die Vermischung verschiedener Biergattungen durch Bierhändler und Wirte, Vorschriften, die überwiegend, aber nicht ausschließlich steuerlichen Charakter haben. Das Verbot erstreckt sich nicht auf den Verbraucher des Bieres; dieser kann zu dem Bier, das er genießen will, jeden Zusatz machen. Der Begriff der „Bierbereitung" in § 16 DB kann nicht zur Auslegung des Begriffes „herstellt" in § 2 Abs. 2 des Gesetzes verwertet werden, weil er nur zu dem Reinheitsgebot in § 9 Abs. 1—4 ergangen ist (RFH IV A 50/33, Bd. 34 S. 248, s. auch Bem. 11 zu § 2 Abs. 2 des Gesetzes).

4. Bei der Bereitung von Bier dürfen, soweit in § 9 Abs. 5 u. 6 des Gesetzes nicht Ausnahmen vorgesehen sind, nur die in § 9 Abs. 1—3 u. 9 zugelassenen Braustoffe verwendet werden (§ 17 Abs. 1 DB). Die Verwendung anderer als der in § 9 bezeichneten Stoffe zur Bierbereitung ist auch dann verboten, wenn es sich um Stoffe handelt, die sich in ordnungsmäßig bereitetem Bier vorfinden, wie z. B. Weingeist und Kohlensäure. Die in § 20 Abs. 4 DB zugelassene Verwendung der Kohlensäure beim Abziehen und beim Ausschank des Bieres ist keine Ausnahme vom Reinheitsgebot, da hier in der Regel eine Vermischung der Kohlensäure mit dem Bier nicht eintreten wird. Die zulässigen Braustoffe müssen nach § 17 Abs. 3 DB in der Beschaffenheit verwendet werden, in der ihnen die im Gesetz gewählte Bezeichnung zukommt. Die Verwendung jeglichen Stoffes, der mit den zugelassenen Stoffen nicht nämlich ist, ist verboten. Dabei ist es belanglos, in welcher Menge etwa ein Zusatz unerlaubter Stoffe erfolgt und in welchem Zeitpunkt der Bierbereitung. Unzulässig ist z. B. auch der Zusatz vitaminhaltiger Hefeauszüge sowie von in chemischen Fabriken gewonnenen Vitaminen überhaupt zur Herstellung von Vitaminbier (s. Bem. 4 zu § 17 DB). Eine nähere Feststellung der Beschaffenheit des zugesetzten Stoffes ist entbehrlich. Es genügt der Nachweis, daß der Stoff ein anderer war, als die im Gesetz zugelassenen. Die Gründe, aus denen ein unerlaubter Zusatz bei der Bierbereitung erfolgt, kommen für die Beurteilung der Strafbarkeit der Handlung nicht in Betracht. Würde z. B. beim Reinigen der Braugefäße oder der Hefe mit Salizylsäure ein Teil der Säure zurückbleiben und in das Bier übergehen, so wäre dies eine Zuwiderhandlung gegen das Reinheitsgebot. Ebenso wäre ein Zusatz von Salizyl zum Bier, der eine Schimmelbildung verhüten soll, unzulässig. Die Vorschrift des Abs. 1 ist zwingend auch insofern als die vier Stoffe verwendet werden müssen. Ein Bier, zu dessen Herstellung Hopfen nicht verwendet wird, verstößt gegen das Reinheitsgebot.

5. Nicht verboten ist die Verwendung anderer als der in § 9 genannten Stoffe, die nur mechanisch wirken und bei der Bierbereitung wieder völlig ausgeschieden werden. Dazu gehören die Bierklärmittel (§ 17 Abs. 2 DB).

6. Das Verbot, andere als die in § 9 genannten Stoffe bei der Bierbereitung zu verwenden, gilt nur für die Bierherstellung innerhalb des Erhebungsgebietes. Außerhalb

dieses Bereiches erzeugtes Bier kann eingeführt werden, auch wenn es nicht lediglich aus den nach § 9 zugelassenen Stoffen hergestellt ist. Jedoch gelten auch für Einfuhrbier die Vorschriften des § 10 über den Verkehr mit Bier, so daß z. B. ein untergäriges unter Anwendung von Zucker hergestelltes ausländisches Bier nicht unter der Bezeichnung Bier in Verkehr gebracht werden darf (vgl. Bem. 2 zu § 10). Ferner darf ausländisches Bier mit dem im Erhebungsgebiet hergestellten Bier nicht vermischt werden, weil die Möglichkeit fehlt, die Einhaltung des Reinheitsgebotes bei der Herstellung des ausländischen Bieres zu überwachen. Diese Vermischung wäre auch dann unzulässig, wenn das außerhalb des Erhebungsgebietes hergestellte Bier mit Genehmigung des Oberbeamten (§ 65 DB) in die Brauerei eingebracht und dort gemäß den §§ 65, 15 DB als unversteuertes Bier behandelt wird (vgl. Bem. 3 zu § 65 DB).

Innerhalb des Erhebungsgebietes hergestelltes Bier darf miteinander vermischt werden, sofern es sich um gleichartige Biere handelt und die Vorschriften in § 9 Abs. 8 nicht entgegenstehen. Untergärige und obergärige Biere sind als verschiedenartig zu betrachten, da die Vorschriften des Reinheitsgebotes für beide Bierarten nicht gleich sind. Unzutreffend ist es, daß obergäriges und untergäriges Bier gemischt werden dürfe, wenn es derselben Bierklasse angehöre. § 9 des Gesetzes spricht nur von Bier, das entweder untergärig oder obergärig ist. Eine Ausnahme, die mit Rücksicht auf Bedürfnisse des Braugewerbes zugelassen ist, bildet die in § 22 DB gestattete Verwendung untergäriger Kräusen zu obergärigem Bier. Wegen einer weiteren Ausnahme s. § 27 DB.

7. Die Verwendung unzulässiger Stoffe zur Bierbereitung wird nach § 18 des Gesetzes bestraft. Nach der gleichen Vorschrift ist auch die Aufbewahrung unzulässiger Ersatz- oder Zusatzstoffe in einer unter Steueraufsicht stehenden Räumlichkeit (§ 193 AO, § 76 DB) zu bestrafen, sofern die Stoffe nicht nachweislich zu anderen Zwecken als zur Bierbereitung bestimmt sind.

Zu § 9 Abs. 2 s. DB §§ 18, 20 bis 22 und die Bemerkungen dazu.

8. Die Zulassung des Malzersatzstoffes *Zucker* zur Bereitung obergäriger Biere ist, wie sich aus der Begründung zum Entwurf eines Gesetzes wegen Änderung des Brausteuergesetzes von 1906 (S. 20) ergibt, bei der Einführung des Reinheitsgebots für Norddeutschland im Jahre 1906 mit Rücksicht auf die kleinen Brauereien erfolgt, die obergäriges Braunbier oder sogenannte einfache Biere herstellen. Für diese bildet die Mitverwendung von Zucker ein Hilfsmittel nicht nur zur Verringerung der Betriebskosten, sondern auch zur Erhöhung der Absatzfähigkeit ihrer Biere, für die von der Kundschaft ein gewisser Grad von Süße verlangt zu werden pflegt. In Süddeutschland lagen die Verhältnisse wesentlich anders. Dort wurden vorwiegend untergärige Biere getrunken, von obergärigen fast ausschließlich Weißbier, bei dessen Herstellung auch in Norddeutschland eine Mitverwendung von Ersatzstoffen in der Regel unterbleibt.

Die Bezeichnung „*technisch reiner*" Zucker ist im Brausteuergesetz vom 3. Juni 1906, in das die Vorschrift erstmals eingefügt wurde, in Übereinstimmung mit § 2 Nr. 4 des Weingesetzes vom 24. Mai 1901 (RGBl. S. 175) gewählt worden und will Zucker von der Reinheit bezeichnen, wie sie in dem in der Zuckertechnik gebräuchlichen Verfahren erreicht wird (s. Begründung 1906 S. 21 f.).

9. Verboten ist insbesondere die Verwendung von Zuckersirup.

10. Für Stärkezucker (gleichbedeutend mit Traubenzucker, Glykose, Dextrose) ist technische Reinheit nicht gefordert; Stärkezucker enthält noch bis zu 10 v. H. Dextrin. Die Verwendung von Stärkezuckersirup ist zulässig (RG 2 D 983/31 vom 3. Dezember 1931, Kartei R 1 zu § 9 Abs. 2 = RZBl. 1932 S. 66).

11. Die Zulässigkeit der Verwendung von aus Zuckerstoffen hergestellten Bierfärbemitteln zur Herstellung obergärigen Bieres ist erstmals in das Brausteuergesetz vom 3. Juni 1906 (§ 1 Abs. 1) vom Reichstagsausschuß eingefügt worden. Es sollte damit zunächst die Verwendung der sogenannten „Zuckerkouleur", eines Stärkezuckererzeugnisses, vom Reinheitsgebot ausgenommen werden. Wie sich schon aus dem Wortlaut, der gleichlautend in § 1 Abs. 1 des Brausteuergesetzes vom 15. Juli 1909, § 13 Abs. 2 des Biersteuergesetzes von 1918 und § 9 Abs. 2 des geltenden Biersteuergesetzes übernommen worden ist, ergibt, sind unter Farbmitteln im Sinne dieser Vorschrift alle aus technisch reinem Rohr- ,Rüben- oder Invertzucker sowie aus Stärkezucker hergestellten, zum Färben des Bieres bestimmten Mittel zu verstehen.

12. Nach dem Urteil des Reichsgerichts Strafs. Bd. 42 S. 175 ist für die Erkennung des Wesens des *Farbmittels* lediglich die Zweckbestimmung der Zubereitung, ihr ernstlich ins Auge gefaßter Verwendungszweck maßgebend, aber nicht bloß der Ankündigung und Gebrauchsbestimmung zum Ausdruck gelangende, sondern der wirkliche aus objektiven Anzeichen sich ergebende. Das Mittel darf nur den Zweck haben, dem Biere eine entsprechende Farbe zu geben, nicht aber auch sonstige dem Biere eigentümliche Merkmale, z. B. des Geschmacks, zu verleihen. Wäre letzteres der Fall, so würde eine über den Begriff des Farbmittels hinausgehende Zubereitung vorliegen, deren Verwendung bei der Bierbereitung verboten ist und die dem Verkehrsverbot des § 11 des Gesetzes unterliegt.

13. Es ist dem Brauer überlassen, in welchem Abschnitt der Bierbereitung (§ 16 DB) er Zucker verwenden will. Zuckerverwendungsbuch und Sudbuch sehen die Zuckerverwendung während des Sudprozesses ausdrücklich vor (s. auch § 58 Abs. 1 DB).

Zu § 9 Abs. 3, s. DB § 17 Abs. 1 und Anlage A dazu (Farbebierordnung).

14. Die Zulässigkeit der Verwendung der nur aus Malz, Hopfen, Hefe und Wasser hergestellten Farbebiere bei der Bierbereitung war bereits in § 3 Abs. 2 u. 3 des Brausteuergesetzes vom 15. Juli 1909 ausgesprochen. Diese Vorschriften wurden bei der zweiten Lesung im 32. Ausschuß des Reichstages auf Anregung des Reichsschatzamts in das Gesetz eingefügt, um eine gesetzliche Grundlage für die steuerliche Behandlung der Farbebiere zu geben. Die Verwendung von Farbebieren sollte, da sie für viele Brauereien notwendig ist, zugelassen, jedoch unter steuerliche Überwachung gestellt werden (Reichstagsdrucks. Nr. 1451 I 1907/09). Bei der ersten Lesung hatte ein Kommissar des Bundesrats erklärt, daß nach der Rechtsprechung des Reichsgerichts das Reinheitsgebot dahin auszulegen sei, daß die zulässigen Braustoffe in der Beschaffenheit verwendet werden müßten, in der ihnen die vom Gesetze gewählte Bezeichnung zukommt. Es liege aber im Bedürfnis, Ausnahmen von diesem Grundsatz zuzulassen, zunächst zugunsten der Farbebiere (s. S. 25 a. a. O.).

15. Farbebiere dürfen nur aus Gerstenmalz, Hopfen, untergäriger Hefe und Wasser hergestellt werden und müssen vergoren sein (§ 17 Abs. 1 Satz 2 DB, § 1 Abs. 1 FBierO). Die Stoffe müssen sämtlich verwendet werden: Farbebiere ohne Hefe-

verwendung, die also unvergoren sind, dürfen nicht hergestellt werden. Es ist unzulässig, Farbebiere zu verwenden, denen Zucker oder zuckerhaltige Farbmittel zugesetzt sind. Dieses Farbebier kann auch obergärigem Bier zugesetzt werden.

16. Farbebiere müssen gemäß §§ 17 Abs. 1 Satz 2 DB, 1 FBierO gegoren sein. Damit soll eine strenge Durchführung des Reinheitsgebotes sichergestellt und eine Grenze zwischen Farbebieren und den in § 11 des Gesetzes erwähnten Zubereitungen gezogen werden. Diese Auslegung ergibt sich zunächst aus dem Ausdruck Farbe*bier* (nicht Bierfarbe). Unter Bier ist grundsätzlich nur ein im Wege der Gärung hergestelltes Getränk zu verstehen.

17. Die Bestimmungen über die Verwendung von Farbebier finden sich in § 10 der FBierO. Danach unterliegt Farbebier grundsätzlich den über die Aufbewahrung und Verwendung von Zucker geltenden Vorschriften. Es ist im Zuckerverwendungsbuch und im Sudbuch anzuschreiben.

18. Wegen der steuerlichen Behandlung von Farbebier vgl. die Bem. 10 zu § 2 des Gesetzes.

19. Farbebiere, die außerhalb des Erhebungsgebietes hergestellt sind, dürfen zur Bierbereitung nicht verwendet werden, vgl. Bem. 6 oben, 10 zu § 2.

Zu § 9 Abs. 4, s. DB § 17 Abs. 4 und 5.

20. Nach § 7 der AB zum Brausteuergesetz vom 15. Juli 1909 war sog. *Spitzmalz*, d. i. angekeimtes Getreide, bei dem die Keimung so frühzeitig nach dem Spitzen des Wurzelkeimes unterbrochen worden ist, daß die gebildete Diastase ohne Hinzunahme anderen Malzes zur Verzuckerung der Maische nicht ausreicht, nicht als Malz im Sinne des Brausteuergesetzes anzusehen. Diese Bestimmung war getroffen, weil mit der Verwendung von Spitzmalz eine Rohstoffersparnis und damit eine Verminderung der auf den Rohstoff gelegten Brausteuer verbunden war. Beim Biersteuergesetz, das das fertige Bier versteuert, kann dem Brauer hinsichtlich der Ausnutzung des Rohstoffs größere Bewegungsfreiheit eingeräumt werden, und es ist deshalb in die AB schon des Gesetzes von 1918 eine gleiche Vorschrift wie die erwähnte, nicht aufgenommen worden. Auch hinsichtlich der abgefundenen Brauereien konnte darauf verzichtet werden, obwohl diese die Biersteuer auf der Grundlage der verwendeten Rohstoffe entrichten. Abgesehen davon, daß in den kleinen abgefundenen Betrieben die Verwendung von Spitzmalz selten vorkommen wird, muß sie gegebenenfalls bei der Festsetzung des Ausbeutesatzes gemäß § 70 DB berücksichtigt werden. Die Verwendung von Spitzmalz ist deshalb nach dem geltenden Gesetz allgemein zulässig.

21 Die Verwendung von *Malzmehl* ist nach § 17 Abs. 4 DB gestattet. Die Vermahlung des Malzes zu Mehl muß jedoch in der Regel in der Brauerei selbst erfolgen.

22. *Farbmalz* wird, ähnlich wie gerösteter Kaffee, aus trockenem oder angefeuchtetem Darrmalz in Farbmalzröstern hergestellt; es gilt als Malz im Sinne des Gesetzes, obwohl es durch Darren die Eigenschaft der Selbstaufschließung (Auflösung der Zellulose in den Endospermzellen) verloren hat, und keine Diastase mehr enthält. Weizenmalz darf auch als Farbmalz nur zur Herstellung obergärigen Bieres verwendet werden.

23. Sogenanntes Karamelmalz wird entweder aus Grünmalz oder geweichtem Darrmalz bereitet. Dieses wird vor dem eigentlichen Rösten in der Rösttrommel ge-

linde erhitzt, wobei die Stärke durch die Diastase teilweise verzuckert wird. Bei dem darauf folgenden Rösten, das bei niedrigeren Wärmegraden als bei der Bereitung gewöhnlichen Farbmalzes vorgenommen wird, verwandelt sich ein Teil des Zuckers in Karamel oder in einen karamelartigen Stoff, dem das Malz seine besonderen Eigenschaften und seinen Namen verdankt. Das trocken geröstete, gewöhnliche Farbmalz enthält zwar auch karamelartige Stoffe, daneben aber auch andere beim Rösten sich bildende Stoffe (Assamar usw.), die den Farbmalzauszügen einen bitteren Geschmack geben. Karamelmalz unterscheidet sich schon äußerlich von gewöhnlichem Farbmalz. Beim Karamelmalz sind die Spelzen noch hell, und es besteht der das Korn nur teilweise ausfüllende Inhalt aus einer bräunlichen nach Karamel schmeckenden malzähnlichen Masse, während das gewöhnliche Farb- oder Schwarzmalz dunkelbraun gefärbt ist und einen mehr oder weniger zerreibbaren Kern von gleicher Farbe besitzt. Das *karamelisierte Farbmalz* ist ein dem gewöhnlichen Farbmalz nahestehendes Erzeugnis: es unterscheidet sich von diesem durch eine glänzend braune Hülle, die dadurch entsteht, daß beim Rösten des Darrmalzes dieses in einem bestimmten Zeitpunkt mit Wasserdampf in Berührung gebracht wird.

24. Die Verwendung von mit Zucker oder Zuckerlösung *glasiertem Farbmalz* wäre bei der Bereitung untergäriger Biere ohne weiteres unzulässig, weil der vor der Bierbereitung dem Farbmalz zugesetzte Zucker bei diesem verbleiben und mit ihm zur Bierbereitung verwendet würde. Aber auch die Verwendung derartigen Malzes zur Herstellung obergäriger Biere würde mit Rücksicht darauf nicht zulässig sein, daß in diesem Falle der an sich erlaubte Malzersatzstoff (Zucker) nicht in einer Beschaffenheit verwendet wird, in der ihm die im Gesetz gewählte Bezeichnung zukommt (DB § 17 Abs. 3).

25. *Geräuchertes Malz*, d. h. Malz, das während des Darrens stark mit Eichenspänen geräuchert wird, wird zur Herstellung des Grätzer Bieres verwendet und verleiht diesem den ihm eigentümlichen Rauchgeschmack und zusammen mit den starken Hopfengaben seine große Haltbarkeit. Auch bei der Bereitung des Lichtenhainer Bieres wird Rauchmalz verwendet.

26. Ein Gewichtsverlust, den das Malz durch eine andere Bearbeitung als durch Reinigen oder Schroten (z. B. Enthülsen) erfährt, ist nur bei Abfindungsbrauereien zu berücksichtigen (s. Anleitung Nr. 2b des Musters 18 zu den DB).

27. Die Keimung des Malzes muß eine künstliche sein, d. h. durch eine bestimmte auf die Herbeiführung des Keimens abzielende Behandlung des Getreides bewirkt sein. Getreide, das durch zufällige Einflüsse zum Keimen gebracht ist, gilt nicht als Malz im Sinne des Gesetzes.

Zu § 9 Abs. 5, s. DB § 23.

28. Die Vorschrift stammt aus dem Brausteuergesetz vom 3. Juni 1906 (s. § 1 Abs. 2 dortselbst). Nach der Begründung zu Art. I Ziff. 1 § 1 des Entwurfs eines Gesetzes wegen Änderung des Brausteuergesetzes (Anl. 1 zu Nr. 10 der Reichstagsdrucks. von 1905, S. 22) sollte die Ausnahmevorschrift für die Bereitung „besonderer Biere" auch weiterhin die Herstellung sogenannter Spezialitäten ermöglichen, bei denen neben den in § 9 Abs. 1 und 2 des geltenden Gesetzes genannten Stoffen die Mitverwendung gewisser anderer Stoffe notwendig ist, die indes zum Ersatze von Malz und Hopfen nicht geeignet und bestimmt sind, sondern diesen Bieren nur hin-

sichtlich ihres Geschmackes usw. den Charakter besonders gearteter Biere verleihen. Es kommen hier z. B. in Betracht die hauptsächlich in Sachsen alt eingelebte Spezialität des unter dem Namen „Gose" bekannten obergärigen Bieres, ferner das Lichtenhainer Bier, sog. Maibier, dem ein Maikräuterauszug, Broihan, ein Bier, dem Anis, Zimmet, Nelken und andere Gewürze zugesetzt sind, Biere mit arzneilichen Zusätzen (Eisen, Chlor-Magnesium u. dgl.), Yoghurtbiere u. a. m. Wegen der Vitaminbiere vgl. Bem. 4 zu § 17 DB. Die Eigenart derartiger Biere beruht gerade auf der Abweichung von der in § 9 Abs. 1 und 2 vorgeschriebenen Herstellungsweise und könnte ohne diese Abweichung nicht erreicht werden. Gegen die Zulassung der Eintragung derartiger Zusätze in ein besonderes Buch statt in das Sudbuch zum Zwecke der Geheimhaltung vor anderen Brauereien wird nichts einzuwenden sein. Wegen des Verbots zur Herstellung von Eisenbier s. RZBl. 1943 S. 282. Für die Herstellung eines Cola-Bieres, das durch Zusatz von Cola-Essenz während des Sudprozesses hergestellt wird, wurde bisher ein Bedürfnis nicht anerkannt.

Die nach § 9 Abs. 5 zulässigen Abweichungen dürfen danach nicht die vier Biergrundstoffe betreffen. Sie können deshalb nicht in der Verwendung von Malzersatzstoffen bestehen. Die Zulassung der Verwendung von Zucker — abgesehen bei obergärigem Bier — oder Kartoffelstärke oder Rübenschnitzeln oder Honig, der hauptsächlich Trauben- und Fruchtzucker enthält, bei der Herstellung besonderer Biere würde deshalb der klar ausgesprochenen Gesetzesabsicht zuwiderlaufen.

Die Ausnahme zugunsten des nachweislich zur Ausfuhr bestimmten Bieres ist getroffen worden, um die Ausfuhrbrauereien nicht zu schädigen. In den Hansestädten wird für die Ausfuhr, entsprechend den Anforderungen der ausländischen Abnehmer, ein helles, weinartiges durchaus satzfreies Flaschenbier unter Mitverwendung von Reis und Zucker hergestellt. Es ist sehr schwierig, die vom Auslande gewünschte besondere Beschaffenheit dieser hellen Ausfuhrbiere aus reinem Gerstenmalz ohne Zusatz von Reis und Zucker herzustellen. Die Erhaltung dieser Ausfuhrindustrie, die ohnedies gegen den Wettbewerb der an kein Reinheitsgebot gebundenen Brauereien des Auslandes zu kämpfen hat, fordert die weitere Zulassung der genannten Ersatzstoffe für das zur Ausfuhr bestimmte Bier. Zur Verhütung von Pasteurisierungstrübungen, Eiweißausscheidungen in Form von Flöckchen, die bei pasteurisierten hellen Flaschenbieren bisweilen auftreten, hat sich ein Zusatz von winzigen Mengen *Tannin* auf den Lagerfässern als Klärungsmittel bewährt. Das Tannin wird mit dem Faßgeläger oder beim Filtrieren des Bieres in Gestalt von Gerbstoffeiweißverbindungen, die es eingeht, wieder ausgeschieden. Die Verwendung von Tannin zur Herstellung von Ausfuhrbieren kann auf Grund des § 9 Abs. 5 zugelassen werden. Das gleiche gilt z. B. für die Verwendung von Askorbinsäure. Ausfuhrbier, für das auf Grund des § 9 Abs. 5 Abweichungen von den Vorschriften in Abs. 1 u. 2 gestattet sind, darf im Erhebungsgebiet nicht in Verkehr gebracht werden. Wegen der Anwendung des § 9 Abs. 5 in Bayern und im ehemaligen Land Baden s. Bem. 45.

Wegen der Zuständigkeit zur Gestattung von Abweichungen vgl. § 23 DB.

Zu § 9 Abs. 6.

29. Unter Hausbrauern versteht das Gesetz diejenigen Brauereien, die Bier nur für den Hausbedarf herstellen. Die Bereitung erfolgt entweder in der eigenen Braustätte oder, wenn die Voraussetzungen dafür gegeben sind, unter Benutzung einer

fremden Braustätte *auf eigene Rechnung* (vgl. § 3 Abs. 3 des Gesetzes). Kein Hausbrauer ist, wer dem Brauer Braustoffe liefert und dafür unter Zubuße an Geld oder anderen Leistungen Bier für seinen Hausbedarf erhält. Das Bier, für das die Vergünstigung des § 9 Abs. 6 in Anspruch genommen wird, darf nur an Personen, die zum Haushalt des Hausbrauers gehören, d. h. mit ihm in wohn- und hauswirtschaftlicher Gemeinschaft leben, allgemein abgegeben werden, und zwar auch dann, wenn die Abgabe entgeltlich erfolgt, z. B. an Dienstboten, bei denen der Haustrunk einen Bestandteil des Lohnes bildet. Vorübergehend angenommene Arbeiter oder Dienstleute werden zum Haushalt gerechnet, wenn sie dort Kost erhalten. Als Haushalt im Sinne dieser Vorschrift ist nicht allein ein Familienhaushalt, sondern auch ein von einer juristischen Person betriebener Haushalt, z. B. der Gutshaushalt des einer Aktiengesellschaft gehörenden Landguts (BFH V z. 232/56 vom 2. Mai 1957, nicht veröffentlicht) anzusehen. Die Erleichterungen hinsichtlich des Reinheitsgebots stehen allen Hausbrauern zu. Die Steuervergünstigung nach § 3 Abs. 1 Satz 2 des Gesetzes kann jedoch nur von den Hausbrauern in Anspruch genommen werden, die die weiteren Voraussetzungen dieser Vorschrift erfüllen. Die Erleichterungen hinsichtlich des Reinheitsgebots für Hausbrauer sind in Bayern sowie in den ehemaligen Ländern Baden und Württemberg nicht zugelassen (s. Bem. 45).

Zu § 9 Abs. 7, s. DB § 24.

30. Nach § 1 Abs. 5 des Brausteuergesetzes vom 15. Juli 1909 war der Zusatz von Wasser zum Bier durch Brauer, Bierhändler oder Wirte *nach Abschluß* des Brauverfahrens außerhalb der Brauereien untersagt. Das geltende Gesetz geht, dem Biersteuergesetz von 1918 folgend, weiter und verbietet den Wasserzusatz durch Brauer bereits nach Feststellung des Extraktgehalts der Stammwürze im Gärkeller (= Feststellung des Extraktgehalts der Anstellwürze, vgl. Muster 12, Anl. Nr. 11). Mit dieser Vorschrift soll, wie in der Begründung zu § 13 des Entwurfs des Biersteuergesetzes von 1918 (S. 26) bemerkt ist, verhindert werden, daß die für die Feststellung der steuerpflichtigen Biermengen besonders wichtigen Eintragungen im Sudbuch über Menge und Gehalt der Stammwürze durch einen nachträglichen Wasserzusatz für die Steueraufsicht unbrauchbar werden.

31. Der Extraktgehalt der Anstellwürze ist gemäß Nr. 7 der Anleitung des Sudbuchs (Muster 12) entweder im Sammelgefäß oder, sofern dieses fehlt, in den Gärbottichen möglichst vor dem Zusetzen der Hefe, spätestens aber binnen 6 Stunden nach der Befüllung der Sammelgefäße oder Gärbottiche festzustellen. Zur Feststellung des Extraktgehaltes der Stammwürze im Gärkeller sind Brauer, die der Abfindung gemäß § 16 des Gesetzes unterliegen, nicht verpflichtet, da auf diese die Vorschrift des § 61 DB über die Führung des Sudbuchs keine Anwendung findet (vgl. § 73 DB). Derartigen Brauern ist deshalb ein Zusatz von Wasser zum Bier bis zum Abschluß des Brauverfahrens gestattet, da in diesem Falle eine Beeinträchtigung von Eintragungen im Sudbuch durch einen späteren Wasserzusatz nicht möglich ist (vgl. RFH Bd. 15 S. 33, Bem. 2 zu § 16). Jedoch wäre, falls in abgefundenen Brauereien ein Wasserzusatz zum Bier während des Brauverfahrens stattfindet, dies bei Festsetzung der Ausbeutesätze (§ 70 DB) zu berücksichtigen.

32. Nicht verboten ist ein Wasserzusatz zur Bierwürze, der nach der Feststellung der Menge der Ausschlagwürze (Muster 12, Anl. Nr. 5), jedoch vor Feststellung des

Extraktgehalts der Stammwürze im Gärkeller erfolgt. Ein derartiger Wasserzusatz ist jedoch gemäß Nr. 10 der Anleitung zum Muster 12 im Sudbuch einzutragen.

33. Von dem Verbot des § 9 Abs. 7 des Gesetzes ist nach § 24 Abs. 1 DB (vgl. § 6 der AB zum bayer. Malzaufschlaggesetz) ausgenommen ein Zusatz von Wasser zur Bierwürze oder zum Bier, der in der Brauerei während des Brauverfahrens lediglich aus Gründen des Betriebes und nicht zum Zweck der Bierverdünnung erfolgt. Aus Betriebsgründen kann ein geringer Wasserzusatz zur Bierwürze oder zum Bier nach Feststellung des Extraktgehaltes der Stammwürze im Gärkeller notwendig werden, z. B. um Bier oder Bierwürze aus Rohrleitungen mit Wasser völlig herauszudrücken; bei Anwendung von Luftdruck würde eine übermäßige Schaumbildung stattfinden. Weiter wird der bei der Nachgärung des Bieres im Lagerfasse durch das Ausstoßen des Schaumes aus dem Spundloch entstehende Leerraum mit Wasser wieder aufgefüllt (sog. Nachstechen). Endlich ist es bei Anwendung von Filterpressen notwendig, die Filter zunächst mit Wasser zu sättigen; das nach Beendigung des Filterns noch in den Filtern befindliche Bier wird ebenfalls mit Wasser herausgedrückt. Derartige Betriebshandlungen fallen nicht unter das Verbot des Wasserzusatzes, es sei denn, daß damit auch die Absicht einer Bierverdünnung verfolgt wird. Das wäre z. B. der Fall, wenn der Wasserzusatz größer wäre, als für den beabsichtigten Zweck notwendig ist, oder wenn beim Durchdrücken von Bier durch Rohrleitungen mittels Wasser der besonders mit Wasser gesättigte Vor- und Nachlauf abgefangen wird, um eine dünnere Biersorte zu erhalten.

In den Sätzen 2 und 3 des § 24 Abs. 1 DB ist als erlaubt besonders bezeichnet ein Wasserzusatz zum Überspritzen der Hopfentreber nach dem Ausschlagen, der sich in der Grenze von 1,5 v. H. der Menge der Ausschlagwürze hält.

34. In anderen als den in Bemerkung 33 bezeichneten Fällen darf ein Wasserzusatz durch Brauer nach Feststellung des Extraktgehaltes der Stammwürze im Gärkeller nur mit besonderer Genehmigung des Hauptzollamts erfolgen (§ 24 Abs. 2 DB). Die Notwendigkeit eines derartigen Wasserzusatzes bestand z. B. während des Krieges und nach dem Kriege, solange die durch die Gerstenknappheit hervorgerufenen Betriebsverhältnisse es nötig machten, zunächst Bier mit einem höheren Stammwürzegehalt herzustellen und dieses dann mit Wasser zu verdünnen. Ein mit hauptamtlicher Genehmigung erfolgter Wasserzusatz ist gemäß Nr. 11 der Anleitung zum Muster 12 der DB im Sudbuch einzutragen.

35. Ein verbotswidriger Wasserzusatz zum Bier kann zu einer Biersteuerhinterziehung führen. Damit kann ein Vergehen gegen §§ 4, 11 des Lebensmittelgesetzes in der Fassung der Bekanntmachung vom 17. Januar 1936 (RGBl. I S. 17) in Tateinheit stehen. Wegen der Entstehung der Steuerschuld bei der Vermischung fertigen Biers mit Wasser s. Bemerk. 11 zu § 2. Der Umstand, daß die Vermischung von Bier mit Wasser gegen ein gesetzliches Verbot verstößt, kann die Entstehung der Steuerschuld nicht hindern.

Zu § 9 Abs. 8, s. DB S. 27.

36. Die entsprechende Vorschrift des § 13 Abs. 8 des Biersteuergesetzes von 1918 ist bei Beratung des Gesetzentwurfs im 32. Ausschuß des Reichstags in das Gesetz eingefügt worden. Es soll dadurch verhindert werden, daß nach Entstehung der Steuerschuld durch Vermischung verschiedener Biergattungen eine Abminderung der vom Gesetz gewollten Belastung des Bieres bewirkt wird, oder daß nach Ent-

stehung der Steuerschuld der Stammwürzegehalt des Bieres durch einen Zuckerzusatz so erhöht wird, daß eine andere höher zu besteuernde Biergattung entsteht.

Die Ermächtigung des Reichsministers der Finanzen, Ausnahmen zuzulassen, die durch die Novelle vom 10. August 1925 (RGBl. I S. 244) der Vorschrift hinzugefügt ist, berücksichtigt Bedürfnisse, die in der Praxis hervorgetreten sind. Das Berliner Weißbier (s. Bem. 6 zu § 22 DB) bedarf nach Versand in Fässern auf größere Entfernung der Neubelebung der Gärung, bevor es auf Flaschen gefüllt wird. Die Beschaffung von Kräusen, deren Verwendung zu diesem Zweck nach den Ausführungsbestimmungen zulässig war, stieß vielfach auf Schwierigkeiten, besonders an kleineren Orten, wo Brauereien nicht vorhanden sind. Die Ermächtigung, von der in Abs. 2 des § 22 DB Gebrauch gemacht ist, ermöglicht den Zusatz von Zucker zu fertigem Weißbier. „Berliner" Weißbier ist Gattungs-, nicht Ortsbezeichnung. Ähnlich wie beim Berliner Weißbier liegen die Verhältnisse auch beim Grätzer Bier (Begr. von 1925 S. 5). Eine Ausnahmebewilligung nach § 9 Abs. 8 Satz 2 kann nur nach Maßgabe des § 96 AO zurückgenommen werden. Wie aus § 9 Abs. 1 des Gesetzes zu folgern ist, bezieht sich die Ermächtigung nicht auf die Zulassung der Vermischung ungleichartiger Biere (s. oben Bem. 6) und nicht auf die Zulassung eines Zuckerzusatzes zu untergärigem Bier. Auf Grund der Ermächtigung in Abs. 8 Satz 2 könnte z. B. auch nicht untergäriges Ausfuhrbier, dem auf Grund einer Ausnahmebewilligung gemäß § 9 Abs. 5 Zucker hinzugesetzt ist, zum Verkehr im Erhebungsgebiet zugelassen werden. Die Ermächtigung der Länder Bayern und Württemberg-Baden, die Anwendung der Vorschriften des Biersteuergesetzes über die Verwendung von Zucker usw. bei der Bereitung obergärigen Bieres auszuschließen (s. unten Bem. 45), erstreckt sich auch auf die Vorschriften in Satz 2. Wegen einer weiteren Ausnahme s. Bem 38.

37. Das Verbot des § 9 Abs. 8 des Gesetzes muß auch für Mischungen mit ausnahmsweise zugelassenem Zwischenbier gelten (vgl. § 10 Abs. 3 des Gesetzes).

38. Die Vermischung oder der Zusatz des Zuckers erfolgt auch dann *durch* Bierhändler oder Wirte, wenn sie im Auftrage des Kunden oder Gastes, auch durch Angestellte des Bierhändlers oder Wirtes, vorgenommen wird. Eine Ausnahme enthält § 27 DB. Die Bestimmung, die den in manchen Gegenden eingewurzelten Mischungssitten („Halb und Halb") Rechnung trägt, bezieht sich nicht auf Brauer und Bierhändler, nicht auf Vorratsmischungen und nicht auf Zuckerzusatz. Sie läßt die Vermischung ungleichartiger Biere zu (vgl. Bem. 8). S. auch Bem. zu § 27 DB.

39. Vor Entstehung der Steuerschuld ist den Brauern eine Vermischung der verschiedenen Biergattungen gestattet, sofern diese unter sich gleichartig sind (vgl. oben Bem. 6).

40. Zuwiderhandlungen können zu einer Steuerhinterziehung nach § 396 AO führen (s. Bem. 11 zu § 2 Abs. 2 des Gesetzes).

Zu § 9 Abs. 9.

41. Die Verwendung von *Süßstoff* bei der Bereitung obergärigen Bieres wurde erstmals als Ausnahme von dem Verbot in § 2 des Süßstoffgesetzes vom 7. Juli 1902 (RGBl. S. 253) als Kriegswirtschaftsmaßnahme durch die Bekanntmachung wegen Verwendung von Süßstoff zur Bierbereitung vom 20. Juli 1916 (RGBl. S. 763), abgeändert durch § 3 der Bekanntmachung zum Biersteuergesetz vom 8. August 1918 (RGBl. S. 1063), zugelassen, und zwar nur im Gebiet der damaligen Biersteuer-

gemeinschaft. Diese Bestimmungen ergingen auf Grund des § 3 des Gesetzes über die Ermächtigung des Bundesrats zu wirtschaftlichen Maßnahmen usw. vom 4. August 1914 (RGBl. S. 327). Durch § 6 Abs. 1 A 10 der Verordnung zur Durchführung des Süßstoffgesetzes vom 12. September 1922 (ZentrBl f. d. Deutsche Reich S. 633) wurde die Bekanntmachung vom 20. Juli 1916 auch nach Inkrafttreten des neuen Süßstoffgesetzes vom 8. April 1922 (RGBl. I S. 390) ausdrücklich aufrecht erhalten. Auch 1923 sprach der Umstand, daß durch die Süßstoffverwendung erhebliche Zuckermengen erspart wurden und daß bei dem beträchtlichen Preisunterschied zwischen Zucker und Süßstoff von gleicher Süßkraft die kleinen und mittleren Brauereien auf die Süßstoffverwendung großen Wert legten, für die weitere Zulassung. Da deren Dauer nicht abzusehen war, schien die Aufnahme einer entsprechenden Vorschrift in das Biersteuergesetz zweckmäßig (vgl. Begr. S. 9). Die Begründung führt dafür auch noch einen anderen Grund an. Wenn die Bekanntmachung vom 20. Juli 1916 auch nach Inkrafttreten des neuen Biersteuergesetzes in Geltung bleiben sollte, so hätte es, um sie mit diesem in Einklang zu bringen, dazu eines Gesetzes bedurft, da die Verordnungsbefugnis des Reichsrats auf Grund des § 3 des Gesetzes vom 4. August 1914 auf die Zeit des Krieges beschränkt war und die Bekanntmachung selbst nur die Befugnis der Reichsregierung enthielt, den Zeitpunkt ihres Außerkrafttretens zu bestimmen. Da mithin eine gesetzliche Regelung in jedem Falle hätte getroffen werden müssen, empfahl es sich, die Materie durch das Biersteuergesetz zu regeln. Die Form einer Ermächtigung zum Erlaß von Verordnungen nach Maßgabe des § 4 Abs. 4 des Süßstoffgesetzes wurde gewählt und die Festlegung einer Ausnahme vom Reinheitsgebot im Gesetz vermieden, um eine schnelle Anpassung der Bestimmungen an die Lage der Zuckerversorgung und nach den Umständen eine rasche Aufhebung zu ermöglichen, die ja vom Standpunkt des Reinheitsgebotes wünschenswert blieb. Auf Grund des § 10 Abs. 9 des Biersteuergesetzes von 1923 und des § 4 Abs. 4 des Süßstoffgesetzes vom 8. April 1922 erging die Verordnung über Verwendung von Süßstoff zur Bereitung obergärigen Bieres vom 21. Juli 1923 (RGBl. I S. 746). Diese Verordnung wurde durch die Verordnung vom 16. Januar 1926 (RGBl. I S. 95) mit dem Ziele des endgültigen Abbaus der Süßstoffverwendung dahin geändert, daß die Zulässigkeit der Süßstoffverwendung zur Bereitung obergärigen Bieres bis zum 30. September 1926, zur Bereitung obergärigen Einfachbieres bis zum 30. September 1927 befristet wurde. Die Verordnung über den Verkehr mit Süßstoff vom 4. August 1926 (RGBl. I S. 467), die auf Grund des neuen Süßstoffgesetzes vom 14. Juli 1926 (RGBl. I S. 409) erging, ließ in § 5 Nr. 4 die Verwendung von Benzoesäuresulfinid und Dulcin nach Maßgabe der genannten Verordnung vom 21. Juli 1923/16. Januar 1926 zu. Durch Verordnung vom 18. November 1927 (RGBl. I S. 330) endlich wurde mit Rückwirkung vom 1. Oktober 1927 die Verordnung vom 21. Juli 1923/16. Januar 1926 dahin geändert, daß die Süßstoffverwendung für obergäriges Einfachbier mit einem Stammwürzegehalt von nicht mehr als 4 v. H. bis zum 30. September 1928 weiter zugelassen wurde. Die mehrfach genannte Verordnung vom 21. Juli 1923/16. Januar 1926/18. November 1927 ist dann vollständig außer Kraft getreten. Sie wurde ersetzt durch die 2. Verordnung zur Änderung der Verordnung über den Verkehr mit Süßstoff (Verwendung von Süßstoff zur Bierbereitung) vom 30. September 1928 (RGBl. I S. 377). Danach durften und zwar jetzt unbefristet Benzoesäuresulfinid und Dulcin zur gewerblichen Herstellung von obergärigem Einfachbier mit einem Stammwürzegehalt von nicht mehr als 4 v. H. verwendet werden. Es wurde durch diese Regelung weitgehend Rücksicht genommen auf einen kleinen Teil des norddeutschen Gewerbes, der erklärte, auch nach der zwischenzeitlich eingetretenen Behebung der Versorgungsschwierigkeiten auf dem Gebiet der Zuckerwirtschaft, ohne Süßstoff bei der Bereitung von obergärigem Einfachbier, namentlich Jungbier, nicht auskommen zu können, obwohl das in der Zeit vor dem Kriege möglich gewesen ist, und obwohl durch Pasteurisierung die von dem Gewerbe ins Feld geführte wilde Gärung des Bieres nach Zuckerzusatz auch bei Bieren mit niedrigem Stammwürzegehalt ohne allzu erhebliche Kosten verhindert werden kann. Der durch die Verordnung vom 30. September 1928 geschaffene Rechtszustand wurde durch die auf Grund von § 13 des Süßstoffgesetzes vom 1. Februar 1939 (RGBl. I S. 111) erlassene Verordnung über den Verkehr mit Süßstoff vom 27. Februar 1939 (RGBl. I S. 336) aufrecht erhalten (vgl. § 5 Ziff. 3). Durch die Verordnung zur Änderung der Süßstoff-Verordnung vom 9. Februar 1953 (BGBl. I S. 43, BZBl. 1953 S. 102) ist schließlich die Beschränkung der Süßstoffverwendung auf die Herstellung obergärigen Einfachbiers mit einem Stammwürzegehalt von nicht mehr als 4 v. H. beseitigt worden, so daß nunmehr Süßstoff zur gewerblichen Herstellung von obergärigem Einfachbier schlechthin verwendet werden darf.

42. Hausbrauer dürfen Süßstoff nicht verwenden, da nur die gewerbliche Verwendung zugelassen ist (vgl. Bem. 41).

43. Da die allgemeine Bestimmung des § 1 Abs. 3 der in Bem. 41 mehrfach genannten Verordnung vom 21. Juli 1923, wonach die für die Verwendung von Zucker geltenden Vorschriften des Biersteuergesetzes und der Ausführungsbestimmungen auf Süßstoff zur Bierbereitung Anwendung finden, außer Kraft getreten ist, ist diese Regelung in den Durchführungsbestimmungen nunmehr durch besondere Anführung des Süßstoffs neben dem Zucker an zahlreichen Stellen getroffen worden (vgl. die Bestimmungen des § 50 DB über die Aufbewahrung, des § 54 über die Brauanzeige, der §§ 58 bis 60 über Erklärung und Buchführung über die Verwendung von Zucker, Süßstoff usw.). Zu erwähnen ist in diesem Zusammenhang auch die Vorschrift des § 10 Abs. 1 Satz 2, Halbsatz 2 des Gesetzes über die Erklärungspflicht für Süßstoffbier (vgl. § 26 Abs. 1 DB). Eine Lücke enthält diese Regelung hinsichtlich des § 9 Abs. 8 des Gesetzes: es fehlt an einer Bestimmung des Biersteuerrechts, die den Zusatz von Süßstoff zu obergärigem Einfachbier durch Brauer nach Entstehung der Steuerschuld untersagt. Diese Lücke dürfte indessen unschädlich sein. Süßstoff wird regelmäßig in Wasser gelöst, und der Zusatz einer solchen Lösung fällt unter das Verbot des Wasserzusatzes des § 9 Abs. 7. Hinsichtlich der Bierhändler und Wirte besteht eine gleiche Lücke nicht, daß die Verwendung von Süßstoff nach § 9 Abs. 9 des Gesetzes nur nach Maßgabe der Verordnung über den Verkehr mit Süßstoff (vgl. oben Bem. 41) gestattet ist, also nur zur *gewerblichen Herstellung* eines bestimmten Bieres.

Wer verbotswidrig dem Bier, nämlich untergärigem Bier oder anderem obergärigem Bier als Einfachbier Süßstoff zusetzt, macht sich des Vergehens gegen § 8 der Verordnung über den Verkehr mit Süßstoff (RGBl. 1939 I S. 336) in Tateinheit mit einem Vergehen gegen § 18 des Biersteuergesetzes schuldig. Tateinheit mit Biersteuerhinterziehung kann außerdem dann gegeben sein, wenn der Süßstoff in Wasser gelöst war (§ 9 Abs. 7) und dadurch eine Vermehrung der Biermenge bewirkt wurde. Wird in den Fällen des § 9 Abs. 8 Satz 1 Halbsatz 2 des Biersteuergesetzes statt Zucker Süßstoff einem obergärigem Einfachbier zugesetzt, so können sich, wenn wässerige Lösung verwendet wird, Brauer sowie Gastwirte und Bierhändler einer Steuerhinterziehung (§ 396 AO) schuldig machen, Bierhändler und Gastwirte außerdem die Strafe aus § 18 des Biersteuergesetzes und aus § 8 der Süßstoffverordnung verwirken. Wird Süßstoff erlaubt verwendet, geht aber dabei die Menge des Wassers über das Maß des zur Lösung erforderlichen hinaus, so kommt Bestrafung wegen Hinterziehung in Betracht.

44. Eine vorübergehende Ergänzung hatte die Liste der Ausnahmen vom Reinheitsgebot durch das Gesetz vom 9. Juli 1922, betreffend Abweichungen von dem Biersteuergesetz vom 26. Juli 1918 (RGBl. I S. 572 und 692), erfahren, durch welches bis zum 30. September 1923 *Reis* und geschälter und entkeimter *Mais* in Gestalt von Grieß sowie *Maisstärke* als *Zumaischstoffe* zur Bierbereitung zugelassen waren. § 32 Abs. 2 des Biersteuergesetzes von 1923 erhielt dieses Gesetz ausdrücklich aufrecht. Die Geltungsdauer dieses Gesetzes ist durch Gesetz vom 18. Juli 1923 (RGBl. I S. 743) noch bis zum 30. September 1924 verlängert worden. Reis und Mais mußten als „*Rohfrucht*", d. h. ungemälzt, verarbeitet werden. Deshalb mußten sie in Gestalt von Grieß und als Zumaischstoffe verwendet werden. Sie enthalten keine Diastase, verzuckern also nicht selbst und müssen deshalb mit möglichst diastasereichem Malz verarbeitet werden. In den unter der Bezeichnung Maisstärke zusammengefaßten Erzeugnissen ist die Stärke des Maises durch eine Vorbehandlung bereits aufgeschlossen und dadurch der Verzuckerung leichter zugänglich gemacht. Hiernach war z. B. die Herstellung reiner Reisbiere unzulässig. Auf die Verwendung der genannten Zumaischstoffe fanden nach Art. I des Gesetzes vom 9. Juli 1922 die Vorschriften des Biersteuergesetzes über die Überwachung der Zuckerverwendung entsprechende Anwendung. Nach Art. 2 des Gesetzes vom 9. Juli 1922 konnte die Verwendung der Zumaischstoffe in Bayern, Württemberg und Baden von der obersten Landesbehörde ausgeschlossen werden.

45. Auf dem Gebiete der Ersatzstoffverwendung bei der Bierbereitung bestehen gewisse Ausnahmen für Bayern und die ehemaligen Länder Württemberg und Baden (Baden-Württemberg).

Nach den Gesetzen vom 27. März 1919 (RGBl. S. 345) und 24. Juni 1919 (RGBl. S. 599) über den Eintritt Württembergs, Bayerns und Badens in die Biersteuergemeinschaft in der Fassung des Gesetzes vom 9. Juli 1923 (RGBl. I S. 563, vgl. Bem. 3 zu § 1) kann in den Gebieten der drei Länder von der obersten Landesfinanzbehörde ausgeschlossen werden die Anwendung: 1. der Vorschriften des Biersteuergesetzes über die Verwendung von Zucker und von aus Zucker hergestellten Farbmitteln sowie von Süßstoff bei der Bereitung obergärigen Bieres, 2. der Vorschrift in § 10 — jetzt 9 — Abs. 6 des Biersteuergesetzes (Ausnahme vom Reinheitsgebot zugunsten der Hausbrauer), für Bayern und Baden, außerdem noch 3. der Vorschrift in § 10 — jetzt 9 — Abs. 5 (Ausnahmen für die Bereitung besonderer Biere). Dazu trat noch die Ermächtigung der obersten Landesbehörde, die Verwendung von Reis, Mais und Maisstärke zur Bierbereitung auszuschließen (vgl. Bem. 44 oben).

Bayern hat beim Inkrafttreten des Biersteuergesetzes vom 26. Juli 1918 in Bayern (1. Juli 1919) durch Nr. 1 Abs. 2 der Biersteuer-Vollzugsvorschriften vom 25. Juni 1919 (Amtsbl. der Bayerischen Generaldirektion der Zölle und indirekten Steuern, S. 320) die Anwendung der Vorschriften des genannten Gesetzes über die Verwendung von Zucker und von aus Zucker hergestellten Farbmitteln bei der Bereitung obergärigen Bieres und der Vorschriften in § 13 Abs. 5 und 6 (Hausbrauer, besondere Biere) sowie der hierzu ergangenen Ausführungsbestimmungen für Bayern ausgeschlossen. Das gleiche geschah durch Bekanntmachung vom 25. Februar 1921 (GVBl. S. 66) für die vormals coburgischen Landesteile Bayerns mit Wirkung vom 1. April 1921 ab. Erst durch die Bekanntmachung über Biersteuer vom 29. Juni 1924 (GVBl. S. 176) sind diese Bestimmungen, deren Fortgeltung auch für das Biersteuergesetz von 1923 anzunehmen war (vgl. RGStrafs. Bd. 47 S. 110), neu gefaßt und mit dem Biersteuergesetz von 1923 in Einklang gebracht worden (s. Bem. zu § 3 DB und Anhang III). Nach dieser Bekanntmachung ist auch die Verwendung von Süßstoff bei der Bereitung obergärigen Bieres für Bayern ausgeschlossen. Die Verwendung von Zucker ist also für Bayern auch hinsichtlich des Hausbrauerbieres unstatthaft (vgl. BayOLG II Nr. 569/26, Kartei R 2 zu § 1). Im ehemaligen Land *Württemberg* ist durch die Verordnung des Finanzministeriums vom 26. März 1930 (RegBl. Nr. 8 vom 8. April 1930; frühere Verordnung vom 27. März 1919, Amtsbl. des Württ. Steuerkollegiums S. 179) die Anwendung der Vorschriften des Biersteuergesetzes vom 9. Juli 1923 über die Verwendung von Zucker und von aus Zucker hergestellten Farbmitteln sowie von Süßstoff bei der Bereitung obergärigen Bieres, ferner der Vorschrift in § 10 (9) Abs. 6 des Gesetzes für Hausbrauer ausgeschlossen worden. Das ehemalige Land *Baden* hat durch die Verordnung vom 24. Juni 1919 (Bad. GVBl. S. 379), die Einführung des Reichsbiersteuergesetzes betreffend, die Verwendung von Zucker oder von Farbmitteln aus Zucker oder von anderen Erzeugnissen dieser oder ähnlicher Art nach wie vor verboten, und zwar für alle Bierarten, insbesondere auch für Bier, das zur Ausfuhr bestimmt ist, und für das Bier, das steuerbegünstigte Hausbrauer herstellen. Durch Verordnung vom 30. März 1920 (GVBl. S. 65) hat Baden jedoch abweichend hiervon zur Herstellung obergärigen Bieres die Verwendung der in § 13 Abs. 2 des Reichsbiersteuergesetzes vom 26. Juli 1918 aufgeführten Stoffe zugelassen. Diese Erleichterung ist durch die Verordnung vom 20. Juli 1936 über Ersatz- und Zusatzstoffe bei der Bierbereitung (Bad. GVBl. 1936 Nr. 22) wieder beseitigt worden. Auch im ehemaligen Land Baden sind seitdem die Vorschriften des Biersteuergesetzes über die Verwendung von Zucker und von aus Zucker hergestellten Farbstoffen sowie von Süßstoff bei der Bereitung obergärigen Bieres, ferner die Vorschriften in § 9 Abs. 5 und 6 des Gesetzes wieder ausgeschlossen (Bem. zu § 3 DB und Anhang III).

Von der Ermächtigung, die Verwendung von *Reis, Mais und Maisstärke* zur Bereitung von Bier auszuschließen, hat *Baden* überhaupt keinen Gebrauch gemacht. In *Bayern* wurde durch die Bekanntmachung des Staatsministeriums der Finanzen vom 17. Februar 1921 (Bayerischer Staatsanzeiger Nr. 43) die Anwendung der Vorschriften des Art. 1 des — bis zum 30. September 1921 befristeten — Gesetzes vom 5. Februar 1921 (s. Bem. 44 oben) ausgeschlossen. Ein gleiches geschah hinsichtlich des Gesetzes vom 9. Juli 1922/18. Juli 1923 erst durch die oben genannte Bekanntmachung des Staatsministeriums der Finanzen vom 29. Juni 1924. In *Württemberg* wurde durch Erlaß des Finanzministeriums vom 29. August 1922 (Staatsanzeiger Nr. 202 vom 30. August 1922) ein Verbot der Verarbeitung von Reis usw. in württembergischen Brauereien erlassen.

In strafrechtlicher Hinsicht stehen die auf Grund der gesetzlichen Ermächtigung erlassenen landesrechtlichen Verbote den bundesrechtlichen Verboten gleich. Es finden insbesondere auf Zuwiderhandlungen gegen sie die §§ 18, 19 des Biersteuergesetzes Anwendung. So auch Urteil des BayOLG vom 25. Oktober 1926, RevReg. Nr. 361/1926 (BayOLG Bd. 26 S. 244, ZfZ, 1927 S. 367).

Aus dem Wortlaut des § 2 Abs. 2 der Eintrittsgesetze ergibt sich, daß Bier, bei dessen Herstellung außerhalb der drei süddeutschen Länder nicht nach den strengeren Grundsätzen dieser Länder verfahren worden ist, von der *Verbringung* und dem *Inverkehrbringen* in diesen Ländern ausgeschlossen werden darf. Die Ermächtigung erstreckt sich also nicht nur auf Bier, das in den drei Ländern hergestellt wird. In Bayern darf deshalb ein gegorenes Getränk, zu dessen Bereitung Zucker, ein aus Zucker hergestelltes Farbmittel oder Süßstoff verwendet worden ist, nicht unter der Bezeichnung „Bier" in den Verkehr gebracht werden, auch wenn es außerhalb seines Gebietes hergestellt ist und dort als Bier anerkannt wird (BG-Urteil 2 StR 80/57 vom 15. Februar 1958, das insoweit dem Urteil des BayOLG vom 23. Mai 1956, abgedruckt in ZfZ 1956 S. 205 beigetreten ist): arderer Ansicht Gutachten BFH V z D 4/54 vom 23. Februar 1955, BZBl. 1955 S. 265 = ZfZ 1955 S. 126. S. zu dieser Frage auch Bayrischer Staatsanzeiger Nr. 30 vom 28. Juli 1956 und ZfZ 1955 S. 182ff.

Verkehr mit Bier

§ 10

(1) Unter der Bezeichnung Bier — allein oder in Zusammensetzung — oder unter Bezeichnungen oder bildlichen Darstellungen, die den Anschein erwecken, als ob es sich um Bier handelt, dürfen nur solche Getränke in Verkehr gebracht werden, die gegoren sind und den Vorschriften im § 9 Abs. 1 bis 3 entsprechen. Bier, zu dessen Herstellung außer Malz, Hopfen, Hefe und Wasser auch Zucker verwendet worden ist, darf nur in Verkehr gebracht werden, wenn die Verwendung von Zucker in einer dem Verbraucher erkennbaren Weise kundgemacht wird; das gleiche gilt hinsichtlich des Biers, zu dessen Herstellung Süßstoff verwendet ist. Das Nähere bestimmt der Bundesminister der Finanzen.

(2) Einfachbier und Schankbier dürfen nur in Verkehr gebracht werden, wenn sie in einer dem Verbraucher erkennbaren Weise als solche bezeichnet sind. Bier darf unter der Bezeichnung Starkbier oder einer sonstigen Bezeichnung, die den Anschein erweckt, als ob das Bier besonders stark eingebraut sei, nur in Verkehr gebracht werden, wenn der Stammwürzegehalt des Biers nicht unter die festgesetzte Grenze herabgeht. Unter der Bezeichnung „Bockbier" darf nur Starkbier in Verkehr gebracht werden.

(3) Bier mit einem Stammwürzegehalt von
weniger als 2,
mehr als 5,5 und weniger als 7,
mehr als 8 und weniger als 11 und
mehr als 14 und weniger als 16
vom Hundert darf nicht in Verkehr gebracht werden. Der Bundesminister der Finanzen kann Ausnahmen zulassen. Soweit hierbei

nichts anderes bestimmt wird, ist Bier der ersten Art als Einfachbier, Bier der zweiten Art als Schankbier, Bier der dritten Art als Vollbier und Bier der letzten Art als Starkbier zu versteuern. Die gleichen Steuersätze gelten für Bier der im Satz 1 bezeichneten Arten, das vorschriftswidrig in Verkehr gebracht wird.

Zu § 10 Abs. 1, s. §§ 25 und 26 DB.

1. Die Vorschrift will ebensowenig wie § 9 den Begriff „Bier" bestimmen, sondern lediglich einen Schutz für die *Bezeichnung* „Bier" geben (s. Bem. 7 zu § 1). In ähnlicher Form findet sie sich bereits in § 1 Abs. 4 des Brausteuergesetzes vom 15. Juli 1909; sie wurde in dieses Gesetz bei der Beratung des Entwurfs im Reichstagsausschuß eingefügt, um den ungerechtfertigten Gebrauch des Wortes „Bier" zur Bezeichnung von Getränken, die nach dem herkömmlichen Begriffe von Bier unter dieses Getränk nicht gerechnet werden können, wie z. B. Ingwerbier, zu verhindern (s. Reichstagsdrucks. Nr. 1451 I 1907/09 S. 14f.). Gegenüber dem Brausteuergesetz von 1909 führte das Biersteuergesetz von 1918, dem § 10 Abs. 1 des geltenden Gesetzes folgt, insofern eine Verschärfung ein, als nicht nur die Bezeichnung Bier, sondern auch Bezeichnungen oder bildliche Darstellungen, die den Anschein erwecken, als ob es sich um Bier handle, für solche Getränke verboten sind, die nicht Bier im Sinne des Biersteuergesetzes sind. Nach Abs. 1 Satz 1 ist es verboten, ein Getränk, das durch Aufkochen von Bier und Zusatz von Gewürzen usw. bereitet ist, als alkoholfreies Bier, Ingwerbier, Milchbier, Honigbier u. dgl. in Verkehr zu bringen. Den Getränken, die den Vorschriften im § 9 Abs. 1 bis 3 entsprechen, sind die besonderen Biere gleichzustellen, für deren Bereitung auf Grund von § 9 Abs. 5 Abweichungen von den Vorschriften im Abs. 1 und 2 gestattet sind.

2. *Inverkehrbringen* ist jedes Überlassen an dritte Personen, auch die Abgabe von Bier als Haustrunk nach § 7 Abs. 1 des Gesetzes. Ein Inverkehrbringen liegt nicht vor beim Verbrauch im eigenen Haushalt des Brauers. Als Haushalt in diesem Sinne ist nicht nur der Haushalt einer natürlichen Person, sondern auch ein von einer juristischen Person aufrechterhaltener Haushalt (s. Bem. 29 zu § 9 Abs. 6 des Gesetzes) anzusehen. Darunter dürfte auch der Haushalt eines Klosters fallen. Die Einfuhr in das Erhebungsgebiet ist an sich noch kein Inverkehrbringen. Getränke mit nach § 10 unzulässigen oder unzureichenden Bezeichnungen können vom Verbraucher selbst oder zur Lagerung eingeführt werden; sie können auch durchgeführt werden. In Verkehr gebracht werden Getränke, die in das Erhebungsgebiet für einen Verbraucher in diesem Gebiet durch einen Dritten eingeführt werden, sofern dieser Dritte nicht lediglich der mit der Einfuhr beauftragte Vertreter des Verbrauchers ist. Die Einfuhrzollstelle kann Angaben bezüglich des Reinheitsgebotes nicht verlangen, da hierfür weder im Biersteuergesetz noch in der Steuerordnung für Einfuhrbier eine Rechtsgrundlage vorhanden ist. Entsprechende Rechtsvorschriften können jedoch auf Grund der Ermächtigung in § 25 Abs. 1 Nr. 2 des Gesetzes durch Rechtsverordnung angeordnet werden. Nach erfolgter Einfuhr unterliegen die Getränke den Einschränkungen des § 10 und dürfen daher unter der Bezeichnung Bier usw. an Dritte nicht abgegeben werden, wenn bei ihnen die Voraussetzungen des Abs. 1 Satz 1 fehlen (vgl. Bem. 6 zu § 9). Bier, das aus dem Erhebungsgebiet ausgeführt wird, wird nicht im Sinne dieser Vorschrift in Verkehr

gebracht. Wegen des Inverkehrbringens gesüßter Biere in Bayern unter der Bezeichnug „Bier" s. Bem. 45 zu § 9.

3. Ein Getränk, bei dem die Gärung durch Erhitzen unterbrochen ist (pasteurisierte Biere, weingeistarme Biere), gilt gemäß § 25 DB als gegoren im Sinne des Gesetzes.

4. Als Bezeichnung, die den Anschein erweckt, als ob es sich bei dem angepriesenen Getränk um Bier handelt, wird insbesondere die Bezeichnung „Bräu" zu erachten sein. Hierher gehören auch die fremdsprachlichen Bezeichnungen, wie beer, ale, stout, piwo u. dgl. Ein alkoholfreies Getränk, das aus einem Sirup, der aus einer Zuckerlösung, einem Ingwerauszug und Zuckerkulör besteht, unter Auffüllung mit kohlensäurehaltigem Wasser ohne Gärung und ohne Verwendung schaumbildender Mittel hergestellt ist, kann deshalb nicht unter der Bezeichnung „ale" oder „Ginger-Ale" ohne einen seinen Charakter näher kennzeichnenden Zusatz wie z. B. „alkoholfreie Ingwerlimonade unter Zusatz von Kohlensäure" in Verkehr gebracht werden. Als bildliche Darstellungen, die den gleichen Anschein erwecken, werden Abbildungen zu erachten sein, die dem Bier vorzugsweise zukommende Eigenschaften oder Vorgänge darstellen, die sich auf die Herstellung oder den Ausschank von Bier beziehen.

5. Für das unter Verwendung von Zucker hergestellte Bier ist mit Rücksicht auf die Brauereien, die Bier in Verkehr bringen, zu dessen Herstellung Zucker nicht verwendet worden ist, allgemein der Bezeichnungszwang vorgeschrieben. Nach § 1 Abs. 4 des Brausteuergesetzes vom 15. Juli 1909 mußte die Verwendung von Zucker zur Bierbereitung nur dann kenntlich gemacht werden, wenn das Bier unter der Bezeichnung „Malzbier" oder unter einer sonstigen Bezeichnung, die das Wort Malz enthielt, in Verkehr gebracht wurde. Die vielfach übliche Bezeichnung „Karamelbier" ist nicht geeignet, die durch § 26 DB für die Gefäße, Rechnungen usw. vorgeschriebene Bezeichnung „unter Zuckerverwendung hergestellt" zu ersetzen. Der Bezeichnungszwang für mit Süßstoff bereitetes Bier folgt bereits aus § 7 der Verordnung über den Verkehr mit Süßstoff vom 27. Februar 1939 (RGBl. I S. 336) in Verbindung mit § 13 des Süßstoffgesetzes. Sie ist hier wiederholt, um eine von jenen Vorschriften unabhängige Sonderbestimmung für das Bier zu treffen (vgl. Begr. 1923 S. 10). Weitere Hinweise s. Bem. 1—4 zu § 26 DB. Bei Zuwiderhandlungen gegen den Bezeichnungszwang für mit Süßstoff bereitetes Bier konkurriert mit § 19 des Gesetzes der § 8 der Verordnung über den Verkehr mit Süßstoff (vgl. Bem. 4 zu § 18). Auf Zuwiderhandlungen gegen den Bezeichnungszwang bei Jungbier wird die Steueraufsicht im Interesse des reellen Gewerbes besonders zu achten haben.

Zu § 10 Abs. 2, s. DB § 26 Abs. 2 bis 5.

6. Nach dem Entwurf des Biersteuergesetzes von 1918 sollte es dem Bundesrat überlassen bleiben, hinsichtlich der Bezeichnung des Einfachbieres und des Gebrauches der Bezeichnung Starkbier die nötigen Anordnungen zu treffen, um den Verbraucher erforderlichenfalls davor zu schützen, daß Biere unter einer Bezeichnung in Verkehr gebracht werden, die ihrem Stammwürzegehalt und ihrem Wert nicht entspricht (s. Begr. 1918 zu § 14). Der Reichstagsausschuß erachtete es indes für zweckmäßig, hierüber eine bindende Vorschrift in das Gesetz aufzunehmen (s. Reichstagsdrucks. Nr. 1686 für 1914/18). Das Schankbier, das durch

Art. III Nr. Ie des Gesetzes, betreffend Erhöhung einzelner Verbrauchsteuern, vom 8. April 1922 (RGBl. I S. 380) in Satz 1 eingefügt war, ist durch Art. I Nr. 7a der Novelle von 1925 wieder gestrichen worden (vgl. hierüber und zum folgenden Bem. 22 zu § 3). Schankbier nach § 29 Abs. 5 DB 1931 unterlag dem Bezeichnungszwang nach dieser Vorschrift. Nunmehr ist der Bezeichnungszwang für Einfachbier sowie auch für Schankbier im Gesetz selbst verankert. Wird solches Bier in Verkehr gebracht, so muß es auf den Gefäßen (Fässer, Syphons, Kannen, Flaschen usw.) in deutlich lesbarer, unverwischbarer Schrift an augenfälliger Stelle als solches bezeichnet sein (§ 26 Abs 2 DB u. Bem. 5 hierzu). Eine einzige Ausnahme vom Bezeichnungszwang für Einfach- und Schankbier in Flaschen ist in § 26 Abs. 4 DB zugelassen. Ein Bezeichnungszwang für auf Grund des § 10 Abs. 3 des Gesetzes ausnahmsweise zugelassenes Bier mit einem Stammwürzegehalt zwischen 14 und 16 v. H. besteht nicht. Aus Abs. 2 Satz 2 folgt nur, daß ein solches Bier nicht als Starkbier bezeichnet werden darf. Die Bezeichnung „Einfachbier" und „Schankbier" müssen als solche verwendet werden (s. DB § 26 Abs. 2), Bezeichnungen wie „Braunbier", „Dünnbier" u. dgl. genügen nicht. Nährbier ist nicht als Bezeichnung eines besonders stark eingebrauten Bieres anzusehen.

7. Die Vorschrift, daß unter der Bezeichnung *„Bockbier"* nur Starkbier in Verkehr gebracht werden darf, ist durch die Novelle von 1930 auf Wunsch des Braugewerbes in das Gesetz eingefügt worden (vgl. Reichstagsdrucks. Nr. 1785 IV 1928; die Begründung erläutert den Vorschlag nicht). In manchen Gegenden, namentlich Süddeutschlands, wird seit jeher unter Bockbier ein Starkbier von besonders hohem Stammwürzegehalt, dementsprechend hohem Weingeistgehalt und sehr dunkler Farbe verstanden. In anderen Gegenden, besonders in Norddeutschland, war die Bezeichnung jedoch seit langem für ein Bier gebräuchlich, das lediglich stärker eingebraut war als das gewöhnliche Lagerbier, also innerhalb der Vollbierstammwürzegehaltsgrenze bleiben konnte. Nach dem Biersteuergesetz von 1923 durfte ein Bier von mehr als 13 bis 14 v. H. Stammwürzegehalt ohne Zweifel als Bockbier bezeichnet werden. Nunmehr besteht Einheitlichkeit im Geltungsbereich des Gesetzes.

Zu § 10 Abs. 3.

8. Die Vorschrift des § 10 Abs. 3 Satz 1 geht ursprünglich auf einen Beschluß des Reichstagsausschusses bei der Beratung des Entwurfs von 1918 (s. Reichstagsdrucks. Nr. 1686 für 1914/18 S. 36) zurück, der dadurch nötig wurde, daß in § 3 Abs. 2 für Vollbier auch eine untere Grenze des Stammwürzegehaltes festgesetzt wurde. Das Verkehrsverbot für Bier mit einem Stammwürzegehalt, der innerhalb der Leerräume liegt, erstreckt sich auch auf Einfuhrbier (s. RZBl. 1924 S. 70).

9. Die Vorschrift in § 10 Abs. 3 Satz 1 bezieht sich nur auf den Verkehr mit Bier, nicht aber auch auf die Herstellung von Bier.

10. Von der Ermächtigung des Abs. 3 Satz 2 wird im allgemeinen nur für besondere Biere und nur aus zwingenden technischen, nicht etwa in den wirtschaftlichen Verhältnissen des einzelnen Betriebes liegenden Gründen Gebrauch zu machen sein, wenn die Festsetzung der Stammwürzegehaltsgrenzen mit den weiteren Leerräumen nicht ihren Sinn verlieren soll. Aus demselben Grunde werden Ausnahmebewilligungen sich nur auf Biere zu erstrecken haben, deren Stammwürzegehalt möglichst weit von dem des Voll- oder des Starkbieres entfernt bleibt.

11. Eine Zulassung auf Grund des Abs. 3 Satz 2 kann, soweit nicht Widerruf oder weitere Bedingungen vorbehalten sind, nur nach Maßgabe des § 96 AO zurückgenommen oder eingeschränkt werden.

12. Für die in die Leerräume fallenden Biere richten sich die Steuersätze nach § 10 Abs. 3 Sätze 2 und 3. Diese Steuersätze gelten insbesondere auch für vorschriftswidrig in Verkehr gebrachtes Lückenbier.

13. Die Verpflichtung, die Leerräume des § 10 Abs. 3 einzuhalten, obliegt auch den Hausbrauern nach § 9 Abs. 6 des Gesetzes (s. § 26 Abs. 5 DB).

14. Zuwiderhandlungen gegen die Vorschriften in § 10 werden nach § 19 des Gesetzes bestraft.

Zubereitungen

§ 11

Zur Herstellung von Bier bestimmte Zubereitungen aller Art und zur Herstellung von Bier im Haushalt bestimmte Braustoffe oder Brauersatzstoffe dürfen nicht angepriesen oder in Verkehr gebracht werden. Unter dieses Verbot fallen nicht aus Zucker hergestellte Farbmittel (§ 9 Abs. 2) und Farbebiere (§ 9 Abs. 3), wenn sie an Brauereien abgegeben werden sollen. Es ist verboten, Vorschriften über die Bereitung von Bier im Haushalt anzupreisen, zu veräußern oder unentgeltlich abzugeben.

Zu § 11, s. DB § 28.

1. Bereits § 3 Abs. 2 des Brausteuergesetzes von 1906 (RGBl. S. 675) verbot, „zur Herstellung von Bier oder bierähnlichen Getränken bestimmte Zubereitungen (Bierextrakte u. dgl.)" mit Ausnahme der aus Zucker hergestellten Farbmittel in Verkehr zu bringen. Nach der Begründung zum Entwurf jenes Gesetzes sollte dadurch der immer mehr überhand nehmenden Herstellung von Bier zum Verkauf unter Umgehung der Steuerpflicht mittels sogenannter Bierextrakte entgegengetreten werden. Dieser in der Regel aus Malzextrakt, Zuckerkulör und Gewürzen zusammengesetzte, mitunter auch Hopfenauszüge oder sonstige Bitterstoffe enthaltende Bierextrakt wurde teilweise in recht erheblichen Mengen durch lebhafte Anpreisung in den Zeitungen abgesetzt. Dem mußte mit Rücksicht auf das Braugewerbe, das Steueraufkommen und schließlich auch auf die Volksgesundheit vorgebeugt werden (s. Reichstagsdrucks. Nr. 10 von 1905/06 Anl. 1 S. 23/24).

In § 3 Abs. 2 des Brausteuergesetzes vom 15. Juli 1909 erhielt die Vorschrift eine etwas veränderte Fassung, um klar zum Ausdruck zu bringen, daß die nach dem Gesetz bei der Bierbereitung verwendbaren aus Zucker hergestellten Farbmittel und die aus den zulässigen Braustoffen hergestellten Farbebiere nicht unter das Verbot fallen.

Diese Vorschrift (vgl. auch Art. 2 Abs. 4 des bayer. Malzaufschlagges.) wurde inhaltlich in § 15 des Biersteuergesetzes von 1918 und in § 12 des Gesetzes von 1923 übernommen. Durch das Biersteueränderungsgesetz vom 15. April 1930 (RGBl. I S. 136) wurde entsprechend der Vorlage von 1930 (Reichstagsdrucks. Nr. 1758 IV 1928) auch das Anpreisen von zur Herstellung von Bier bestimmten Zubereitungen sowie das Inverkehrbringen und Anpreisen von unvermischt zusammengestellten

Braustoffen und ähnlichen Erzeugnissen für die Herstellung von Bier im Haushalt verboten (vgl. § 11 in der Fassung des Gesetzes von 1931). Die Begründung (S. 3) sagt dazu, die Herstellung und Verbreitung von Bierbereitungsmitteln sei derartig umfangreich geworden, daß das Steueraufkommen auch mit Rücksicht auf die vorgeschlagene Steuererhöhung bis zu einem gewissen Grade gefährdet werde. Da außerdem die als Bierbereitungsmittel angepriesenen Zubereitungen und Zusammenstellungen von Braustoffen nicht selten von zweifelhaftem gesundheitlichen Werte seien, erscheine es angezeigt, das Inverkehrbringen von Bierbereitungsmitteln jeder Art zu verbieten. Die Neuerung entsprach Wünschen des Braugewerbes. Da sich die Verschärfung des Verkehrsverbotes bald als unzureichend erwies und im übrigen jede Verwertung von Bierbereitungsmitteln im Haushalt wegen der unterbliebenen Anmeldung der Bierherstellung zwangsläufig eine Biersteuerhinterziehung zur Folge hatte, erhielt § 11 auf Grund des Biersteueränderungsgesetzes vom 21. Dezember 1938 (RGBl. I S. 1897) seine jetzt geltende Fassung, durch die das Anpreisen und Inverkehrbringen von Bierbereitungsmitteln jeglicher Art verboten wird.

2. Verboten ist das Anpreisen und Inverkehrbringen von 1. Zubereitungen, die zur Herstellung von Bier bestimmt sind, 2. Braustoffen oder Brauersatzstoffen, die für die Herstellung von Bier im Haushalt bestimmt sind. Unter *Zubereitung* ist im Gegensatz zum Rohstoff eine einheitliches Erzeugnis zu verstehen, das aus mehreren Rohstoffen durch Verarbeitung gewonnen wird, so daß die Rohstoffe ihre natürliche Eigenart verloren haben. Eine Mischung von Rohstoffen, bei der jedem die natürliche Eigenart verbleibt, z. B. ein Gemenge von trockenem Malzschrot und trockenem Hopfen, ist keine Zubereitung. Wohl aber stellen solche Mischungen Braustoffe oder Brauersatzstoffe dar, die unter Satz 1 zweiter Satzteil fallen. Diese Stoffe unterliegen dem Verkehrsverbot in vermischter wie auch unvermischter Form (§ 28 Satz 2 DB).

3. Für die Anwendbarkeit des § 11 ist die Zweckbestimmung der Zubereitung oder des Braustoffes oder Brauersatzstoffes maßgebend. An und für sich, etwa wegen ihrer Zusammensetzung oder sonstigen Beschaffenheit, unterliegen die für die Anwendung der Vorschrift in Betracht kommenden Zubereitungen und Brau- und Brauersatzstoffe keiner Verkehrsbeschränkung. Diese tritt erst ein, wenn die Zubereitungen nach ihrer Bezeichnung, Gebrauchsanweisung, Anpreisung oder sonstigen Aufmachung usw. zur Herstellung von Bier, die Braustoffe und Brauersatzstoffe zur Herstellung von Bier im Haushalt bestimmt sind oder verwendet werden können (§ 28 Satz 1 und 2 DB). Eine Zubereitung, die zur Bierherstellung geeignet ist, z. B. Malzextrakt, Hustensaft u. dgl., darf zu anderen Zwecken in den Handel gebracht werden; wird sie aber zum Zwecke der Bierbereitung als dazu tauglicher Ersatzstoff vertrieben, so fällt sie unter das Verkehrsverbot.

4. Von dem Verkehrsverbot ausgenommen sind aus Zucker hergestellte Farbmittel (§ 9 Abs. 2) und Farbebiere (§ 9 Abs. 3). Wegen der Begriffe der „Farbmittel" und „Farbebier" s. die Bem. 11 und 12 zu § 9 und die Bem. zu § 9 Abs. 3. Diese Erzeugnisse sind von dem Verkehrsverbot jedoch nur dann ausgenommen, wenn sie an Brauereien abgegeben werden sollen (wegen Farbebier s. § 1 Abs. 2 FBierO).

5. Zubereitungen nach § 11 Satz 1 sind insbesondere die in § 28 Satz 3 DB genannten Gemische von Lösungen verschiedener Zuckerarten oder von Zuckerlösungen mit Farbmitteln (s. Bem. 4), Malzauszügen, Bier oder anderen Stoffen. Desgl. fallen Malzauszüge darunter. Ein Biersüßmittel, bestehend aus einem Gemisch von in

Wasser gelöstem Rübenzucker und von in Wasser gelöstem Invertzucker, ist danach nicht mehr eine einfache Lösung von Invertzucker, auch dann nicht, wenn die technisch reine Rübenzuckerlösung auf irgendeine Art invertiert sein sollte, sondern eine Zubereitung im Sinne des § 11. Als Zubereitung gilt dagegen nicht die bloße Lösung einer der in § 9 Abs. 2 des Gesetzes bezeichneten Zuckerarten in Wasser (§ 28 Satz 3, 1. Satzteil DB). Grundstoffe, die aus Zuckerkulör und Wasser bestehen, unterliegen jedoch dann dem Verkehrsverbot, wenn sie zur Herstellung von Bier (oder bierähnlichen Getränken) im Haushalt bestimmt sind.

6. Zubereitungen, die § 11 Satz 1 vom Verkehr ausschließt, dürfen auch nicht zum Zwecke der Bereitung von Haustrunk in Verkehr gebracht werden (s. RGStrafs. Bd. 41 S. 254).

7. Ob die Zubereitung oder die Brau- oder Brauersatzstoffe zur Herstellung von Bier geeignet sind, ist für die Anwendung des Verkehrsverbots gleichgültig; es genügt, wenn die Mittel zur Bierbereitung *bestimmt sind.*

8. Die Verbotshandlung besteht in dem Anpreisen oder Inverkehrbringen der Zubereitungen oder der Brau- sowie der Brauersatzstoffe. Unter dem Begriff des Anpreisens ist eine Ankündigung unter lobender und empfehlender Erwähnung und Beschreibung, Hervorhebung von Vorzügen usw. zu verstehen (RGStrafs. Bd. 37 S. 143 zu § 184 StGB). Wegen des Begriffes „Inverkehrbringen" s. Bem. 2 zu § 10.

9. Nach § 11 Satz 3 ist es bereits verboten, Vorschriften über die Bereitung von Bier im Haushalt anzupreisen, zu veräußern oder unentgeltlich abzugeben. Dieses Verbot wurde geschaffen, um das allgemeine Verkehrsverbot für Bierbereitungsmittel wirksam zu verstärken.

10. Zuwiderhandlungen gegen das in § 11 des Gesetzes ausgesprochene Verkehrsverbot werden gemäß § 18 Abs. 5 des Gesetzes ebenso bestraft wie die Verwendung unzulässiger Stoffe zur Bierbereitung. Daneben kann auf Einziehung der Zubereitung der Brau- sowie Brauersatzstoffe des mit ihnen bereiteten Bieres und der Umschließungen erkannt werden.

11. Nicht verboten ist das Anpreisen und Inverkehrbringen von Gerätschaften zur Herstellung von Bier im Hause. Eine Anmeldepflicht besteht für Brauereigefäße erst, wenn sie in den Besitz von Brauereiinhabern gelangt sind (§ 30 DB).

12. Wegen der Zubereitungen zur Herstellung bierähnlicher Getränke s. Bem. 3 zu § 21.

II. Überwachungsvorschriften

§ 12

Steueraufsicht

(1) Die Brauereien und der Ausschank von Bier in Verbindung mit einer Brauerei unterliegen der Steueraufsicht.

(2) Für die Zeit, in der Brauereigeräte im Betrieb nicht benutzt werden oder nicht benutzt werden dürfen, können sie amtlich verschlossen werden.

(3) Bier darf aus der Brauerei nicht entfernt werden, bevor es in den nach seiner allgemeinen Beschaffenheit und regelmäßigen

Brauart zum Genuß fertigen Zustand gebracht ist. Der Bundesminister der Finanzen kann Ausnahmen zulassen; er kann anordnen, daß das Erzeugnis beim Entfernen aus der Brauerei als fertiges Bier zu versteuern ist.

(4) Die Bestellung eines Betriebsleiters zur Erfüllung der steuerlichen Verpflichtungen des Brauereiinhabers (§ 190 der Reichsabgabenordnung) wird erst wirksam, nachdem das Hauptzollamt zugestimmt hat.

Vorbemerkung: Von den die Steueraufsicht regelnden 25 Paragraphen des Biersteuergesetzes vom 26. Juli 1918 (§§ 16 bis 41) sind nur sechs in das geltende Gesetz übergegangen. Die nicht übernommenen Vorschriften sind zum Teil durch §§ 191 Abs. 1, 192 und 193 der Reichsabgabenordnung in die Ausführungsbestimmungen verwiesen, zum Teil sind sie durch Vorschriften der Reichsabgabenordnung hinfällig geworden. Auf die Vorschriften in §§ 16 Abs. 4, 24 Abs. 6 und 41 Abs. 3 — Untersagung des Brauereibetriebes — ist s. Z. verzichtet worden, da die Zwangsmittel des § 202 AO auch in diesen Fällen ausreichen. — Die §§ 190 bis 201 der Reichsabgabenordnung über die Steueraufsicht enthalten nur einige Vorschriften, die für alle Steuergesetze, und solche, die für alle Verbrauchsteuergesetze gemeinsam sind, treffen also keine erschöpfende Regelung. Sie sind, soweit sie für die Überwachung der Biersteuer in Betracht kommen, in den Bemerkungen zum Gesetz und zu den Durchführungsbestimmungen, in welch letzteren ohnehin meist auf sie Bezug genommen sind, erläutert. Wegen der Zulässigkeit von eidesstattlichen Versicherungen im Steueraufsichtsverfahren s. RZBl. 1931 S. 111.

Durch das Biersteueränderungsgesetz vom 10. Oktober 1957 (BGBl. I S. 1712) wurde der bisherige § 12 Abs. 2 gestrichen, der für Inhaber von Brauereien die Verpflichtung begründete, nach den Durchführungsbestimmungen anmeldungspflichtige Gefäße (s. § 34 DB Muster 4) nicht aus den Händen zu geben, bevor sie der Zollstelle den Empfänger angezeigt und darüber eine Bescheinigung erhalten haben. Diese dem § 21 des Gesetzes von 1918 entsprechende Vorschrift erwies sich samt dem Überwachungsverfahren in dem bisherigen und durch die Änderungsverordnung vom 2. Dezember 1957 (BGBl. I S. 1831) gestrichenen § 29 DB als zu umständlich und auch nicht mehr den praktischen Bedürfnissen entsprechend.

Zu § 12 Abs. 1.

1. Unter Steueraufsicht sind die besonderen Befugnisse zu verstehen, die den Finanzbehörden gegenüber den Steuerpflichtigen und beteiligten dritten Personen zum Zwecke der Durchführung und Sicherung des Steueranspruchs zustehen. Dazu gehört auch die Befugnis zur Prüfung, ob in der Vergangenheit die Steuern richtig entrichtet sind. In den §§ 191 bis 198 AO sind die grundlegenden Befugnisse so zusammengefaßt, daß sie die nötige Grundlage für Ausführungsbestimmungen zu den einzelnen Verbrauchsteuergesetzen bilden, wobei die Möglichkeit offen gelassen ist, daß in allen Einzelheiten dem jeweilig herrschenden Verkehrsbedürfnis Rechnung getragen wird (Begr. zum Entwurf der AO S. 118). Daß eine Steueraufsicht stattfindet, wird in den einzelnen Gesetzen bestimmt.

2. § 12 Abs. 1 entspricht dem § 39 Abs. 1 des Biersteuergesetzes von 1918 (vgl. § 34 des Brausteuergesetzes von 1909). Als Brauereien gelten auch Betriebe, die

bierähnliche Getränke herstellen (§ 95 DB, § 23 des Gesetzes). Betriebe, in denen Bier oder bierähnliche Getränke hergestellt oder in der in § 9 Abs. 7, 8 (§ 23) bezeichneten Weise verändert werden, sind Brauereien, auch wenn sie zollamtlich nicht angemeldet sind. Auf Bierhändler und Wirte als solche erstreckt sich die Steueraufsicht nicht. Sie kann aber eintreten, wenn sich in den Fällen des § 22 Abs. 2e DB Bierhändler oder Wirte der Steueraufsicht unterwerfen. Nach § 17 des Gesetzes sind Durchsuchungen (§ 437 AO) nur in den der Steueraufsicht unterliegenden Betrieben zulässig. Durchsuchungen in anderen Betrieben sind an die Voraussetzungen der §§ 102ff. der Strafprozeßordnung gebunden (vgl. § 436 AO und Bem. 1 zu § 17).

§ 12 Abs. 1 besagt nicht, daß Brauereibetrieb und Bierausschank steuerlich als ein Ganzes zu betrachten sind. Die Vorschrift will nur die Grundlage für die Anwendbarkeit der §§ 191 bis 198 AO für diese Betriebe schaffen (RFH Bd. 19 S. 118, vgl. Bem. 2 zu § 7).

Zu § 12 Abs. 2, s. § 30 DB.

3. Das Recht zur Verschließung von Brauereigeräten läßt sich aus der AO (§ 192) nur für die Zeit nach der Eröffnung des Betriebes herleiten. Da hier auf die Zeit vor der Eröffnung nicht verzichtet werden konnte, ist diese Vorschrift aus dem Brausteuergesetz vom 31. Mai 1872 (§ 11 Abs. 2 dieses Gesetzes) beibehalten worden.

Zu § 12 Abs. 3.

4. Die Vorschrift entspricht inhaltlich den Abs. 1 und 2 des § 62 AB in der Fassung von 1923 (vgl. § 34 Abs. 2 des Gesetzes von 1918). Der Reichsfinanzhof hatte sich (Entsch. Bd. 14 S. 212) auf den Standpunkt gestellt, die Vorschrift, daß die Bierwürze beim Entfernen aus der Brauerei als fertiges Bier zu versteuern sei, stelle die Verpflichtung zur Versteuerung dieses Erzeugnisses als Bier fest und erweitere damit den Kreis der Erzeugnisse, die nach § 1 des Gesetzes Gegenstand der Besteuerung sind. Eine solche Erweiterung könne im Rahmen der Ausführungsbestimmungen nicht getroffen und deshalb als rechtsverbindlich nicht erachtet werden. Die durch die Novelle von 1925 eingefügte Vorschrift des nunmehrigen Abs. 3 trägt diesem Urteil Rechnung, indem sie den Rechtssatz aus den Ausführungsbestimmungen in den § 12 des Gesetzes übernahm, die Sammelvorschrift, in der die Überwachungsvorschriften des Biersteuergesetzes von 1918 vereinigt sind, deren Unterbringung in den Ausführungsbestimmungen im Hinblick auf die Reichsabgabenordnung bedenklich erschien. Den Belangen des Braugewerbes, die z. B. dahin gehen, zur Herstellung von Malzwein steuerfreie Würze zu verwenden, ist durch Änderung der Fassung des § 64 (früher § 62) DB Rechnung getragen worden (vgl. Begr. 1925 S. 5/6).

Nach Abs. 3 wäre es unzulässig, daß Gastwirte oder Bierhändler, etwa aus Ersparnisrücksichten, Würze oder unreifes Bier von Brauereien erwerben und bis zum Ausreifen im eigenen Bierkeller behandeln. Ihre Betriebe würden als Brauereien anzusehen sein (s. § 16 DB).

5. Die Urvita Gesellschaft m.b.H. in München vertreibt ein Lizenzrecht für ein neuartiges Brauverfahren, NPU-Verfahren genannt. Dieses Verfahren beruht auf dem Vermischen von gekochter und nicht gekochter, ungehopfter Würze. Dieses Brauverfahren ist als regelmäßige Brauart anerkannt.

Zu § 12 Abs. 4.

6. Diese Vorschrift wurde durch das Biersteueränderungsgesetz vom 21. Dezember 1938 (RGBl. I S. 897) eingeführt, da § 190 AO nicht die Möglichkeit bietet, einen Betriebsleiter, der nicht das Vertrauen der Behörde besitzt, zurückzuweisen. Dieser Nachteil ist nunmehr dadurch beseitigt, daß die Bestellung eines Betriebsleiters von der Zustimmung des Hauptzollamts abhängig ist.

Anzeige des Brauereibesitzes

§ 13

Wer in den Besitz eines nach § 12 Abs. 1 der Steueraufsicht unterliegenden Betriebs gelangt, hat dies innerhalb acht Tagen nach der Besitzerlangung der Zollstelle anzuzeigen.

Zu § 13, s. DB § 33 und wegen Besitzwechsels § 39 DB.

1. § 191 AO stellt die Pflicht zur Anmeldung auf die Absicht der Betriebseröffnung ab, § 192 Nr. 5 AO verweist die Festsetzung einer Pflicht zur Meldung späterer Änderungen in die Ausführungsbestimmungen. Beiden Vorschriften gegenüber behält die dem § 17 des Gesetzes von 1918 entsprechende Vorschrift des § 13 ihre selbständige Bedeutung, indem sie die Pflicht zur Anmeldung an besondere, in der AO nicht vorgesehene Tatbestände knüpft.

2. Die Vorschrift handelt lediglich von der Erlangung des *Besitzes* eines unter Steueraufsicht stehenden Betriebes. Die Anzeige ist zu erstatten, wenn der Besitz erlangt wird, und zwar ohne Rücksicht darauf, ob der Betrieb tatsächlich ausgeübt werden soll oder nicht. Soll der Betrieb ausgeübt werden, so ist die in § 191 AO, §§ 34 oder 39 DB (vgl. § 192 Nr. 5 AO) vorgeschriebene Anmeldung zu erstatten. Bei Ausübung des Betriebes ist eine Anmeldung der einzelnen Brauakte nur erforderlich, wenn der Betriebsinhaber gemäß § 54 Abs. 1 DB zur Erstattung der Brauanzeige verpflichtet oder wenn er gemäß § 16 des Gesetzes abgefunden ist (vgl. § 71 DB). Brauereien, die eine Malzmühle mit selbsttätiger Verwiegungsvorrichtung besitzen, haben die einzelnen Einmaischungen nur dann anzumelden, wenn dabei Zucker, Süßstoff und aus Zucker hergestellte Farbmittel verwendet werden sollen (§ 54 Abs. 2 DB).

3. *Besitz* ist die tatsächliche Gewalt (§§ 854, 856 BGB), d. h. die von der Verkehrsanschauung anerkannte Herrschaft der Person über die Sache, gleichviel ob der Gewalthaber berechtigt ist, die Sache zu besitzen, oder ob er sich für berechtigt hält oder bösgläubig ist. Nicht erforderlich ist der Wille, die Sache als eigene zu besitzen; Besitzer ist nicht nur der Eigenbesitzer (§ 872 BGB), sondern auch der Fremdbesitzer, z. B. der Nießbraucher, Pächter, Mieter, Entleiher usw. Keinen Besitz hat der Besitzdiener (§ 855 BGB), der nicht eine eigene, sondern nur die einem anderen zustehende Gewalt ausübt, z. B. der Verwalter einer Brauerei.

4. Wegen des Begriffes Brauerei s. Bem. 2 zu § 3, wegen der nach dem Biersteuergesetz der Steueraufsicht unterliegenden Betriebe s. Bem. 2 zu § 12.

5. § 13 bezieht sich auch auf Betriebe, in denen bierähnliche Getränke hergestellt werden (§ 23), ferner auch auf solche, in denen Bier aus unzulässigen Stoffen hergestellt wird.

6. Die Anmeldung kann nach Maßgabe des § 202 AO erzwungen werden. Zuwiderhandlungen werden nach § 413 Abs. 1 Nr. 1b AO bestraft.

Verpflichtung zum Halten von Malzmühlen

§ 14

(1) Die Inhaber

1. der Brauereien, die am 1. April 1918 betriebsfähig hergerichtet waren und in denen nach dem 1. Oktober 1918 in einem Rechnungsjahr die hergestellte Biermenge 3000 Hektoliter übersteigt,
2. der nach dem 1. April 1918 errichteten Brauereien sind verpflichtet, in der Brauerei selbst oder in räumlicher Verbindung mit ihr eigene Mühlenwerke oder Malzquetschen mit einer zugelassenen selbsttätigen Verwiegungsvorrichtung zu halten und ausschließlich zum Schroten des in ihrer Brauerei zur Bierbereitung bestimmten Malzes zu benutzen.

(2) Die Verpflichtung entsteht für die Inhaber der im Abs. 1 Nr. 1 bezeichneten Brauerei nach Ablauf desjenigen Rechnungsjahres, in dem die Gesamtmenge des steuerpflichtig gewordenen Biers zuerst 3000 Hektoliter überstiegen hat. Bei einer voraussichtlich nicht andauernden Übersteigung dieser Grenze oder, wenn die räumlichen Verhältnisse den Einbau der Malzmühle mit Verwiegungsvorrichtung ohne Aufwendung erheblicher Kosten nicht gestatten, soll das Hauptzollamt die Verpflichtung erlassen.

(3) Die Inhaber anderer als der im Abs. 1 bezeichneten Brauereien, die in ihrer Brauerei das zur Bierbereitung bestimmte Malz auf eigenen Mühlenwerken oder Malzquetschen schroten, sind verpflichtet, die Malzmühle mit einer zugelassenen selbsttätigen Verwiegungsvorrichtung zu versehen. Die Verpflichtung soll von dem Hauptzollamt erlassen werden, wenn wegen der Beschaffenheit der Malzmühle oder der räumlichen Verhältnisse die steuersichere Anbringung der Verwiegungsvorrichtung nicht oder nur mit erheblichen Kosten möglich ist.

(4) Der Bundesminister der Finanzen ist ermächtigt, in den Fällen der Absätze 2 und 3 vorübergehend weitere Erleichterungen zuzulassen.

(5) Die Inhaber anderer als der in den Absätzen 1 und 3 bezeichneten Brauereien sind zur Aufstellung von Malzmühlen mit selbsttätigen Verwiegungsvorrichtungen in ihren Brauereien und zur Bestreitung der durch den Einbau dieser Mühlen entstehenden Kosten verpflichtet, wenn die räumlichen Verhältnisse den Einbau ohne Aufwendung erheblicher Kosten gestatten und die Malzmühlen nebst Verwiegungsvorrichtungen von dem Bund kostenlos geliefert werden.

(6) Unter allen Umständen kann Inhabern von Brauereien von dem Hauptzollamt die Verpflichtung zur Aufstellung einer Malz-

mühle mit selbsttätiger Verwiegungsvorrichtung auferlegt werden, wenn sie sich einer Gefährdung der Biersteuer schuldig machen oder den Überwachungsvorschriften dieses Gesetzes und den hierzu ergangenen Durchführungsbestimmungen fortgesetzt zuwiderhandeln.

(7) Die Verpflichtung geht im Fall eines Wechsels im Besitz der Brauerei auf den neuen Inhaber über und erlischt nicht durch spätere Verminderung der Biererzeugung.

(8) Aufstellungsort und Einrichtung der Malzmühlen und der selbsttätigen Verwiegungsvorrichtungen unterliegen der Genehmigung des Hauptzollamts.

(9) Die Verwiegungsvorrichtungen müssen mit den Malzmühlen in feste Verbindung gebracht und beide so eingerichtet sein, daß nach Anlegung des amtlichen Verschlusses ohne Aufwendung erkennbarer Gewalt Malz nur zum Mahlwerk gelangen kann, nachdem es die Verwiegungsvorrichtung durchlaufen hat.

Zu § 14 Abs. 1 bis 3, s. DB. §§ 41 bis 47, § 81.

1. Das Brausteuergesetz vom 31. Mai 1872 hatte drei Erhebungsarten für die Brausteuer: als Regel die Erhebung auf Grund der Brauanzeige, sodann die Abfindung und schließlich als ausnahmsweise zugelassene besondere Vergünstigung die Erhebung im Wege der Vermahlungssteuer, bei der die amtliche Feststellung des steuerpflichtigen Gewichts des Malzes unmittelbar vor der Vermahlung, also in ungeschrotetem Zustande geschah. Die Beschaffung selbsttätiger Verwiegungsvorrichtungen war nicht vorgeschrieben. Auf Grund der guten Erfahrungen, die man mit der Vermahlungssteuer gemacht hatte (s. Entwurf des Gesetzes wegen Änderung des Brausteuergesetzes, Reichstagsdrucks. Nr. 10 Anl. 1 von 1905 S. 27), machte das Brausteuergesetz von 1906 die Vermahlungssteuer für die größeren Brauereien zwingend und legte ihnen die Verpflichtung auf, selbsttätige Verwiegungsvorrichtungen zu beschaffen. Das Brausteuergesetz von 1909 dehnte die Vermahlungssteuer weiter aus. Nach § 27 dieses Gesetzes waren zur Aufstellung eigener Malzmühlen mit selbsttätigen Verwiegungsvorrichtungen verpflichtet Brauereien, die vor dem 1. April 1906 bestanden hatten, sobald sie in einem Rechnungsjahr mehr als 2000 dz steuerpflichtige Braustoffe verwendeten, später errichtete Brauereien dann, wenn bei ihnen das Gesamtgewicht der in einem Rechnungsjahr steuerpflichtig gewordenen Braustoffe 500 dz überstieg. Der Übergang von der Rohstoff- zur Fabrikatsteuer im Jahre 1918 erforderte im Hinblick auf die wesentliche Steigerung der Belastung des Bieres, wenn auch das fertige Bier nunmehr den Gegenstand der Besteuerung bildete, doch auch eine Verschärfung der neben der Buchführung vorgesehenen Rohstoffüberwachung. Zu diesem Zwecke bestimmte § 24 des Biersteuergesetzes vom 26. Juli 1918, daß die Verpflichtung zur Aufstellung von Malzmühlen mit selbsttätiger Verwiegungsvorrichtung für Brauereien, die vor dem 1. April 1918 bestanden hatten, bereits eintrat bei Überschreitung einer jährlichen Braustoffmenge von 500 dz oder einer Biererzeugung von 3000 hl, bei später errichteten Betrieben unbedingt, ohne Rücksicht auf deren Betriebsumfang. Außerdem sollten, soweit es die Betriebsverhältnisse gestatteten, Inhaber von Brauereien,

die eigene Malzmühlen ohne selbsttätige Verwiegungsvorrichtungen zum Schroten ihres Malzes benutzen, gehalten sein, an diesen Mühlen selbsttätige Verwiegungsvorrichtungen anzubringen. Die strengere Behandlung der nach dem 1. April 1918 neu entstandenen Brauereien entsprach der auch in § 5 des genannten Gesetzes zum Ausdruck gebrachten Absicht, das Entstehen neuer Brauereien zugunsten der vorhandenen Betriebe zu erschweren (vgl. RFH. IV A 38/29, RZBl. 1929 S. 80). § 14 des geltenden Gesetzes hat diese Vorschriften im wesentlichen übernommen. Die Verweisung in die DB war nicht angängig, da § 14 mit § 24 ein Ganzes bildet und die Absätze 8 und 9 auch für die Zeit vor der Eröffnung des Betriebes gelten sollen (§ 192 AO).

2. Als hergestellte (erzeugte) Biermenge werden entsprechend § 6 DB die Biermengen zu gelten haben, für die in dem Betrieb innerhalb des Rechnungsjahres eine Steuerschuld entstanden ist zuzüglich der auf Grund des § 7 des Gesetzes von der Steuer befreit gebliebenen Biermengen, da nur diese Mengen im Steuerbuch festgehalten werden.

3. Bei Brauereien, die zum Schroten ihres Malzes eigene Malzmühlen ohne selbsttätige Verwiegungsvorrichtungen benutzen, ist die Möglichkeit einer heimlichen Bierbereitung in besonderem Maße gegeben; sie sind deshalb zur Anbringung selbsttätiger Verwiegungsvorrichtungen verpflichtet. Ausnahmen können nur zugelassen werden, soweit sie in der Beschaffenheit der Malzmühle oder der räumlichen Verhältnisse der Brauerei begründet sind.

4. Den in § 14 Abs. 1 Nr. 1 und Abs. 3 bezeichneten Brauereien entsteht durch die Erfüllung der ihnen auferlegten Verpflichtung kein Nachteil, da ihnen nach § 24 des Gesetzes die Kosten für die erstmalige Aufstellung oder Anbringung der Malzmühlen und Verwiegungsvorrichtungen vom Bund erstattet werden. Die aus steuerlichen Gründen gebotene Maßnahme wird ihnen vielmehr, wie in der Begründung zu § 24 des Entwurfs des Biersteuergesetzes von 1918 ausgeführt ist, manchen Vorteil bringen, da einerseits steuersichere Malzmühlen einen Stoffverlust durch Verstäuben des Malzmehls verhindern, andererseits die Feststellung des Gewichts des verwendeten Malzes den Überblick über den Betrieb erleichtert.

5. In den Fällen des § 14 Abs. 2 Satz 2 und Abs. 3 Satz 2 ist der Erlaß von allgemeinen wirtschaftlichen Erwägungen, z. B. Geldknappheit u. dgl., unabhängig und lediglich durch die in den Vorschriften genannten Verhältnisse der einzelnen Brauerei bedingt. Er bleibt deshalb in Kraft, solange sich diese besonderen Verhältnisse der Brauerei nicht ändern. Die Ermächtigung in Abs. 4 geht weiter.

6. Brauer, die zur Aufstellung von Malzmühlen mit selbsttätiger Verwiegungsvorrichtung verpflichtet sind, haben eine Brauanzeige nur zu erstatten, wenn sie Zucker zur Bierbereitung verwenden (§ 54 Abs. 2 DB; vgl. auch § 10 FBierO). Den in § 57 DB vorgesehenen Betriebseinschränkungen unterliegen sie nicht, und zwar auch dann nicht, wenn sie Zucker zur Bierbereitung verwenden.

Zu § 14 Abs. 4, s. DB § 44.

7. Der Bundesrat hatte auf Grund des Ermächtigungsgesetzes vom 4. August 1914 durch die Bekanntmachung zum Biersteuergesetz vom 8. August 1918 (RGBl. S. 1063) die Hauptzollämter ermächtigt, die Verpflichtung zum Halten von Malzmühlen usw. zu erlassen. § 14 Abs. 4 erteilte dem Reichsminister der Finanzen die Ermächtigung, in den Fällen der Abs. 2 und 3 *vorübergehend* weitere Erleichterungen

(vgl. Bem. 5) zuzulassen, da die Beschaffung von Malzmühlen und Verwiegungsvorrichtungen immer noch mit unverhältnismäßigen Kosten verbunden war (Begr. 1923 S. 10, vgl. RZBl. 1921 S. 25). Von der Ermächtigung ist durch § 44 DB Gebrauch gemacht. — Die Ermächtigung erstreckt sich nicht auf nach dem 1. April 1918 errichtete Brauereien, insbesondere also nicht auf neue Hausbrauer.

Zu § 14 Abs. 5.

8. Die Vorschrift entspricht dem § 27 Abs. 3 des Brausteuergesetzes vom 15. Juli 1909. Es ist dadurch der Zollbehörde die Möglichkeit gegeben, zum Zwecke einer Verschärfung der Überwachung auf die vermehrte Aufstellung von eigenen Malzmühlen mit selbsttätigen Verwiegungsvorrichtungen, insbesondere bei Brauereien mit einer geringeren Jahreserzeugung als von 3000 hl, hinzuwirken.

Zu § 14 Abs. 6.

9. Hierdurch ist dem Hauptzollamt die Möglichkeit gegeben, unzuverlässige Brauer einer verschärften Überwachung zu unterwerfen. Die Kosten für die Aufstellung der Malzmühle mit selbsttätiger Verwiegungsvorrichtung werden gemäß § 24 Satz 2 des Gesetzes in diesem Falle nicht erstattet. Auch Brauern, deren Betriebe unter § 14 Abs. 1 Nr. 1 oder Abs. 3 fallen, kann die Erstattung der Kosten nach § 24 des Gesetzes dann versagt werden, wenn sie sich Verfehlungen im Sinne des § 14 Abs. 6 haben zuschulden kommen lassen, denn die Versagung ist unter dieser Voraussetzung anders als nach § 24 Abs. 5 des Gesetzes von 1918 *unter allen Umständen* zulässig.

Zu § 14 Abs. 7 bis 9.

10. Die Vorschriften entsprechen den Vorschriften in § 27 Abs. 5 bis 7 des Brausteuergesetzes von 1909 und in § 24 Abs. 7 bis 9 des Gesetzes von 1918. § 24 Abs. 6 des Gesetzes von 1918, nach welchem Inhabern von Brauereien, die in Erfüllung der Verpflichtung säumig sind, die Bierbereitung untersagt werden konnte, ist durch § 202 AO. ersetzt worden (vgl. Vorbemerkung zu § 12).

11. Der Ausdruck „feste Verbindung" in § 14 Abs. 9 will nicht besagen, daß diese Verbindung um ihren Zweck zu erreichen, eine „starre" sein muß. Es wird den Anforderungen des Gesetzes Genüge geleistet, wenn die Verbindung zwischen Verwiegungsvorrichtung und Malzmühle derart ist, daß sie eine Beeinflussung des Ganges der Verwiegungsvorrichtung unmöglich macht und verhindert, daß Malz, ohne über die Waage zu laufen, in die Schrotmühle gelangt.

Genossenschaftsmühlen

§ 15

Das Hauptzollamt kann genehmigen, daß mehrere zum Halten einer Malzmühle mit selbsttätiger Verwiegungsvorrichtung verpflichtete Brauereiinhaber eine solche gemeinschaftlich besitzen oder benutzen.

Zu § 15, s. DB § 48.

1. Die Vorschrift stammt aus dem Brausteuergesetz vom 3. Juni 1906 (s. § 31 Abs. 2 dieses Gesetzes, § 32 des Brausteuergesetzes vom 15. Juli 1909, § 28 des Bier-

steuergesetzes von 1918); sie bildet eine Ausnahme von dem im § 14 des Gesetzes aufgestellten Grundsatz, daß die dort bezeichneten Brauer eigene Malzmühlen mit selbsttätiger Verwiegungsvorrichtung haben müssen. Es soll dadurch die Benutzung von Malzmühlen erleichtert und gefördert werden (vgl. Reichstagsdrucks. Nr. 10 von 1905 Anl. 1 S. 27f.).

2. Der in § 24 des Gesetzes zum Ausdruck gebrachten Absicht, die Benutzung von Malzmühlen mit selbsttätiger Verwiegungsvorrichtung tunlichst zu fördern, dürfte es entsprechen, wenn nicht nur mehreren zum Halten einer Malzmühle *verpflichteten* Brauern, sondern auch Brauern, die *freiwillig* eine Malzmühle benutzen wollen, der gemeinschaftliche Besitz oder die gemeinschaftliche Benutzung gestattet wird.

3. Im Falle des § 14 Abs. 6 des Gesetzes wird die Vergünstigung zu versagen sein.

4. Die gemeinsam benutzte Malzmühle muß nicht im Besitz sämtlicher Brauereiinhaber sein, die sie benutzen. Sie kann im Besitz nur einiger von ihnen oder einer fremden Person sein, darf aber, soweit nicht für einzelne Fälle Ausnahmen auf Grund von § 41 Abs. 2 DB zugelassen werden, stets nur von gleichen Brauern benutzt werden.

5. Wegen der Erstattung von Kosten für die Neuaufstellung einer Genossenschaftsmalzmühle s. § 97 DB.

Abfindung

§ 16

Inhaber von Brauereien, in denen in einem Rechnungsjahr nicht mehr als 500 Hektoliter hergestellt werden und die vor dem 1. April 1918 betriebsfähig hergerichtet worden sind, können abgefunden werden; auf sie finden alsdann die Vorschriften in § 2 Abs. 1, § 5, § 6 Abs. 1 und § 8 keine Anwendung. Abgefundenen Brauern kann die Führung von Anschreibungen über die erzeugten Biermengen auferlegt werden. Die Biersteuer ist im Fall der Abfindung nach näherer Bestimmung des Bundesministers der Finanzen von der Biermenge, die aus den zur Bierbereitung angemeldeten Stoffmengen hergestellt werden kann, im voraus durch das Hauptzollamt bindend festzusetzen; sie wird am fünfzehnten Tag des zweiten auf die Festsetzung folgenden Monats fällig.

Zu § 16, s. DB §§ 69 bis 75.

1. Bereits das Brausteuergesetz vom 31. Mai 1872 (§ 4) kannte in Anlehnung an das preußische Brausteuerrecht die Abfindung (Fixation) als eine der drei Erhebungsarten der Brausteuer (vgl. Bem. 1 zu § 14). Die Brausteuergesetze von 1906 (§ 32) und 1909 (§ 33) haben sie neben der Hauptsteuerform der Vermahlungssteuer übernommen. Das Biersteuergesetz von 1918, dem das geltende Gesetz folgt, hat den Gedanken der Abfindung auf die Besteuerung des Bieres übertragen. Die Einhaltung der Vorschriften über Buchführung, Abgabe, Versand und Bestandsaufnahme des Bieres würde, wie in der Begründung zu § 37 des Entwurfs des Biersteuergesetzes von 1918 ausgeführt ist, Zwergbetrieben, die meist unter den einfachsten Verhältnissen arbeiten, schwer fallen und nur mit einem dem Steueraufkommen nicht ent-

sprechenden Aufwand an Beamtenkräften überwacht werden können. Es ist deshalb für Betriebe mit einer Jahreserzeugung an Bier von nicht mehr als 500 hl eine vereinfachte Form der Ermittlung der steuerpflichtigen Biermengen zugelassen worden. Nach näherer Bestimmung des Bundesministers der Finanzen sollen nämlich die Biermengen, für welche die Steuer zu entrichten ist, für diese Betriebe aus den von ihnen zur Bierbereitung angemeldeten Rohstoffen nach einem Ausbeuteverhältnis berechnet werden, das vom Hauptzollamt festgelegt wird (§ 70 DB).

Auch die Abfindungsbrauereien entrichten Biersteuer, deren Höhe jedoch nach der Menge des verbrauchten Malzes und Zuckers berechnet wird.

2. Die steuerliche Behandlung der zur Abfindung zugelassenen Brauer ist in den DB im wesentlichen in Übereinstimmung mit dem Biersteuerrecht von 1918 in folgender Weise geregelt: Der Brauereiinhaber hat in dem erstmaligen Antrag auf Erhebung der Biersteuer im Wege der Abfindung zu erklären, welche Bierarten und Biergattungen (Einfach-, Schank-, Voll-, Starkbier) er herstellen und welche Mengen Malz, Zucker, Farbebier und aus Zucker hergestellten Farbmitteln er zur Herstelstellung eines Hektoliters jeder Biergattung durchschnittlich verwenden will. Der Oberbeamte prüft diese Erklärung nach und gibt dem Hauptzollamt eine gutachtliche Äußerung darüber ab, welche Mengen jeder Biergattung für 1 dz der hierzu verwendeten Malz- usw. -mengen nach den Betriebsverhältnissen der Brauerei für die Steuerberechnung in Ansatz zu bringen sind. Das Ausbeuteverhältnis wird durch das Hauptzollamt festgesetzt. Die Festsetzung gilt bis zu ihrer Abänderung als Grundlage der Steuerberechnung. Gegen die Festsetzung des Ausbeutesatzes (§ 70 DB) ist ein Rechtsmittel nicht gegeben. Die Feststellung der Besteuerungsgrundlagen durch die Festsetzung des Ausbeutesatzes bildet nach § 213 Abs. 1 AO einen unselbständigen (mit Rechtsmitteln nicht selbständig anfechtbaren) Teil des künftigen Steuerbescheides. Auch das Rechtsmittel der Beschwerde nach §§ 237, 303 AO scheidet aus, weil es sich hierbei nicht um eine rechtsmittelfähige Verfügung im Sinne des § 91 AO, sondern nur um eine innerbehördliche Anordnung für die Berechnung der Biersteuer (§ 74 DB) handelt und der Abfindungsbrauer allein durch die Festsetzung des Ausbeutesatzes noch nicht beeinträchtigt ist. Er wird erst durch den Steuerbescheid beschwert, gegen den das ordentliche Rechtsmittelverfahren zugelassen ist. Aus diesem Grunde wird auch die Anwendbarkeit des Art. 19 Abs. 4 GG verneint werden müssen, weil allein durch die Festsetzung des Ausbeutesatzes für den Abfindungsbrauer noch kein Rechtsschutzbedürfnis besteht. Der zur Abfindung zugelassene Brauer hat für jede Einmaischung die zur Bierbereitung bestimmten Braustoffmengen unter Angabe der daraus herzustellenden Biergattungen anzumelden. Auf Grund dieser Anmeldung und der vom Hauptzollamt festgesetzten Ausbeutesätze berechnet die Zollstelle die für die Steuerberechnung in Ansatz zu bringenden Biermengen. Davon werden für den nach § 7 Abs. 1 des Gesetzes steuerfreien Haustrunk 3 v. H. abgezogen (§§ 12 und 13 DB finden nach § 73 DB hier keine Anwendung) und alsdann die Steuer festgesetzt.

Für abgefundene Brauer entsteht die Steuerschuld nicht mit der Entfernung des Bieres aus der Brauerei, sondern bereits mit der Festsetzung der Steuer durch die Zollstelle. Es ist deshalb auch der an diesem Tage geltende Steuersatz anzuwenden. Die Steuerfestsetzung (§ 74 DB) ist bindend und kann nicht aus dem Grunde geändert werden, weil tatsächlich etwa durch Zusetzen von Wasser während des Brauverfahrens, eine größere Biermenge als die auf Grund des Ausbeutesatzes und der angemeldeten Braustoffe berechnete, hergestellt worden ist (RFH Bd. 15 S. 33 = RZBl. 1925 S. 2; s. Bem. 3 zu § 9).

Für die Entscheidung der Frage, ob die als Höchstgrenze für die Zulässigkeit der Abfindung geltende Menge von 500 hl Bier in einem Rechnungsjahre überschritten und demgemäß der Brauereiinhaber künftig von der Abfindung auszuschließen ist, ist nicht die tatsächlich in der Brauerei hergestellte Biermenge maßgebend, sondern lediglich die der Steuerberechnung zugrunde gelegte Biermenge (§ 75 DB).

Zur Abfindung nicht zugelassen sind Brauer, deren Brauerei erst am 1. April 1918 oder später betriebsfähig hergerichtet worden ist. Diese Vorschrift soll das Entstehen neuer Brauereien, die auf die Abfindung Anspruch erheben könnten, verhindern. Personen, die bisher nicht gebraut haben, sind von der Abfindung auch dann auszuschließen, wenn sie eine vor dem 1. April 1918 errichtete Brauerei auf eigene Rechnung benutzen. Ebenso können Inhaber von Brauereien, in denen mehrere Personen Bier für ihre Rechnung herstellen oder herstellen lassen und in denen insgesamt mehr als 500 hl Bier im Rechnungsjahr hergestellt werden, nicht abgefunden werden, auch wenn für die einzelnen Personen die Voraussetzungen zur Abfindung gegeben sein sollten.

Auf abgefundene Brauer finden keine Anwendung die Vorschriften über die Entstehung der Steuerschuld (§ 2 Abs. 1 des Gesetzes, § 1 DB), über die steuerpflichtige Biermenge (§ 5 des Gesetzes, § 11 DB), über die Fälligkeit (§ 6 Abs. 1 des Gesetzes), über die steuerliche Behandlung von Rückbier (§ 8 des Gesetzes, § 15 DB), über den Haustrunk (§§ 12, 13 DB), die Bestimmungen über Wasserzusatz (§ 24 DB), über Lagerung des unversteuerten Bieres (§ 51 DB), über Versandgefäße (§§ 52, 53 DB), über die Buchführung (§§ 59 bis 62 DB), über die Steuererhebung (§ 63 DB), die Versteuerung von Würze oder von unfertigem Bier bei der Entfernung aus der Brauerei und Einbringen fremden Bieres in besondere, nicht zum Brauereibetrieb gehörige Räume der Brauerei (§ 65 Abs. 2 u. 3 DB), über Bestandsaufnahmen (§§ 66, 67 DB) und über den Bierausschank einer Brauerei (§ 68 DB). Die für Brauer, die zur Erstattung der Brauanzeige verpflichtet sind, in § 57 DB getroffenen Betriebsbestimmungen gelten jedoch gemäß § 73 DB auch für abgefundene Brauer.

Aus dem Wesen der Abfindungsbrauereien ergibt sich, daß in ihnen eine Aufnahme des Bestandes an Bier oder Braustoffen im Sinne der §§ 192 Nr. 4, 196 AO nicht in Betracht kommen kann.

Anwendung findet der § 5 DB über Farbebier. § 10 FBierO bestimmt, wie in Abfindungsbrauereien bei Verwendung von Farbebier zu verfahren ist. Er ordnet insbesondere an, daß auch Abfindungsbrauereien, die Farbebier verwenden, ein Zukkerverwendungsbuch („Farbebierverwendungsbuch", s. Muster 11 Anl. Nr. 9) zu führen haben. Zu § 73 ist also ergänzend zu bemerken, daß §§ 59, 60 DB dann Anwendung finden, wenn die Abfindungsbrauerei Farbebier bezieht. — Daß Farbebierbrauereien nicht abgefunden werden können, ergibt sich mit Selbstverständlichkeit daraus, daß diese Brauereien Bier nur unversteuert an andere Brauereien, an Hersteller von bierähnlichen Getränken oder an Farbebierhändler abgeben.

Abgefundene Brauer genießen bei der Ausfuhr von Bier keine Steuerfreiheit (s. § 1 BierAO).

Während nach § 32 des Brausteuergesetzes von 1906 und nach § 33 des Brausteuergesetzes von 1909 die Verwaltung die Möglichkeit hatte, die Abfindung auch ohne Antrag des Brauers eintreten zu lassen (vgl. Begr. zu Ziff. 5 § 22f des Entwurfs von 1906), ist die Abfindung nach dem Biersteuergesetz eine Vergünstigung, die nur auf Antrag gewährt wird (vgl. § 16 Satz 1 des Gesetzes) und — jederzeit — entzogen werden kann (§ 75 Abs. 3 DB). Ein Anspruch auf die Abfindung besteht nicht. Nach der neuen Bestimmung des § 75 Abs. 1 DB, die der Verminderung der Verwaltungsarbeit und der Verbesserung der Statistik dient, ist die Abfindung einer Brauerei nur vom Beginn eines Rechnungsjahres an zulässig. Der Verzicht auf die Abfindung wird erst am Schluß des Rechnungsjahrs wirksam.

3. Anders als nach den Gesetzen von 1918 und 1923 ist die Fälligkeitsfrist in § 16 des Gesetzes die gleiche wie in § 6 Abs. 1. Die spätere Fälligkeit wurde früher damit begründet, daß für die abgefundenen Brauer die Steuerschuld nicht mit dem Ausgang des fertigen Bieres, sondern bereits früher mit der Steuerfestsetzung entsteht, die im Anschluß an die Anmeldung der zur Bierbereitung bestimmten Braustoffmengen stattfindet. Die Abfindungsbrauer werden einen Ausgleich in der gewöhnlich kürzeren Ausstoßfrist der von ihnen hergestellten, meist schwächer eingebrauten Biere finden.

4. Wird eine bisher nicht abgefundene Brauerei zur Abfindung zugelassen, so richtet sich für die vorhandenen unversteuerten Biermengen die Entstehung der Steuerschuld nicht mehr nach § 2, sondern nach § 16 des Gesetzes. Einer Festsetzung des Ausbeutesatzes nach § 70 DB bedarf es allerdings in diesem Falle nicht mehr. Die vorhandenen Mengen werden amtlich aufzunehmen und ohne Abzug von steuerfreiem Haustrunk, jedoch nach Kürzung um den zu erwartenden Schwund bei der erstmaligen Steuerfestsetzung im Abfindungsbuch der als hergestellt errechneten Biermenge (Muster 19 Sp. 4) zuzusetzen sein. Der steuerfreie Haustrunk wird dann von der Gesamtmenge berechnet.

Hört für eine abgefundene Brauerei die Abfindung auf, so entsteht die Steuerschuld für die zur Zeit des Wegfalls der Abfindung vorhandenen Würze- oder Biermengen mit der Steuerfestsetzung im Abfindungsbuch. Zum Zwecke der Überwachung wird dieses Bier amtlich aufzunehmen und wie in die Brauerei zurückgebrachtes Bier, für das eine Steuerschuld entstanden war, im Rückbierbuch (Muster 3 Sp. 1—15) nach Kürzung um den Schwund anzuschreiben sein. Bei Absetzung im Biersteuerbuch ist diese Rückbiermenge um die bei der Steuerfestsetzung im Abfindungsbuch steuerfrei belassenen 3 v. H. Haustrunk zu kürzen.

5. § 16 läßt die Möglichkeit der Abfindung von Hausbrauereien, die vor dem 1. April 1918 betriebsfähig hergerichtet worden sind, zu.

6. Aus Gründen der Billigkeit kann Biersteuer erlassen oder erstattet oder bereits entrichtete Biersteuer angerechnet werden, wenn in abgefundenen Brauereien Würze oder Bier innerhalb der Gär- oder Lagerräume nachweislich verdorben oder zugrunde gegangen ist, oder wenn verdorbene Würze oder verdorbenes Bier unter amtlicher Aufsicht vernichtet wird, sofern in diesen Fällen den Brauereiinhaber oder seine Beauftragten an dem Verderben oder dem Zugrundegehen kein Verschulden trifft.

§ 17

Durchsuchungen

Durchsuchungen der der Steueraufsicht unterliegenden Betriebe sind zulässig, wenn hinreichender Verdacht vorhanden ist, daß die Biersteuer hinterzogen worden ist, oder daß bei der Bierbereitung unzulässige Stoffe verwendet werden.

1. Nach § 437 AO kann das Hauptzollamt Durchsuchungen im Verwaltungsstrafverfahren anordnen und durch eigene Beamte oder durch Beamte des Polizei- und Sicherheitsdienstes (§ 424 Abs. 2 AO) ausführen lassen, soweit in den Steuergesetzen Durchsuchungen vorgesehen sind; die Beamten haben sich durch einen schriftlichen Auftrag auszuweisen. Auf dem Gebiete der Biersteuer läßt § 17 die Durchsuchung der der Steueraufsicht unterliegenden Betriebe zu. Der Steueraufsicht unterliegen nach § 12 Abs. 1 die Brauereien einschl. der als Brauereien geltenden Betriebe zur Herstellung bierähnlicher Getränke (§ 95 DB) und der Ausschank von Bier in Verbindung mit einer Brauerei; ferner gem. § 22 Abs. 2 DB Bierhändler und Wirte, die untergärige Kräusen oder Zucker dem Berliner Weißbier oder Grätzer Bier zusetzen wollen und sich der Steueraufsicht unterworfen haben. Keinesfalls können Durchsuchungen z. B. in Gastwirtschaften, die nicht Brauereiausschank sind und auf die § 22 Abs. 2 DB nicht zutrifft, vorgenommen werden. Andererseits kann es nicht die Absicht des Gesetzgebers gewesen sein, in § 17 lediglich das Recht der Nachschau, das in § 193 AO festgesetzt ist, nochmals für das Gebiet der Biersteuer zu wiederholen. Nach § 17 ist vielmehr die Durchsuchung in allen Räumen des Betriebes, nicht nur den eigentlichen Brauereiräumen, zulässig, z. B. auch in außerhalb der Brauerei gelegenen Kontorräumen, Niederlagen usw. Auch die Brauereifahrzeuge einschl. der eigenen Eisenbahnwagen der Brauerei können außerhalb der Brauerei unabhängig von dem Nachschaurecht nach § 76 DB durchsucht werden. Die Durchsuchung der Wohnung ist jedoch nicht zulässig. Abgesehen davon, daß die Wohnung nicht der Steueraufsicht unterliegt, ist § 437 Abs. 1 AO durch Art. 13 des Grundgesetzes insoweit aufgehoben (vgl. Gutachten des Obersten Finanzhofes vom 21. März 1950 in ZfZ 1950 S. 3). Reicht das Durchsuchungsrecht nach § 437 AO in Verbindung mit § 17 des Gesetzes nicht aus, dann ist nach § 436 AO zu verfahren.

Durchsuchungen sind nur zulässig, wenn der Verdacht der Biersteuerhinterziehung oder der Verwendung unzulässiger Stoffe besteht, nicht aber auch, wenn der Verdacht besteht, daß andere nach dem Biersteuergesetz oder der Reichsabgabenordnung strafbare Handlungen begangen worden sind, z. B. Zuwiderhandlungen gegen die Vorschriften in §§ 10, 11 des Gesetzes. Es genügt hinreichender Verdacht, dringender Verdacht ist nicht erforderlich; bloße Vermutung reicht dagegen nicht aus. Hinreichend ist der Verdacht, wenn Tatsachen ein Steuervergehen oder ein Vergehen nach § 18 des Gesetzes wahrscheinlich machen. Die Durchsuchung ist nach den Verfahrensvorschriften der Strafprozeßordnung (§§ 102ff.) auszuführen. Hinsichtlich der Papiere und Handelsbücher trifft § 437 Abs. 2 AO ähnliche Vorschriften wie § 110 StPO (Einsicht nur mit Genehmigung des Inhabers, andernfalls Einsiegelung und Ablieferung an den Amtsrichter, der sie, soweit sie für die Durchsuchung Bedeutung haben, dem Hauptzollamt mitzuteilen hat).

2. Neben der Durchsuchung nach § 437 AO kann nach § 436 AO die Durchsuchung — einschl. der Wohnung — auf Ersuchen des Hauptzollamts unter den Voraussetzungen der §§ 102—110 StPO durchgeführt werden. Nach § 105 StPO dürfen Durchsuchungen nur durch den Richter, bei Gefahr im Verzug auch durch die Staatsanwaltschaft und ihre Hilfsbeamten (§ 152 des Gerichtsverfassungsgesetzes) angeordnet werden. Hilfsbeamte der Staatsanwaltschaft im Steueraufsichtsdienst sind nach den Verordnungen einzelner Länder wie z. B. Hessen, Niedersachsen, Rheinland-Pfalz, Nordrhein-Westfalen, Bayern alle Beamte des Steueraufsichts-

dienstes mit Ausnahme der Zollassistenten, die noch nicht mindestens 4 Jahre im Aufsichts-, Zoll- oder Polizeidienst tätig waren (vgl. auch Joop in DDZ 1956 F S. 15). Soweit in einzelnen Ländern derartige Verordnungen noch nicht erlassen sind, sind auf Grund des § 23a AO durch die allgemeine Verfügung des Reichsministers der Finanzen und des Reichsministers des Innern vom 25. Juli 1934 (RZBl. 1934 S. 468) den Leitern der Bezirkszollkommissariate und deren Gehilfen die Rechte und Pflichten eines Hilfsbeamten der Staatsanwaltschaft übertragen worden.

3. Vielfach wird allerdings zum Zwecke der Besteuerung das Recht der Nachschau (§ 193 Abs. 1 AO, § 76 DB) ausreichen, das dem Hauptzollamt auch gegenüber Unternehmern und Unternehmen zusteht, bei denen nach seinem Ermessen eine Steuerpflicht in Betracht kommt (Betriebsnachschau). Im übrigen s. hierzu Bem. zu § 76 DB.

§ 193 Abs. 2 AO dehnt das Nachschaurecht aus auf Gebäude, befriedete Besitztümer, Schiffe, und andere Fahrzeuge, sofern der Verdacht besteht, daß sich darin Schmuggler, Schmuggelwaren oder verbrauchsteuerpflichtige, aber nicht versteuerte Waren befinden (Verdachtsnachschau). Durch Art. 13 des Grundgesetzes wird nach dem Gutachten des OFH vom 21. März 1950 (Bem. 1) weder die Betriebs- noch die Verdachtsnachschau (§ 193 Abs. 1 und 2 AO) berührt (vgl. auch Rümelin in ZfZ 1957 S. 193).

Nach § 438 AO ist die Nachschau (§ 193 AO) auch für das Verwaltungsstrafverfahren zulässig mit der Einschränkung, daß zur Verfolgung von Spuren eines Steuervergehens Zwangsmittel (§ 202 AO) gegen die Person des Beschuldigten unstatthaft sind. Das Hauptzollamt wird aus praktischen Gründen erst dann nach §§ 436, 437 AO vorgehen, wenn das Nachschaurecht zur strafrechtlichen Ermittlung nicht mehr ausreicht.

III. Strafvorschriften

Vorbemerkungen.

1. Die Grundlagen des gesamten Verbrauchsteuerstrafrechts enthält der erste Abschnitt des dritten Teils (§§ 391 bis 419) der AO vom 22. Mai 1931 in der derzeit geltenden Fassung. Das Steuerstrafrecht, das ursprünglich eine Fülle von Besonderheiten aufwies, hat sich im Laufe der Zeit durch Änderungen der Bestimmungen dem allgemeinen Strafrecht angeglichen. Nachdem bereits das Gesetz zur Änderung des Biersteuergesetzes vom 21. Dezember 1938 (RGBl. I S. 1897) die Vermutungstatbestände des früheren § 18 des Gesetzes aufgehoben hatte, wurden durch das Gesetz vom 4. Juli 1939 (RGBl I S. 1181) die sog. Vermutungstatbestände im früheren Absatz 5 des § 396 AO beseitigt. Es gilt nunmehr der Grundsatz, daß dem Beschuldigten sein Verschulden stets nachzuweisen ist. Mit der Einführung des reinen Schuldprinzips fielen zur gleichen Zeit die im § 396 Abs. 1 Satz 3 AO niedergelegten Multiplarstrafen fort.

Soweit das Steuerstrafrecht keine eigenen Vorschriften enthält oder die Steuergesetze nichts Abweichendes vorschreiben, gilt oder ist ergänzend das Strafgesetzbuch anzuwenden (§ 391 AO), außerdem das Gewohnheitsrecht und andere strafrechtliche Vorschriften, wie z. B. das Jugendgerichtsgesetz vom 4. August 1953 (BGBl. I S. 751).

2. Die Vorschriften des Steuerstrafrechts und auch des Steuerstrafverfahrensrechts sind nur bei Steuervergehen anzuwenden. Steuervergehen sind nach der Begriffsbestimmung des § 392 Abs. 1 AO strafbare Verletzungen von Pflichten, die die Steuergesetze im Interesse der Besteuerung auferlegen. Darunter fallen u. a. die vorsätzliche oder fahrlässige Steuerverkürzung (§§ 396, 402 AO), die Steuerhehlerei (§ 403 AO), die Steuergefährdung (§ 406 AO), die Verletzung des Steuergeheimnisses (§ 412 AO), Vergehen gegen einzelne Vorschriften der Verbrauchsteuergesetze (§ 413 Nr. 1 b AO) und nach § 392 Abs. 2 AO die Begünstigung von Personen, die Steuervergehen begangen haben.

Keine Steuervergehen i. S. der AO sind dagegen Zuwiderhandlungen gegen §§ 18, 19 des Gesetzes, die im wesentlichen aus wirtschaftlichen und lebensmittelpolizeilichen Gründen ergangen sind. In den §§ 18—20 mußte deshalb die Anwendbarkeit einzelner Bestimmungen der AO, z. B. der §§ 401 Abs. 2, 414—417, 419 Abs. 2 und des Steuerstrafverfahrensrechts, ausdrücklich erklärt werden.

Keine Steuervergehen sind auch Verletzungen von Pflichten, die nicht mit krimineller Strafe bedroht sind, sondern die lediglich Ungehorsamsfolgen (z. B. die Auferlegung eines Erzwingungsgeldes (§ 202 AO), eines Sicherungsgeldes (§ 203 AO) oder von Säumniszuschlägen nach dem Steuersäumnisgesetz vom 24. Dezember 1934 (RGBl. I S. 1270) nach sich ziehen.

3. a) Die Steuerhinterziehung nach § 396 AO umfaßt vier Tatbestände. Als Grundtatbestand ist der Tatbestand der Steuerverkürzung anzusehen, während die Tatbestände des Erschleichens von Steuervorteilen, der Zweckentfremdung (§ 396 Abs. 2 AO) und der Steuerumgehung (§ 396 Abs. 4 AO) nur Abwandlungen darstellen, die der Gesetzgeber besonders herausstellen wollte. Die Tatbestände der Steuerhinterziehung sind offene Gesetze (Blankettgesetze); der Rahmen des § 396 AO wird durch die Normen der einzelnen Steuergesetze ausgefüllt, in denen eine Steuerpflicht oder eine sonstige im Interesse der Besteuerung auferlegte Pflicht enthalten ist. Das gleiche gilt für die anderen Steuervergehen im Sinne der AO.

b) Schutzgegenstand des § 396 AO ist das öffentliche Interesse am vollständigen und rechtzeitigen Aufkommen der einzelnen Steuern (RGSt Bd. 59 S. 258). Der Steueranspruch wird dadurch verkürzt, daß die Steuer nicht, nicht vollständig oder nicht rechtzeitig entrichtet wird. Die Verkürzung kann — wie bei den meisten Erfolgsdelikten des allgemeinen Strafrechts — durch positives Tun oder durch pflichtwidriges Unterlassen begangen werden. Allein in dem Nichtzahlen einer Steuer liegt keine Steuerhinterziehung vor, es muß noch ein steuerunehrliches Verhalten — ein Täuschen — hinzukommen (RGStrafs Bd. 70 S. 10 und BGH in ZfZ 1954 S. 217).

c) Der Täter muß zum eigenen Vorteil oder zum Vorteil eines anderen handeln. Täter einer Steuerhinterziehung kann deshalb jeder sein (vgl. u. a. RGStrafs Bd. 65 S. 407). § 396 AO kann in allen Tatformen — Täterschaft, Mittäterschaft, mittelbare Täterschaft — und in allen Teilnahmeformen — Anstiftung und Beihilfe — begangen werden.

d) Dem Täter muß entgegen den früheren sog. Vermutungstatbeständen stets der Hinterziehungsvorsatz nachgewiesen werden. Der Täter muß wissen, daß er die zum Straftatbestand gehörenden Tatbestandsmerkmale — einschl. der ausfüllenden Merkmale der Steuergesetze — verwirklicht, und dies auch wollen. Vorsatz bedeutet also Wissen und Wollen der Tatbestandsmerkmale (RGStrafs. Bd. 70

S. 258). Vorsätzlich handelt aber auch, wer es für möglich hält, aber in Kauf nimmt, daß er den Tatbestand eines Strafgesetzes verwirklicht und damit gegen ein Gesetz verstößt (bedingter Vorsatz).

e) Der Vorsatz kann durch Irrtum ausgeschlossen sein. Nach dem Beschluß des Großen Senats des BGH vom 18. März 1952 (BGHSt Bd. 2 S. 194) wird entgegen der früheren Rechtsprechung des Reichsgerichts nur noch zwischen dem Irrtum über die Merkmale des gesetzlichen Tatbestandes gem. § 59 StGB (Tatbestandsirrtum) und dem Irrtum über die Rechtswidrigkeit (Verbotsirrtum) unterschieden. Nach § 59 StGB sind Tatumstände, die zum gesetzlichen Tatbestand gehören oder die Strafbarkeit erhöhen, dem Beschuldigten nicht zuzurechnen, wenn er ihr Vorhandensein bei der Begehung der strafbaren Handlung nicht kannte. Als Tatumstand des gesetzlichen Tatbestandes muß nicht notwendig etwas „Tatsächliches" angesehen werden; auch ein rechtliches Verhältnis, z. B. ein rechtlicher Anspruch, fällt darunter. Der Irrtum über das Bestehen oder die Anwendbarkeit steuerrechtlicher Vorschriften ist daher ein Tatbestandsirrtum nach § 59 StGB (vgl. Urteil des BGH vom 13. November 1953, BGHSt Bd. 5 S. 90 = ZfZ 1954 S. 215, auch RGStrafs. Bd. 72 S. 86). Nach der Rechtsprechung des Reichsgerichts und des Bundesgerichtshofs wird somit in fast allen denkbaren Fällen die Irrtumsfrage im Steuerstrafrecht über den § 59 StGB gelöst (§ 391 AO). Die praktische Bedeutung des § 395 AO ist dagegen gering, da die Vorschrift nur noch bei Irrtum über die steuerstrafrechtlichen Vorschriften — also bei Vorliegen eines Verbotsirrtums — Anwendung findet (Urteil des BGH vom 13. November 1953 a. a. O.).

Ist der Irrtum unverschuldet, dann liegt ein persönlicher Strafaufhebungsgrund vor; ist der Irrtum auf grobe Fahrlässigkeit zurückzuführen, dann ist nach § 402 AO zu bestrafen, bei Vorliegen von Fahrlässigkeit ggf. nach § 413 AO. In allen Fällen wird der Tatbestands- und Verbotsirrtum im Steuerstrafrecht gleichmäßig geregelt, da § 395 AO entsprechendes wie § 59 StGB vorschreibt. Die Reichsabgabenordnung folgt (§ 395 Abs. 2) der Vorsatztheorie. Dagegen läßt die Schuldtheorie, der sich die Rechtsprechung nach dem Beschluß des Großen Senats des BGH vom 18. März 1952 (a. a. O.) für das allgemeine Strafrecht angeschlossen hat, bei Verbotsirrtum den Vorsatz unberührt, wenn der Täter bei gehöriger Gewissensanspannung das Unrecht der Tat hätte erkennen können; der durch den Verbotsirrtum geminderte Schuldvorwurf kann im Rahmen der §§ 44, 45 StGB strafmildernd berücksichtigt werden.

f) Nach dem Strafrahmen des § 396 AO soll in erster Linie auf Geldstrafe erkannt werden. Der Höchstbetrag der Geldstrafe ist unbeschränkt. Daneben kann mit Gefängnis — nach § 16 Abs. 1 StGB bis zu 5 Jahren — bestraft werden. Bei Vorliegen der Voraussetzungen des Rückfalls wird eine Gefängnisstrafe nicht unter drei Monaten angedroht, jedoch kann in leichten Fällen auf Gefängnis unter 3 Monaten und Geldstrafe oder auf Geldstrafe allein erkannt werden (vgl. Vorbem. 11). Da bei § 396 AO die Geldstrafe an erster Stelle angedroht ist, kann sie bei Uneinbringlichkeit statt in Gefängnis in Haft umgewandelt werden (§ 29 Abs. 1 Satz 1 und 2 StGB).

Wie die vollendete Tat wird auch die Anstiftung bestraft (§ 48 StGB, § 391 AO; vgl. Vorbem. 19).

g) Für die Bestrafung Jugendlicher, d. h. von Personen, die z. Zt. der Tat vierzehn, aber noch nicht achtzehn Jahre alt sind, wegen Steuervergehen gilt das

Jugendgerichtsgesetz vom 4. August 1953 (BGBl. I S. 751). Nach diesem Gesetz ist ein Jugendlicher nur strafrechtlich verantwortlich, wenn er z. Zt. der Tat nach seiner sittlichen und geistigen Entwicklung reif genug ist, das Unrecht der Tat einzusehen und nach dieser Einsicht zu handeln (§ 3 JGG). Die Straftat eines Jugendlichen wird mit Zuchtmitteln oder mit Jugendstrafe geahndet, wenn Erziehungsmaßregeln nicht ausreichen (§§ 5, 9ff. JGG). Als Nebenstrafe kann auch auf Einziehung der Ware erkannt werden (§ 8 Abs. 3 JGG, § 401 AO), das gilt jedoch nicht für die Auferlegung eines Wertersatzes; denn sie ist eine echte Geldstrafe, die das Jugendgerichtsgesetz nicht kennt (BGHSt Bd. 6 S. 258 — ZfZ 1954 S. 375). Nach Ermittlungen von Steuervergehen gegen Jugendliche hat das Hauptzollamt das Verfahren an die Staatsanwaltschaft abzugeben, da für Verfehlungen Jugendlicher sachlich das Jugendgericht zuständig ist (§§ 39ff. JGG, 446 Abs. 1 AO).

Das Jugendgerichtsgesetz gilt auch unter den Voraussetzungen des § 105 JGG für Heranwachsende, d. h. für Personen, die zur Zeit der Tat achtzehn, aber noch nicht 21 Jahre alt sind.

4. Der Versuch der Steuerhinterziehung ist strafbar, die für die vollendete Tat angedrohte Strafe gilt auch für den Versuch (§ 397 AO). Für den Begriff des Versuches ist § 43 Abs. 1 StGB maßgebend. Es ist also ein Beginn der Ausführung erforderlich. Ein Anfang der Ausführungshandlung liegt in der Regel bereits dann vor, wenn das Biersteuer- oder das Rückbierbuch zwecks Steuerhinterziehung vorsätzlich unrichtig geführt wird, da diese Steuerbücher zur Einsicht durch die Beamten des Steueraufsichtsdienstes bereitzuliegen haben, so daß mit der Täuschungshandlung bereits begonnen wurde. Eine nach § 406 AO strafbare Vorbereitungshandlung ist in der Regel dann zu bejahen, wenn z. B. das Malz- oder Sudbuch unrichtig geführt wird in der Absicht, eine Steuerhinterziehung zu ermöglichen. Zur Bestrafung würde aber z. B. nicht die bloße Beschaffung von Braustoffen zur unerlaubten Bierherstellung genügen (RGStrafs. Bd. 61 S. 71). § 397 AO bezieht sich nur auf Steuerhinterziehungen. Der Versuch einer nach § 18 BierStG strafbaren Handlung fällt nicht unter § 397 AO und ist nach § 43 Abs. 2 StGB nicht strafbar.

5. Die Vorschriften des § 49 StGB über die Beihilfe gelten grundsätzlich auch für die vorsätzlich begangenen Steuervergehen. Nach § 49 StGB ist die Strafe des Gehilfen nach den Grundsätzen über die Bestrafung des Versuches zu ermäßigen. § 398 AO setzt indessen eine Ausnahme davon fest für den Fall, daß die Beihilfe des eigenen Vorteils wegen begangen ist. Alsdann gilt die für die vollendete Tat angedrohte Strafe. Entsprechendes gilt für die *Begünstigung*, wenn der Beistand des eigenen Vorteils wegen geleistet ist. Sonst findet § 257 StGB Anwendung.

6. Die *Bekanntmachung der Bestrafung* auf Kosten des Verurteilten kann im Straferkenntnis (auch im Strafbescheid oder in der Unterwerfungsverhandlung) angeordnet werden, wenn wegen Steuerhinterziehung auf eine Geldstrafe von mehr als fünfhundert DM oder neben Geldstrafe — auch von weniger als 500 DM — auf Gefängnis erkannt wird (§ 399, vgl. §§ 474 Abs. 2, 421 Abs. 2 AO). Aus § 400 in Verbindung mit § 396 Abs. 1 ergibt sich, daß auch wegen Biersteuerhinterziehung auf *Verlust der bürgerlichen Ehrenrechte* erkannt werden kann (vgl. ferner § 404 AO, Rückfall).

7. Das Biersteuergesetz von 1918 kannte die *Einziehung* als Nebenstrafe der Hinterziehung nicht, während nach Art. 54 des bayerischen Malzaufschlaggesetzes

vom 18. März 1910, wenn die Hinterziehung durch Benutzung einer nicht genehmigten eigenen Mühle oder einer sonstigen Schrotungsvorrichtung verübt war, die Einziehung der Mühle oder Vorrichtung eintrat.

8. Nach § 401 Abs. 1 AO muß stets neben der Strafe auf Einziehung der steuerpflichtigen Erzeugnisse und zollpflichtigen Waren erkannt werden, hinsichtlich derer die Hinterziehungen begangen worden sind. Die Einziehung erstreckt sich auf die zugehörigen Umschließungen, soweit die Flüssigkeit mit der Umschließung nach der allgemeinen Verkehrsauffassung eine Verkehrseinheit bildet. Dies nahm das Reichsgericht bei Limonade in Flaschen und bei Bier in Fässern an (RGStrafs. Bd. 51 S. 73, Bd. 73 S. 289; vgl. auch BGHSt. Bd. 7 S. 78). Die Einziehung von Bierfässern, in denen das der Besteuerung entzogene Bier in Verkehr gebracht wurde, hat das Reichsgericht in seiner Entscheidung vom 17. März 1942 (RZBl. 1942 S. 87) für zulässig erklärt, wenn die Fässer bei der Beschlagnahme bereits entleert waren. Eine Einziehung von Umschließungen, die dem Täter oder Teilnehmer gehören, kommt auch noch unter den Voraussetzungen des § 40 StGB in Betracht.

Kann die Einziehung nicht vollzogen werden, so ist auf Erlegung des Wertes der Erzeugnisse oder Waren und, soweit dieser nicht zu ermitteln ist, auf Zahlung einer Geldsumme bis zu 100000,— DM zu erkennen (§ 401 Abs. 2 AO). Der Berechnung des Wertes des nicht mehr einziehbaren Bieres sind die Bierpreise einschl. Steuer zugrunde zu legen (vgl. BGHSt. Bd. 4 S. 305, andere Ansicht früher RG in ZfZ 1930 S. 16). Soweit es sich um die Beschaffenheit des zu ersetzenden Bieres handelt, ist jedoch der Zeitpunkt maßgebend, wo es aus der Brauerei entfernt wird oder in dieser getrunken wird (BGHSt. Bd. 4 S. 305). Dem Wert der Erzeugnisse ist der Wert der mit ihnen eine Verkehrseinheit bildenden Umschließung hinzuzurechnen. Zu diesem Zwecke muß die Art der gebrauchten Umschließungen (Fäser, Flaschen) ermittelt werden. Die Wertersatzstrafe und die Geldstrafe des § 401 Abs. 2 sind nach § 417 AO in Freiheitsstrafe umzuwandeln, wenn sie nicht beigetrieben werden können.

Der frühere Abs. 3 des § 401 AO, der sich auf die Einziehung der Geräte und Vorräte in nicht angemeldeten Herstellungsbetrieben steuerpflichtiger Erzeugnisse bezog, und der frühere § 406, nach dem steuerpflichtige Erzeugnisse, die nicht ordnungsmäßig verpackt, bezeichnet oder versteuert waren, eingezogen wurden, sind durch das Gesetz vom 4. Juli 1939 (a. a. O.) aufgehoben und durch §§ 200, 200 a AO (Sicherstellung im Aufsichtswege und Überführung in das Eigentum des Bundes) mit geänderter Fassung ersetzt worden.

Auf Einziehung ist auch bei Versuch der Steuerhinterziehung (§ 397 AO), ferner bei Beihilfe und Begünstigung, die jemand seines Vorteils wegen begeht (§ 398 AO) und bei Beihilfe (§ 49 StGB) zu erkennen. Bei der Begünstigung (§ 257 StGB) kommen Nebenstrafen nicht in Betracht.

§ 401 AO, der die Einziehung von Erzeugnissen und Waren regelt, soweit sie dem Täter oder Teilnehmer gehören, wird erweitert durch § 414 AO. Danach kann auf Einziehung erkannt werden, auch wenn die Gegenstände unbeteiligten Dritten gehören. Entgegen der früher vom Reichsgericht vertretenen Auffassung ist die Einziehung nicht zwingend vorgeschrieben, sondern in das pflichtmäßige Ermessen des Gerichtes gestellt. Gerechtfertigt ist z. B. die Einziehung nach der Rechtsprechung des Bundesgerichtshofes (vgl. BGHSt. Bd. 1 S. 351, Bd. 2 S. 320 — ZfZ 1952 S. 220 — und Bd. 4 S. 316 — ZfZ 1954 S. 53 —), wenn dem Eigentümer leichte Fahrlässigkeit vorzuwerfen ist oder wenn die Voraussetzungen der Haftung des Eigentümers für die Geldstrafen und Kosten des Vertreters oder Angestellten nach § 416 AO vorliegen (vgl. dazu auch die umfangreiche Rechtsprechung und Literatur in Hübschmann-Hepp-Spitaler zu § 414 AO).

Nach dem 2. Absatz des § 414 AO kann eine Einziehung auch im selbständigen Einziehungsverfahren — dem sog. objektiven Verfahren (§§ 430 — 433 StPO) — erfolgen, falls ein Strafverfahren gegen eine bestimmte Person — subjektives Verfahren — nicht eingeleitet werden kann, z. B. wenn der Täter unbekannt, verstorben oder geisteskrank ist. Insoweit besteht kein Verfolgungszwang. Ist im subjektiven Verfahren versehentlich die Einziehung unterblieben, so kann sie im objektiven Verfahren nicht mehr nachgeholt werden (RGStrafs. Bd. 65 S. 175). Ist das subjektive Verfahren gem. § 153 StPO wegen Geringfügigkeit eingestellt worden, so kann ebenfalls kein objektives Verfahren mehr durchgeführt werden, weil es sich bei der Einziehung nicht um eine Sicherungsmaßnahme, sondern um eine Nebenstrafe handelt. Eine Wertersatzstrafe kommt im Falle des § 414 AO nicht in Betracht.

Die Wirkung der Einziehung ist im § 415 AO geregelt. Mit der Rechtskraft des Erkenntnisses geht das Eigentum an den eingezogenen Gegenständen auf den Bund über, wenn eine Bundesbehörde auf Einziehung erkannt hat, also bei der Rechtskraft eines Strafbescheides, den das Hauptzollamt erlassen hat. Hat ein Land die Strafhoheit ausgeübt, erwirbt dieses mit der Rechtskraft der gerichtlichen Entscheidung das Eigentum an den eingezogenen Gegenständen (vgl. Gutachten des BFH vom 20. November 1952, BStBl. 1953 III S. 42 = BZBl. 1953 S. 1 = ZfZ 1953 S. 181). Die Rechte dritter Personen erlöschen. Wegen der Vollstreckung der Einziehung s. § 459 Abs. 3 und 4 AO.

9. Die Oberfinanzdirektion kann durch Beschluß, gegen den die Beschwerde an den Bundesfinanzhof gegeben ist, dem mehrfach wegen Steuerhinterziehung Bestraften unter bestimmten Voraussetzungen die Fortsetzung des Betriebes oder sogar seines Berufes auf Zeit oder Dauer untersagen und unter den gleichen Voraussetzungen Vertretern oder Angestellten des Steuerpflichtigen die weitere Tätigkeit in dem Unternehmen verbieten (§ 198 AO).

Nach § 197 AO können Betriebe, bei denen eine Steuerhinterziehung im Strafverfahren festgestellt ist, auf Kosten des Inhabers besonderen Aufsichtsmaßnahmen unterworfen werden.

10. Die Bestrafung wegen Steuerhinterziehung setzt Vorsatz des Täters voraus. In den Fällen, in denen der Steuerpflichtige oder sein Vertreter die Verkürzung des Steueranspruches durch leichtfertiges Handeln oder Unterlassen bewirkt, wird wegen fahrlässiger Steuerverkürzung nach § 402 AO in der Fassung vom 11. Mai 1956 mit Geldstrafe bis zu 100000 DM bestraft. Den Begriff der Leichtfertigkeit setzt die Rechtsprechung der groben Fahrlässigkeit gleich (vgl. dazu die zu § 164 Abs. 5 StGB ergangene Rechtsprechung). Hauptanwendungsfall des § 402 AO auf dem Gebiete der Biersteuer wird an dolus streifende Nachlässigkeit bei der durch die Durchführungsbestimmungen vorgeschriebenen Buchführung sein. Bloße Verletzung der in dieser Hinsicht bestehenden Pflichten genügt nicht. Voraussetzung der Anwendung des § 402 AO ist, daß die grobe Fahrlässigkeit des Täters die unrichtige Festsetzung der Steuer verursacht hat. Hat das Hauptzollamt gem. § 217 AO, weil Bücher nicht oder nicht richtig geführt sind, von der Schätzung Gebrauch gemacht, so ist für Bestrafung wegen fahrlässiger Steuerverkürzung kein Raum. In diesem Falle kommt ggf. eine Bestrafung nach § 413 Abs. 1 Nr. 1 b AO in Betracht. Ein

Fortsetzungszusammenhang ist bei der fahrlässigen Steuerverkürzung begrifflich ausgeschlossen (RGStrafs. Bd. 57 S. 119 u. a.).

11. Der Begriff der Steuerhehlerei nach § 403 AO in der Fassung vom 4. Juli 1939 ist nach dem der Sachhehlerei i. S. des § 259 StGB gestaltet. Während Hehlerei nach § 259 StGB auch dann vorliegt, wenn der Täter nach den Umständen annehmen muß, daß die Sachen mittels einer strafbaren Handlung erlangt sind, setzt § 403 AO einen Vorsatz voraus, also z. B. Kenntnis des Umstandes, daß hinsichtlich des Bieres eine Steuerhinterziehung stattgefunden hat. Bestimmtes Wissen ist aber nicht erforderlich. Es genügt bedingter Vorsatz (OLG Bremen in ZfZ 1954 S. 285). Der Täter muß beim Ankaufen, zum Pfande nehmen, Ansichnehmen, Verheimlichen oder Absetzen seines Vorteils wegen handeln. Die Bestrafung erfolgt nach §§ 396—400 AO. Neben der Strafe ist auf Einziehung (§ 401 AO) zu erkennen.

12. § 404 AO verschärft die Strafbarkeit der Steuerhinterziehung, Steuerhehlerei oder des Bannbruchs im Gegensatz zu dem Rückfalldiebstahl (§ 244 StGB)bereits dann, wenn der Täter abermals eines dieser Steuervergehen begeht, nachdem die frühere Strafe mindestens teilweise verbüßt oder erlassen worden war. Die Zahlung eines Betrages von weniger als 1 DM ist nicht als teilweises Verbüßen anzusehen (BGHSt. Bd. 4 S. 331 = ZfZ 1954 S. 250). Die gegenüber § 245 StGB sehr verkürzte Ausschlußfrist von 3 Jahren läuft von der Verbüßung oder dem Erlaß der letzten Strafe bis zur Begehung der neuen Straftat. Nach dem Wortlaut des § 404 AO kommt es nicht darauf an, ob durch die früheren Taten die gleiche Steuer beeinträchtigt ist. Es ist deshalb in einer Biersteuerstrafsache, wenn die übrigen Voraussetzungen gegeben sind, Rückfall anzunehmen, wenn der Täter wegen Einkommensteuer — oder Umsatzsteuer- oder Zollhinterziehung vorbestraft worden ist. Hinsichtlich des Rückfalls stehen Bestrafungen durch die Finanzbehörden gerichtlichen Strafen völlig gleich (vgl. RGStrafs. Bd. 20 S. 316). Die Unterwerfung des Beschuldigten im Verwaltungsstrafverfahren begründet den Rückfall nur, wenn er erkannt hat, daß er sich einer Strafe unterwirft (Bay. OLG in ZfZ 1954 S. 89). Der Rückfall ist ein persönlicher Straferhöhungsgrund. Die verschärfte Strafe — Gefängnis nicht unter drei Monaten, jedoch in leichten Fällen auch Gefängnis unter drei Monaten und Geldstrafe oder Geldstrafe allein — trifft nur den Täter oder Teilnehmer, in dessen Person die Rückfallvoraussetzungen vorliegen (§ 50 StGB).

13. Der durch Gesetz vom 11. Mai 1956 neu eingefügte § 406 stellt Vorbereitungshandlungen für eine spätere Steuerhinterziehung unter Strafe. Bei den Tatbeständen handelt es sich um schwerwiegende Gefährdungen des Steueraufkommens. Nach dem für die Biersteuer nur in Betracht kommenden § 406 Abs. 1 Nr. 3 AO wird wegen Steuergefährdung bestraft, wer in der Absicht, eine Steuerverkürzung zu ermöglichen, nach den Verbrauchsteuergesetzen buchungspflichtige Betriebsvorgänge nicht oder in tatsächlicher Hinsicht nicht richtig verbucht oder verbuchen läßt. Nach den DB zum BierStG sind z. B. folgende Betriebsvorgänge in Steuerbüchern einzutragen: das Schroten von Malz im Mahlbuch (§ 47 DB), der Zu- und Abgang der Vorräte an Zucker, Süßstoff und aus Zucker hergestellten Farbmitteln im Zuckerverwendungsbuch (§ 59 DB), einzelne Vorgänge der Bierherstellung vom Sudhaus bis zum Lagerkeller im Sudbuch (§ 61 DB), die Verwendung des überwachungspflichtigen Bieres im Biersteuerbuch (§ 61 DB), der Zugang und Abgang von Rückbier im Rückbierbuch (§ 15 DB). Soweit das Biersteuer- oder das Rück-

bierbuch unrichtig geführt wird, liegt in der Regel bereits der Beginn einer Täuschungshandlung und somit einer Ausführungshandlung zur Steuerhinterziehung vor, da die Steuerbücher zur Einsicht durch die Beamten des Steueraufsichtsdienstes in den Betriebsräumen bereitzuliegen haben. Der Täter ist deshalb wegen versuchter Steuerhinterziehung nach § 397 AO oder, soweit das Steuervergehen vollendet und beendet ist, wegen Steuerhinterziehung nach § 396 AO zu bestrafen, wenn ihm vorsätzliches Handeln nachgewiesen werden kann. Eine Bestrafung nach § 406 AO scheidet aus, da diese Bestimmung nur subsidär gilt.

Zum Tatbestand der Steuergefährdung gehört außer dem Vorsatz die Absicht, eine Steuerverkürzung zu ermöglichen, wobei die Absicht i. S. des Urteils des BGH vom 12. Februar 1953 (Bd. 4 S. 307) zu verstehen ist (vgl. auch Lenkewitz in DDZ 1956 F S. 77). § 406 AO droht Geldstrafe bis zu 100 000 DM oder Gefängnis bis zu zwei Jahren und Geldstrafe an.

Straflos bleibt der Täter oder Teilnehmer, wenn er die Buchungen entsprechend der Wirklichkeit nachholt oder berichtigt (§ 406 Abs. 2 Satz 1 AO). Es handelt sich um einen persönlichen Strafaufhebungsgrund. Die Straflosigkeit kommt dem Täter oder Teilnehmer nur zugute, wenn er freiwillig zurücktritt. Freiwillig handelt er dann nicht, wenn er im Zeitpunkt der Berichtigung oder Nachholung wußte, oder bei verständiger Würdigung der Sachlage damit rechnen mußte, daß das Steuervergehen ganz oder z. T. entdeckt war (vgl. § 406 Abs. 2 Satz 2 AO).

14. §§ 410, 411 AO in der Fassung vom 7. Dezember 1951 (BGBl. I S. 941) gewähren im Gegensatz zum allgemeinen Strafrecht auch bei vollendeten Straftaten Straffreiheit. Danach bleibt straffrei, wer in den Fällen der Steuerhinterziehung oder fahrlässigen Steuerverkürzung, bevor ihm oder seinem Vertreter die Einleitung der steuerstrafrechtlichen Untersuchung eröffnet worden ist, unrichtige oder unvollständige Angaben bei der Steuerbehörde berichtigt oder ergänzt oder unterlassene Angaben nachholt; außerdem muß die geschuldete Steuer nach ihrer Festsetzung innerhalb der ihm bestimmten Frist entrichtet werden (Selbstanzeige). Im Falle der Steuerhinterziehung tritt Straffreiheit nicht ein, wenn ein Prüfer der Finanzbehörde zur steuerrechtlichen oder steuerstrafrechtlichen Prüfung erschienen ist oder wenn — wie bei § 406 Abs. 2 AO — der Rücktritt nicht freiwillig erfolgt (§ 410 Abs. 1 Satz 2 und Abs. 2 AO). Zur Freiwilligkeit des Rücktritts vgl. Vorbem. Nr. 12. Die Straffreiheit ist nicht vorgesehen für die Fälle der Begünstigung (§ 392 Abs. 2 AO) und der Steuerhehlerei (§ 403 AO). Die Untersuchung ist eingeleitet, wenn eine Maßnahme eines zuständigen Beamten, durch den der Entschluß, steuerstrafrechtlich gegen den Beschuldigten einzuschreiten, nach außen erkennbar betätigt worden ist. Es ist nicht notwendig, daß bereits nach § 441 Abs. 2 AO die Einleitung aktenkundig gemacht worden ist. Zur Anwendung der §§ 410 und 441 AO s. FG Düsseldorf in ZfZ 1958 S. 19.

15. Verletzung der den Amtsträgern oder amtlich zugezogenen Sachverständigen nach § 22 Abs. 2 AO obliegenden Verpflichtung, über die Verhältnisse, Betriebs- und Gewerbegeheimnisse der Steuerpflichtigen oder über den Inhalt von Verhandlungen in Steuersachen Stillschweigen zu bewahren, wird nach § 412 AO als Steuervergehen geahndet.

16. § 413 AO wurde durch das Gesetz vom 11. Mai 1956 neu gefaßt. Die bisherige Fassung wurde den gewandelten staatsrechtlichen Verhältnissen angepaßt. Der für das Verbrauchsteuerstrafrecht allein in Betracht kommende Tatbestand der Num-

mer 1b soll nach der Begründung des Gesetzes lediglich schwerwiegende Straftatbestände des Verbrauchsteuerstrafrechts erfassen, ohne die das ordnungsmäßige Verbrauchsteueraufkommen nicht gesichert wäre; es handelt sich hier z. T. um hinterziehungsähnliche Tatbestände. Nach Abs. 1 Nr. 1b werden bestraft vorsätzliche oder fahrlässige Verletzungen:

a) der verbrauchssteuerrechtlichen Vorschriften über Verpackung und Kennzeichnung verbrauchsteuerbarer Erzeugnisse, z. B. Verstöße gegen §§ 26, 27, 49, 52 DB (wegen §§ 26, 27 DB s. jedoch Bem. 1 zu § 19).

b) der Erklärungs- und Anzeigepflichten, die zur Vorbereitung, Sicherung und Nachprüfung der Besteuerung auferlegt sind, z. B. Verstöße gegen § 13 BierStG, §§ 33, 34, 38, 39, 40, 45, 46, 53, 54, 56, 69, 71, 72, 78 Abs. 3 DB; hierher gehören nicht die unrichtigen Verbuchungen buchungspflichtiger Vorgänge; nur unter den Voraussetzungen des § 406 AO kann insoweit eine Bestrafung erfolgen (s. auch Vorbem. Nr. 12).

c) der Verkehrsbeschränkungen, z. B. Verstöße gegen §§ 10, 11 BierStG in Verbindung mit § 28 DB (s. hierzu Bem. 1 zu §§ 18, 19), § 51 DB.

d) der Vorschriften, die für den Verbrauch unversteuerter Waren in den Freihäfen getroffen worden sind (vgl. § 4 DB).

Ein Verschulden — Vorsatz oder Fahrlässigkeit — muß dem Beschuldigten nachgewiesen werden. Begrifflich liegt nach der Rechtsprechung des RG (vgl. RGStrafs. Bd. 61 S. 320) Fahrlässigkeit vor, wenn der Beschuldigte die Sorgfalt, zu der er nach den Umständen und nach seinen persönlichen Kenntnissen und Fähigkeiten verpflichtet und imstande war, außer acht gelassen und infolgesessen entweder den Erfolg, den er bei Anwendung pflichtgemäßer Sorgfalt hätte voraussehen können, nicht vorhergesehen (unbewußte) oder den Eintritt des Erfolges zwar für möglich gehalten, aber darauf vertraut hat, er werde nicht eintreten (bewußte Fahrlässigkeit). Auf dem Gebiete der Biersteuer ist zu berücksichtigen, daß es sich um Personen — meist Gewerbetreibende — handelt, von denen verlangt werden muß, daß sie sich auf Grund ihres Berufes rechtzeitig die Kenntnis der verbrauchsteuerrechtlichen Vorschriften verschaffen.

§ 413 AO gilt wie bisher nur subsidiär; die Bestimmung wird nicht angewandt, wenn die Tat den Tatbestand eines anderen Steuervergehens (§§ 396, 402 AO) erfüllt. Verstöße gegen § 413 AO werden mit echter krimineller Strafe geahndet; sie sind Steuervergehen. Um Mißverständnisse zu beseitigen, wurde die Bezeichnung „Steuerordnungswidrigkeit" fallen gelassen. Eine Bestrafung nach § 413 AO wird dem Strafregister nach § 2 Abs. 2 Strafregisterverordnung vom 17. Februar 1934 (RGBl. I S. 140) nicht mitgeteilt.

17. §§ 416, 417 AO regeln die Haftung Dritter für Geldstrafen und Kosten aus Steuervergehen ihrer Vertreter, Verwalter, Bevollmächtigten, Angestellten, Familien- und Hausangehörigen, die diese bei Ausübung ihrer Obliegenheiten, die sie im Interesse des Geschäftsherrn oder Haushaltungsvorstandes wahrnehmen, verwirken. § 416 Abs. 1 AO ist namentlich von Bedeutung für die Haftung juristischer Personen, sie können sich auch nicht durch den Nachweis der Aufwendung der erforderlichen Sorgfalt bei der Auswahl ihrer Vertreter entlasten. Die Haftung aus § 416 AO wird nicht dadurch ausgeschlossen, daß der Vertreter, Geschäftsherr oder Haushaltungsvorstand als Mittäter usw. bestraft wird. Sie bezieht sich auf alle Steuervergehen einschl. der §§ 406, 413 AO. Ihr Umfang beschränkt sich auf Geld-

strafe und Kosten; zur Geldstrafe gehört nicht die Wertersatzstrafe (§ 401 Abs. 2 AO), da sie keine Hauptstrafe ist.

Während es nach § 55 des Biersteuergesetzes von 1916 für die Haftung belanglos war, ob die Geldstrafe von dem Schuldigen beigetrieben werden konnte oder nicht, ist nach § 417 AO der Haftende erst in Anspruch zu nehmen, wenn die Geldstrafe und die Kosten aus dem beweglichen Vermögen des Schuldigen nicht beigetrieben werden können. Die Voraussetzung ist auch im Falle des § 459 Abs. 2 AO (Aussichtslosigkeit der Vollstreckung) gegeben. Der Täter kann nicht verlangen, daß zur Abwendung der Umwandlung der Geldstrafe in Freiheitsstrafe der Haftende in Anspruch genommen wird (§ 417 Abs. 2 AO). Ebenso kann die Geldstrafe gegenüber dem Haftenden nicht in Ersatzfreiheitsstrafe umgewandelt werden, da die Haftung nur ein Strafübel, jedoch keine Strafe ist.

Der Haftende ist als Nebenbeteiligter (§ 421 Abs. 3 Nr. 2 AO) zum Strafverfahren hinzuzuziehen (§ 443 AO). In diesem Falle wird dann in dem gegen den Täter oder Teilnehmer ergehenden Strafbescheid zugleich über die Haftung erkannt. Ist die Zuziehung unterblieben, so kann über die Haftung in einem besonderen Strafbescheid entschieden werden (§ 448 AO).

18. § 418 AO regelt einheitlich für alle Steuergesetze die rechtlich Behandlung der *Tateinheit* von Steuervergehen mit Zuwiderhandlungen gegen andere Gesetze (Abs. 1), der Tateinheit mehrerer Steuervergehen (Abs. 2) und des tatsächlichen Zusammentreffens mehrerer Steuerzuwiderhandlungen (Abs. 3).

Im Falle der Tateinheit von Steuervergehen mit Zuwiderhandlungen gegen andere Gesetze ist in jedem Falle auf die nach dem Steuergesetze verwirkte Geldstrafe zu erkennen, auch dann, wenn das andere Gesetz die schwerere Strafe oder die schwerere Strafart androht und deshalb nach dem Grundsatz des § 73 StGB Platz greift. Dasselbe gilt für die Nebenstrafen, insbesondere die Haftbarkeit dritter Personen und die Einziehung. Es entspricht dem Zweck der Steuerstrafen, daß beim Zusammentreffen mehrerer Gesetzesverletzungen auf die Steuerstrafe selbständig erkannt und durch diese Strafhäufung von dem Grundsatz des § 73 StGB abgewichen wird.

Bei Tateinheit mehrerer Steuervergehen ist dagegen nach dem Grundsatz des § 73 StGB zu verfahren, indessen muß daneben auf Haftbarkeit dritter Peronen oder Einziehung erkannt werden, wenn eine der verletzten Vorschriften es vorschreibt und es kann darauf erkannt werden, wenn eine der Vorschriften es zuläßt. Tateinheit setzt Verletzung desselben Rechtsgutes voraus: kommt zur Biersteuerhinterziehung Hinterziehung der Umsatz- und Einkommensteuer hinzu,wenn auch um die erstgenannte zu verdecken, so kommt Abs. 2 nicht in Betracht, sondern Bestrafung wegen mehrerer selbständiger Steuerhinterziehungen.

Bei Realkonkurrenz mehrerer Steuervergehen gilt § 74 StGB. Auf eine Gesamtstrafe ist nur bei Freiheitsstrafen zu erkennen, für die das Höchstmaß in § 418 Abs. 3 AO auf fünf Jahre bemessen ist. Hinsichtlich der Nebenstrafen gilt der gleiche Grundsatz wie in Abs. 1 und 2. Geldstrafen sind nebeneinander zu verhängen.

§ 418 gilt nur für Steuervergehen, also nicht für Vergehen gegen das Reinheitsgebot und das Verbot des Verkehrs mit Zubereitungen (§§ 18, 19 des Biersteuergesetzes).

19. Die Strafverfolgung von Steuervergehen verjährt, wie im allgemeinen Strafrecht, in fünf Jahren, dagegen von Steuervergehen gem. § 413 in einem Jahr. Die Einleitung der Untersuchung, d. h. der tatsächliche Beginn der Untersuchung, und

der Erlaß — nicht erst die Zustellung — eines Strafbescheides unterbrechen die Verjährung. Dies gilt nur für das Verwaltungstrafverfahren. Im gerichtlichen Verfahren ist ausschließlich § 68 StGB anzuwenden. Danach wird die Verjährung durch jede Handlung des Richters, die wegen der begangenen Tat gegen den Täter gerichtet ist, unterbrochen.

20. Als Vorschriften des Strafgesetzbuches, die mangels abweichender Regelung durch die Abgabenordnung in Betracht kommen, sind zu nennen: die Vorschriften über die Teilnahme (§§ 47—49), über den Ausschluß der Strafbarkeit wegen Unzurechnungsfähigkeit (§ 51), Nötigung (§ 52), Notwehr (§ 53), Notstand (§ 54), Taubstummheit (§ 55), ferner § 59 (s. oben Vorbem. 3e). Wegen der Jugendlichen vgl. oben Vorbem. 3g.

21. Für das Verfahrensrecht gelten die Vorschriften des zweiten Teils des dritten Abschnitts der Abgabenordnung (§§ 420—477) und ergänzend die Strafprozeßordnung. Das Verwaltungsstrafverfahren ist in den §§ 421—460 AO und das gerichtliche Verfahren in den §§ 461—476 AO geregelt. Nach § 20 BierStG finden die steuerstrafverfahrensrechtlichen Vorschriften auch in den Fällen der §§ 18, 19 Anwendung, die in erster Linie aus wirtschaftlichen und lebensmittelpolizeilichen Gründen ergangen sind.

Im Verwaltungsstrafverfahren ist zur Untersuchung von Steuervergehen auf dem Gebiete der Biersteuer sachlich das Hauptzollamt zuständig. Ebenso steht dem Hauptzollamt die Entscheidung zu, wenn das Steuervergehen nur mit Geldstrafe und Einziehung bedroht ist oder das Hauptzollamt auf keine andere als auf diese Strafen erkennen will (§§ 421, 422, 424 AO i. V. m. § 13 FVG). Es kann sich auch der weiteren Untersuchung und Entscheidung enthalten und die Strafsache an die zuständige Staatsanwaltschaft abgeben (§ 425 AO). Das Hauptzollamt kann Beschlagnahmen — mit Ausnahme bei Postsendungen — anordnen und durch seine Beamten ausführen lassen (§§ 430—435 AO). Wegen Durchsuchungen s. Bem. zu § 17.

Das Hauptzollamt stellt die Untersuchung ein, wenn der Verdacht eines Steuervergehens nicht begründet ist. Ist der Verdacht begründet, dann erläßt es einen Strafbescheid oder gibt die Verhandlungen, wenn es nicht selber erkennen kann oder will, an die Staatsanwaltschaft ab (§§ 446 Abs. 1, 447 AO). Hat der Beschuldigte das Steuervergehen vorbehaltlos eingeräumt, so kann er sich unter Verzicht auf Erlaß eines Strafbescheides sofort unterwerfen. Die Unterwerfung steht einem rechtskräftigen Urteil gleich (§ 45 AO, Verordnung vom 1. November 1921 — RGBl. I S. 1328, BdF-Erl. vom 20. Juni 1956 im BZBl. 1956 S. 570 und 668). Eine Bestrafung im Unterwerfungsverfahren — mit Ausnahme nach § 413 AO — wird in das Strafregister eingetragen.

Gegen den Strafbescheid kann der Beschuldigte binnen einer Woche beim Hauptzollamt Antrag auf gerichtliche Entscheidung stellen oder Beschwerde einlegen. Das eine Rechtsmittel schließt das andere aus; eine einmal getroffene Wahl kann nicht mehr geändert werden (§ 450 AO). Über die Beschwerde entscheidet die Oberfinanzdirektion (§ 452 AO). Gegen die Entscheidung des Gerichts oder der Oberfinanzdirektion können weitere Rechtsmittel eingelegt werden. Vollstreckbare Strafbescheide oder Beschwerdebescheide wirken wie ein rechtskräftiges Urteil (§ 458). Kann eine durch Strafbescheid festgesetzte Geld- oder Wertersatzstrafe nicht beigetrieben werden, so hat das Gericht auf Antrag des Hauptzollamts die Strafen in Freiheitsstrafe — Gefängnis oder ggf. Haft (§ 29 StGB) — umzuwandeln (§ 470 AO). Bei geringfügigem Verschulden des Täters oder Teilnehmers kann das Hauptzollamt von der Einleitung oder Durchführung einer Untersuchung absehen, wenn Steuerhinterziehung oder Steuerhehlerei nicht in Betracht kommen.

Im gerichtlichen Verfahren hat das Hauptzollamt die Rechte eines Nebenklägers (§§ 467, 472 AO).

Strafe für Verwendung unzulässiger Stoffe bei der Bierbereitung **§ 18**

(1) Wer vorsätzlich oder fahrlässig andere als die nach § 9 zulässigen Stoffe zur Bereitung von Bier verwendet oder dem fertigen, zum Absatz bestimmten Bier zusetzt, wird, soweit nicht nach anderen Gesetzen eine schwerere Strafe verwirkt ist, wegen dieses Vergehens mit Geldstrafe bestraft. Ebenso wird bestraft, wer unzulässige Ersatz- oder Zusatzstoffe in einer unter Steueraufsicht stehenden Räumlichkeit aufbewahrt, sofern die Stoffe nicht nachweislich zu anderen Zwecken als zur Bierbereitung bestimmt sind.

(2) Neben der Geldstrafe kann auf Einziehung der Ersatz- und Zusatzstoffe, des mit ihnen bereiteten oder versetzten Biers und der Umschließungen erkannt werden. § 401 Abs. 2, §§ 414 und 415 der Reichsabgabenordnung finden Anwendung.

(3) Ebenso gelten die §§ 416 und 417 der Reichsabgabenordnung für die im Abs. 1 bezeichneten Zuwiderhandlungen.

(4) Die Strafverfolgung von Zuwiderhandlungen im Sinn des Abs. 1 verjährt in drei Jahren; der § 419 Abs. 2 der Reichsabgabenordnung findet Anwendung.

(5) Die Vorschriften im Abs. 1 Satz 1 und in den Absätzen 2 bis 4 sind auf Zuwiderhandlungen gegen die Vorschriften des § 11 anzuwenden.

Zu § 18.

1. Die Vorschriften des § 9 des Gesetzes betreffen nur zum Teil Pflichten, die im Interesse der Besteuerung auferlegt sind (vgl. Bem. 1 zu § 9). In den Absätzen 7 und 8 überwiegt der steuerliche Zweck (vgl. die Bem. zu § 9 Abs. 7 und 8), der dahin geht, Steuerverkürzungen durch nachträgliche Vergrößerung der Biermenge oder Veränderungen des Stammwürzegehaltes zu verhindern. Verletzungen dieser Vorschriften sind deshalb Steuervergehen und werden bei Vorliegen der Voraussetzungen wegen Steuerhinterziehung (§ 396 AO) oder fahrlässiger Steuerverkürzung (§ 402 AO) geahndet. Die Vorschriften im Abs. 1—6 des § 9 haben im wesentlichen wirtschaftlichen und lebensmittelpolizeilichen Charakter. Sie haben allerdings auch in steuerlicher Hinsicht insofern Bedeutung, als sie die steuerliche Überwachung der Bierbereitung wesentlich erleichtern. Ebenso tritt bei § 9 Abs. 9 durch die Vorschriften über Süßstoff der wirtschaftliche Zweck wesentlich in den Vordergrund.

Neben der Verwendung unzulässiger Stoffe bei der Bierbereitung (§ 9 des Gesetzes) wird nach Abs. 1 Satz 2 des § 18 bereits die Aufbewahrung unzulässiger Ersatz- und Zusatzstoffe in unter Steueraufsicht stehenden Räumen unter Strafe gestellt.

Der Gesetzgeber sieht in der Lagerung unzulässiger Stoffe in der Brauerei eine Vorbereitungshandlung, die die Einhaltung des Reinheitsgebots gefährdet. Absatz 1 Satz 2 ist somit aus wirtschaftlichen und lebensmittelpolizeilichen Gründen ergangen und soll ebenfalls das Reinheitsgebot sichern. Diese Zuwiderhandlung ist nur dann nicht strafbar, wenn die Stoffe nachweislich zu anderen Zwecken als zur Bierbereitung bestimmt sind. Insoweit gilt nicht die Regel in dubio pro reo, sondern in dubio contra reum.

Auch § 11 des Gesetzes verfolgt nur teilweise steuerliche Zwecke (vgl. Bem. 1 zu § 11). Anders als nach dem Gesetz von 1923 ist auch die bloße Anpreisung der Zubereitungen zur Bierbereitung strafbar. Zuwiderhandlungen gegen § 18 Abs. 5 i. V. m. § 11 sind — wie auch in den Fällen des § 18 Abs. 1 — keine Steuervergehen (s. auch Vorbem Nr. 2 zu den Strafvorschriften).

2. Nach § 38 des Brausteuergesetzes vom 15. Juli 1909 waren Zuwiderhandlungen gegen § 1 dieses Gesetzes nur dann zu bestrafen, wenn sie vorsätzlich und wissentlich begangen waren (RGStrafs. Bd. 43 S. 70). Um dem vom Braugewerbe selbst geforderten Reinheitsgebot einen erhöhten Nachdruck zu geben, ist auch die *fahrlässige* Zuwiderhandlung gegen die Vorschriften über das Reinheitsgebot mit Strafe belegt worden (Begr. zu § 50 des Entwurfs eines Biersteuergesetzes von 1918). Dabei ist es für das geltende Gesetz verblieben. Über den Begriff „Vorsatz" s. Vorbem. Nr. 3d, über den Begriff „Fahrlässigkeit" s. Vorbem. Nr. 16 zu den Strafvorschriften.

3. § 59 StGB ist bei § 18 des Gesetzes anzuwenden, wenn der Irrtum sich nicht nur auf die tatsächlichen Voraussetzungen, sondern auch auf die Bedeutung und Tragweite der den § 18 ausfüllenden Normen (§§ 9, 11 BierStG) bezieht. Insoweit liegt ein Tatbestandsirrtum vor. Hat sich dagegen der Täter nur über die Strafbarkeit seines Handelns geirrt, so kommt ein Verbotsirrtum in Betracht. In diesem Fall erfolgte im Gegensatz zu den Steuervergehen eine Bestrafung nach den Grundsätzen der vom BGH angewandten Schuldtheorie (s. dazu Vorbem. Nr. 3e zu den Strafvorschriften).

4. In § 18 Abs. 3 und in § 19 ist durch die Novelle von 1925 (vgl. Begründung S. 6) die Anwendung des jetzigen § 418 AO ausgeschaltet und dadurch wie durch den Zusatz „soweit nicht nach anderen Gesetzen eine schwerere Strafe verwirkt ist" für das tateinheitliche Zusammentreffen von Zuwiderhandlungen gegen die §§ 18 und 19 mit Zuwiderhandlungen gegen andere Strafgesetze eine einheitliche Regelung i. S. des § 73 StGB geschaffen worden, insbesondere wenn man noch berücksichtigt, daß in § 19 durch das Biersteueränderungsgesetz vom 10. Oktober 1957 (BGBl. I S. 1712) das Wort „verwirkt" durch „angedroht" ersetzt worden ist. Die Strafe ist somit nach dem Gesetz festzusetzen, das die schwerere Strafe androht.

§ 18 BierStG kann mit § 4 des Gesetzes gegen den unlauteren Wettbewerb, § 8 Süßstoffverordnung, § 263 StGB (Betrug) und insbesondere mit § 11 i. V. m. §§ 3, 4 LebensmG tateinheitlich zusammentreffen. § 3 Nr. 1a verbietet die Herstellung und § 3 Nr. 1b den Vertrieb gesundheitsschädlicher Lebensmittel. Dagegen ist nach § 4 Nr. 1 das Herstellen von verfälschten Lebensmitteln, sofern diese zum Zwecke der Täuschung im Handel und Verkehr erfolgt ist, nach § 4 Nr. 2 der Vertrieb verfälschter Lebensmittel ohne ausreichende Kenntlichmachung und nach § 4 Nr. 3 der Vertrieb von Lebensmitteln unter irreführender Bezeichnung untersagt. Vorsätzliche Zuwiderhandlungen gegen die Verbote der §§ 3 und 4 werden nach § 11 Abs. 1 LebensmG mit Gefängnis oder Geldstrafe oder mit einer dieser Strafen, fahrlässige

Zuwiderhandlung gegen die Verbote der §§ 3, 4 Nr. 2 und 3 — nicht Nr. 1 — mit Geldstrafe oder Gefängnis oder einer dieser Strafen geahndet. Verletzungen des Reinheitsgebotes (§ 9) sind gleichzeitig Verfälschungen von Lebensmitteln. Erfolgt die Verletzung in Täuschungsabsicht, dann ist bei vorsätzlichem Handeln nach § 11 Abs. 1 i. V. m. § 4 Nr. 1 LebensmG zu bestrafen. Ebenso ist bei einem Vertrieb verfälschter Lebensmittel ohne ausreichende Kenntlichmachung auch bei fahrlässigem Handeln die Strafe aus dem Lebensmittelgesetz zu entnehmen; eine Täuschungsabsicht ist nicht erforderlich (§ 11 Abs. 5 i. V. m. § 4 Nr. 2 LebensmG). In diesen Fällen ist das Hauptzollamt zur Entscheidung nicht zuständig; es hat deshalb das Verfahren gem. § 20 des Gesetzes i. V. m. §§ 422, 446 Abs. 1 Satz 2 AO an die Staatsanwaltschaft abzugeben. Das Steuergeheimnis (§ 22 AO) wird nicht verletzt, da das Hauptzollamt auf Grund gesetzlicher Bestimmungen zur Abgabe an die Staatsanwaltschaft befugt ist.

5. § 18 Abs. 2 erklärt neben den Ersatz- und Zusatzstoffen auch die Einziehung der Umschließungen ausdrücklich für zulässig. In die Wertersatzstrafe nach § 401 Abs. 2 AO ist der Wert der Umschließungen einzubeziehen (vgl. auch Vorbem. 7 zu den Strafvorschriften).

Wird die Strafe dem § 11 des LebensmG entnommen (s. Bem. 4), so ist auf Grund des § 13 Abs. 1 LebensmG als Sicherungsmaßnahme auf Einziehung der Gegenstände zu erkennen, auf die sich die Zuwiderhandlung bezieht, auch wenn sie dem Verurteilten nicht gehören. Nach § 13 Abs. 2 a. a. O. kann auf Einziehung oder Vernichtung auch im objektiven Strafverfahren erkannt werden.

6. Über die Haftung der Vertretenden nach §§ 416, 417 AO s. Vorbem. Nr. 16 zu den Strafvorschriften.

Die Strafverfolgung verjährt im Gegensatz zu § 419 Abs. 1 AO, aber entsprechend § 67 StGB, in drei Jahren. Die Vorschriften über die Unterbrechung der Verjährung (§ 419 Abs. 2 AO) finden Anwendung (s. auch Vorbem. Nr. 18 zu den Strafvorschriften).

§ 19

Zuwiderhandlungen gegen § 10 werden nach § 413 der Reichsabgabenordnung bestraft, soweit die Tat nicht nach anderen Vorschriften mit schwerer Strafe bedroht ist.

Zu § 19.

1. Die Zuwiderhandlungen gegen die Vorschriften über den Verkehr mit Bier gehörten im Gesetz von 1918 (§ 51) zu den als Ordnungswidrigkeiten strafbaren Handlungen. Da § 413 AO sich nur auf Verletzungen gegen die im Interesse der Besteuerung erlassenen Vorschriften der Steuergesetze bezieht, die Vorschriften des § 10 des Gesetzes aber in erster Linie Zwecke wirtschaftlicher Art verfolgen, war für die Zuwiderhandlungen gegen § 10 eine Sondervorschrift erforderlich, um den § 413 AO zur Anwendung zu bringen (vgl. Begründung 1923 S. 11).

2. Die Steuervergehen nach § 413 AO und deshalb auch die Zuwiderhandlungen gegen § 19 sind Vergehen, die mit Geldstrafe von 5—10 000 DM und bei Gewinnsucht des Täters bis zu 100 000 DM geahndet werden (vgl. Vorbem. Nr. 15 zu den Strafvorschriften).

3. Ein Verschulden — Vorsatz oder Fahrlässigkeit — muß wie bei § 413 AO nachgewiesen werden (s. auch Vorbem. Nr. 15). Wegen Irrtum s. Bem. Nr. 3 zu § 18.

4. Wegen des tateinheitlichen Zusammentreffens von Zuwiderhandlungen gegen § 19 mit Zuwiderhandlungen gegen andere Strafgesetze s. Bem. 4 zu § 18. Keine Anwendung finden die §§ 391 bis 415 AO, da der Tatbestand des § 19 des Gesetzes kein Steuervergehen i. S. des § 392 AO ist (vgl. Vorbem. 2 zu den Strafvorschriften). Die Verjährungsfrist beträgt wie bei § 413 AO ein Jahr (§ 419 AO).

§ 20

In den Fällen der §§ 18, 19 gelten für das Strafverfahren die Vorschriften des zweiten Abschnitts des dritten Teils der Reichsabgabenordnung.

Zu § 20.

Da das Verwaltungsstrafverfahren der Abgabenordnung nur auf Steuervergehen Anwendung findet, sind hinsichtlich der in den §§ 18, 19 aufgeführten Zuwiderhandlungen die entsprechenden Vorschriften der Abgabenordnung (§§ 420—477 AO) für anwendbar erklärt. Über das Steuerstrafverfahren s. Vorbem. Nr. 20 zu den Strafvorschriften.

IV. Bierähnliche Getränke

§ 21

(1) Getränke, die als Ersatz für Bier in den Handel gebracht oder genossen zu werden pflegen (bierähnliche Getränke), unterliegen der Biersteuer nach Maßgabe der Vorschriften in §§ 22, 23.

(2) Der Bundesminister der Finanzen ist ermächtigt, den Kreis der bierähnlichen Getränke näher zu bestimmen.

Siehe DB § 95.

1. In der Brausteuergesetzgebung des Reiches erscheinen die bierähnlichen Getränke zum ersten Male im Brausteuergesetze vom 3. Juni 1906. Nach § 3 Abs. 1 dieses Gesetzes sollte nach näherer Bestimmung des Bundesrats die Brausteuer auch von dem zur Bereitung bierähnlicher Getränke verwendeten Malz und Zucker erhoben, die Herstellung unter Steueraufsicht gestellt, auch die Verwendung von anderen Malzersatzstoffen als Zucker verboten werden können. Nach der Begründung zu der Brausteuernovelle vom Jahre 1905 (Reichstagsdrucks. Nr. 10 von 1905, Anlage 1 S. 23) hatte den Anlaß zu der Neuerung der Umstand gegeben, daß durch die Praxis der Gerichte (vgl. RGStrafs. Bd. 21 S. 346), die nur gegorene Getränke als Bier im Sinne des Brausteuergesetzes ansahen, „nicht nur die steuerliche Behandlung der oft ungegorenen *Färbe- und Süßbiere*, der *Braunschweiger Mumme* sowie der sogenannten *Malzbiere*, sondern streng genommen auch die des *Jungbieres* wenigstens

für den Fall in Frage gestellt wurde, daß dieses Bier, wie es häufig geschieht, unmittelbar nach dem Ablassen vom Kühlschiff, also in ungegorenem Zustande verkauft wird." Die Besteuerung der zur Bereitung *dieser Bierarten* verwendeten Stoffe sollte dadurch sichergestellt werden, daß in das Gesetz neben dem Begriff „Bier" noch der Begriff der *aus Malz oder Malzersatzstoffen* hergestellten „bierähnlichen Getränke" eingeführt wurde, „unter den die ebenbezeichneten Getränke, auch wenn sie nicht als Bier im technischen Sinne angesprochen werden sollten, zweifellos gebracht werden können". Die Vorschrift bezweckte ferner, eine gleichmäßige steuerliche Behandlung der immer häufiger auftauchenden *Bierersatzgetränke* herbeizuführen, die, zum Teil im gewöhnlichen Sudverfahren aus Malz gewonnen oder wenigstens mit Malzauszügen versetzt, den dem Bier eigentümlichen *Malzgeschmack* aufwiesen, *ohne indessen alle sonstigen Eigenschaften des Bieres zu besitzen.*

Demgemäß war in § 5 der Brausteuer-AB bestimmt, daß als bierähnlich solche Getränke anzusehen seien, die aus Malz oder unter Mitwerwendung von Malz hergestellt sind und als Ersatz für Bier genossen zu werden pflegen, und zwar ohne Unterschied, ob sie gegoren sind oder nicht. Das zu ihrer Bereitung unmittelbar oder mittelbar (z. B. in Gestalt von Malzauszügen) verwendete Malz unterlag der Brausteuer. Das *Reinheitsgebot* in § 1 Abs. 1 des Brausteuergesetzes sollte auf die Bereitung derjenigen bierähnlichen Getränke Anwendung finden, die als *Bier oder unter einer Bezeichnung* in den Verkehr gebracht werden, die geeignet ist, die Meinung zu erwecken, daß *sie Bier seien.* Ungegorene Getränke sollten in dieser Hinsicht als obergärige gelten. Die Bereitung der bierähnlichen Getränke unterlag den gleichen Vorschriften wie die Bereitung von Bier. Fand sie in besonderen Anstalten statt, so waren diese als Brauereien anzusehen.

In das Brausteuergesetz vom 15. Juli 1909 ging § 3 Abs. 1 des bisherigen Gesetzes unverändert über. Dagegen wurden die Ausführungsbestimmungen hinsichtlich der bierähnlichen Getränke nicht unerheblich geändert. Nach § 8 AB waren als bierähnlich solche Getränke anzusehen, die unter Verwendung oder Mitverwendung von Malz oder *Malzauszügen* oder durch *Vergärung von Zucker* hergestellt sind und als Ersatz für Bier *in den Handel gebracht* oder genossen zu werden pflegen. Das Reinheitsgebot für bierähnliche Getränke wurde abgeschwächt, indem nur die Verwendung anderer Malzersatzstoffe als Zucker verboten wurde. Der Zusatz von Kohlensäure war danach zulässig. Die Verwendung von Erzeugnissen der *Malzdestillation* galt nicht als Malzverwendung. Danach waren nicht als bierähnliche Getränke Malzbrause-Limonaden anzusehen, die — statt des bei Limonaden meist üblichen Fruchtgeschmackes — einen Malzgeschmack aufwiesen, der durch Zusatz eines Malzdestillats erzielt war. Auf Grund dieser Bestimmungen wurde beispielsweise ein aus Wasser, Bienenhonig, Gewürzauszug und Hopfen hergestelltes Getränk nicht als bierähnlich behandelt, da Honig dem Zucker nicht gleichzustellen war. Dagegen lag bei Verwendung von Kunsthonig eine Vergärung von Zucker im Sinne des § 8 AB vor, der Kunsthonig war deshalb zu versteuern. Ein weingeistfreies, ungegorenes, aus Gerstenmalzwürze unter Verwendung künstlicher Kohlensäure und mit Zuckerzusatz bereitetes Getränk galt als bierähnlich.

Eine ähnliche Regelung wie in der norddeutschen Brausteuergesetzgebung war nach deren Vorbild in Bayern getroffen worden. Nach Art. 1 des Malzaufschlaggesetzes vom 18. März 1910 und § 1 der AB unterlag Malz, das zur Bereitung bierähnlicher Getränke verwendet wurde, dem Malzaufschlag. Als bierähnlich galten Getränke, die als Ersatz für Bier in den Handel gebracht oder genossen zu werden pflegen. Der Begriff der bierähnlichen Getränke war also nicht durch die Art der Herstellung oder Zusammensetzung dieser Getränke bestimmt, sondern lediglich danach, ob das Getränk nach seiner Anpreisung oder seinem Verwendungszweck Bier ersetzen soll (Zapf, Malzaufschlaggesetz S. 7). Die Verwendung von Malzersatzstoffen jeder Art bei der Herstellung bierähnlicher Getränke war verboten, was praktisch darauf hinaus lief, daß in Bayern zur Herstellung bierähnlicher Getränke Malz verwendet werden mußte. Die Herstellung bierähnlicher Getränke unterlag den gleichen Überwachungsvorschriften wie Bier.

Bei dem Übergang von der Malz- zur Bierbesteuerung in der Brausteuergemeinschaft im Jahre 1918 wurden die bierähnlichen Getränke in das Biersteuergesetz nicht einbezogen (vgl. Begründung 1918 zu §§ 1 und 2), sondern der *Mineralwassersteuer* unterstellt. Nach der Begründung zum Entwurf eines Gesetzes, betreffend die Besteuerung von Mineralwässern und künstlich bereiteten Getränken usw. (Reichstagsdrucks. Nr. 1459 für 1918, S. 12), sollten sämtliche bierähnlichen Getränke, gleichviel aus welchen Stoffen und nach welchem Verfahren sie hergestellt sind, steuerlich einheitlich behandelt werden. Es sollten nicht nur wie bisher die unter Verwendung oder Mitverwendung von Malz oder Malzauszügen oder durch Vergärung und Zucker hergestellten bierähnlichen Getränke der Besteuerung unterliegen. In § 3 Abs. 2 der Mineralwassersteuer-AB bestimmte der Bundesrat auf Grund der ihm durch § 1 Abs. 1 Satz 3 des Gesetzes erteilten Ermächtigung zur näheren Bestimmung des Kreises der steuerpflichtigen Getränke, daß unter den Begriff der „anderen künstlich bereiteten Getränke" alle der Biersteuer nicht unterliegenden Malzgetränke fallen, sowie alle bierähnlichen Getränke, d. h. Getränke, die als Ersatz für Bier in den Handel gebracht oder genossen zu werden pflegen.

Infolge der Aufhebung des Mineralwassersteuergesetzes durch Art. II des Gesetzes über Abänderung einzelner Verbrauchsteuergesetze vom 11. August 1923 (RGBl. I S. 770) wurden durch Art. I jenes Gesetzes die bierähnlichen Getränke in die Bierbesteuerung einbezogen, da ihre Freilassung von jeder Besteuerung sowohl im Belange des Braugewerbes wie des Steueraufkommens nicht angängig erschien (s. Begründung zum Entwurf des genannten Gesetzes, Reichstagsdrucks. Nr. 6131 I 1920/23 S. 4). Die bierähnlichen Getränke sollten zur Besteuerung in demselben Umfange herangezogen werden wie nach dem Mineralwassersteuerrecht, also gleichviel aus welchen Stoffen und nach welchem Verfahren sie hergestellt werden (s. Begründung a. a. O.; in einer nicht veröffentlichten Entscheidung von 1929 hat der Reichsfinanzhof ausgesprochen, es sei nicht erforderlich, daß die bierähnlichen Getränke aus Malz, Malzauszügen oder Zucker hergestellt werden; diese im Brausteuergesetz von 1909 vorgesehene Regelung sei im Jahre 1918 durch das Mineralwassersteuergesetz weggefallen). Aus diesem Grunde wurde die allgemein gefaßte Begriffsbestimmung des § 3 Abs. 2 der Mineralwassersteuer-AB in § 27a Abs. 1 des Biersteuergesetzes übernommen, die Ausgestaltung im einzelnen aber durch § 27b Abs. 2 dem Reichsminister der Finanzen überlassen.

Auch nach der zeitweiligen Wiedereinführung der Mineralwassersteuer durch das Gesetz vom 15. April 1930 (RGBl. I S. 139) blieben die bierähnlichen Getränke der Biersteuer unterstellt. § 3 der Durchführungsbestimmungen (RMinBl. 1930 S. 315) bestimmte, daß als andere künstlich bereitete Getränke alle der Biersteuer nicht unterliegenden *Malzgetränke* anzusehen waren.

2. Aus der in Bemerkung 1 dargestellten Entwicklung der Besteuerung der bierähnlichen Getränke ergibt sich, daß der Begriff gewisse Wandlungen erfahren hat. Jungbier z. B. *gilt* heute *als* Bier (s. § 64 Abs. 1 DB), ebenso nach derselben Bestimmung die ungegorenen Süßbiere (Farbebier muß heute gegoren sein, vgl. Bem. 16 zu § 9 des Gesetzes). Ferner ist mit dem Übergang von der Rohstoffbesteuerung zur Besteuerung der fertigen Getränke das steuerliche Interesse an der Verwendung von Malz und Zucker zur Bereitung der bierähnlichen Getränke fortgefallen. Die allgemeine Umschreibung des Begriffes in § 21 des Gesetzes, die auf § 8 der Brausteuer-Ausführungsbestimmungen von 1909 zurückgeht, aber nur einen Teil der Begriffsbestimmung jener Bestimmung enthält, geht auf die Art der Rohstoffe und das Verfahren der Herstellung der bierähnlichen Getränke nicht ein. Voraussetzung der Bierähnlichkeit eines Getränks ist nur, daß es als Ersatz für Bier entweder in den Handel gebracht oder genossen zu werden pflegt, daß es also nach seiner Anpreisung *oder* nach seinem Verwendungszweck Bier ersetzen soll (RFH 14 S. 212 = Kartei Rspr. 1 zu § 1; Bayer. OLG vom 9. Juli 1928 JW 1929 S. 370 = Kartei Rspr. 1 zu § 27a; RFH. RZBl. 1930 S. 78) RFH Vz 83/39 S vom 7. Juni 1940, Kartei R 1 zu § 21, RZBl. 1940 S. 181). Wenn nur eine dieser Voraussetzungen vorliegt, ist der Begriff der Bierähnlichkeit erfüllt. Ob ein Getränk als Ersatz für Bier dient, ist wie der Reichsfinanzhof in den Urteilen IV A 205/29 (ZfZ. S. 457) und IV A 346/29 (nicht veröffentlicht) ausgesprochen hat, eine Frage der *tatsächlichen* Beurteilung. Die Feststellungen der Vorinstanz in dieser Hinsicht sind also für den Reichsfinanzhof bindend.

Einschneidende Beschränkungen hinsichtlich des Kreises der im Erhebungsgebiet hergestellten Getränke (vgl. Bem. 6 zu § 9 des Gesetzes) ergeben sich aus dem Reinheitsgebot für Bier. Ein strenger Maßstab ist hier unerläßlich, damit nicht den Vorschriften des § 9 des Gesetzes zuwider gepanschtes Bier unter dem Deckmantel der Bezeichnung „bierähnliches Getränk" hergestellt wird und unter Ausnutzung der niedrigeren Steuer mit dem Biere in Wettbewerb tritt. Aus der Bierähnlichkeit folgt, daß das nach § 21 zu versteuernde Getränk nicht biergleich sein darf, also vom Bier (vgl. Bem. 7 zu § 1 des Gesetzes) durch das Fehlen oder Hinzutreten einer wesentlichen Eigenschaft sich unterscheiden muß (vgl. BayOLG II Nr. 569/26, Kartei R 2 zu § 1). In erster Linie kommt hier der Geschmack, daneben auch das Aussehen (Farbe, Aufschäumen, Art der Flaschen, Anpreisung u. dgl.) in Betracht. Ein Rübengetränk, das wie Bier schmeckt und aussieht, ist Bier, und zwar Bier, dessen Herstellung nach § 9 verboten ist. Hat es einen Geschmack, der es ohne weiteres scharf von Bier unterscheidet, im übrigen aber Eigenschaften des Bieres, so ist es ein bierähnliches Getränk. Ein Getränk, das aus Lagerbier, Wasser, Zucker, Weinsteinsäure und Salz zusammengesetzt ist, ist unter allen Umständen gepanschtes Bier und als solches verboten. Ebenso hat der Reichsfinanzhof ein durch Sieden und nachfolgende Gärung aus Zucker unter Zusatz von Hopfen und Zuckerkouleur hergestelltes Getränk als Bier bezeichnet (RZBl. 1930 S. 78 = Kartei Rspr. 2 zu § 27a). Die dem Bier eigentümlichen Eigenschaften entstehen hauptsächlich durch Vergärung von Malz der verschiedenen Getreidearten. Danach wird jede stärkere Verwendung von Malz, das im Gärungsverfahren verarbeitet wird, regelmäßig die Eigenschaft der bloßen Bierähnlichkeit des Getränkes ausschließen (vgl. ZfZ 1929 S. 61). Der *Zusatz* von Geschmackstoffen würde das Getränk unter Umständen zu einem besonderen Biere im Sinne des § 9 Abs. 5 machen.

In Bemerkung 7 zu § 1 des Gesetzes ist darauf hingewiesen, daß der Begriff des Bieres nicht davon abhängt, daß nur die in § 9 zugelassenen Stoffe zur Herstellung des Getränkes verwendet werden. Das ergibt sich mit besonderer Deutlichkeit aus § 9 Abs. 6 des Gesetzes. Weil die Herstellung des Hausbrauerbieres von der Beachtung des Reinheitsgebotes (abgesehen vom Süßstoff) befreit ist, werden hier besonders häufig Getränke anzutreffen sein, die erhebliche Unterschiede von dem aufweisen, was gemeinhin unter Bier verstanden wird. Trotzdem sind diese Getränke sowohl in § 9 Abs. 6 wie in den Durchführungsbestimmungen als Bier bezeichnet. Es hieße den Zweck dieser Vorschriften verkennen und die Verwaltungsbehörden mit einer großen und nutzlosen Arbeit belasten, sollte hier von Fall zu Fall untersucht und entschieden werden müssen, ob Bier oder bierähnliche Getränke vorliegen. Auch Abweichungen des Herstellungsverfahrens von dem gewöhnlichen Brauverfahren schließen nicht aus, daß die Hausbrauergetränke steuerlich als Bier behandelt werden, vorausgesetzt nur, daß sie durch Gärung entstanden sind.

Ein Weingeistgehalt gehört ebensowenig zum Begriff der bierähnlichen Getränke wie zu dem des Bieres (s. Bem. 7 zu § 1, vorletzter Absatz). Nicht erforderlich ist ferner, daß die bierähnlichen Getränke im Wege der Gärung hergestellt sind.

3. Zweck der dem Bundesminister der Finanzen in § 21 Abs. 2 erteilten Ermächtigung ist, Getränke, die zweifellos nicht Bier sind, in den Kreis der als bierähnlich zu versteuernden Getränke einzubeziehen oder daraus auszuschließen (vgl. Begründung zum Gesetz über Abänderung einzelner Verbrauchsteuergesetze, Reichstagsdrucks. Nr. 6131 I 1920/23 S. 5). Da bierähnliche Getränke ohne Bedeutung sind, hat bisher kein Anlaß bestanden, von dieser Ermächtigung Gebrauch zu machen.

§ 22

Die Biersteuer von bierähnlichen Getränken beträgt 75 vom Hundert des höchsten Satzes der Steuer für Bier mit entsprechendem Stammwürzegehalt.

Siehe DB § 104 Abs. 3.

Durch das Gesetz zur Änderung des Biersteuergesetzes vom 14. August 1950 ist die Besteuerung der bierähnlichen Getränke auf die gleichen Stammwürzegehaltsgrenzen wie beim Bier abgestellt und der Steuersatz entsprechend der früheren Regelung auf 75 v. H. des höchsten Steuersatzes für Bier mit entsprechendem Stammwürzegehalt ermäßigt worden. Vorschriften, die das Inverkehrbringen von bierähnlichen Getränken mit höherem Stammwürzegehalt verbieten, sind bei der geringen Bedeutung, die den bierähnlichen Getränken z. Zt. zukommt, nicht notwendig.

§ 23

Auf bierähnliche Getränke sind nicht anzuwenden § 2 Abs. 1 Satz 2, §§ 3, 6a Abs. 3, § 9 Abs. 1 bis 6 und 9, § 10, §§ 14 bis 16, §§ 19 und 24.

Siehe DB. § 95.

1. § 23 bezeichnet die Vorschriften des Biersteuergesetzes, deren Anwendung auf die bierähnlichen Getränke unzweckmäßig oder undurchführbar wäre (Begründung zur Novelle vom 11. August 1923 S. 5).

2. Hiernach finden hinsichtlich der bierähnlichen Getränke *keine Anwendung* die Vorschriften:

a) des § 2 Abs. 1 Satz 2 über die Versendung von Farbebier (vgl. Bem. 3 zu § 1 FBierO),

b) des § 3 über die Staffelung der Steuersätze nach der Höhe der Erzeugung, über die Steuervergünstigungen für Hausbrauer, über die Benutzung einer Herstellungsstätte durch mehrere Personen. Der in § 22 des Gesetzes bestimmte Steuersatz gilt also für die gesamte Erzeugung;

c) des § 6a Abs. 3 über die Höhe der Steuer für Einfuhrbier. Bierähnliche Getränke unterliegen bei der Einfuhr der Versteuerung nach § 22;

d) des § 9 Abs. 1 bis 6 und 9 über das Reinheitsgebot. Das bedeutet, daß ein Reinheitsgebot für die Herstellung bierähnlicher Getränke nicht besteht, nicht etwa, daß das für Bier bestehende Reinheitsgebot zugunsten der bierähnlichen Getränke durchbrochen ist (vgl. Bem. 2 zu § 21). Die Verwendung von Süßstoff zur Bereitung bierähnlicher Getränke bestimmt sich nicht nach § 9 Abs. 9 des Gesetzes und dem dort angeführten § 5 Nr. 3 der Verordnung über den Verkehr mit Süßstoff, sondern nach dem Süßstoffgesetz und den sonstigen Bestimmungen der Verordnung über den Verkehr mit Süßstoff (RGBl. 1939 I S. 336). Die bierähnlichen Getränke sind dort nicht genannt. Zu den Kunstlimonaden im Sinne des § 5 Nr. 1 a. a. O. werden sie nicht gerechnet werden können. Zu ihrer Bereitung darf deshalb Süßstoff nicht verwendet werden.

e) des § 10 über den Verkehr mit Bier. Dadurch, daß der § 10 als für die bierähnlichen Getränke nicht anwendbar erklärt wird, wird selbstverständlich nicht etwa der Schutz des Bieres zugunsten der bierähnlichen Getränke ausgeschaltet. Kein Getränk, das nicht wirklich Bier ist, darf unter der Bezeichnung Bier usw. in Verkehr gebracht werden. Eine dem § 10 entsprechende Schutzbestimmung für bierähnliche Getränke ist nicht für notwendig erachtet worden;

f) der §§ 14, 15 über die Verpflichtung zum Halten von Malzmühlen. Eine Brauerei, die außer Bier bierähnliche Getränke herstellt, bedarf, wenn sie zum Schroten des zur Herstellung dieser Getränke benötigten Malzes (s. jedoch Bem. 2 Abs. 1 zu § 21) die Malzmühle benutzen will, der Genehmigung des Oberbeamten (§ 41 Abs. 2 DB);

g) des § 16 über Abfindung;

h) des § 19 entsprechend der Ausschaltung des § 10;

i) des § 24 über Kostenerstattung für Malzmühlen.

3. *Anzuwenden sind* dagegen hinsichtlich der bierähnlichen Getränke die Vorschriften:

a) des § 1 über den Gegenstand der Steuer,

b) des § 2 hinsichtlich der Entstehung der Steuerschuld und der Person des Steuerschuldners bei Herstellung im Erhebungsgebiet. Die Betriebe, in denen bierähnliche Getränke hergestellt werden, gelten als Brauereien (§ 95 Abs. 1 DB), wobei das Herstellungsverfahren belanglos ist;

c) der §§ 5, 6 über die steuerpflichtige Menge und Fälligkeit, sowie der § 6a Abs. 1 und 2 über die Entstehung der Steuerschuld bei der Einfuhr in das Erhebungsgebiet;

d) des § 7 über Steuerbefreiung. Steuerfreiheit besteht also auch für den Haustrunk der Arbeitnehmer von Herstellungsbetrieben;

e) des § 8 über die Erstattung der Steuer. Die Bestimmungen des § 15 DB über Rückbier gelten sinngemäß (§ 95 Abs. 2 DB);

f) des § 9 Abs. 7, 8 über das Verbot des Wasser- und Zuckerzusatzes und über Vermischung von Bier verschiedener Gattungen (Stärkeklassen);

g) des § 11 über das Verbot, Zubereitungen anzupreisen und in Verkehr zu bringen. § 11 (12 alt) ist durch die Biersteuernovelle von 1925 für anwendbar erklärt worden, da es regelmäßig nicht möglich ist, einwandfrei festzustellen, ob eine angeblich zur Herstellung bierähnlicher Getränke bestimmte Zubereitung nicht auch zur Herstellung von Bier benutzt werden kann (Begr. 1925 S. 6 zu I Nr. 13).

h) des § 12 über Steueraufsicht;

i) des § 13 über Anzeige des Brauereibesitzes;

j) des § 17 über Durchsuchungen;

k) des § 18 über Bestrafung der Verwendung unzulässiger Stoffe bei der Bierbereitung (vgl. Reichstagsdrucks. Nr. 881 IV 1928 Begr. S. 5). Da § 9 Abs. 1 bis 6 und 9 des Gesetzes durch § 23 ausgeschaltet ist (vgl. oben Bem. 2d), kommt für die bierähnlichen Getränke nur Abs. 5 des § 18 über das Verbot der Verbreitung von Zubereitungen in Betracht.

l) des § 20 über das Verfahren in Strafsachen nach § 18; es ist also auch hier die Abgabenordnung anzuwenden.

V. Schlußvorschrift

§ 24

Die Kosten für die erstmalige Aufstellung von Malzmühlen werden Inhabern der im § 14 Abs. 1 Nr. 1 bezeichneten Brauereien und die Kosten für die erstmalige Anbringung von selbsttätigen Verwiegungsvorrichtungen werden Inhabern der im § 14 Abs. 3 bezeichneten Brauereien nach näherer Anordnung des Bundesministers der Finanzen von dem Bund erstattet. Im Fall des § 14 Abs. 6 findet eine Kostenerstattung nicht statt.

Siehe DB §§ 96 bis 100.

1. Da den Brauereien die Verpflichtung zur Aufstellung von Malzmühlen (§ 14 Abs. 1 des Gesetzes) und von selbsttätigen Verwiegungsvorrichtungen aus Gründen der Steuersicherheit auferlegt ist, entspricht es der Billigkeit, ihnen die Kosten für die künftige erstmalige Aufstellung und Anbringung in vollem Umfang zu ersetzen (s. Begründung zu § 70 des Entwurfs von 1918). § 24 entspricht dem § 70 Abs. 1 des Gesetzes von 1918.

2. Keine Kostenerstattung soll stattfinden, wenn die Malzmühle in einer nach dem 1. April 1918 neu errichteten Brauerei (§ 14 Abs. 1 Nr. 2) aufgestellt ist oder wenn die Verpflichtung zur Aufstellung einer Malzmühle mit selbsttätiger Ver-

wiegungsvorrichtung auf Grund des § 14 Abs. 6 wegen einer Gefährdung der Biersteuer oder wegen fortgesetzter Zuwiderhandlungen gegen die Überwachungsvorschriften des Biersteuergesetzes und der dazu erlassenen Durchführungsbestimmungen auferlegt worden ist. Der Ausschluß der Kostenerstattung entspricht im ersteren Falle der Absicht, das Entstehen neuer Brauereien mit Rücksicht auf die vorhandenen Betriebe zu erschweren, im zweiten Fall ist er damit gerechtfertigt, daß ein Verschulden des Brauereiinhabers die Aufstellung notwendig gemacht hat.

3. § 24 sieht eine Kostenerstattung nur für den *erstmaligen* Einbau einer Malzmühle vor. Danach ist es unzulässig, die Gesamtkosten der Erstattung zugrunde zu legen, wenn an Stelle einer vorhandenen Malzmühle eine neue Malzmühle mit Verwiegungsvorrichtung eingebaut wird. Indessen wird in denjenigen Fällen, in denen der Einbau einer neuen Mühle mit Verwiegungsvorrichtung sich im Endergebnis für den Bund günstiger stellt als die Anbringung einer Verwiegungsvorrichtung an der alten vorhandenen Malzmühle, in der Praxis bei der Berechnung der erstattungsfähigen Kosten so verfahren, daß von den Gesamtkosten der Wert der alten Malzmühle in Abzug gebracht wird.

4. Auf Grund der ihm erteilten Ermächtigung hat der Reichsrat am 15. Januar 1920 (§ 55 der Niederschriften) Ausführungsbestimmungen zu § 70 des Gesetzes von 1918 erlassen (s. ZBl. f. d. D. R. S. 103). Diese Bestimmungen sind im wesentlichen in die §§ 96 bis 100 DB übergegangen.

Nach § 96 Abs. 1 DB werden die Kosten für Aufstellung und Anbringung in vollem Umfange erstattet, dazu auch die Kosten für die aus diesem Anlaß notwendig werdenden baulichen Veränderungen. Im Falle des § 14 Abs. 5 des Gesetzes findet jedoch nach dem ausdrücklichen Wortlaut dieser Vorschrift eine Erstattung der Kosten für den Einbau der Malzmühlen nebst Verwiegungsvorrichtungen nicht statt; es werden lediglich die Malzmühlen nebst Verwiegungsvorrichtungen vom Bund kostenlos geliefert.

5. Nach Artikel 106 Abs. 2 GG in der Fassung des Finanzverfassungsgesetzes vom 23. Dezember 1955 (BGBl. I S. 817) fließt die Biersteuer den Ländern zu. Nach Absatz 4 Nr. 1 a. a. O. tragen der Bund und die Länder gesondert die Ausgaben, die sich aus der Wahrnehmung ihrer Aufgaben ergeben. Da die Biersteuer nach Art. 108 Abs. 1 GG von Bundesfinanzbehörden verwaltet wird, sollen auch die Kosten für die Beschaffung von Malzmühlen und selbsttätigen Verwiegungsvorrichtungen als Steuerverwaltungskosten dem Bund und nicht den Ländern zur Last fallen. Diese Auffassung wird außerdem gestützt durch § 1 Abs. 1 des Vierten Überleitungsgesetzes vom 27. April 1955 (BGBl. I S. 189), wonach die Beteiligung der Länder an den Ausgaben des Bundes vom Rechnungsjahr 1955 ab weggefallen ist.

Durchführung

§ 25

(1) Der Bundesminister der Finanzen wird ermächtigt, mit Zustimmung des Bundesrates durch Rechtsverordnung

1. die in §§ 1, 2, 3 und 9 verwendeten Begriffe zu erläutern, in den Freihäfen den Verbrauch von unversteuertem Bier zu verbieten und andere Zollausschlüsse als die Freihäfen in das Erhebungsgebiet einzubeziehen,

2. das Nähere über die Gewährung der Steuerermäßigung für Hausbrauer (§ 3 Abs. 1), die Entrichtung der Steuer (§ 6), die steuerliche Behandlung von Bier bei der Einfuhr (§ 6a), den Verkehr mit Bier (§ 10) und die Zubereitungen (§ 11) anzuordnen sowie Bestimmungen über das anzuwendende Verfahren zu erlassen,

3. die Vorschriften zur Durchführung der §§ 12 bis 16 und 21 Abs. 1 zu erlassen und die in §§ 191 und 192 der Reichsabgabenordnung vorgesehenen Bestimmungen zu treffen.

(2) Der Bundesminister der Finanzen wird ermächtigt, den Wortlaut des Biersteuergesetzes und der zu diesem Gesetz erlassenen Durchführungsverordnungen in der jeweils geltenden Fassung mit neuem Datum, unter neuer Überschrift und in neuer Paragraphenfolge bekanntzumachen und dabei Unstimmigkeiten des Wortlauts zu beseitigen.

Zu § 25.

1. § 25 wurde, dem Beispiel der übrigen Verbrauchsteuergesetze folgend, in das Gesetz durch das Biersteueränderungsgesetz vom 10. Oktober 1957 (BGBl. I S. 1712) eingefügt. Die Rechtsverordnungen zur Durchführung des Biersteuergesetzes sind früher im wesentlichen auf Grund des § 12 AO erlassen worden. Nachdem diese Rechtsvorschrift, die schon nach Artikel 129 Abs. 3 GG zumindest insoweit nicht mehr galt, als sie die Ermächtigung enthielt, zur *Ergänzung* der vom Reich erlassenen Steuergesetze Rechtsverordnungen zu erlassen (BStBl. 1953 Teil III S. 39), auf Grund des Gesetzes zur Änderung von einzelnen Vorschriften der Reichsabgabenordnung usw. vom 11. Juli 1953 (BGBl. I S. 511) gestrichen worden war, bestand keine Möglichkeit mehr, durch Rechtsverordnung die für die Erhebung der Biersteuer und die Steueraufsicht erforderlichen Verfahrensvorschriften zu ändern oder zu ergänzen. § 25 Abs. 1 gibt dem Bundesminister der Finanzen nunmehr die dazu fehlende Ermächtigung (siehe Begründung). Für die nach § 25 Abs. 1 zu erlassenden Rechtsverordnungen ist in Übereinstimmung mit Artikel 80 Abs. 2, Artikel 105 Abs. 3 und Artikel 106 Abs. 2 Nr. 3 GG die Zustimmung des Bundesrats vorgesehen.

2. Von § 25 bleiben unberührt die in einzelnen Vorschriften des Gesetzes bereits enthaltenen Ermächtigungen des Bundesministers der Finanzen, nähere Bestimmungen zu ihrer Durchführung zu erlassen (vgl. § 2 Abs. 1 Satz 2, § 3 Abs. 3 Satz 2, § 5 Satz 1, § 7 Abs. 1 Satz 1 und Abs .2, § 8, § 9 Abs. 5 und Abs. 8 Satz 2, § 10 Abs. 1 Satz 3 und Abs. 3 Satz 2, § 12 Abs. 3 Satz 2, § 14 Abs. 4, § 16 Satz 3, § 21 Abs. 2 und § 24 Satz 1). Auch diese Rechtsverordnungen sind nach den in Bem. 1 genannten Bestimmungen des GG an die Zustimmung des Bundesrats gebunden. Nachdem ursprünglich vorgesehen war, auch diese Ermächtigungsgrundlagen in § 25 einzubeziehen, ist dieses Vorhaben später als unnötig wieder fallengelassen worden.

3. Von der Ermächtigung des § 25 Abs. 1 ist mit der Verordnung zur Änderung der Durchführungsbestimmungen vom 2. Dezember 1957 (BGBl. I S. 1831) Gebrauch gemacht worden.

4. Die Ermächtigung des Bundesministers der Finanzen in § 25 Abs. 2 ermöglicht es, den Wortlaut des Gesetzes und der Durchführungsbestimmungen jeweils beim Vorliegen eines entsprechenden Bedürfnisses neu bekanntzumachen. Die Aufnahme in das Gesetz stellt gegenüber der bisherigen Praxis, die eine solche Ermächtigung auf einzelne Änderungsgesetze beschränkte, einen wesentlichen Fortschritt dar. Die Ermächtigung zur Beseitigung von Unstimmigkeiten des Wortlauts des Gesetzes dient der Vereinfachung der Gesetzgebung.

Bekanntmachung der Neufassung der Durchführungsbestimmungen zum Biersteuergesetz
Vom 14. März 1952 (BGBl. S. 153)

Auf Grund des § 2 des Gesetzes zur Änderung der Biersteuergesetzes vom 14. August 1950 (Bundesgesetzbl. S. 363) wird nachstehend der Wortlaut der Durchführungsbestimmungen zum Biersteuergesetz in der nunmehr geltenden Fassung bekanntgegeben.

Bonn, den 14. März 1952. *Der Bundesminister der Finanzen*
Schäffer

Durchführungsbestimmungen zum Biersteuergesetz

(BierStDB)
in der Fassung vom 14. März 1952[1]).

I. Allgemeine Bestimmungen

Zu §§ 1 und 2 des Gesetzes

Entstehung der Steuerschuld **§ 1**

(1) Bier, das aus den nach § 51 für die Abgabe von Bier zugelassenen Räumen ausgeht, gilt als aus der Brauerei entfernt, sobald es aus diesen Räumen fortgebracht wird. Für Bier, das innerhalb der Brauerei getrunken wird, entsteht die Steuerschuld mit der Entnahme des Biers zum Verbrauch.

(2) Für Bier, das zu Untersuchungszwecken innerhalb der Brauerei getrunken oder in anderer Weise (z. B. im Laboratorium) verbraucht wird oder das zollamtlich zu Untersuchungszwecken entnommen wird (§ 31), entsteht keine Steuerschuld.

---

[1]) Geändert durch Verordnung zur Änderung der Durchführungsbestimmungen zum Biersteuergesetz vom 2. Dezember 1957 (Bundesgesetzbl. I S. 1831).

I. Allgemeine Bestimmungen

1. Um die Anschreibung des Bieres im Biersteuerbuch sicherzustellen und die Überwachung zu ermöglichen, ist bestimmt, daß alles aus der Brauerei ausgehende oder innerhalb der Brauerei in den steuerpflichtigen Verbrauch übergehende Bier nur aus den in § 51 DB. bezeichneten Räumen entnommen werden darf. Zu vgl. § 13 DB. und Anleitung zum Muster 4 Nr. 2. Vgl. Bem. 3 zu § 2 Ges. Wegen der Entstehung der Steuerschuld s. Bem. 3, 4 und 5 zu § 2 Abs. 1 des Gesetzes, wegen der Gefäße s. §§ 52, 53 DB.

2. Für Bier, das zu Untersuchungszwecken *außerhalb* der Brauerei getrunken oder in anderer Weise verbraucht wird, entsteht die Steuerschuld (vgl. Bem. 6 zu § 2 des Gesetzes, RZBl. 1937 S. 319). Dasselbe gilt für Würze oder Bier in unvollständig vergorenem Zustand bei der Entfernung aus der Brauerei (vgl. § 64 Abs. 1 Satz 2 DB).

3. Bier, für das nach Absatz 2 keine Steuerschuld entstanden ist, ist entweder in den Sp. 8—13 oder 14—19 des Biersteuerbuches mit entsprechendem Hinweis in der Bemerkungsspalte oder durch Rotbuchung in den Sp. 14—21 des Sudbuches anzuschreiben. Bei Anschreibung im Biersteuerbuch ist jedoch darauf zu achten, daß diese Biermengen für die Biersteuerberechnung nicht als „erzeugte Biermengen" (§ 6 DB) zu gelten haben.

4. Nur für das in Brauereien zollamtlich zu Untersuchungszwecken entnommene Bier entsteht keine Steuerschuld. Eine Erstattung der Steuer für versteuertes Bier, das zollamtlich zu Untersuchungszwecken entnommen wird, ist nicht vorgesehen.

§ 2 (gestrichen)

Vgl. Verordnung zur Änderung der Durchführungsbestimmungen zum Biersteuergesetz vom 2. Dezember 1957 (BGBl. I S. 18.31).

Sonderanordnung

§ 3

Das Biersteuergesetz gilt in Bayern und im Gebiet der ehemaligen Länder Württemberg und Baden nach Maßgabe der Gesetze vom 27. März 1919 (Reichsgesetzbl. S. 345) und vom 24. Juni 1919 (Reichsgesetzbl. S. 599) in der durch das Gesetz vom 9. April 1927 (Reichsgesetzbl. I S. 94) geänderten Fassung.

Vgl. Bem. 5 zu § 1 des Gesetzes und Anhang III.

Besondere Anordnungen für die Freihäfen

§ 4

In den Freihäfen ist der Verbrauch von unversteuertem Bier verboten mit Ausnahme der Fälle, in denen auch im Erhebungsgebiet Bier von der Steuer befreit oder in denen der Verbrauch von unverzolltem Bier in den Freihäfen als Schiffsbedarf besonders zugelassen ist.

Vgl. Bem. 3 zu § 1 des Gesetzes. Im Erhebungsgebiet ist Bier von der Steuer befreit in den Fällen des § 7 Abs. 1 (Haustrunk), Abs. 2 (Ausfuhr) des Gesetzes,

I. Allgemeine Bestimmungen

§ 1 Abs. 2 DB (Bier, das zu Untersuchungszwecken getrunken oder verbraucht oder amtlich entnommen wird). Da in den Freihäfen Brauereien und Niederlagen der in § 12 Abs. 1 Satz 2 genannten Art (Haustrunk) nicht bestehen, sind die in § 4 DB vorgesehenen Ausnahmen unpraktisch. Dagegen darf unversteuertes Bier als Schiffsbedarf in demselben Umfang verbraucht werden, wie der unverzollte Verbrauch zugelassen ist (§ 46 AZO).

Farbebier

§ 5

Die Bestimmungen über die Versendung von Farbebier enthält die Anlage A.

Wegen der steuerlichen Behandlung von Farbebier s. Bem. 10 zu § 2 des Gesetzes.

Zu § 3 Abs. 1 und 2 des Gesetzes

Erzeugte Biermenge

§ 6

Für die Biersteuerberechnung gelten als in einem Brauereibetrieb innerhalb eines Rechnungsjahrs erzeugt die Biermengen, für die innerhalb eines Rechnungsjahrs eine Steuerschuld entstanden ist (§ 2 Abs. 1 des Gesetzes). Hinzuzurechnen sind die auf Grund des § 7 des Gesetzes von der Steuer befreit gebliebenen Biermengen, abzusetzen ist das Rückbier und das wie Rückbier zu behandelnde fremde Bier (§ 15).

Vgl. Bem. 3 zu § 3 des Gesetzes.

Ermäßigte Steuersätze

§ 7

(1) Hausbrauer, die den ermäßigten Steuersatz des § 3 Abs. 1 Satz 2 des Gesetzes in Anspruch nehmen wollen, haben für jedes Rechnungsjahr spätestens am 10. April eine Anmeldung nach Muster 1 in doppelter Ausfertigung der Zollstelle einzureichen. Die erste Ausfertigung wird Beleg zum Biersteuergegenbuch (§ 90), die zweite Ausfertigung wird dem Brauereiinhaber zur Aufbewahrung im Brauereibelegheft (§ 37) zurückgegeben.

(2) Werden im Rechnungsjahr mehr als 10 oder 15 Hektoliter Bier erzeugt, so sind — abgesehen von der Folge des Erlöschens der Vergünstigung — die Mehrmengen nach den Sätzen des § 3 Abs. 1 Satz 1 des Gesetzes zu versteuern.

Vgl. Bem. 7 bis 20 zu § 3 des Gesetzes.

Die rechtzeitige Abgabe der in Absatz 1 vorgeschriebenen Anmeldung ist Voraussetzung für die Anwendung des ermäßigten Steuersatzes (RFH IV 130/26; Urt. v. 17. 9. 26).

Biergattungen, Stammwürzegehalt **§ 8**

Die Biergattungen (Einfachbier, Schankbier, Vollbier, Starkbier) werden nach dem Stammwürzegehalt des Biers unterschieden. Unter Stammwürzegehalt ist zu verstehen der Gehalt an löslichen, aus der Malz- und Zuckerverwendung herrührenden Stoffen (Extraktgehalt) in Zuckerspindelgraden, wie er sich für die ungegorene Anstellwürze aus der Zurückrechnung des Extraktgehalts (Gehalt an nicht flüchtigen, gelösten Stoffen) des genußfertigen Biers ergibt (vgl. § 31 Abs. 1).

1. Vgl. Bem. 22 bis 25 zu § 3 des Gesetzes.

2. Anstellwürze ist die fertig abgekühlte Würze, wie sie in den Gärkeller gelangt, um dort mit Hefe versetzt (= angestellt) zu werden. Die Konzentration der Anstellwürze wird auch die Stammwürze des Bieres genannt. Nicht der im Sudverfahren erzeugte Extraktgehalt der Würze bestimmt die Gattung des Bieres, sondern es ist neben dem tatsächlichen Extraktgehalt des Biers der durch die Gärung in Weingeist und Kohlensäure umgewandelte, im Bier also nicht mehr vorhandene, errechnete Extraktgehalt einer dem Bier entsprechenden Würze zu berücksichtigen. Ein Stammwürzegehalt von z. B. 13 v. H. besagt, daß das Bier vor seiner Vergärung 13 v. H. Extrakt hatte, oder daß die Würze, aus dem dieses Bier durch Vergärung hergestellt wurde, eine Konzentration von 13 v. H. hatte.

3. Wegen der Feststellung des Stammwürzegehalts vgl. § 31.

Zu § 3 Abs. 3 des Gesetzes

Benutzung einer Brauerei von mehreren für eigene Rechnung brauenden Personen

§ 9

(1) Als „nach dem 1. August 1909 errichtete Brauereien dieser Art" gelten Brauereien, in denen bis zu jenem Zeitpunkt ein gemeinsamer Betrieb mehrerer auf eigene Rechnung brauender Personen nicht stattgefunden hat. Bei der Steuerberechnung ist unter mehreren Staffelsätzen, sofern die Beteiligten nicht eine andere Regelung beantragen, der jeweils niedrigere der Brauerei anzurechnen, die im Vorjahr die geringere Biermenge hergestellt hat.

(2) Das Hauptzollamt kann die Vergünstigung des § 3 Abs. 3 des Gesetzes dann gewähren, wenn eine nach dem 1. August 1909 errichtete Brauerei aus besonderen Gründen von anderen Brauern nur vorübergehend auf eigene Rechnung benutzt wird.

(3) Die im § 9 Abs. 6 des Gesetzes bezeichneten Brauereien erhalten die Vergünstigung des § 3 Abs. 3 des Gesetzes auch dann, wenn sie nach dem 1. August 1909 errichtet worden sind.

Zu Abs. 1.

1. Auf eigene Rechnung braut, wer Bier für seine Rechnung herstellt oder herstellen läßt (§ 2 Abs. 2 Ges.).

2. Staffelsätze sind die in § 3 Abs. 1 Ges. nach der Höhe der erzeugten Biermengen bestimmten Steuersätze.

Zu Abs. 2.

3. Nach Sinn und Zweck gilt die Vorschrift für die Fälle, in denen Brauereien aus technischen Gründen (Betriebsstörungen, Brand, Reparaturen oder dgl.) für vorübergehende Zeit eine fremde Braustätte benutzen müssen. Die Voraussetzungen des § 9 Abs. 2 liegen dann nicht vor, wenn die Wiederaufnahme des Betriebs einer stillgelegten Brauerei überhaupt oder doch in absehbarer Zeit nicht mehr ernstlich in Frage kommen kann, oder wenn eine Brauerei ein unter ihrem Namen zu vertreibendes Spezialbier in einer andern Brauerei nur deshalb herstellen läßt, um auf diese Weise ein Eindringen der fremden Brauerei mit diesem Spezialbier in ihren Abnehmerkreis zu verhindern. § 9 Abs. 2 darf jedenfalls nicht dahin führen, daß die getrennte Betriebsführung nur noch fortgesetzt wird, um Steuerersparnisse für die Betriebsbrauerei zu erzielen, eine Absicht, die bei Lohnbrauern (vgl. Bem. 11 zu § 2 des Gesetzes und Bem. 9 zu §§ 52 u. 53 DB) oft vorliegen wird. Die Vergünstigung ist dann zu entziehen. Andererseits wird nicht verlangt werden können, daß die Behinderung in der Benutzung der eigenen Braustätte zeitlich genau begrenzt ist.

Wird der Betrieb einer von mehreren vor dem 1. August 1909 getrennt behandelten Brauereien vorübergehend in eine andere Braustätte verlegt, so greift auch während der Dauer dieser Benutzung die getrennte Staffelung weiter Platz.

Bei einer Lohnbrauerei, der die auftragende Brauerei die erforderlichen Braustoffe liefert, kann von einer getrennten Lagerung der Braustoffe, einer getrennten Herstellung und Lagerung des Biers sowie einer getrennten Steuerbuchführung (vgl. Nr. 1 der Anleitung zu Muster 12 und Nr. 6 der Anleitung zu Muster 13) dann abgesehen werden, wenn die auftraggebende Brauerei als Steuerschuldnerin von der getrennten Staffelung nach § 3 Abs. 3 Satz 1 Ges. oder nach § 9 Abs. 2 DB keinen Gebrauch machen will.

Zu Abs. 3.

4. Hausbrauer, die eine fremde Braustätte benutzen, erhalten die Vergünstigung des § 3 Abs. 3 Ges. auch dann, wenn ihre Betriebe nach dem 1. August 1909 errichtet worden sind. Diese Vergünstigung erstreckt sich jedoch nicht auf gewerbliche Brauer, in deren Braustätte Hausbrauer brauen, deren Betriebe erst nach dem 1. Augst 1909 errichtet worden sind. Wegen der Steuerberechnung. Hinweis auf Anhang VII.

§ 10 (gestrichen)

Vgl. Verordnung zur Änderung der Durchführungsbestimmungen zum Biersteuergesetz vom 2. Dezember 1957 (BGBl. I S. 1831).

Zu § 5 des Gesetzes

Steuerpflichtige Menge

§ 11

(1) Als Raumgehalt, nach dem die steuerpflichtige Menge festzusetzen ist, gilt

a) bei der Abgabe von Bier in Fässern: der eichamtlich festgestellte Raumgehalt der Fässer (§ 52 Abs. 1),

b) bei der Abgabe von Bier in Flaschen und anderen Gefäßen, die den Vorschriften der §§ 52 bis 55 des Maß- und Gewichtsgesetzes vom 13. Dezember 1935 (Reichsgesetzbl. I S. 1499) in der Fassung der Zweiten Verordnung zur Änderung des Maß- und Gewichtsgesetzes vom 12. März 1940 (Reichsgesetzbl. I S. 497) entsprechen: der Raumgehalt (Nenninhalt), der außen am Boden oder auf dem Zylindermantel in der Nähe des Bodens bezeichnet ist,

c) bei der Abgabe von Bier in Flaschen und anderen Gefäßen, die den Vorschriften der §§ 52 bis 55 des Maß- und Gewichtsgesetzes nicht entsprechen: der zollamtlich festgestellte Raumgehalt (§ 53 Abs. 3).

(2) Wird für die einzelnen Gefäße oder für eine Mehrzahl von Gefäßen (z. B. bei der Abgabe von Flaschenbier in Kästen, Körben oder dergleichen) dem Abnehmer in handelsüblicher Weise ein höherer als der in Absatz 1 bezeichnete Raumgehalt in Rechnung gestellt, so ist die steuerpflichtige Menge nach dem in Rechnung gestellten Raumgehalt der Gefäße festzusetzen.

(3) In den Fällen des Absatzes 1 Buchstaben b und c des Absatzes 2 sind bei jedem Einzelposten, der in das Biersteuerbuch eingetragen wird, Bruchteile eines Liters, die sich bei der Berechnung der steuerpflichtigen Menge unter Zugrundelegung der Zahl und des Einzelraumgehalts der Gefäße ergeben, auf zehntel Liter abzurunden.

(4) Die Absätze 1 bis 3 gelten auch für die Berechnung der Biermengen, die als Haustrunk (§ 12) abgegeben oder die ausgeführt (§ 14) werden.

1. Nach § 368 Nr. 4 der Eichordnung vom 24. 1. 1942 in der z. Zt. gültigen Fassung (RZBl. 1943 S. 229) wird bei Bierfässern die Angabe des Rauminhalts in folgender Weise nach unten abgerundet:

Fässer von 10 Liter oder weniger	.... auf	0,1 Liter
„ „ mehr als 10 bis 30 Liter	.... „	0,5 „
„ „ „ „ 30 „ 150 „	.... „	1 „
„ „ „ „ 150 „ 500 „	.... „	1 „
„ „ „ „ 500 „ 1500 „	.... „	2 „
„ „ „ „ 1500 „ 5000 „	.... „	5 „
„ „ „ „ 5000 ....„..........	„	10 „

2. Nach § 54 des Maß- u. Gewichtsgesetzes vom 13. 12. 1935 in der Fassung der Zweiten Verordnung zur Änderung des Maß- u. Gewichtsgesetzes vom 12. 3. 1940 (RZBl. 1943 S. 226) sind als Maßgrößen der Bierflaschen nur zugelassen 0,7 l, 0,5 l, 0,33 l, ferner 1 l, 1,5 l, 2 l, 3 l und 5 l. Darüber hinaus sind Flaschen von einem Raumgehalt bis zu 0,125 l und von mehr als 5 l unbeschränkt zugelassen und brauchen mit der Bezeichnung des Raumgehalts und mit einer Fabrikmarke nicht versehen zu sein.

3. In den Fällen des § 11 Abs. 1 Buchstabe c wird der Raumgehalt nach dem Durchschnitt von wenigstens 10 Gefäßen ermittelt, wobei als Raumgehalt der Inhalt bei handelsüblicher Befüllung gilt (§ 53 Abs. 3). Das gilt auch für Bierdosen. Bei handelsüblicher Befüllung von Flaschen bleibt nicht nur der Teil des Flaschenhalses außer Ansatz, der durch den Verschluß ausgefüllt ist, sondern auch der Teil, der aus technischen Gründen leer bleiben muß (RZBl. 1926 S. 113).

4. Bei Abgabe von Bier in geeichten Tanks gilt als Raumgehalt, nach dem die steuerpflichtige Biermenge festzusetzen ist, der eichamtlich festgestellte Rauminhalt des Tanks.

Zu § 6a des Gesetzes

Einfuhrbier

§ 11a

Die besonderen Bestimmungen über die steuerliche Behandlung von Bier, das in das Erhebungsgebiet eingeführt wird, sind in der Anlage B enthalten.

Vgl. Bem. zu § 6 a des Gesetzes

Zu § 7 Abs. 1 des Gesetzes

Haustrunk

§ 12

(1) Als Haustrunk gilt verkehrsfähiges Bier, das Brauereien an ihre Angestellten und Arbeiter für den eigenen Verbrauch und den Verbrauch ihrer Familien in einer den örtlichen Gewohnheiten entsprechenden Menge entgeltlich oder unentgeltlich abgeben, soweit den Angestellten und Arbeitern hierauf auf Grund des Tarifvertrages oder, wo ein solcher nicht besteht, auf Grund des schriftlichen Dienstvertrages ein Anspruch zusteht. Zu den Brauereiangestellten und -arbeitern gehören auch die Angestellten und Arbeiter in den außerhalb der Braustätte befindlichen eigenen Niederlagen der Brauerei.

(2) Inhaber von Brauereien haben über ihre Angestellten und Arbeiter, denen nach Absatz 1 ein Anspruch auf steuerfreien Haustrunk zusteht, in Übereinstimmung mit den Lohnlisten ein Verzeichnis nach Muster 2 zu führen und auf dem laufenden zu halten. Dos Hauptzollamt kann dem Brauereiinhaber die Verpflichtung auferlegen, eine Ausfertigung des Verzeichnisses nach Prüfung durch den Aufsichtsbeamten der Zollstelle zu deren Belegheft einzureichen und Änderungen des Verzeichnisses am Monatsschluß in einer Anzeige, die der Aufsichtsbeamte zu prüfen hat, der Zollstelle anzumelden. Die Zollstelle hat ihr Verzeichnis laufend zu berichtigen und bei der Prüfung der Biersteuerbücher zu berücksichtigen.

I. Allgemeine Bestimmungen

1. S. die Bemerkungen 1 bis 12 zu § 7 Abs. 1 des Gesetzes.

2. Verkehrsfähig ist nur solches Bier, das den Stammwürzegehaltsgrenzen des § 3 Abs. 2 Ges. entspricht. Nicht verkehrsfähiges als Haustrunk abgegebenes Bier ist deshalb nach § 10 Abs. 3 Ges. zu versteuern.

3. Ein schriftlicher Dienstvertrag ist nötig, wenn ein Tarifvertrag sich nicht auf das Arbeitsverhältnis einzelner Arbeitnehmer (z. B. Arbeitskräfte, die nicht gewerbliche Arbeitnehmer im Sinne des Tarifvertrags sind) bezieht oder wenn für das Arbeitsverhältnis günstigere Bedingungen vereinbart werden sollen, als sie im Tarifvertrag vorgesehen sind oder der Arbeitgeber nicht Mitglied der vertragschließenden Organisation der Arbeitgeber ist. Wegen der Mindestanforderungen, die an einen Dienstvertrag zu stellen sind vgl. BZBl. 1953 S. 213. Das nachstehende Muster eines Dienstvertrages kann als den Mindestanforderungen entsprechend angesehen werden:

Zwischen den Unterzeichneten ist folgender Dienstvertrag abgeschlossen worden:

1. Herr
Frau .... ist am ....
Fräulein
als .... in die Dienste der Brauerei eingetreten.
2. Arbeitszeit und Kündigung richten sich nach den jeweils geltenden gesetzlichen Vorschriften. Die Arbeitszeit wird innerhalb des gesetzlichen Rahmens im einzelnen von der Brauerei bestimmt.
3. Die jeweilige Gehalts-/Lohn- regelung bleibt besonderer Regelung vorbehalten.
4. Herr
Frau .... hat Anspruch auf Gewährung
Fräulein
von Frei- oder Haustrunk in Höhe von ... Litern.
Einfach-/Schank-/Voll-/Stark- bier je Arbeitstag/Woche/Monat. Während des Urlaubs und bei Arbeitsverhinderung durch Krankheit oder Unfall gilt für die Haustrunkgewährung folgende Regelung: ....
5. Alle übrigen Abreden sind besonders geregelt.

Ort, ...
(Datum)

....
(Unterschrift der Brauerei) (Unterschrift des Arbeitnehmers)

4. Zu den Angestellten und Arbeitern in den außerhalb der Braustätte befindlichen eigenen Niederlagen der Brauerei gehören nur solche, die in den für eigene Rechnung betriebenen Niederlagen der Brauerei beschäftigt sind. Angestellte und Arbeiter in Niederlagen, die von der Brauerei verpachtet worden sind, oder die von anderen auf eigene Rechnung, wenn auch in wirtschaftlicher Abhängigkeit von der Brauerei,

betrieben werden, fallen nicht darunter. Die Vergünstigung der Steuerfreiheit des Haustrunks steht auch Brauereien zu, die ihr Bier auf Grund eines Lohnbrauvertrags von einer andern Brauerei herstellen lassen.

5. Das Verzeichnis nach Muster 2 kann in Brauereien mit ordnungsmäßiger kaufmännischer Buchführung auch in Karteiform geführt werden. Die Karteikarten sind von der Brauerei anzufertigen und nach Beschriftung der Zollstelle zur Abstempelung (Dienststempelabdruck) vorzulegen. Sie müssen die in den Sp. 1 bis 8 des Musters 2 aufgeführten Angaben enthalten. Karteikarten für ausgeschiedene Arbeitskräfte sind zu durchkreuzen und von der Brauerei zehn Jahre aufzubewahren. Bei Führung des Verzeichnisses in Karteiform entfällt für den Brauereiinhaber die Verpflichtung nach § 12 Abs. 2 Satz 2 (BZBl. 1956 S. 309).

6. Von der Auflage nach Absatz 2 Satz 2 wird namentlich dann Gebrauch zu machen sein, wenn die Arbeitnehmer häufig wechseln, oder wenn Unregelmäßigkeiten vorgekommen sind.

7. § 12 gilt nicht für Inhaber von Abfindungsbrauereien (vgl. § 73 und Bem. 3 dazu).

§ 13

(1) Das unter Inanspruchnahme der Steuerfreiheit an Angestellte und Arbeiter einer Brauerei abzugebende Bier darf nur aus den für die Abgabe von Bier zugelassenen Räumen (§ 51) und nur in den in §§ 52 und 53 bezeichneten Gefäßen entnommen werden. Es darf nur an bestimmten, vom Oberbeamten zu genehmigenden Orten der Brauerei und nur an die in dem nach § 12 zu führenden Verzeichnis eingetragenen Angestellten und Arbeiter abgegeben werden.

(2) Das Bier ist sogleich bei der Entnahme aus den im § 51 Abs. 1 bezeichneten Räumen im Biersteuerbuch anzuschreiben. Der Oberbeamte hat die Anschreibung auf Grund des Verzeichnisses (Muster 2) und der Geschäftsbücher (Lohnlisten und dergleichen) von Zeit zu Zeit nachzuprüfen.

(3) Auf Antrag kann das Hauptzollamt im Bedürfnisfall unter geeigneten Sicherungsmaßnahmen zuverlässigen Brauereiinhabern widerruflich gestatten, daß sie den steuerfreien Haustrunk an die im Verzeichnis eingetragenen Angestellten und Arbeiter innerhalb oder außerhalb der Brauerei, auch durch Wirte, unter Anschreibung in besonderen Listen oder gegen Biermarken oder -zeichen abgeben. Die abgegebenen Biermengen sind am Monatsschluß festzustellen und im Biersteuerbuch anzuschreiben. Ist der Haustrunk aus bereits versteuerten Biervorräten abgegeben, so sind die festgestellten Mengen in den Spalten 20 bis 25 des Biersteuerbuchs abzusetzen und in den Spalten 14 bis 19 anzuschreiben.

1. Nach diesen Bestimmungen ist es nicht zulässig, daß Angestellte und Arbeiter das Haustrunkbier an einem beliebigen Orte in der Brauerei entnehmen. Würden sie es an einem anderen als dem vom Oberbeamten für die Abgabe derartigen Bieres

genehmigten Orte entnehmen, so wäre das unter Umständen sogar eine Biersteuerhinterziehung, wenn es sich um Bier handelt, das nicht im Biersteuerbuch angeschrieben ist.

2. Nur die tatsächlich als Haustrunk *entnommenen* Biermengen sind anzuschreiben, nicht etwa die den Angestellten und Arbeitern *zustehenden*. Ebenso RFH IV A 432/27 (RZBl. 1928 S. 162 = ZfZ S. 135). Wenn eine Genehmigung nach § 13 Abs. 3 erteilt worden ist, kommt Steuerfreiheit ebenfalls nur für die Biermengen in Betracht, die tatsächlich als Haustrunk entnommen werden.

3. Die Bestimmung in Abs. 3 entspricht den Bedürfnissen vor allem der Großbetriebe.

4. Das steuerfrei als Haustrunk entnommene Bier braucht nicht an Ort und Stelle genossen, sondern kann aus der Brauerei entfernt werden.

Zu § 7 Abs. 2 des Gesetzes

Bierausfuhr

§ 14

Die Bestimmung über die Befreiung des unter Steueraufsicht aus dem Erhebungsgebiet ausgeführten Biers von der Biersteuer sind in der Anlage C enthalten.

S. Bem. 13 bis 19 zu § 7 des Gesetzes.

Zu § 8 des Gesetzes

Rückbier

§ 15

(1) Bier, für das eine Steuerschuld entstanden ist, kann in die Brauerei, in der es hergestellt ist, zurückgebracht werden (Rückbier) mit der Wirkung, daß es wieder als unversteuertes Bier gilt.

(2) Beim Wiedereingang in die Brauerei ist es in dem nach Muster 3 zu führenden Rückbierbuch mit der in den Gefäßen tatsächlich enthaltenen Menge anzuschreiben. Bei Fässern ist der Literinhalt nach der eichamtlichen Raumgehaltsbezeichnung anzunehmen, wenn die Fässer spundvoll sind. Sind die Fässer nur teilweise gefüllt, so kann, sofern es sich um Einfachbier, Schankbier oder Vollbier handelt und das Auslitern mit erheblichen Schwierigkeiten verbunden ist, die Litermenge aus dem Eigengewicht des Biers (Gewicht der Flüssigkeit ohne Umschließung) durch Gleichsetzung von 1 Kilogramm Eigengewicht mit 1 Liter berechnet werden.

(3) Rückbier kann auf Antrag unter amtlicher Aufsicht vernichtet oder unbrauchbar gemacht werden, wenn seine Verwertung als Bier oder seine weitere Verarbeitung zu Bier unmöglich erscheint. Der Antrag ist bei dem Aufsichtsbeamten mündlich oder schriftlich binnen drei Tagen nach dem Wiedereingang des Biers zu stellen. Die Unbrauchbarmachung kann nach näherer Anordnung des

Aufsichtsbeamten auch durch Vermischung mit Viehfutter oder Essig erfolgen. Als Unbrauchbarmachung gilt auch die Verwendung des Biers zur Branntweinbereitung unter Überwachung. Die Vernichtung oder Unbrauchbarmachung des zurückgebrachten Biers ist vom Aufsichtsbeamten im Rückbierbuch zu vermerken. Sie kann mit Genehmigung des Oberbeamten auch außerhalb der Brauerei stattfinden.

(4) Für Rückbier, das nicht unter amtlicher Aufsicht vernichtet oder unbrauchbar gemacht wird, können im Bedarfsfall vom Hauptzollamt weitere Überwachungsmaßnahmen angeordnet werden.

(5) Nach Monatsschluß hat der Brauereiinhaber das abgeschlossene Rückbierbuch zugleich mit dem Biersteuerbuch der Zollstelle einzusenden.

(6) Die Steuer für das Rückbier wird dadurch erstattet, daß die Zollstelle das im Rückbierbuch als Zugang eingetragene Bier im Biersteuerbuch von den entsprechenden Gattungen des steuerpflichtig gewordenen Biers absetzt (§ 63 Abs. 2).

(7) Das als unter amtlicher Aufsicht vernichtet oder unbrauchbar gemacht im Rückbierbuch angeschriebene Bier ist in der Bemerkungsspalte des Biersteuergegenbuchs getrennt nach Art und Gattung anzugeben und auf Grund dieser Vermerke beim Abschluß des Brauereibetriebsgegenbuchs vom Sollbestand abzusetzen.

(8) Die für Rückbier geltenden Vorschriften werden für Bier, das nach § 65 Abs. 1 in eine andere Brauerei eingebracht wird, entsprechend angewendet, soweit nicht nach § 65 Abs. 2 und 3 Ausnahmen zugelassen werden.

Siehe die Bemerkungen zu § 8 des Gesetzes, insbesondere Bem. 3 über die steuerliche Wirkung der Wiedereinbringung des Bieres.

Zu Abs. 1.

1. Die in § 15 DB getroffene Regelung, daß alles Rückbier dem unversteuerten Bier in der Brauerei gleichzustellen ist, soll eine möglichst uneingeschränkte Verfügung über das Rückbier in der Brauerei ermöglichen. Das Rückbier braucht weder an bestimmten Orten in der Brauerei gelagert zu werden (vgl. jedoch § 51 DB und Bem. 5 dazu), noch wird die Nämlichkeit des Bieres oder der Gebinde beim Wiederausgange gefordert.

2. Es ist unerheblich, aus welchem Grund das Bier in die Brauerei zurückgelangt. Rückbier ist demnach auch solches Bier, das der Bierfahrer zum ungewissen Verkauf mitgenommen hat, denn für dieses Bier ist mit der Entfernung aus der Brauerei die Steuerschuld entstanden (§ 2 Abs. 1 Ges.) Verunreinigtes oder verwässertes Bier kann nicht als Rückbier behandelt werden. Das wird ggfs. auch für Tropfbier oder Bierneigen gelten können. Im Zweifelsfall ist ein Gutachten der Zollehranstalt anzufordern.

3. Bier, das mit Fahrzeugen auf Brauereihöfe verbracht, dort aber nicht abgeladen wird, ist im Hinblick auf § 2 Ges. i. V. mit § 1 Abs. 1 und § 51 DB weder als in die

eigene Brauerei zurückgebracht (Absatz 1), noch in eine andere Brauerei verbracht (Absatz 8) anzusehen und deshalb nicht als Rückbier zu behandeln (BZBl. 1955 S. 606).

Zu Abs. 2.

4. Während nach § 5 Satz 2 des Gesetzes die steuerpflichtige Menge sich nach dem Raumgehalt der Umschließungen bestimmt, darf beim Wiedereingang von Rückbier in eine Brauerei abgesehen von spundvollen Fässern nur die *tatsächlich* in den Umschließungen enthaltene Biermenge im Rückbierbuche angeschrieben werden. Das gilt sowohl für Bier in Fässern als für Bier in Flaschen (s. Nr. 2 der Anleitung zum Rückbierbuch). Die Einhaltung dieser Bestimmung liegt auch im Belange des Brauers; denn wenn er auch zunächst durch die Anschreibung einer größeren Biermenge, als sie tatsächlich in die Brauerei zurückgebracht wurde, eine entsprechende Minderung der im Biersteuerbuche als steuerpflichtig angeschriebenen Biermengen erzielen könnte, so würde sich andererseits durch die unrichtige Anschreibung im Rückbierbuch der buchmäßige Bestand der überwachungspflichtigen Biermenge höher stellen als er tatsächlich ist, was bei der nächsten Bestandsaufnahme zu Weiterungen, Nacherhebungen und unter Umständen Einleitung eines Strafverfahrens führen könnte. — Da das spezifische Gewicht des Bieres über 1 liegt, so führt die nach Abs. 2 Satz 3 zugelassene Berechnung der Litermenge bei teilweise gefüllten Fässern aus dem Eigengewicht des Bieres unter Gleichsetzung von 1 kg Eigengewicht mit 1 l dazu, daß weniger eingebracht als angeschrieben wird, so daß für eine größere Menge die Steuer erstattet wird, als es zulässig wäre. Es handelt sich indessen um geringfügige Unterschiede, die unberücksichtigt bleiben können.

5. Wird das Rückbierbuch nicht richtig geführt, so kann Bestrafung wegen Biersteuerhinterziehung eintreten. S. auch Vorbem. 13 zu § 18 des Gesetzes.

Zu Abs. 3.

6. Auch die amtliche Aufsicht bei der Vernichtung oder Unbrauchbarmachung des Rückbieres liegt im Belange des Brauers nicht minder wie der Zollverwaltung. Denn durch die im Rückbierbuche als vernichtet oder unbrauchbar gemacht abgeschriebenen Biermengen wird ebenfalls der Sollbestand der überwachungspflichtigen Biermenge entlastet. Wegen der Ermittlung des Stammwürzegehaltes des zur Vernichtung oder Unbrauchbarmachung angemeldeten Rückbieres s. die Bem. 2 zu § 31 DB.

7. Wird Rückbier, das nicht zur Vernichtung oder Unbrauchbarmachung bestimmt war, nach seinem Wiedereingange innerhalb der Brauerei zufällig vernichtet oder so beschädigt, daß seine Weiterverarbeitung zu Bier oder seine Verwertung als Bier nicht möglich erscheint, so ist nach § 62 DB zu verfahren.

8. Das Rückbier kann mit Genehmigung des Oberbeamten auch außerhalb der Brauerei vernichtet oder unbrauchbar gemacht werden. Voraussetzung dafür ist aber, daß es zunächst als Rückbier in die Brauerei — gegebenenfalls in eine fremde Brauerei (§ 65 DB) — eingebracht und dann aus der Brauerei zum Zwecke der Vernichtung oder Unbrauchbarmachung wieder entfernt wurde. Eine Vernichtung oder Unbrauchbarmachung von Bier, das nicht vorher in die Brauerei zurückgelangt ist, zum Zwecke der Steuererstattung ist im Hinblick auf den Wortlaut des § 8 des Gesetzes nicht angängig. Wird Rückbier zum Zwecke der Vernichtung oder Unbrauch-

barmachung mit Genehmigung des Oberbeamten aus der Brauerei wieder entfernt, so braucht es im Biersteuerbuch nicht angeschrieben zu werden.

Zu Abs. 4.

9. Die Bestimmung in Abs. 4 soll dem Hauptzollamt die Möglichkeit geben, in Fällen, in denen gegen die Zuverlässigkeit des Brauers Bedenken bestehen oder die Menge des Rückbieres stets außergewöhnlich groß ist, weitere Sicherungsmaßnahmen zu treffen. Diese können bestehen in der Verpflichtung, den Eingang von Rückbier jedesmal sogleich schriftlich oder mündlich anzuzeigen, das Rückbier nur an bestimmten vom Oberbeamten zu genehmigenden Orten zu lagern u. a. m. Sind in dem Betriebe Hinterziehungen im Strafverfahren festgestellt, so kommt auch § 197 AO in Frage.

Zu Abs. 6.

10. Die Fassung beruht auf der Siebenten VO zur Änderung der DB vom 23. November 1942. Nach § 63 Abs. 2 DB setzt die Zollstelle im Biersteuerbuch von den entsprechenden Gattungen des steuerpflichtig gewordenen Biers das Rückbier ab. Ist dabei die Rückbiermenge höher als die steuerpflichtig gewordene Biermenge, so wird die zur Versteuerung heranzuziehende Biermenge rot dargestellt. Hinweis auf Anhang VII (Beispiele für die Berechnung der Biersteuer).

Zu § 9 Abs. 1 bis 4 des Gesetzes

Begriff der Bierbereitung

§ 16

Die Ausdrücke „Bereitung von Bier" und „Bierbereitung" sind im weitesten Sinn zu verstehen. Sie umfassen alle Teile der Herstellung und Behandlung des Biers in der Brauerei selbst wie außerhalb dieser — beim Bierverleger, Wirt und dergleichen — bis zur Abgabe des Biers an den Verbraucher.

S. die Bem. 3 zu § 9 des Gesetzes.

Nach der Auslegung der VO über Lebensmittel vom 8. 9. 1922 (RZBl. S. 200) ist die Herstellung des Biers als vollendet anzusehen, wenn das Bier in die Versandgefäße abgefüllt ist. Dagegen gehört das bloße Umfüllen betriebsfremden Biers in einer Brauerei nicht zum „Herstellen". Werden dabei jedoch durch Zusetzen von Zucker oder Wasser die Besteuerungsgrundlagen (Stammwürzegehalt, Menge) beeinflußt, so liegt eine „Bereitung von Bier" im Sinne des § 16 (vgl. BZBl. 1955 S. 793), aber auch eine Herstellung von Bier im Sinne des § 2 Abs. 2 des Gesetzes vor (vgl. Bem. 11 zu § 2 des Gesetzes).

Braustoffe

§ 17

(1) Bei der Bereitung von Bier dürfen, soweit im § 9 Abs. 5 und 6 des Gesetzes nicht Ausnahmen vorgesehen sind, nur die im § 9 Abs. 1 bis 3 und 9 des Gesetzes zugelassenen Braustoffe und Brau-

ersatzstoffe verwendet werden. Farbebier muß aus Gerstenmalz, Hopfen, untergäriger Hefe und Wasser hergestellt werden, es muß vergoren sein.

(2) Die Verwendung von Bierklärmitteln, die rein mechanisch wirken und vollständig wieder ausgeschieden werden, verstößt nicht gegen das Verbot der Verwendung von Ersatz- und Zusatzstoffen bei der Bierbereitung. Bierklärmittel, die nur unvollständig wieder ausgeschieden werden, dürfen bei der Bierbereitung nicht verwendet werden.

(3) Die zulässigen Braustoffe müssen in der Beschaffenheit verwendet werden, in der ihnen die im Gesetz gewählte Bezeichnung zukommt.

(4) Das Malz darf sowohl in ganzen, enthülsten oder unenthülsten Körnern, wie auch zerkleinert, trocken, angefeuchtet, ungedarrt, gedarrt und geröstet verwendet werden. Malzschrot, aus dem die Hülsen ganz oder teilweise entfernt sind, sowie Malzmehl darf, soweit nicht die Oberfinanzdirektion Ausnahmen zuläßt, nur verwendet werden, wenn das Entfernen der Hülsen oder das Vermahlen zu Mehl in der Brauerei selbst erfolgt.

(5) Zur Bereitung von obergärigem Bier darf Malz auch aus anderem Getreide als Gerste verwendet werden. Reis, Mais oder Dari gelten nicht als Getreide im Sinn des § 9 Abs. 4 des Gesetzes.

(6) Der zur Bierbereitung bestimmte Hopfen darf in der Brauerei durch Zerreißmaschinen, Schlagkreuzmühlen oder dergleichen zerkleinert werden.

Zu Abs. 1.

1. Diese Bestimmung bringt den Umfang des in § 9 des Gesetzes aufgestellten Reinheitsgebots voll zum Ausdruck. Abgesehen von den in § 9 Abs. 5 und 6 Ges. vorgesehenen Ausnahmen für besondere Biere, Ausfuhrbiere (vgl. § 23 DB) und Hausbrauerbiere dürfen bei der Bereitung von Bier als Braustoffe und Brauersatzstoffe nur Malz, Hopfen, Hefe, Wasser, technisch reiner Rohr-, Rüben- oder Invertzucker, Stärkezucker und aus Zucker der bezeichneten Art hergestellte Farbmittel sowie Farbebier und Süßstoff verwendet werden. Wegen der Sonderregelung in Bayern und Baden-Württemberg vgl. § 3 DB.

2. Zu den nicht zugelassenen Brauersatzstoffen — Ausnahmen s. § 9 Abs. 5 und 6 Ges. — zählen insbesondere ungemälztes Getreide, Topinamburknollen, Reis, Mais, Dari; die verschiedenen Stärkearten, Kartoffeln, Milokorn, Milchzuckersirup usw.

3. Bei der Herstellung dunkler Biere können zum Färben des Bieres bzw. der Würze Farbmalz, Karamelmalz, Farbebier und Zuckerkulör verwendet werden. Vgl. Bem. 11, 12, 15, 16, 22, 23 zu § 9 Ges. Der Zusatz chemischer Farbmittel bei der Bierbereitung ist verboten.

4. Auch der Hefe dürfen Zusätze irgendwelcher Art, z. B. Säuren (Phosphorsäure) nicht beigegeben werden. Das Hefenährsalz „Tronozym" und das Hefenährpräparat „Zymol", beides Erzeugnisse, die die Gärung günstig beeinflussen sollen, dürfen

weder zur Bereitung von Bier, noch zur Herstellung und Züchtung von Reinzuchthefen für die Bierbereitung verwendet werden (BZBl. 1957 S. 303). Die Verfahren zur Vitamingewinnung aus der Hefe zur Bereitung eines Vitaminbieres laufen darauf hinaus, den vitaminhaltigen Hefezellsaft durch Zerstören der Hefezellwände freizulegen. Die Hefe wird dabei ganz oder fast ganz abgetötet und besitzt in diesem Zustand keine Gärkraft in technischem Sinne mehr. Die *Beigabe* des nach einem solchen Verfahren gewonnenen Hefeauszuges zum Bier stellt sich als ein nach dem Biersteuergesetz unzulässiger Zusatz dar, da § 9 des Gesetzes, § 17 Abs. 1 und § 24 DB die nachträglichen Zusätze auf Farbebier und Wasser beschränken, und da nach § 17 Abs. 3 die Braustoffe in der Beschaffenheit verwendet werden müssen, in der ihnen die im Gesetz gewählte Bezeichnung zukommt. Die genannten Vorschriften und Bestimmungen stehen auch dem Zusatz des Hefeauszuges zur Bereitung besonderer Biere im Sinne des § 9 Abs. 5 Ges. entgegen. Die Abweichungen, die nach dieser Vorschrift an und für sich gestattet werden könnten, dürfen nach der Absicht des Gesetzes die 4 Biergrundstoffe nicht betreffen. Gegen die Anreicherung eines Bieres mit Vitaminen der Hefe ist dann nichts einzuwenden, wenn die Anreicherung im Rahmen des zulässigen, regelmäßigen Brauverfahrens geschieht. Das ist z. B. der Fall, wenn gärende Würze auf hohe Temperatur erhitzt wird, um die Zellwände der Hefe zum Platzen zu bringen, damit der vitaminreiche Zellsaft in das Bier übergehen kann.

Die Verwendung von Trockenhefe, wie sie namentlich zum Versand für die Tropen hergestellt wird, als Stellhefe ist als zulässig zu erachten.

5. Farbebier darf zur Bierbereitung nur verwendet werden, wenn es innerhalb des Erhebungsgebiets hergestellt ist. Diese Einschränkung ergibt sich daraus, daß eine den Vorschriften des Reinheitsgebotes entsprechende Herstellung des Farbebiers nur innerhalb des Geltungsbereiches dieses Gesetzes erfolgen kann. Farbebier muß aus den sämtlichen in § 9 Abs. 3 des Gesetzes und § 17 Abs. 1 Satz 2DB bezeichneten Stoffen hergestellt sein (s. auch die Bemerkungen 10 zu § 2, ferner 14 bis 19 zu § 9 des Gesetzes). Zur Herstellung von Farbebier darf nur untergärige Hefe verwendet werden. Damit ist zugestanden worden, daß solches Farbebier auch obergärigem Bier zugesetzt werden kann. Die Beschaffenheit des fertigen Farbebiers, das vor dem Verlassen der Farbebierbrauerei noch pasteurisiert wird, rechtfertigt die Auffassung, daß Farbebier nicht mehr als Bier anzusehen ist, sondern wie ein Braustoff behandelt werden kann, der ohne Beschränkung bei der Herstellung von unter- wie obergärigem Bier verwendet werden darf. Außerdem wird Farbebier in so geringfügigen Mengen verwendet, daß man aus diesem Grund und im Hinblick auf das Pasteurisieren von einer Verletzung des Reinheitsgebots nicht mehr sprechen kann.

Zu Abs. 2.

6. Aus dieser Bestimmung (vgl. schon § 2 Abs. 2 der Brausteuer-AB von 1909) geht hervor, daß bei der Bierbereitung verwendete Stoffe, die sich nicht mit der Würze, oder dem Biere verbinden oder vermischen, sondern im Laufe des Brauverfahrens wieder ausgeschieden werden und daher nicht in das fertige Bier übergehen, als unzulässige Ersatz- oder Zusatzstoffe nicht anzusehen sind.

7. Zu den mechanisch wirkenden *Bierklärmitteln*, die bei der Bierbereitung wieder völlig ausgeschieden werden, gehören insbesondere Klärspäne (aus Buchen- oder

Haselholz), Metallspäne, frisch geglühte Holzkohlen und Hausenblase. Die Verwendung der *Hausenblase*, d. i. getrockneter Schwimmblasen verschiedener Fische, insbesondere des Hausen oder Stör, die fast nur bei obergärigen Bieren, besonders dem Grätzer Bier üblich ist, erfolgt in der Weise, daß sie in Wasser gelöst und dann dem Biere beigegeben wird. Die gelöste Hausenblase bildet, indem sie sich mit dem im Bier enthaltenen Gerbstoff zu Gerbstoffeiweißverbindungen vereinigt, auf der Oberfläche der Flüssigkeit ein Netz mit feinen Maschen, das sich allmählich auf den Boden senkt und dabei die Hefezellen mitnimmt. Die Hausenblase wird später mit den Hefezellen aus dem Bier wieder vollständig ausgeschieden. Am vollständigsten löst sich Hausenblase in Säuren, von denen namentlich Weinsteinsäure verwendet wird. Die Verwendung ist nur dann zulässig, wenn aus der gelösten Hausenblase die Weinsteinsäure durch Waschen mit frischem reinem Wasser wieder so vollständig entfernt wird, daß keine Weinsteinsäure in das Bier übergehen kann.

Gelatine, ein feiner Leim aus Knorpel, Knochen oder Hautabfällen, darf zum Bierklären nicht verwendet werden, da sie bei ihrer Verwendung nicht wieder völlig ausscheiden, sondern zum Teil im Bier verbleiben würde. Das gleiche gilt für Isingglas, eine Art künstlicher Hausenblase, die sich schon durch gelbbräunliche Farbe von der mehr weißlichen Hausenblase unterscheidet, Karaghenmoos, Isländisch-Moos und ähnliche leimartige Stoffe (vgl. Brausteuer-AB von 1909 § 2 Abs. 2).

Der Bundesminister der Finanzen hat als weitere Bierklärmittel zugelassen: Agluton, das von der Firma Kellaria mbH in München hergestellt und neuerdings unter der Bezeichnung Bentopur in den Handel gebracht wird (BZBl. 1952 S. 238 u. BZBl. 1953 S. 503). Bei diesem Erzeugnis handelt es sich um ein hellgraues, dem Griff nach an Schlämmkreide erinnerndes feines Pulver. Es ist ein nach einem besonderen Verfahren aufbereiteter Bentonit. Auch das von der Firma Protex-Gesellschaft Müller & Co. mbH in Garmisch-Partenkirchen hergestellte Bierklärmittel Deglutan, ein hellgraues, grobkörniges Pulver darf als Bierklärmittel verwendet werden (BZBl. 1952 S. 238). Die als Bierklärmittel zugelassenen Bleicherden (BZBl. 1952 S. 481) sind ein mittelgraues, feines Pulver und von ähnlicher Zusammensetzung und Beschaffenheit wie Agluton und Deglutan. Dagegen darf aktivierte Bleicherde (durch Säurebehandlung aktiviert) als Bierklärmittel nicht verwendet werden, da die Wirkung über eine rein mechanische weit hinausgeht. Aktivierte Bleicherde wird in der Mineralölindustrie verwendet, um die Mineralöle chemisch zu verändern oder zu bleichen. Das von der Firma Bayrol, Chemische Fabrik GmbH in München unter der Bezeichnung „Disalbumin" in den Handel gebrachte Bierklärmittel ist ein hellgraues, feines, geschmack- und geruchloses Pulver. Es ist eine Bentonitart, ein natürlicher quellfähiger Ton, der die im Bier vorhandenen Trübungsstoffe mechanisch adsorbiert und deshalb verwendet werden darf (BZBl. 1954 S. 210). Das gleiche gilt von dem Bierklärmittel Clarsol F b/2, das die Firma Schenk Filterbau GmbH in Schwäbisch Gmünd herstellt, und von dem Silitonit B der Firma Pfirschinger Mineralwerke Gebr. Wildhagen & Falk in Kitzingen/Main (BZBl 1956 S. 309). Bei Clarsol F b/2 handelt es sich um einen nach einem besonderen Verfahren aufbereiteten Bentonit von schwach gelber Farbe und von mehlfeiner, trockener und geruchloser Beschaffenheit. Silitonit B ist von fast weißer Farbe, aber sonst gleicher Beschaffenheit und ebenfalls auf Bentonitbasis entwickelt.

Dagegen darf das von der Firma Bayrol, Chemische Fabrik GmbH in München hergestellte Bierklärmittel „Maltolysin Marke Bayrol" bei der Bierbereitung nicht verwendet werden. Der Bundesminister der Finanzen hat andere Bierklärmittel ebenfalls nicht zugelassen, weil sie bei der Bierbereitung entweder überhaupt nicht oder nur unvollständig wieder ausgeschieden werden. Dazu gehören: Diasproline (BZBl. 1950 S. 79), Collupulin (BZBl. 1951 S. 432), Diastol (BZBl 1952 S. 490), Cristalase (BZBl 1953 S. 101) und Albar (BZBl 1953 S. 141).

Vgl. Bem. 5 zu § 9 Ges.

8. An Stelle der in Bem. 7 genannten zugelassenen Bierklärmittel werden heute meist geschlossene Filter verwendet. Diese werden mit Filtermasse gefüllt, die aus Baumwollabfällen oder Papiermasse hergestellt sind. Die Verwendung dieser Filtermassen ist zulässig, wenn sie nicht Stoffe enthalten, die ins Bier übergehen können. Dies wäre der Fall, wenn ihnen z. B. zum Zwecke ihrer besseren Erhaltung andere Stoffe, wie Salizyl, beigegeben wären oder wenn die zur Reinigung der Filtermasse verwendeten Entkeimungsmittel (schwefligsaurer Kalk, Chlorkalk u. dergl.) nicht vollständig entfernt würden. Derartige unzulässige Stoffe müßten vor Benutzung der Filtermasse zur Bierklärung durch Waschen mit Wasser, Auspressen u. dergl. vollständig ausgeschieden werden.

Zu Abs. 3.

9. Die Verwendung von Malzauszügen (durch Auslaugen des Hopfens mittels Äther, Petroläther, Wasser, Dampf u. dergl. hergestellt), Hopfenöl (Erzeugnis der Hopfendestillation) oder Hopfenmehl (Lupulin) ist bei der Bierbereitung nicht zulässig, weil derartige Zubereitungen, auch wenn sie aus zulässigen Braustoffen ohne Zusätze oder nach Entfernung von Zusätzen gewonnen sind, doch nicht Braustoffe in der Beschaffenheit darstellen, in der ihnen die im Gesetz gewählte Bezeichnung zukommt. Der Grund des Verbotes ist, daß sich die Zusammensetzung solcher Erzeugnisse nicht oder nur mit Schwierigkeiten nachprüfen läßt und durch ihre Zulassung Unredlichkeiten Tor und Tür geöffnet würde (RGStrafs. Bd. 38 S. 358). Werden Malz- oder Hopfenauszüge ohne weitere Zusätze in einer Brauerei im regelmäßigen Brauverfahren hergestellt, so geschieht dies im Rahmen der ordnungsmäßigen Bier bereitung und es können deshalb derartige Auszüge von der Brauerei zur Herstellung von Bier mitverwendet werden (vgl. Abs. 4 Satz 2). Die Hopfenauszüge der Horst Company in Coburg dürfen bis auf weiteres in den Brauereien des Bundesgebiets mit Ausnahme der Länder Bayern und Baden-Württemberg bei der Bierbereitung verwendet werden.

Eine Ausnahme von der Bestimmung in § 17 Abs. 3 bildet die Bestimmung in § 18 DB, wonach Zucker auch in Form von wässerigen Lösungen verwendet werden darf. Das galt nach § 1 Abs. 2 der Verordnung über Verwendung von Süßstoff zur Bereitung obergärigen Bieres vom 21. Juli 1923 (RGBl. I S. 746) auch hinsichtlich des Süßstoffs. Eine ähnliche Bestimmung fehlt jetzt, doch ist aus § 58 Abs. 1 DB zu schließen, daß die Verwendung von Süßstoff da, wo sie erlaubt ist, auch in wässeriger Lösung zulässig ist.

Zu Abs. 4.

10. Verschiedene Malzfabriken stellen in neuerer Zeit nach einem besonderen Verfahren Malzschrotflocken her, wobei Hülsen oder Hülsenteile nicht entfernt werden. Diesen Malzschrotflocken fehlt im allgemeinen fast völlig die Eigendiastase. Sie werden deshalb bei der Bierbereitung nur in einer geringen Menge mitverwendet.

Diese Malzschrotflocken sind Malz im Sinne des § 17 Abs. 4 DB (vgl. BZBl. 1954 S. 81, 423, BZBl. 1955 S. 267, 518, 864, BZBl 1957 S. 378, 421, BZBl 1958 S. 481). Malz im Sinne der Vorschriften des Reinheitsgebots sind dagegen nicht Weizenkeime, ferner das hochenzymatische Malzextrakttrockenpulver Diastol (BZBl. 1952 S. 490) und das Malzenzympräparat Cristalase (BZBl. 1953 S. 101); vgl. Bem. 7 letzter Absatz, oben.

11. Malzschrotflocken sind als Braustoff im Sudbuch anzuschreiben, da sie den Extraktgehalt des Bieres beeinflussen können. Vgl. Bem. 4 zu § 41; Bem. 4 zu § 54 u. Bem. 8 zu § 58 DB.

Zu Abs. 6.

12. Vgl. Bem. 9 Abs. 1 letzter Satz.

§ 18

Als technisch rein gilt Zucker von solcher Reinheit, wie sie in dem bei der Herstellung von Zucker gebräuchlichen Verfahren erreicht wird; der Aschengehalt, auf Trockenstoff berechnet, darf 0,4 vom Hundert nicht übersteigen. Invertzucker ist das aus Rohr- oder Rübenzucker durch Spaltung mit Säuren gewonnene Gemenge von Traubenzucker und Fruchtzucker, das auch noch unverarbeiteten Rüben- oder Rohrzucker enthalten kann. Als Stärkezucker gilt der Zucker, der durch Einwirkung von Säure auf Stärke gebildet wird. Es ist zulässig, den Zucker auch in der Form von wässerigen Lösungen zu verwenden.

S. die Bemerkungen 8 bis 11 zu § 9 des Gesetzes (vgl. schon Brausteuer-AB von 1909 § 2 Abs. 8).

1. Invertzucker ist kein einheitlicher Begriff im chemischen Sinne, sondern nur eine Bezeichnung für ein Gemisch zweier Zuckerarten (Traubenzucker und Fruchtzucker), wie es bei der Spaltung wässeriger Lösungen von Rohr- oder Rübenzucker mittels Säuren oder Fermenten entsteht. Technisch reiner Invertzucker ist im allgemeinen kein kristallisiertes Erzeugnis oder trockener Zucker, sondern eine sirupartige Flüssigkeit, aus der sich allmählich der Traubenzucker kristallinisch abscheidet.

2. Zucker- oder Bierkulör bildet sich beim Erhitzen von Stärke- und Rohrzucker. Als Rohmaterial wird technisch reiner Rohr-, Rüben- oder Invert- und Stärkezucker verwendet. Zuckerkulör muß sich im Bier klar lösen und wird dem Bier kalt zugegeben. Die in § 9 Abs. 2 Ges. geforderte technische Reinheit bezieht sich nicht auf Zuckerkulör, da Zuckerkulör aus Stärkezucker von Stärkekulör aus technisch reinem Rohr-, Rüben- oder Invertzucker nicht einwandfrei unterschieden werden kann und für Stärkezucker und für Farbmittel, die aus Stärkezucker hergestellt sind, die technische Reinheit nicht gefordert wird (RZBl. 1944 S. 74).

Brauzucker wird oft in flüssiger Form verwendet. Als äußeres Merkmal dafür, ob solcher Zucker technisch rein im Sinne des § 18 war, galt früher eine im Jahr 1912 erlassene Anweisung, nach der der Farbton von flüssigem Brauzucker nicht dunkler als der des Pilsener Biers sein durfte. Bei dunklerem Zucker wurde also zunächst unterstellt, daß er nicht technisch rein sei, d.h. daß er einen höheren Aschengehalt, auf Trockenstoff berechnet, aufzuweisen habe. Durch die Verbesserung des Zuckerherstellungsverfahrens kann der Aschengehalt wesentlich unter die frühere Grenze von 0,75 v.H. herabgesetzt werden. Auch bei niedrigerem Aschengehalt als 0,75 v.H. kann der Farbton des flüssigen Brauzuckers dunkler sein als der des Pilsener Bieres, ohne daß die Forderung der technischen Reinheit verletzt ist. Es ist deshalb durch die Biersteuer-Durchführungsverordnung vom 23. 12. 1938 der Aschengehalt auf 0,4 v.H. herabgesetzt, im übrigen aber darauf verzichtet worden, für die Beschaffenheit oder Farbe des Zuckers noch weitere Merkmale vorzuschreiben. Der Aschengehalt ist nunmehr die einzige Handhabe, den Zucker auf technische Reinheit zu prüfen.

3. Die Verwendung wässriger Zuckerlösungen ist auch dann statthaft, wenn der Zucker nicht vom Brauer aufgelöst, sondern in flüssiger Form von Dritten bezogen worden ist.

4. Die Verwendung von Zucker in wässeriger Lösung ist gemäß Nr. 5 der Anleitung zum Zuckerverwendungsbuch und Nr. 11 der Anleitung zum Sudbuch im Sudbuch anzuschreiben, weil sich dadurch die überwachungspflichtige Biermenge erhöht.

§ 19

Als Wasser im Sinn des § 9 Abs. 1 des Gesetzes ist alles in der Natur vorkommende Wasser anzusehen. Eine Vorbehandlung des Brauwassers durch Entziehen des Eisengehalts, Entkeimen, Filtern, Kochen, Abdampfen ist allgemein gestattet. Eine Vorbehandlung des Brauwassers durch Zusatz von Mineralsalzen (z. B. kohlensaurem oder schwefelsaurem Kalk oder Kochsalz) oder von Kalkwasser kann das Hauptzollamt bei nachgewiesenem Bedürfnis insoweit gestatten, als dadurch das Wasser keine andere Zusammensetzung erhält, als sie für Brauzwecke geeignete Naturwässer besitzen; die Stoffe müssen vor Beginn des Brauens zugesetzt werden. Ein Zusatz von Säuren zum Brauwasser ist verboten. Zur Herstellung heller Biere darf mit Genehmigung des Hauptzollamts Maische oder Würze mit auf dem Malz ohnehin vorkommenden Milchsäurebakterien, die nach besonders genehmigtem Verfahren vermehrt worden sind, angereichert werden.

1. Vgl. § 2 Abs. 9 der Brausteuer-AB von 1909. Die Zusammensetzung des Brauwassers ist für die Bierbereitung von wesentlicher Bedeutung. Je reicher das Wasser an Karbonaten, d.i. kohlensauren Salzen, um so geringer ist die Azidität, d.h. der Säuregrad des Bieres.

Die im Brauwasser vorkommenden Karbonate (kohlensaurer Kalk, kohlensaure Magnesia und die in seltenen Fällen vorkommende Soda) haben bei der Bierbereitung und namentlich bei der Herstellung heller Biere nachteilige Wirkungen. Sie beeinträchtigen die Ausbeute sowie den Geschmack und die Farbe des Bieres. Es ist daher, seit diese Nachteile erkannt wurden, das Bestreben der Brauer, einen zu hohen Karbonatgehalt des zur Verfügung stehenden Brauwassers durch eine entsprechende Behandlung des Wassers vor seiner Verwendung zur Bierbereitung zu beseitigen. Als geeignete Mittel kommen hierfür in Betracht das Aufkochen des Brauwassers unter gleichzeitigem Entlüften, der Zusatz von kohlensaurem oder schwefelsaurem Kalk und der Zusatz von Säuren.

Die Vorbehandlung des Brauwassers steht, wie in der Begründung zu § 13 des Entwurfs des Biersteuergesetzes von 1918 bemerkt ist, mit den Grundsätzen des Reinheitsgebotes nicht in Widerspruch. Sie darf aber nach § 19 DB nur insoweit stattfinden, als dadurch das Brauwasser keine andere Zusammensetzung erhält, als sie für Brauzwecke geeignete Naturwässer besitzen.

Das Abkochen oder Filtern des Brauwassers ist mit dem Reinheitsgebot ohne weiteres vereinbar, auch der in § 19 DB zugelassene Zusatz von kohlensaurem und schwefelsaurem Kalk oder von Kalkwasser (wässerige Lösung von Ätzkalk, die gesättigt etwa 0,15 v.H. Ätzkalk enthält), läßt sich damit rechtfertigen, daß dadurch das Brauwasser keine andere Zusammensetzung erhält, als sie für Brauzwecke geeignete natürliche Wässer besitzen. Dasselbe gilt vom Zusatz von Chlor zur Keimfreimachung des Wassers (Wasserchlorierung). Nicht mit dem Reinheitsgebot vereinbar ist dagegen der Zusatz von Säuren, z.B. Schwefel- oder Salzsäure zum Brauwasser, da diese dem Wasser fremde Bestandteile wie Gips und Erdalkalichloride in das Bier übergehen lassen. Die Vorbehandlung des Brauwassers mit Ätzkalk (= gelöschtem Kalk), mit Zeolithen, in der Natur vorkommenden wasserhaltigen Silikaten, oder ein Zusatz von Phosphorsäure oder von Milchsäure würde dem Reinheitsgebot zuwiderlaufen. Auch eine Säurebehandlung der Hefe ist unzulässig.

Zulässig ist ein Zusatz von Aluminiumsulfat (schwefelsaurem Aluminium) zur Fällung der organischen Bestandteile, da es auf den Boden sinkt und aus dem Brauwasser ausgeschieden wird, ferner von Eisensulfatchlorid zur Fällung von Kolloidstoffen.

Die Behandlung des Brauwassers muß vor Beginn des Brauens geschehen. Ein Zusatz anderer als der zugelassenen Stoffe in einem späteren Zeitpunkt der Bierbereitung ist unzulässig. Das gilt z.B. für das sogenannte Eckhardtsche Brauverfahren, bei dem zur Steigerung der Malzausbeute, Verwendbarmachung eiweißreicher Gersten und Veredelung des Bieres basische oder kohlensaure Alkalien oder dergleichen Erdalkalien der Biermaische zugesetzt, später aber durch Zusatz von Mineralsäuren wieder neutralisiert werden. Versuche haben ergeben, daß bei diesem Verfahren fremde Stoffe in das Bier übergehen (s. Reichstagsdrucks. Nr. 362 von 1909/10 und Nr. 1523 von 1912/14). Ebenso ist unzulässig der Zusatz von Milchsäurebakterien, z.B. des Bazillus Delbrück, zur Maische.

Auf ganz andern Prinzipien beruht das Elektro-Osmose-Verfahren, wobei es gelingt, das Wasser praktisch bis auf den Reinheitsgrad eines destillierten Wassers zu entsalzen. Eine praktisch vollkommene Entsalzung erlaubt auch das Basenaustauschverfahren, das auf der Grundlage des zur Speisewasserenthärtung verwendeten Permutit-Verfahrens entwickelt wurde. Näheres darüber s. Prof. Leberle u. Schuster „Die Technologie des Sudhauses", Ferdinand Enke Verlag, Stuttgart. Beide Verfahren sind zulässig.

2. Bei der Herstellung heller Biere ist eine Anreicherung von Maische oder Würze mit auf dem Malz ohnehin vorkommenden Milchsäurebakterien unter Verwendung von Proteolytmalz der Mannheimer Malzfabrik in Mannheim-Käfertal oder von

Spezialmalz der Firma Fischer in Bopfingen am Ries zulässig. Dem gleichen Zweck einer biologischen Säuerung der Maische oder Würze dient auch das Säuremalz der Firma Ireks GmbH in Kulmbach. Auch dieses Malz darf mit Genehmigung des Hauptzollamts zur Herstellung heller Biere verwendet werden (BZBl. 1953 S. 804). Nach dem Ergebnis wissenschaftlicher Gutachten und praktischer Versuche dient die Säuerung in erster Linie der Enthärtung des Brauwassers und ist wie jede andere Behandlung des Brauwassers anzusehen.

§ 20

(1) Unter sichernden Maßnahmen darf das Hauptzollamt die Verwendung von in der Brauerei selbst gewonnenen Rückständen der Bierbereitung gestatten. Die Verwendung von Rückständen, die bei der Bereitung obergärigen Biers verbleiben, zu dem anderes Malz als Gerstenmalz oder zu dem Zucker verwendet wurde, ist bei der Bereitung untergärigen Biers nicht zulässig.

(2) Der Oberbeamte kann unter sichernden Maßnahmen das Wiederaufkochen von Bier oder Würze gestatten; das Wiederaufkochen ist mit Brauanzeige (§ 54) anzumelden.

(3) Bei der Bierbereitung in der Brauerei selbst abgefangene Kohlensäure darf dem Bier zugesetzt werden.

(4) Kohlensäure, die nur als Druckmittel beim Abziehen des Biers und beim Ausschank des Biers dient, darf allgemein verwendet werden.

Zu Abs. 1.

1. Die Verwendung in der Brauerei selbst gewonnener *Rückstände* der Bierbereitung (z. B. Glattwasser, Hopfenbrühe, vgl. § 2 Abs. 9 der Brausteuer-AB von 1909) ist nur zulässig, wenn nicht andere Vorschriften des Biersteuergesetzes entgegenstehen. So wäre z. B. der Zusatz von Glattwasser (d. i. die beim Läutern zuletzt abfließende ganz verdünnte Würze) zum Bier durch den Brauer nach Feststellung des Extraktgehaltes der Stammwürze im Gärkeller gemäß § 9 Abs. 7 des Gesetzes nur mit hauptzollamtlicher Genehmigung zulässig.

Zu Abs. 2.

2. Das Bedürfnis tritt besonders in Einfachbierbrauereien auf. Durch die 1931 eingefügte Bestimmung wird klargestellt, daß das Wiederaufkochen nicht dem § 9 Abs. 1, 2 zuwiderläuft. Wird Bier oder Würze einem Sude zum Wiederaufkochen zugesetzt, so ist dies unter Angabe der Art und Menge des Zusatzes in Spalte 26 des Sudbuchs zu vermerken.

Zu Abs. 3.

3. Vgl. § 2 Abs. 10 der Brausteuer-AB von 1909. Eine Verwendung der abgefangenen Kohlensäure bei der Bierbereitung findet beim sogenannten „*Nathanschen Brauverfahren*" statt. Dieses Verfahren bezweckt, untergäriges Bier ohne Nachgärung und Lagerung in *einem* Gefäß in kurzer Zeit — bis zu 8 Tagen — verkaufsfertig

herzustellen. Die aus der gärenden Bierwürze entweichende Kohlensäure wird durch Saugpumpen angesaugt, gereinigt, zusammengepreßt und dann, soweit erforderlich, dem fertigen Biere wieder zugesetzt. Das Verfahren ist zugelassen, weil die in einem Brauereibetrieb aus der Würze gewonnene Kohlensäure kein fremdes Erzeugnis, sondern ein Erzeugnis des Gärungsvorganges ist, dem das Bier in der Brauerei unterliegt.

4. Die Wiederverwendung der in einer Brauerei abgefangenen Kohlensäure ist ganz allgemein gestattet, mithin ohne Rücksicht darauf, ob sie bei der Bereitung untergärigen oder obergärigen Bieres abgefangen wurde und ob sie untergärigem oder obergärigem Bier zugesetzt werden soll.

Zu Abs. 4.

5. Vgl. § 2 Abs. 3 der Brausteuer-AB von 1909. Die sogenannte *Karbonisation* des Bieres, wobei das Bier durch Einpressen künstlicher Kohlensäure mittels Karbonisierapparaten einen höheren Kohlensäuregehalt erhält, ist unzulässig, weil hierbei dem Biere absichtlich als Ersatz der Gärungskohlensäure größere Mengen künstlicher Kohlensäure zugeführt werden. Außerdem könnte sie eine Verfälschung im Sinne des Lebensmittelgesetzes darstellen.

Bei Anwendung der Bierdruckvorrichtungen, beim Abziehen oder beim Ausschank des Bieres soll künstliche Kohlensäure dem Biere nicht zugesetzt werden, sondern sie wird nur dazu benutzt, um einerseits das Bier vom Faß in andere Gefäße oder zum Schankhahn zu drücken und andererseits ein Entweichen der im Bier befindlichen Gärungskohlensäure zu verhindern und dadurch die Haltbarkeit des Bieres zu erhöhen.

Die Verwendung künstlicher Kohlensäure darf jedoch, wie in Abs. 4 ausdrücklich bestimmt ist, nur zu den genannten Zwecken erfolgen und nicht darüber hinaus eine Sättigung des Bieres mit Kohlensäure herbeiführen. Würde deshalb bei den Bierdruckvorrichtungen ein so erheblicher Kohlensäuredruck angewendet, daß Kohlensäure in größeren Mengen in das Bier übergeht, so würde darin ein Verstoß gegen die Vorschriften in § 9 des Biersteuergesetzes zu erblicken sein.

Bierarten: Obergäriges und untergäriges Bier

§ 21

Als obergärig gelten die mit obergäriger, Auftrieb gebender Hefe hergestellten, als untergärig die mit untergäriger, ausschließlich zu Boden gehender Hefe bereiteten Biere.

Die Art der Absonderung der Hefe aus dem gärenden Bier ist eine Eigenschaft der Hefenrasse. Bisweilen, z. B. bei Infektionen, wie sie zur Sommerzeit in schlecht geleiteten und eingerichteten Brauereien vorkommen, gibt auch obergärige Hefe keinen Auftrieb oder zeigt untergärige Erscheinungen. Obergärige und untergärige Hefe lassen sich dadurch verhältnismäßig einfach unterscheiden, daß beim Verrühren oder Schütteln obergäriger Hefe diese sich milchig, untergärige Hefe dagegen flockig verteilt. Eine genaue Anleitung enthält die Anlage A zu den Brausteuer-AB von 1909: Anleitung für die Unterscheidung zwischen obergärigem und untergärigem Bier (ZBl. f. d. D. R. S. 515).

I. Allgemeine Bestimmungen

Zucker- usw. Verwendung **§ 22**

(1) Zucker, Süßstoff und aus Zucker hergestellte Farbmittel dürfen nur bei der Bereitung von solchem Bier verwendet werden, dessen Würze mit reiner obergäriger Hefe, also weder mit untergäriger Hefe noch mit einer aus obergäriger und untergäriger Hefe zusammengesetzten Mischhefe, angestellt worden ist. Das Hauptzollamt kann jedoch im Bedürfnisfall widerruflich gestatten, daß unter Zuckerverwendung oder aus Weizenmalz hergestellten obergärigen Bieren eine verhältnismäßig geringe Menge untergäriger Hefe oder untergäriger Kräusen (in Gärung befindlicher, mit untergäriger Hefe angestellter Würze) zum Zweck einer besseren Klärung oder zur Erzielung eines festeren Absetzens der Hefe zugesetzt wird. Die Genehmigung ist an folgende Bedingungen zu knüpfen:

a) der Zusatz der untergärigen Kräusen darf 15 vom Hundert, der Zusatz der untergärigen Hefe 0,1 vom Hundert der Menge der mit reiner obergäriger Hefe angestellten Würze nicht überschreiten; an untergäriger Hefe dürfen jedoch nicht mehr als 50 vom Hundert der verwendeten Menge obergäriger Hefe zugesetzt werden. Einfachbier, das unter Verwendung von Süßstoff hergestellt und in der Brauerei nur angegoren wird, dürfen bis zu 75 vom Hundert der insgesamt zu verwendenden Hefe untergärige Hefe zugesetzt werden;

b) untergärige Hefe oder untergärige Kräusen dürfen niemals in den Anstell- oder Gärbottichen zugesetzt werden, sondern, wenn das Bier die Haupt- und Nachgärung in der Brauerei durchmacht, erst in den Gär- und Lagerfässern und auch hier erst, wenn keine Hefe mehr ausgestoßen wird und der auftretende zarte weiße Schaum erkennen läßt, daß die Hauptgärung und der erste Teil der Nachgärung — die sogenannte beschleunigte Nachgärung — beendet ist. Wenn das Bier in der Brauerei nur angegoren wird, darf der Zusatz erst im Abziehbottich oder in den Versandgefäßen stattfinden.

(2) Das Hauptzollamt kann Bierhändlern und Wirten auf Antrag den Zusatz von untergärigen Kräusen oder von Zucker zum Berliner Weißbier und Grätzer Bier widerruflich unter folgenden Bedingungen gestatten:

a) der Antragsteller hat die Brauerei anzugeben, aus der die Kräusen bezogen werden sollen;

b) die Kräusen dürfen in einer Menge von nicht mehr als 25 vom Hundert der Menge des Weißbiers erst kurz vor dem Abziehen des Biers auf Flaschen zugesetzt werden;

c) der Zucker darf dem Bier nur trocken und erst kurz vor dem Abziehen des Biers auf Flaschen zugesetzt werden;

d) durch den Zuckerzusatz darf der Stammwürzegehalt des Biers nicht so weit erhöht werden, daß das Bier einer höheren Steuer unterliegen würde;

e) der Antragsteller muß sich der Steueraufsicht nach Maßgabe der §§ 193, 194 der Reichsabgabenordnung und der nachstehenden §§ 76 bis 89 unterwerfen.

Zu Abs. 1 (vgl. § 3 Abs. 2 der Brausteuer-AB von 1909).

1. Die Verwendung untergäriger Hefe oder untergäriger Kräusen bei der Bereitung obergäriger Biere ist im allgemeinen im Hinblick auf § 9 Abs. 2 des Gesetzes nur dann zulässig, wenn zur Bereitung des obergärigen Bieres keine Stoffe verwendet worden sind, die zur Bereitung untergärigen Bieres nicht verwendet werden dürfen, z.B. Zucker oder anderes Malz als Gerstenmalz. Ist obergäriges Bier *nur aus Gerstenmalz*, Hopfen, Hefe und Wasser hergestellt worden, so steht dem Zusatz untergäriger Hefe oder untergäriger Kräusen zu derartigem Bier nichts im Wege.

2. Durch einen Zusatz von Hefe oder von Kräusen (d.h. die in der ersten Hälfte der Gärung sich bildenden, auf die Ausscheidung von Hopfenweichharzen zurückzuführenden, schaumigen, gekräuselten Gebilde auf dem gärenden Bier) kann beim obergärigen Bier eine bessere Klärung oder ein festeres Absetzen der Hefe erzielt werden. Manchen, namentlich kleineren obergärigen Brauereien stehen aber die entsprechenden Mengen von obergäriger Hefe oder obergärigen Kräusen nicht zur Verfügung, auch können sie sich dieselben aus einer anderen obergärigen Brauerei nicht beschaffen, wenn eine solche sich nicht in der Nähe befindet. Ähnliche Schwierigkeiten bestehen für untergärige Brauereien, die nur ab und zu einen Sud obergärigen Bieres herstellen. Um derartigen Betrieben den nach ihrer Betriebsweise benötigten Hefen- oder Kräusenzusatz zu ermöglichen, ist ihnen unter den in § 22 DB angeführten Bedingungen die Verwendung untergäriger Hefen oder Kräusen bei der Bereitung obergärigen Bieres gestattet worden. Durch den hier zugelassenen Zusatz wird die Eigenschaft des Bieres als obergäriges nicht beeinträchtigt.

Unrichtig ist die Ansicht, zum obergärigen Bier dürfe, soweit Zucker mitverwandt ist, nur reine obergärige Hefe, anderufalls jedoch auch Mischhefe verwandt werden. Die Verwendung von Mischhefe ist in allen Fällen durch § 22 DB verboten.

3. Die Bedingungen in Abs. 1 unter a, daß der Zusatz der untergärigen Hefe 0,1 v.H. der mit reiner obergäriger Hefe angestellten Würzemenge nicht überschreiten darf und daß an untergäriger Hefe nicht mehr als 50 v.H. der verwendeten Menge obergäriger Hefe zugesetzt werden dürfen, sollen, indem sie die Menge der untergärigen Hefe beschränken, verhindern, daß die Einfachbierbrauereien ihre Würzen nur zum Schein mit einer kleinen Menge obergäriger Hefe anstellen und durch späteren Zusatz untergäriger Hefe in Wirklichkeit die Würzen untergärig vergären.

4. Die Verwendung von Mischhefen beim Angären ist unter allen Umständen unzulässig. Wird im Falle des Abs. 1b, letzter Satz, das angegorene Bier auf Flaschen gezogen, so wird nichts dagegen einzuwenden sein, daß der Hefezusatz in dem dann verwendeten besonderen Abziehbottich vorgenommen wird (vgl. Abs. 2b). Das Zusetzen der Hefe zum Bier im Abziehbottich und das Befüllen der Flaschen ist als ein einheitlicher Betriebsvorgang anzusehen.

5. Es widerspricht nicht den strengeren Vorschriften des bayerischen Reinheitsgebots, wenn Brauereien, die aus technischen Gründen die Biermenge eines ganzen Sudes nicht auf einmal abfüllen können, beim Abfüllen obergärigen Weizenbieres untergärige Hefe verwenden. Voraussetzung ist jedoch, daß die Hauptgärung ausschließlich mit obergäriger Hefe durchgeführt wird.

Zu Abs. 2.

6. Das Berliner Weißbier ist ein obergäriges, helles, schwach gehopftes, Milchsäure enthaltendes, kohlensäurereiches Bier, das aus einem Gemisch von Gersten- und Weizenmalz bereitet wird, wobei die Würze nicht gekocht wird. Es wird erst genießbar durch Nachgärung und Entwicklung von Kohlensäure auf der Flasche. Bier, das auf andere Weise (z.B. unter Kochen der Würze) oder aus anderen Braustoffen (z.B. Gerstenmalz *allein*) bereitet wird, ist nicht Berliner Weißbier im Sinne des Abs. 2. Berliner Weißbier verliert seinen Artbegriff nicht dadurch, daß das Gemisch von Gersten- und Weizenmalz bis zu 25 v.H. durch Zuckerstoffe der in § 9 Abs. 2 Ges. bezeichneten Art ersetzt wird.

Da die Würze des Berliner Weißbieres hoch vergoren wird und daher nur noch wenig gärungsfähigen Zucker enthält, läßt sich durch einen Zusatz von Hefe allein eine genügende Wiederbelebung der Gärung nicht erzielen. In den Weißbierbrauereien wird daher dem Bier nach der Bottichgärung, dem sogenannten reinen Ausstoß, ein Teil Frischbier, d.i. Kräusen des Weißbieres zugesetzt. Dies geschieht auch bei der Versendung von Weißbier im Faß auf kürzere Entfernung. Erfordert aber die Versendung einen Zeitraum von mehr als 24 Stunden, so ist die Beigabe von Frischbier nicht mehr angängig, weil es unterwegs seine Gärkraft einbüßen würde. In solchem Fall werden von den Bierhändlern oder Wirten, die das Weißbier vertreiben, zur Belebung der Gärung Kräusen von hellem untergärigem Bier, die aus den am Empfangsort befindlichen Brauereien bezogen werden, zugesetzt. Die Beibehaltung dieses für den Absatz des Berliner Weißbieres wichtigen Verfahrens soll durch § 22 Abs. 2 ermöglicht werden. Ähnlich wie bei dem Berliner Weißbier liegen die Verhältnisse beim sogenannten Grätzer Bier. Das Grätzer Bier ist ein obergäriges, helles, stark gehopftes, aus geräuchertem Weizenmalz bereitetes Bier, das ebenfalls erst auf der Flasche genußreif wird. Berliner Weißbier und Grätzer Bier sind Art- nicht Ortsbezeichnungen.

7. Der Kräusenzusatz darf nicht zur Verdeckung eines verbotswidrigen Wasserzusatzes zum Bier (s. § 9 Abs. 7 und Bem 30 zu § 9 des Gesetzes) benutzt werden.

8. Soll das Bier in nur angegorenem Zustande aus der Brauerei entfernt werden, so ist die Genehmigung des Oberbeamten nach § 64 Abs. 1 DB erforderlich.

9. Die untergärigen Kräusen, die aus einer fremden Brauerei bezogen werden, um dem obergärigen Biere zugesetzt zu werden, sind gemäß § 64 Abs. 2 in der Brauerei, aus der sie bezogen werden, wie Bier zu versteuern. Erfolgt der Zusatz zum obergärigen Bier in einer Brauerei, so ist nach § 64 Abs. 2 DB zu verfahren, d.h. die Kräusen werden in der beziehenden Brauerei wie Rückbier im Rückbierbuch angeschrieben und werden in dieser Brauerei beim demnächstigen Wiederausgang mit dem Bier, zu dessen Bereitung sie verwendet worden sind, neuerlich versteuert (s. die Bem. 5 zu § 64 DB).

10. Wenn der Bezug der Kräusen für den Bierhändler oder Wirt unwirtschaftlich ist, wird er Zucker zusetzen. Als Maßnahme der Steueraufsicht kommt die Anord-

nung der Buchführung, getrennter Lagerung des Zuckers, des Zusatzes nur in angemeldeten Abfüllräumen u. dgl. in Frage. Zuständig für die Bewilligung ist das Hauptzollamt.

11. Durch die nach Abs. 2 zugelassenen Handlungen werden die Bierhändler und Wirte, solange sie die gestellten Bedingungen einhalten, nicht Hersteller und damit Steuerschuldner im Sinne des § 2 Abs. 1 Satz 3 des Gesetzes (vgl. den Wortlaut in Abs. 2d: „unterliegen würde").

Zu § 9 Abs. 5 des Gesetzes

Besondere Biere, Ausfuhrbier

§ 23

(1) Die nach § 9 Abs. 5 des Gesetzes zulässigen Abweichungen von den Vorschriften im § 9 Abs. 1 und 2 des Gesetzes für besondere Biere und für Bier, das nachweislich zur Ausfuhr bestimmt ist, unterliegen der Genehmigung der Oberfinanzdirektion und den von ihr angeordneten Bedingungen.

(2) Zur erstmaligen Zulassung von Abweichungen für jede Art der besonderen Biere bedarf die Oberfinanzdirektion der Zustimmung des Bundesministers der Finanzen.

Für die Zulassung von Abweichungen für die Bereitung besonderer Biere sind nicht allein die Belange des Herstellers entscheidend, sondern es ist zu prüfen, ob ein Bedürfnis zur Herstellung der besonderen Biere vom Standpunkt des Gewerbes und der Verbraucher anzuerkennen ist. Bei der Zulassung von Abweichungen für Ausfuhrbier ist die Oberfinanzdirektion an die Zustimmung des Bundesministers der Finanzen nicht gebunden.

Zu § 9 Abs. 7 des Gesetzes

Wasserzusatz zum Bier

§ 24

(1) Unter das Verbot des § 9 Abs. 7 des Gesetzes fällt nicht ein Zusatz von Wasser zur Würze oder zum Bier, der in der Brauerei während des Brauverfahrens lediglich aus Gründen des Betriebs und nicht zum Zweck der Verdünnung erfolgt. Als Wasserzusatz während des Brauverfahrens aus Gründen des Betriebs gilt auch die Wassermenge, die nach dem Ausschlagen der Würze über die im Hopfenseiher gesammelten Hopfentreber zur Würzegewinnung gespritzt wird und nicht mehr als 1,5 vom Hundert der Menge der Ausschlagwürze ausmacht. Das Hauptzollamt kann genehmigen, daß beim Überspritzen der Hopfentreber mehr Wasser verwendet wird, als aus Gründen des Betriebs erforderlich ist; die mehr verwendete Wassermenge ist im Sudbuch anzuschreiben.

(2) Ein Wasserzusatz zum Bier nach Feststellung des Extraktgehalts der Stammwürze im Gärkeller, der innerhalb der Brauerei

nicht nur aus Gründen des Betriebs vorgenommen wird, sondern eine Verdünnung bezweckt, bedarf der Genehmigung durch das Hauptzollamt. Wird die Vergünstigung nicht nur für einzelne Fälle, sondern allgemein nachgesucht, so ist sie nur zu gewähren, wenn dazu ein durch die Betriebsverhältnisse der Brauerei begründetes Bedürfnis vorliegt.

(3) Wegen der Anschreibung des Wasserzusatzes im Sudbuch vergleiche Nr. 10 und 11 der Anleitung.

S. die Bemerkungen zu § 9 Abs. 7 des Gesetzes.

1. Unter Brauverfahren im Sinne des Abs. 1 ist das gesamte Verfahren der Herstellung und Behandlung innerhalb der Brauerei zu verstehen.

2. In vielen Brauereien werden nach dem Ausschlagen der Würze die im Hopfenseiher gesammelten Hopfentreber mit heißem Wasser überspritzt, um die darin noch zurückgehaltenen Würzemengen zu gewinnen. Soweit sich ein solcher Wasserzusatz in den Grenzen hält, die nach den Betriebsverhältnissen als angemessen zu bezeichnen sind — nicht mehr als 1,5 v.H. der Menge der Ausschlagwürze —, kann angenommen werden, daß dieser Wasserzusatz schon bei der Schwundsatzfestsetzung (vgl. § 84 Abs. 1 DB) mitberücksichtigt wird und deshalb im Sudbuch nicht besonders angeschrieben zu werden braucht. In den Fällen, in denen mehr Wasser, als aus Betriebsgründen erforderlich, zugesetzt werden soll, ist die Genehmigung des Hauptzollamtes einzuholen und die mehr verwendete Wassermenge im Sudbuch einzutragen. Häufige Feststellungen des Extraktgehaltes der Ausschlag- und Anstellwürze und Vergleiche der Ergebnisse mit denen anderer, nicht verdünnter Sude werden Anhaltspunkte für die Aufdeckung etwaiger verbotener Wasserzusätze bieten.

3. Der vom Hauptzollamt genehmigte Wasserzusatz ist nicht zu dem Eintrag anzuschreiben, der sich im Sudbuch zu dem Sud befindet, von dem das mit Wasser versetzte Bier stammt, sondern es ist hierüber noch dem zuletzt gemachten Eintrag im Sudbuch ein besonderer Eintrag zu machen und dabei auf den zugehörigen Sud zu verweisen. Ist eine solche Verweisung nicht möglich, so kann vom Aufsichtsbeamten eine andere Kennzeichnung des Zusatzes im Sudbuch zugelassen werden (s. Nr. 11 der Anleitung zum Sudbuch).

Über Wasserzusätze zur Würze, die nach der Ermittlung der Menge der Ausschlagwürze, aber vor Ermittlung des Extraktgehaltes der Anstellwürze gemacht werden, ist ebenfalls eine besondere Eintragung zu machen, jedoch nicht in den für den Wasserzusatz im Sudbuch vorgesehenen Spalten 22 und 23, sondern in Spalte 9 des Sudbuchs, weil dieser Wasserzusatz die Menge der Ausschlagwürze vermehrt.

Zu § 9 Abs. 8, § 10 des Gesetzes

Verkehr mit Bier

§ 25

Ein Getränk, bei dem die Gärung durch Erhitzen unterbrochen ist, gilt als gegoren im Sinn des Gesetzes.

S. die Bemerkung 7 zu § 1 des Gesetzes.

§ 26

(1) Wird Bier, das unter Verwendung von Zucker oder Süßstoff hergestellt ist, in Verkehr gebracht, so muß auf den Gefäßen (Fässern, Siphons, Kannen, Flaschen usw.) in deutlich lesbarer, unverwischbarer Schrift an augenfälliger Stelle die Bezeichnung „unter Zuckerverwendung hergestellt" oder „mit künstlichem Süßstoff zubereitet" angebracht sein. Bei Verwendung von Brennstempeln genügt die Bezeichnung „mit Zucker" oder „mit künstlichem Süßstoff".

(2) Wird Einfachbier oder Schankbier in Verkehr gebracht, so muß es auf den Gefäßen (Fässern, Siphons, Kannen, Flaschen usw.) in deutlich lesbarer, unverwischbarer Schrift an augenfälliger Stelle als solches bezeichnet sein.

(3) Die Bezeichnungen nach Absätzen 1 und 2 sind auf den Gefäßen bis zur vollständigen Abgabe des Biers an den Verbraucher zu erhalten; sie müssen auch in den Rechnungen, Anpreisungen und Ankündigungstafeln, soweit solche innerhalb der Ausschankstätten angebracht sind, enthalten sein.

(4) Wird Bier, das in Ausschankstätten auf Flaschen abgefüllt worden ist, nicht in den Flaschen, sondern erst nach Umfüllung in offenen Gefäßen unmittelbar an Verbraucher abgegeben, so kann der Oberbeamte auf Antrag die Verpflichtung zur Bezeichnung dieser Flaschen (Absätze 2 und 3) widerruflich erlassen, wenn die für die Bezeichnung vorgeschriebenen Angaben durch Ankündigungstafeln, die innerhalb der Ausschankstätten an augenfälliger Stelle angebracht sind, zur Kenntnis der Verbraucher gebracht werden.

(5) § 10 Abs. 3 des Gesetzes gilt sinngemäß für Hausbrauer (§ 9 Abs. 6 des Gesetzes).

S. die Bemerkungen zu § 10 des Gesetzes.

Zu Abs. 1—6.

1. § 26 gilt auch für eingeführtes Bier.

Zu Abs. 1

2. Die Bestimmung stimmt hinsichtlich des Süßstoffes mit § 7 der Verordnung über den Verkehr mit Süßstoff (RGBl. 1939 I S. 336) überein. Wegen des tateinheitlichen Zusammentreffens von Zuwiderhandlungen gegen §§ 10, 19 des Biersteuergesetzes und § 8 der Verordnung über den Verkehr mit Süßstoff gilt das in Bem. 4 zu § 18 des Gesetzes Gesagte. Die Strafe ist danach dem § 8 der Süßstoffverordnung zu entnehmen als dem die schwerere Strafe androhenden Gesetz. — Einziehung ist weder in § 19 des Gesetzes, noch in der Süßstoffverordnung vorgesehen.

3. Es wird nichts dagegen einzuwenden sein, daß die Bezeichnungen bei Flaschen auf besonderen Anhängern angebracht werden, die am Verschluß der Flaschen befestigt sind und die sonst üblichen Angaben (Bezeichnung der Brauerei usw.) tragen.

4. Andere Bezeichnungen als die in Absatz 1 genannten wie z. B. „aus feinster Zuckerraffinade hergestellt" oder „unter Verwendung von Zucker und Süßstoff hergestellt" oder „mit Süßstoff zubereitet", wobei das Wort „künstlichem" weggelassen wird, sind unzulässig.

Zu Abs. 2.

5. Für die Bestrafung gilt § 19 des Gesetzes, nach den Umständen kommt auch das Gesetz über den unlauteren Wettbewerb in Frage.

Zu Abs. 3.

6. Auf Anpreisungen und Ankündigungstafeln, die außerhalb der Ausschankstätten angebracht sind, auch in Zeitungsanzeigen müssen die Bezeichnungen nicht enthalten sein.

Zu Abs. 4.

7. Die Bestimmung trägt Geflogenheiten beim Ausschank des Berliner Weißbiers, auch des Grätzer Biers, Rechnung.

§ 27

(1) Einfachbier, Schankbier, Vollbier und Starkbier dürfen miteinander in offenen Gefäßen durch Wirte auf ausdrückliches Verlangen des Verbrauchers unmittelbar vor dem Verbrauch vermischt werden.

(2) Auf ausdrückliches Verlangen des Verbrauchers darf Bier durch Wirte unmittelbar vor dem Verbrauch in offenen Gefäßen auch mit Limonade, Selterswasser oder bierähnlichen Getränken vermischt werden. In den Getränkekarten, Preistafeln oder sonstigen Ankündigungen ist bei diesen Mischgetränken darauf hinzuweisen, daß sie aus einer Mischung von Bier und Limonade usw. bestehen.

Die Bestimmung, die den in manchen Gegenden eingewurzelten Mischungssitten („Halb und Halb") Rechnung trägt, bezieht sich nicht auf Brauer und Bierhändler, nicht auf Vorratsmischungen und nicht auf Zuckerzusatz. Sie läßt auch die Vermischung ungleichartiger Biere durch Wirte zu (vgl. Bem. 38 zu § 9 Ges.).

Zu § 11 des Gesetzes

Verbotene Zubereitungen

§ 28

Das Verbot des § 11 des Gesetzes bezieht sich auf alle Zubereitungen, die nach ihrer Bezeichnung, Gebrauchsanweisung, Anpreisung oder sonstigen Aufmachung zur Herstellung von Bier bestimmt sind oder verwendet werden können. Das Verbot bezieht sich außerdem auf alle vermischten oder unvermischten Braustoffe und Brauersatzstoffe, die nach ihrer Bezeichnung, Gebrauchsanweisung,

Anpreisung oder sonstigen Aufmachung zur Herstellung von Bier im Haushalt bestimmt sind oder verwendet werden können. Die Lösung einer der im § 9 Abs. 2 des Gesetzes bezeichneten Zuckerarten in Wasser gilt nicht als Zubereitung, wohl aber gelten als Zubereitungen Gemische von Lösungen verschiedener Zuckerarten oder von Zuckerlösungen mit Farbmitteln, Malzauszügen, Bier oder anderen Stoffen, ebenso Malzauszüge.

S. die Bemerkungen zu § 11 des Gesetzes.

Die Worte „verwendet werden können" beziehen sich auf die Worte: „die nach ihrer Bezeichnung, Gebrauchsanweisung, Anpreisung usw. zur Herstellung von Bier". Es kann nicht die Absicht der Bestimmung sein, das Verbot des § 11 des Gesetzes auf alle Zubereitungen, z.B. Malzextrakte, auszudehnen, mit denen man Bier herstellen kann.

II. Überwachungsbestimmungen

Zu §§ 12 bis 17 des Gesetzes

§ 29 (gestrichen)

Vgl. Verordnung zur Änderung der Durchführungsbestimmungen zum Biersteuergesetz vom 2. Dezember 1957 (BGBl. I S. 1831).

Benutzung der Brauereigefäße zu anderen Zwecken; Verschließung von Brauereigefäßen

§ 30

(1) Brauereigefäße dürfen zu andern als den angemeldeten Zwekken nur mit Genehmigung des Oberbeamten benutzt werden.

(2) Wenn Gefäße amtlich verschlossen werden, so ist der Brauereiinhaber für die Erhaltung der Verschlüsse verantwortlich.

(3) Die Abnahme der Verschlüsse zum Zweck des Wiedergebrauchs oder der Reinigung der Gefäße ist bei der Zollstelle schriftlich oder mündlich unter Angabe des gewünschten Zeitpunkts zu beantragen. Findet sich zu der angegebenen Zeit kein Aufsichtsbeamter zur Abnahme der Verschlüsse in der Brauerei ein, so kann der Brauereiinhaber nach Ablauf einer Stunde unter Zuziehung eines Zeugen die Verschlüsse selbst lösen.

(4) Die Anlegung und Abnahme der Verschlüsse haben der Aufsichtsbeamte oder der Brauereiinhaber und der Zeuge im Befundbuch (§ 87) unter Angabe von Tag und Stunde und unter Beisetzung des Namens zu vermerken.

II. Überwachungsbestimmungen

S. die Bemerkung 3 zu § 12 des Gesetzes.

§ 49 der AB von 1918, der dem § 30 entspricht, bezog sich zum Teil auch auf Brauereigeräte, insbesondere die Malzmühlen. Die Benutzung der Malzmühlen mit selbsttätiger Verwiegungsvorrichtung zu anderen als den angemeldeten Zwecken regelt jetzt § 41 Abs. 2 DB. Besondere Bestimmungen über den Verschluß einer derartigen nicht im Betriebe befindlichen Malzmühle sind im Hinblick auf § 43 DB entbehrlich. Wegen des zeitweiligen Verschlusses anderer zum Schroten von Malz geeigneter Vorrichtungen s. § 45 Abs. 2 DB.

Entnahme von Proben

§ 31

(1) Von dem zum Ausgang aus der Brauerei bestimmten — auch fremden — Bier sind von Zeit zu Zeit in Gegenwart des Brauereiinhabers oder dessen Vertreters drei gleichartige Proben von je mindestens 500 ccm zu entnehmen und dem Oberbeamten vorzulegen. Hieraus ist der Stammwürzegehalt des Biers festzustellen. Dem Brauereiinhaber ist eine der drei Proben amtlich versiegelt als Gegenprobe zu belassen. Die Entnahme von Proben fremden Biers, das in Fässern ohne Umfüllung und ohne weitere Bearbeitung aus der Brauerei wieder entfernt wird, kann auf Fälle beschränkt werden, in denen der dringende Verdacht besteht, daß der Stammwürzegehalt oder die Beschaffenheit des Biers nicht den gesetzlichen Vorschriften entspricht.

(2) Die Aufsichtsbeamten dürfen in den der Steueraufsicht unterliegenden Betrieben im Fall des Absatzes 1 und für sonstige Zwecke Proben von Bier, Würze und Braustoffen unentgeltlich entnehmen.

Zu Abs. 1.

1. Zum Ausgang aus der Brauerei bestimmt ist Bier schon, auch wenn es im Biersteuerbuch oder in den als Unterlage der Tagesanschreibung dienenden Büchern der Brauerei noch nicht eingetragen ist, sobald es in den nach § 51 DB vom Oberbeamten für die Lagerung usw. des fertigen unversteuerten Bieres genehmigten Raum gebracht ist. Aus diesem Raum darf das Bier ohne besondere Genehmigung des Oberbeamten nur unter gleichzeitigem Anschrieb im Biersteuerbuch oder in den Unterlagen der Tagesanschreibung entfernt werden.

2. Auch der Stammwürzegehalt des Rückbieres ist zu überwachen, selbst wenn dieses zur Vernichtung oder Unbrauchbarmachung unter amtlicher Aufsicht angemeldet wird (§ 15 DB), da in diesem Falle die Möglichkeit vorliegt, daß dem Rückbier zum Zwecke der Steuerhinterziehung Wasser hinzugesetzt ist.

3. Die Proben können auch den Versandfässern entnommen werden. Das ist namentlich dann erforderlich, wenn der Zucker erst auf den Versandfässern zugesetzt wird.

4. Die Entnahme von 3 Proben ist eine durch die DB 1931 eingefügte Neuerung, die die Erfahrung berücksichtigt, daß über das Ergebnis der Untersuchung *einer* Probe häufig Meinungsverschiedenheiten entstehen.

5. Die Anleitung zur Feststellung des Stammwürzegehalts im Bier ist im BZBl. 1957 S. 595 abgedruckt (vgl. Anhang I). Das dort zugelassene Refraktometerverfahren ist für sehr dunkle oder stark gesüßte Biere, für Weizenbier und für Bier, dessen Stammwürzegehalt nahe an den zulässigen Grenzen des § 3 Abs. 2 des Gesetzes liegt, nicht geeignet.

6. Gebühren sind nicht vorgesehen (§ 21 Abs. 1 GO). Auch wenn sich an das Ermittlungsverfahren ein Strafverfahren anschließt, gehören die Untersuchungskosten, namentlich für die bei den Lehranstalten vorgenommene Untersuchung, nicht zu den Kosten des Strafverfahrens (vgl. RZBl. 1928 S. 141).

7. Rechtsgrundlage ist § 192 Nr. 6 AO. Proben werden auch dann zu steuerlichen Zwecken entnommen, wenn die Beobachtung des Reinheitsgebots festgestellt werden soll. Der Steueraufsicht unterliegen außer den Brauereien der Ausschank von Bier in Verbindung mit einer Brauerei (§ 12 Abs. 1 des Gesetzes) und die in § 22 Abs. 2 genannten Bierhändler und Wirte.

Betriebsleiter

§ 32

(1) Ein Betriebsleiter zur Erfüllung der dem Betriebsinhaber obliegenden Verpflichtungen (§ 190 der Reichsabgabenordnung) ist auch dann zu bestellen, wenn der Betriebsinhaber zwar an der Leitung des Betriebs beteiligt ist, aber ihn nicht vollständig selbst leitet, sei es, daß er häufig an der Leitung verhindert ist, sei es, daß er nur einen Teil des Betriebs selbst leitet; im zweiten Fall kann der Betriebsleiter für bestimmte Geschäfte, z. B. für die Führung des Sudbuchs oder des Mahlbuchs, bestellt werden.

(2) Im Bedürfnisfall können für bestimmte Geschäfte auch mehrere Betriebsleiter bestellt werden.

(3) In der Anzeige über die Bestellung des Betriebsleiters ist dessen Befähigung nachzuweisen. Auch ist die Anzeige von dem Vorgeschlagenen zum Zeichen des Einverständnisses mitzuunterschreiben.

(4) Die Anzeige ist in doppelter Ausfertigung dem Hauptzollamt zur Zustimmung vorzulegen. Das Hauptzollamt vermerkt die Zustimmung, die unter dem Vorbehalt des Widerrufs zu erteilen ist, auf beiden Ausfertigungen und übersendet sie der Zollstelle, die eine Ausfertigung zu ihrem Belegheft (§ 36 Abs. 2) nimmt und die andere Ausfertigung dem Brauereiinhaber zur Kenntnis und Aufnahme in das Brauereibelegheft (§ 37) zuleitet.

1. Nach § 190 AO haben Betriebsinhaber, wenn sie den Betrieb nicht selbst oder durch den gesetzlichen Vertreter leiten, hierfür einen geeigneten Betriebsleiter zu bestellen. § 32 Abs. 1 trifft Bestimmung darüber, wann die Voraussetzung des Fehlens der Leitung durch den Betriebsleiter vorliegt, und läßt die Teilung der Betriebsleitung zu. Die Bestellung eines Betriebsleiters kann nach § 202 AO erzwungen werden. Die Eignung des Betriebsleiters ist durch das Hauptzollamt nachzuprüfen.

Bestehen in dieser Hinsicht keine Bedenken, so darf die Zulassung nicht versagt werden.

2. Der Betriebsleiter hat die Stellung eines Bevollmächtigten oder Verfügungsberechtigten nach § 108 AO und als solcher die Pflichten eines gesetzlichen Vertreters nach § 103 AO. In der Person des Steuerschuldners tritt durch die Bestellung eines Betriebsleiters keine Änderung ein. Begeht der Betriebsleiter bei Ausübung seiner Obliegenheiten Steuerhinterziehungen oder Steuergefährdungen, so haftet der Vertretene für die verkürzten Steuereinnahmen (§ 111 AO). Dieser haftet auch für Erzwingungsgelder und Sicherungsgelder, die gegen den Betriebsleiter erkannt werden, und für Kosten von Zwangsmitteln (§ 108 AO). Der Betriebsleiter haftet neben dem Steuerschuldner persönlich bei *schuldhafter* Verletzung der ihm in der Abgabenordnung und im Biersteuergesetz auferlegten Pflichten (§ 109 Abs. 1 AO).

3. Im Falle des § 48 DB ist die Bestellung eines gemeinsamen Betriebsleiters vorgeschrieben (s. die Bem. zu § 48).

4. Die Bestellung des Betriebsleiters und die Geschäfte, für die er bestellt ist, sind im Brauereiverzeichnis zu vermerken, ebenso Veränderungen in der Person oder dem Geschäftskreise (s. Nr. 2 und 4 der Anleitung zum Muster 5).

Anzeige des Brauereibesitzes

§ 33

(1) Die im § 13 des Gesetzes vorgeschriebene Anzeige ist der Zollstelle schriftlich in doppelter Ausfertigung zu erstatten. Die Zollstelle hat ein Stück an das Hauptzollamt weiterzureichen.

(2) Eine besondere Anzeige gemäß Absatz 1 erübrigt sich, wenn der Betrieb innerhalb der vorgeschriebenen Fristen gemäß § 34 oder § 39 angemeldet wird.

Es sind drei Arten von Anmeldungen zu unterscheiden:

1. Die erstmalige Betriebsanmeldung nach § 191 AO, § 34 DB, bei der der Betrieb als solcher angemeldet wird;

2. die Anmeldung der Erlangung des Besitzes einer Brauerei nach § 13 des Gesetzes, § 33 DB, gleichviel ob die Brauerei betrieben werden soll oder nicht;

3. die Anmeldung eines Wechsels in der Person des Inhabers einer Brauerei, die in Betrieb ist oder in Betrieb genommen werden soll, nach § 39 DB.

Die Voraussetzungen in Nr. 2 und 3 werden regelmäßig zusammenfallen. § 33 Abs. 2 soll die Abgabe überflüssiger Anmeldungen ersparen.

Erstmalige Betriebsanmeldung

§ 34

Soll in einer Braustätte mit der erstmaligen Herstellung von Bier begonnen oder soll der Betrieb nach zeitweiligem Ruhen der Brauerei wieder aufgenommen werden, so hat der Brauereiinhaber die durch § 191 der Reichsabgabenordnung vorgeschriebene Anmeldung mindestens acht Tage vor Beginn des Betriebs durch Ein-

reichung einer Nachweisung nach Muster 4 bei der Zollstelle in doppelter Ausfertigung zu erstatten.

1. Entscheidend ist nach § 191 AO, § 34 DB der erklärte Wille, Bier herzustellen.
2. Anzumelden sind nach Muster 4 die Brauereiräume, die Brauereigefäße und -geräte sowie die Waagen, Malzmühlen und selbsttätigen Verwiegungsvorrichtungen. Die anmeldepflichtigen Räume, Gefäße und Geräte sind in Nr. 1 der Anleitung zum Muster 4 angegeben. Zu den anmeldepflichtigen Gefäßen sind nicht die Versandgefäße für Bier, die Wasserbehälter, die Hopfen- und Trebergefäße, die Quellbottiche sowie die kleinen Schöpf- und Füllgefäße zu rechnen. Der Anmeldung ist bei nicht abgefundenen Brauereien ein *Grundriß* der Brauereiräume beizufügen, in dem die Stellung der Geräte, der Aufstellungsort der Malzmühle und die Vorrichtungen zur Beförderung des Malzschrotes zum Sudhaus einzuzeichnen sind. Rohrleitungen für Würze und Bier sind anmeldepflichtig, aber nicht im Grundriß anzugeben. Die zur Lagerung, Abfüllung und Abgabe von Bier dienenden Räume sind in dem Grundriß als solche zu bezeichnen.
3. Die Anmeldepflicht nach Maßgabe des § 34 DB besteht auch für Hausbrauer.
4. Zur Braustätte gehören die Gebäude und die Räume zur Aufbewahrung der Braustoffe und zum Betrieb der Brauerei.

§ 35

Die Zollstelle hat die Nachweisungen (§ 34) nach Eintragung in das Brauereiverzeichnis (§ 36) dem Oberbeamten zu übersenden. Dieser hat ihren Inhalt an Ort und Stelle mit dem Bestand zu vergleichen, die Gefäße, soweit sie nicht geeicht sind, zu vermessen oder vermessen zu lassen (§ 77), das Ergebnis in die Nachweisung einzutragen und diese mit den Vermessungsverhandlungen der Zollstelle zurückzugeben. Nach Prüfung der Vermessungsverhandlungen (§ 79 Abs. 2) übermittelt die Zollstelle eine Ausfertigung der Nachweisung und der Vermessungsverhandlungen dem Brauereiinhaber, die andere Ausfertigung wird zum Belegheft der Zollstelle genommen.

Brauereiverzeichnis und Belegheft § 36

(1) Die Zollstelle hat ein Brauereiverzeichnis nach Muster 5 zu führen, in dem sämtliche nach § 34 anmeldepflichtigen Brauereien nachgewiesen werden. Hausbrauer sind in einem Anhang zum Brauereiverzeichnis nach Muster 6 nachzuweisen.

(2) Außerdem führt die Zollstelle für jede Brauerei ein Belegheft. Zu diesem sind folgende Belege zu nehmen:

1. die Nachweisung der Räume, Gefäße und Geräte,
2. der Grundriß der Brauereiräume,

3. die Genehmigungsverfügung über den Aufstellungsort und die Einrichtung der Malzmühle mit der selbsttätigen Verwiegungsvorrichtung,
4. die Zeichnung und die Beschreibung der selbsttätigen Verwiegungsvorrichtung,
5. die Verhandlung über die Verschließung der Malzmühle und der selbsttätigen Verwiegungsvorrichtung,
6. die Vermessungsverhandlungen,
7. die Erklärungen über die Verwendung von Zucker, Süßstoff, Farbebier und aus Zucker hergestellten Farbmitteln,
8. die Verfügungen über besondere Vergünstigungen und besondere Verhältnisse der Brauerei,
9. die Verfügung über die Zustimmung zur Bestellung des Betriebsleiters,
10. die Abfindungserklärungen,
11. die Änderungsanzeigen,
12. die Verhandlungen über Bierbestandsaufnahmen.

Die Schriftstücke sind bei der Anlegung des Beleghefts in der angegebenen Reihenfolge, später hinzukommende Schriftstücke der Zeitfolge nach zu ordnen. Nicht mehr gültige Belege sind unter Beisetzung der Zeit und des Namens des Beamten zu durchkreuzen, aus dem Belegheft zu entfernen und in ein für jede Brauerei anzulegendes Sonderaktenheft zu verbringen.

(3) Eine Abschrift des Brauereiverzeichnisses ist dem Hauptzollamt zu übersenden. Die Zollstelle hat vierteljährlich Änderungen des Verzeichnisses dem Hauptzollamt anzuzeigen.

1. Die Neufassung von 1931 hat die Brauereirolle der früheren AB (§ 35) zur Ersparung von Verwaltungsarbeit durch das einfachere Brauereiverzeichnis ersetzt. Fortgefallen ist insbesondere die — bereits in der Nachweisung nach Muster 4 enthaltene — Angabe der Räume und Gefäße. — Abs. 2 ist dem § 68 der Brennereiordnung angeglichen.

2. Um die Prüfung der Zulässigkeit der Abfindung und die Anwendung der richtigen Steuersätze zu sichern, wird in der Bemerkungspalte zu vermerken sein, ob die Brauerei vor dem 1. April 1918 betriebsfertig hergerichtet oder vor dem 1. April 1930 in Betrieb genommen ist.

3. Durch die Eintragung in das Brauereiverzeichnis werden Rechtswirkungen nicht begründet, sondern nur beurkundet. Das ist wichtig namentlich hinsichtlich der Streichung von Brauereien, die als solche zu bestehen aufgehört haben. Eine Streichung kann auch von Amts wegen vorgenommen werden, auch wenn der Inhaber der Brauerei diese nicht abmeldet (vgl. § 40 Abs. 2 letzter Satz). Dem Betroffenen bleibt ohne zeitliche Beschränkung der Gegenbeweis offen, daß die durch die Streichung beurkundete Rechtslage nicht zugetroffen habe. Es wird sich, um klare Verhältnisse zu schaffen, empfehlen, in zweifelhaften Fällen die Streichung dem Betroffenen durch Verfügung mitzuteilen, gegen die diesem die Beschwerde nach §§ 237, 303 AO zusteht. Eine Beeinträchtigung des Beschwerdeführers im

Sinne des § 303 AO könnte sich ergeben, wenn einmal ein erhöhter Steuersatz für Neugründungen wieder eingeführt würde (vgl. Art. V Abs. 1 des Gesetzes zur Abänderung des Biersteuergesetzes vom 15. April 1930).

§ 37

Die an den Brauereiinhaber gelangenden Ausfertigungen oder beglaubigten Abschriften der im § 36 aufgeführten Schriftstücke sind in einem Brauereibelegheft zu vereinigen, das mit festem Umschlag zu versehen und nach Bestimmung des Oberbeamten aufzubewahren ist. § 36 Abs. 2 Satz 3 gilt entsprechend. Nicht mehr gültige Belege entfernt der Oberbeamte aus dem Heft.

Änderungen der Räume, Gefäße und Geräte

§ 38

(1) Werden in Brauereien, die nach § 34 anmeldepflichtig sind, vor oder nach Eröffnung des Betriebs Betriebsräume neu eingerichtet oder geändert, anmeldepflichtige Gefäße und Geräte angeschafft oder die vorhandenen abgeschafft, geändert oder in einen anderen Raum gebracht, so hat der Brauereiinhaber dies innerhalb der nächstfolgenden drei Tage anzuzeigen.

(2) Die im Absatz 1 vorgeschriebenen Anzeigen sind nach Muster 7 der Zollstelle in doppelter Ausfertigung einzureichen. Die eine Ausfertigung hat die Zollstelle mit der Bescheinigung über die erfolgte Anzeige zu versehen und dem Anmeldenden zur Aufbewahrung bei dem Brauereibelegheft zurückzugeben, die andere dem Oberbeamten vorzulegen.

(3) Der Oberbeamte hat sich von der Richtigkeit der Anzeige zu überzeugen, erforderlichenfalls für die Vermessung und Bezeichnung der Gefäße zu sorgen und die eingetretenen Änderungen in die in der Brauerei ausliegende Nachweisung der Räume, Gefäße und Geräte einzutragen; den Befund oder das Geschehene hat er auf der Änderungsanzeige zu bescheinigen. Sodann ist die Anzeige mit den etwa aufgenommenen Vermessungsverhandlungen an die Zollstelle zurückzugeben, die beim Brauereibelegheft aufbewahrte Änderungsanzeige aber zu entfernen.

(4) Die Zollstelle vermerkt die Änderung in der Nachweisung der Räume, Gefäße und Geräte und legt die Anzeige mit ihren Anlagen weg.

(5) Hat der Oberbeamte einen anderen Beamten mit der Ausführung der erforderlichen Maßnahmen beauftragt, so hat er die von diesem in dem Brauereibelegheft gemachten Eintragungen bei seiner nächsten Anwesenheit zu prüfen und zu bescheinigen.

Die Bestimmung in Absatz 1 bezieht sich auch auf das sog. Auskellern, die regelmäßige jährliche Überholung der Holzlagerfässer, bei der häufig die Fässer aus den Kellern entfernt werden und die Lagerabteilung wechseln. In diesen Fällen wird mit der Neuaufstellung der Nachweisung bis zum Abschluß des Auskellerns gewartet werden können.

Anmeldung durch einen neuen Brauereiinhaber

§ 39

(1) Jeder Wechsel in der Person des Brauereiinhabers, z. B. durch Erbgang, Verkauf oder Verpachtung, ist der Zollstelle binnen acht Tagen vom neuen und in Fällen freiwilligen Übergangs auch vom bisherigen Brauereiinhaber schriftlich in doppelter Ausfertigung anzuzeigen. Der neue Brauereiinhaber hat innerhalb der gleichen Frist die Richtigkeit der gemäß § 34 von dem Vorgänger abgegebenen Nachweisung schriftlich anzuerkennen oder eine neue Nachweisung abzugeben.

(2) Je ein Stück der Anzeige und des Anerkenntnisses (Abs. 1) werden den Belegheften der Zollstelle und der Brauerei einverleibt. Hinsichtlich der neuen Nachweisung (Abs. 1) ist, soweit erforderlich, nach § 35 zu verfahren.

S. die Bem. zu § 33.

Ruhen des Brauereibetriebs

§ 40

(1) Ruht der Brauereibetrieb länger als drei Monate, so hat der Brauereiinhaber der Zollstelle Anzeige in doppelter Ausfertigung zu erstatten. § 38 Abs. 2 Satz 2 gilt entsprechend. Der Oberbeamte kann zweckdienliche Maßnahmen treffen, um eine Wiederaufnahme des Betriebs zu verhindern (z. B. Plombierung der Braupfanne, des Vorgeleges zur Braupfanne oder des Antriebs). Er vermerkt gegebenenfalls die Anbringung der Verschlüsse auf beiden Ausfertigungen und sendet sodann die ihm zugegangene Ausfertigung der Zollstelle zurück, die sie beim Brauereibelegheft aufbewahrt.

(2) Der Brauereiinhaber hat ferner Anzeige zu erstatten, wenn die Betriebsräume oder die Betriebseinrichtung derart verändert worden sind, daß die Brauerei nicht mehr betriebsfähig ist. Absatz 1 gilt entsprechend. Die Brauerei ist im Brauereiverzeichnis (§ 36) zu streichen.

(3) Die Oberfinanzdirektion kann auf Antrag im Fall des Absatzes 2 Ausnahmen zulassen.

Diese Bestimmung ist durch die Zehnte VO zur Änderung der DB vom 14. November 1951 als § 41a neu eingefügt worden. Die steuerlichen Maßnahmen zur Verhinderung einer nicht angemeldeten Wiederaufnahme des Betriebs durch Plombierung der Braupfanne, des Vorgeleges zur Braupfanne oder des Antriebs entsprechen den s. Zt. vorgebrachten Wünschen des Braugewerbes. Die früher übliche amtliche Verschließung von Gefäßen durch Papierstreifen, die mit amtlichen Siegelabdrucken an dem Boden oder den inneren Seitenflächen zu befestigen waren, ist nicht mehr zeitgemäß.

Absatz 2 entspricht inhaltlich der Regelung in § 70 Abs. 1 der Brennerei-Ordnung. Stillgelegte Brauereien, deren Betriebsräume oder Betriebseinrichtungen eine Wiederaufnahme des Betriebes auf absehbare Zeit nicht zulassen, lehnen oft die Anmeldung ab. Sie belasten dadurch unnötig das Prüfungsmaß der Aufsichtsbeamten und verursachen zusätzliche Verwaltungsarbeit. Absatz 2 gibt die Möglichkeit, derartige Betriebe im Brauereiverzeichnis von Amts wegen zu streichen. Vgl. Bem. 3 zu § 36. Lehnen Brauereien aus berechtigten Gründen eine Streichung von Amts wegen ab, so kann die Oberfinanzdirektion nach Absatz 3 eine Ausnahme zulassen.

Benutzung der Malzmühle mit selbsttätiger Verwiegungsvorrichtung

§ 41

(1) Brauereiinhaber, die gemäß § 14 des Gesetzes zur Aufstellung von Malzmühlen mit selbsttätiger Verwiegungsvorrichtung verpflichtet sind oder die freiwillig eine Malzmühle mit selbsttätiger Verwiegungsvorrichtung aufgestellt haben, dürfen zur Bierbereitung nur Malz verwenden, das auf der eigenen Malzmühle geschrotet worden ist.

(2) Mit Genehmigung des Oberbeamten kann eine Malzmühle zu anderen als den angemeldeten Zwecken oder von anderen benutzt oder geschrotetes Malz an andere abgelassen werden. Über die Menge des für andere geschroteten oder an andere abgegebenen geschroteten Malzes ist von dem Empfänger eine Bestätigung zu erteilen, die bei dem Mahlbuch aufzubewahren und mit diesem der Zollstelle einzureichen ist.

1. Die Bestimmung des Abs. 1 und Abs. 2 Satz 1 stammt aus dem Brausteuergesetz vom 3. Juni 1906 (§ 28 Abs. 1 dieses Gesetzes und § 29 Abs. 1 des Brausteuergesetzes vom 15. Juli 1909, § 25 Abs. 1 des Biersteuergesetzes von 1918) und ist dorthin aus den Verwaltungsvorschriften zum Brausteuergesetz vom 31. Mai 1872 übernommen worden. Die Verweisung in die DB beruht auf § 192 AO. Den Pflichten aus § 41 sind jetzt auch die Brauereiinhaber unterworfen, die freiwillig eine Malzmühle mit selbsttätiger Verwiegungsvorrichtung aufgestellt haben.

2. Über die Benutzung einer Malzmühle zu anderen als den angemeldeten Zwecken, z.B. über Schroten von Malz zur Bereitung bierähnlicher Getränke, wird ein Vermerk in das Mahlbuch aufzunehmen sein.

3. Die Genehmigung, daß Inhaber von Brauereien, die zur Aufstellung einer Malzmühle mit selbsttätiger Verwiegungsvorrichtung verpflichtet sind, Malz verwenden, das auf einer anderen als der für die Brauerei genehmigten Mahlvorrichtung geschrotet worden ist, wird nur für Ausnahmefälle, z. B. wenn die Malzmühle vorübergehend unbrauchbar geworden ist, zu erteilen sein.

Die *dauernde* gemeinsame Benutzung einer Malzmühle durch mehrere Brauer ist in § 15 des Gesetzes geregelt.

4. Gerstenmalzflocken, die zur Bierbereitung verwendet werden, brauchen die Malzmühle mit selbsttätiger Verwiegungsvorrichtung nicht zu durchlaufen, wenn sich der Brauereiinhaber den besonderen Überwachungsmaßnahmen unterwirft, die das Hauptzollamt trifft. Es kann in solchen Fällen die Vorlage einer Brauanzeige nach Muster 10 oder die Führung eines besonderen Verwendungsbuchs für Gerstenmalzschrotflocken auferlegen (BZBl. 1954 S. 81).

Vgl. Bem. 10 und 11 zu § 17, Bem. 4 zu § 54 und Bem. 8 zu § 58 DB.

Einrichtung der selbsttätigen Verwiegungsvorrichtungen

§ 42

(1) Der Bundesminister der Finanzen bestimmt, welche selbsttätigen Verwiegungsvorrichtungen (geeichte selbsttätige Registrierwaagen) für die Verwiegung von Malz in Brauereien verwendet werden dürfen.

(2) Die Verwiegungsvorrichtungen müssen so eingerichtet sein, daß nach Abnahme des amtlichen Verschlusses (§ 43) die eigentliche Waage im unbelasteten und belasteten Zustand auf ihre Richtigkeit, ihre Empfindlichkeit und ihr genaues Einspielen von den Aufsichtsbeamten geprüft werden kann. Sie müssen zu diesem Zweck mit einer Vorrichtung versehen sein, durch die in einfacher Weise die Verbindung der eigentlichen Waage mit dem übrigen Getriebe der Vorrichtung gelöst werden kann.

(3) Der Zufluß von Malz muß von dem Augenblick an, in dem die Malzmenge in dem zu ihrer Aufnahme bestimmten Gefäß der Verwiegungsvorrichtung das Sollgewicht erreicht hat, bis zu dem Augenblick, in dem das entleerte Malzgefäß zur Aufnahme von neuem Malz wieder bereitsteht, selbsttätig abgesperrt sein. Es müssen Sicherungseinrichtungen dagegen getroffen sein, daß bei verschlossener Verwiegungsvorrichtung der Malzzufluß durch äußeren Eingriff vorzeitig geöffnet oder sein rechtzeitiges und vollständiges Schließen absichtlich oder unabsichtlich verhindert werden kann, ohne daß die Verwiegungsvorrichtung zum Stillstand kommt oder auf andere Weise die vorgekommene Störung den Aufsichtsbeamten bemerkbar gemacht wird.

(4) Die Verwiegungsvorrichtungen müssen waagerecht und so aufgestellt sein, daß sie durch Erschütterungen, die in der Nähe stehende Maschinen und dergleichen hervorrufen, nicht gestört werden.

(5) Sie müssen mit einem Mantel aus Eisenblech derart umgeben sein, daß nach Anlegung des amtlichen Verschlusses eine beabsichtigte Störung oder Beeinflussung der Wägungen von außen her ausgeschlossen ist.

(6) Es müssen Vorkehrungen getroffen sein, die ein gleichmäßiges Einfließen des Malzes bewirken und Störungen des richtigen Gangs der Verwiegungsvorrichtung verhindern.

(7) Die Frist, innerhalb deren die Nacheichung der selbsttätigen Verwiegungsvorrichtungen vorzunehmen und zu wiederholen ist, beträgt zwei Jahre.

1. Bisher sind folgende Arten selbsttätiger Verwiegungsvorrichtungen für die Verwiegung von Malz in Brauereien allgemein zugelassen worden:

a) Malzsteuerwaage „Chronos" der Hennefer Maschinenfabrik Reuther & Reisert mbH in Hennef a. d. Sieg;

b) selbsttätige Registrierwaage der Maschinen- und Bronzewarenfabrik AG, L. A. Riedinger in Augsburg;

c) Malzsteuerwaage „Libra" der Fabrik selbsttätiger Registrierwaagen GmbH, in Gliesmarode-Braunschweig,

zu a) bis c) durch Verfügung des Reichskanzlers vom 27. Dezember 1906 (ZBl. f. d. Deutsche Reich 1907 S. 2);

d) selbsttätige Registrierwaage „Ceres" der Waagenfabrik und Eisengießerei S. Spies GmbH in Siegen i. W.,

durch Verfügung des Reichskanzlers vom 12. September 1907 (ZBl. S. 436);

e) selbsttätige Verwiegungsvorrichtung „Obrima" der Automatischen Waagenbau-Aktiengesellschaft Obrima in München,

durch Verfügung des Reichsministers der Finanzen vom 23. November 1922 (RZBl. S. 297);

f) selbsttätige Verwiegungsvorrichtung „Fix" der Sieg-rheinischen Registrierwaagenfabrik „Fix" Peter Steimel in Hennef-Sieg,

durch Verfügung des Reichsministers der Finanzen vom 1. Juni 1940 (RZBl. S. 144);

g) Verwiegungsvorrichtung „Ovaco" der automatischen Registrierwaagenfabrik Ovaco-Werk Overath & Co. in Siegburg-Buisdorf,

durch Verfügung des Bundesministers der Finanzen vom 30. April 1954 (BZBl. S. 152);

h) Verwiegungsvorrichtung „Vollenda" der Firma Vollenda-Werk in München-Aubing,

durch Verfügung des Bundesministers der Finanzen vom 23. September 1955 (BZBl. S. 703).

Die Zulassungen zu a) bis d) sind durch § 129 Abs. 2 der AB von 1918 aufrecht erhalten worden. Sämtliche Zulassungen haben mangels einer anderweitigen Bestimmung auch für das geltende Recht Gültigkeit behalten. Sie gelten insbesondere nach dem Eintritt der drei süddeutschen Länder in die Biersteuergemeinschaft auch für diese.

2. Die dem eichpflichtigen Verkehr dienenden Meßgeräte sind innerhalb bestimmter Frist nachzueichen. Die Fristen betragen allgemein bei Waagen für eine größte zulässige Last bis ausschließlich 3000 kg zwei, von 3000 kg und darüber und für festfundamentierte Waagen drei Jahre (§ 17 des Maß- und Gewichtsgesetzes vom 13. Dezember 1935 (RGBl. I S. 1499)). Nach § 21 a. a. O. ist der Reichsminister der Finanzen ermächtigt, im Einvernehmen mit dem Reichswirtschaftsminister für Meßgeräte, die steueramtlichen Zwecken dienen, hiervon abweichende Vorschriften

zu erlassen. In § 52 der Brausteuer-AB von 1909 war für selbsttätige Verwiegungsvorrichtungen eine einjährige Nacheichungsfrist vorgeschrieben, da die Anzeige der Waage bei der Brausteuer die Grundlage der Steuerberechnung bei Vermahlungsbrauereien bildete. Die Biersteuer-AB von 1918 sahen von einer besonderen Regelung ab, so daß die Nacheichung alle zwei Jahre vorzunehmen war. Die spätere Verlängerung der Nacheichungsfrist auf drei Jahre rechtfertigte sich dadurch, daß die selbsttätige Verwiegungsvorrichtung nur noch die Bedeutung eines von mehreren Nachprüfungsmitteln hat. Auf Grund der Biersteuer-Durchführungsverordnung vom 23. Dezember 1938 ist die Nacheichfrist wieder auf zwei Jahre herabgesetzt worden. Damit ist erreicht, daß die selbsttätigen Verwiegungsvorrichtungen mit den in der Brauerei vorhandenen Waagen, für die die zweijährige Nacheichungsfrist besteht, zur gleichen Zeit geeicht werden können. Arbeitet die selbsttätige Verwiegungsvorrichtung unzuverlässig und führt die Prüfung und Abgleichung nach § 81 DB nicht zum Ziel, so ist nach § 46 DB zu verfahren und unter Umständen eine Befundprüfung zu verlangen (vgl. die Bem. zu § 81 DB).

Amtlicher Verschluß

§ 43

(1) Malzmühlen und selbsttätige Verwiegungsvorrichtungen werden durch Zollplomben verschlossen.

(2) Über die Verschlußanlage hat der Oberbeamte eine Verhandlung aufzunehmen und der Zollstelle zu übersenden. Die Zollstelle hat von der Verhandlung eine beglaubigte Abschrift zu fertigen und dem Brauereiinhaber zur Aufnahme in das Brauereibelegheft zuzustellen. Die Urschrift ist zum Belegheft der Zollstelle zu nehmen.

An Stelle der früheren Zollschlösser werden die Malzmühlen und selbsttätigen Verwiegungsvorrichtungen nunmehr mit Zollplomben verschlossen. Diese auf der Zehnten Verordnung zur Änderung der Biersteuer DB vom 14. November 1951 beruhende Änderung trägt den wiederholt vorgetragenen Wünschen des Braugewerbes Rechnung. Bei dem Verschluß durch Zollschlösser ergaben sich für den Brauereiinhaber Schwierigkeiten, wenn bei plötzlich auftretenden Störungen der Malzmühle ein Aufsichtsbeamter zur Öffnung des Zollschlosses nicht erreichbar war und dadurch Betriebsunterbrechungen eintraten. Bei den Zollplomben kann der Brauereiinhaber nunmehr den amtlichen Verschluß unter Zuziehung eines Zeugen selbst lösen, wenn die Malzmühle beschädigt oder ihr Betrieb sonst gestört ist (vgl. § 46 Abs. 1).

Erlaß der Verpflichtung zum Halten von Malzmühlen

§ 44

Die Hauptzollämter sind bis auf weiteres ermächtigt, in den Fällen des § 14 Abs. 2 und 3 des Gesetzes die Verpflichtung zum Halten von eigenen Malzmühlen oder zur Anbringung von selbsttätigen Verwiegungsvorrichtungen an Malzmühlen auch dann widerruflich zu erlassen, wenn die Beschaffung der Malzmühlen

oder der Verwiegungsvorrichtungen nur unter Aufwendung unverhältnismäßiger Kosten möglich ist. Der Bundesminister der Finanzen bestimmt, wann die Ermächtigung der Hauptzollämter aufgehoben wird.

S. die Bemerkung 7 zu § 14 des Gesetzes.

Andere zum Schroten von Malz geeignete Vorrichtungen

§ 45

(1) Besitzen Brauereiinhaber außer der zum Schroten des Braumalzes genehmigten Malzmühle mit selbsttätiger Verwiegungsvorrichtung noch andere, für sonstige Zwecke bestimmte, zum Schroten von Malz geeignete Vorrichtungen (Futterschrotmühlen usw.) oder wollen sie sich solche beschaffen, so haben sie dies dem Oberbeamten schriftlich in doppelter Ausfertigung anzuzeigen.

(2) Die Vorrichtungen können nach näherer Bestimmung des Oberbeamten zeitweise unter amtlichen Verschluß gesetzt werden, auch kann angeordnet werden, daß sie nur unter amtlicher Aufsicht benutzt werden dürfen.

(3) Je ein Stück der Anzeige und der etwa aufgenommenen Verschlußverhandlung werden zu den Beleghefften der Zollstelle und der Brauerei genommen.

1. Vgl. § 28 Abs. 2 des Brausteuergesetzes von 1906, § 29 Abs. 2 des Brausteuergesetzes von 1909, § 25 Abs. 2 des Biersteuergesetzes von 1918 (s. § 192 AO).

2. Die Bestimmung bezieht sich auch auf Brauereiinhaber, die die Malzmühle mit selbsttätiger Verwiegungsvorrichtung freiwillig aufgestellt haben (vgl. § 41 Abs. 1).

Beschädigungen von Malzmühlen mit selbsttätiger Verwiegungsvorrichtung

§ 46

(1) Beschädigungen der Malzmühle oder der selbsttätigen Verwiegungsvorrichtung, die die Benutzung unterbrechen oder die Sicherheit des Verwiegungsergebnisses mindern, Unregelmäßigkeiten in der Tätigkeit der Verwiegungsvorrichtung sowie Verletzungen des amtlichen Verschlusses haben Brauereiinhaber ohne Verzug und jedenfalls vor Ablauf von 24 Stunden dem Oberbeamten anzuzeigen. Wenn der amtliche Verschluß verletzt oder sonst die Sicherheit des Verwiegungsergebnisses gefährdet ist, oder wenn die Verwiegungsvorrichtung die Tätigkeit versagt oder unregelmäßig ausübt, darf bis zum Eintreffen eines Aufsichtsbeamten nur unter Zuziehung eines Zeugen Malz auf der Malzmühle geschrotet werden. Wenn die Malzmühle beschädigt oder ihr Betrieb sonst ge-

stört ist, darf der Brauereiinhaber den amtlichen Verschluß unter Zuziehung eines Zeugen selbst lösen und die eingetretene Störung soweit möglich, beseitigen. Die Lösung des amtlichen Verschlusses haben der Brauereiinhaber und der Zeuge im Befundbuch (§ 87) unter Angabe von Tag und Stunde und unter Beisetzung des Namens zu vermerken. Das Gewicht des geschroteten Malzes ist in diesen Fällen unter Mitwirkung des zugezogenen Zeugen besonders festzustellen und im Mahlbuch (§ 47) anzuschreiben.

(2) Sofort nach dem Eintreffen der Anzeige bei dem Oberbeamten, spätestens aber innerhalb 24 Stunden, ist der Sachverhalt amtlich an Ort und Stelle zu ermitteln, die schadhafte oder unzuverlässige Verwiegungsvorrichtung außer Betrieb zu setzen und zur Ausbesserung, Neuaufstellung oder Wiederherstellung der beschädigten Malzmühle eine angemessene Frist zu gewähren. Das Gewicht etwaiger Vorräte an bereits geschrotetem Malz ist festzustellen. Falls der Betrieb fortgesetzt werden soll, ist die Brauanzeige gemäß § 54 zu erstatten.

(3) Über das Ergebnis der Ermittlungen und die getroffenen Anordnungen ist eine Verhandlung aufzunehmen. Der Oberbeamte hat, wenn er die Verhandlung nicht selbst aufgenommen hat, den Tatbestand und die Zweckmäßigkeit der getroffenen Maßnahmen in allen wichtigen Fällen an Ort und Stelle nachzuprüfen.

(4) Die Verhandlung ist dem Hauptzollamt vorzulegen.

1. Die Bestimmung entspricht dem § 29 des Brausteuergesetzes von 1906, dem § 30 des Brausteuergesetzes von 1909 und dem § 26 des Biersteuergesetzes von 1918 nebst den zu den Vorschriften ergangenen AB. Nach § 49 AB von 1923 war die Anzeige der Zollstelle zu erstatten. Durch die Zehnte VO zur Änderung der Biersteuer DB vom 14. November 1951 sind im Absatz 1 die Sätze 3 und 4 eingefügt worden. Dadurch ist einem Wunsch des Braugewerbes, den amtlichen Verschluß unter Zuziehung eines Zeugen selbst lösen zu dürfen, Rechnung getragen.

Vgl. Bem. zu § 43.

2. Die Bestimmung bezieht sich auch auf Brauereiinhaber, die freiwillig eine Malzmühle mit selbsttätiger Verwiegungsvorrichtung aufgestellt haben (§ 41 Abs. 1 DB).

3. Zuwiderhandlungen gegen Absatz 1 Satz 1 sind nach § 413 Abs. 1 Nr. 1b AO strafbar.

4. Wegen der ausnahmsweisen Benutzung einer anderen Malzmühle im Falle der Beschädigung der eigenen s. Bem. 3 zu § 41 DB.

Mahlbuch

§ 47

Jedes Schroten von Malz auf einer mit selbsttätiger Verwiegungsvorrichtung versehenen Malzmühle ist in das nach Muster 8 zu führende Mahlbuch einzutragen. Die Eintragung muß von dem Braue-

reiinhaber oder dem Betriebsleiter eigenhändig vollzogen, das Mahlbuch sorgfältig an dem vom Oberbeamten bestimmten Ort aufbewahrt und den Aufsichtsbeamten jederzeit vorgelegt werden.

1. Vgl. § 30 des Brausteuergesetzes von 1906, § 31 des Brausteuergesetzes von 1909 und § 27 des Biersteuergesetzes von 1918.
2. Sind in einer Brauerei mehrere Malzmühlen vorhanden, so ist für jede ein besonderes Mahlbuch zu führen (Nr. 1 der Anleitung zum Muster 8).
3. Das Mahlbuch muß geführt werden und in der Brauerei aufliegen, solange die Malzmühle als solche in der Brauerei vorhanden ist, und zwar auch dann, wenn die Malzmühle zeitweilig nicht benutzt wird.
4. Wegen des Zeitpunktes, in dem die Eintragungen in das Mahlbuch zu erfolgen haben, s. Nr. 2 der Anleitung zum Muster 8.
5. Werden verschiedene Malzarten vermahlen oder wird Malz zu anderen Zwecken als zur Bierbereitung (§ 41 Abs. 2 DB), z. B. zur Bereitung bierähnlicher Getränke, geschrotet, so ist dies im Mahlbuch gesondert einzutragen (Nr. 2 der Anleitung zum Muster 8).
6. Der Betriebsleiter muß vom Hauptzollamt zugelassen sein, er kann lediglich für die Führung des Mahlbuches bestellt sein (vgl. § 32 DB und die Bem. dazu).
7. Das Mahlbuch ist vierteljährlich zu führen (Nr. 4 der Anleitung zum Muster 8).
8. Die Einhaltung dieser Bestimmung kann durch die in § 202 AO vorgesehenen Maßregeln erzwungen werden. Vgl. auch Vorbem. 13 zu § 18 des Gesetzes.

Genossenschaftsmühlen § 48

(1) Im Fall des § 15 des Gesetzes ist für die bei dem Betrieb der Malzmühle und der selbsttätigen Verwiegungsvorrichtung zu beobachtenden Verpflichtungen ein verantwortlicher gemeinschaftlicher Vertreter zu bestellen, der für die sämtlichen an der Genossenschaftsmühle beteiligten Brauereien ein gemeinsames Mahlbuch zu führen hat.

(2) Wegen der Bestellung usw. des gemeinschaftlichen Vertreters ist § 32 entsprechend anzuwenden.

Der Vertreter ist als Betriebsleiter im Sinne des § 190 AO, § 32 DB (s. die Bem. zu § 32) anzusehen, dessen Bestellung durch § 48 vorgeschrieben ist. Die Bestellung des gemeinschaftlichen Vertreters kann nach § 202 AO gegenüber sämtlichen an der Genossenschaftsmühle beteiligten Brauereien erzwungen werden.

Bezeichnung der Gefäße § 49

(1) Der Brauereiinhaber hat jedes in die Nachweisung (§ 34 und § 39 Abs. 1) aufgenommene Gefäß mit Nummer und Raumgehalt in Übereinstimmung mit der Nachweisung deutlich zu bezeichnen, diese Bezeichnung zu erhalten und nötigenfalls zu erneuern.

(2) Die Bezeichnung ist an dem Gefäß an einer in die Augen fallenden Stelle mit Ölfarbe oder in anderer dauerhafter Weise anzubringen. Ist dies nicht möglich, so ist sie in gleicher Weise außerhalb des Gefäßes so anzubringen, daß ihre Zugehörigkeit zu dem Gefäß sofort erkennbar ist.

(3) Die näheren Anordnungen trifft der Oberbeamte.

Aufbewahrung der Vorräte an Braustoffen

§ 50

(1) Vorräte an Zucker und Süßstoff, soweit sie nach dem Ermessen des Oberbeamten den Bedarf des eigenen Haushalts des Brauereiinhabers oder -leiters übersteigen, sowie an Malz, Malzschrot und aus Zucker hergestellten Farbmitteln dürfen nur an bestimmten, vom Oberbeamten genehmigten Orten aufbewahrt werden.

(2) Der Aufbewahrungsort für die Vorräte an Malzschrot soll sich tunlichst nahe der Waage und den Maischgefäßen befinden.

(3) Der Aufbewahrungsort für Zucker, Süßstoff und aus Zucker hergestellte Farbmittel muß sich außerhalb der Braustätte, Gär-, Lager- und Abfüllräume sowie der Räume, in denen abgefülltes Bier bis zum Ausgang aus der Brauerei aufbewahrt wird, befinden und derart gelegen sein, daß die Überführung solcher Stoffe von ihrem Aufbewahrungsort nach den vorgenannten Räumen und der Braustätte der Aufmerksamkeit eines in der Brauerei anwesenden Aufsichtsbeamten und der in der Brauerei beschäftigten Personen nicht würde entgehen können. Das Hauptzollamt kann unter sichernden Bedingungen Ausnahmen zulassen.

(4) Als Bedarf des eigenen Haushalts gilt als Vorrat, wie er in gleichartigen Haushaltungen desselben Orts den dortigen Lebensgewohnheiten entsprechend für den Wirtschaftsbedarf gehalten zu werden pflegt.

(5) Die Aufbewahrungsorte (Abs. 1) sind durch eine Tafel mit dauerhafter Inschrift kenntlich zu machen.

1. § 50 Abs. 1 geht auf § 23 des Gesetzes von 1918 zurück. Die Verweisung der Vorschrift in die DB rechtfertigt § 192 AO. Gegenüber § 43 Abs. 1 der früheren AB, der die Anordnung nur für Zucker (einschließlich Süßstoff) und Malzschrot traf, bringt Abs. 1 eine Verschärfung der Aufsicht durch die Einbeziehung des Malzes.

Unerheblich ist, ob die Braustoffe für die Bierbereitung geeignet sind oder nicht. Die Bestimmung ist eine äußere Sicherheits- und Ordnungsbestimmung, die nach ihrem Wortlaut auszulegen ist und bei deren Anwendung der Gesichtspunkt, ob bei der Zuwiderhandlung die Absicht oder auch nur die Möglichkeit einer heimlichen Bierbereitung vorgelegen hat, unberücksichtigt bleiben muß.

2. Die Bestimmung bezieht sich auch auf Zucker, der anderen als Brauzwecken zu dienen bestimmt ist, z. B. Zucker zur Bereitung von Limonade, die in der Brauerei hergestellt wird. (Vgl. Bem. 10 zu § 59 DB). Nach § 59 Abs. 2 DB kann das Hauptzollamt getrennte Lagerung dieses Zuckers anordnen.

3. Nach § 10 FBierO ist nur § 50 Abs. 1 auf Farbebier anwendbar (s. die Bem. 1 zu § 10 FBierO.).

4. In Brauereien, deren Inhaber zur Brauanzeige nach § 54 Abs. 1 oder 46 Abs. 2 DB verpflichtet sind, darf, sobald Einmaischungen angemeldet sind, der Vorrat an Malzschrot die Menge nicht übersteigen, die am nächsten Betriebstag und, wenn gleichzeitig mehrere Einmaischungen im voraus angemeldet sind, an den nächsten beiden Betriebstagen eingemaischt werden sollen (§ 57 Abs. 1).

5. Nach der Fassung von 1931 konnte nach Absatz 3 letzter Satz das Hauptzollamt Ausnahmen nur zulassen, „wenn in der Brauerei ausschließlich obergäriges Bier unter Verwendung solcher Stoffe hergestellt wird." Dieser letzte Halbsatz ist durch die Zehnte VO zur Änderung der Biersteuer-Durchführungsbestimmungen vom 14. November 1951 auf Wunsch des Braugewerbes gestrichen worden, nachdem bereits während des Krieges auf diese Vorschrift verzichtet worden war (RZBl. 1942 S. 86).

Lagerung, Abfüllung und Abgabe fertigen Biers

§ 51

(1) Fertiges, unversteuertes Bier darf nur in vom Oberbeamten genehmigten Räumen gelagert, abgefüllt und aus solchen abgegeben werden. Das gilt auch für Bier, das innerhalb der Brauerei getrunken wird.

(2) Die Räume müssen so beschaffen und gelegen sein, daß eine unbefugte Entnahme von Bier möglichst erschwert ist.

1. Die Bestimmung entspricht den § 18 Abs. 2, § 34 Abs. 1 des Gesetzes von 1918 (vgl. § 192 AO). — Die zur Lagerung, Abfüllung und Abgabe unversteuerten Bieres dienenden Räume sind für die Steuersicherheit von besonderer Bedeutung, es ist deshalb dafür die Genehmigung der Verwaltung vorgesehen. Die Genehmigung wird insbesondere dann zu versagen sein, wenn die Räume so gelegen oder beschaffen sind, daß dadurch die heimliche Entfernung von Bier aus der Brauerei erleichtert wird.

2. In dem Grundriß, der der nach § 34 DB einzureichenden Nachweisung der Räume, Gefäße und Geräte beizufügen ist, sind die zur Lagerung, Abfüllung und Abgabe von Bier dienenden Räume als solche zu bezeichnen. Die Genehmigung der Räume ist auf der geprüften Anmeldung und auf dem Grundriß zu vermerken (s. Nr. 2 und 3 der Anleitung zum Muster 4).

3. Zur wirksamen Durchführung der steuerlichen Überwachung ist entsprechend in Absatz 1 Satz 2 und § 13 Abs. 1 DB angeordnet, daß Bier, das dem steuerpflichtigen Verbrauch innerhalb der Brauerei dienen soll, und Bier, das als steuerfreier Haustrunk an Angestellte und Arbeiter abgegeben wird, nur aus den nach § 51 DB genehmigten Räumen entnommen werden darf.

Durch Trinken kann eine Steuerschuld nur entstehen, solange das Bier noch nicht aus der Brauerei entfernt ist (§ 1 Abs. 1 DB). Ein steuerpflichtiger Verbrauch von Bier innerhalb einer Brauerei wird, nachdem der Haustrunk der Brauereiangestellten und -arbeiter nach § 7 Abs. 1 des Gesetzes steuerfrei bleibt, nur in geringen Mengen stattfinden. Auch dafür gilt der Grundsatz, daß derartiges Bier nur in den in § 51 bezeichneten Räumen und daraus nur in den nach §§ 52, 53 zugelassenen Gefäßen entnommen werden darf. Solange das Bier noch nicht „entfernt" ist und soweit es sich nicht etwa um eine nach § 1 Abs. 2 DB nicht als steuerpflichtiger Verbrauch geltende Entnahme von Bierproben handelt, darf also Bier nicht an jedem Ort und auch nicht in Trinkgefäßen entnommen werden.

Die Abgabe ist im Biersteuerbuch anzuschreiben (Anleitung zum Muster 13 Nr. 2).

4. Als „fertig" gilt Bier, das sich in einem nach seiner allgemeinen Beschaffenheit und regelmäßigen Brauart zum Genuß fertigen Zustand befindet (§ 12 Abs. 4 des Gesetzes).

5. Als unversteuertes Bier gilt auch Rückbier (§ 15 Abs. 1 DB) und das ihm gleichgestellte eingebrachte fremde Bier (§ 15 Abs. 8 DB).

Bier, das mit Fahrzeugen auf Brauereihöfe verbracht, dort aber nicht abgeladen wird, ist nicht als Rückbier nach § 15 DB zu behandeln, weil es nicht in die in § 51 bezeichneten Räume verbracht wird. Vgl. Bem. 3 zu § 15 DB.

6. § 51 bezieht sich nur auf die Lagerung, Abfüllung, Abgabe unversteuerten Bieres. Für Räume, in denen versteuertes (im Biersteuerbuch angeschriebenes) Bier lagert usw., besteht keine Genehmigungspflicht. Eingebrachtes fremdes Bier kann nach § 65 Abs. 2 DB in besonderen Räumen gelagert werden, die nicht als zum Brauereibetrieb gehörig behandelt werden, wenn das eingebrachte Bier in der Brauerei nicht bearbeitet oder umgefüllt wird und die Brauerei eine geordnete kaufmännische Buchführung hat.

7. Wegen der Lagerung selbsthergestellten Farbebieres vgl. § 4 FBierO.

8. § 51 findet auf abgefundene Brauereien keine Anwendung (§ 73 DB).

Versandgefäße

§ 52

a) Fässer

(1) Fässer, in denen Bier aus der Brauerei entfernt oder innerhalb der Brauerei zum steuerpflichtigen Verbrauch oder als Haustrunk abgegeben wird, müssen geeicht (§ 11, § 24 Abs. 1, § 25 des Maß- und Gewichtsgesetzes vom 13. Dezember 1935 in der Fassung der Zweiten Verordnung zur Änderung des Maß- und Eichrechts vom 30. November 1942, § 19 der Eichordnung vom 24. Januar 1942 — Beilage zu Nr. 10 des Amtsblatts der Physikalisch-Technischen Reichsanstalt vom 14. März 1942) und nach den Bestimmungen des § 368 der Eichordnung bezeichnet sein. Die gleiche Faßnummer (§ 368 Nr. 5 der Eichordnung) darf in einer Brauerei nur einmal benutzt werden. Auf einem der Faßböden muß der Name der Brauerei, in der das Bier hergestellt worden ist, aufgebracht sein. Der Name der Brauerei und die Faßnummer müssen eingebrannt oder mit dauerhafter, nicht verwischbarer Farbe aufgetragen sein. Bei Stahlfässern können sie auch in diese oder in mit ihnen festvernietete Metallschilder eingeschlagen sein.

(2) Der Name der Brauerei und die Faßnummer können, wenn die Raumgehaltsangabe nach § 368 Nr. 2 Abs. 1 Satz 1 der Eichordnung auf einem Schild oder in einem Rahmen mit auswechselbaren Ziffern (Faßeichplatte) aufgebracht ist, auch auf diesen in erhabener oder vertiefter Schrift angebracht sein. Sie können bei metallenen und bei kleineren hölzernen Fässern, bei denen die Raumgehaltsangabe nach § 368 Nr. 2 Abs. 1 Satz 2 der Eichordnung auf dem Umfang des Fasses aufgebracht ist, an der gleichen Stelle aufgebracht sein.

(3) In besonderen Fällen kann das Hauptzollamt anordnen, daß der Brauereiinhaber über alle Fässer ein Verzeichnis führt, aus dem die Nummer, das Jahr der Eichung und der Raumgehalt zu ersehen sind. Das Verzeichnis hat der Brauereiinhaber auf dem laufenden zu halten und den Aufsichtsbeamten auf Verlangen vorzulegen.

§ 53

b) andere Gefäße

(1) Andere Gefäße als Fässer (§ 11 Abs. 1 Buchstaben b und c), in denen Bier aus der Brauerei entfernt oder innerhalb der Brauerei zum steuerpflichtigen Verbrauch oder als Haustrunk abgegeben wird, müssen vom Brauereiinhaber dem Oberbeamten vor dem erstmaligen Gebrauch mit einem Verzeichnis nach Muster 9 angemeldet werden. Die Gefäße sind anzumelden nach ihrer Art, nach ihrem Raumgehalt (Nenninhalt, § 11 Abs. 1 Buchstabe b) oder nach ihrem durchschnittlichen Raumgehalt (§ 11 Abs. 1 Buchstabe c) unter Angabe des erfahrungsgemäß vorkommenden Mindest- und Höchstraumgehalts. In den Fällen des § 11 Abs. 2 ist außerdem der Inhalt, der handelsüblich in Rechnung gestellt wird, anzumelden. Gefäße, deren Abweichungen im Raumgehalt auf Zufälligkeiten bei der Herstellung beruhen, gelten als Gefäße der gleichen Größe.

(2) Auf den Gefäßen muß der Name und der Ort der Brauerei, in der das Bier hergestellt worden ist, angegeben sein. Die Angabe kann auch auf fest angebrachten gedruckten Zetteln enthalten sein. Im Fall des § 64 Abs. 1 Satz 1 kann der Oberbeamte auch andere als angemeldete Gefäße zulassen (das sogenannte Auslitern im Handverkauf).

(3) Nach Anordnung des Oberbeamten prüft der Aufsichtsbeamte die Anmeldung und, in den Fällen des § 11 Abs. 1 Buchstabe c, den Raumgehalt nach dem Durchschnitt von wenigstens 10 Gefäßen. Als Raumgehalt gilt der Inhalt bei handelsüblicher Befüllung. Das Ergebnis der Prüfung wird in der Anmeldung vermerkt.

II. Überwachungsbestimmungen

Zu §§ 52 u. 53.

1. Die Bestimmungen stammen aus § 35 des Gesetzes von 1918 (s. § 192 AO), vgl. auch §§ 80, 81 der AB von 1918. Die Bestimmungen waren früher in einem Paragraphen zusammengefaßt (§ 53 der Fassung von 1931). Die Eichordnung vom 24. Januar 1942 war der Anlaß, diese Vorschriften aus Zweckmäßigkeitsgründen auf 2 Paragraphen aufzuteilen. Vgl. Sechste VO zur Änderung der Durchführungs-Bestimmungen vom 29. Juni 1942.

2. Beide Paragraphen enthalten Mußbestimmungen. Z. B. ist es unzulässig, Schilder, die mit Schrauben an den Fässern befestigt werden, zur Bezeichnung der Brauerei und Faßnummer zu verwenden. Ausnahmen von den Bezeichnungsvorschriften dürfen nicht zugelassen werden (BZBl. 1950 S. 67). Auf Ausfuhrbier sind die Bestimmungen über die Angabe von Namen und Ort der Brauerei nicht anzuwenden, da diese Bestimmungen nur für den inländischen Verkehr mit Bier Bedeutung besitzen.

3. Nach dem Maß- und Gewichtsgesetz vom 13. Dezember 1935 (Reichsgesetzbl. I S. 1499) in der Fassung der Zweiten Änderungsverordnung vom 12. März 1940 (Reichsgesetzbl. I S. 497 — RZBl 1942 S. 225 —) und der Zweiten Verordnung zur Änderung des Maß- u. Eichrechts vom 30. November 1942 (Reichsgesetzbl. I S. 669) müssen Fässer, in denen Bier verkauft wird, auf ihren Raumgehalt geeicht sein, nicht aber wenn die Erzeugnisse aus dem Ausland eingeführt sind und in Gebinden des Ursprungslandes in den Verkehr kommen. Die Nacheichfrist beträgt nach § 17 Abs. 1 Nr. 1 aaO. zwei Jahre.

4. Nicht fristgemäß nachgeeichte Fässer gelten nach § 16 des Maß- und Gewichtsgesetzes vom 13. Dezember 1935 als nicht geeicht. Die Verwendung geeichter Fässer kann gemäß § 202 AO erzwungen werden.

5. Nach dem Raumgehalt der Gefäße, in denen das Bier die Brauerei verläßt, bestimmt sich die steuerpflichtige Menge des Bieres und zwar (abgesehen von den Flaschen) gleichviel, ob die Gefäße voll befüllt sind oder nicht (§ 5 des Gesetzes). Das gilt auch für Jungbier, welches, da es sich noch in Gärung befindet, in nicht völlig befüllten Fässern aus der Brauerei entfernt wird. Wird Bier mit dem Anspruch auf Steuerfreiheit gemäß § 7 Abs. 2 des Gesetzes aus der Brauerei entfernt, so müssen die Fässer spundvoll, die Flaschen handelsüblich befüllt sein (§ 4 Abs. 1 BierAO).

6. Nach § 368 der Eichordnung vom 24. Januar 1942 ist der Rauminhalt mit dem ausgeschriebenen Wort Liter oder der Abkürzung l zu bezeichnen. Außer dem Rauminhalt darf bei Fässern auch das Gewicht des Fasses angegeben werden. Dabei sind gewisse Abkürzungen zulässig (kg, NT (nasse Tara), TT, (trockene Tara).

7. Auf die Faßüberwachung — Prüfung der Anschreibungen in Biersteuerbuch und Verladelisten (vgl. Bem. 10 zu § 61 DB) — muß der größte Wert gelegt werden, da sonst eine Prüfung der ordnungsmäßigen Anschreibung zum Zwecke der Versteuerung und die Überwachung des Rückbierverkehrs nicht gewährleistet ist (vgl. ZfZ 1929 S. 187, 1930 S. 417). Größere Brauereien führen im eigenen Interesse, um die Rücklieferung der wertvollen Fässer zu sichern, um gegenüber Beanstandungen des Empfängers gerüstet zu sein, um Unterschleife des Personals durch falsche Literangaben u. dgl. zu verhüten, Faßkontrollbücher, in denen wenigstens Faßnummer und Raumgehalt festgehalten werden. § 52 Abs. 1 Satz 2 soll unrichtige Anschreibungen verhindern. Für Brauereien, die keine geordnete Buchführung

besitzen, sollen die Bestimmungen in § 52 Abs. 3 die Überwachung erleichtern. — Nummern sind nicht gleich im Sinne des § 52 Abs. 1 Satz 2, wenn sie zwar die gleiche Ziffer haben, aber sich durch zugefügte Buchstaben unterscheiden.

8. Nach § 52 Abs. 1 Satz 3 ist der Name der Brauerei, nach § 53 Abs. 2 Satz 1 *Name und Ort* der Brauerei anzugeben, in der das Bier hergestellt ist. Die geringeren Anforderungen in § 52 Abs. 1 berücksichtigen die technischen Schwierigkeiten beim Einbrennen, wie geringe Größe der Böden bei Notwendigkeit der Verwendung großer Lettern.

9. Unter „Brauerei" im Sinne des § 52 Abs. 1 Satz 3 und § 53 Abs. 2 Satz 1 ist nicht die Braustätte, sondern der Brauerei*betrieb* zu verstehen. Im Falle des Lohnbrauverhältnisses (vgl. Bem. 11 zu § 2 des Gesetzes) müssen also die Fässer die Bezeichnung desjenigen tragen, für dessen Rechnung das Bier hergestellt wird. Das ist die Brauerei, die die Braustoffe beschafft hat. (vgl. RFH-Urteil vom 25. 6. 30 IV A 330/29, RZBl. S. 383; Bem. 11 Abs. 7 zu § 2 Ges.). Das entspricht den steuerlichen Belangen. Fässer einer stillgelegten Brauerei, die in einer anderen Brauerei benutzt werden, müssen mit der Bezeichnung der letzteren versehen werden.

10. Die Bestimmung in § 52 Abs. 1 letzter Satz, daß bei Stahlfässern der Name der Brauerei auch in die mit ihnen festvernieteten Metallschilder eingeschlagen werden kann, dient der amtlichen Sicherung gegen einen mißbräuchlichen Austausch des Metallschildes.

11. Für Flaschen ist Eichung nicht vorgeschrieben. Als Maßgrößen der Bierflaschen sind nach § 54 des Maß- und Gewichtsgesetzes vom 13. Dezember 1935 (Reichsgesetzbl. I S. 1499) in der Fassung der Zweiten Verordnung zur Änderung des Maß- und Gewichtsgesetzes vom 12. März 1940 (Reichsgesetzbl. I S. 497 — RZBl. 1942 S. 225 —) zugelassen: 0,33 l; 0,5 l; 0,7 l; 1 l; 1,5 l; 2 l; 3 l und 5 l, vgl. Bem. 2 zu § 11 DB. Die frühere Bestimmung, daß Muster der zu verwendenden Flaschen auf Anordnung des Hauptzollamts hinterlegt werden mußten, ist durch die Zehnte VO zur Änderung der DB vom 14. November 1951 aufgehoben worden, weil die Flaschen jetzt genormt sind und eine Angabe über den Inhalt enthalten.

Flaschen, in denen Bier in das Erhebungsgebiet eingeführt wird, werden naß vermessen. Um wiederholte Vermessungen zu vermeiden, können bei der Zollstelle, bei der das Bier zur Steuerfestsetzung angemeldet wird, Muster der Umschließungen hinterlegt werden (§ 5 Abs. 5 BierEO).

12. Tanks, in denen Bier aus der Brauerei entfernt wird, müssen gemäß § 53 Abs. 1 dem Oberbeamten des Aufsichtsdienstes unter Beifügung beglaubigter Abschriften der vom Eichamt ausgefertigten Eichscheine angemeldet werden. An den Tanks müssen gedruckte Klebezettel mit den gemäß § 53 Abs. 2 Satz 1 vorgeschriebenen Angaben angebracht werden. Vgl. Bem. 4 zu § 11 DB.

13. Neuerdings verwenden Brauereien auch Flachdeckeldosen aus Eisenblech als Versandgefäße. Für sie gelten die Bestimmungen des § 53. Der Raumgehalt wird gemäß § 53 Abs. 3 nach dem Durchschnitt von wenigstens 10 Dosen bei handelsüblicher Befüllung ermittelt. Biersteuerrechtliche Bedenken gegen die Verwendung von Flachdeckeldosen bestehen nicht. Es wird erwogen, solche Bierdosen ebenfalls den Bestimmungen des Maß- und Gewichtsgesetzes zu unterwerfen. Vgl. Bem. 3 zu § 11 DB.

14. Brauereien, die in ihren Betrieb aufgenommenes Fremdbier in Fässern nur auf Flaschen umfüllen, müssen die Flaschen mit dem umgefüllten Bier mit dem

Namen der Brauerei, die das Bier hergestellt hat, kennzeichnen. Wenn jedoch Brauereien aufgenommenes Fremdbier in ihrem Betrieb weiter bearbeiten, so müssen sie die Versandgefäße nach § 52 Abs. 1 Satz 3 oder § 53 Abs. 2 Satz 1 mit ihrem Namen kennzeichnen (BZBl. 1958 S. 463).

15. § 53 gehört zu den Vorschriften des Biersteuergesetzes über die Steueraufsicht. Sie gelten also nur für die Brauereien und den Ausschank von Bier in Verbindung mit einer Brauerei (§ 12 Abs. 1 Ges.). Auf Bierverleger, die der Steueraufsicht nicht unterliegen, können deshalb die Bestimmungen des § 53 nicht angewendet werden. Die Prüfung, ob Bierverleger durch vielleicht irreführende Bezeichnungen gegen lebensmittelrechtliche Bestimmungen verstoßen, obliegt den Behörden der amtlichen Lebensmittelüberwachung.

16. Die Anbringung der gedruckten Zettel kann auf anderen Gefäßen als Fässern durch Aufkleben oder in einer anderen geeigneten Weise, z. B. durch Befestigen mit Draht, erfolgen.

17. In manchen kleineren Brauereien besteht die Übung, daß Bier in unvollständig vergorenem Zustande, sogenanntes Frischbier, unmittelbar an die Verbraucher in der Weise abgegeben wird, daß die Verbraucher das Frischbier in den mitgebrachten eigenen Gefäßen (Krügen, Eimern usw.) in der Brauerei holen, um es zu Hause auf Flaschen zu füllen und in diesen vollständig vergären zu lassen (vgl. § 64 Abs. 1 DB). Die Beibehaltung dieser Gewohnheit soll durch die Bestimmung in § 53 Abs. 2 Satz 3 ermöglicht werden. Im Biersteuerbuch ist in diesen Fällen die tatsächlich aus der Brauerei entfernte Biermenge einzutragen, nicht aber die dem Raumgehalte der Gefäße, in denen das Bier aus der Brauerei entfernt wird, entsprechende Biermenge.

18. §§ 52, 53 DB finden auf abgefundene Brauereien keine Anwendung (§ 73 DB).

Brauanzeige

§ 54

(1) Brauereiinhaber, die eigene Malzmühlen mit selbsttätiger Verwiegungsvorrichtung nicht besitzen, haben dem Aufsichtsbeamten unter Benutzung eines Vordrucks nach Muster 10 eine Brauanzeige über sämtliche zur Verwendung kommende Braustoffe zu erstatten.

(2) Brauereiinhaber, die eine Malzmühle mit selbsttätiger Verwiegungsvorrichtung besitzen, haben dagegen eine Brauanzeige nach Muster 10 nur für Zucker, Süßstoff und aus Zucker hergestellte Farbmittel zu erstatten. Das Hauptzollamt kann zuverlässigen Brauereiinhabern diese Verpflichtung widerruflich erlassen.

(3) Der Oberbeamte kann auch Brauereiinhabern, die zur Brauanzeige nach Absätzen 1 und 2 nicht verpflichtet sind, die Verpflichtung zur Anzeige des Tages und der Stunde der Einmaischung in vereinfachter Form auferlegen, wenn die Brauerei nur zeitweise und unregelmäßig im Betrieb ist.

1. Zu vgl. § 20 des Brausteuergesetzes von 1906, § 21 des Brausteuergesetzes von 1909, § 29 des Biersteuergesetzes von 1918.

II. Überwachungsbestimmungen

2. Die §§ 54 bis 57 regeln die Überwachung der Rohstoffverwendung in Brauereien, die nicht Malzmühlen mit selbsttätiger Verwiegungsvorrichtung besitzen. Die Überwachung erfolgt in der Weise, daß vor Beginn des Einmaischens innerhalb der in § 55 bestimmten Frist die in § 54 geforderten Angaben dem Aufsichtsbeamten gemacht und gleichzeitig diese Angaben in das Sudbuch eingetragen werden (Nr. 3b der Anleitung zum Muster 12, Nr. 2 der Anleitung zum Muster 10). Bei der Betriebsführung muß, soweit nicht in § 56 Abs. 2 Ausnahmen zugelassen sind, die Brauanzeige eingehalten werden; Änderungen dürfen nur innerhalb der für die Anzeige selbst vorgeschriebenen Frist mittels einer neuen Brauanzeige erfolgen. Außerdem gelten die in § 57 aufgestellten Betriebsbeschränkungen. Wegen der abgefundenen Brauereien vgl. §§ 71, 73 DB, Muster 17 der DB.

3. Brauereiinhaber, die freiwillig eine Malzmühle mit selbsttätiger Verwiegungsvorrichtung aufgestellt haben (§ 41 DB), stehen den dazu verpflichteten gleich.

4. Brauer, die eigene Malzmühlen mit selbsttätiger Verwiegungsvorrichtung besitzen, müssen die Brauanzeige dann erstatten, wenn sie Zuckerstoffe oder Farbebier zur Bierbereitung verwenden (§§ 54 Abs. 2, 58 DB), ferner wenn die Malzmühle oder die Verwiegungsvorrichtung beschädigt ist und der Betrieb fortgesetzt werden soll (§ 46 Abs. 2 DB), endlich, und zwar eine vereinfachte Brauanzeige, wenn ihnen die Verpflichtung gemäß § 54 Abs. 3 besonders auferlegt ist. Im erstgenannten Falle ist die Anzeige nur für die Zuckerstoffe, nicht auch für das zu verwendende Malz zu erstatten. Diese Sonderbestimmung für die Zuckerverwendung ist darin begründet, daß der in der Brauerei verwendete Zucker die Verwiegungsvorrichtung nicht durchläuft. Die Möglichkeit, die Verpflichtung zu erlassen, ist eine Neuerung der Änderungsverordnung von 1928 (Abs. 2 Satz 2). Das Gewicht der beim Einmaischen verwendeten Zuckerstoffe ist vor der Einmaischung nach Nr. 4 der Anleitung zum Muster 12 (Sudbuch) durch Verwiegung festzustellen, auch in Brauereien mit Malzmühlen. Den in Absatz 2 genannten Brauereien, die Gerstenmalzflocken verwenden, kann das Hauptzollamt die Verpflichtung auferlegen, auch darüber eine Brauanzeige zu erstatten (BZBl. 1954 S. 81): Vgl. Bem. 10 u. 11 zu § 17, Bem. 4 zu § 41 u. Bem. 8 zu § 58 DB.

5. Wie sich aus dem Mustervordruck für die Brauanzeige (Muster 10) ergibt, sind von den Braustoffen nur Malz- und Zuckerstoffe (einschließlich des Süßstoffs zur Bereitung obergärigen Bieres) sowie Farbebier anzumelden, wenn dieses im Sudverfahren zugesetzt wird (s. Bem. 2 zu § 10 FBierO). Als Würzemenge kommt die voraussichtliche Menge der herzustellenden heißen Ausschlagwürze in Betracht, d. h. der heißen Würze, die aus der Braupfanne zum Ablassen auf die Kühlvorrichtung kommt (s. Nr. 5 der Anleitung zum Muster 12). Hinsichtlich der Biersorten ist anzugeben, ob das Bier mit untergäriger oder obergäriger Hefe angestellt und ob Einfach-, Schank-, Voll- oder Starkbier hergestellt werden soll. Die Angabe der Menge des herzustellenden Bieres ist nicht erforderlich.

6. Die Bestimmung in Abs. 3 ist getroffen, um den Aufsichtsbeamten bei Brauereien, die nur selten oder unregelmäßig brauen und räumlich weit entfernt sind, die Prüfung während des Betriebes zu erleichtern.

7. Die Unterlassung der Brauanzeige oder deren unrichtige Erstattung ist nach § 413 AO zu ahnden. Erzwingung nach § 202 AO ist zulässig.

II. Überwachungsbestimmungen

§ 55

Die Brauanzeige muß spätestens am Nachmittag des Werktags vor der Einmaischung dem Aufsichtsbeamten ausgehändigt werden. Wird die Anzeige durch die Post übersandt, so muß sie so zeitig abgesandt werden, daß sie zu der angegebenen Zeit bei dem Aufsichtsbeamten eingeht. Der Oberbeamte kann zulassen, daß die Einmaischung bis zu dem in Satz 1 bezeichneten Zeitpunkt fernmündlich bei gleichzeitiger Absendung der Brauanzeige angemeldet wird. Er kann auch sonstige Ausnahmen bewilligen.

1. Vgl. § 17 Abs. 1 des Brausteuergesetzes von 1872, § 21 des Brausteuergesetzes von 1906, § 22 des Brausteuergesetzes von 1909, § 30 des Biersteuergesetzes von 1918.

2. Die Änderung der Bestimmung gegenüber der Fassung des § 53 der früheren AB soll sicherstellen, daß der Aufsichtsbeamte unter allen Umständen so rechtzeitig in den Besitz der Anzeige kommt, daß er den Brauvorgang überwachen kann.

3. Wird die Brauanzeige durch die Post versandt, so trägt der Brauer die Gefahr des rechtzeitigen Eingangs beim Aufsichtsbeamten. Bei Übermittlung an den Aufsichtsbeamten ist Aushändigung vorgeschrieben, d. h. der Brauereiinhaber oder Betriebsleiter hat dafür zu sorgen, daß die Brauanzeige den Aufsichtsbeamten selbst erreicht. Abwesenheit des Aufsichtsbeamten entschuldigt den Verpflichteten nicht.

4. Als Ausnahmen kann der Oberbeamte nach Satz 4 z. B. zulassen, daß die Brauanzeige im voraus für einen bestimmten Zeitraum erstattet wird oder daß sie — wie früher — der Zollstelle übersandt wird.

5. Gleichzeitig mit der Erstattung der Brauanzeige müssen die entsprechenden Einträge im Sudbuch bewirkt werden (s. Bem. 2 zu § 54).

6. Über die Dauer der Einmaischung bestehen keine Bestimmungen. Der Brauer kann also vormaischen (abends einmaischen) und den Sud erst am Morgen weiterführen. Über die Zeiten der Einmaischung s. § 57 DB.

7. Zuwiderhandlungen gegen § 55 sind nach § 413 Abs. 1 Nr. 1 b AO strafbar.

§ 56

(1) Die Brauanzeige muß bei der Betriebsführung eingehalten werden.

(2) Abweichungen von der Brauanzeige sind nur zulässig, wenn infolge unvermuteter Umstände die Einmaischung nicht oder nicht in der angemeldeten Weise stattfinden kann. Die Abweichungen und deren Ursachen hat der Brauereiinhaber unter Abgabe von Tag und Stunde sofort dem Aufsichtsbeamten mit einer neuen Brauanzeige mitzuteilen.

(3) Der Oberbeamte hat bei seiner nächsten Anwesenheit in der Brauerei die Zulässigkeit der Abweichungen zu prüfen und dies im Befundbuch zu vermerken.

II. Überwachungsbestimmungen

1. Bei Einhaltung der Frist des § 55 ist jede Änderung der Brauanzeige zulässig.

2. Änderungen der Brauanzeige müssen gleichzeitig mit der Erstattung der neuen Brauanzeige im Sudbuch vermerkt werden. Der ursprüngliche Eintrag ist zu durchstreichen. Die Gründe der Änderung sind in der Bemerkungsspalte anzugeben (Nr. 3 der Anleitung zum Muster 10, Nr. 3 b der Anleitung zum Muster 12).

3. Wegen des Befundbuchs vgl. § 87 DB.

Betriebsbestimmungen für Brauereien ohne Malzmühlen mit selbsttätiger Verwiegungsvorrichtung

§ 57

(1) In Brauereien, deren Inhaber zur Brauanzeige nach § 54 Abs. 1 oder § 46 Abs. 2 verpflichtet sind, darf, sobald Einmaischungen angemeldet sind, der Vorrat an Malzschrot die Mengen nicht übersteigen, die am nächsten Betriebstag und, wenn gleichzeitig mehrere Einmaischungen im voraus angemeldet sind, an den beiden nächsten Betriebstagen eingemaischt werden sollen. Das Hauptzollamt kann unter sichernden Bedingungen Ausnahmen zulassen.

(2) Es darf nur an Wochentagen eingemaischt werden, und zwar in den Monaten Oktober bis einschließlich März von 6 bis 22 Uhr, in den übrigen Monaten von 4 bis 22 Uhr. Ausnahmen hiervon können in Einzelfällen vom Oberbeamten, bei dauernder Abweichung vom Hauptzollamt bewilligt und dürfen bei ununterbrochenem Betrieb nicht versagt werden. Als Schluß der Einmaischung gilt der Zeitpunkt, an dem mit dem Ablassen der Würze zum Zweck des Kochens begonnen wird.

(3) In der Regel soll die ganze Beschickung auf einmal eingemaischt werden, so daß nicht nachgemaischt zu werden braucht. Wird in einer Brauerei regelmäßig nachgemaischt, so muß ein für allemal in doppelter Ausfertigung angezeigt werden, in wieviel Abteilungen und mit welchem Gewicht für jede Beschickung gemaischt werden soll. Je ein Stück der Anzeige ist zu den Beleghefte n der Brauerei und der Zollstelle zu nehmen.

1. Zu vgl. §§ 19 und 20 Abs. 4 des Brausteuergesetzes von 1872, §§ 17 Abs. 3, 23 und 25 des Brausteuergesetzes von 1906, §§ 18 Abs. 3, 24 und 26 des Brausteuergesetzes von 1909, § 31 des Biersteuergesetzes von 1918.

2. Die Bestimmungen des § 57 sollen die Überwachung der Einhaltung der Brauanzeige erleichtern; sie gelten gemäß § 73 Satz 1 DB auch für die Inhaber abgefundener Brauereien.

3. Im Falle des § 54 Abs. 3 finden die Bestimmungen des § 57 keine Anwendung.

4. Für die Beobachtung der hinsichtlich des zulässigen Vorrats an Malzschrot geltenden Bestimmungen ist es unerheblich, ob das Malzschrot zur Bierbereitung tauglich ist oder nicht (vgl. Bem. 1 zu § 50 DB).

5. Das Wort „Wochentagen" im Abs. 2 wurde in der dritten Lesung des Entwurfs zum Brausteuergesetze von 1872 im Reichstage an die Stelle des Wortes „Werk-

tagen" gesetzt, um klarzustellen, daß lediglich die Sonntage, nicht aber auch die Feiertage ausgeschlossen sein sollten (Sitzungsberichte des Reichstags 1872 Bd. 1 S. 549).

6. Die Bestimmung des Abs. 2 Satz 3 bezieht sich auf Fälle, in denen kalt eingemaischt wird (s. Sitzungsberichte des Reichstags 1872 Bd. 1 S. 343).

7. Zuwiderhandlungen sind strafbar nach § 413 Abs. 1 Nr. 1 b AO.

Erklärung und Buchführung über die Verwendung von Zucker usw. **§ 58**

(1) Wer Zucker, Süßstoff oder aus Zucker hergestellte Farbmittel zur Bierbereitung verwenden will, hat, abgesehen von der für jeden Sud zu erstattenden Brauanzeige (§ 54), hierüber mindestens drei Tage vor der erstmaligen Verwendung bei der Zollstelle eine schriftliche Erklärung in doppelter Ausfertigung einzureichen. In dieser Erklärung ist die Gattung der zu verwendenden Stoffe, der Abschnitt der Bierbereitung, in dem sie verwendet werden sollen, sowie ferner anzugeben, in welcher Gestalt (ob ganz oder zerkleinert, trocken oder aufgelöst) der Zucker oder Süßstoff verwendet wird.

(2) Nach Prüfung der Erklärung durch den Oberbeamten ist eine Ausfertigung dem Brauereiinhaber zur Aufnahme in das Brauereibelegheft zu übersenden, die zweite Ausfertigung in das Belegheft der Zollstelle einzureihen.

(3) Bei dem Betrieb ist die Erklärung genau zu befolgen; dauernde Änderungen in der Art der Verwendung sind mindestens drei Tage vor der ersten Abweichung von der abgegebenen Erklärung durch eine neue Erklärung in doppelter Ausfertigung anzuzeigen. Soll von dem Inhalt der Erklärung nur für einzelne bestimmte Einmaischungen abgewichen werden, so ist dies in der Brauanzeige anzumelden.

1. Zu vgl. § 18 des Brausteuergesetzes von 1872, § 22 des Brausteuergesetzes von 1906, § 23 des Brausteuergesetzes von 1909, § 32 Abs. 1 des Biersteuergesetzes von 1918.

2. § 58 gilt auch für Farbebier (s. § 10 FBierO und die Bem. dazu).

3. Soll Zucker zur Bierbereitung verwendet werden, so ist die in § 54 Abs. 1 DB vorgeschriebene Brauanzeige von den Inhabern der Brauereien zu erstatten, die nicht gemäß § 16 des Gesetzes abgefunden sind. Wegen der Brauer, die eigene Malzmühlen mit selbsttätiger Verwiegungsvorrichtung haben, vgl. § 54 Abs. 2 und Bem. 4 zu § 54 DB.

4. Die frühere Beschränkung der Zuckerverwendung auf die Zeit bis zur Beendigung des Kochens der Würze (vgl. § 22 Abs. 2 des Brausteuergesetzes vom 3. Juni 1906) ist weggefallen, weil der Zucker jetzt vorwiegend dem fertigen Bier zugesetzt wird (vgl. Drucks. des Bundesrats Nr. 151 von 1908 S. 17). Bereits der Würze zugesetzt und deshalb der Gärung unterworfen wird der Brauzucker bei Herstellung von Ausfuhrbier, bei dem die Verwendung auf Grund des § 9 Abs. 5 Ges. zugelassen worden ist.

5. Zucker, der beim Einmaischen zugesetzt wird, ist im Sudbuch in Spalte 8 anzuschreiben. Zucker, der in einem späteren Zeitpunkt in wässeriger Lösung oder flüssig zugesetzt wird, ist gemäß Nr. 11 der Anleitung zum Muster 12 (Sudbuch) und Nr. 5 der Anleitung zum Muster 11 (Zuckerverwendungsbuch) in Spalte 24 und 25 des Sudbuchs anzuschreiben.

6. Was den *Süßstoff* anlangt, der zur Bereitung obergärigen Einfachbieres verwendet wird, so ist Paraphenetolcarbamid (Dulcin), das mit der Würze mitgekocht wird, in Spalte 8, Benzoesäuresulfinid (Sacharin), das dem fertigen Bier zugesetzt wird, in Spalte 24 und 25 des Sudbuchs anzuschreiben.

7. Inhaber abgefundener Brauereien sind, wenn sie Zucker verwenden, von der in § 54 DB vorgeschriebenen Brauanzeige befreit (s. § 73 DB und die Bem. 6 dazu), da sie die erforderlichen Angaben darüber in der nach § 71 zu erstattenden Braumeldung zu machen haben (s. auch Muster 17). § 58 ist in § 73 DB auf abgefundene Brauereien für anwendbar erklärt.

8. Absätze 2 und 3 gelten entsprechend bei Verwendung von Gerstenmalzflocken (BZBl. 1954 S. 81). Vgl. Bem. 10 u. 11 zu § 17, Bem. 4 zu § 41 u. Bem. 4 zu § 54 DB.

8. Zuwiderhandlungen gegen die in § 58 DB vorgesehenen Erklärungspflichten sind nach § 413 Abs. 1 Nr. 1 b AO zu bestrafen.

§ 59

(1) Über die zur Bierbereitung bestimmten Vorräte an Zucker, Süßstoff und aus Zucker hergestellten Farbmitteln ist ein Zuckerverwendungsbuch nach Muster 11 zu führen.

(2) Das Hauptzollamt kann anordnen, daß über die nicht zur Bierbereitung bestimmten Vorräte an Zucker, Süßstoff und aus Zucker hergestellten Farbmitteln besondere Anschreibungen geführt und daß diese Stoffe von den im Absatz 1 genannten getrennt gelagert werden. § 60 findet Anwendung.

Zu Abs. 1.

1. Zu vgl. § 14 des Brausteuergesetzes von 1872, § 18 des Brausteuergesetzes von 1906, § 19 des Brausteuergesetzes von 1909, § 32 Abs. 2 des Biersteuergesetzes von 1918.

2. Nr. 1 der Anleitung zum Zuckerverwendungsbuch (Muster 11) bestimmt, daß bei der Verwendung verschiedener Arten Zucker usw. für jede Art eine besondere Abteilung anzulegen ist.

3. Die Anschreibung des Farbebieres im Zuckerverwendungsbuch ist in § 10 FBierO angeordnet; Brauereien, die untergäriges Bier herstellen, müssen, wenn sie Farbebier verwenden, ein Zuckerverwendungsbuch führen.

4. Der Zugang im Zuckerverwendungsbuch muß mit den über den Bezug lautenden Rechnungen, Frachtbriefen usw. belegt sein, die bis zur Prüfung durch den Oberbeamten bei dem Buch geordnet aufzubewahren sind (Nr. 2 der Anleitung, vgl. § 60 Abs. 1 DB).

5. Zugang und Abgang sind nach dem Reingewicht zu buchen. Jede Entnahme zu anderen Zwecken als zur Bierbereitung bedarf der vorherigen Genehmigung des Oberbeamten (Nr. 3 der Anleitung).

6. Über Bestandsaufnahmen vgl. § 60 DB und Nr. 7 der Anleitung.

7. Das Zuckerverwendungsbuch ist vierteljährlich zu führen (Nr. 10 der Anleitung).

8. In abgefundenen Brauereien ist kein Zuckerverwendungsbuch zu führen (§ 73 DB, s. Bem. zu § 61 DB). Für das frühere Recht vgl. RZBl. 1920 S. 56. Wird Farbebier verwendet, so ist nach § 10 FBierO auch für abgefundene Brauereien die Führung des Zuckerverwendungsbuchs vorgeschrieben.

Zu Abs. 2.

9. Abs. 2 verdankt seine Einfügung durch die Neufassung von 1931 der Entsch. des Reichsfinanzhofs Bd. 22 S. 168 = Kartei Rspr. 1 zu § 57 AB. Dort ist ausgeführt, daß der frühere § 57 AB im Hinblick auf § 192 AO keine Rechtsgrundlage dafür biete, einem Brauereiinhaber die Führung des Zuckerverwendungsbuchs über nicht zur Bierbereitung bestimmte Zuckerstoffe aufzuerlegen. Die Rechtsgrundlage ist nunmehr in Abs. 2 gegeben.

§ 60

(1) Unter der Leitung des Oberbeamten wird im Rechnungsjahr mindestens einmal der Bestand des zur Bierbereitung bestimmten Zuckers, des Süßstoffs und der aus Zucker hergestellten Farbmittel aufgenommen. Der Istbestand ist hierbei durch Verwiegung zu ermitteln. Der Sollbestand ist aus den An- und Abschreibungen festzustellen, wobei zu prüfen ist, ob die Anschreibungen mit den bei dem Zuckerverwendungsbuch gegebenenfalls noch aufzubewahrenden Rechnungen, Frachtbriefen usw., die Abschreibungen mit den Eintragungen im Sudbuch übereinstimmen.

(2) Zu der Bestandaufnahme wird der Brauereiinhaber oder der Betriebsleiter hinzugezogen.

(3) Der Oberbeamte nimmt über die Bestandsaufnahme eine Verhandlung auf, die der Brauereiinhaber oder der Betriebsleiter mitzuunterschreiben hat. Ergeben sich bei der Bestandsaufnahme Fehl- oder Mehrmengen, so sind ihre Ursachen in der Verhandlung zu erläutern.

(4) Der Brauereiinhaber hat das Zuckerverwendungsbuch nach dem Ergebnis der Bestandsaufnahme zu berichtigen. Fehlmengen werden wie Abgänge, Mehrmengen wie Zugänge behandelt. Die Verhandlung über die Bestandsaufnahme wird zum Brauereibelegheft genommen. Der Oberbeamte legt die Verhandlung mit den etwa erforderlichen Belegen dem Hauptzollamt vor, wenn die Ermittlungen über die Fehl- oder Mehrmengen Anhaltspunkte für das Vorliegen strafbarer Handlungen, insbesondere nach § 18 des Gesetzes ergeben haben.

1. Die Bestandsaufnahme nach § 60 fällt nicht unter §§ 196, 192 Nr. 4, sondern beruht auf § 192 Abs. 1 AO.

2. Bestandsaufnahmen nach § 60 kommen für Abfindungsbrauereien nicht in Frage (s. § 73 DB, Bem. 8 zu § 59), es sei denn, daß sie Farbebier verwenden (§ 10 FBierO).

3. Die früher vorgeschriebene Zahl von zwei Bestandsaufnahmen im Jahr ist durch die VO vom 23. Dezember 1938 aus Gründen der Verwaltungsvereinfachung auf eine herabgesetzt worden. Durch die teilweise Neufassung des § 60 auf Grund der Sechsten VO vom 29. Juni 1942 sind die Bestimmungen den entsprechenden Regelungen bei andern Verbrauchsteuern angepaßt worden.

Buchführung

§ 61

Brauereiinhaber haben folgende Bücher zu führen:
1. das Sudbuch nach Muster 12,
2. das Biersteuerbuch nach Muster 13.

1. Die Führung dieser Bücher war bereits durch § 33 des Gesetzes von 1918 vorgeschrieben (§ 192 Nr. 4 AO). Ein Teil der AB von 1918 dazu sind in die Anleitung zu den Mustern 12 und 13 übergegangen.

2. Die in § 61 angeordnete Buchführung bildet die Grundlage sowohl für die Überwachung der in der Brauerei hergestellten Biermengen als auch für die Steuerfestsetzung. Dem ersteren Zweck dient das Sudbuch, dem zweiten das Biersteuerbuch. Im Entwurf des Biersteuergesetzes von 1918 war neben diesen beiden Büchern noch ein Bierbuch vorgesehen gewesen, in dem der Zugang und der Abgang der in der Brauerei hergestellten Biermengen im Lagerkeller hätte nachgewiesen werden sollen. Das Braugewerbe wendete jedoch dagegen ein, daß eine zuverlässige Buchführung über das im Lagerkeller befindliche Bier nicht möglich sei, und bat, von der Einführung dieses Buches Abstand zu nehmen. Der Reichstagsausschuß gab diesem Wunsche statt und strich in der zweiten Lesung in § 33 des Entwurfs die Vorschriften über das Bierbuch (Reichstagsdrucks. Nr. 1686 für 1914/18 S. 27f. und 36f.).

3. Das vierteljährlich zu führende Sudbuch dient zur Ermittlung der aus den verwendeten Braustoffen hergestellten überwachungspflichtigen Biermengen. Als Braustoffe gelten, wie aus den Überschriften der Spalten 4 bis 8 des Sudbuchs hervorgeht, Malz, Zuckerstoffe und Farbebier. Die überwachungspflichtige Biermenge (Spalten 14 bis 21) ist vom Brauer aus der von ihm festgestellten Menge der *Ausschlagwürze*, d. i. der heißen Würze, die aus der Braupfanne zum Ablassen (Ausschlagen) auf die Kühlvorrichtung kommt (Nr. 5 der Anleitung zum Muster 12), unter Anwendung des vom Hauptzollamt festgesetzten Schwundsatzes (Nr. 9 der Anleitung) und unter Berücksichtigung eines etwa nach Feststellung des Extraktgehaltes der Ausschlagwürze, aber vor Feststellung des Extraktgehaltes der Anstellwürze erfolgten Wasserzusatzes (Nr. 10 der Anleitung) zu berechnen. Die auf diese Weise errechnete überwachungspflichtige Biermenge kann nach Abschluß des Sudverfahrens eine Veränderung erfahren durch einen gemäß § 9 Abs. 7 des Gesetzes und § 24 DB vom Hauptzollamt zugelassenen Wasserzusatz sowie durch einen Zusatz von flüssigen oder gelösten Zuckerstoffen (einschl. Süßstoff) oder von Farbebier. Zu diesem Zwecke müssen auch diese Vorgänge in die Spalten 22 bis 25 des Sudbuches eingetragen werden (Nr. 11 der Anleitung).

4. In das Sudbuch ist die Menge und der Extraktgehalt der *Ausschlagwürze* und der Extraktgehalt der *Anstellwürze*, d. i. der gekühlten von Hopfen und Trub befreiten Würze, einzutragen (Nr. 6, 7 der Anleitung zum Sudbuch). Die Feststellung des Extraktgehalts auch für die Anstellwürze ist vorgeschrieben worden, weil der Vergleich des Extraktgehalts der Ausschlagwürze und der Anstellwürze den besten Anhalt für die Beurteilung des Schwundes bietet (vgl. Anleitung zur Ermittlung des Schwundes in Brauereien; BZBl. 1957 S. 597, vgl. Anhang I).

5. Der sogenannte *Schwund* ist der Gesamtverlust an Bierwürze und Bier, der in einer Brauerei bei der Bierbereitung vom Ausschlagen der Würze aus der Braupfanne bis zum Abfüllen des Bieres auf die Versandgefäße entsteht (§ 84 DB). Nach der Anleitung zur Ermittlung des Schwundes ist er je nach den Betriebsverhältnissen der einzelnen Brauereien verschieden. Er schwankt zwischen 6,7 bis 25,5 v.H. der heißen Ausschlagwürze. Der Schwund entsteht durch die Zusammenziehung der heißen Würze infolge von Abkühlung und Würzeverdrängung durch den Hopfen, durch Verdunstung, durch den Abgang des Hopfen- und Kühlgelägers und Benetzung und bei der Behandlung des Bieres vom Gärkeller bis zum Ausstoß.

Für die Berücksichtigung des Schwundes, der auf die in die Spalten 22 bis 25 des Sudbuchs einzutragenden Zusätze von Wasser, Farbebier usw. entfällt, kommen zwei Möglichkeiten in Betracht: entweder wird dieser besondere Schwund bei der Berechnung des Gesamtschwundes berücksichtigt oder es wird für die Zusätze ein besonderer Teilschwund berechnet. Nach Nr. 13 der Anleitung zum Sudbuch bildet der erstere Weg die Regel und wird namentlich bei Betrieben, die regelmäßig mit derartigen Zusätzen arbeiten, was besonders in der Kriegszeit der Fall war, einzu schlagen sein. Alsdann werden die Zusätze der Menge der Ausschlagwürze für die Schwundberechnung zugesetzt, in den Spalten 23 und 24 aber unverkürzt eingetragen. Die gesamte Schwundmenge ist in Spalte 13 einzutragen und von der Menge der Ausschlagwürze (Spalte 9) in Abzug zu bringen. Lassen die jeweiligen Betriebsverhältnisse einer Brauerei eine solche Schwundberechnung nicht zu (z. B. es wird lediglich ein Sud Vollbier durch Wasserzusatz in Schankbier verwandelt), so gelangt das zweite Verfahren zur Anwendung: für den Wasserzusatz wird lediglich der für den Zeitpunkt der Beigabe des Wassers maßgebende Teilschwund in den Spalten 12 und 13 besonders eingetragen und im übrigen nach Nr. 9 der Anleitung verfahren.

Der Schwund ist vom Oberbeamten des Steueraufsichtsdienstes, getrennt für die einzelnen Bierarten und -gattungen, zu ermitteln und vom Hauptzollamt in Hundertteilen, soweit erforderlich auch in zehntel Hundertteilen der Ausschlagwürze festzusetzen. Auf Grund der Bierbestandsaufnahme ist, sofern die Betriebsverhältnisse einer Brauerei dazu nicht früher Anlaß bieten, nachzuprüfen, ob der Schwund neu festzusetzen ist (§ 84 DB).

6. Die aus dem Sudbuch zu entnehmende überwachungspflichtige Biermenge ist für die nach § 192 Nr. 4, 196 AO, §§ 66ff. DB vorzunehmende Bestandsaufnahme von wesentlicher Bedeutung. Die aus dem Sudbuch ersichtliche überwachungspflichtige Biermenge soll mit den im Zeitpunkt der Bestandsaufnahme in der Brauerei befindlichen Biermengen zuzüglich der nach dem Biersteuerbuch aus der Brauerei ausgegangenen Biermengen übereinstimmen.

7. Wegen der Abschreibung von Braustoffen, Bierwürze und noch nicht steuerpflichtig gewordenem Bier, die innerhalb der Brauerei vernichtet oder unbrauchbar werden, im Sudbuch s. § 62 DB.

II. Überwachungsbestimmungen

8. Wenn in einer Brauerei oft Biergattungen miteinander vermischt werden, wird das Hauptzollamt zweckmäßigerweise die Führung eines besonderen Bierverschnittbuchs als Anlage zum Sudbuch anordnen. Vgl. Nr. 11 Abs. 2 der Anleitung zum Sudbuch.

9. In das monatlich zu führende *Biersteuerbuch* müssen eingetragen werden die sämtlichen Biermengen, die aus den für die Abgabe von Bier zugelassenen Räumen (§ 51 DB) entfernt werden. Darunter fallen sowohl die Biermengen, für die nach § 2 Abs. 1 des Gesetzes mit der Entfernung aus der Brauerei oder mit dem Trinken innerhalb der Brauerei eine Steuerschuld entsteht, als auch die gemäß § 7 Abs. 1 des Gesetzes als Haustrunk und die gemäß § 7 Abs. 2 des Gesetzes als Ausfuhrbier steuerfrei abgelassenen Biermengen. Die Eintragung auch der steuerfreien Biermengen in das Biersteuerbuch ist notwendig, weil auch diese Mengen auf die zur Anwendung zu bringenden Steuersätze von Einfluß sind (s. §§ 6 u. 63 DB).

10. Grundsätzlich sind die einzelnen ausgehenden Versandfässer und die ausgehenden Flaschen gleichen Inhalts aufzuführen. Im Bedarfsfalle können durch das Hauptzollamt für zuverlässige Betriebe tägliche summarische Anschreibungen des Ausgangs nach Zahl der Fässer und Flaschen und deren gesamten Raumgehalt zugelassen werden (Nr. 3 der Anleitung zum Muster 13). Voraussetzung ist aber, daß die Geschäftsbücher (Verladelisten u. dgl.) die nach Spalten 3 bis 7 des Biersteuerbuchs erforderlichen Angaben enthalten. Wegen Zulassung summarischer monatlicher Anschreibung des Haustrunks vgl. § 13 Abs. 3 DB.

11. Das mit dem Anspruch auf Steuerfreiheit nach § 7 Abs. 2 des Gesetzes ausgehende Bier ist als solches sogleich im Zeitpunkt des Ausganges aus der Brauerei anzuschreiben und nicht etwa erst dann, wenn der Nachweis der tatsächlichen Ausfuhr erbracht ist (vgl. Bem. 13 zu § 7 des Gesetzes). Wird der Nachweis der Ausfuhr innerhalb der gesetzten Frist nicht erbracht, so sind gemäß § 10 BierAO die betreffenden Mengen in den Spalten 20 bis 25 des Biersteuerbuches als steuerpflichtig zuzusetzen und gleichzeitig bei den steuerfrei ausgeführten Biermengen in den Spalten 8 bis 13 abzusetzen.

12. Von der Führung des Sudbuches und des Biersteuerbuches sind die Inhaber abgefundener Brauereien gemäß § 73 DB befreit.

13. Nach § 101 DB sind die Oberfinanzdirektionen ermächtigt, die Muster den besonderen Verhältnissen des einzelnen Betriebs anzupassen. Die Notwendigkeit, von dieser Ermächtigung Gebrauch zu machen, kann sich vornehmlich beim Sudbuch ergeben.

Abschreibungen im Sudbuch und Zuckerverwendungsbuch

§ 62

(1) Werden eingemaischte Malz- und Zucker- usw. Mengen, Würze oder noch nicht steuerpflichtig gewordenes Bier innerhalb der Brauerei vernichtet oder stellt sich heraus, daß ihre Weiterverarbeitung zu Bier oder ihre Verwertung als Bier nicht möglich ist, so hat der Brauereiinhaber den Tatbestand und die Ursachen der Vernichtung oder Untauglichkeit dem Oberbeamten binnen 24 Stunden schriftlich anzuzeigen.

(2) Der Oberbeamte oder der von ihm beauftragte Aufsichtsbeamte hat sobald als möglich den Tatbestand unter Zuziehung des Brauereiinhabers oder Betriebsleiters festzustellen.

(3) Die beschädigten, verdorbenen oder aus anderen Gründen zur Bierherstellung oder -verwertung untauglichen Maische-, Würze- oder Biermengen sind unter amtlicher Aufsicht zu vernichten oder zur Bierbereitung oder Verwertung als Bier unbrauchbar zu machen (§ 15 Abs. 3). Es sind alle Anordnungen zu treffen, die zur Ausschließung eines Mißbrauchs notwendig erscheinen.

(4) Über das Ergebnis der Ermittlungen und die getroffenen Anordnungen ist eine Verhandlung aufzunehmen. Der Oberbeamte hat, wenn er die Verhandlung nicht selbst aufgenommen hat, den Tatbestand und die Zweckmäßigkeit der getroffenen Anordnungen — in allen wichtigen Fällen an Ort und Stelle — nachzuprüfen. Er verfügt, sofern Bedenken nicht bestehen, die erforderlichen Abschreibungen in den Büchern. In wichtigen Fällen hat er die Verhandlungen mit einem Auszug aus dem Sudbuch und erforderlichenfalls dem Zuckerverwendungsbuch dem Hauptzollamt vorzulegen.

1. Dem Grundgedanken des Biersteuergesetzes, daß nur die in den Verbrauch übergehende Biermenge den Gegenstand der Besteuerung bilden soll, entspricht es, daß die *innerhalb der Brauerei* zugrunde gegangenen oder zur Bierbereitung unbrauchbar gewordenen Mengen von Malz, Zucker usw., von Bierwürze und von noch nicht steuerpflichtig gewordenem Bier bei der Bemessung der überwachungspflichtigen Biermengen außer Betracht bleiben. Für die Steuerberechnung selbst kommen sie zwar nicht unmittelbar in Betracht, es könnte aber, wenn nicht für ihre Abschreibung gesorgt würde, bei der nächsten Bestandsaufnahme eine Fehlmenge entstehen, die, falls sie nicht genügend aufgeklärt wird, gemäß § 196 AO. versteuert werden muß.

2. Es macht keinen Unterschied, ob Würze oder Bier in der Brauerei selbst hergestellt oder mit Genehmigung (§ 65 Abs. 1 DB) aus einer fremden Brauerei eingebracht worden sind, da betriebsfremdes Bier oder Würze (§ 64 Abs. 2 DB) wie betriebseigenes Rückbier behandelt wird. Es gilt gemäß § 15 Abs. 1 DB mit dem Wiedereingang in die Brauerei als unversteuertes Bier.

3. Die Voraussetzungen des Abs. 1 liegen auch dann vor, wenn das Bier noch nicht verdorben ist, aber wegen Unmöglichkeit des Absatzes, Stillegung des Betriebes oder aus ähnlichen Gründen durch Vermischung mit Essig wenigstens zur Essigbereitung verwertet werden soll, um Verluste zu ersparen.

4. Eine Würdigung der Gründe, aus denen die Braustoffe oder Würze- oder Biermengen zur Bierherstellung oder -verwertung untauglich sind oder nicht verwertet werden sollen, steht der Finanzbehörde nicht zu, vielmehr ist in dieser Beziehung die Ansicht des Betriebsinhabers maßgebend. Die Unbrauchbarmachung erfolgt nach den Bestimmungen des § 15 Abs. 3 DB. Sie kann demnach durch Vermischung mit Viehfutter oder Essig erfolgen, mit Genehmigung und nach näherer Anordnung des Oberbeamten auch außerhalb der Brauerei. Als Unbrauchbarmachung gilt auch die Verwendung zur Branntweinbereitung unter Überwachung.

5. Als Bücher, in denen Abschreibungen infolge der amtlichen Vernichtung oder Unbrauchbarmachung zu vollziehen sind, kommen in Betracht in erster Linie das Sudbuch, dann das Rückbierbuch, wenn es sich um in den Betrieb zurückgenommenes Rückbier handelt, das Zuckerverwendungsbuch, wenn es sich um Zuckerstoffe oder Farbebier handelt, die bei der Bierbereitung noch nicht verwendet worden sind, und schließlich das Mahlbuch, wenn Malz in Frage kommt, das nach dem Schroten oder vor dem Einmaischen, mithin vor dem Eintrag im Sudbuch, vernichtet oder beschädigt worden ist.

6. Auf abgefundene Brauereien ist die Bestimmung des § 62 nicht anzuwenden, weil hier die Biersteuer in der annähernden Form der Rohstoffsteuer auf Grund der Malz- und Zuckerverwendung erhoben wird (§ 73 DB).

Steueranmeldung, Steuererhebung **§ 63**

(1) Der Brauereiinhaber hat das Biersteuerbuch am Monatsschluß mit Zeitangabe abzuschließen und spätestens am fünften darauf folgenden Werktag der Zollstelle zur Steuerfestsetzung einzusenden.

(2) Die Zollstelle setzt zunächst im Biersteuerbuch von den entsprechenden Gattungen des steuerpflichtig gewordenen Biers, das Rückbier und das Bier, das wie Rückbier zu behandeln ist, ab (§ 15 Abs. 6 und 8). Ist im Biersteuerbuch eine entsprechende Menge der gleichen Biergattung nicht eingetragen, so wird die überschießende Menge rot dargestellt.

(3) Die Zollstelle setzt für die Biermengen, die Absatz 2 gemäß ermittelt worden sind, die Steuer fest. Dabei wird für die anzuwendenden Steuersätze (Staffelsätze) von der Biermenge ausgegangen, die innerhalb des Rechnungsjahrs bis zum Schluß des Vormonats erzeugt worden ist (§ 6). Von der erzeugten Biermenge des Monats, für den die Steuer festgesetzt wird, wird nur der Teil berücksichtigt, für den die Steuer geschuldet wird. Bei der Berechnung der Steuer werden die Biergattungen, wenn mehrere steuerpflichtig geworden sind, in der Reihenfolge der Steuersätze (Gattungssätze) angesetzt, die auf die Biergattungen anzuwenden sind. Dabei ist mit der Gattung zu beginnen, die dem niedrigsten Steuersatz unterliegt.

(4) Das im Biersteuerbuch rot dargestellte Rückbier und das fremde Bier, das wie Rückbier zu behandeln ist (Abs. 2 Satz 2), werden bei der Steuerberechnung vor dem zu versteuernden Bier (Absatz 3) nach Menge und Steuerbetrag rot angesetzt. Sind mehrere Biergattungen rot dargestellt, so werden sie in der Reihenfolge der Steuersätze (Gattungssätze) angesetzt, die auf die Biergattungen anzuwenden sind. Dabei ist mit der Gattung zu beginnen, die dem höchsten Steuersatz unterliegt. Die rot dargestellten Biermengen werden bei der Ermittlung der erzeugten Biermenge, die rot dargestellten Steuerbeträge werden bei der Aufrechnung der

Steuerbeträge abgesetzt. Wenn die rot dargestellten Beträge höher sind als die Biersteuer, die für die steuerpflichtig gewordenen Mengen zu entrichten ist, wird der Unterschiedsbetrag zur Verrechnung im folgenden Monat gutgeschrieben oder zur Tilgung anderer Steueransprüche verwendet.

(5) Nach der Berechnung der Steuer werden der steuerpflichtigen Biermenge die Biermengen hinzugerechnet, die als Haustrunk oder wegen Ausfuhr steuerfrei geblieben sind, und die innerhalb des Rechnungsjahrs bis zum Schluß des Vormonats erzeugt worden sind. Von dieser Gesamtmenge wird bei der Feststellung der Steuersätze (Staffelsätze) für die nächste Steuerberechnung ausgegangen.

(6) Die Zollstelle teilt den Steuerbetrag dem Steuerschuldner durch Steuerbescheid unverzüglich mit. Sie verwendet dazu einen Vordruck nach Muster 14.

(7) Der Steuerschuldner ist verpflichtet, die Steuer spätestens am Fälligkeitstag auch dann zu entrichten, wenn bis zu diesem Tag ein Steuerbescheid noch nicht erteilt worden ist.

1. Die Neufassung des § 63 beruht auf der Siebenten VO zur Änderung der DB vom 23. November 1942.

Zu Abs. 2

2. Das Rückbier ist von der Summe des im abgelaufenen Monat steuerpflichtig gewordenen Bieres abzusetzen ohne Rücksicht darauf, zu welchem der Steuersätze des § 3 Abs. 2 des Gesetzes das Rückbier versteuert ist. War im Biersteuerbuch eine der Rückbiermenge entsprechende Menge der gleichen Biergattung nicht angeschrieben, so mußte nach der früheren Regelung in § 18 Abs. 7 DB von 1931 die überschießende Menge in eine nach dem Steuerwert (§ 3 Abs. 2 Ges.) gleiche Menge einer im Biersteuerbuch angeschriebenen anderen Biergattung umgerechnet und bei dieser abgesetzt werden. Diese Berechnungsmethode war besonders dann schwierig, wenn die steuerpflichtige Menge auf mehrere Staffelsätze verteilt werden mußte, für die Bemessung des Staffelsatzes jedoch nur die tatsächliche und nicht die umgerechnete Biermenge berücksichtigt werden durfte. Nach der jetzigen Regelung wird das Rückbier in jedem Fall von der entsprechenden Gattung des steuerpflichtig gewordenen Bieres abgesetzt. Ist dabei die steuerpflichtig gewordene Biermenge niedriger als die Menge Rückbier gleicher Gattung, so verbleibt eine rote Zahl (s. Anhang VII betr. Beispiele für die Berechnug der Biersteuer).

Zu Abs. 3, 4 und 5.

3. Diese Bestimmungen sind getroffen worden, um die Steuerberechnung möglichst einfach zu gestalten. Würde für jede einzelne Biermenge, für die eine Steuerschuld entstanden ist, der im Zeitpunkte der Entstehung der Steuerschuld zutreffende Steuersatz festgestellt und danach die Steuer berechnet werden, so müßte für jeden einzelnen Eintrag steuerpflichtigen Bieres im Biersteuerbuch die bis dahin in der Brauerei erzeugte Biermenge (§ 6 DB) besonders festgestellt werden. Dies würde namentlich bei großen Betrieben, bei denen sich im Laufe des Monats zahlreiche

Einträge im Biersteuerbuch ergeben, zu Unzuträglichkeiten führen. Um das zu ver meiden, ist die Steuerberechnung von der zeitlichen Aufeinanderfolge der Entstehung der Steuerschuld für die einzelnen Biermengen innerhalb des Feststellungszeitraumes losgelöst und bestimmt worden, daß für die Steuerberechnung von der im abgelaufenen Monat erzeugten Biermenge (§ 6 DB) nur der Teil zu berücksichtigen ist, für den die Steuer geschuldet wird (d.h. der steuerpflichtig geworden ist), und davon zunächst das Einfachbier, dann das Schankbier, dann das Vollbier und zuletzt das Starkbier in Ansatz gebracht wird, und zwar ohne Rücksicht darauf, wann die Steuerschuld für die einzelne entfernte oder getrunkene Biermenge entstanden ist (Abs. 3). Zuvor ist jedoch nach Absatz 4 das im Biersteuerbuch rot dargestellte Rückbier und das wie Rückbier zu behandelnde fremde Bier nach Menge und Steuerbetrag rot anzusetzen. Dabei ist, wenn mehrere Biergattungen rot dargestellt sind, zunächst mit der Biergattung zu beginnen, die dem höchsten Steuersatz unterliegt. Beispiele für die Steuerberechnung s. Anhang VII.

Unter Berücksichtigung der Biermengen, die in dem Steuerbescheide für den vorhergegangenen Monat als bis dahin erzeugt (Abs. 3 Satz 2) festgestellt worden sind, ist die Steuer nunmehr zu berechnen. Die im abgelaufenen Monat nach § 7 des Gesetzes steuerfrei abgelassenen Biermengen bleiben bei der Steuerfestsetzung für die in diesem Monat steuerpflichtig gewordene Biermenge außer Betracht. Bei der monatlichen Steuerfestsetzung wird hiernach so verfahren, als ob aus den in § 51 DB bezeichneten Räumen zunächst das Bier, für das eine Steuerschuld entstanden ist, in der Reihenfolge Einfach-, Schank-, Voll-, Starkbier und dann erst das steuerfrei abgelassene Bier ausgegangen wäre. Für den Brauer ergibt sich daraus der Vorteil, daß innerhalb eines Monats die steuerfrei abgelassenen Biermengen auf die höheren Steuersätze angerechnet werden. Dieser Vorteil wird aber dadurch wieder ausgeglichen, daß von dem Bier, für das eine Steuerschuld entstanden ist, auf die niedrigeren Steuersätze zunächst das nur mit dem halben und dreiviertelfachen Satze belastete Einfach- und Schankbier und auf die höheren Sätze die mit dem vollen und eineinhalbfachen Satze belasteten anderen Biergattungen angerechnet werden. Die Anrechnung des steuerfreien Bieres auf die höheren Sätze entspricht dem Grundsatz, der hinsichtlich der Anrechnung der ausgeführten Biermengen auf die höheren Steuersätze bereits in § 18 der Brausteuer-Vergütungsordnung (Anlage C zu den AB zum Brausteuergesetz vom 15. Juli 1909, ZBl f. d. D. R. S. 529) zur Geltung gebracht ist. Die im abgelaufenen Monat gemäß § 7 des Gesetzes steuerfrei abgelassenen Biermengen sind auf die Höhe der anzuwendenden Steuersätze erst für die folgenden Monate des betreffenden Rechnungsjahres von Einfluß, indem sie innerhalb eines Rechnungsjahres am Schlusse jedes Monats bei der Feststellung der bis dahin in der Brauerei erzeugten Biermengen berücksichtigt und diese Mengen der Steuerberechnung für den nächsten Monat zugrunde gelegt werden. Im letzten Monat eines Rechnungsjahres bleiben die steuerfrei abgelassenen Biermengen bei der Steuerberechnung gänzlich außer Betracht. Vgl. zum Vorstehenden RFH Bd. 14 S. 289 (= Kartei Rspr. 1 zu § 4 Abs. 1 und 2 des Gesetzes) wegen Anrechnung des Haustrunkbiers und Bd. 18 S. 20 (= ZfZ 1925 S. 30) wegen Anrechnung des Ausfuhrbieres.

4. Der angeforderte Biersteuerbetrag ist nach der Abrundungsverordnung vom 31. Oktober 1923 (Reichsgesetzbl. I S. 1049) auf den nächsten durch fünf teilbaren Pfennigbetrag nach unten abzurunden. Diese Abrundung ist aber erst bei dem Gesamtsteuerbetrag vorzunehmen (NachrBl. f. d. Zollstellen 1919 S. 87)

5. Bei Änderung der Biersteuersätze innerhalb eines Monats hat der Brauereiinhaber die Biermengen, für die im Laufe einer Steuerperiode eine Steuerschuld entstanden ist, und die Rückbiermengen, die im Laufe einer Steuerperiode in Zugang gestellt worden sind, getrennt nach den verschiedenen Steuerperioden aufzurechnen. Ebenso hat die Zollstelle die Abschreibungen von Rückbier gemäß § 15 Abs. 6 DB und die Berechnung der Biersteuer gemäß § 63 DB getrennt für die verschiedenen Steuerperioden vorzunehmen (RZBl. 1923 S. 222).

6. Ist im Falle des § 101 AO die Steuer sofort nach Entstehung der Steuerschuld zu bezahlen, so muß das Biersteuerbuch jedesmal, sobald Bier steuerpflichtig geworden ist, vorgelegt werden (s. Bem. 5 zu § 6 des Gesetzes). In derartigen Fällen ist die Steuer für die einzelnen Biermengen nach dem Zeitpunkt der Entstehung der Steuerschuld und nach der Reihenfolge, in der das steuerpflichtige und das steuerfreie Bier die in § 51 DB bezeichneten Räume verlassen hat, zu berechnen und festzusetzen. Sind gemäß § 101 AO kürzere Fristen, z. B. von 3 Tagen oder 1 Woche, für die Leistung der Zahlungen bestimmt, so ist die Steuer für diese Fristen nach den Grundsätzen des § 63 DB zu berechnen.

7. Wegen der Anschreibung im Biersteuerbuche, falls bei der Ausfuhr von Bier die mit der Ausgangsbescheinigung versehene Anmeldung bei der Zollstelle nicht eingeht oder falls wegen unterlassener Ausfuhr die Anmeldung an die Zollstelle zurückgegeben wird, s. § 10 Abs. 2 und 3 BierAO.

Zu Abs. 6.

8. Der Steuerbescheid ist insoweit, als er die erzeugte Biermenge feststellt (Abs. 5, Muster 14, Satz 1), Feststellung einer Besteuerungsgrundlage im Sinne des § 213 Abs. 1 AO, also insoweit nicht selbstständig anfechtbar. Die Beanstandung dieser Feststellung muß mit der Anfechtung des Steuerbescheides verbunden werden, in dem die Feststellung der erzeugten Biermenge zu einer von der Ansicht des Steuerschuldners abweichenden Steuerfestsetzung geführt hat. Das kann, wenn die Staffel sich nicht ändert, einer der späteren Bescheide sein.

Zu Abs. 7.

9. Die rechtzeitige Entrichtung der fällig gewordenen Steuer zu dem in § 6 des Gesetzes vorgeschriebenen Zeitpunkt kann nicht von der vorherigen Zustellung des Steuerbescheides abhängig gemacht werden. Erhält der Steuerschuldner bis zu diesem Zeitpunkt keinen Steuerbescheid, so muß er die zu entrichtende Steuer nach dem Biersteuerbuch selbst berechnen.

10. Bei Verzug sind nach dem Steuersäumnisgesetz vom 24. Dezember 1934 (Reichsgesetzbl. I S. 1271) in der Fassung des Zweiten Gesetzes zur vorläufigen Neuordnung von Steuern vom 20. April 1949 (WiGBl. S. 69) Säumniszuschläge zu zahlen.

Entfernen von Würze oder noch nicht fertigem Bier aus der Brauerei **§ 64**

(1) Der Oberbeamte kann bei vorhandenem Bedürfnis gestatten, daß Würze oder Bier in unvollständig vergorenem Zustand aus der Brauerei entfernt wird. Die Würze oder das unfertige Bier sind beim Entfernen aus der Brauerei als fertiges Bier zu versteuern. Die Oberfinanzdirektion kann zulassen, daß Würze, die zur Herstellung

von anderen Erzeugnissen als Bier oder bierähnlichen Getränken bestimmt ist, unter den erforderlichen Sicherungsmaßnahmen steuerfrei belassen wird.

(2) Soll Würze oder noch nicht fertiges Bier in eine andere Brauerei zum Zweck der weiteren Verarbeitung verbracht werden, so ist es in der letzteren Brauerei gemäß § 15 Abs. 8 zu behandeln.

Zu Abs. 1.

1. Mit Rücksicht auf die steuerliche Überwachung soll grundsätzlich verhindert werden, daß das Bier außerhalb der Brauerei, in der die Bierwürze hergestellt ist, fertiggestellt wird (vgl. Bem. 4 zu § 12 des Gesetzes). Die Notwendigkeit der Bewilligung von Ausnahmen ist ziemlich groß (Abgabe von Jungbier an Verbraucher, vgl. Bem. 17 zu §§ 52 u. 53 DB; Abgabe von Bierwürze einer Brauerei an eine andere; Abgabe von Kräusen; Abgabe an andere Gewerbe zur Herstellung anderer Erzeugnisse usw.). Die Ermächtigung, Ausnahmen zuzulassen, ist deshalb auf die Oberbeamten übertragen. — § 64 Abs. 1 Sätze 2 u. 3 ist durch § 73 DB für Abfindungsbrauereien ausgeschaltet. Jedoch darf eine Jung- und Braunbierbrauerei, die nicht mehr als 500 hl Bier im RJ. herstellt und abgefunden ist, mit Genehmigung des Oberbeamten Würze oder Bier in unvollständig vergorenem Zustand aus der Brauerei entfernen.

2. Unerheblich ist, in welchem Abschnitte der Herstellung die Bierwürze sich befindet. Auch ungehopfte Würze ist als fertiges Bier zu versteuern. Ausfuhr von Bierwürze ist der Ausfuhr von Bier gleichzustellen. Es gelten die Bestimmungen der BierAO, so daß z.B. Anspruch auf Steuerfreiheit nur die Brauerei hat, in der die Würze hergestellt ist.

3. Der Umstand, daß die aus der Brauerei entfernte Bierwürze zu anderen nicht steuerbaren Erzeugnissen wie Malzauszügen verarbeitet wird, ist auf die steuerliche Behandlung der Würze ohne Einfluß. Wird die Verarbeitung in der Brauerei selbst vorgenommen, so würde die zur Bereitung solcher Erzeugnisse dienende Würze der Biersteuer nicht unterliegen. In diesem Falle würde das Hauptzollamt die nötigen Überwachungsmaßnahmen und Abschreibungen (vgl. § 62 DB) anzuordnen haben.

4. Die Bewilligungen nach Satz 1 und namentlich Satz 3 werden im Hinblick auf § 96 AO nur widerruflich zu erteilen sein.

Zu Abs. 2.

5. Im Falle des Abs. 2 ist die Bierwürze oder das unfertige Bier in der empfangenden Brauerei wie Rückbier nach § 15 DB zu behandeln. Es ist also beim Eingang wie eigenes Rückbier im Rückbierbuche anzuschreiben und auf Grund dieser Anschreibung am Schlusse des Monats im Biersteuerbuche abzuschreiben. Die Steuerbelastung, die die Würze oder das Bier durch die ursprüngliche Anschreibung im Biersteuerbuch der herstellenden Brauerei erfahren hat, bleibt außer Betracht. Nach der weiteren Verarbeitung ist die Würze oder das Bier beim Wiederausgange aus der empfangenden Brauerei gleich dem eigenen Bier dieser Brauerei im Biersteuerbuch anzuschreiben und zu versteuern (s. die Bem. 9 zu § 22 DB).

6. Die Vorschriften des § 9 des Gesetzes über das Reinheitsgebot werden durch die Bestimmung des Abs. 2 nicht berührt. Abs. 2 bezieht sich nur auf die steuerliche Behandlung der in eine Brauerei eingebrachten fremden Bierwürze oder des fremden unfertigen Bieres.

Handel mit fremdem Bier, Einbringen von Bier

§ 65

(1) Brauereiinhaber, die mit fremdem Bier Handel treiben oder fremdes Bier in die Brauerei einbringen wollen, haben die Genehmigung des Oberbeamten einzuholen, der die erforderlichen Überwachungsmaßnahmen trifft.

(2) Der Oberbeamte kann gestatten, daß Brauereien das eingebrachte Bier nicht im Rückbierbuch und im Biersteuerbuch, sondern in einem Anschreibebuch nach Muster 15 eintragen, sofern das Bier in besonderen Räumen gelagert wird, die nicht als zum Brauereibetrieb gehörig behandelt werden. Voraussetzung ist, daß das eingebrachte Bier in der Brauerei nicht bearbeitet oder umgefüllt wird und daß die Brauerei eine geordnete kaufmännische Buchführung hat, die über den Zugang und den Absatz des eingebrachten Biers genauen Aufschluß gibt.

(3) Der Oberbeamte kann Inhabern stillgelegter Brauereien, die ausschließlich mit fremdem Bier handeln und solches Bier in ihre Brauerei einbringen, die Führung des Biersteuer- und Rückbierbuchs erlassen.

1. Fremdes Bier ist das in einer anderen Brauerei hergestellte Bier; ob das Bier innerhalb oder außerhalb des Erhebungsgebietes hergestellt ist, ist gleichgültig. Eine Brauerei darf hiernach in ihren Betriebsräumen auch ausländisches Bier lagern. — Die Genehmigung ist erforderlich, gleichviel ob das fremde Bier in die Brauerei eingebracht und dort gelagert werden soll, oder ob die Aufbewahrungsräume für das fremde Bier sich außerhalb der Brauerei befinden und örtlich von dieser völlig getrennt sind.

2. „Einbringen" ist das Verbringen in die angemeldeten Brauereiräume (§ 34 DB). Auf den Zweck kommt es nicht an.

3. Die Vorschriften des § 9 des Gesetzes über das Reinheitsgebot werden durch die Bestimmung des § 65 nicht berührt. Außerhalb des Erhebungsgebietes hergestelltes Bier darf also in der Brauerei auch dann nicht vermischt oder verarbeitet werden, wenn es mit Genehmigung in die Brauerei eingebracht worden ist (s. Bem. 6 zu § 9 des Gesetzes).

4. Nach den in § 15 Abs. 6, 8 DB getroffenen Bestimmungen ist das fremde Bier auf Grund der Anschreibung im Rückbierbuche im Biersteuerbuche am Schlusse des Monats bei der Biersteuerberechnung von der steuerpflichtig gewordenen Biermenge abzusetzen und beim Wiederausgange aus der Brauerei wie eigenes (s. Bem. 11 zu § 2 des Gesetzes) Bier im Biersteuerbuch anzuschreiben und zu versteuern. Bei der Absetzung ist nach § 63 Abs. 2 DB zu verfahren. Das Verfahren gilt auch für Bier, das außerhalb des Erhebungsgebietes hergestellt und mit Genehmigung in eine Brauerei eingebracht ist. Wird das außerhalb des Erhebungsgebietes hergestellte und in die Brauerei eingebrachte Bier ausgeführt, so besteht ein Anspruch auf Steuerfreiheit nach § 1 BierAO nicht, da das Bier nicht im Erhebungsgebiet und nicht in der ausführenden Brauerei hergestellt ist.

Auch hinsichtlich des Haustrunks gilt das eingebrachte fremde Bier als eigenes Bier.

5. Die Biersteuer-Durchführungsverordnung vom 23. Dezember 1938 brachte Erleichterungen in der steuerlichen Buchführung über das fremde Bier; danach brauchte das eingebrachte fremde Bier nicht im Rückbierbuch und Biersteuerbuch, sondern nur in einem besonderen Anschreibebuch eingetragen zu werden, wenn in der Brauerei gleichartige Biergattungen nicht hergestellt wurden. Dadurch fiel die doppelte Anschreibung des fremden Biers im Rückbierbuch und Biersteuerbuch weg. Eine weitere Änderung und Vereinfachung brachte die Zehnte VO zur Änderung der DB vom 14. November 1951. Diese Änderung war schon dadurch erforderlich geworden, daß das Kontrollratsgesetz Nr. 28 die Steuervergünstigung für die „1000 hl Brauer" beseitigt hatte. Auf diese 1000 hl Brauer (früher § 3 Abs. 1 Satz 4 des Gesetzes) fand die Vergünstigung des Absatzes 2 in der Fassung vom 23. Dezember 1938 ohnehin keine Anwendung. Es schien unbedenklich, die Vergünstigungen des Absatzes 2 entgegen der Regelung von 1938 auch dann zu gewähren, wenn in der Brauerei gleichartige Biergattungen hergestellt werden. Jedoch mußte die Vergünstigung des Absatzes 2 dahin eingeschränkt werden, „daß das Bier in besonderen Räumen gelagert wird, die mit Zustimmung des Oberbeamten nicht als zum Brauereibetrieb gehörig behandelt werden". Diese Änderung war aus steuerschuldrechtlichen Gründen erforderlich, weil sonst auch für das eingebrachte fremde Bier mit der Entfernung aus dem Brauereibetrieb oder mit dem Trinken in der Brauerei die Steuerschuld gemäß § 2 Abs. 1 Ges. entstehen würde.

Der Oberbeamte darf die Führung des Anschreibebuchs nach Muster 15 nur gestatten, wenn die Voraussetzungen in Absatz 2 Satz 2 erfüllt sind. Das eingebrachte fremde Bier muß also die Brauerei in den Originalgebinden wieder verlassen.

6. Um den Sollbestand an eingebrachtem fremden Bier für Bestandsaufnahmen (§ 66 DB) feststellen zu können, führen die Zollstellen besondere Anschreibungen über das eingebrachte fremde Bier (BZBl. 1953 S. 70).

7. Anspruch auf die Behandlung des eingebrachten fremden Bieres als Rückbier haben nur Brauereien, d.h. Betriebe, die zur Herstellung von Bier geeignet und bestimmt sind. Zu den Brauereien zu rechnen sind auch Betriebe, in denen eingebrachtes fremdes Bier Zusätze erhält (z. B. zur Herstellung „besonderer" Biere, § 9 Abs. 5 des Gesetzes), dagegen nicht Betriebe, in denen Bier lediglich keimfrei gemacht (pasteurisiert) wird.

Eine *Vergütung* der Steuer, die für das eingebrachte fremde Bier in dem Herstellungsbetriebe entrichtet ist, ist in keinem Falle vorgesehen. Wenn in eine Brauerei, die ihre gesamte Erzeugung ausführt, fremdes Bier zu Ausfuhrzwecken eingebracht wird, so ist das fremde Bier beim Einbringen als Rückbier anzuschreiben; es wird bei der Entfernung aus der Brauerei zur Ausfuhr als nicht selbsthergestelltes Bier (§ 1 BierAO) steuerpflichtig, von ihm wird aber das Rückbier abgeschrieben. Die herstellende Brauerei erhält keine Vergütung.

8. Abs. 3 ist 1931 neu eingefügt, um Betriebe und Verwaltung von entbehrlicher Schreibarbeit zu entlasten.

9. Die Bestimmungen des § 65 Abs. 2 u. 3 DB gelten nicht für abgefundene Brauereien (§ 73 DB).

Bestandsaufnahme

§ 66

(1) Unter der Leitung des Oberbeamten wird in nicht abgefundenen Brauereien im Rechnungsjahr einmal der Bestand aufgenommen. Weitere Bestandsaufnahmen kann allgemein die Oberfinanzdirektion, für den einzelnen Fall auch das Hauptzollamt anordnen.

(2) Den Zeitpunkt der Bestandaufnahme bestimmt der Oberbeamte unter tunlichster Berücksichtigung der Betriebsverhältnisse der Brauerei. Sofern diese es zulassen, ist die Bestandsaufnahme unvermutet vorzunehmen.

§ 67

(1) Zu der Bestandaufnahme ist der Brauereiinhaber oder Betriebsleiter zuzuziehen.

(2) Bei der Bestandsaufnahme sind die in der Brauerei vorhandenen Würze- und Biermengen festzustellen, in die überwachungspflichtige Biermenge umzurechnen und mit den abschließenden Büchern zu vergleichen. Die Vorräte an Würze und Bier können an Hand einer vom Brauereiinhaber vorzulegenden Bestandsanmeldung probeweise ermittelt werden.

(3) Der Oberbeamte nimmt über die Bestandsaufnahme eine Verhandlung auf, die der Brauereiinhaber oder der Betriebsleiter mitzuunterschreiben hat. Ergeben sich bei der Bestandsaufnahme Fehl- oder Mehrmengen, so sind deren Ursachen in der Verhandlung zu erläutern.

(4) Die Verhandlung über die Bestandsaufnahme ist dem Hauptzollamt vorzulegen, das wegen der Versteuerung der Fehlmengen (§ 196 der Reichsabgabenordnung) entscheidet. Die in der Brauerei geführten Bücher hat der Brauereiinhaber nach dem Ergebnis der Bestandsaufnahme zu berichtigen. Die Verhandlung über die Bestandsaufnahme verbleibt beim Belegheft der Zollstelle.

Zu §§ 66, 67.

1. § 192 Nr. 4 AO sieht allgemein als Mittel zur Sicherung der Steuer nach Eröffnung des Betriebes Bestandsaufnahmen vor und verweist die Bestimmungen darüber in die Ausführungsbestimmungen. Daß und unter welchen Voraussetzungen in Brauereien Bestandsaufnahmen vorzunehmen sind, bestimmt § 66 DB. Die steuerliche Behandlung von Fehlmengen, die bei Bestandsaufnahmen festgestellt sind, regelt § 196 AO, der hier das Vorhandensein der steuerschuldbegründenden Tatbestände der Verbrauchsteuergesetze unterstellt.

Schrifttum: ZfZ 1925 S. 29, 39; 1930 S. 153, ZPr. 1953 S. 152, 202, 273; DDZ 1955 F S. 27, 105.

2. Zwischenzeitliche Bestandsaufnahmen gemäß § 66 Abs. 1 Satz 2 DB sind geboten, um prüfen zu können, ob die im Sudbuch angeschriebenen überwachungspflichtigen Biermengen bei ihrem Ausgang aus der Brauerei vollständig im Biersteuerbuch angeschrieben sind.

3. Bei der Bestandsaufnahme wird der Sollbestand nach den Anschreibungen in den Betriebsbüchern durch Abzug des gesamten Zugangs rein rechnungsmäßig ermittelt und der Istbestand nach dem tatsächlichen Befund aufgenommen (vgl. RFH Bd. 19 S. 163). Bei der Ermittlung des Sollbestandes darf nicht an Stelle des bei der letzten Bestandsaufnahme ermittelten Istbestandes der Istbestand aus einer früheren Bestandsaufnahme herangezogen werden, da andernfalls eine Steuerforderung nicht auf § 196 AO gegründet werden kann (vgl. RFH IV A 127/30, Mrozek Kartei R 2 zu § 17 BierStG, u. RFH V z 128/38 S, RZBL 1939 S. 871).

Zu der Bestandsaufnahme ist der Inhaber oder Betriebsleiter „zuzuziehen", d.h. zur Teilnahme aufzufordern. Zwangsmittel zur Erzwingung seiner Teilnahme kommen nicht in Betracht, es sei denn, daß er gemäß § 194 AO Hilfsdienste zu leisten hat. Die Zuziehung des Betriebsinhabers oder seiner Vertreter entspricht einem Gebot der Gerechtigkeit schon wegen des Ergebnisses der Bestandaufnahme, besonders aber wegen der rechtlichen Folgen, die das Gesetz an dabei zutage tretende Fehlmengen knüpft, die sich bei einem Unterschied zwischen Soll- und Istbestand als Mindermenge ergeben (vgl. RFH IV A 238/28 v. 26. 9. 28, Mrozek Kartei R 2 zu § 10 Weinsteuergesetz 1925).

Ergeben sich bei der Bestandsaufnahme Fehlmengen, so gilt die Vermutung, daß sie durch Umstände entstanden sind, die eine Steuerschuld in der Person des Brauereiinhabers, des regelmäßigen Steuerschuldners, begründen, d.h. daß das Bier aus der Brauerei entfernt oder in der Brauerei getrunken worden ist (§ 2 Abs. 1 Satz 1 des Gesetzes), da der durch natürliche Einflüsse entstandene Schwund bereits gemäß § 84 DB für jede Brauerei ermittelt und berücksichtigt ist. Diese Rechtsvermutung nach § 196 Abs. 1 AO ist widerlegbar. Der Inhaber kann den Nachweis führen und es ist auch von Amts wegen zu prüfen (§§ 204, 243 AO), ob die Fehlmengen auf Umstände anderer Art zurückzuführen sind (vgl. RFH IV A 69/27 in ZfZ 1927 S. 246; IV A 76/28, Kartei Rspr. 1 zu § 17 BierstGes.). Der Nachweis wird als erbracht gelten können, wenn die Fehlmengen in den Betriebsverhältnissen der Brauerei begründet sind. Der Nachweis der Widerlegung der Rechtsvermutung nach § 196 Abs. 1 AO beruht auf der Würdigung der im Einzelfall gegebenen tatsächlichen Verhältnisse; die Entscheidung darüber ist gemäß § 278 AO nach der „freien, aus der Verhandlung und einer Beweisaufnahme geschöpften Überzeugung" zu treffen (vgl. RFH IV A 195/35, Mrozek Kartei R 1 zu § 196 AO).

Eine unbedingte zahlenmäßige Übereinstimmung des Bestandes in der Brauerei mit den Büchern wird sich bei der Bestandaufnahme kaum erzielen lassen, da einerseits schon ganz genaue Feststellungen des Bestandes, z.B. im Lagerkeller, kaum möglich sind, andererseits die im Sudbuch angeschriebenen überwachungspflichtigen Biermengen nicht das Ergebnis einer genauen Ermittlung sind, sondern aus der Ausschlagwürze unter Annahme eines durchschnittlichen Schwundsatzes errechnet sind. Zweck der Bestandsaufnahme kann es nicht sein, kleine Unstimmigkeiten zum Anlaß der Steuererhebung zu machen, sie soll vielmehr nur ermöglichen, größere Unregelmäßigkeiten aufzudecken.

4. Die durch Diebstahl entstandene Fehlmenge muß versteuert werden (s. Bem. 3 zu § 2 des Gesetzes; RFH IV A 163/26 in ZfZ 1926 S. 219).

5. Die in § 196 Abs. 2 AO für den Zeitpunkt der Entstehung der Steuerschuld aufgestellte Rechtsvermutung ist widerlegbar. Wird z.B. festgestellt, daß eine Fehl-

menge auf einen bestimmten Fall der Hinterziehung der Biersteuer zurückzuführen ist, so ist der Zeitpunkt der Entfernung des Bieres, für welches die Steuer hinterzogen ist, aus der Brauerei für die Entstehung der Steuerschuld maßgebend.

6. Die vorhandenen Istbestände an Bier und Würze stellen nicht ohne weiteres die überwachungspflichtige Biermenge dar, sondern es ist von ihnen für die Bestandsaufnahme noch der Teilschwund abzusetzen. (Umrechnung in die überwachungspflichtige Biermenge nach § 67 Abs. 2 DB).

Bei der Feststellung des Istbestandes ist mit möglichster Genauigkeit zu verfahren. Die Anwendung eines Meßstabes bei Gär- und Lagergefäßen (nicht bei kochender Würze) wird im Hinblick auf die Infektionsgefahr vom Einverständnis des Inhabers abhängig zu machen sein.

7. Als Bücher, aus denen der Sollbestand (§ 67 Abs. 2 DB) zu ermitteln ist, kommen in Betracht die in der Brauerei aufliegenden Bücher (Sudbuch, Biersteuerbuch, Rückbierbuch, Muster 12, 13, 3) und die bei den Zollstellen geführten Bücher (Brauereibetriebsgegenbuch und Biersteuergegenbuch, Muster 22 und 23).

Für die nach § 67 Absatz 3 aufzunehmende Verhandlung ist das im BZBl. 1953 S. 71 u. f. (vgl. Anhang II) abgedruckte Muster zu verwenden. Außerdem führen die Zollstellen für jede nicht abgefundene Brauerei „Fortlaufende Anschreibungen zu den Bestandsaufnahmen in der Brauerei" nach dem gleichfalls im BZBl. 1953 S. 75 u. f. abgedruckten Muster (vgl. Anhang II). Für die Bestandsaufnahme ist zunächst der Sollbestand an den einzelnen Bierarten und Biergattungen an Hand des im BZBl. 1953 S. 71 abgedruckten Musters zu ermitteln. Dem Sollbestand ist der Istbestand gegenüberzustellen. Der Unterschied zwischen beiden ist entweder eine Mehrmenge oder eine Fehlmenge. Danach wird der Vomhundertsatz der Mehrmenge oder Fehlmenge zum Gesamtzugang an Bier seit der letzten Bestandsaufnahme errechnet. Der Berechnung des Gesamtzugangs dienen die „Fortlaufenden Anschreibungen zu den Bestandsaufnahmen in der Brauerei."

Für eine steuerpflichtige Fehlmenge fordert die Zollstelle die Biersteuer mit förmlichem Steuerbescheid (§ 211 AO) an. Sie trägt die nachversteuerten Biermengen, soweit der Steuerbescheid noch in demselben Rechnungsjahr erlassen wird, in dem die Steuerschuld entstanden ist (§ 2 Abs. 1 BierStG oder § 196 AO), mit Menge und Steuerbetrag im laufenden Biersteuergegenbuch unter einer besonderen Nummer ein. Sie vermerkt die Biermengen, für die die Steuerschuld in früheren Rechnungsjahren entstanden ist, nur in Sp. 62 des lfd. Biersteuergegenbuchs.

Fehlmengen aus Schwarzsuden oder unangemeldete Zusätze, z.B. von Wasser, müssen außerdem nachträglich als Zugang an überwachungspflichtigem Bier im Brauereibetriebsgegenbuch nachgewiesen werden. Die Zollstelle trägt solche Biermengen, die im laufenden Rechnungsjahr hergestellt und steuerpflichtig geworden sind, in die Sp. 10 bis 17 des lfd. Brauereibetriebsgegenbuchs ein. Sie vermerkt die Biermengen, die in früheren Rechnungsjahren hergestellt und steuerpflichtig geworden sind, nur in Sp. 20 des lfd. Brauereibetriebsgegenbuchs. Mehrmengen und steuerfrei belassene Fehlmengen werden im lfd. Sudbuch ohne Rücksicht auf den Zeitpunkt der Bestandsaufnahme eingetragen (BZBl. 1953 S. 70). Die laufenden in der Brauerei geführten Bücher hat der Betriebsinhaber zu berichtigen (RZBl. 1929 S. 1).

8. In abgefundenen Brauereien finden gemäß § 66 Abs. 1, 73 DB Bestandsaufnahmen nicht statt.

II. Überwachungsbestimmungen

Bierausschank einer Brauerei

§ 68

(1) Soll in örtlicher Verbindung mit einer Brauerei oder mit einem ihrer anmeldepflichtigen Betriebsräume ein Ausschank von Bier betrieben werden, so muß der Ausschankraum von den Betriebsräumen vollständig getrennt sein. In einem derartigen Ausschankraum darf nur Bier in den im §§ 52 und 53 genannten Gefäßen eingebracht werden. Vor der Einbringung muß, sofern die Brauerei nicht abgefunden ist, das Bier im Biersteuerbuch angeschrieben worden sein.

(2) Der Oberbeamte kann im Bedarfsfall weitere Überwachungsmaßnahmen anordnen.

1. Vgl. § 38 des Gesetzes von 1918.

2. Der Ausschank des eigenen oder eines fremden Erzeugnisses sowie der Handel mit fremdem Bier (§ 65 DB) durch eine Brauerei bedarf zur Sicherung der Biersteuer einer besonderen Überwachung (vgl. § 86 DB).

3. Das in den Ausschankraum verbrachte Bier muß „fertig" sein (§ 12 Abs. 4 des Gesetzes).

4. Für Ausschankräume, die sich nicht in örtlicher Verbindung mit der Brauerei befinden, gelten besondere Überwachungsmaßnahmen nicht.

5. Der Ausschank von Bier in Verbindung mit einer Brauerei unterliegt gemäß § 12 Abs. 1 des Gesetzes der Steueraufsicht. Es finden deshalb § 190 AO, § 32 DB über Bestellung eines Betriebsleiters Anwendung. Es besteht ferner die Anzeigepflicht nach § 13 des Gesetzes.

6. Die weiteren Überwachungsmaßnahmen können in der Anordnung einer Buchführung über Eingang und Ausgang des Bieres bestehen oder es kann zum Zwecke der Überwachung angeordnet werden, daß Bier nur zu bestimmten Zeiten aus der Brauerei in den Ausschankraum verbracht wird.

Abfindung

§ 69

(1) Inhaber von Brauereien, die gemäß § 16 des Gesetzes abgefunden werden wollen, haben der Zollstelle eine Erklärung nach Muster 16 in doppelter Ausfertigung abzugeben.

(2) Die Zollstelle leitet die Erklärung dem Oberbeamten zu, der sie zu prüfen und dem Hauptzollamt mit einer gutachtlichen Äußerung darüber vorzulegen hat, welche Mengen jeder Biergattung für einen Doppelzentner der hierzu verwendeten Mengen an Malz, Zucker, Farbebier und aus Zucker hergestellten Farbmitteln nach den Betriebsverhältnissen der Brauerei für die Steuerberechnung anzusetzen sind.

1. Siehe die Bem. 2, 3 zu § 16 des Gesetzes.

2. Es macht keinen Unterschied, ob das Farbebier im Sudbetrieb oder außerhalb desselben zugesetzt wird (vgl. § 10 FBierO).

Zur Frage der Festsetzung der Ausbeutesätze in abgefundenen Brauereien s. ZfZ 1953 S. 173.

§ 70

(1) Das Hauptzollamt setzt fest, welche Menge jeder Biergattung für einen Doppelzentner der hierzu verwendeten Mengen an Malz, Zucker, Farbebier und aus Zucker hergestellten Farbmitteln für die Steuerberechnung anzusetzen ist, vermerkt die Festsetzung auf der Erklärung und gibt die Erklärung an die Zollstelle zurück, die eine Ausfertigung dem Brauereiinhaber zur Verwahrung beim Brauereibelegheft übersendet.

(2) Treten wesentliche Änderungen in den der Festsetzung zugrunde gelegten Betriebsverhältnissen ein, so hat alsbald eine neue Festsetzung zu erfolgen.

Die Festsetzung bildet einen unselbständigen (mit Rechtsmitteln nicht selbständig anfechtbaren) Teil des Steuerbescheids (§ 213 Abs. 1 AO).

§ 71

(1) Inhaber von Brauereien, die zur Abfindung zugelassen worden sind, haben eine Anmeldung nach Muster 17 über sämtliche zu verwendenden Braustoffe beim Aufsichtsbeamten abzugeben und ein Abfindungsbuch nach Muster 18 zu führen.

(2) Für die Einreichung der Anmeldungen gilt § 55.

Zu Abs. 2 vgl. die Bem. zu § 55 DB.

§ 72

(1) Die Anmeldung muß bei der Betriebsführung eingehalten werden.

(2) Abweichungen von der Anmeldung sind nur zulässig, wenn infolge unvermuteter Umstände die Einmaischung nicht oder nicht in der angemeldeten Weise stattfinden kann. Die Abweichungen und deren Ursachen hat der Brauereiinhaber unter Angabe von Tag und Stunde sofort dem Aufsichtsbeamten durch eine neue Anmeldung mitzuteilen.

(3) Der Oberbeamte hat bei seiner nächsten Anwesenheit in der Brauerei die Zulässigkeit der Abweichungen zu prüfen und dies im Befundbuch zu vermerken.

Vgl. die Bem. zu § 56 DB.

§ 73

Die §§ 1, 6, 11, 12, 13, 15, 24, 51, 52, 53, 59 bis 63, § 64 Abs. 1 Sätze 2 und 3, Abs. 2, § 65 Abs. 2 und 3, §§ 66 bis 68 sind auf die Inhaber von nach §§ 69 folgende abgefundenen Brauereien nicht, die §§ 57 und 58

mit der Maßgabe anzuwenden, daß an die Stelle der Brauanzeige nach Muster 10 die Anmeldung nach Muster 17 tritt. Als innerhalb eines Rechnungsjahrs erzeugt gelten die Biermengen, die nach den Eintragungen im Abfindungsbuch im Laufe eines Rechnungsjahrs als hergestellt zu gelten haben.

1. Die Ausnahmen in Satz 1 beziehen sich auf die für die nicht abgefundenen Brauer geltenden Bestimmungen über die Entstehung der Steuerschuld, die erzeugte Biermenge, die steuerpflichtige Menge, die Abgabe des Haustrunks, die Steuererstattung für Rückbier, den Wasserzusatz zum Bier, die Lagerung, Abfüllung und Abgabe fertigen Bieres, die Versandgefäße, die Buchführung, die Steuererhebung, die Versteuerung von Würze oder noch nicht fertigem Bier bei der Entfernung aus der Brauerei, das Einbringen von Bier in besondere, nicht zum Brauereibetrieb gehörige Räume der Brauerei, die Bestandsaufnahme und den Bierausschank.

Die Bestimmung über die Entstehung der Steuerschuld, über die steuerpflichtige Menge und über die Berechnung und Feststellung der Steuer sind für Abfindungsbrauer anderweit geregelt, weil bei ihnen nicht die tatsächlich aus der Brauerei ausgehende Biermenge, sondern die Biermenge zugrunde gelegt wird, sie sich aus den angemeldeten Malz- und Zuckerstoffmengen nach den vom Hauptzollamt festgesetzten Ausbeutesätzen herstellen läßt. Da die Abfindung eine Art Rohstoffbesteuerung ist, ist der Zeitpunkt der Entstehung der Steuerschuld mit der Rohstoffverwendung in Verbindung gebracht. Entsprechendes gilt für die Fälligkeit.

2. § 5 DB über Farbebier gilt auch für Abfindungsbrauereien, vgl. Bem. 2 zu § 16 des Gesetzes u. § 10 Abs. 1 FBierO).

3. §§ 12 u. 13 DB konnten für Abfindungsbrauereien ausgeschlossen werden, weil der Arbeitnehmer-Haustrunk für Abfindungsbrauereien als Vomhundertsatz der errechneten hergestellten Biermenge ausgeworfen wird (§ 74 Satz 2 DB).

4. Die Biersteuer für Rückbier (§ 8 des Gesetzes) wird in Abfindungsbrauereien nicht erstattet. Diese Regelung entspricht der Gestaltung der Biersteuer für die Abfindungsbrauereien nach Art der Rohstoffbesteuerung. Dazu kommt, daß die steuerliche Überwachung der Abfindungsbrauereien infolge der sehr einfachen Buchführung weniger genau ist als die der nicht abgefundenen Brauereien. Auch kann die Biersteuer für fremdes Bier, das zum Zwecke der Vernichtung oder Unbrauchbarmachung in eine Abfindungsbrauerei eingebracht ist, nicht nach den Bestimmungen über Rückbier angerechnet werden.

Die in § 61 DB bestimmte Buchführung ist Abfindungsbrauereien erlassen, weil sie ihnen unverhältnismäßige Schwierigkeiten bieten würde.

5. Hinsichtlich der Lagerung, Abfüllung und Abgabe des fertigen Bieres und der Versandgefäße unterliegen Abfindungsbrauereien den für die übrigen Brauereien bestehenden Beschränkungen nicht. Es konnte hierauf, ebenso wie auf die Bestandsaufnahme (§§ 66, 67 DB) verzichtet werden, weil in diesen Brauereien die Rohstoffverwendung die Grundlage der Besteuerung bildet.

6. Die in § 57 DB für die zur Erstattung der Brauanzeige verpflichteten Brauereien vorgesehenen Betriebsbeschränkungen und die Pflicht zur Abgabe der Erklärung über die Zuckerverwendung (§ 58 DB) sind auch auf Abfindungsbrauereien ausgedehnt worden, um eine Überwachung der Rohstoffverwendung sicherzustellen.

Wegen der Zuckerverwendung in Abfindungsbrauereien vgl. Bem. 7 zu § 58 und Bem. 8 zu § 59 DB.

7. Der letzte Satz in § 73 ist durch die DurchführungsVO vom 21. August 1941 eingefügt worden. Diese Ergänzung hat lediglich für die Zollstellen Bedeutung und beseitigt die früher geäußerten Zweifel, ob das im Monat März eingebraute und in das Abfindungsbuch für März eingetragene Bier der Bierherstellung des am 31. März endenden oder des am 1. April beginnenden Rechnungsjahres zuzurechnen ist.

Zur Herbeiführung eines einheitlichen Verfahrens ist nunmehr bestimmt worden, daß die im März hergestellten und in das Abfindungsbuch für März eingetragenen Biermengen der Herstellung des am 31. März endenden Rechnungsjahres zugerechnet werden müssen. Entsprechend sind auch die Anleitungen (Nr. 3) zum Brauereibetriebsgegenbuch und Biersteuergegenbuch ergänzt worden, so daß nunmehr die Abfindungsbücher für den Monat März genau so wie die Biersteuerbücher für den gleichen Monat noch in die Gegenbücher einzutragen sind, die für das am 31. März abgelaufene Rechnungsjahr zu führen sind.

§ 74

Die Zollstelle stellt im Abfindungsbuch, sobald ihr dies vom Brauereiinhaber eingesandt ist (Anleitung zu Muster 18 Nr. 4), unter Benutzung des Vordrucks auf der letzten Seite die zu jeder Biergattung verwendete Braustoffmenge fest und berechnet daraus auf Grund der vom Hauptzollamt festgesetzten Ausbeutesätze die hergestellten Biermengen. Von diesen Mengen sind sodann 3 vom Hundert als steuerfreier Haustrunk der Brauereiangestellten und Brauereiarbeiter (§ 7 Abs. 1 des Gesetzes) abzuziehen, sofern solche beschäftigt werden. Für die verbleibenden Biermengen ist die Steuer festzusetzen und dem Brauereiinhaber ein Steuerbescheid nach Muster 19 zu erteilen (§ 211 der Reichsabgabenordnung). § 63 Abs. 7 gilt entsprechend.

1. Die Einrichtung der letzten Seite des Abfindungsbuchs für die Steuerberechnung ist eine Neuerung der DB von 1931.

2. 3 v. H. sind abzuziehen ohne Rücksicht auf die Zahl der beschäftigten Arbeitnehmer. Die Aufsichtsbeamten haben darauf zu achten, ob Arbeitnehmer überhaupt beschäftigt werden.

3. Ein Verzeichnis der haustrunkberechtigten Arbeitnehmer ist nicht zu führen (vgl. § 73 Satz 1 und Bem. 8 zu § 73).

4. Wegen des bei Änderungen der Steuerhöhe anzuwendenden Steuersatzes vgl. RZBl. 1923 S. 297.

§ 75

(1) Die Abfindung einer Brauerei ist nur vom Beginn eines Rechnungsjahrs an zulässig. Der Verzicht auf die Abfindung wird erst am Schluß des Rechnungsjahrs wirksam.

(2) Beträgt in einer abgefundenen Brauerei in einem Rechnungsjahr die aus den verwendeten Braustoffen (§ 70 Abs. 1) nach den festgesetzten Ausbeutesätzen sich ergebende Biermenge mehr als 500 Hektoliter, so ist, sofern es sich nicht um eine vorübergehende, in besonderen Ursachen begründete Überschreitung handelt, die Brauerei vom Beginn des nächsten Rechnungsjahrs an von der Abfindung auszuschließen. Die Entscheidung trifft das Hauptzollamt.

(3) Das Hauptzollamt kann Inhabern von abgefundenen Brauereien, die sich einer Biersteuerhinterziehung oder wiederholter Ordnungswidrigkeiten schuldig machen, die Vergünstigung der Abfindung sofort entziehen.

1. Abs. 1 ist eine — auf der Kannvorschrift des § 16 des Gesetzes beruhende — Neuerung der DB von 1931, die Vereinfachung der Verwaltungsarbeit und Verbesserung der Statistik bezweckt. Ebenso ist in Abs. 3 das Wort „sofort" eingefügt, um zum Ausdruck zu bringen, daß die Entziehung jederzeit möglich ist.

2. Die früheren Vorschriften über eine vereinfachte Abfindung der Hausbrauer, die in einem Rechnungsjahr nicht mehr als 20 hl obergäriges Einfachbier herstellen (frühere §§ 77 bis 82 DB) sind nach der Zehnten VO zur Änderung der Durchführungsbestimmungen vom 14. November 1951 weggefallen. Ein Bedürfnis hierfür lag nicht mehr vor.

3. Ordnungswidrigkeiten im Sinne des Abs. 3 sind Verstöße gegen § 413 AO. Die frühere Bezeichnung der Vergehen nach § 413 AO als Steuerordnungswidrigkeiten ist fallengelassen worden (vgl. auch Vorbem. 16 zu § 18 des Gesetzes).

Nachschau

§ 76

(1) Die Befugnis der Aufsichtsbeamten zur Nachschau (§ 193 der Reichsabgabenordnung) erstreckt sich auf sämtliche Betriebs- und Lagerräume einer Brauerei, einschließlich der Aufbewahrungsorte für Malz, Malzschrot und Zuckerstoffe (§ 50 Abs. 3), auf die an die Brauerei anstoßenden, mit ihr in Verbindung stehenden Räume, ferner auf die Räume, in denen ein Ausschank von Bier in Verbindung mit einer Brauerei betrieben wird, sowie auf alle Fahrzeuge der Brauerei, mit denen Bier befördert wird.

(2) Den Aufsichtsbeamten müssen die im Absatz 1 bezeichneten Räume von 6 bis 21 Uhr, und wenn in ihnen gearbeitet wird, jederzeit zugänglich sein.

(3) Die Aufsichtsbeamten sind insbesondere berechtigt, die zum Betrieb der Brauerei bestimmten Geräte und Gefäße, einschließlich der Lager-, Fuhr- und Versandgefäße, nachzumessen und zu stempeln, die zum Wiegen der Braustoffe bestimmten Waagen und Gewichte sowie die zur Vermessung der Würze- und Biermengen bestimmten Geräte zu prüfen und im Bedarfsfall deren Richtig-

stellung zu veranlassen, die Vorräte an Braustoffen nachzuwiegen und die erzeugten Würze- oder Biermengen sowie deren Extraktgehalt festzustellen.

1. §§ 76 bis 89 DB bringen die Durch- und Ausführungsbestimmungen zu §§ 193 und 194 AO.

2. Über Nachschau und Durchsuchungen s. Bem. zu § 17 des Gesetzes.

3. § 193 AO trifft die für alle Steuergesetze gemeinsamen Vorschriften über die Nachschau. Den Ausführungsbestimmungen ist die Bestimmung darüber zugewiesen, zu welchen Zeiten die Nachschau stattfinden darf und welche Befugnisse den Beamten im einzelnen zustehen.

4. Der Steueraufsicht unterliegen nach § 12 Abs. 1 des Gesetzes die Brauereien und der Ausschank von Bier in Verbindung mit einer Brauerei, ferner nach § 22 Abs. 2 DB. Bierhändler und Wirte, denen der Zusatz untergäriger Kräusen oder von Zucker zum Berliner Weißbier und Grätzer Bier gestattet ist und die sich der Steueraufsicht unterworfen haben. Eine Nachschau bei anderen Unternehmern oder Unternehmen, z. B. Bierhändlern und Wirten, ist nach § 193 AO zulässig, wenn bei ihnen nach dem Ermessen des Finanzamts eine Steuerpflicht in Betracht kommt. Ermessen des Finanzamts ist auch das Ermessen des Oberbeamten des Aufsichtsdienstes als des Organs des Hauptzollamts (Finanzamts) für die Ausübung der Steueraufsicht in seinem Bezirk. Es kann auch anderen Beamten den Auftrag zur Nachschau bei Unternehmern und Unternehmen erteilen, bei denen nach seinem Ermessen eine Steuerpflicht in Betracht kommt. Eine Steuerpflicht im Sinne des Biersteuergesetzes kann aber *allgemein* bei jedem, der mit Bier handelt, also nicht nur Verbraucher ist, in Betracht kommen (Zusatz von Wasser oder Zucker zum Bier, Vermischen von Bier verschiedener Gattungen u. dgl.).

5. Abs. 1 des § 76 DB bezeichnet die Räume, auf die sich bei Brauereien die Nachschau allgemein erstreckt. Sie ergeben sich schon aus dem Zweck der Nachschau, die den Finanzbehörden ermöglichen soll, sich darüber zu unterrichten, ob in einem Betriebe die sämtlichen durch die Steuergesetze getroffenen Vorschriften befolgt werden. Verschlossene Räume müssen geöffnet werden. Die ausdrückliche Anführung der Brauereifahrzeuge, zu denen auch die eigenen Eisenbahnfahrzeuge der Brauereien gehören, ist eine Neuerung der DB von 1931, die Zweifel ausschließen soll. Die Aufsichtsbeamten sind also berechtigt, auch außerhalb der Brauerei deren Bierfuhrwerke anzuhalten und Zahl, Zeichen und Nummer der Gefäße aufzuschreiben, um sie mit den Anschreibungen im Biersteuerbuch und den Vorbüchern zu vergleichen. — In den nicht dem Betriebe dienenden und mit ihm in Verbindung stehenden Privaträumen des Brauereiinhabers kann Nachschau gehalten werden, wenn die Voraussetzungen des § 193 Abs. 1 Satz 1 AO vorliegen. Nach dem Gutachten des Obersten Finanzgerichtshofs vom 21. März 1950 II z D 1/50 S (BZBl. S. 3) wird § 193 AO durch Art. 13 des Grundgesetzes nicht berührt (ZfZ 1957 S. 193). Auf § 76 DB kann die Nachschau in der Wohnung nicht gestützt werden (vgl. auch Bem. 1 zu § 17 des Gesetzes).

6. Unter „arbeiten“ im Sinne des Abs. 2 wird die Vornahme von Arbeiten zu verstehen sein, die mit dem Brauereibetrieb in Zusammenhang stehen.

7. Zeitliche Beschränkungen fallen nach § 193 Abs. 2 AO weg, wenn Gefahr im Verzuge liegt.

8. Unter Braustoffen (Abs. 3) sind die in § 9 des Gesetzes genannten Stoffe zu verstehen. Wegen der unentgeltlichen Entnahme von Proben vgl. § 31 Abs. 2 DB.

9. Es dürfen keine Einrichtungen getroffen werden, die die Ausführung der Aufsicht hindern oder erschweren (§ 193 Abs. 3 AO; vgl. § 39 Abs. 4 des Gesetzes von 1918). Unter Einrichtungen sind sowohl Handlungen (z. B. Verschließen von Türen) wie Unterlassungen (z. B. Nichtfestlegen eines bissigen Hundes) zu verstehen. Die Beseitigung derartiger Einrichtungen kann nach § 202 AO durch Geldstrafen, Ausführung auf Kosten des Pflichtigen und unmittelbar erzwungen werden.

Vermessung der Gefäße

§ 77

(1) Die Gefäße, in denen die Menge der Ausschlagwürze oder der Anstellwürze (§ 83 Abs. 6) ermittelt werden soll, müssen geeicht (§ 24 Abs. 1, § 25 des Maß- und Gewichtsgesetzes vom 13. Dezember 1935 in der Fassung der Zweiten Verordnung zur Änderung des Maß- und Eichrechts vom 30. November 1942, § 19 der Eichordnung vom 24. Januar 1942 — Beilage zu Nr. 10 des Amtsblatts der Physikalisch-Technischen Reichsanstalt vom 14. März 1942) und nach den Bestimmungen der §§ 288 und 308 der Eichordnung bezeichnet sein.

(2) Alle übrigen Gefäße werden von den Beamten des Aufsichtsdienstes auf trockenem Weg nach einer zollamtlich zugelassenen Anleitung oder Tafel vermessen. Das Hauptzollamt kann anordnen, daß auch diese Gefäße geeicht sein müssen. Das Hauptzollamt kann bei diesen Gefäßen eine ihm vorgelegte Inhaltsberechnung des Herstellers anerkennen oder von einer Vermessung ganz absehen, wenn sie entbehrlich erscheint und gegen die Richtigkeit des in der Nachweisung der Räume, Gefäße und Geräte angegebenen Inhalts keine Bedenken bestehen.

1. Vgl. § 35 DB. Die Befugnis zur Vermessung ergibt sich aus § 192 AO.

2. Durch die Biersteuer-Durchführungsverordnung vom 23. Dezember 1938 ist die bis dahin für die Aufsichtsbeamten vorgeschriebene nasse Vermessung der Gefäße, in denen die Menge der Ausschlag- oder der Anstellwürze ermittelt werden soll, weggefallen. Diese Gefäße unterliegen nunmehr der Eichpflicht. Den Aufsichtsbeamten obliegt nur noch die trockene Vermessung aller übrigen Gefäße nach einer zollamtlich zugelassenen Anleitung oder Tafel. Dazu kann die Anleitung in § 38 der Technischen Bestimmungen von 1958 zu den Ausführungsbestimmungen zum Gesetz über das Branntweinmonopol (BZBl 1958 S. 314) verwendet werden. Vielfach wird auch der „Praktische Gefäßrechner" von Gögler mit besonderer „Tabelle zur Ermittlung des Inhalts aus teilweise gefüllter liegender Fässer" benutzt. Im Schrifttum finden sich weitere Ausführungen über Gefäßberechnungen in DDZ 1950 S. 177 und 1953 S. 125.

3. Die Neufassung des letzten Satzes in Absatz 2 beruht auf der Zehnten VO zur Änderung der Biersteuer-Durchführungsbestimmungen vom 14. November 1951. Da die Herstellerfirmen von Gärgefäßen und Lagergefäßen den Brauereien mei-

stens genaue Inhaltberechnungen mitliefern, können diese durch die Hauptzollämter im allgemeinen ohne Bedenken anerkannt werden.

4. Von der Ermächtigung in Absatz 2 Satz 2 werden die Hauptzollämter in der Regel Gebrauch machen, wenn andernfalls eine annähernd zuverlässige Ermittlung von Teilschwundsätzen nach § 84 auf Schwierigkeiten stößt.

Meßstab (Peilstab)

§ 78

(1) Wenn von der Eichbehörde nichts anderes vorgeschrieben wird, ist zur Feststellung der Menge der Ausschlag- oder der Anstellwürze ein vom Brauereiinhaber zu liefernder Meßstab (Peilstab) zu verwenden. Der Meßstab (Peilstab) ist gegen Vertauschungen amtlich zu sichern. Er muß aus dunklem Eichenholz bestehen, muß wenigstens 3 Zentimeter breit und, wenn er länger als 1 Meter ist, von quadratischem Querschnitt sein; er darf nur glatt gehobelt, nicht poliert und muß am unteren Ende beschlagen sein.

(2) Der Meßstab (Peilstab) wird von der Eichbehörde nach Raummaß eingeteilt. Aus der Einteilung muß der Rauminhalt der Gefäße nach Hektolitern, bei Gefäßen mit einem Fassungsvermögen von nicht mehr als 5000 Litern auch nach halben Hektolitern abgelesen werden können. Der Meßstab (Peilstab) muß stets an der gleichen Stelle (Meßstelle) und bis zur gleichen Tiefe in das Gefäß eingeführt, die Meßstelle muß am Gefäßrand mit einer Marke (Zollplombe) gekennzeichnet werden. Der Meßstab (Peilstab) und die seinen richtigen Gebrauch sichernden Einrichtungen sind vom Brauereiinhaber unversehrt zu erhalten. Der Meßstab (Peilstab) ist an dem vom Oberbeamten bestimmten Ort aufzubewahren.

(3) Der Brauereiinhaber ist dafür verantwortlich, daß die geeichten Gefäße in der bei der Vermessung festgestellten Lage erhalten bleiben. Unbeabsichtigte Lageänderungen sind sofort nach ihrer Wahrnehmung, beabsichtigte drei Tage vor ihrer Ausführung der Zollstelle mit Änderungsanzeige zu melden.

1. Die Verpflichtung zur Lieferung des vorschriftsmäßigen Meßstabs liegt dem Brauer nach § 194 AO ob. Die Erfüllung kann nach § 202 AO durch Auferlegung eines Erzwingungsgeldes oder Beschaffung auf Kosten des Pflichtigen erzwungen werden.

2. Mit Meßstäben wird der Flüssigkeitsinhalt eines Behälters dadurch festgestellt, daß der Stab so tief in die Flüssigkeit eingetaucht wird, bis er auf dem Boden aufstößt. Peilstäbe dagegen werden nicht in die Flüssigkeit eingetaucht, sondern berühren lediglich die Oberfläche. Mit Hilfe eines am Gefäß fixierten Punktes kann auf dem Stab dann die Flüssigkeitsmenge abgelassen werden. Für Meßstäbe ist Eichenholz das geeignete Material, weil Meßstäbe aus Metall sich durch Wärme stärker ausdehnen als Meßstäbe aus Holz. Auch ist ein genaues Ablesen der Ein-

tauchtiefe bei Metallmeßstäben schwieriger als bei Holzmeßstäben, weil auf Metall die Benetzungsgrenze schlechter zu erkennen ist.

3. Unterlassung der Anzeige nach Absatz 3 Satz 2 ist nach § 413 Abs. 1 Nr. 1 b AO strafbar.

Vermessungsverhandlungen **§ 79**

(1) Über die Vermessung sind für jedes Gefäß zwei gleichlautende Verhandlungen nach Muster 20 aufzunehmen und von der Zollstelle dem Hauptzollamt zur Prüfung vorzulegen.

(2) Die geprüften Ausfertigungen sind der Zollstelle zurückzugeben, die eine zu ihrem Belegheft nimmt und die andere dem Brauereiinhaber zur Einverleibung in das Belegheft der Brauerei übersendet.

Nachvermessung **§ 80**

(1) Vermessene Gefäße, deren Rauminhalt, fester Standort oder Lage geändert worden ist, oder bei denen eine solche Änderung zu vermuten ist, sind nachzueichen, soweit in ihnen die Menge der Ausschlagwürze oder der Anstellwürze ermittelt werden soll (§ 83 Abs. 6) oder zollamtlich neu zu vermessen.

(2) In allen anderen Fällen beträgt die Nacheichfrist für geeichte Gefäße zehn Jahre (§ 17 des Maß- und Gewichtsgesetzes vom 13. Dezember 1935 in der Fassung der Zweiten Verordnung zur Änderung des Maß- und Eichrechts vom 30. November 1942).

Die Neufassung des § 80 beruht auf der Zehnten VO zur Änderung der DB vom 14. November 1951. Die Änderung war dadurch bedingt, daß die Gefäße, in denen die Menge der Ausschlagwürze oder der Anstellwürze ermittelt werden soll, nach der Eichordnung von 1942 eichfähig sind. Ihr Inhalt wird deshalb durch die Eichbehörden nicht mehr eichamtlich beglaubigt, sondern durch Eichung ermittelt.

Reinigung und Prüfung der selbsttätigen Verwiegungsvorrichtungen **§ 81**

(1) Nach Anordnung des Oberbeamten hat der Brauereiinhaber von Zeit zu Zeit die inneren Teile der Verwiegungsvorrichtung und der Malzmühle mittels geeigneter, von ihm bereitzuhaltender Werkzeuge (Handfeger, Handblasebalg usw.) von dem sich ansammelnden Staub unter amtlicher Aufsicht reinigen zu lassen.

(2) Außer bei der Eichung und Nacheichung ist die eigentliche Waage (§ 42 Abs. 2) im unbelasteten Zustand mindestens einmal jährlich von dem Aufsichtsbeamten auf ihre Empfindlichkeit und ihr genaues Einspielen zu prüfen und erforderlichenfalls neu abzugleichen.

(3) Von Zeit zu Zeit — bei Verwiegungsvorrichtungen, die täglich arbeiten, wenigstens einmal vierteljährlich — haben die Aufsichtsbeamten zu prüfen, ob der Malzzufluß (§ 42 Abs. 3) rechtzeitig selbsttätig abgesperrt wird, das heißt, ob nach der selbsttätigen Absperrung des Malzzuflusses und vor der selbsttätigen Entleerung des Malzgefäßes die belastete eigentliche Waage, nachdem ihre Verbindung mit dem übrigen Getriebe der Vorrichtung gelöst ist, sich im Gleichgewicht befindet. Ist dies nicht der Fall, so ist die Vorrichtung, durch welche die Einlauföffnung abgesperrt wird, entsprechend richtigzustellen.

(4) Wie bei der Prüfung und Abgleichung der leeren Waage (Abs. 2) und bei der Prüfung und Richtigstellung der Absperrvorrichtung (Abs. 3) zu verfahren ist, insbesondere durch welche Handgriffe die Verbindung zwischen der eigentlichen Waage und dem übrigen Getriebe der Verwiegungsvorrichtung gelöst und wiederhergestellt sowie wie die selbsttätige Entleerung des Malzgefäßes verhindert und wieder herbeigeführt wird, muß in der von dem Brauereiinhaber zu liefernden und im Belegheft aufzubewahrenden Beschreibung der selbsttätigen Verwiegungsvorrichtung oder in einer ebenfalls von dem Brauereiinhaber zu liefernden und im Belegheft aufzubewahrenden besonderen Anleitung genau angegeben sein.

Führt die Abgleichung nicht zum Ziel, zeigen sich vielmehr Unregelmäßigkeiten in der Verwiegung, so ist nach § 46 DB zu verfahren, d. d. die unzuverlässige Verwiegungsvorrichtung durch den Aufsichtsbeamten außer Betrieb zu setzen und zur Wiederherstellung eine angemessene Frist zu gewähren. Unter Umständen wird auf Grund des § 46 DB eine Befundprüfung zu verlangen sein.

Prüfung der Waagen und Gewichte § 82

Die zur Verwiegung der Braustoffe vorhandenen Waagen und Gewichte sind von Zeit zu Zeit zu prüfen. Ergeben sich Zweifel an ihrer Richtigkeit, so kann der Oberbeamte die sofortige Befundprüfung verlangen.

1. Waagen und Gewichte müssen nach dem Maß- u. Gewichtsgesetz vom 13. Dezember 1935 (Reichsgesetzbl. I S. 1499) in der Fassung der Zweiten Verordnung zur Änderung des Maß- und Gewichtsgesetzes vom 12. März 1940 (Reichsgesetzbl. I S. 497) und der Zweiten Verordnung zur Änderung des Maß- und Eichrechts vom 30. November 1942 (Reichsgesetzbl. I S. 669) geeicht sein; sie müssen gemäß § 17 a.a.O. alle zwei oder drei Jahre nachgeeicht werden (vgl. Bem. 2 zu § 42 DB). § 82 bezieht sich nicht auf selbsttätige Verwiegungsvorrichtungen, für die die §§ 81, 46 DB gelten.

2. Befundprüfung ist die Prüfung auf weitere Verkehrsfähigkeit. Sie darf an jedem Meßgerät vorgenommen werden, das der Eichung bereits unterzogen worden ist (vgl. § 4 der Eichordnung vom 24. Januar 1942).

II. Überwachungsbestimmungen

Prüfung der Brauereien

§ 83

(1) Bei der regelmäßigen Nachschau in den Brauereien haben die Aufsichtsbeamten sich eine möglichst genaue Kenntnis der Betriebsführung zu verschaffen.

(2) Sie haben sich insbesondere davon zu überzeugen:

1. daß keine unzulässigen Stoffe zur Bierbereitung verwendet werden und nicht verbotswidrig Wasser zum Bier zugesetzt wird;
2. daß die Braustoffe nur an den dazu bestimmten Orten und in den zulässigen Mengen aufbewahrt werden;
3. daß die Eintragungen im Sudbuch und in den sonst zu führenden Büchern und Anschreibungen rechtzeitig und vollständig gemacht werden und mit dem Befund in der Brauerei übereinstimmen;
4. daß Bier nur in den zugelassenen Räumen gelagert, abgefüllt und nur in den zulässigen Gefäßen aus der Brauerei entfernt wird;
5. daß das aus der Brauerei ausgehende Bier hinsichtlich Gattung und Menge mit den Eintragungen im Biersteuerbuch übereinstimmt und die einzelnen Biergattungen der Vorschrift im § 3 Abs. 2 des Gesetzes entsprechen.

(3) Zahl und Art der in den Brauereien vorzunehmenden Prüfungen regelt die Oberfinanzdirektion. Jedoch haben die Aufsichtsbeamten monatlich mindestens einmal, in steuerlich zuverlässigen Betrieben nach näherer Bestimmung des Hauptzollamts vierteljährlich einmal, die Menge der Ausschlagwürze und den Extraktgehalt der Ausschlag- und Anstellwürze zu ermitteln. Die Ermittlungen haben unvermutet zu erfolgen; dem Brauereiinhaber ist Gelegenheit zu geben, den Ermittlungen beizuwohnen.

(4) Die Menge der bei einer Einmaischung gewonnenen Ausschlagwürze ist vor dem Ablassen (Ausschlagen) aus der Braupfanne mit dem amtlichen Meßstab (Peilstab) zu ermitteln. Das Abmessen der Würze soll unmittelbar vor dem Ausschlagen und dann vorgenommen werden, wenn das Sieden beendet ist und der Würzespiegel sich beruhigt hat. Der Meßstab (Peilstab) ist stets an der besonders gekennzeichneten Stelle einzuführen.

(5) Zur Feststellung des Extraktgehalts der Ausschlag- und der Anstellwürze haben sich die Beamten stets einer geeichten Zuckerspindel zu bedienen. Von Zeit zu Zeit sind die Anzeigen dieser Spindel mit denen der amtlichen Spindel zu vergleichen. Die zur Ermittlung des Extraktgehalts der Ausschlagwürze benötigte Probe ist aus der Braupfanne unmittelbar vor dem Ausschlagen mit einem Metallzylinder, sofern ein solcher in der Brauerei vorhanden ist, oder mit einer vorher gründlich zu reinigenden, zu erwärmenden

und mit der Würze auszuspülenden Flasche zu entnehmen. Der Metallzylinder oder die Flasche sind sorgfältig zu verschließen und sodann in einem mit kaltem Wasser gefüllten Gefäß bis auf annähernd + 20° C abzukühlen. Für die Spindelung der Würzeprobe ist ein vom Brauereiinhaber zu beschaffendes Standglas zu benutzen, das gut zu reinigen, auszutrocknen, senkrecht aufzustellen und fast bis zum Rand mit der abgekühlten und vorher abgeseihten Würze zu befüllen ist. Zur Feststellung des Extraktgehalts der Anstellwürze ist ähnlich zu verfahren; die Probe ist hierbei entweder dem Sammelgefäß oder, sofern dies nicht möglich ist, den Gärbottichen möglichst vor dem Zusetzen der Hefe, spätestens aber binnen 6 Stunden nach der Befüllung zu entnehmen. Das Hauptzollamt kann im Bedarfsfall eine andere Art der Probeentnahme anordnen. In jedem Fall ist darauf zu sehen, daß die Probe der durchschnittlichen Beschaffenheit der Anstellwürze entspricht.

(6) Wenn es die Betriebsverhältnisse der Brauerei erfordern (z. B. wenn mit mehreren Nachgüssen gearbeitet wird), kann das Hauptzollamt anordnen, daß abweichend von den Bestimmungen in Absätzen 3 und 4 die Feststellung des Extraktgehalts der Ausschlagwürze unterbleibt und daß statt der Menge der Ausschlagwürze die Menge der Anstellwürze im Anstellbottich, bevor sie mit der Hefe angestellt wird, ermittelt wird.

1. Da nach dem Biersteuergesetz das fertige Bier besteuert wird, ist für den Aufsichtsbeamten eine eingehende Kenntnis der Betriebsführung der Brauereien erforderlich. Er muß in der Lage sein, die Richtigkeit der Buchführung nachzuprüfen, die Ausbeute- und die Schwundverhältnisse (§ 84 DB) richtig zu beurteilen (vgl. über Sudhausausbeute ZfZ 1927 S. 242 und 278, ZfZ 1950 S. 258) und etwa bei Bestandsaufnahmen sich ergebende Fehlmengen auf ihre Ursachen zurückzuführen. Die Aufgaben der Steueraufsicht in dieser Hinsicht gehen erheblich weiter als bei der Rohstoffbesteuerung unter der Herrschaft der Brausteuergesetze. Selbstverständlich dürfen die Beamten in die Betriebsverhältnisse einer Brauerei nur insoweit Einsicht nehmen, als es die Ausübung der Steueraufsicht erfordert und soweit die ihnen durch die Abgabenordnung, das Gesetz und die Durchführungsbestimmungen eingeräumten Befugnisse reichen. Der Bierabsatz bildet im allgemeinen nicht den Gegenstand der Steueraufsicht, die Oberbeamten haben jedoch nach § 194 Abs. 2 AO das Recht, in die Geschäftsbücher und Schriftstücke über Herstellung und Absatz des Bieres Einsicht zu nehmen. Über Vorlegung der Geschäftsbücher oder Einsichtnahme durch die Aufsichtsbeamten im Falle der Gewährung von Erleichterungen bei der Führung des Biersteuerbuches vgl. Nr. 3 der Anleitung zum Muster 13. Die Brauereien gehören ferner zu den Betrieben, die hinsichtlich der Führung der vorgeschriebenen Bücher auch der besonderen Steueraufsicht nach Maßgabe des § 195 in Verbindung mit §§ 160, 162 AO unterliegen. § 195 steht selbständig neben § 194 AO, der letzteren Vorschrift wird indessen im Biersteuerrecht praktisch die größte Bedeutung zukommen.

Zu den Geschäftsbüchern und Schriftstücken über *Herstellung* im Sinne des § 194 AO gehören die Manuale der Braumeister, die für die Prüfung der Ausbeuteverhältnisse wichtig sind (vgl. ZfZ 1930 S. 16), zu den Geschäftsbüchern über *Absatz* nach der Entscheidung des Reichsfinanzhofs IV A 233/29 (s. RZBl. 1930 S. 28) die Hauptbücher und die Kassenbücher. Vorlagepflichtig sind z. B. Lagerbücher (für die Herstellung), ferner die Verladelisten, die Kutscherbücher (Lieferblocks), die Rechnungsdurchschriften und Lieferscheine, die Kundenbücher und die Verkaufsbücher (für den Absatz). Die Kutscherbücher (Lieferblocks) sind auch dann, und zwar von der Brauerei vorzulegen, wenn sie von den Kutschern aus eigener Veranlassung, nicht auf Anordnung der Brauerei geführt werden. § 194 Abs. 2 AO macht keinen Unterschied zwischen Büchern und Schriftstücken des Steuerpflichtigen und seiner Angestellten, vorausgesetzt, daß Anschreibungen der letzteren sich auf Herstellung und Absatz beziehen. Es kommt nur darauf an, daß die Bücher für die Besteuerung bedeutsam sind (RFH a. a. O.).

Vielfach üblich und im Interesse der Steueraufsicht zu empfehlen ist es, ein Verzeichnis der in der Brauerei geführten Bücher von Amts wegen zum Brauereibelegheft zu bringen.

2. Die Aufsichtsbeamten haben die Verhältnisse des Steuerpflichtigen, die sie dienstlich erfahren, und den Inhalt von Verhandlungen in Steuersachen, auch nach ihrem Ausscheiden aus dem Dienst, geheimzuhalten und dürfen Geschäfts- und Betriebsgeheimnisse, die sie in gleicher Weise erfahren haben, nicht unbefugt verwerten (§§ 22, 412 AO).

3. Die Ausübung der Steueraufsicht wird erleichtert durch die in § 194 Abs. 1 AO geregelte Pflicht zur *Auskunftserteilung* und zur *Leistung von Hilfsdiensten.* Diese Pflichten liegen nicht nur dem Brauereiinhaber als dem Steuerpflichtigen, sondern auch den im Betrieb der Brauerei beschäftigten Personen ob, soweit ihr Geschäftskreis reicht. Ihre Auskunftspflicht folgt außerdem aus § 175 AO.

Als Hilfsmittel, die von den Brauern gestellt werden müssen, kommen hauptsächlich in Betracht Schreibgerät und Siegellack, Meßgeräte und Vorrichtungen zum Einhängen der Meßstäbe an den Brauereigefäßen, geeichte Zuckerspindeln, Metallzylinder oder Flaschen zur Entnahme von Würzeproben, Gefäße zum Abkühlen dieser Proben und Standgläser (§ 83 Abs. 5 DB), Waagen und Gewichte zum Verwiegen der Braustoffe (§ 82 DB), Behältnisse zum Aufbewahren der in der Brauerei zu führenden Bücher (§ 89 DB) usw. § 41 des Biersteuergesetzes von 1918, der, wie aus der Anführung von Beispielen erhellt, die Verpflichtung zur Stellung der Hilfsmittel besonders vorsah, ist bei der Anpassung des Gesetzes an die Abgabenordnung im Hinblick auf § 194 AO fortgelassen worden (vgl. Drucks. Nr. 1 des 32. Reichstagsausschusses I 1920/21, Bem. zu § 41, S. 23; ferner Begründung zu §§ 13 bis 19 des Entwurfs, Reichstagsdrucks. Nr. 5739 I 1920/23 S. 10).

Die Notwendigkeit, den Aufsichtsbeamten Hilfsdienste zu leisten, kann sich insbesondere ergeben beim Vermessen der Brauereigefäße, bei der Ermittlung der Würze- und Biermengen und ihres Extraktgehaltes, bei der Nachverwiegung der Braustoffe und bei der Bestandsaufnahme. Der Verpflichtete kann die Hilfsdienste selbst leisten oder durch geeignete dritte Personen leisten lassen.

Die Aufsichtsbeamten dürfen nur solche Auskünfte, Hilfsmittel und Hilfsdienste verlangen, die zur Erfüllung der Zwecke der Steueraufsicht erforderlich sind. Darüber hinausgehende Anforderungen darf der Betriebsinhaber ablehnen.

Verweigert der Verpflichtete die Auskunft, stellt er die benötigten Hilfsmittel nicht oder versagt er die erforderten Hilfsdienste, so kann er dazu nach § 202 AO gezwungen werden. Die Untersagung des Betriebes der Brauerei oder des Bierausschanks in Verbindung mit einer Brauerei, die § 41 Abs. 3 des Gesetzes von 1918 in diesen Fällen als äußerstes Mittel vorsah, kennt das geltende Gesetz nicht mehr.

4. Der vorletzte Satz in Absatz 5 ist durch die Biersteuer-Durchführungsverordnung vom 21. August 1941 eingefügt worden, weil manche Brauereien kein Sammelgefäß haben und aus betriebstechnischen Gründen die Würze nach dem Abkühlen auf Gärbottiche verteilen, in denen sich von den Vorsuden herstammende bereits angestellte Würze befindet. Einwandfreie Proben können dann den Gärbottichen nicht mehr entnommen werden. In solchen Fällen empfiehlt es sich, zu verschiedenen Zeiten Proben an der Kühlvorrichtung oder aus der Zuflußleitung zum Gärbottich meist zu Anfang, Ende und in der Mitte des Ablaufs zu entnehmen und zu einer Durchschnittsprobe zu vereinigen. In manchen Brauereien ist die Kühlvorrichtung mit einer Tropfrinne versehen, die die Probe während der ganzen Dauer des Kühlens tropfenweise auffängt und in ein Gefäß leitet. Die Verwendung der Tropfrinne ist vorteilhaft, weil sie die beste Durchschnittsprobe verbürgt. Eine Änderung des Extraktgehalts der Probe im Auffanggefäß ist nicht zu befürchten, wenn das Gefäß so eingerichtet ist, daß Verluste durch Verdunstung oder Einwirkungen durch Atmosphärilien möglichst ausgeschaltet werden.

5. Nach der Neufassung von 1931 des Abs. 5 brauchen die Aufsichtsbeamten nicht mehr eine amtliche Zuckerspindel mitzuführen. Die Frist, binnen deren die Würzeprobe den Gärbottichen zu entnehmen ist (drittletzter Satz in Abs. 5), beträgt 6 Stunden, da schon nach dieser Zeit die Gärung beginnen und eine Veränderung des Extraktgehalts bewirkt haben kann.

6. Abs. 6 ist eine Neuerung der DB von 1931. In Brauereien, die mit mehreren Nachgüssen betrieben werden, ist das Verfahren nach Abs. 5 schwer durchführbar und erfordert auf alle Fälle die mehrstündige Anwesenheit des Überwachungsbeamten. Bei Braunbiersuden z. B. sind der erste Sud und die einzelnen Nachgüsse in Menge und Extraktgehalt ganz verschieden. So kann die Ausschlagwürze des ersten Sudes 9 v. H. Extraktgehalt, die des ersten Nachgusses etwa 1,5 v. H., die des zweiten etwa 0,8 v. H. haben. Die Würzen des ersten Sudes und der Nachgüsse werden über Kühlschiff und Berieselungsanlage in dasselbe Sammelgefäß geleitet und ergeben hier zusammen die *Anstellwürze* mit etwa 3,7 bis 3,8 v. H. Extraktgehalt. Hier läßt sich die gezogene Menge und der Extraktgehalt am bequemsten ermitteln. Das gewährt außerdem den Vorteil, daß die schwer zu erfassenden Anteile des Schwundes (Verdunstung, Verlust durch Hopfen- und Kühlgeläger und Benetzung), die von der Braupfanne bis zum Anstellbottich entstehen, bei der Festsetzung des Schwundes der Brauerei unberücksichtigt bleiben können. Ähnlich liegen die Verhältnisse beim Berliner Weißbier. Dieses wird ungekocht vom Läuterbottich über die Kühlgeräte in die Anstellbottiche abgelassen. Die überwachungspflichtige Biermenge wird am besten aus der festgestellten Menge der Anstellwürze berechnet.

7. Zu Abs. 5, 6 vgl. Anleitung zum Muster 12 (Sudbuch) Nr. 7 u. 8.

Schrifttum: ZfZ 1939 S. 17; 1954 S. 247; 1955 S. 234; ZPr. 1951 S. 103, 176, 269; DDZ 1950 S. 285; 1953 S. 159.

§ 84

(1) Für jede nicht abgefundene Brauerei ist der zutreffende Schwund, das ist der Gesamtverlust an Würze und Bier, der bei der Bierbereitung vom Ausschlagen der Würze aus der Braupfanne bis zum Abfüllen des Biers auf die Versandgefäße entsteht, für jede Bierart und Biergattung vom Oberbeamten zu ermitteln. Dem Brauereiinhaber ist Gelegenheit zu geben, zu dem Ergebnis der Ermittlungen Stellung zu nehmen.

(2) Der Schwund wird nach Prüfung des Antrags des Oberbeamten vom Hauptzollamt nach Hundertteilen, soweit erforderlich auch in zehntel Hundertteilen, der Ausschlagwürze festgesetzt.

(3) Sofern die Betriebsverhältnisse einer Brauerei hierzu nicht früher Anlaß bieten, ist auf Grund der Bierbestandsaufnahme zu prüfen, ob der Schwund neu festzusetzen ist.

(4) Die für eine Brauerei vom Hauptzollamt festgesetzten Schwundsätze sind dem Brauereiinhaber unter Angabe der je auf die einzelnen Betriebsabschnitte entfallenden Schwundanteile schriftlich mitzuteilen.

1. Vgl. Bem. 5 zu § 61 DB. — Der Schwund umfaßt den Gesamtverlust an Bierwürze und Bier, der bei der Herstellung und Behandlung des Bieres *in der Brauerei* entsteht. Hierher gehören auch Verluste beim Pasteurisieren, die regelmäßig eintreten. Anschreibungen der Brauerei und Überwachung durch den Aufsichtsbeamten werden nötig sein. Verluste, die sich beim Abgeben des Bieres an den Verbraucher (beim Auslitern und Ausschank) ergeben, können in den nach § 84 festzusetzenden Schwund nicht eingerechnet werden.

2. Wenn der Schwund nur für normale Verhältnisse ausreicht, kann nicht angenommen werden, daß durch ihn auch erhöhte Verluste abgedeckt werden. RFH V z 128/38 S, RZBl. 1939 S. 871.

3. Die Betriebsverhältnisse werden namentlich dann Anlaß zu einer Prüfung oder Neuermittlung bieten, wenn technische Neuerungen eingeführt sind, z. B. das Kühlschiff durch eine Kühlvorrichtung ersetzt ist oder Pressen für Hopfen, Trub usw. angeschafft sind.

4. Dem Brauereiinhaber steht gegen die Festsetzung des Schwundsatzes das Rechtsmittel der Beschwerde nach §§ 237, 303 AO zu.

5. Die Anleitung zur Ermittlung des Schwundes in Braureien ist abgedruckt im BZBl. 1957 S. 597 (vgl. Anhang I).

Schrifttum: ZfZ 1932 S. 356; 1938 S. 209; 1941 S. 151, 154; 1951 S. 57; DDZ 1954 F S. 29; 1955 F S. 188.

§ 85

In abgefundenen Brauereien ist besonders darüber zu wachen, daß keine größeren Mengen an Malz und Zuckerstoffen verwendet werden, als im Abfindungsbuch eingetragen sind. Außerdem haben

die Aufsichtsbeamten stets eingehend zu prüfen, ob die Betriebsverhältnisse der Brauerei den vom Hauptzollamt festgesetzten Ausbeuteverhältnissen entsprechen, um erforderlichenfalls eine Neufestsetzung der Ausbeutesätze herbeiführen zu können.

§ 86

Wird in örtlicher Verbindung mit einer Brauerei ein Ausschank von Bier betrieben, so ist von Zeit zu Zeit die Einhaltung der Bestimmungen im § 68 nachzuprüfen.

§ 87

(1) Das Ergebnis der Nachschau und sonstigen Prüfungen haben die Aufsichtsbeamten jeweils in ein Befundbuch nach Muster 21 einzutragen.

(2) Das Befundbuch ist vom Brauereiinhaber an dem vom Oberbeamten bestimmten Platz sorgfältig aufzubewahren.

(3) Die Oberfinanzdirektion kann die Führung eines Anschreibebuchs über die Ausbeuteverhältnisse in abgefundenen (§ 85) und nicht abgefundenen Brauerein anordnen.

Absatz 3 ist durch die Zehnte Verordnung zur Änderung der Durchführungsbestimmung vom 14. November 1951 eingefügt worden, nachdem in den meisten Brauereien bereits Anschreibungen über die Ausbeuteverhältnisse nach dem durch RdF Erlaß vom 1. September 1928 IIb 3971 mitgeteilten Muster geführt werden.

§ 88

(1) Der Aufsichtsbeamte versieht die Brauanzeigen und die Abfindungsanmeldungen, die ihm §§ 54 und 71 gemäß übersandt worden sind, für jede Brauerei mit einer fortlaufenden Nummer und vergleicht sie bei seiner nächsten Anwesenheit in der Brauerei mit den Eintragungen im Sudbuch oder im Abfindungsbuch. Er vermerkt den Tag und das Ergebnis der Prüfung auf der Brauanzeige oder auf der Abfindungsanmeldung.

(2) Ergeben sich bei der Vergleichung Unterschiede zwischen den Eintragungen der Brauanzeige oder Abfindungsanmeldung und den Eintragungen im Sud- oder Abfindungsbuch, die nicht sofort einwandfrei aufgeklärt werden können, so hat der Aufsichtsbeamte eine Verhandlung aufzunehmen und diese mit der Brauanzeige oder Abfindungsanmeldung und einem Auszug aus dem Sud- oder Abfindungsbuch der Zollstelle einzusenden.

(3) Der Aufsichtsbeamte sendet am Schluß des Vierteljahrs die Brauanzeigen und die Abfindungsanmeldungen an die Zollstelle. Die Zollstelle fügt sie den zugehörigen Sudbüchern oder Abfindungsbüchern als Belege bei.

Die Absätze 1 und 3 sind durch die Achte VO zur Änderung der DB vom 9. Februar 1944 neu gefaßt worden. Das bis dahin zu führende Merkbuch, in das der Aufsichtsbeamte Brauanzeigen und Abfindungsanmeldungen einzutragen hatte, ist im Interesse einer Vereinfachung der Verwaltungsarbeit weggefallen.

§ 89

Für die Aufbewahrung der in der Brauerei zu führenden Bücher sind auf Verlangen des Oberbeamten geeignete Behältnisse zur Verfügung zu stellen.

III. Buchführung der Zollstellen

§ 90

Die Zollstelle hat zu führen ein Brauereibetriebsgegenbuch nach Muster 22 und ein Biersteuergegenbuch nach Muster 23.

1. Das Brauereibetriebsgegenbuch weist für jede einzelne Brauerei die verwendeten Braustoffe und die überwachungspflichtige (bei Abfindungsbrauereien die hergestellte) Biermenge für das Rechnungsjahr nach. Die Angaben werden aus dem Sudbuch nach dessen Abschluß vierteljährlich, bei Abfindungsbrauereien aus dem Abfindungsbuch monatlich in je den Biervierteljahrs- oder Monatssummen übernommen.

2. Das Biersteuergegenbuch weist für jede einzelne Brauerei die steuerfrei belassenen und versteuerten Biermengen für das Rechnungsjahr nach. Die Angaben werden aus der auf Grund des Biersteuerbuches aufgestellten Steuerberechnung, bei Abfindungsbrauereien aus der auf Grund des Abfindungsbuches aufgestellten Steuerberechnung am Monatsschlusse übernommen.

3. Die beiden Bücher liefern der Zollstelle und den Aufsichtsbeamten die nötigen Angaben über die steuerlichen Verhältnisse der Brauereien für den Teil des Rechnungsjahres, für den die Betriebs- und Steuerbücher zur Rechnungsprüfung weitergegeben sind und deshalb nicht mehr ohne weiteres zur Verfügung stehen. Das ist von Bedeutung für die Bemessung der anzuwendenden Steuerstaffelsätze und für die Bestandsaufnahme (vgl. die Bem. 7 zu §§ 66, 67 DB).

4. Wegen der Berichtigung des Brauereibetriebsgegenbuchs und Biersteuergegenbuchs auf Grund des Ergebnisses der Bestandsaufnahme vgl. Bem. 7 zu §§ 66, 67 DB und BZBl. 1953 S. 70.

§§ 91 bis 94 (gestrichen)

Vgl. Verordnung zur Änderung der Durchführungsbestimmungen zum Biersteuergesetz vom 2. Dezember 1957 (BGBl. I S. 1831).

Die Bestimmungen über die Biersteuerstatistik sind als Anlage 7 zum BdFErlaß vom 3. 12. 1957 III C/4 — V 2030 — 13/57 im BZBl. 1957 S. 621 abgedruckt (vgl. Anhang I). Die Oberfinanzdirektionen — ausgenommen München und Nürnberg — legen die Biersteuerstatistiken unmittelbar dem Statistischen Bundesamt in Wiesbaden vor.

OFD München und Nürnberg legen die statistischen Meldungen dem Bayerischen Statistischen Landesamt vor und übersenden eine Abschrift dem Statistischen Bundesamt (BdFErlaß vom 28. April 1958 III C/4 — V 9930 — 38/58, BZBL S. 287).

V. Bierähnliche Getränke

Zu §§ 21 bis 23 des Gesetzes

§ 95

(1) Betriebe, in denen bierähnliche Getränke hergestellt werden, gelten als Brauereien.

(2) Auf bierähnliche Getränke finden keine Anwendung die §§ 5 bis 7, 9, 16 bis 23, 25, 26, 41 bis 48, 54 Abs. 2 und 3, 58 bis 60, 63 Abs. 3 Sätze 2 bis 4, Abs. 4 und 5, 64 Abs. 2, 65 Abs. 2, 69 bis 74, 75, 81, 85, 96 bis 100. Die übrigen Bestimmungen sind sinngemäß anzuwenden.

(3) Unter Braustoffen sind alle Stoffe und Zubereitungen zur Herstellung der bierähnlichen Getränke zu verstehen.

(4) In Brauereien, die bierähnliche Getränke herstellen, sind hinsichtlich dieser Getränke die vorgeschriebenen Bücher und Anschreibungen gesondert zu führen und die vorgeschriebenen Anmeldungen und Anzeigen gesondert zu erstatten.

1. Wegen des Begriffes der bierähnlichen Getränke s. die Bem. 1 und 2 zu § 21 des Gesetzes.

2. Da die bierähnliche Getränke herstellenden Betriebe als Brauereien gelten, unterliegen nicht nur sie selbst, sondern auch der in Verbindung mit dem Betriebe stehende Ausschank der Steueraufsicht (§ 12 Abs. 1 des Gesetzes). Die genannten Betriebe gelten nicht in jeder Hinsicht als Brauereien, sondern nur soweit die Vorschriften des Gesetzes (§ 23 des Gesetzes) und die DB Anwendung finden.

3. Die in Abs. 2 genannten Bestimmungen beziehen sich auf die für Brauereien geltenden Bestimmungen (vgl. Bem. 2 zu § 23 des Gesetzes) über die Versendung von Farbebier, die erzeugten Biermengen, die Steuerermäßigungen für Hausbrauer, die Benutzung einer Brauerei durch mehrere für eigene Rechnung brauende Personen (die Staffelung der Steuersätze gilt für bierähnliche Getränke nicht), die zu-

lässigen Braustoffe mit Ausnahme des Verbotes des Wasserzusatzes, den Verkehr mit Bier, die Malzmühlen mit selbsttätiger Verwiegungsvorrichtung, die Verwendung von Zucker, die Berechnung der Steuer, das Einbringen von Würze oder noch nicht fertigem Bier in eine andere Brauerei zur Weiterverarbeitung, Führung eines Anschreibebuchs nach Muster 15, die Abfindung.

Sinngemäße Anwendung finden (vgl. Bem. 3 zu § 23 Ges.) die Bestimmungen über die Entstehung der Steuerschuld, Biergattungen und Stammwürzegehalt, Einfuhrbier nebst der Steuerordnung für Einfuhrbier, die steuerpflichtige Menge, den steuerfreien Haustrunk, die Bierausfuhr einschließlich der Bierausfuhrordnung, das Rückbier, das Verbot des Wasserzusatzes, das Vermischen verschiedener Biere durch Wirte in offenen Gefäßen, das Verbot des Inverkehrbringens von Zubereitungen, die Brauereigefäße und -räume, die Entnahme von Bierproben, die Bestellung eines Betriebsleiters, die Anzeige des Brauereibesitzes, die erstmalige Betriebsanmeldung, das Brauereiverzeichnis und Belegheft, den Wechsel des Betriebsinhabers, das Ruhen des Brauereibetriebs, Aufbewahrung der Vorräte an Braustoffen, die Lagerung, Abfüllung und Abgabe fertigen Bieres, die Versandgefäße, die Brauanzeige (Betriebe, auch Vermahlungsbrauereien, die bierähnliche Getränke herstellen, haben hinsichtlich dieser stets Brauanzeige zu erstatten), die Betriebsbeschränkungen, sobald Braueinmaischungen angemeldet sind, die Buchführung (Sudbuch und Steuerbuch), Abschreibungen im Sudbuch, Berechnung der Biersteuer nach Abschreibung des Rückbieres, das Entfernen von Würze oder noch nicht fertigem Bier aus der Brauerei, den Handel mit fremden Bieren (die Bestimmung des § 65 Abs. 1 DB gilt, gleichviel ob mit fremden Bieren oder fremden bierähnlichen Getränken gehandelt wird), die Bestandsaufnahme, den Bierausschank in Verbindung mit einer Brauerei, die Nachschau, die Vermessung der Gefäße, die Prüfung der Waagen und Gewichte, die Prüfung der Brauereien, die Schwundberechnung, die Buchführung der Zollstellen.

VI. Übergangs- und Schlußbestimmungen

Zu § 24 des Gesetzes

Ersatz der Kosten für die Aufstellung von Malzmühlen

§ 96

(1) Inhabern von solchen Brauereien, die am 1. April 1918 zollamtlich angemeldet oder im Gebiet des ehemaligen Landes Württemberg anzuerkennen waren, sind auf Grund von § 24 des Gesetzes die Kosten für die erstmalige Aufstellung von Malzmühlen mit selbsttätigen Verwiegungsvorrichtungen und für die erstmalige Anbringung von selbsttätigen Verwiegungsvorrichtungen an bereits vorhandenen Malzmühlen auf Rechnung des Bundes in vollem Betrag zu erstatten, wenn die erstmalige Aufstellung oder Anbringung gemäß einer dem Brauereiinhaber nach § 14 Abs. 1 Nr. 1 und Abs. 3 des Gesetzes obliegenden Verpflichtung nach dem 1. Oktober 1918 erfolgt.

(2) In den Fällen des § 14 Abs. 2 und 3 des Gesetzes ist die Verpflichtung zum Einbau der Malzmühle mit Verwiegungsvorrichtung oder zum Anbringen der selbsttätigen Verwiegungsvorrichtung als entstanden im Sinn dieser Vorschriften erst dann anzusehen, wenn die Zollbehörde dahin entschieden hat, daß die nach dem Gesetz entstandene Verpflichtung nicht zu erlassen ist.

1. Vgl. die Bemerkungen zu § 24 des Gesetzes.
2. Am 1. April 1918 bestand nach den württembergischen Biersteuervorschriften noch keine steueramtliche Anmeldung der Brauereien. Ob ein Anwesen als Brauerei im Sinne des Biersteuergesetzes anzusehen war, wurde nach tatsächlichen Gesichtspunkten entschieden. Als bestehend anzuerkennen waren ohne Zweifel die Brauereien, denen damals ein Malzkontingent zugeteilt war (vgl. Amtsbl. des Württ. Steuerkollegiums 1919, S. 242 Ziff. 1).
3. Die Bestimmung des Abs. 2 soll den Bund gegen die Erstattung von Kosten in Fällen sichern, in denen ein wesentliches steuerliches Interesse an der Aufstellung oder Anbringung nicht besteht. Das wird namentlich dann der Fall sein, wenn die Lebensfähigkeit des Betriebes mit Rücksicht auf seinen geringen Umfang oder die ungünstigen Absatzverhältnisse zweifelhaft erscheint.

§ 97

Auf Grund des § 24 des Gesetzes wird auch den Inhabern einer Genossenschaftsmalzmühle Kostenerstattung gewährt, wenn mindestens einer der Besitzer der Mühle nach § 96 Abs. 1 den Kostenersatz für den Fall hätte beanspruchen können, daß er die Einrichtung für seine eigene Brauerei allein getroffen hätte.

§ 98

(1) Gegenstand der Kostenerstattung sind die Aufwendungen für die Anschaffung der Malzmühlen und selbsttätigen Verwiegungsvorrichtungen einschließlich der Kosten für die Abstellvorrichtungen und für die Beförderung und betriebsfertige Aufstellung der genannten Geräte, ferner die Kosten für die durch die Aufstellung notwendig gewordenen baulichen Veränderungen mit Einschluß der hierzu erforderlichen Baupläne und Kostenanschläge (§ 99 Abs. 2).

(2) In den Fällen, in denen der Brauereiinhaber im Zusammenhang mit der Aufstellung der Malzmühle oder der Anbringung der selbsttätigen Verwiegungsvorrichtung weitere Änderungen in der Einrichtung der Brauerei vornehmen läßt, sind, sofern nicht gegen solche gemeinsame Ausführung grundsätzliche Bedenken bestehen, die allgemeinen Unkosten zwischen dem Bund und dem Brauereiinhaber entsprechend dem Umfang der Kosten der sonstigen Än-

derungen im Verhältnis zu denen der Aufstellung der Malzmühle oder der Anbringung der Verwiegungsvorrichtung zu teilen.

(3) Dem Bund erwachsen aus dem Umstand, daß die Kosten von ihm auf Grund des § 24 des Gesetzes erstattet worden sind, keinerlei Rechte an den beschafften Malzmühlen und selbsttätigen Verwiegungsvorrichtungen.

(4) Wird der Betrieb einer Brauerei stillgelegt und die Malzmühle oder die selbsttätige Verwiegungsvorrichtung veräußert, so hat der jeweilige Brauereiinhaber dies dem Hauptzollamt sofort anzuzeigen. Er hat dem Bund die gezahlten Kosten zu erstatten, jedoch wird für jedes verflossene Kalenderjahr — einschließlich des Jahres, in dem die Malzmühle aufgestellt oder die Verwiegungsvorrichtung angebracht worden ist — ein Abzug von $^1/_{20}$ gewährt. Die Verfügungen wegen der Wiedereinziehung der erstatteten Kosten erläßt die Oberfinanzdirektion.

1. Zu Abs. 1 s. Bem. 3 zu § 24 des Gesetzes.

2. Die Erstattung der Kosten für die Anlage einer die Malzmühle bewegenden Kraft (z.B. Elektromotor) nebst Zubehör, wie Transmissionswellen, Riemenscheiben, Riemen usw., ist nicht zulässig. Auch die Kosten für eine Malzputzmaschine sind nicht erstattungsfähig. Die Kosten einer Abstellvorrichtung (Stelluhr) zur Verwiegungsvorrichtung sind durch die Neufassung von 1931 ausdrücklich als erstattungsfähig bezeichnet. Die Stelluhr ist als Kontrollmittel bei den nach § 81 DB regelmäßig vorzunehmenden Prüfungen auch für den Aufsichtsbeamten von Wert. Sie dient auch zur Kontrolle des Zählwerks. Erstattungsfähig sind die Kosten für den Magneten, nicht aber für Becherwerk und Förderschnecke.

3. Unter „baulichen Veränderungen" sind alle Änderungen am Gebäude selbst oder an Bestandteilen des Gebäudes zu verstehen, gleichviel ob sie unmittelbar oder mittelbar durch die Aufstellung entstanden sind. Dagegen werden die Kosten für Änderungen von Zubehörstücken und sonstigen beweglichen Gegenständen, die nicht in feste Verbindung mit dem Gebäude gebracht sind, unberücksichtigt bleiben müssen. Kosten für Verlängerung des Dunstschlots sind erstattungsfähig, nicht aber für Veränderungen an Staubsaugerohrleitung, Malzputze, Elevator, Transmissionen, Lichtleitung.

§ 99

(1) Die Kosten für die Aufstellung der Malzmühlen mit selbsttätigen Verwiegungsvorrichtungen und für die Anbringung selbsttätiger Verwiegungsvorrichtungen werden nur auf Antrag erstattet. Der Antrag ist vor Beschaffung der Malzmühle oder der selbsttätigen Verwiegungsvorrichtung beim Hauptzollamt zu stellen.

(2) In dem Antrag hat der Brauereiinhaber die Art (System) der Malzmühle und der Verwiegungsvorrichtung, das Füllungsgewicht der Verwiegungsvorrichtung und die Größe der zu einem Sud bestimmten Malzschüttung sowie Name und Sitz des Lieferers und

die voraussichtliche Höhe der nach § 96 und § 98 Abs. 1 erstattungsfähigen Kosten im einzelnen anzugeben. Dem Antrag ist ferner ein Bauplan nebst Kostenanschlag über die Malzmühle, die Verwiegungsvorrichtung und die Bauarbeiten beizufügen.

1. Beschafft der Brauereiinhaber Malzmühle und Verwiegungsvorrichtung, bevor ihm Kostenerstattung zugesagt ist, so tut er das auf eigene Gefahr.

2. Wegen der zugelassenen Arten selbsttätiger Verwiegungsvorrichtungen s. Bem. 1 zu § 42 DB.

§ 100

(1) Das Hauptzollamt hat die nach § 99 bei ihm eingehenden Anträge von dem Oberbeamten daraufhin prüfen zu lassen, ob die Anschaffung selbst, die Einrichtung der Malzmühle, die Aufstellung oder Anbringung, der Aufstellungsort und die etwa erforderlichen baulichen Veränderungen zweckentsprechend und vorschriftsmäßig sind, und die geprüften Anträge mit einem gutachtlichen Bericht der Oberfinanzdirektion zur Entscheidung darüber vorzulegen, ob und in welchem Umfang ein Ersatz einzutreten hat.

(2) Die Oberfinanzdirektion kann zur weiteren Prüfung Sachverständige heranziehen. Sie entscheidet selbstständig über die Zusage der Kostenerstattung, wenn die Gesamtkosten eines Antrags 2500 Deutsche Mark nicht übersteigen, andernfalls ist die Genehmigung des Bundesministers der Finanzen einzuholen.

(3) Nach Abnahme der fertiggestellten Anlagen gemäß § 43 weist die Oberfinanzdirektion die nachweislich aufgewendeten Kosten der Erstattung an, soweit sie sich innerhalb des Gesamtbetrags des Voranschlags halten. Ist der Voranschlag wegen unvorhergesehener Umstände überschritten worden, so kann die Oberfinanzdirektion die Überschreitung genehmigen, wenn die Gesamtkosten 2500 Deutsche Mark nicht übersteigen, andernfalls entscheidet der Bundesminister der Finanzen.

1. Will der Brauereiinhaber gleichzeitig mit der Malzmühle oder Verwiegungsvorrichtung andere Teile der Brauereieinrichtung neu aufstellen oder ersetzen, z. B. hat er bei der die Vorrichtung liefernden Firma gleichzeitig eine Kühlvorrichtung bestellt und über die gesamte Bestellung einen Anschlag vorgelegt, so wird regelmäßig getrennte Aufstellung verlangt werden müssen.

2. Getrennte Aufstellungen sind auch dann erforderlich, wenn neben den gewöhnlichen Aufstellungs- oder Anbringungskosten größere Bauarbeiten (z. B. An- und Abbauten) erforderlich werden, weil die räumlichen Verhältnisse ohne solche Änderungen die Aufstellung oder Anbringung nicht zulassen.

3. Im Hinblick auf § 98 Abs. 4 DB wird auf Vervollständigung des Belegheftes der Zollstelle durch Abschrift der die Erstattung anordnenden Verfügung und ein

Doppelstück der Empfangsbescheinigung des Brauereiinhabers über die erstatteten Kosten Bedacht zu nehmen sein.

Für die Zuständigkeit der Oberfinanzdirektion sind die Gesamtkosten der Einrichtung entscheidend, nicht die Höhe der beantragten Kostenerstattung.

§ 101

Die Oberfinanzdirektionen sind ermächtigt, die vorgeschriebenen Muster den besonderen Verhältnissen des einzelnen Betriebs anzupassen.

Anlage A
(BierStDB § 5)

Farbebierordnung

(FBierO)

§ 1

(1) Farbebier darf nur aus Gerstenmalz, Hopfen, untergäriger Hefe und Wasser hergestellt werden, es muß vergoren sein.

(2) Farbebier darf nur an Brauereien und an Hersteller von bierähnlichen Getränken oder an Farbebierhändler zur Weitergabe an Brauereien und Hersteller von bierähnlichen Getränken abgegeben werden.

(3) Farbebier darf unter Einhaltung der Vorschriften der Bierausfuhrordnung (Anlage C der Biersteuer-Durchführungsbestimmungen) steuerfrei ausgeführt werden.

1. Durch die Biersteuer-Durchführungsverordnung vom 23. Dezember 1938 ist die Farbebierordnung sowohl nach dem sachlichen Aufbau wie auch nach der rechtlichen Seite neu gestaltet worden. Eine weitere Änderung brachte die Biersteuer-Durchführungsverordnung vom 2. Dezember 1939 mit der Einführung eines festen Steuersatzes von 19,50 RM/hl Farbebier. Die Biersteuer-Durchführungsverordnung vom 21. August 1941 und die Sechste Verordnung zur Änderung der Biersteuer-Durchführungsbestimmungen vom 29. Juni 1942 beschränkten sich auf redaktionelle Änderungen. Durch die Neunte Verordnung zur Änderung der Biersteuer-Durchführungsbestimmungen vom 30. Dezember 1944 wurde die Farbebierordnung ab 1. April 1945 aus Gründen der Verwaltungsvereinfachung aufgehoben. Das hatte zur Folge, daß das Farbebier nunmehr mit der Entfernung aus der Farbebierbrauerei grundsätzlich zu versteuern war. Die Behandlung des Farbebiers als Rückbier durch die aufnehmende Brauerei zum Zweck der Steuererstattung wurde ausgeschlossen. Nach dem Kriege wurde die Anwendung der Farbebierordnung in den Ländern der Westzone wieder zugelassen, um die seit dem 1. April 1945 eingetretene Doppelbesteuerung des Farbebiers zu vermeiden. Durch die Zehnte VO zur Änderung der Biersteuer-Durchführungsbestimmungen vom 14. November 1951 wurde sodann die Farbebierordnung in neuer Fassung für das Bundesgebiet wieder in Kraft gesetzt.

Zu Abs. 1

2. S. die Bemerkungen 15 u. 16 zu § 9 des Gesetzes u. Bem. 5 zu § 17 DB. Farbebier muß Bier sein. Dieser Voraussetzung entspricht nicht getrocknetes Farbebier.

Anlage A

Zu Abs. 2

3. Die Abgabe von Farbebier an Hersteller von bierähnlichen Getränken entspricht der Regelung in § 29 Abs. 6 (alt) DB nach der VO zur Änderung der Bier steuer-Durchführungsbestimmungen vom 30. Dezember 1944. Auf Hersteller von bierähnlichen Getränken sind § 2 Abs. 1 Satz 2 des Gesetzes und § 5 DB nach § 23 des Gesetzes und § 95 Abs. 2 DB nicht anwendbar. Ein Hersteller von bierähnlichen Getränken kann deshalb Farbebier an die in Absatz 2 genannten Betriebe unversteuert nicht abgeben.

4. Die Einfuhr von Farbebier ist nicht verboten. Jedoch darf bei der Bereitung von Bier nur innerhalb des Erhebungsgebietes hergestelltes Farbebier verwendet werden (§ 17 Abs. 1 DB, vgl. Bem. 10 zu § 2, Bem. 19 zu § 9 des Gesetzes).

5. Die Abgabe von Farbebier an andere als die in Absatz 2 genannten Betriebe fällt unter das Verbot des § 11 des Gesetzes (vgl. § 23 des Gesetzes).

Zu Abs. 3

6. Farbebier kann nur vom Inhaber einer Farbebierbrauerei, dagegen nicht vom Hersteller bierähnlicher Getränke (vgl. Bem. 3) oder von einem Farbebierhändler steuerfrei ausgeführt werden.

§ 2

(1) Wer Farbebier herstellen und an andere Brauereien abgeben will, bedarf dazu der Genehmigung der Oberfinanzdirektion. Die Genehmigung wird nur unter dem Vorbehalt des Widerrufs zuverlässigen Brauereiinhabern erteilt.

(2) Auf Farbebierbrauereien sind, soweit nicht im folgenden etwas anderes vorgeschrieben ist, die Vorschriften des Biersteuergesetzes und der Durchführungsbestimmungen entsprechend anzuwenden.

1. Die Herstellung von Farbebier durch eine Brauerei für ihren eigenen Bedarf ist nicht genehmigungspflichtig.

2. Wegen des Widerrufs vgl. § 96 AO.

§ 3

(1) Mindestens drei Tage vor der ersten Einmaischung hat der Inhaber der Farbebierbrauerei der Zollstelle eine schriftliche Erklärung in doppelter Ausfertigung zu übergeben, aus der die Herstellungsart des Farbebiers und die Menge der zu verwendenden Braustoffe ersichtlich sein muß (Betriebserklärung).

(2) Nach Prüfung und erforderlichenfalls Berichtigung der Betriebserklärung durch den Oberbeamten übergibt die Zollstelle eine Ausfertigung dem Brauereiinhaber zur Aufnahme in das Brauereibelegheft und nimmt die zweite Ausfertigung zu ihrem Belegheft.

(3) Die Betriebserklärung ist beim Betrieb genau einzuhalten.

(4) Bei Änderung der Herstellungsart oder Zusammensetzung des Farbebiers ist der Zollstelle binnen der gleichen Frist eine neue Betriebserklärung einzureichen.

§ 4

Wenn in der Farbebierbrauerei neben dem Farbebier auch anderes Bier hergestellt wird, so muß das Farbebier in besonderen, vom Oberbeamten zu genehmigenden Räumen gelagert werden.

Die hier bestimmten Verpflichtungen gelten, wie aus § 2 hervorgeht, nur für Brauereien, die Farbebier an andere Brauereien abgeben. Für die Herstellung von Farbebier im eigenen Brauereibetrieb zum Zweck der ausschließlichen Verwendung im eigenen Brauereibetrieb gelten die Bestimmungen der FBierO nicht. In derartigen Fällen ist das Farbebier dem übrigen in der Brauerei hergestellten Bier gleichzustellen und im gleichen Sudbuch wie dieses anzuschreiben.

§ 5

Der Inhaber der Farbebierbrauerei hat zu führen

1. über Herstellung von Farbebier ein Sudbuch nach § 61 der Biersteuer-Durchführungsbestimmungen,

2. über das hergestellte Farbebier und über den Abgang an solchem an Stelle des Biersteuerbuchs ein Farbebierbuch nach Muster I.

S. hierzu die Bem. zu § 4.

§ 6

(1) Der Inhaber der Farbebierbrauerei hat das Farbebier, das er an einen empfangsberechtigten Betrieb abgeben will, spätestens am vierten Tage nach der Entfernung aus der Farbebierbrauerei dem für den Empfänger zuständigen Oberbeamten des Aufsichtsdienstes mit einer Versendungsanmeldung nach vorgeschriebenem Muster anzumelden.

(2) Der Empfänger hat das Farbebier unverzüglich in seinen Betrieb aufzunehmen und in das Zuckerverwendungsbuch einzutragen.

(3) Die mit der Entfernung des Farbebiers aus dem Herstellungsbetrieb bedingt erstandene Steuerschuld des Versenders fällt bei ordnungsmäßiger Versendung des Farbebiers mit dessen Aufnahme in den Betrieb des Empfängers weg.

Anlage A

1. Vgl. Bem. 10 zu § 2 des Gesetzes.

2. Der Steuersatz für Farbebier entspricht dem höchsten Satz für Starkbier (§ 2 Abs. 2 Satz 4 des Gesetzes).

3. Die nach Abs. 3 bedingt entstandene Steuerschuld fällt mit der Aufnahme des Farbebiers in den Betrieb des Empfängers weg. Die Nichterfüllung der in Absatz 2 für den Empfänger vorgeschriebenen Pflichten ist auf den Wegfall der Steuerschuld ohne Einfluß.

4. Absatz 1 ist durch die VO zur Änderung der Durchführungsbestimmungen zum Biersteuergesetz vom 2. Dezember 1957 (GBBl. I S. 1831) neu gefaßt worden. Das Muster für die Versendungsanmeldung ist abgedruckt im BZBl. 1957 S. 613.

§ 7

(1) Der Aufsichtsoberbeamte läßt prüfen, ob der Empfänger das Farbebier in seinen Betrieb aufgenommen und in sein Zuckerverwendungsbuch eingetragen hat. Der Aufsichtsoberbeamte sendet sodann die mit einer entsprechenden Bescheinigung versehene Anmeldung an den Inhaber der Farbebierbrauerei zurück, der sie als Beleg beim Farbebierbuch aufzubewahren hat.

(2) Ergibt die Prüfung, daß das Farbebier in den Betrieb des Empfängers nicht aufgenommen worden ist, so setzt die Zollstelle die Steuer fest und teilt sie dem Inhaber der Farbebierbrauerei mit Steuerbescheid mit.

(3) Wenn der Nachweis erbracht wird, daß das Farbebier auf dem Weg zum Empfänger untergegangen ist, fällt die Steuerschuld des Inhabers der Farbebierbrauerei weg. Die Entscheidung darüber, ob der Untergang des Farbebiers als erwiesen anzusehen ist, trifft in Zweifelsfällen das Hauptzollamt.

1. Der Aufsichtsbeamte wird aus eigener Wahrnehmung die tatsächliche Aufnahme des Farbebiers in den Betrieb des Empfängers oftmals nicht feststellen können. Er kann dann nur aus den vorgelegten kaufmännischen Unterlagen und aus der Anschreibung im Zuckerverwendungsbuch schließen, daß das Farbebier in den Betrieb aufgenommen ist. In solchen Fällen genügt auf der Versendungsanmeldung die Abgabe der Bescheinigung über die richtige Anschreibung im Zuckerverwendungsbuch (BZBl. 1954 S. 117).

2. Die Fälligkeit für die nach Absatz 2 angeforderte Steuer richtet sich nach § 6 Abs. 1 des Gesetzes.

3. „Untergegangen" ist eine Ware nur, soweit ihre Menge ohne menschlichen Willen (d.h. nicht willkürlich) gemindert worden ist, und nur soweit die Ware — auch in veränderter Beschaffenheit — nicht wiedergestellt werden kann. RFH Urt. v. 23. 4. 1937 V z A 44/37; Mrozek Kartei R 3 zu § 4 StAnpG.

§ 8

Das Hauptzollamt kann bei Versendung von Farbebier innerhalb des Bezirks der Zollstelle ein vereinfachtes Verfahren zulassen. Es

kann in solchen Fällen auch genehmigen, daß Farbebierbrauereien die Versendung von Farbebier in längstens wöchentlichen Zwischenräumen anmelden.

§ 9

(1) In Farbebierbrauereien werden Bestandsaufnahmen vorgenommen (§§ 66 und 67 der Biersteuer-Durchführungsbestimmungen).

(2) Fehlmengen an Farbebier, die sich bei der Bestandsaufnahme gegenüber den in der Brauerei geführten Anschreibungen ergeben, sind zu versteuern, soweit vom Inhaber der Farbebierbrauerei nicht dargetan wird, daß sie auf Umstände zurückzuführen sind, die keine Steuerschuld begründen.

Vgl. Bem. zu §§ 66, 67 DB.

§ 10

(1) Die Verwendung von Farbebier in Brauereien unterliegt den in § 50 Abs. 1, §§ 54, 58 bis 60, 69 und 70 der Biersteuer-Durchführungsbestimmungen über die Verwendung von Zucker gegebenen Bestimmungen mit der Maßgabe, daß die §§ 59 und 60 auch für abgefundene Brauereien gelten und daß in der Verwendungserklärung (§ 58) der Hersteller des Farbebiers und die Biergattungen, denen das Farbebier zugesetzt werden soll, sowie der Abschnitt der Bierbereitung (ob im Sudverfahren oder nach dessen Abschluß) zu bezeichnen sind. Zur Verwendung von Farbebierproben genügt, wenn eine Verwendungserklärung noch nicht abgegeben ist, eine einfache Anzeige des Verwenders. Die Anzeige darf unterbleiben, wenn das Gewicht der einzelnen Farbebierprobe 50 Gramm nicht übersteigt.

(1) Die Verwendung von Farbebier in Betrieben zur Herstellung bierähnlicher Getränke unterliegt den in § 50 Abs. 1, § 54 Abs. 1 und § 59 Abs. 1 der Biersteuer-Durchführungsbestimmungen gegebenen Bestimmungen.

1. Von den Bestimmungen des § 50 DB ist nur Absatz 1 auf Farbebier anwendbar. Da Farbebier kühl aufbewahrt werden muß und außerhalb der Brauerei geeignete Aufbewahrungsräume meist nicht vorhanden sind, soll die Lagerung von Farbebier in den Brauereikellern ermöglicht werden. Die in § 50 Abs. 5 DB vorgeschriebene Kennzeichnung des Aufbewahrungsorts ist zwar in die FBierO nicht übernommen. Eine dahingehende Anordnung kann jedoch der Oberbeamte mittelbar durch Versagung der Genehmigung nach § 50 Abs. 1 DB erzwingen. S. auch Nr. 3 der Anleitung zu Muster 4.

2. Farbebier wird gewöhnlich dem fertigen Bier erst beim Abfüllen zugesetzt. In solchen Fällen brauchen nicht abgefundene Brauereien keine Brauanzeige zu er-

statten, weil mit der Brauanzeige nur die bei der Einmaischung verwendeten Braustoffe anzumelden sind. Das außerhalb des Sudbetriebs verwendete Farbebier ist als Abgang in den Spalten 7 u. 8 des Zuckerverwendungsbuchs und in den Spalten 24 und 25 des Sudbuchs nachzuweisen. Wird das Farbebier jedoch im Sudverfahren verwendet, so haben nicht abgefundene Brauereien darüber Brauanzeige zu erstatten, wobei Brauereien mit Malzmühle auf Grund des § 54 Abs. 2 Satz 2 DB davon befreit werden können. Das im Sudverfahren verwendete Farbebier wird als Abgang in den Spalten 4 und 5 des Zuckerverwendungsbuchs und in der Spalte 8 des Sudbuchs nachgewiesen. Für Abfindungsbrauereien tritt an Stelle der Brauanzeige die Anmeldung nach Muster 17 (§ 71 DB). Sie verbuchen das Farbebier in Spalte 9 des Abfindungsbuchs ohne Unterschied, ob sie es im Sudbetrieb oder außerhalb des Sudbetriebs zusetzen, und im Zuckerverwendungsbuch in gleicher Weise wie die nicht abgefundenen Brauereien.

3. Nach § 6 Abs. 2 FBierO ist der Empfang von Farbebier durch Anschreibung im Zuckerverwendungsbuch nachzuweisen. § 10 Abs. 1 FBierO schreibt deshalb die Anwendung des § 59 DB (Führung des Zuckerverwendungsbuchs) auch für abgefundene Brauereien vor, obwohl diese nach § 73 DB für Zucker, Süßstoff und aus Zucker hergestellte Farbmittel das Zuckerverwendungsbuch nicht zu führen brauchen. Dient das Zuckerverwendungsbuch nur zum Nachweis von Farbebier, so ist der Titel in „Farbebierverwendungsbuch" zu ändern (vgl. Nr. 9 der Anleitung zu Muster 11). Dabei ist besonders an das Verbot der Zuckerverwendung in den süddeutschen Ländern gedacht.

4. Die beiden letzten Sätze des Absatzes 1 gewähren eine besondere Erleichterung für den Fall, daß Farbebierproben verwendet werden. Steuerschuldner für dieses Probenbier bleibt der Farbebierbrauer, wenn er nicht gemäß § 6 Abs. 3 FBierO entlastet wird.

5. Auch § 10 FBierO gilt (vgl. Bem. zu § 4) nur für den Fall, daß das Farbebier von einer fremden Brauerei bezogen ist, nicht aber für Farbebier, das der Brauer selbst herstellt.

6. Den Brauereien, die Farbebier beziehen, ist nicht untersagt, das Farbebier zu anderen Zwecken als zur Bierbereitung, z. B. zur Herstellung bierähnlicher Getränke zu verwenden. In solchen Fällen wird das Farbebier im Zuckerverwendungsbuch als Abgang in der Spalte 9 nachgewiesen.

7. Betriebe, die ausschließlich bierähnliche Getränke herstellen und dazu Farbebier verwenden, unterliegen nur den in Absatz 2 genannten Bestimmungen.

§ 11

(1) Farbebierbrauereien und anderen zuverlässigen Gewerbetreibenden, die kaufmännische Bücher ordnungsgemäß führen, kann im Fall des Bedürfnisses unter dem Vorbehalt des Widerrufs ein vom Brauereibetrieb örtlich getrenntes Farbebierlager zur Zwischenlagerung des Farbebiers bewilligt werden. Über die Zulassung entscheidet die örtlich zuständige Oberfinanzdirektion im Benehmen mit der für den Herstellungsbetrieb zuständigen Oberfinanzdirektion.

(2) Die Bewilligung kann an die Bedingung geknüpft werden, daß eine angemessene Sicherheit gestellt wird und daß für den Fall des Mißbrauchs der Vergünstigung oder der Nichteinhaltung der etwa gestellten besonderen Bedingungen Sicherungsgelder nach § 203 der Reichsabgabenordnung unbeschadet des außerdem etwa einzuleitenden Strafverfahrens verwirkt sein sollen.

(3) Farbebierlager unterliegen der Steueraufsicht nach Maßgabe der §§ 190 folgende der Reichsabgabenordnung und §§ 32, 76 bis 89 der Biersteuer-Durchführungsbestimmungen.

Gegen die Auferlegung und gegen die Verhängung des Sicherungsgeldes im Einzelfall ist Beschwerde nach § 303ff AO gegeben. Für die Verjährung des Anspruchs auf Sicherungsgeld gelten §§ 144ff AO.

§ 12

(1) Für die Versendung von Farbebier zum Farbebierlager und für die Weitergabe von Farbebier aus dem Farbebierlager an einen empfangsberechtigten Betrieb gelten §§ 6 und 7 entsprechend. Die mit der Entfernung des Farbebiers aus der Farbebierbrauerei entstandene Steuerschuld geht bei ordnungsmäßiger Versendung des Farbebiers mit dessen Aufnahme in das Farbebierlager auf dessen Inhaber über und fällt bei ordnungsmäßiger Versendung mit der Aufnahme des Farbebiers in einen empfangsberechtigten Betrieb weg.

(2) Der Inhaber des Farbebierlagers hat das Farbebier alsbald nach der Aufnahme in das Farbebierlager in das Farbebierbuch (§ 13 Abs. 1) einzutragen.

Farbebier kann von einem Farbebierlager nur an Brauereien oder an Hersteller von bierähnlichen Getränken, dagegen nicht an andere Farbebierlager abgegeben werden (§ 1 Abs. 2 FBierO).

§ 13

(1) Der Inhaber von Farbebierlagern hat über den Zugang und Abgang an Farbebier das Farbebierbuch nach Muster I zu führen.

(2) Im Farbebierlager darf Farbebier nur in den Versandgefäßen der Farbebierbrauerei gelagert und nur in diesen an empfangsberechtigte Betriebe abgegeben werden. Mit Genehmigung des Hauptzollamts darf in besonderen Fällen Farbebier auch in andere Gefäße umgefüllt werden, die den Vorschriften der §§ 52 und 53 der Biersteuer-Durchführungsbestimmungen entsprechend bezeichnet sein müssen.

(3) In Farbebierlagern werden Bestandsaufnahmen vorgenommen. § 9 gilt entsprechend.

Anlage A

Muster I
(FBierO § 5)

Haupt-Zollamt............

Farbebierbuch

der Farbebierbrauerei (des Farbebierlagers) ....

in ....

für das...... Viertel des Rechnungsjahres 19....

Dieses Buch enthält ..... Blätter, die mit einer — amtlich angesiegelten — plombierten — mit Trockenstempel befestigten — Schnur durchzogen sind[1]).

............, ... 19...

Geführt von

Name ....

Amtsbezeichnung ....

Anleitung

1. Für jede Farbebiersorte ist eine besondere Abteilung anzulegen.
2. Die Spalten 1 und 4 sind auszufüllen vom Inhaber der Farbebierbrauerei, sobald das Farbebier in die Versandgefäße gefüllt ist, vom Inhaber des Farbebierlagers, sobald das Farbebier in das Lager aufgenommen ist.
3. Bei der Abgabe von Farbebier an Brauereien, Hersteller von bierähnlichen Getränken oder bei der Versendung an ein Farbebierlager sind die Spalten 5 bis 9 auszufüllen. Am gleichen Tag ist die vorgeschriebene Anmeldung nach Muster II dem für den Empfänger zuständigen Aufsichtsoberbeamten zu übersenden.
4. Wird Farbebier ausgeführt, so ist in Spalte 9 die Nummer der Ausfuhranmeldung anzugeben.
5. Der Inhaber der Farbebierbrauerei (des Farbebierlagers) hat das Buch fortlaufend am Ende jeder Seite in den Spalten 3 und 8 aufzurechnen, am Schluß des Vierteljahrs mit Zeitangabe abzuschließen und mit den Belegen (Farbebierordnung § 7) bis zum 20. Tag des auf den Vierteljahrsschluß folgenden Monats an die Zollstelle einzusenden.

---

[1]) Nichtzutreffendes ist zu streichen. Bei Büchern, die in einem festen Einband gebunden und beschnitten sind, sind die Worte von „die" bis „sind" zu streichen.

Abteilung ....

(2. Seite)

Zugang an Farbebier					Abgang an Farbebier						Bemerkungen	
Lfd. Nr.	Tag des Zugangs	Menge		Bezeichnung der Räume und Gefäße, in die das Farbebier aufgenommen ist, oder der Versandgefäße, in denen es gelagert wird	Lfd. Nr.	Tag des Abgangs	Zahl, Art und Nr. der Versandgefäße	Menge		Name und Ort des Betriebs, der das Bier empfängt	des Betriebs- oder Lagerinhabers	des Aufsichtsbeamten
		hl	l					hl	l			
1	2	3		4	5	6	7	8		9	10	11

Anlage A

Anlage 3
zu dem BdF-Erlaß vom 3. Dezember 1957
III C/4 — V 2030 — 13/57 (BZBl. S. 594)

Muster II
(Zu FBierO § 6)

Versendungsanmeldung

Am .... 19... ist aus $\frac{\text{meine..}}{\text{unsere..}}$ Farbebier- $\frac{\text{Brauerei}}{\text{Lager}}$ (Farbebierbuch Abteilung .... Nr. ......) das auf der Rückseite bezeichnete Farbebier unversteuert an .... in .... versandt worden.
(Art des Betriebs, Firma)

$\frac{\text{Mir}}{\text{Uns}}$ ist bekannt, daß $\frac{\text{ich}}{\text{wir}}$ die auf dem Farbebier ruhende Steuer zu entrichten $\frac{\text{habe}}{\text{haben}}$, wenn nicht nach § 6 Absatz 3, § 7 Absatz 3 und § 12 Absatz 1 der Farbebierordnung die Steuerschuld wegfällt oder auf den Inhaber eines Farbebierlagers übergeht.

Für $\frac{\text{meinen}}{\text{unseren}}$ Betrieb ist zuständig das Haupt-Zollamt .... in ....

.............., ... 19...

Bezirkszollkommissariat ....
(Firma und Unterschrift)

in ....

(Vom Aufsichtsbeamten auszufüllen)

Das Farbebier ist — in den Betrieb de............. in .... aufgenommen und[1]) — im $\frac{\text{Zucker-(Farbebier-)Verwendungsbuch}}{\text{Farbebierbuch}}$ unter Nr. ...... angeschrieben worden.

.............., ... 19... ....
(Unterschrift)

[1]) ggfs. streichen (vgl. BZBl. 1954 S. 117).

Bezirkszollkommissariat ....

Urschriftlich an

....
(Name, Firma des Versenders)

in ....

als Beleg zum Farbebierbuch .... 19...

....

(Dienststempelabdruck) (Unterschrift)

(2. Seite)

Lfd. Nr.	Sorte des Farbebiers	Der Versandgefäße		Des Farbebiers				Bemerkungen
		Zahl und Art	Nummer und sonstige Bezeichnung	Eigen-gewicht		Menge		
				kg	1/10	hl	l	
1	2	3	4	5		6		7

Anlage B
(BierStDB § 10)

Steuerordnung für Einfuhrbier

(BierEO)

§ 1 (gestrichen)

Vgl. VO zur Änderung der Durchführungsbestimmungen zum Biersteuergesetz vom 2. Dezember 1957 (BGBl. I S. 1831).

(Die Zollbegleitscheinnehmerhaftung für die Biersteuer nach dem bisherigen § 1 Bier EO ergibt sich nunmehr aus § 6a Abs. 1 des Gesetzes (BZBl. 1957 S. 520). Soweit in der Steuerordnung für Einfuhrbier nichts anderes bestimmt ist, gelten die Bestimmungen der DB auch für das Einfuhrbier.

§ 2

(1) Das in das Erhebungsgebiet eingeführte Bier ist in der Zollanmeldung oder mit der Anmeldung nach § 5 Abs. 3 der Interzonenüberwachungsverordnung vom 9. Juli 1951 (Bundesgesetzbl. I S. 439) zur Steuerfestsetzung schriftlich anzumelden und vorzuführen. Im kleinen Grenzverkehr und im Reiseverkehr ist auch mündliche Anmeldung zulässig.

(2) Wird im Interzonenverkehr Bier in das Erhebungsgebiet eingeführt, das sich im zollrechtlich freien Verkehr befindet, so können die eingeführten Warensendungen gemäß §§ 9 bis 11 der Interzonenüberwachungsverordnung überwiesen werden. Die Überweisung hat die gleiche Wirkung wie eine Abfertigung im Zollanweisungsverfahren nach den Vorschriften des Zollrechts.

1. § 2 ist durch die VO zur Änderung der Durchführungsbestimmungen zum Biersteuergesetz vom 2. Dezember 1957 (BGBl. I S. 1831) neu gefaßt.

2. Durch Absatz 2 wird klargestellt, daß aus einer Überweisung des Bieres nach §§ 9 bis 11 IZÜVO für den Abfertigungsbeteiligten sich die gleichen Rechtswirkungen ergeben wie für den Zollbeteiligten im Falle einer Abfertigung des über die Zollgrenze eingeführten Bieres im Zollanweisungsverfahren (vgl. § 6a Abs. 1 des Gesetzes).

§ 3

In der Anmeldung zur Steuerfestsetzung ist die Gattung (Einfachbier, Schankbier, Vollbier, Starkbier) und für jede Gattung, Zahl, Art und Raumgehalt der einzelnen Umschließungen anzugeben. Flaschen von gleicher Form und annähernd gleicher Größe dürfen mit ihrem Durchschnittsraumgehalt angemeldet werden.

§ 4

(1) Der Stammwürzegehalt des Biers braucht amtlich nicht nachgeprüft zu werden, wenn gegen die Richtigkeit der Anmeldung keine Bedenken bestehen.

(2) In Zweifelsfällen wird der Stammwürzegehalt ermittelt.

Vgl. Bem. 5 zu § 31 DB.

§ 5

(1) Der Raumgehalt der Umschließungen kann schätzungsweise ermittelt werden. Gibt sich der Anmelder mit dem Ergebnis der amtlichen Schätzung nicht zufrieden, so wird der Raumgehalt amtlich ermittelt. Die Ermittlung darf probeweise erfolgen.

(2) Der Raumgehalt von Fässern, auf denen der Eichstempel, das Jahr der Eichung und der Raumgehalt nach Litern deutlich und dauerhaft angegeben sind, wird nach der eichamtlichen Raumgehaltsbezeichnung angenommen, wenn seit der Eichung nicht mehr als 5 Jahre verflossen sind. Der Raumgehalt anderer Fässer wird, wenn der Anmelder nicht die nasse Vermessung beantragt, durch Vermessung auf trockenem Weg ermittelt.

(3) Fässer können auf Antrag des Anmelders erst nach Entleerung vermessen werden, wenn die Nämlichkeit der Fässer amtlich festgehalten werden kann und der Anmelder sich verpflichtet, die Fässer mit den gut erhaltenen Nämlichkeitszeichen nach der Entleerung der Zollstelle wieder vorzuführen. Die Steuer wird vorläufig nach dem Gewicht des Biers einschließlich der Umschließung berechnet, wobei 100 kg gleich 1 hl zu rechnen sind.

(4) Der so berechnete Betrag ist bei der Zollstelle (Zollkasse) zu verwahren. Nach der Vermessung der leeren Fässer ist der endgültige Steuerbetrag festzusetzen und als Biersteuer zu buchen. Der verwahrte Betrag ist anzurechnen und, soweit er den endgültig festgesetzten Steuerbetrag übersteigt, zurückzuzahlen.

(5) Andere Umschließungen als Fässer (z.B. Flaschen) werden naß vermessen. Zur Vermeidung wiederholter Vermessungen kön-

nen bei der Zollstelle, bei der das Bier zur Steuerfestsetzung angemeldet werden soll, Muster der Umschließungen hinterlegt werden.

(6) Bei der Vermessung wird im allgemeinen die Flüssigkeitsmenge ermittelt, die die Umschließung enthält, wenn sie bis zum Überlaufen gefüllt ist, bei Flaschen jedoch nur die Flüssigkeitsmenge, die die Flaschen bei handelsüblicher Befüllung enthalten.

Zu Abs. 2

1. Ausländische Eichung genügt nicht.

2. Eine Eichpflicht für ausländische Fässer besteht nicht, wenn das eingeführte Bier in den Gebinden des Ursprungslandes in den Verkehr kommen soll. Vgl. § 11 des Maß- u. Gewichtsgesetzes vom 13. Dezember 1935 (RGBl. I S. 1499) in der Fassung der Zweiten Änderungsverordnung vom 12. März 1940 (RGBl. I S. 497) und der Zweiten Verordnung zur Änderung des Maß- u. Eichrechts vom 30. November 1942 (RGBl. I S. 669); Bem. 3 zu §§ 52 u. 53 DB.

Zu Abs. 5.

3. Ausländische gefüllte Flaschen brauchen den §§ 52 u. f. des Maß- u. Gewichtsgesetzes vom 13. Dezember 1935 nicht zu entsprechen. Deshalb ist für solche Fälle die nasse Vermessung vorgeschrieben. Wenn das ausländische Bier jedoch in *inländischen* Flaschen eingeführt wird, die den Vorschriften des Maß- u. Gewichtsgesetzes entsprechen, erübrigt sich die nasse Vermessung.

§ 6 (gestrichen)

Vgl. VO zur Änderung der Durchführungsbestimmungen zum Biersteuergesetz vom 2. Dezember 1957 (BGBl. I S. 1831). Die in dem bisherigen § 6 enthaltenen Vorschriften ergeben sich nunmehr aus § 6a Abs. 1 des Gesetzes (BZBl. 1957 S. 520).

§ 7

Der Steuerbetrag wird von der Zollstelle für jede Anmeldung in einer Summe festgesetzt und dem Steuerschuldner mitgeteilt.

Anlage C
(BierStDB § 14)

Bierausfuhrordnung

(BierAO)

§ 1

Für das unter Beachtung der hierfür gegebenen Bestimmungen aus dem Erhebungsgebiet ausgeführte, im Erhebungsgebiet hergestellte Bier wird die Befreiung von der Biersteuer nur gewährt, wenn die auf einmal zur Abfertigung kommende Biermenge mindestens zehn Liter beträgt. Der Anspruch steht nur zu dem Inhaber einer nicht nach § 16 des Biersteuergesetzes abgefundenen Brauerei, und zwar der Brauerei, in der das Bier hergestellt ist. Der Ausfuhr aus dem Erhebungsgebiet steht die Abfertigung des Biers zu einem Zollverkehr gleich.

1. Vgl. die Bemerkungen 13 u. f. zu § 7 des Gesetzes. Die Bierausfuhrordnung ist durch die Biersteuer-Durchführungsverordnung vom 23. Dezember 1938 (Reichsministerialbl. S. 947) neu gefaßt worden. Einige Bestimmungen (§ 1 letzter Satz und § 8 Abs. 1) wurden durch die Biersteuer-Durchführungsverordnung vom 21. August 1941 (Reichsministerialbl. S. 209) den zollrechtlichen Vorschriften angepaßt. Nachdem der bisherige Begriff „Inland" auf Grund des Gesetzes zur Änderung des Biersteuergesetzes vom 10. Oktober 1957 (BGBl. I S. 1712) durch den Begriff „Erhebungsgebiet" ersetzt worden ist (vgl. § 1 des Gesetzes), wurde die Bierausfuhrordnung durch die VO zur Änderung der Durchführungsbestimmungen zum Biersteuergesetz vom 2. Dezember 1957 (BGBl. I S. 1831) dem neuen Wortgebrauch angepaßt. Die Vorschriften der BierAO gelten nunmehr auch für die Ausfuhr von Bier in die sowjetisch besetzte Zone Deutschlands und nach Ost-Berlin.

2. Wird außerhalb des Erhebungsgebietes hergestelltes und mit Genehmigung des Oberbeamten (§ 65 Abs. 1 DB) in eine Brauerei eingebrachtes und dort nach § 15 Abs. 8 DB zu behandelndes Bier aus dem Erhebungsgebiet wieder ausgeführt, so ist es beim Ausgang aus der Brauerei nicht steuerfrei. Es handelt sich bei solchem Bier nicht um innerhalb des Erhebungsgebiets hergestelltes Bier. Die Gewährung der Steuerfreiheit in diesem Falle würde mindestens eine teilweise Rückvergütung der bei der Einfuhr entrichteten Biersteuer bedeuten, weil das Bier beim Eingang aus dem steuerlich freien Verkehr gemäß § 15 Abs. 8 DB auf Grund des Eintrags im Rück-

bierbuch von der steuerpflichtigen Menge im Biersteuerbuch bereits in Abzug gebracht worden ist. Außerhalb des Erhebungsgebiets hergestelltes Bier erlangt auch durch die Umarbeitung in einer Brauerei nicht die Eigenschaft eines im Erhebungsgebiet hergestellten Biers. Als Herstellung von Bier in diesem Sinne durch eine Brauerei gilt dagegen die Umarbeitung betriebsfremden, jedoch innerhalb des Erhebungsgebietes hergestellten Bieres.

3. Wegen Versagung der Steuerfreiheit bei der Ausfuhr von Bier durch Bierhändler oder Abfindungsbrauer s. die Bemerkung 14 zu § 7 des Gesetzes. Will ein Bierhändler Bier unversteuert ausführen, so ist das nur möglich, wenn das Bier zuvor zu einem Zollverkehr (§ 16 ZG) abgefertigt worden ist (vgl. § 1 letzter Satz BierAO). Den Antrag auf Abfertigung zum Zollverkehr kann auch der Bierhändler stellen, wenn die Lieferbrauerei das Bier unversteuert auf Ausfuhranmeldung an ihn versandt hat (vgl. Nr. 1 der Anleitung zu dem Muster „Ausfuhranmeldung").

§ 2

Der Brauereiinhaber hat das zur Ausfuhr aus dem Erhebungsgebiet bestimmte Bier, ehe es die Lagerräume für unversteuertes Bier (§ 51 der Biersteuer-Durchführungsbestimmungen) verläßt, mit einer Ausfuhranmeldung nach vorgeschriebenem Muster in doppelter Ausfertigung bei der Zollstelle anzumelden.

§ 3

Die Zollstelle trägt die Ausfuhranmeldungen in ein nach vorgeschriebenem Muster zu führendes Bierausfuhrbuch ein und veranlaßt die Abfertigung des Biers. Das Bier darf, abgesehen von den Fällen des § 9, aus den im § 51 der Biersteuer-Durchführungsbestimmungen bezeichneten Räumen vor der Abfertigung nicht entfernt werden.

Die Muster für die Ausfuhranmeldung und für das Bierausfuhrbuch sind abgedruckt im BZBl. 1957 S. 615 bis 619.

§ 4

(1) Die Fässer müssen spundvoll, die Flaschen handelsüblich befüllt sein. In einem Packstück dürfen nur Flaschen von gleicher Größe verpackt sein. Das Hauptzollamt kann Ausnahmen zulassen.

(2) Die Abfertigung erstreckt sich auf die Feststellung, daß das Bier unverdorben ist und mit der Anmeldung hinsichtlich der Gattung und Menge übereinstimmt. Die Feststellung kann probeweise erfolgen.

Muster und Anlagen

§ 5

(1) Wenn die Zollstelle den Ausgang nicht selbst überwachen läßt, werden die abgefertigten Biersendungen amtlich verschlossen und der vom Versender gewählten Ausgangszollstelle unter Gewährung einer angemessenen Ausfuhrfrist überwiesen.

(2) Das Ergebnis der Abfertigung, die Anlegung der Verschlüsse, die Ausfuhrfrist usw. werden in beiden Ausfertigungen der Ausfuhranmeldung eingetragen.

(3) Die erste Ausfertigung der Anmeldung erhält der Brauereiinhaber, die zweite wird der Zollstelle zurückgegeben.

§ 6

Der Brauereiinhaber hat das abgefertigte Bier mit der Ausfuhranmeldung und unter Erhaltung der angelegten Verschlüsse so zeitig der gewählten Ausgangszollstelle vorzuführen, daß es innerhalb der gestellten Frist ausgeführt werden kann.

Nach Ablauf der Frist befreit Zugrundegehen des Bieres nicht von der Steuer (§ 10 Abs. 2). Die Rechtsgültigkeit dieser Ordnungsbestimmung wird auch nach § 4 StAnpG nicht angezweifelt werden können.

§ 7

(1) Die Ausgangszollstelle kann sich bei der Ausgangsabfertigung, soweit nicht nach ihrem Ermessen oder nach den Umständen, z. B. im Fall eines während der Versendung eingetretenen Flüssigkeitsverlustes, eine weitere Prüfung erforderlich ist, auf die Vergleichung der Zahl und Zeichen der Gebinde und Packstücke und auf die Abnahme des Verschlusses beschränken. Sie bescheinigt die Ausfuhr aus dem Erhebungsgebiet auf Grund der eigenen Wahrnehmungen oder auf Grund der Angaben der Begleitungs- oder Überwachungsbeamten auf der Ausfuhranmeldung. Im Fall der Aufnahme in ein Zollager werden die Zollvorschriften angewendet.

(2) Über die ausgegangenen Biersendungen wird bei der Ausgangszollstelle ein Bierausgangsbuch nach vorgeschriebenem Muster geführt.

Das Muster für das Bierausgangsbuch ist abgedruckt im BZBl 1957 S. 620.

§ 8

(1) Die Ausgangsbescheinigung für unversteuertes Bier können alle Grenzzollstellen, Grenzkontrollstellen und alle die Binnenzollstellen erteilen, die zur Abfertigung zu dem vorgesehenen Zollver-

kehr befugt sind. Der Bundesminister der Finanzen kann die Befugnis auf andere Zollstellen übertragen.

(2) Die den Ausgang bescheinigende Zollstelle sendet die Ausfuhranmeldungen ohne Zeitverlust der auf Seite 1 der Ausfuhranmeldung angegebenen Zollstelle zurück.

§ 9

Das Hauptzollamt kann widerruflich gestatten, daß von der Vorführung des Biers und der Verschlußanlegung Abstand genommen und die Anmeldung allein auf Grund der Angaben des Brauereiinhabers von der Zollstelle vollzogen wird. In diesen Fällen können bei der Ausgangsabfertigung die angemeldeten Gattungen und Mengen ohne Öffnung der Packstücke als vorgefunden angenommen werden, wenn die letzteren nach Zahl, Art, Zeichen und Nummer, bei Fässern auch nach der eichamtlichen Raumgehaltsangabe, mit der Anmeldung übereinstimmen und kein Grund zu dem Verdacht vorliegt, daß ihr Inhalt von der Anmeldung abweicht.

Auf den Zollveredelungsverkehr sind die erleichterten Bestimmungen der BierAO über die Ausgangsabfertigung nicht ohne weiteres übertragbar. Hierfür gelten die entsprechenden Vorschriften des Zollrechts.

§ 10

(1) Der Brauereiinhaber hat das zur Ausfuhr aus dem Erhebungsgebiet angemeldete Bier sogleich in die Spalten 8 bis 13 des Biersteuerbuchs einzutragen.

(2) Trifft binnen einer Woche nach Ablauf der gestellten Frist die mit Ausgangsbescheinigung versehene Anmeldung bei der Zollstelle nicht ein, ergibt sich aus der Anmeldung, daß die Ware nicht fristgemäß aus dem Erhebungsgebiet ausgeführt ist, oder wird wegen unterlassener Ausfuhr aus dem Erhebungsgebiet die Anmeldung an die Zollstelle zurückgegeben, so wird das Bier zur Versteuerung im Biersteuerbuch angeschrieben, es sei denn, daß der Nachweis erbracht wird, daß das Bier innerhalb der Ausfuhrfrist zugrunde gegangen ist. In Zweifelsfällen entscheidet das Hauptzollamt.

(3) In den Fällen des Absatzes 2 werden bei der nächsten Steuerberechnung die in der Anmeldung angegebenen Biermengen in den Spalten 20 bis 25 des Biersteuerbuchs zu- und in den Spalten 8 bis 13 abgesetzt. Auf die Eintragungen im Bierausfuhrbuch und im Biersteuerbuch wird gegenseitig verwiesen.

(4) Geht die Anmeldung mit der Bescheinigung über den fristgemäßen Ausgang des Biers verspätet ein oder wird nachträglich

festgestellt, daß das Bier innerhalb der Ausfuhrfrist zugrunde gegangen ist, so wird die Berichtigung des Biersteuerbuchs nach Absatz 3 wieder rückgängig gemacht. Im zweiten der erwähnten Fälle bedarf es der Genehmigung des Hauptzollamts.

1. Wegen der Entstehung der Steuerschuld für Ausfuhrbier s. Bem. 5 zu § 2 und Bem. 13 zu § 7 des Gesetzes. Abs. 4 des § 10 folgt aus § 4 StAnpG.

2. Die Nichtgestellung von Ausfuhrbier zieht als solche strafrechtliche Folgen nicht nach sich. Es wird nur, da die Bedingung der Freilassung von der Steuer nicht erfüllt ist, die auflösend bedingte Steuerschuld zur unbedingten. Wenn für das Ausfuhrbier Ausnahmen vom Reinheitsgebot zugelassen sind (§ 9 Abs. 5 des Gesetzes), kann Bestrafung nach § 18 des Gesetzes in Frage kommen.

Anlage C

Anlage 4
zu dem BdFErlaß vom 3. Dezember 1957
Haupt-Zollamt .... III C/4 — V 2030 — 13/57 (BZBl. S. 594)

Muster a
(zu BierAO § 2)
Eingetragen in das Bierausfuhrbuch für das ... Viertel des Rechnungsjahrs 19... unter Nr. ....

Anmeldung

zur steuerfreien Ausfuhr von Bier aus der Brauerei

des .... in ....

Empfänger des Bieres } .... in ....
.... in ....

Die Abfertigung zu .... [2]) — auf .... [2])
(Art des Zollverkehrs)

soll stattfinden bei dem .... in ....
Die Ausfuhr aus dem Erhebungsgebiet soll stattfinden über das ....
in ....

Annahmeerklärung

Ich verpflichte mich, das innen bezeichnete Bier in unveränderter Gestalt und Menge und unter Erhaltung des Zollverschlusses [1]) so rechtzeitig der oben bezeichneten Zolldienststelle unter Vorlegung dieser Anmeldung zu gestellen, daß es innerhalb der festgesetzten Frist zu dem vorgesehenen Zollverkehr abgefertigt [2]) — ausgeführt [2]) werden kann. Ich erkenne an, daß ich den auf das Bier entfallenden Steuerbetrag entrichten muß, wenn der unterzeichneten Zollstelle der Nachweis der fristgemäßen Ausfuhr oder Abfertigung zu einem Zollverkehr oder des Untergangs des Biers nicht erbracht wird.

.............., ... 19...

....
(Unterschrift des Brauereiinhabers)

Ausfuhrfrist: Bis zum (in Worten) ....
.............., ... 19...

....
(Stempelabdruck) (Zollstelle)

Anleitung

1. Auf der Außenseite hat der Anmelder Name und und Wohnort des Empfängers und die Zolldienststelle, bei der die Abfertigung zu einem Zollverkehr oder über die der Ausgang aus dem Erhebungsgebiet erfolgen soll, anzugeben und die Annahmeerklärung zu unterschreiben.
2. Zu Spalte 5 auf Seite 2: Sämtliche Flaschen eines Packstücks müssen von gleicher Größe sein, wenn nicht das Hauptzollamt eine Ausnahme zugelassen hat.
3. Der Anmelder hat die Anmeldung auf Seite 2 unter Beifügung von Ort und Tag der Anmeldung durch Namensunterschrift zu vollziehen. Er übernimmt damit die Verantwortung für die Richtigkeit sämtlicher in der Anmeldung enthaltenen Angaben.

[1]) Die Worte: „und unter Erhaltung des Zollverschlusses“ sind zu streichen, wenn ein Zollverschluß nicht angelegt ist.
[2]) Nichtzutreffendes ist zu streichen.

(2. und

Angaben des Versenders								
	Menge des Bieres							
	in Fässern		in Flaschen					
Nr. des Biersteuerbuchs	Anzahl, Zeichen und Nummer der Fässer	Raumgehalt der einzelnen Fässer Liter	Zahl, Zeichen und Nummer der Packstücke (Kisten)	Zahl und Literinhalt der Flaschen in jedem Packstück	Gesamtmenge des Biers in Flaschen in jedem Packstück Liter	Gesamtmenge des auszuführenden Biers (Sp. 3 + Sp. 6) in Ziffern und Buchstaben Liter	Gattung des Biers (Einfach-, Schank-, Voll- oder Starkbier)	Bemerkungen
1	2	3	4	5	6	7	8	9

........................, ... 19....

....
(Unterschrift des Brauereiinhabers)

Anlage C

8. Seite)

Abfertigungsbefund						
Raumgehalt der in Spalte 2 bezeichneten Fässer	Zahl	Inhalt im einzelnen	Gesamtmenge des in den Flaschen jedes Packstücks befindlichen Biers	Gesamtmenge des abgefertigten Biers	Gattung des Biers (Einfach-, Schank-, Voll- oder Starkbier)	Bemerkungen über a) probeweise Ermittlung von Gattung und Menge des Biers b) Anlegung von Zollverschlüssen
	der in den einzelnen Packstücken (Sp. 4) befindlichen Flaschen von gleicher Größe und Füllung					
Liter		Liter	Liter	Liter		
10	11	12	13	14	15	16

(4. Seite)

Ausgangsbescheinigungen

Die Vordrucke für die Ausgangsbescheinigungen können nach den örtlichen Verhältnissen abgeändert werden.

A. a) Umseitig bezeichnete Fässer und Kisten sind ....
....
..............., ... 19...

....
(Unterschrift)

b) .... unter meinen Augen ... Uhr aus dem Erhebungsgebiet ausgegangen.

..............., ... 19...

....
(Unterschrift)

c) Die Ausfuhr des umseitig bezeichneten Biers wird auf Grund der vorstehenden Bescheinigungen hiermit bestätigt[1]).

Bierausgangsbuch Nr. ......

..............., ... 19...

....

(Stempelabdruck) (Unterschriften)

B. a) Umseitig bezeichnete Fässer und Kisten sind in den Güterwagen Nr. .... der .... Eisenbahn verladen, der heute .... Uhr mit .... Zollplomben der unterzeichneten Zollstelle verschlossen, der Eisenbahnverwaltung zur Vorführung binnen .... Tagen bei dem .... amt zu .... übergeben ist.

..............., ... 19...

................................amt
....

(Stempelabdruck) (Unterschriften)

b) Der vorbezeichnete Güterwagen ist am .... 19..... .... Uhr hier eingetroffen und nach Abnahme des unverletzten Verschlusses sofort aus dem Erhebungsgebiet ausgegangen[1]).

Bierausgangsbuch Nr. ......

..............., ... 19....

................................amt
....

(Stempelabdruck) (Unterschriften)

C. Umseitig bezeichnete Fässer und Kisten sind heute .... Uhr unter Belassung des nach Spalte 16 angelegten Verschlusses von hier abgelassen und nunmehr binnen .... Tagen dem .... amt zu .... zwecks Bescheinigung des Ausgangs zu gestellen.

..............., ... 19....

....

(Stempelabdruck) (Unterschriften)

---

[1]) Die betreffende Zolldienststelle wird ersucht, nach Abgabe der Ausgangsbescheinigung diese Anmeldung unmittelbar der auf S. 1 bezeichneten Zollstelle, die die Ausfuhrfrist bestimmt hat, zurückzusenden.

Anlage C

Anlage 5
zu dem BdF-Erlaß vom 3. Dezember 1957
III C/4 — V 2030 — 13/57 (BZBl. S. 594)

Haupt-Zollamt

Muster b
(zu BierAO § 3)

Bierausfuhrbuch

für das ..... Viertel des Rechnungsjahrs 19....

Dieses Buch enthält .... Blätter, die mit einer — amtlich angesiegelten — plombierten — mit Trockenstempel befestigten — Schnur durchzogen sind[1]).

Geführt von

................, ... 19....

Name ....

Amtsbezeichnung ....

Anleitung

Die Spalten 1 bis 9 werden sogleich bei der Abgabe der Anmeldung ausgefüllt. In Spalte 14 wird insbesondere vermerkt, ob und gegebenenfalls in welchem Monat eine zur Ausfuhr angemeldete, aber nicht fristgemäß ausgeführte Biermenge nachträglich versteuert worden ist. Das Buch wird in Vierteljahresabschnitten geführt, nach Ablauf seiner Geltungsdauer bis zur Erledigung sämtlicher Posten im Sinn der Überschriften der Spalten 13 und 14 offengehalten und dann abgeschlossen.

---

[1]) Nichtzutreffendes ist zu streichen. Bei Büchern, die in einem festen Einband gebunden und beschnitten sind, sind die Worte von „die" bis „sind" zu streichen.

(2. Seite)

Lfd. Nr.	Tag der Eintragung	Name und Wohnort der anmeldenden Brauerei	Nummer des Biersteuerbuchs	Zur Ausfuhr oder zu einem Zollverkehr angemeldete Biermenge					Bestimmungsland	Der Ausgang soll stattfinden a) bei der Zolldienststelle in b) mit Ausfuhrfrist bis zum	Die Frist für den Wiedereingang der Anmeldung läuft ab am	Tag des Wiedereingangs der Anmeldung	Bemerkungen (insbesondere für den Fall unterbliebener Ausfuhr)
				Einfachbier	Schankbier	Vollbier	Starkbier						
				Liter	Liter	Liter	Liter	Liter					
1	2	3	4	5	6	7	8	9	10	11	12	13	14

Anlage C

Anlage 6
zu dem BdF-Erlaß vom 3. Dezember 1957
III C/4 — V 2030 — 13/57 (BZBl. S. 594)

Haupt-Zollamt ....

Muster c
(zu BierAO § 7)

Bierausgangsbuch

für das Rechnungsjahr 19....

Lfd. Nr.	Die Anmeldung ist eingetragen im Bierausfuhrbuch		Des versendenden Brauereiinhabers		Zur Ausfuhr angemeldete Biermenge nach den Angaben des Versenders in der Anmeldung	Bei der Abfertigung ermittelte Biermenge	Der Ausgang ist erfolgt am	Die Anmeldung ist mit Ausgangsbescheinigung der in Spalte 2 bezeichneten Zollstelle zurückgesandt am
	der Zollstelle in	unter Nr.	Name	Wohnort	Liter	Liter		
1	2	3	4	5	6	7	8	9

Muster 1
(BierStDB § 7)

Anmeldung [1]

Ich bin Inhaber eines landwirtschaftlichen Betriebs mit einer Grundfläche bis zu 10 ha[2]) — von mehr als 10 ha[2]) — baue auf meinem auf Seite 2 dieser Anmeldung näher bezeichneten Grundstück Gerste und beabsichtige, aus dieser Gerste oder aus gegen diese eingetauschtem Malz in meiner seit .... bestehenden Brauerei Bier nur für den Bedarf meines Haushalts zu brauen. Ich verpflichte mich, nicht mehr als 10 hl[2]) — 15 hl[2]) untergäriges[2]) — obergäriges[2]) — Einfachbier[2]) — Schankbier[2]) — Vollbier mit einem Stammwürzegehalt von nicht mehr als 12 vom Hundert[2]) — im Rechnungsjahr herzustellen und beanspruche Versteuerung zum ermäßigten Steuersatz des § 3 Absatz 1 Satz 2 des Biersteuergesetzes. Ich erkläre ausdrücklich, daß ich gewerbsmäßig nicht Bier abgebe oder abgeben lasse. Mir ist bekannt, daß ich mich der Biersteuerhinterziehung schuldig mache und daß die Steuervergünstigung mit Ablauf dieses Rechungsjahrs erlischt, wenn ich Bier, für das ich die Steuervergünstigung in Anspruch genommen habe, an nicht zum Haushalt gehörige Personen gegen Entgelt abgebe.

Ich werde der Zollstelle unverzüglich Anzeige erstatten, wenn Änderungen gegenüber der vorstehenden Erklärung eintreten, insbesondere wenn ich Bier an nicht zum Haushalt gehörige Personen gegen Entgelt abgebe.

..............., ... 19....

....
(Unterschrift)

---

[1]) Die Anmeldung ist in doppelter Ausfertigung bis zum 10. April für jedes Rechnungsjahr abzugeben.
[2]) Nichtzutreffendes ist zu streichen.

(2. Seite)

Lage und Größe des landwirtschaftlichen Betriebes ha a	Lage und Größe des mit Gerste bebauten Grundstücks ha a	Prüfungsbefund des Aufsichtsbeamten

Anlage C

Muster 2
(BierStDB § 12)

Haupt-Zollamt..............

Verzeichnis

der zum Bezug von steuerfreiem Haustrunkbier berechtigten, in der .... Brauerei .... und ihren eigenen Niederlagen in .... beschäftigten Angestellten und Arbeiter

Dieses Buch enthält ... Blätter, die mit einer — amtlich angesiegelten — plombierten — mit Trockenstempel befestigten — Schnur durchzogen sind[1]).

..........., ... 19...

Name ....

Amtsbezeichnung ....

Anleitung

1. Das Verzeichnis ist von dem Brauereiinhaber in Übereinstimmung mit den Lohnlisten aufzustellen und auf dem laufenden zu halten.
2. Aufzunehmen sind die Angestellten und Arbeiter der Brauerei, denen ein Anspruch auf den Bezug von Haustrunkbier zusteht. Als Haustrunk gilt Bier, das Brauereien an ihre Angestellten und Arbeiter für deren eigenen Verbrauch und den Verbrauch ihrer Familien in einer den örtlichen Gewohnheiten entsprechenden Menge entgeltlich oder unentgeltlich abgeben, soweit den Angestellten und Arbeitern hierauf auf Grund des Tarifvertrags oder, wo ein solcher nicht besteht, auf Grund des schriftlichen Dienstvertrags ein Anspruch zusteht. Zu den Brauerei-Angestellten und -Arbeitern gehören auch die Angestellten und Arbeiter in den außerhalb der Braustätte befindlichen eigenen Niederlagen der Brauerei.
3. Das Hauptzollamt kann dem Brauereiinhaber die Verpflichtung auferlegen, eine Ausfertigung des Verzeichnisses nach Prüfung durch den Aufsichtsbeamten der Zollstelle zu deren Belegschaft einzureichen und Änderungen des Verzeichnisses in einer Anzeige, die der Aufsichtsbeamte zu prüfen hat, der Zollstelle anzumelden.
4. Das Verzeichnis ist nach Anordnung des Oberbeamten aufzubewahren und den Aufsichtsbeamten zugänglich zu halten. Seine Neuaufstellung kann verlangt werden, wenn es durch Streichungen unübersichtlich geworden ist.

---

[1]) Nichtzutreffendes ist zu streichen. Bei Büchern, die in einem festen Einband gebunden und beschnitten sind, sind die Worte von „die" bis „sind" zu streichen.

Tag des Zugangs	Der zum Bezug von Haustrunkbier Berechtigten			Für einen Tag jedem Berechtigten zustehende Menge		Tag des Abgangs	Bemerkungen
	Name	Wohnort	Dienstverhältnis zur Brauerei	Liter	Biergattung (Einfach-, Schank-, Voll-, Starkbier)		
1	2	3	4	5	6	7	8

Anlage C

Muster 3
(BierStDB § 15)

Haupt-Zollamt ....

Rückbierbuch

der .... **Brauerei** ....

in ....

für den Monat ....

Dieses Buch enthält ... Blätter, die mit einer — amtlich angesiegelten — plombierten — mit Trockenstempel befestigten Schnur durchzogen sind[1].

Geführt von

..............., ... 19...

Name ....

Amtsbezeichnung ....

Anleitung

1. Inhaber von Brauereien, die untergäriges und obergäriges Bier herstellen, haben für jede Art ein besonderes Rückbierbuch zu führen.
2. Rückbier (§ 15 Absatz 1 der Durchführungsbestimmungen) ist sogleich beim Eingang in die Brauerei in die Spalte 1 bis 15 einzutragen. In der Spalte 3 ist der Tag zu bezeichnen, an dem das Bier aus der Brauerei entfernt und als steuerpflichtig in das Biersteuerbuch eingetragen worden ist. In den Spalten 7, 9 und 10 ist die Menge des Biers, das in den Gefäßen tatsächlich enthalten ist, anzugeben. Fässer sind einzeln, Flaschen usw. sind getrennt nach dem Inhalt der einzelnen Umschließungen anzuschreiben.
3. Der Oberbeamte kann auf Antrag widerruflich genehmigen, daß statt der Einzelanschreibung der Gefäße nur die Zahl und der Gesamtinhalt der Gefäße eingetragen werden, die an einem Tag in die Brauerei zurückkommen (summarische Abschreibung). In diesem Fall sind in den Spalten 6 und 7 die Zahl der Fässer und deren Gesamtinhalt nach Hektolitern und Litern, in den Spalten 8 bis 10 die Zahl der Flaschen usw. und deren Einzel- und Gesamtinhalt anzuschreiben. Voraussetzung ist, daß
   a) die Brauerei eine ordnungsmäßige kaufmännische Buchführung hat oder beim Fehlen einer solchen laufend Anschreibungen führt, nach der oder nach denen die Richtigkeit der Eintragungen zuverlässig geprüft werden kann,
   b) der Brauereiinhaber sich verpflichtet, die Geschäftsbücher oder die Anschreibungen zur Prüfung der Eintragungen nach Bestimmung des Oberbeamten der Zollstelle vorzulegen oder den Beamten des Aufsichtsdienstes in der Brauerei zur Verfügung zu stellen und sie mindestens zehn Jahre lang aufzubewahren.

---

[1]) Nichtzutreffendes ist zu streichen. Bei Büchern, die in einem festen Einband gebunden und beschnitten sind, sind die Worte von „die" bis „sind" zu streichen.

4. Spalten 16 bis 24 sind sogleich nach dem Wiederausgang des Rückbiers aus der Brauerei oder nach dessen Wiederaufnahme in den Betrieb auszufüllen. In den Fällen der Ziffer 3 Satz 1 kann der Oberbeamte auf Antrag widerruflich genehmigen, daß nur die Gesamtmenge des täglich wieder ausgegangenen oder in den Betrieb wieder aufgenommenen Rückbiers eingetragen wird. Ziffer 3 Sätze 2 und 3 sind entsprechend anzuwenden. Der Oberbeamte kann auf Antrag widerruflich genehmigen, daß in die Spalten 17 bis 20 nur am Monatsschluß die Gesamtmenge des im Laufe des Monats wieder ausgegangenen Biers eingetragen wird, wenn die Voraussetzung der Ziffer 3 Satz 3 Buchstabe a zutrifft.
5. In den Fällen der Ziffer 3 und der Ziffer 4 Sätze 2 und 4 müssen die Eintragungen spätestens am Schluß der Geschäftsstunden des folgenden Werktags vorgenommen werden.
6. Soll Rückbier unter amtlicher Aufsicht vernichtet oder unbrauchbar gemacht werden, so ist das binnen drei Tagen nach dem Wiedereingang des Biers bei dem Aufsichtsbeamten mündlich oder schriftlich zu beantragen. Der Aufsichtsbeamte vermerkt das Geschehene unter Ausfüllung der Spalten 16 und 25 bis 28 in Spalte 30.
7. Im Rückbierbuch ist auch das fremde Bier anzuschreiben, das mit Genehmigung des Oberbeamten in die Brauerei eingebracht worden ist. Für solches Bier ist eine besondere Abteilung anzulegen. Der Oberbeamte kann auf Antrag widerruflich genehmigen, daß statt der Nummer und des Raumgehalts der einzelnen Fässer in Spalten 6 und 7 die Zahl und der Gesamtraumgehalt der an einem Tag in die Brauerei gebrachten Fässer angeschrieben wird. Voraussetzung ist, daß die Eintragung mit einer von der abgebenden Brauerei gefertigten und unterschriftlich vollzogenen Aufstellung belegt wird, aus der die Nummern und der Raumgehalt der einzelnen Fässer ersichtlich sind. In Spalte 15 ist auf die Aufstellungen, die mit fortlaufender Nummer zu versehen und bei dem Rückbierbuch aufzubewahren sind, hinzuweisen.
8. Der Brauereiinhaber hat das Rückbierbuch fortlaufend am Ende jeder Seite aufzurechnen, am Monatsschluß mit Zeitangabe abzuschließen, die noch nicht abgeschriebenen Biermengen als „Übertrag" in das Rückbierbuch für den folgenden Monat zu übertragen und das Rückbierbuch mit dem Biersteuerbuch der Zollstelle einzureichen. Der in das neue Rückbierbuch übernommene Übertrag wird bei der späteren Absetzung im Biersteuerbuch (Ziffer 9 der Anleitung) nicht berücksichtigt, da er schon früher abgesetzt worden ist.
9. Die Zollstelle setzt die in den Spalten 11 bis 14 als Zugang angeschriebenen Biermengen — ohne den Übertrag aus den Vormonaten — im Biersteuerbuch ab.
10. Rückbierbücher, die im abgelaufenen Monat ohne Eintragungen geblieben sind, sind für den folgenden Monat weiterzuführen. In diesem Fall hat der Brauereiinhaber beim Abschluß des Biersteuerbuches zu bestätigen, daß Rückbier in die Brauerei nicht eingebracht worden ist.

Anlage C

(2. Seite)

Zugang an Rückbier														
			des zurückliefernden Kunden		in Fässern der Fässer		in Flaschen usw. der Flaschen usw.			davon waren				
								tatsächlicher Inhalt						
Lfd. Nr.	Tag des Zugangs	Tag des Ausgangs des Rückbiers aus der Brauerei	Name	Wohnort	Nummer	tatsächlicher Inhalt l	Zahl	im einzelnen l	im ganzen hl l	Einfachbier hl l	Schankbier hl l	Vollbier hl l	Starkbier hl l	Grund der Rückkunft
1	2	3	4	5	6	7	8	9	10	11	12	13	14	15

(3. Seite)

Abgang an Rückbier													Bemerkungen	
	Wiederausgang ohne Umfüllung und ohne Bearbeitung				in den Betrieb wieder aufgenommen				unter amtlicher Aufsicht vernichtet oder unbrauchbar gemacht					
Tag des Abgangs	Einfachbier hl l	Schankbier hl l	Vollbier hl l	Starkbier hl l	Einfachbier hl l	Schankbier hl l	Vollbier hl l	Starkbier hl l	Einfach bier hl l	Schankbier hl l	Vollbier hl l	Starkbier hl l	des Brauereiinhabers	des Aufsichtsbeamten
16	17	18	19	20	21	22	23	24	25	26	27	28	29	30

Haupt-Zollamt . . . .
Nr. . . . . des Brauereiverzeichnisses

Muster 4
(BierStDB § 34)

Nachweisung

der Räume, Gefäße und Geräte der . . . .

Brauerei . . . . **in** . . . .

Anleitung

1. Der Brauereiinhaber hat diese Nachweisung spätestens acht Tage vor Beginn des erstmaligen Betriebs in doppelter Ausfertigung bei der Zollstelle einzureichen und darin nach Maßgabe des Vordrucks genau und vollständig anzugeben, auch dann, wenn die zum Betrieb der Brauerei gehörigen Räume örtlich getrennt sind
   unter I: die Sudräume, Gärkeller, Lagerkeller und Abfüllräume; ferner die geschlossenen Räume, offenen Hallen und Höfe, in denen Braustoffe, Würze oder Bier aufbewahrt, gelagert, umgefüllt oder sonstwie bearbeitet oder verladen werden, und Örtlichkeiten der vorgenannten Art, an denen anmeldepflichtige Geräte ihren regelmäßigen Stand- oder Aufbewahrungsort haben oder Versandgefäße aufbewahrt werden;
   unter II: sämtliche Maisch-, Koch-, Kühl- und Gärgefäße und -geräte, die Lager- und Fuhrfässer sowie die Pumpen und Rohrleitungen für Würze und Bier;
   unter III: die dem Verwiegen der Braustoffe dienenden Waagen und Gewichte und die Malzmühle mit selbsttätiger Verwiegungsvorrichtung sowie andere zum Schroten von Malz geeignete Vorrichtungen.
2. Bei nicht abgefundenen Brauereien ist ein Grundriß der Brauereiräume beizufügen, in dem die Gerätestellung, der Aufstellungsort der Malzmühle und die Vorrichtungen zur Beförderung des geschroteten Malzes zum Sudhaus einzuzeichnen sind. Die zur Lagerung, Abfüllung und Abgabe von Bier dienenden Räume sind in dem Grundriß als solche zu bezeichnen.
3. Der Ort für die Aufstellung der Waage, zum Schroten von Malz geeigneter Vorrichtungen und für die Aufbewahrung des Malzes, Malzschrots, Farbebiers, Zuckers, Süßstoffs und der aus Zucker hergestellten Farbmittel, ferner bei nicht abgefundenen Brauereien die zur Lagerung, Abfüllung und Abgabe von Bier aus der Brauerei dienenden Räume unterliegen der Genehmigung des Oberbeamten; die Genehmigung ist auf der letzten Seite und auf dem Grundriß zu vermerken.
4. Die unter Nr. 1 I nachzuweisenden Räume sind fortlaufend anzuziffern.
5. Die Nachweisung ist am Schluß mit Tagesangabe und Namensunterschrift zu versehen.
6. Der Brauereiinhaber erhält die eine Ausfertigung der Nachweisung mit der amtlichen Bescheinigung versehen zurück und hat sie dem Brauereibelegheft einzuverleiben.
7. Im Laufe des Betriebs kann der Oberbeamte die Einreichung einer neuen Nachweisung fordern.

Anlage C

(2. Seite)

I. Anmeldepflichtige Räume

Laufende Nr.	Der Räume		Bemerkungen
	Benennung und Bestimmung	Lage	
1	2	3	4

(3. Seite)

II. Anmeldepflichtige Gefäße und Geräte

Der Gefäße und Geräte				Zu- und Abgang				Bemerkungen
				Zugang		Abgang		
Stand- oder Aufbewahrungsort in Raum Nr.	Benennung	Nummer	Raumgehalt Liter	Tag	Bescheinigung des Aufsichtsbeamten	Tag	Bescheinigung des Aufsichtsbeamten	
1	2	3	4	5	6	7	8	9

Geprüft und — richtig befunden — berichtigt.

....

(Name und Diensteigenschaft des Oberbeamten)

(4. Seite)

III. Waagen, Malzmühlen und selbsttätige Verwiegungsvorrichtungen usw.

Zahl und Benennung	Tragfähigkeit oder Größe der einzelnen Schüttung	Zugehörige Gewichte	Aufstellungsort	Bemerkungen
1	2	3	4	5
				Geprüft und richtig befunden ...., ... 19.... .... (Name und Diensteigenschaft des Oberbeamten)

IV. Genehmigungspflichtige Orte

1. Aufbewahrungsort:
   a) für Malz: In Raum Nr. ....,
   b) „ Malzschrot: In Raum Nr. ....,
   und zwar ....
   c) „ Zucker: In Raum Nr. ....,
   d) „ Süßstoff: In Raum Nr. ....,
   e) „ Farbebier: In Raum Nr. ....,
   f) „ aus Zucker hergestellte Farbmittel: In Raum Nr. ....
2. Lagerräume für fertiges unversteuertes Bier sind die unter Nr. .... aufgeführten .....
   ....
3. Zur Abfüllung und Abgabe von Bier sind die unter Nr. .... aufgeführten Räume bestimmt, und zwar ....
   ....
   ....
   ....
4. Das Rückbier und das eingebrachte fremde Bier lagern ....

Genehmigungsvermerke des Oberbeamten:

..............., ... 19.....

....
(Unterschrift des Brauereiinhabers)

Anlage C

Muster 5

Haupt-Zollamt .... (BierStDB § 36)

Brauereiverzeichnis

Anleitung

1. Die angemeldeten Brauereien sind fortlaufend nach der Buchstabenfolge des Orts der Brauerei einzutragen. Personen, die Bier nur für den Bedarf des eigenen Haushalts herstellen (Hausbrauer), sind in den Anhang (Muster 6) aufzunehmen. Das Hauptzollamt kann anordnen, daß die im § 3 Absatz 1 Sätze 2 und 3 des Gesetzes bezeichneten Brauereien in eine besondere Abteilung des Anhangs aufzunehmen sind.
2. Die Zollstelle trägt, sobald die Nachweisung der Räume, Gefäße und Geräte einer neu errichteten Brauerei eingeht, den Namen und Ort der Brauerei und des Eigentümers, des Brauereiinhabers sowie des etwa bestellten Betriebsleiters (§ 32 der Durchführungsbestimmungen) ein. Wird ein Betriebsleiter nur für bestimmte Geschäfte bestellt, so ist dies zu vermerken.
3. Als Brauereieigentümer ist einzutragen, wer über den Brauereibetrieb dauernd zu verfügen berechtigt ist, also z. B. der Grundstückseigentümer, wenn er die Brauerei als solche verpachtet, dagegen der Mieter, wenn er die leeren Räume gemietet und in ihnen eine Brauerei erst neu errichtet hat.
4. Bei Änderungen sind die bisherigen Eintragungen rot zu streichen und die neuen Angaben darüber- oder danebenzusetzen.
5. Wenn Betriebshandlungen nur in besonderen, genehmigungspflichtigen Räumen stattfinden dürfen, ist dies in Spalte 10 zu vermerken. Wird eine eigene Braustätte nicht oder wird die vorhandene Braustätte von mehreren für eigene Rechnung brauenden Personen benutzt, so ist dies ebenfalls in Spalte 10 zu vermerken.
6. Wird eine Brauerei gänzlich abgemeldet, so ist die Eintragung zu streichen und der Tag der Abmeldung in Spalte 10 anzugeben. Bleiben zu Brauzwecken geeignete Braupfannen zurück, so ist die Brauerei in eine besondere Abteilung des Brauereiverzeichnisses aufzunehmen.
7. Zwischen den Eintragungen ist für Ergänzungen Raum zu lassen.

(2. Seite)

Lfd. Nr.	Der			
	Name	Ort, Straße, Hausnummer	Eigentümer	Inhaber
1	2	3	4	5

(3. Seite)

Brauerei		Steuerliche Vergünstigung nach § 3 Absatz 1 Satz 2 oder 3 des Gesetzes	In der Brauerei wird vorwiegend unter- / ober- gäriges Bier hergestellt	Bemerkungen
Betriebsleiter	Betriebsweise: Vermahlung Anzeige (Brauerei mit oder ohne Malzmühlen mit selbsttätiger Verwiegungsvorrichtung) Abfindung (abgefundene Brauerei)			
6	7	8	9	10

Anlage C

Haupt-Zollamt ....

Muster 6
(BierStDB § 36)

Anhang zum Brauereiverzeichnis

Anleitung

1. In den Anhang zum Brauereiverzeichnis sind fortlaufend nach der Buchstabenfolge des Orts die Hausbrauer aufzuführen, die Bier nur für den Bedarf des eigenen Haushalts bereiten, gleichviel, ob sie bei der Bierherstellung eine eigene oder fremde Braustätte benutzen, ob sie abgefunden sind oder nicht.
2. Name und Wohnort des Hausbrauers ist, sobald die Anmeldung des Brauereibetriebs (§ 34 der Durchführungsbestimmungen) bei der Zollstelle eingeht, in den Anhang einzutragen.
3. Bei Änderungen sind die bisherigen Eintragungen rot zu streichen und die neuen Angaben darüber- oder danebenzusetzen.
4. Im Fall der Abmeldung ist die Eintragung rot zu streichen und der Tag der Abmeldung in Spalte 6 zu vermerken.
5. Zwischen den Eintragungen ist für Ergänzungen Raum zu lassen.

(2. Seite)

Lfd. Nr.	Des Hausbrauers		Der Hausbrauer		Bemerkungen
	Name	Wohnort (Straße, Hausnummer)	benutzt eine eigene(e) oder fremde (f) Braustätte	ist abgefunden (ab) oder nicht abgefunden (n)	
1	2	3	4	5	6

Haupt-Zollamt ....

Muster 7
(BierStDB § 38)

Änderungsanzeige

Der Unterschriebene zeigt an, daß

.................., ... 19....

....
(Unterschrift des Brauereiinhabers)

Die vorstehende Anzeige ist heute abgegeben worden.

.................., ... 19....

Haupt-Zollamt

(Stempelabdruck) .... (Unterschrift)

Bemerkungen der Aufsichtsbeamten

.................., ... 19....

....
(Unterschriften)

Anleitung

1. Der Brauereiinhaber hat, wenn
   a) neben den bisher angemeldeten Räumen oder statt solcher andere für den Betrieb der Brauerei bestimmt, oder
   b) Maisch-, Koch-, Kühl- und Gärgefäße oder -geräte sowie Lager- und Fuhrfässer neu angeschafft oder die vorhandenen abgeschafft, geändert oder in einen anderen Raum gebracht werden,

   die Änderungsanzeige, in zwei Ausfertigungen ausgefüllt, innerhalb der nächsten drei Tage nach der Änderung der Zollstelle einzureichen. Jedoch ist zu beachten, daß Änderungen, die an die Genehmigung des Oberbeamten geknüpft sind (Anleitung zu Muster 4 Nr. 3), erst ausgeführt werden dürfen, wenn sich der Oberbeamte mit der Ausführung einverstanden erklärt hat, und daß Brauereigefäße an andere erst abgegeben werden dürfen, wenn die beabsichtigte Abgabe zuvor der Zollstelle angezeigt und die Anzeige von dieser bestätigt worden ist.
2. Der Brauereiinhaber erhält eine Ausfertigung mit der Bescheinigung der Zollstelle versehen zurück und hat sie zu dem Brauereibelegheft zu bringen.

Anlage C

Muster 8
(BierStDB § 47)

Haupt-Zollamt ....

Mahlbuch

der .... **Brauerei** ....

in ....

für das .... Viertel des Rechnungsjahres 19 ....

Dieses Buch enthält ... Blätter, die mit einer — amtlich angesiegelten — plombierten — mit Trockenstempel befestigten — Schnur durchzogen sind[1]).

............, ... 19 ....

Name ....

Amtsbezeichnung ....

Geführt von

Anleitung

1. Sind in einer Brauerei mehrere Malzmühlen mit selbsttätiger Verwiegungsvorrichtung vorhanden, so ist für jede ein besonderes Mahlbuch zu führen.
2. Die Eintragungen in den Spalten 1 bis 4 sind von dem Brauereiinhaber unmittelbar vor Beginn der Vermahlung, die Eintragungen in den Spalten 5 bis 7 unmittelbar nach Beendigung der Vermahlung zu bewirken. Werden verschiedene Malzarten vermahlen (Gerstenmalz und anderes Malz), oder wird Malz zu anderen Zwecken als zur Bierbereitung geschrotet, so sind die Malzarten oder die Malzmengen getrennt aufzuschütten unter jedesmaliger Eintragung in den Spalten 4 und 5.
3. In Spalte 6 ist, solange die Malzmühle und die selbsttätige Verwiegungsvorrichtung richtig arbeiten und kein Verschluß verletzt ist, der Unterschied zwischen den Anzeigen des Zählwerks (Spalte 5 nach Abzug von Spalte 4) einzutragen. Tritt eine Störung im Gang der selbsttätigen Verwiegungsvorrichtung ein oder ist der Verschluß verletzt worden, so ist ohne Verzug und jedenfalls vor Ablauf von 24 Stunden Anzeige an den Oberbeamten zu erstatten; die Vermahlung darf sodann nur im Beisein eines Zeugen fortgesetzt werden. Die Menge des geschroteten Malzes ist in diesem Fall durch besondere Verwiegung zu ermitteln und die so ermittelte Menge in Spalte 6 unter Mitbeurkundung durch den zugezogenen Zeugen einzutragen.
4. Der Brauereiinhaber hat das Buch fortlaufend am Ende jeder Seite aufzurechnen, am Schluß des Vierteljahrs mit Zeitangabe abzuschließen, den Stand des Zählwerks am Schluß des Vierteljahrs (letzte Eintragung in Spalte 5) in Spalte 5 des Mahlbuchs für das folgende Vierteljahr zu übertragen, die Übertragung in beiden Mahlbüchern zu bescheinigen und das abgeschlossene Mahlbuch der Zollstelle spätestens bis zum zweiten Werktag des folgenden Monats einzureichen.

---

[1]) Nichtzutreffendes ist zu streichen. Bei Büchern, die in einem festen Einband gebunden und beschnitten sind, sind die Worte von „die" bis „sind" zu streichen.

(2. Seite)

Lfd. Nr.	Tag der Vermahlung	Art der vermahlenen Braustoffe	Stand des Zählwerks vor Beginn	Stand des Zählwerks nach Beendigung	Menge der vermahlenen Braustoffe kg	In Fällen des § 41 Absatz 2 und § 48 BierStDB: Name und Wohnort desjenigen, f. dessen Rechnung Malz vermahlen wird	Bemerkungen des Brauereiinhabers	Bemerkungen des Aufsichtsbeamten
			vor Vermahlung					
1	2	3	4	5	6	7	8	9

Anlage C

(1. Seite)

Muster 9
(BierStDB § 53)

Haupt-Zollamt ....

Verzeichnis

der angemeldeten Muster von anderen Versandgefäßen als Fässern

in der .... **Brauerei** ....

in ....

Anleitung

1. Andere Gefäße als Fässer (z. B. Flaschen, Kannen), in denen Bier aus der Brauerei entfernt oder innerhalb der Brauerei zum steuerpflichtigen Verbrauch oder als Haustrunk abgegeben wird, müssen vom Brauereiinhaber durch Ausfüllung der Spalten 1 bis 7 dieses Verzeichnisses dem Oberbeamten angemeldet werden. Spalte 6 ist nur auszufüllen, wenn für die einzelnen Gefäße oder für eine Mehrzahl von Gefäßen in handelsüblicher Weise ein höherer als der in Spalte 4 oder 5 eingetragene Raumgehalt in Rechnung gestellt wird.
2. Sollen angemeldete Gefäße als Versandgefäße nicht mehr benutzt werden, so ist das vom Brauereiinhaber dem Aufsichtsbeamten anzuzeigen, der sie in Spalte 8 des Verzeichnisses abschreibt.
3. Das Verzeichnis ist nach Anordnung des Oberbeamten in der Brauerei aufzubewahren.

(2. Seite)

Lfd. Nr.	Anmeldung des Brauereiinhabers						Tag des Abgangs	Amtliche Prüfungsvermerke
	Tag der Anmeldung	der Gefäße				Art und Inhalt der Bezeichnung nach § 53 Absatz 2		
		Art	Nenninhalt	durchschnittlicher Rauminhalt	handelsüblicher Inhalt (§ 53 Absatz 1 Satz 3)			
1	2	3	4	5	6	7	8	9

Muster 10
(BierStDB § 54)

Bezirkszollkommissar ....

Zollaufsichtsstelle ....

Eingegangen am .... 19........ ...... Uhr

Fernmündlich angezeigt am .... 19........... Uhr

Brauanzeige[1])

Ich melde d.................................. in ....

hiermit an, daß in $\frac{\text{meiner}}{\text{der}}$ .... Brauerei ....

in .... nachstehend bezeichnete Einmaischungen

vorgenommen werden sollen:

Lfd. Nr.	Der Einmaischung		Der Braustoffe					Menge der herzustellenden heißen Ausschlagwürze	Gattung des herzustellenden Biers (Einfach-, Schank-, Voll-, Starkbier)		Bemerkungen	Vermerke des Aufsichtsbeamten	
			genaue Bezeichnung	Reingewicht									
				Malz			Zuckerstoffe und Farbebier						
	Tag	Stunde		zu untergärigem Bier	zu obergärigem Bier				untergärig	obergärig		Nr. des Sudbuchs	sonst. Vermerke
					Gerstenmalz	anderes Malz							
				kg | 1/10	kg | 1/10	kg | 1/10	kg | 1/10	hl | 1/10					
1	2	3	4	5	6	7	8	9	10	11	12	13	14

(Für Änderungen früherer Brauanzeigen, sonst zu streichen.)

Die vorstehend angemeldete... Einmaischung.... tritt — treten — an Stelle der unter Ziffer .... in der Brauanzeige vom .... bezeichneten Einmaischung.....

....
(Unterschrift)

..............., ... 19....

Anleitung s. nächste Seite

[1]) Das Muster kann auch als Postkarte gedruckt werden.

Anlage C

Anleitung

1. Die Brauanzeige muß spätestens am Nachmittag des Werktags vor der Einmaischung dem Aufsichtsbeamten ausgehändigt werden. Wird die Anzeige durch die Post übersandt, so muß sie so zeitig abgesandt werden, daß sie zu der angegebenen Zeit bei dem Aufsichtsbeamten eingeht. Der Oberbeamte kann zulassen, daß die Einmaischung bis zu dem im Satz 1 bezeichneten Zeitpunkt fernmündlich bei gleichzeitiger Absendung der Brauanzeige angemeldet wird. Er darf auch sonstige Ausnahmen bewilligen.
2. In Brauereien ohne Malzmühlen sind gleichzeitig mit der Erstattung der Brauanzeige die Spalten 1 bis 8 des Sudbuchs (Anleitung zu Muster 12 Ziffer 3) auszufüllen. Die Zeitangaben sind nach der 24-Stundenrechnung zu machen.
3. Die Brauanzeige muß bei der Betriebsführung eingehalten werden. Abweichungen von der Brauanzeige sind nur zulässig, wenn infolge unvermuteter Umstände die Einmaischung überhaupt nicht oder nicht in der angemeldeten Weise stattfinden kann. Die Abweichungen und deren Ursachen hat der Brauereiinhaber unter Angabe von Tag und Stunde sofort dem Aufsichtsbeamten durch Einreichung einer neuen Brauanzeige mitzuteilen. Im Sudbuch ist die ursprüngliche Eintragung zu durchstreichen und eine neue Eintragung nach Maßgabe der neu abgegebenen Brauanzeige zu machen, wobei die Gründe für die Abänderung in der Spalte 12 anzugeben sind.
4. Zu den Zuckerstoffen (Spalte 8) gehören auch Süßstoff und aus Zucker hergestellte Farbmittel.

Muster 11
(BierStDB § 59)

Haupt-Zollamt ....

Zuckerverwendungsbuch

der .... Brauerei ....

in ....

für das ..... Viertel des Rechnungsjahrs 19 ....

Dieses Buch enthält ... Blätter, die mit einer — amtlich angesiegelten — plombierten — mit Trockenstempel befestigten — Schnur durchzogen sind[1]).

Geführt von

............, ... 19 ....

Name ....

Amtsbezeichnung ....

Anleitung

1. Auf Seite 1 unten ist die Art der Zuckerstoffe anzugeben, die zur Bierbereitung vorrätig gehalten werden. Werden verschiedene Arten Zucker usw. zur Bierbereitung verwendet, so ist für jede Art eine besondere Abteilung anzulegen und auf Seite 1 des Buchs die Seitenzahl der Abteilung zu vermerken.
2. Unter ,,Zugang" ist jede Sendung, sobald sie in die Brauerei eingebracht ist, nach dem Reingewicht in ganzen und zehntel Kilogramm, bei Süßstoff in Gramm einzutragen. Jeder Zugang ist mit den über den Bezug lautenden Rechnungen, Frachtbriefen usw. zu belegen. Bis zur Prüfung durch den Oberbeamten sind die Belege bei dem Buch geordnet aufzubewahren.
3. Der ,,Abgang" ist gleichfalls nach dem Reingewicht in ganzen und zehntel Kilogramm, bei Süßstoff in Gramm anzuschreiben, sobald der Zucker usw. aus dem Lager zur Bierbereitung oder zu anderen Zwecken entnommen wird. Jede Entnahme zu anderen Zwecken als zur Bierbereitung muß vorher vom Oberbeamten genehmigt werden. Die Genehmigung ist in Spalte 11 zu vermerken.
4. Wird der Zucker usw. bei der Bierbereitung verwendet, ehe die Menge der Ausschlagwürze im Sudhaus festgestellt ist, so ist die Zucker- usw. Entnahme in den Spalten 4 und 5, bei späterer Verwendung aber in den Spalten 6, 7 und 8 als Abgang nachzuweisen.
5. Die Spalten 7 und 8 sind nur auszufüllen, wenn Farbebier verwendet oder wenn Zucker in flüssiger Form oder gelöst nach dem in Ziffer 4 angegebenen Zeitpunkt der Würze oder dem Bier zugesetzt und dabei als Lösungsmittel des Zuckers nicht

[1]) Nichtzutreffendes ist zu streichen. Bei Büchern, die in einem festen Einband gebunden und beschnitten sind, sind die Worte von „die" bis „sind" zu streichen.

ein Teil der Würze oder des Biers selbst benutzt wird. Wird der Würze oder dem Bier Farbebier zugesetzt oder Zucker in der Form von wässeriger Lösung, so ist dies außerdem in den Spalten 24 und 25 des Sudbuchs einzutragen. Zuckerstoffe, die nach dem in Ziffer 4 angegebenen Zeitpunkt der Würze oder dem Bier trocken zugesetzt und daher nur in Spalte 6 des Abgangs zu vermerken sind, sind am Vierteljahrsschluß in einer Summe auch in Spalte 24 des Sudbuchs anzuschreiben. In der Bemerkungsspalte des Sudbuchs ist zu dieser Eintragung auf das Zuckerverwendungsbuch zu verweisen.

6. Die Zeitangaben sind nach der 24-Stundenrechnung zu machen.
7. Der Oberbeamte ist befugt, unter Zuziehung des Brauereiinhabers jederzeit den Soll- und den Ist-Bestand zu ermitteln.
8. Das Zuckerverwendungsbuch ist nach näherer Bestimmung des Oberbeamten aufzubewahren und den Aufsichtsbeamten stets zugänglich zu halten.
9. Dient das Buch nur zum Nachweis von Farbebier, so ist der Titel in „Farbebierverwendungsbuch" zu ändern.
10. Der Brauereiinhaber hat das Buch fortlaufend am Ende jeder Seite aufzurechnen, am Vierteljahrsschluß mit Zeitangabe abzuschließen, den Bestand durch Absetzung des Gesamtabgangs (Spalte 4, 6 und 9) von der Schlußsumme der Spalte 7 des Zugangs zu bilden und in das Zuckerverwendungsbuch für das nächste Vierteljahr vorzutragen. Das abgeschlossene Buch ist bis zum zweiten Werktag des nächsten Monats der Zollstelle einzureichen.

Inhaltsverzeichnis

Zucker- usw. Art	Seite	Zucker- usw. Art	Seite
Rübenzucker		*Zuckerfarbmittel*	
Stärkezucker		*Farbebier*	
Süßstoff			

(2. Seite)

Zucker- usw. Art..

Zugang

Lfd. Nr.	Der Einbringung in die Brauerei: Tag	Der Einbringung in die Brauerei: Stunde	Der eingebrachten Packstücke: Zahl und Art	Der eingebrachten Packstücke: Bezeichnung	Der eingebrachten Packstücke: Rohgewicht kg	Der eingebrachten Packstücke: Rohgewicht 1/10	Reingewicht des Zuckers oder Farbebiers kg	Reingewicht des Zuckers oder Farbebiers 1/10	Herkunft des Zuckers oder Farbebiers (Name und Wohnort der Verkäufer usw)	Bezeichnung der Belege und Bemerkungen
1	2	3	4	5	6		7		8	9

(3. Seite)

Abgang

Lfd. Nr.	Der Entnahme: Tag	Der Entnahme: Stunde	Entnahme zur Verwendung bei der Bierbereitung im Sudbetrieb: Reingewicht kg	1/10	im Sudbetrieb: angeschrieben im Sudbuch Abfindungsbuch unter Nr.	außerhalb des Sudbetriebs: Reingewicht kg	1/10	außerhalb des Sudbetriebs: Litermenge zu Spalte 6 einschl. des Lösungswassers	außerhalb des Sudbetriebs: die Litermenge in Spalte 7 ist angeschrieben im Sudbuch Abfindungsbuch unter Nr.	zu anderen Zwecken: Reingewicht kg	1/10	Bemerkungen des Brauereiinhabers	Bemerkungen des Aufsichtsbeamten
1	2	3	4		5	6		7	8	9		10	11

Anlage C

Haupt-Zollamt .... **Muster 12**
(BierStDB § 61)

Sudbuch

der .... Brauerei ....

in ....

für das ..... Viertel des Rechnungsjahrs 19....

Dieses Buch enthält .... Blätter, die mit einer — amtlich angesiegelten — plombierten — mit Trockenstempel befestigten — Schnur durchzogen sind[1]. Geführt von

............, ... 19.... ....

Name ....

Amtsbezeichnung ....

Anleitung

1. Wird eine Brauerei von mehreren für eigene Rechnung brauenden Personen benutzt, so ist für jede dieser Personen eine besondere Abteilung im Sudbuch einzurichten.
2. Die Eintragungen im Sudbuch haben, soweit nachstehend nichts Näheres bestimmt ist, sobald als möglich, jedenfalls noch am Tag der Ermittlung, zu erfolgen.
   Änderungen der Eintragungen sind in der Spalte 26 zu bestätigen und so vorzunehmen, daß die ursprünglichen Eintragungen lesbar bleiben.
3. Die Spalten 1 bis 8 sind auszufüllen:
   a) in Brauereien mit Malzmühlen mit selbsttätiger Verwiegungsvorrichtung spätestens bei der Einmaischung;
   b) in anderen Brauereien gleichzeitig mit der Ausfüllung der an den Aufsichtsbeamten abzusendenden Brauanzeige und in Übereinstimmung mit dieser. Wird die Brauanzeige geändert, so ist gleichzeitig die ursprüngliche Eintragung zu durchstreichen und eine neue Eintragung nach Maßgabe der neu abgegebenen Brauanzeige zu machen, wobei die Gründe für die Abänderung in der Spalte 26 anzugeben sind.
   Die Zeitangaben sind in der 24-Stundenrechnung zu machen.
4. In Brauereien mit Malzmühlen mit selbsttätiger Verwiegungsvorrichtung ist das Gewicht des eingemaischten Malzschrots in Übereinstimmung mit dem Ergebnis der Verwiegung auf der selbsttätigen Verwiegungsvorrichtung anzugeben; in anderen Brauereien ist das Malzschrot unmittelbar vor der Einmaischung zu verwiegen. Das Gewicht der Zuckerstoffe und des Farbebiers ist vor der Einmaischung durch Verwiegen festzustellen. Das Gewicht ist bei nicht über die Malzmühle gehenden Braustoffen in ganzen und zehntel Kilogramm, bei Süßstoff in Gramm zu ermitteln.

Forts. s. Seite 4 des Musters

[1] Nichtzutreffendes ist zu streichen. Bei Büchern, die in einem festen Einband gebunden und beschnitten sind, sind die Worte von „die" bis „sind" zu streichen.

(2. Seite)

Lfd. Nr.	Der Einmaischung		Der Braustoffe					Der Ausschlagwürze		Extraktgehalt der Anstellwürze bei + 20° C	Schwund	
	Tag	Stunde	genaue Bezeichnung	Reingewicht				Menge	Extraktgehalt bei + 20° C		festgesetzter Satz	Menge
				Malz			Zuckerstoffe oder Farbebier					
				zu untergärigem Bier	zu obergärigem Bier							
					Gerstenmalz	anderes Malz						
				kg | 1/10	kg | 1/10	kg | 1/10	kg | 1/10	hl | l	v. H.	v. H.	v. H.	hl | l
1	2	3	4	5	6	7	8	9	10	11	12	13

(3. Seite)

Überwachungspflichtige Biermenge												Bemerkungen	
Aus den Spalten 9 und 13 errechnet								Zusätze nach Abschluß des Sudverfahrens				des Brauereiinhabers	des Aufsichtsbeamten
Einfachbier		Schankbier		Vollbier		Starkbier		Wasserzusatz		Zuastz von flüssigen oder gelösten Zuckerstoffen und von Farbebier			
untergärig	obergärig	untergärig	obergärig	untergärig	obergärig	untergärig	obergärig	Tag und Nr. der Genehmigung	Menge	Menge	Zucker-Verw.-B. Nr.		
hl | l	hl | l	hl | l	hl | l	hl | l	hl | l	hl | l	hl | l		hl | l	hl | l			
14	15	16	17	18	19	20	21	22	23	24	25	26	27

(4. Seite)

5. Der Brauereiinhaber hat die Menge der Ausschlagwürze, d. i. der heißen Würze unmittelbar vor dem Ablassen aus der Braupfanne auf die Kühlvorrichtung, wenn der Würzespiegel ruhig steht, mit dem amtlichen Meßstab (Peilstab) zu ermitteln und in Spalte 9 anzuschreiben.
6. Gleichzeitig hat er den Extraktgehalt der Ausschlagwürze mit einer amtlich geeichten Zuckerspindel bei + 20° C zu ermitteln und in Spalte 10 anzuschreiben.
7. Wenn das Hauptzollamt nicht nach § 83 Absatz 5 vorletzter Satz der Durchführungsbestimmungen etwas anderes angeordnet hat, ist der Extraktgehalt der Anstellwürze im Sammelgefäß oder, sofern ein solches nicht vorhanden ist, in den Gärbottichen möglichst vor dem Zusetzen der Hefe, spätestens aber binnen 6 Stunden nach deren Befüllung festzustellen und in Spalte 11 einzutragen. Es ist darauf zu achten, daß die Probe der durchschnittlichen Beschaffenheit der Anstellwürze entspricht.
8. Wenn auf Anordnung des Hauptzollamts statt der Menge der Ausschlagwürze die Menge der Anstellwürze ermittelt wird (vgl. § 83 Absatz 6 der Durchführungsbestimmungen), so ist diese Menge in Spalte 9 einzutragen; in Spalte 26 hat der Brauereiinhaber die besondere Art der Würzemengenermittlung zu vermerken. Bezieht sich diese Anordnung des Hauptzollamts auf sämtliches in der Brauerei herzustellendes Bier, so ist im Kopf der Spalten 9 und 10 das Wort „Ausschlagwürze" in „Anstellwürze" zu ändern und Spalte 11 unausgefüllt zu lassen.
9. In Spalte 12 ist der vom Hauptzollamt für die hergestellte Bierart und Biergattung festgesetzte Satz für den gesamten Schwund vom Ausschlagen bis zum Ausstoß einzuschreiben, hierauf die Menge des Schwunds zu errechnen und in Spalte 13 einzutragen. Durch Abzug des Schwunds von der Menge der Ausschlagwürze berechnet sich die überwachungspflichtige Biermenge, die sogleich in der zutreffenden Spalte (14 bis 21) einzutragen ist.
10. Wasserzusätze zur Würze, die nach der Ermittlung der Menge der Ausschlagwürze, aber vor der Ermittlung des Extraktgehalts der Anstellwürze (Ziffer 7) gemacht werden, sind in Spalte 9 auf besonderer Zeile vorzutragen und in Spalte 26 zu erläutern, z.B. durch einen Vermerk wie: „Zur Auffüllung des Gärbottichs x 50 *l* Wasser zugesetzt." Für die Schwundberechnung werden derartige Wasserzusätze der Menge der Ausschlagwürze zugerechnet. Wasserzusätze nach der Feststellung des Extraktgehaltes im Gärkeller sind verboten, soweit nicht vom Hauptzollamt Ausnahmen genehmigt worden sind.
11. In den Spalten 22 bis 25 sind die besonders genehmigten Wasserzusätze zum Bier nach Feststellung des Extraktgehalts der Anstellwürze sowie die Zusätze von flüssigen oder gelösten Zuckerstoffen und von Farbebier, die gleichfalls nach Feststellung des Extraktgehalts der Würze im Gärkeller stattfinden, unter Hinweis auf die entsprechenden Eintragungen in Spalten 14 bis 21 besonders einzutragen. Hierzu ist in Spalte 26 anzugeben, in welchem Betriebsraum der Zusatz stattgefunden hat. Ändert sich durch den Zusatz die Biergattung, so ist dies unter Angabe der Menge gleichfalls zu vermerken. Beispielsweise ist zu der Eintragung von 900 *l* Wasser in Spalte 23 zu vermerken: „Im Lagerfaß Nr. x zugesetzt. 60 hl Starkbier werden dadurch in 69 hl Vollbier umgewandelt." Danach ist in der zutreffenden Spalte (14 bis 21) die ursprünglich vorgetragene Bier-

menge rot abzusetzen und einschließlich des berichtigten Wasserzusatzes (vgl. Ziffer 13) in der nunmehr einschlägigen Spalte anzuschreiben.

Entsprechende Angaben sind in der Spalte 26 zu machen, wenn verschiedene Biergattungen miteinander vermischt werden. Das Hauptzollamt kann die Führung eines besonderen Bierverschnittbuchs anordnen.

Lassen die besonderen Betriebsverhältnisse der Brauerei einen Hinweis auf einen bestimmten früheren Sud (Absatz 1 Satz 1) nicht zu, so kann der Oberbeamte gestatten, daß der Zusatz in Spalte 26 etwa in folgender Weise erläutert wird: „Zusatz zu einem Gemisch verschiedener Gebräue in den Lagerfässern Nr. ...... und Nr. ...... oder im Gärbottich Nr. ....“

12. Wegen der Anschreibung der Zuckerstoffe, die nach der Ermittlung der Menge der Ausschlagwürze der Würze oder dem Bier trocken zugesetzt werden, in den Spalten 24 und 26, s. Anleitung zu Muster 11 Ziffer 5 Sätze 3 und 4.

13. Für die Schwundberechnung werden die in Ziffer 11 Absatz 1 erwähnten Zusätze der Menge der Ausschlagswürze zugerechnet. Die in den Spalten 23 und 24 einzutragenden Mengen sind jedoch nicht in Höhe der auf sie entfallenden Schwundmenge zu kürzen, vielmehr ist die gesamte Schwundmenge in Spalte 13 einzutragen und von der Menge der Ausschlagwürze (Spalte 9) abzuziehen.

Das Hauptzollamt kann, z.B. wenn die jeweiligen Betriebsverhältnisse der Brauerei eine solche Schwundberechnung nicht zulassen oder erschweren, anordnen, daß für die in Ziffer 10 und 11 Absatz 1 erwähnten Zusätze lediglich die für den Zeitpunkt ihrer Beigabe maßgebenden Teilschwundsätze anzuwenden sind. Der Teilschwund ist in den Spalten 12 und 13 einzutragen und im übrigen nach Ziffer 9 zu verfahren.

Im Fall der Ziffer 11 Absatz 3 ist der Teilschwund an der Biergattung (Spalten 14 bis 21), zu der der Zusatz erfolgt oder der nach einem Verschnitt das Gemisch angehört, abzuziehen.

14. Der Brauereiinhaber hat das Sudbuch nach Bestimmung des Oberbeamten reinlich aufzubewahren, den Aufsichtsbeamten jederzeit vorzulegen, fortlaufend am Ende jeder Seite aufzurechnen, am Schluß des Vierteljahrs mit Zeitangabe abzuschließen und spätestens am zweiten auf den Vierteljahrsschluß folgenden Werktag an die Zollstelle einzusenden.

Anlage C

Haupt-Zollamt...........

Muster 13
(BierStDB § 61)

Biersteuerbuch

der .... Brauerei ....

in ....

für den Monat .... 19..

Dieses Buch enthält .... Blätter, die mit einer — amtlich angesiegelten — plombierten — mit Trockenstempel befestigten — Schnur durchzogen sind[1]).

..........., ... 19...

Name ....

Amtsbezeichnung ....

Geführt von

Anleitung

1. Inhaber von Brauereien, die untergäriges und obergäriges Bier herstellen, haben für jede Art ein besonderes Biersteuerbuch zu führen.
2. In den Spalten 1 bis 25 ist täglich spätestens am Schluß der Geschäftsstunden alles Bier einzutragen, das aus den für die Abgabe von Bier zugelassenen Räumen ausgeht. In den Spalten 3 und 4 ist für jedes Faß die Nummer und der Raumgehalt nach eichamtlicher Angabe einzutragen. Für die Eintragungen in den Spalten 5 bis 7 sind mehrere Zeilen zu benutzen, wenn der Raumgehalt der einzelnen Flaschen usw. verschieden groß ist. Das Hauptzollamt kann anordnen, daß die Empfänger des Biers angegeben werden.
3. Der Oberbeamte kann auf Antrag widerruflich genehmigen, daß statt der Einzelanschreibung der Gefäße (Ziffer 2) nur die Zahl und der Gesamtraumgehalt der Gefäße eingetragen werden, die an einem Tag aus der Brauerei entfernt werden (summarische Anschreibung). In diesem Fall sind in den Spalten 3 und 4 die Zahl der Fässer und deren Gesamtraumgehalt nach Hektolitern und Litern, in den Spalten 5 bis 7 — unter Beachtung der Ziffer 2 Satz 3 — die Zahl der Flaschen usw. und deren Einzel- und Gesamtraumgehalt anzuschreiben. Voraussetzung ist, daß
   a) die Brauerei eine ordnungsmäßige kaufmännische Buchführung hat oder beim Fehlen einer solchen über alle Bierausgänge laufende Anschreibungen führt,
   b) die kaufmännischen Bücher oder die laufenden Anschreibungen die Nummern und den Raumgehalt der Fässer, die Zahl und den Raumgehalt der einzelnen Flaschen usw., die Bierarten, Biergattungen und die Empfänger der einzelnen Bierlieferungen in übersichtlicher Form enthalten, und daß die Eintragungen in diese Bücher oder Anschreibungen (Lieferblocks) sofort bei der Entfernung des Biers aus den für die Abgabe von Bier zugelassenen Räumen und nicht etwa in einem späteren Zeitpunkt (z. B. bei Abgabe vom Lieferwagen durch Kutscher) vorgenommen werden,
   c) der Brauereiinhaber sich verpflichtet, die Geschäftsbücher oder die Anschreibungen zur Prüfung der Eintragungen im Biersteuerbuch nach Bestimmung

[1]) Nichtzutreffendes ist zu streichen. Bei Büchern, die in einem festen Einband gebunden und beschnitten sind, sind die Worte von „die" bis „sind" zu streichen.

(Noch 1. Seite)

des Oberbeamten der Zollstelle vorzulegen oder den Beamten des Aufsichtsdienstes in der Brauerei zur Verfügung zu stellen und sie mindestens zehn Jahre lang aufzubewahren.

Für die Anschreibung des Haustrunks kann nach § 13 Absatz 3 der Durchführungsbestimmungen eine Besonderheit zugelassen werden.

4. In den Fällen der Ziffer 3 müssen die Eintragungen spätestens am Schluß der Geschäftsstunden des auf den Bierausgang folgenden Werktags vorgenommen werden.
5. Die letzte Seite (Steuerberechnung) wird durch die Zollstelle ausgefüllt.
6. Wenn eine Brauerei durch mehrere für eigene Rechnung brauende Personen benutzt wird, ist für jede dieser Personen ein Biersteuerbuch zu führen.
7. Das Biersteuerbuch ist an dem durch den Oberbeamten zu bestimmenden Ort aufzubewahren, durch den Brauereiinhaber fortlaufend am Ende jeder Seite aufzurechnen, am Monatsschluß mit Zeitangabe abzuschließen und spätestens am fünften Werktag des folgenden Monats der Zollstelle einzusenden.

(2. Seite)

Lfd. Nr.	Tag des Bierausgangs	Aus den Lagerräumen gehen aus					steuerfrei ausgeführt					
		Bier in Fässern		Bier in Flaschen usw.								
		der Fässer		der Flaschen usw.								
		Nr.	Raumgehalt	Zahl	Raumgehalt im einzelnen	Raumgehalt im ganzen	Einfachbier	Schankbier	Vollbier	Starkbier		Zusammen (Spalten 8 bis 12)
			l		l	hl | l	hl | l	hl | l	hl | l	hl | l	hl | l	hl | l
1	2	3	4	5	6	7	8	9	10	11	12	13

(3. Seite)

Davon												Bemerkungen
steuerfrei als Haustrunk						steuerpflichtig						
Einfachbier	Schankbier	Vollbier	Starkbier		Zusammen (Spalten 14 bis 18)	Einfachbier	Schankbier	Vollbier	Starkbier		Zusammen (Spalten 20 bis 24)	
hl | l	hl | l	hl | l	hl | l	hl | l	hl | l	hl | l	hl | l	hl | l	hl | l	hl | l	hl | l	
14	15	16	17	18	19	20	21	22	23	24	25	26

Anlage C

(4. Seite)

Steuerberechnung

In der Brauerei sind im laufenden Rechnungsjahr bis zum Schluß des Vormonats erzeugt worden . . . . hl Bier.

Im abgelaufenen Monat sind nach dem abgeschlossenen Biersteuerbuch steuerpflichtig geworden abzüglich des Rückbiers und des wie Rückbier zu behandelnden fremden Biers:

Einfachbier	...... hl
Schankbier	...... ,,
Vollbier	...... ,,
Starkbier	...... ,,
Zusammen . . .	...... hl

Davon sind zu versteuern:

..... hl	Einfachbier	....	nach	dem	Satz	von	....	DM	mit	....	DM
..... ,,	,,	....	,,	,,	,,	,,	....	,,	,,	....	,,
..... ,,	,,	....	,,	,,	,,	,,	....	,,	,,	....	,,
..... ,,	,,	....	,,	,,	,,	,,	....	,,	,,	....	,,
..... ,,	Schankbier	....	,,	,,	,,	,,	....	,,	,,	....	,,
..... ,,	,,	....	,,	,,	,,	,,	....	,,	,,	....	,,
..... ,,	,,	....	,,	,,	,,	,,	....	,,	,,	....	,,
..... ,,	,,	....	,,	,,	,,	,,	....	,,	,,	....	,,
..... ,,	Vollbier	....	,,	,,	,,	,,	....	,,	,,	....	,,
..... ,,	,,	....	,,	,,	,,	,,	....	,,	,,	....	,,
..... ,,	,,	....	,,	,,	,,	,,	....	,,	,,	....	,,
..... ,,	,,	....	,,	,,	,,	,,	....	,,	,,	....	,,
..... ,,	Starkbier	....	,,	,,	,,	,,	....	,,	,,	....	,,
..... ,,	,,	....	,,	,,	,,	,,	....	,,	,,	....	,,
..... ,,	,,	....	,,	,,	,,	,,	....	,,	,,	....	,,
..... ,,	,,	....	,,	,,	,,	,,	....	,,	,,	....	,,
..... hl Bier							Zusammen Steuerbetrag			. . ..	DM

Zur steuerpflichtigen Biermenge mit	. . . .	.... hl
treten hinzu:	Steuerfreier Haustrunk	.... ,,
	Steuerfrei ausgeführtes Bier	.... ,,
	Bis zum Schluß des Vormonats erzeugte Biermenge	.... ,,
Gesamte im abgelaufenen Jahresteil erzeugte Biermenge . . .		.... hl

Die Steuer ist angefordert am ....,

fällig ,, ...

und eingezahlt ,, ...

(Einnahmebuch VSt Nr. ....)

....

...., ... 19..

.... (Zollstelle)

(Raum für besondere Vermerke wegen verspäteter Einzahlung der Biersteuer usw.).

Haupt-Zollamt ....

Muster 14
(BierStDB § 63)

Steuerbescheid über zu entrichtende Biersteuer

für den Monat .... 19...

In ihrer Brauerei sind im laufenden Rechnungsjahr bis zum Schluß des Vormonats erzeugt worden .... hl Bier.

Im abgelaufenen Monat sind nach dem abgeschlossenen Biersteuerbuch nach Abzug des Rückbiers und des wie Rückbier zu behandelnden fremden Biers steuerpflichtig geworden

Einfachbier	.... hl
Schankbier	.... hl
Vollbier	.... hl
Starkbier	.... hl
zusammen	.... hl

Davon sind zu versteuern:

..... hl	Einfachbier	....	nach dem Satz von			....	DM	mit	DM
..... ,,	,,	....	,,	,,	,, ,,	....	,,	,, ...	,,
..... ,,	,,	....	,,	,,	,, ,,	....	,,	,, ...	,,
..... ,,	,,	....	,,	,,	,, ,,	....	,,	,, ...	,,
..... ,,	Schankbier	....	,,	,,	,, ,,	....	,,	,, ...	,,
..... ,,	,,	....	,,	,,	,, ,,	....	,,	,, ...	,,
..... ,,	,,	....	,,	,,	,, ,,	....	,,	,, ...	,,
..... ,,	,,	....	,,	,,	,, ,,	....	,,	,, ...	,,
..... ,,	,,	....	,,	,,	,, ,,	....	,,	,, ...	,,
..... ,,	Vollbier	....	,,	,,	,, ,,	....	,,	,, ...	,,
..... ,,	,,	....	,,	,,	,, ,,	....	,,	,, ...	,,
..... ,,	,,	....	,,	,,	,, ,,	....	,,	,, ...	,,
..... ,,	,,	....	,,	,,	,, ,,	....	,,	,, ...	,,
..... ,,	Starkbier	....	,,	,,	,, ,,	....	,,	,, ...	,,
..... ,,	,,	....	,,	,,	,, ,,	....	,,	,, ...	,,
..... ,,	,,	....	,,	,,	,, ,,	....	,,	,, ...	,,
..... ,,	,,	....	,,	,,	,, ,,	....	,,	,, ...	,,
..... hl Bier		— zusammen —					Steuerbetrag	....	DM

Anlage C

Zur steuerpflichtigen Biermenge mit	.... hl
treten hinzu: Steuerfreier Haustrunk	.... hl
Steuerfrei ausgeführtes Bier	.... hl
Bis zum Schluß des Vormonats erzeugte Biermenge	.... hl
Gesamte im abgelaufenen Jahresteil erzeugte Biermenge	.... hl

Sie werden gebeten, den vorstehend berechneten Steuerbetrag mit .... DM bis zum Fälligkeitstag, dem 15. .... 19......, an die unterzeichnete Zollstelle in bar oder durch Überweisung auf das Postscheckkonto Nr. .... beim Postscheckamt .... oder auf das Konto bei der .... Bank .... in .... einzuzahlen.

Bei der Steuerberechnung ist von den Anschreibungen im Biersteuerbuch insofern abgewichen worden, als ....

....

Gegen diesen Steuerbescheid steht Ihnen das Rechtsmittel des Einspruchs zu.

Die Rechtsmittelfrist beträgt einen Monat. Sie beginnt mit Ablauf des Tages, an dem Ihnen dieser Bescheid zugestellt worden ist. Die Bekanntgabe gilt mit dem dritten Tag nach der Aufgabe zur Post als bewirkt, es sei denn, daß der Steuerbescheid nicht oder zu einem späteren Zeitpunkt zugegangen ist.

Die Einlegung des Rechtsmittels hat schriftlich oder zu Protokoll bei der unterzeichneten Dienststelle zu erfolgen.

Durch die Einlegung des Rechtsmittels wird die Wirksamkeit des Steuerbescheids nicht gehemmt, insbesondere wird die Erhebung der Steuer nicht aufgehalten.

In dem Rechtsmittel soll angegeben werden, inwieweit der Steuerbescheid angefochten und seine Aufhebung beantragt wird. Ferner sollen die Tatsachen, die zur Begründung dienen, und die Beweismittel angeführt werden.

Wird der Steuerbetrag nicht rechtzeitig gezahlt, so ist mit Ablauf des Fälligkeitstages für den rückständigen Betrag ein Säumniszuschlag verwirkt, außerdem müßten Sie die entstehenden Mahngebühren und Zwangsvollstreckungskosten tragen.

Auf die steuervergünstigte Biermenge von — 10 hl[1]) — 15 hl[1]) sind bisher — nach § 7 Absatz 2 der Biersteuer-Durchführungsbestimmungen[1]) — .... hl angerechnet worden.

.... 19....

(Stempelabdruck) **Haupt-Zollamt**

....

(Unterschrift)

Herrn
Firma

....

in ....

[1]) Nichtzutreffendes ist zu streichen.

Muster 15
(BierStDB § 65)

Haupt-Zollamt.......................

Anschreibebuch

über das in die Brauerei .... in ....

im Rechnungsjahr 19.... eingebrachte fremde Bier

Dieses Buch enthält .... Blätter, die mit einer — amtlich angesiegelten — plombierten — mit Trockenstempel befestigten — Schnur durchzogen sind[1]).

Geführt von

.................., ... 19...

Name ....

Amtsbezeichnung ....

....

Anleitung

1. Das eingebrachte fremde Bier darf in der Brauerei nicht umgefüllt oder bearbeitet werden.
2. Die eingehenden Fässer sind einzeln, eingehende Flaschen getrennt nach ihrem Raumgehalt derart in den Spalten 3 bis 9 einzutragen, daß die Spalten 11 bis 13 ohne weiteres zur Anschreibung des Abgangs verwendet werden können. Bei der Eintragung von Flaschen ist ggf. genügend Raum zu lassen. Wenn die in den Spalten 5 bis 7 angeschriebene Zahl der Flaschen usw. in Teilmengen aus der Brauerei entfernt oder innerhalb der Brauerei getrunken wird, ist in Spalte 14 die jeweils abgegebene Flaschen- usw. Zahl anzugeben. Auf einer Linie darf nur 1 Faß oder ein Posten Flaschen eingetragen werden.
3. Der Oberbeamte kann widerruflich genehmigen, daß die Gesamtzahl und der Gesamtraumgehalt der an einem Tag in die Brauerei eingebrachten und der aus der Brauerei entfernten Fässer, Flaschen usw. angeschrieben wird. Voraussetzung ist, daß es sich um Bier der gleichen Gattung und Art handelt, daß die Zugänge an Bier mit einer von der abgebenden Brauerei gefertigten und unterschriftlich vollzogenen Aufstellung belegt werden, in der Nummer und Raumgehalt der einzelnen Fässer aufgeführt sind, und daß im Fall der Abgabe des Biers Nummer und Raumgehalt der einzelnen Fässer und deren Empfänger (Name und Wohnort) aus der Buchführung der Brauerei ohne weiteres ersichtlich sind.
4. Das Buch ist nach näherer Bestimmung des Oberbeamten aufzubewahren und den Aufsichtsbeamten jederzeit zugänglich zu halten. Nach Schluß des Rechnungsjahrs ist das Buch noch 1 Monat für den Nachweis des Ausgangs des in den Spalten 3 bis 9 eingetragenen Biers offenzuhalten. Nach Ablauf dieser Frist noch offenstehende Eintragungen sind in das Buch für das folgende Jahr vom Brauereiinhaber zu übertragen, die Richtigkeit der Übertragung ist vom Aufsichtsbeamten im alten und im neuen Buch zu bescheinigen. Das alte Buch ist alsdann vom Brauereiinhaber mit Zeitangabe abzuschließen und bis zum 5. Mai an die Zollstelle einzusenden.

[1]) Nichtzutreffendes ist zu streichen. Bei Büchern, die in einem festen Einband gebunden und beschnitten sind, sind die Worte von „die" bis „sind" zu streichen.

Anlage C

(2. Seite)

Lfde. Nr.	Tag des Eingangs des Biers	In die Brauerei sind eingebracht worden					Das Bier ist bezogen worden		Bemerkungen des Brauerei-inhabers
		Bier in Fässern		Bier in Flaschen usw.			von der Brauerei	in	
		der Fässer		der Flaschen usw.					
		Nr.	Raumgehalt l	Zahl	Raumgehalt im einzelnen l	Raumgehalt insgesamt l	Name, Firma	Ort	
1	2	3	4	5	6	7	8	9	10

(3. Seite)

Tag des Ausgangs des Biers	Des Abnehmers		Bemerkungen des Brauereiinhabers	Prüfungsvermerke der Aufsichtsbeamten
	Name, Firma	Ort		
11	12	13	14	15

Muster 16
(BierStDB § 69)

Haupt-Zollamt.......................

Erklärung

1. Ich beantrage, daß für meine Brauerei in .... die Biersteuer vom 1. April 19... ab im Wege der Abfindung erhoben wird. Es sollen im Rechnungsjahr nicht mehr als 500 hl Bier und bis auf weiteres die folgenden Bierarten und Biergattungen hergestellt werden:

a) untergäriges Einfachbier mit einem Stammwürzegehalt

von 2— 3 v. H.
von über 3— 4 v. H.
" " 4— 5,5 v. H.

b) untergäriges Schankbier mit einem Stammwürzegehalt

von 7— 8 v. H.

c) untergäriges Vollbier mit einem Stammwürzegehalt

von 11—12 v. H.
von über 12—13 v. H.
" " 13—14 v. H.

d) untergäriges Starkbier mit einem Stammwürzegehalt

von 16—17 v. H.
von über ...... v. H.

e) obergäriges Einfachbier mit einem Stammwürzegehalt

von 2— 3 v. H.
von über 3— 4 v. H.
" " 4— 5,5 v. H.

f) obergäriges Schankbier mit einem Stammwürzegehalt

von 7— 8 v. H.

g) obergäriges Vollbier mit einem Stammwürzegehalt

von 11—12 v. H.
von über 12—13 v. H.
" " 13—14 v. H.

h) obergäriges Starkbier mit einem Stammwürzegehalt

von 16—17 v. H.
von über ...... v. H.

Anlage C

2. Es sollen bis auf weiteres für ein Hektoliter fertiges Bier durchschnittlich verwendet werden:

Genaue Angabe über Menge und Art des Malzes, des Zuckers usw., die zu jeder Biergattung verwendet werden sollen.	Zu ......)	............kg Gerstenmalz, ...kg Weizenmalz, ...kg Farbebier, ...kg Rübenzucker, ...kg Stärkezucker, ...kg aus Zucker hergestellte Farbmittel (Bierkouleur) ....g Süßstoff,
	Zus.......)	....

3. Mir ist bekannt, daß die Biersteuer nicht mehr im Wege der Abfindung erhoben wird, wenn in meiner Brauerei in einem Rechnungsjahr mehr als 500 Hektoliter Bier hergestellt werden.

.... 19...

....

(Unterschrift des Brauereiinhabers)

Diese Erklärung ist in doppelter Ausfertigung der Zollstelle einzureichen.

Bezirkszollkommissariat ....
Zollaufsichtsstelle ....
Eingegangen am ....19... ...Uhr
Fernmündlich angezeigt am ......19... ...Uhr

Muster 17
(BierStDB § 71)

Anmeldung [1])

(für Abfindungsbrauereien)

Ich melde d .... in ....

hiermit an, daß in meiner / der .... Brauerei ....

in .... nachstehend bezeichnete Einmaischungen vorgenommen werden sollen:

Lfd. Nr.	Der Einmaischung: Tag	Der Einmaischung: Stunde	Der Braustoffe: genaue Bezeichnung	Der Braustoffe: Reingewicht – Malz – zu untergärigem Bier (kg | 1/10)	Der Braustoffe: Reingewicht – Malz – zu obergärigem Bier – Gerstenmalz (kg | 1/10)	Der Braustoffe: Reingewicht – Malz – zu obergärigem Bier – anderes Malz (kg | 1/10)	Der Braustoffe: Reingewicht – Zuckerstoffe oder Farbebier (kg | 1/10)	Der Braustoffe: Reingewicht – zusammen (kg | 1/10)	Davon (Sp. 9) werden verwendet zur Herstellung von: Einfachbier (kg | 1/10)	Schankbier (kg | 1/10)	Vollbier (kg | 1/10)	Starkbier (kg | 1/10)	(kg | 1/10)	Vermerke des Aufsichtsbeamten: Nr. des Abfindungsbuchs	Vermerke des Aufsichtsbeamten: sonstige Vermerke
1	2	3	4	5	6	7	8	9	10	11	12	13	14	15	16

(Für Änderungen früherer Anmeldungen, sonst zu streichen)

Die vorstehend angemeldete .... Einmaischung .... tritt — treten — an Stelle der unter Ziffer .... in der Anmeldung vom .... bezeichneten Einmaischung .... .

....
(Unterschrift)

................, ... 19...

[1]) Das Muster kann auch als Postkarte gedruckt werden.

Anlage C

Anleitung

1. Die Anmeldung muß spätestens am Nachmittag des Werktags vor der Einmaischung dem Aufsichtsbeamten ausgehändigt werden. Wird die Anmeldung durch die Post übersandt, so muß sie so zeitig abgesandt werden, daß sie zu der angegebenen Zeit bei dem Aufsichtsbeamten eingeht. Der Oberbeamte kann zulassen, daß die Einmaischung bis zu dem im Satz 1 bezeichneten Zeitpunkt fernmündlich bei gleichzeitiger Absendung der Anmeldung angezeigt wird. Er darf auch sonstige Ausnahmen bewilligen.
2. Gleichzeitig mit der Erstattung der Anmeldung sind die darin enthaltenen Angaben in das vom Brauereiinhaber nach Muster 18 zu führende Abfindungsbuch einzutragen (Anleitung zu Muster 18 Ziffer 2). Die Zeitangaben sind in der 24-Stundenrechnung zu machen.
3. Die Anmeldung muß bei der Betriebsführung eingehalten werden. Abweichungen sind nur zulässig, wenn infolge unvermuteter Umstände die Einmaischung überhaupt nicht oder nicht in der angemeldeten Weise stattfinden kann. Die Abweichungen und deren Ursachen sind vom Brauereiinhaber unter Angabe von Tag und Stunde sofort dem Aufsichtsbeamten durch eine neue Anmeldung mitzuteilen und im Abfindungsbuch kenntlich zu machen (Anleitung zu Muster 18 Ziffer 3).
4. Zu den Zuckerstoffen (Spalte 8) gehören auch Süßstoff und aus Zucker hergestellte Farbmittel.

Muster 18
(BierStDB § 71)

Haupt-Zollamt ....

Abfindungsbuch

der Brauerei von ....
in ....
für den Monat .... 19...

Dieses Buch enthält ....Blätter, die mit einer — amtlich angesiegelten — plombierten — mit Trockenstempel befestigten — Schnur durchzogen sind[1]).

Geführt von

..............., ... 19...
Name ....
Amtsbezeichnung ....

Anleitung

1. Das Abfindungsbuch muß stets in der Brauerei an dem vom Oberbeamten hierfür bestimmten Ort aufbewahrt und den Aufsichtsbeamten zugänglich gehalten werden.
2. Die Spalten 1 bis 15 sind gleichzeitig mit der Abgabe der Anmeldung auszufüllen. Hierbei ist zu beachten:
   a) Die Menge der zu verwendenden Braustoffe ist in Spalten 6 bis 10 nach dem Reingewicht in ganzen und zehntel Kilogramm, bei Süßstoff in Gramm entsprechend der Spaltenüberschrift einzutragen.
   b) Als Reingewicht des Malzes gilt bei Malz, das keine Gewichtsverminderung oder eine solche nur durch Schroten (Vermahlen) oder Reinigen erfahren hat, das Gewicht vor oder nach dem Schroten, bei Malz, das eine Gewichtsverminderung in der Brauerei bei oder nach dem Schroten durch Sichten, Sieben, Sortieren usw. erfahren hat, das Gewicht vor dem Schroten. Bei Malz, das bereits vor dem Schroten eine Gewichtsverminderung durch Schälen, Enthülsen usw. erfahren hat, ist das verminderte Gewicht anzugeben. In letzterem Fall ist jedoch neben jeder Gewichtseintragung in Spalte 16 zu vermerken, wieviel vom Hundert die Gewichtsverminderung beträgt.
   c) Zugleich mit dem Malz ist der für das betreffende Gebräu zu verwendende Zucker einzutragen, und zwar ohne Rücksicht darauf, ob er mit eingemaischt oder erst der Würze nach dem Kochen oder dem fertigen Bier zugesetzt wird. Als Reingewicht des Zuckers ist das Gewicht des Zuckers in dem Zustand, in dem er in die Brauerei eingebracht worden ist, einzusetzen.

   Die Zeitangaben sind in der 24-Stundenrechnung zu machen.
3. Die Einmaischung muß so ausgeführt werden, wie sie in den Spalten 1 bis 15 eingetragen worden ist. Abweichungen sind nur zulässig, wenn infolge unvermuteter Umstände die Einmaischung überhaupt nicht oder nicht in der angemeldeten Weise stattfinden kann. Die Abweichungen und deren Ursachen sind sofort durch eine neue Abmeldung dem Aufsichtsbeamten mitzuteilen, die Eintragung im Ab-

[1]) Nichtzutreffendes ist zu streichen. Bei Büchern, die in einem festen Einband gebunden und beschnitten sind, sind die Worte von „die“ bis „sind“ zu streichen.

findungsbuch ist entsprechend zu ändern, jedoch so, daß die ursprüngliche Eintragung lesbar bleibt. In Spalte 16 ist die Änderung von dem Brauereiinhaber mit Angabe von Tag und Stunde zu bescheinigen.

4. Das Buch ist vom Brauereiinhaber fortlaufend am Ende jeder Seite aufzurechnen, am letzten Tag des Monats mit Zeitangabe abzuschließen und spätestens am fünften darauffolgenden Werktag an die Zollstelle einzusenden.
5. Die Zollstelle stellt unter Benutzung des Vordrucks auf der letzten Seite des Abfindungsbuchs die zu jeder Biergattung verwendete Braustoffmenge fest und berechnet daraus unter Anwendung der hauptzollamtlich festgesetzten Ausbeutesätze die hergestellten Biermengen. Von diesen Mengen werden sodann, sofern Brauereiangestellte und -arbeiter beschäftigt werden, 3 v. H. als steuerfreier Haustrunk abgezogen und von dem Rest unter Anwendung des zutreffenden Satzes die Steuer berechnet. Außerdem wird die bis zum Schluß des Monats hergestellte Biermenge (ohne Abzug des Haustrunks) durch Aufrechnung der Monatssumme der Vormonate festgestellt. Dem Brauereiinhaber wird sodann ein Steuerbescheid nach Muster 19 erteilt.

(2. Seite)

Lfd. Nr.	Tag der Eintragung	Zeit der Einmaischung		Der Braustoffe										
				genaue Bezeichnung	Reingewicht									
					Malz						Zuckerstoffe oder Farbebier		zusammen	
					zu untergärigem Bier		zu obergärigem Bier							
							Gerstenmalz		anderes Malz					
		Tag	Stde.		kg	$^1/_{10}$	kg	$^1/_{10}$	kg	$^1/_{10}$	kg	$^1/_{10}$	kg	$^1/_{10}$
1	2	3	4	5	6		7		8		9		10	

(3. Seite)

Davon (Spalte 10) werden verwendet zur Herstellung von										Bemerkungen
Einfachbier		Schankbier		Vollbier		Starkbier				
kg	$^1/_{10}$	kg	$^1/_{10}$	kg	$^1/_{10}$	kg	$^1/_{10}$	kg	$^1/_{10}$	
11		12		13		14		15		16

(4. Seite)

Steuerberechnung

Nach dem Abfindungsbuch sind verwendet zur Herstellung von	Braustoffe im ganzen		Für 100 kg Braustoffe sind anzusetzen		Mithin gelten im abgelaufenen Monat als hergestellt		Hiervon ab 3 v. H. steuerfreier Haustrunk		Bleiben steuerpflichtig		Steuersatz	Steuerbetrag	
	kg	1/10	hl	l	hl	l	hl	l	hl	l	DM	DM	Pf
1	2		3		4		5		6		7	8	
Einfachbier													
Schankbier													
Vollbier													
Starkbier													
Zusammen													

In der Brauerei sind im laufenden Rechnungsjahr bis zum Schluß des Vormonats hergestellt worden . . . . .hl Bier

Im abgelaufenen Monat sind nach Spalte 4 der Steuerberechnung hergestellt worden . . . . „ „

Mithin sind im abgelaufenen Jahresteil hergestellt worden . . . . .hl Bier

Die Steuer ist angefordert am ....,
fällig „ ....
und eingezahlt „ ....
(Einnahmebuch VSt Nr. ....)

....
...., ... 19...
....
....

(Raum für besondere Vermerke wegen verspäteter Einzahlung der Biersteuer usw.)

Zollstelle

Anlage C

Muster 19
(BierStDB § 74)

Haupt-Zollamt ....

Steuerbescheid

über die von der Abfindungsbrauerei ....

für den Monat .... 19... zu zahlende Biersteuer

Nach dem Abfindungsbuch sind verwendet zur Herstellung von	Braustoffe im ganzen kg	$^1/_{10}$	Für 100 kg Braustoffe sind anzusetzen hl	l	Mithin gelten im obigen Monat als hergestellt hl	l	Hiervon ab 3 v. H. steuerfreier Haustrunk hl	l	Verbleiben steuerpflichtig hl	l	Steuersatz DM		Steuerbetrag DM		Bemerkungen
1	2		3		4		5		6		7		8		9
Einfachbier ...															Bis zum Schluß des Vormonats waren im laufenden Rechnungsjahr hergestellt ....hl........l
Schankbier....															Hierzu Summe der Spalte 4 ....hl........l
Vollbier															Bis zum Schluß des obigen Monats sind im laufenden Rechnungsjahr hergestellt ....hl........l
Starkbier															
Zusammen ...															

Sie werden gebeten, den vorstehend berechneten Steuerbetrag mit ....DM bis zum Fälligkeitstag, dem 15. .... 19... an die unterzeichnete Zollstelle in bar oder durch Überweisung auf das Postscheckkonto Nr. .... beim Postscheckamt .... oder auf das Konto bei der .... Bank in .... einzuzahlen.

Bei der Steuerberechnung ist von den Anschreibungen im Abfindungsbuch insofern abgewichen worden, als ....

....

....

Gegen diesen Steuerbescheid steht Ihnen das Rechtsmittel des *Einspruchs* zu. Die Rechtsmittelfrist beträgt *einen Monat*. Sie beginnt mit Ablauf des Tages, an dem Ihnen dieser Bescheid zugestellt worden ist. Die Bekanntgabe gilt mit dem dritten Tag nach der Aufgabe zur Post als bewirkt, es sei denn, daß der Steuerbescheid nicht oder zu einem späteren Zeitpunkt zugegangen ist.

Die Einlegung des Rechtsmittels hat schriftlich oder zu Protokoll bei der unterzeichneten Dienststelle zu erfolgen.

Durch die Einlegung des Rechtsmittels wird die Wirksamkeit des Steuerbescheides nicht gehemmt, insbesondere wird die Erhebung der Steuer nicht aufgehalten.

In dem Rechtsmittel soll angegeben werden, inwieweit der Steuerbescheid angefochten und seine Aufhebung beantragt wird. Ferner sollen die Tatsachen, die zur Begründung dienen, und die Beweismittel angeführt werden.

Wird der Steuerbetrag nicht rechtzeitig bezahlt, so ist mit Ablauf des Fälligkeitstages für den rückständigen Betrag ein Säumniszuschlag verwirkt, außerdem müßten Sie die entstehenden Mahngebühren und Zwangsvollstreckungskosten tragen.

Auf die steuervergünstigte Biermenge von 10 hl[1]) — 15 hl[1]) sind bisher ....hl angerechnet worden.

.................., ... 19...

(Stempelabdruck)

Hern **Haupt-Zollamt** ....

....

(Unterschrift)

in ....

[1]) Nichtzutreffendes ist zu streichen.

Anlage C

Muster 20
(BierStDB § 79)

Vermessungsverhandlung[1])

Nummer ...... des Brauereiverzeichnisses — Nummer ...... der Belege

Verhandelt ...., ... 19...

Angefangen .... Uhr

Heute wurde in der hiesigen Brauerei de ....

....

d .... vermessen,

d..... die Nummer .... führen soll.

Die Vermessung wird erforderlich, weil ....

....

Die Vermessung wird auf trockenem Weg ausgeführt.

Gegenwärtig waren unausgesetzt während des ganzen, nachstehend dargestellten und ununterbrochen zu Ende geführten Verfahrens

1. ....

2. ....

3. ....

Zunächst stellten die Anwesenden fest, daß das Gefäß ganz leer und sein Boden so eingelassen ist, daß er unabsichtlich nicht verschoben werden kann. Dann prüften sie die Beschaffenheit des Bodens, ob er eben oder bauchig, nach oben erhöht oder nach unten eingedrückt ist oder sonst von einer ebenen Fläche abweicht. Dabei fand sich,

daß ....

[1]) Das Muster ist nötigenfalls zu ändern oder zu ergänzen.

Die sonstige Beschaffenheit und Form des Gefäßes ist folgende: ....

....

Das Gefäß hatte bei der Vermessung folgende Stellung:

Bemerkung: Die Vermessungsbeamten haben hier eine Handzeichnung des Gefäßes zu entwerfen und dessen Lage durch Angabe der Entfernungen seines Rands vom Fußboden oder sonstwie möglichst genau zu bestimmen. Ob und nach welcher Seite das Gefäß Neigung hat, ist anzugeben. Weicht es von der waagerechten Stellung ab, so ist der höchst- und der niedrigstgelegene Punkt seines Rands zu bezeichnen.

Bei der *trockenen Vermessung* ergab sich folgendes:

1.	der größte obere Durchmesser im Lichten beträgt:	.....cm	mittlerer Durchmesser .....cm
2.	„ kleinste „ „ „ „ „	..... „	
3.	„ größte untere „ „ „ „	..... „	
4.	„ kleinste „ „ „ „ „	..... „	
5.	„ äußere Umfang des Gefäßes oben beträgt:	..... „	
6.	„ „ „ „ „ unten „	..... „	
7.	die innere Höhe in der Mitte beträgt:	..... „	mittlere Höhe .....cm
8.	„ „ „ an den Seitenwänden beträgt:	..... „	
9.	„ äußere „ „ „ „ „	..... „	

für Gefäße, deren Seitenwände gerade Flächen bilden:

1.	die obere Länge an der einen Seite im Lichten beträgt:	....cm	mittlere Länge: ...cm
2.	„ „ „ „ „ anderen „ „ „ „	.... „	
3.	„ untere „ „ „ einen „ „ „ „	.... „	
4.	„ „ „ „ „ anderen „ „ „ „	.... „	
5.	„ obere Breite „ „ einen „ „ „ „	.... „	mittlere Breite: ....cm
6.	„ „ „ „ „ anderen „ „ „ „	.... „	
7.	„ untere „ „ „ einen „ „ „ „	.... „	
8.	„ „ „ „ „ anderen „ „ „ „	.... „	mittlere Höhe: ....cm
9.	„ größte innere Höhe an den Seitenwänden beträgt:	.... „	
10.	„ kleinste „ „ „ „ „ „	.... „	

Nach der amtlich zugelassenen Anleitung — Tafel — ergibt sich hieraus ein Rauminhalt von ...... Litern, in Worten: ....

Die Stellen des Rands, wo die Höhen gemessen waren, wurden mit einem ....

.... gekennzeichnet.

Anlage C

Diese Verhandlung ist während der Vermessung fortlaufend in zwei gleichen Ausfertigungen aufgestellt worden, deren eine nach Prüfung durch das Hauptzollamt dem Brauereiinhaber übergeben werden wird. Er hat den ermittelten Rauminhalt von .... Litern nebst der Nummer .... auf dem Gefäß spätestens binnen ..... Tagen nach Empfang der Verhandlung vorschriftsmäßig bezeichnen zu lassen und die Verhandlung zum Belegheft der Brauerei zu nehmen.

Um ..... Uhr wurde das Vermessungsgeschäft geschlossen und sofort die Verhandlung in beiden Ausfertigungen nochmals vollständig durchgelesen, von allen Anwesenden genehmigt und eigenhändig unterschrieben.

Die Inhaltsberechnung geprüft und ....

.................., ... 19...

Hauptzollamt

....

(Stempelabdruck) (Unterschrift)

Bezirkszollkommissariat .... **Muster 21**
Zollaufsichtsstelle .... (BierStDB § 87)

Befundbuch für die Steueraufsicht

in der .... Brauerei

in ....

für das Rechnungsjahr 19...

Dieses Buch enthält — Blätter, die mit einer — amtlich angesiegelten — plombierten — mit Trockenstempel befestigten — Schnur durchzogen sind[1]).

.................., ... 19..

Name ....

Amtsbezeichnung ....

Anleitung

1. In das Befundbuch haben die Aufsichtsbeamten das Ergebnis jeder Nachschau und sonstigen Prüfung in der Brauerei einzutragen.
2. Der Oberbeamte sendet das Befundbuch nach Ablauf des Rechnungsjahrs an die Zollstelle ein.
3. Wenn eine Brauerei zeitweilig außer Betrieb ist, so sendet der Oberbeamte das Befundbuch an die Zollstelle erst nach Ablauf des Rechnungsjahrs ein, in dem der Betrieb wieder aufgenommen worden ist.

(2. Seite)

Lfde. Nr.	Der Prüfung		Ergebnis der Prüfung und Unterschrift der Aufsichtsbeamten
	Tag und Stunde	Gegenstand (Betriebsräume, Geräte, Wiegevorrichtungen, Bücher usw, die besichtigt und geprüft wurden)	
1	2	3	4

[1]) Nichtzutreffendes ist zu streichen. Bei Büchern, die in einem festen Einband gebunden und beschnitten sind, sind die Worte von „die“ bis „sind“ zu streichen.

Anlage C

Muster 22
(BierStDB § 90)

Haupt-Zollamt ....

Brauereibetriebsgegenbuch

für das Rechnungsjahr 19...

Dieses Buch enthält ...Blätter, die mit einer — amtlich angesiegelten — plombierten — mit Trockenstempel befestigten — Schnur durchzogen sind[1]).

.................., ... 19..

Name ....

Amtsbezeichnung ....

Geführt von

Anleitung

1. Für jede Brauerei wird eine besondere Abteilung angelegt.
2. Am Kopf jeder Abteilung wird der Name des Brauereiinhabers — zutreffendenfalls auch des Betriebsleiters —, der Ort und die Art der Steuerentrichtung angegeben.
3. Die Schlußsummen der Mahl-, Sud-, Zuckerverwendungs- und Abfindungsbücher werden alsbald nach ihrer Abgabe bei der Zollstelle in das Brauereibetriebsgegenbuch für das Rechnungsjahr eingetragen, für dessen Vierteljahre oder Monate die Bücher geführt werden.
4. Bei nicht abgefundenen Brauereien werden die Spalten 3 bis 19 auf Grund der Eintragungen des Sudbuchs am Vierteljahrsschluß ausgefüllt.
5. Bei abgefundenen Brauereien werden die Spalten 3 bis 17 auf Grund der Eintragungen des Abfindungsbuchs am Monatsschluß ausgefüllt; die hergestellte Biermenge ist mit Einschluß des steuerfreien Haustrunks zu berechnen.
6. Für Betriebe, die bierähnliche Getränke herstellen, werden besondere Abteilungen angelegt.
7. Bei Bestandsaufnahmen werden die entsprechenden Abteilungen, am Schluß des Rechnungsjahrs alle Abteilungen in der Weise abgeschlossen, daß die im Biersteuergegenbuch in den Spalten 6 bis 10, 12 bis 16, 28, 38, 48 und 57 für jede Biergattung und Bierart sich ergebenden Schlußsummen von den Schlußsummen der Spalten 10 bis 17 des Brauereibetriebsgegenbuchs abzuziehen sind. Von den hiernach verbleibenden Mengen werden die in der Spalte 62 des Biersteuergegenbuchs als unter amtlicher Aufsicht vernichtet oder unbrauchbar gemacht angeschriebenen Rückbiermengen gekürzt. Der sich so ergebende Sollbestand wird in das Brauereibetriebsgegenbuch für das folgende Rechnungsjahr übertragen.

[1]) Nichtzutreffendes ist zu streichen. Bei Büchern, die in einem festen Einband gebunden und beschnitten sind, sind die Worte von „die" bis „sind" zu streichen.

(2. Seite)

Abteilung Nr. .... für die .... abgefundene ....

Lfde. Nr.	Tag der Eintragung	Des Vorbuchs (Sudbuchs, Abfindungsbuchs)		Verwendete Braustoffe									
				Malz						Zuckerstoffe oder Farbebier		Zusammen	
				zu untergärigem Bier		zu obergärigem Bier							
						Gerstenmalz		anderes Malz					
		Bezeichnung	Nr.	kg	$^1/_{10}$	kg	$^1/_{10}$	kg	$^1/_{10}$	kg	$^1/_{10}$	kg	$^1/_{10}$
1	2	3	4	5		6		7		8		9	

(3. Seite)

Brauerei .... in ....

Überwachungspflichtige — bei Abfindungsbrauereien hergestellte — Biermenge																				
im Sudverfahren erzeugt																Zusätze nach Abschluß des Sudverfahrens				Bemerkungen
Einfachbier				Schankbier				Vollbier				Starkbier				Wasser		Farbebier, Zuckerstoffe, flüssig oder gelöst		
untergärig		obergärig		untergärig		obergärig		untergärig		obergärig		untergärig		obergärig						
hl	*l*	hl	*l*	hl	*l*	hl	*l*	hl	*l*	hl	*l*	hl	*l*	hl	*l*	hl	*l*	hl	*l*	
10		11		12		13		14		15		16		17		18		19		20

Anlage C

Haupt-Zollamt .... **Muster 23** (BierStDB § 90)

Biersteuergegenbuch

für das Rechnungsjahr 19....

Dieses Buch enthält ..... Blätter, die mit einer — amtlich angesiegelten — plombierten — mit Trockenstempel befestigten — Schnur durchzogen sind.[1])

Geführt von: ....

Name: ....

Amtsbezeichnung: ....

Anleitung

1. Für jede Brauerei wird eine besondere Abteilung angelegt.
2. Am Kopf jeder Abteilung wird für die Brauerei der Name des Brauereieigentümers (vgl. Anleitung zu Muster 5 Ziff. 2) — zutreffendenfalls auch des Brauereiinhabers und Betriebsleiters —, der Ort und die Art der Steuerentrichtung angegeben.
3. Die Schlußsummen der Biersteuer- und Abfindungsbücher werden alsbald nach ihrer Abgabe bei der Zollstelle in das Biersteuergegenbuch für das Rechnungsjahr eingetragen, für dessen Monate die Bücher geführt werden.
4. Die Spalten 1 bis 59 werden auf Grund der Steuerberechnung am Monatsschluß ausgefüllt, und zwar sind unter- und obergäriges Bier je auf einer besonderen Zeile mit verschiedenfarbiger — nicht roter — Tinte einzutragen. In gleicher Weise werden die Summen am Vierteljahrs- und Jahresschluß gebildet.
   Mit roter Tinte werden die Biermengen eingetragen, die im Biersteuerbuch § 63 Absatz 2 der Durchführungsbestimmungen gemäß rot dargestellt worden sind. Sie werden durch Anbringung eines „u" oder „o" an der rechten Seite als untergäriges oder obergäriges Bier gekennzeichnet.
5. Für Brauereien, die die Steuervergünstigungen des § 3 Absatz 1 Satz 2 oder 3 des Gesetzes in Anspruch nehmen, werden zur Überwachung der steuervergünstigten Mengen von 10 oder 15 hl in Spalte 62 Anschreibungen über die im abgelaufenen Jahresteil ausgenützten Mengen geführt. Die hiernach jeweils festgestellten Mengen werden auf den Steuerbescheiden vermerkt.
6. Für Betriebe, die bierähnliche Getränke herstellen, werden besondere Abteilungen angelegt.
7. Bei Bestandsaufnahmen werden die entsprechenden Abteilungen, am Schluß des Rechnungsjahres alle Abteilungen in der Weise abgeschlossen, daß die in den Spalten 6 bis 10, 12 bis 16, 28, 38, 48 und 57 für jede Biergattung und Bierart sich ergebenden Schlußsummen von den Schlußsummen der Spalten 10 bis 17 des Brauereibetriebsgegenbuchs abzuziehen sind. Von den hiernach verbleibenden Mengen werden die in der Spalte 62 des Biersteuergegenbuchs als unter amtlicher Aufsicht vernichtet oder unbrauchbar gemacht angeschriebenen Rückbiermengen gekürzt.

---

[1]) Nichtzutreffendes ist zustreichen. Bei Büchern, die in einem festen Einband gebunden und beschnitten sind, sind die Worte von „die" bis „sind" zu streichen.

(2. Seite)

Abteilung .... für die ....

Lfd. Nr.	Tag der Eintragung	Des Vorbuchs		Aus den Lagerräumen gingen insgesamt aus	Von den aus den Lagerräumen insgesamt							
					steuerfrei abgelassen als Haustrunk						steuerfrei	
		Bezeichnung	Nr.		Einfachbier	Schankbier	Vollbier	Starkbier		zusammen (Spalte 6/10)	Einfachbier	Schankbier
				hl | l	hl | l	hl | l	hl | l	hl | l	hl | l	hl | l	hl | l	hl |
1	2	3	4	5	6	7	8	9	10	11	12	13

(3. Seite)

abgefundene Brauerei .... in ....

ausgegangenen Biermengen (Spalte 5) wurden

ausgeführt				versteuert										
Vollbier	Starkbier		zusammen (Spalte 12/16)	im ganzen	als Einfachbier zum Satz von									Zusammen (Spalte 19/27)
					3,60 DM	6,— DM	6,15 DM	6,30 DM	6,45 DM	6,60 DM	6,90 DM	7,20 DM	7,50 DM	
hl | l	hl | l	hl | l	hl | l	hl | l	hl | l	hl | l	hl | l	hl | l	hl | l	hl | l	hl | l	hl | l	hl | l	hl | l
14	15	16	17	18	19	20	21	22	23	24	25	26	27	28

(4. Seite)

Von den aus den Lagerräumen insgesamt ausgegangenen																			
versteuert																			
als Schankbier zum Satz von																			
5,40 DM		9,— DM		9,23 DM		9,45 DM		9,68 DM		9,90 DM		10,35 DM		10,80 DM		11,25 DM		zusammen (Spalte 29/37)	
hl	l	hl	l	hl	l	hl	l	hl	l	hl	l	hl	l	hl	l	hl	l	hl	l
29		30		31		32		33		34		35		36		37		38	

(5. Seite)

Biermengen (Spalte 5) wurden																			
versteuert																			
als Vollbier zum Satz von																			
7,20 DM		12,— DM		12,30 DM		12,60 DM		12,90 DM		13,20 DM		13,80 DM		14,40 DM		15,— DM		zusammen (Spalte 39/47)	
hl	l	hl	l	hl	l	hl	l	hl	l	hl	l	hl	l	hl	l	hl	l	hl	l
39		40		41		42		43		44		45		46		47		48	

(6. Seite)

Von den aus den Lagerräumen insgesamt ausgegangenen Biermengen (Spalte 5) wurden																	
versteuert																	
als Starkbier zum Satz von																	
18,— DM		18,45 DM		18,90 DM		19,35 DM		19,80 DM		20,70 DM		21,60 DM		22,50 DM		zusammen (Spalte 49/56)	
hl	l	hl	l	hl	l	hl	l	hl	l	hl	l	hl	l	hl	l	hl	l
49		50		51		52		53		54		55		56		57	

(7. Seite)

Die Steuer					Bemerkungen
für die Mengen in den Spalten 28, 38, 48 und 57 beträgt		ist dem Steuerschuldner mitgeteilt am	ist fällig am	ist gebucht im Einnahmebuch VSt unter Nr.	
DM	Pf				
58		59	60	61	62

ANHANG I

Gesetz zur Änderung des Biersteuergesetzes

Vom 10. Oktober 1957 (BGBl. I S. 1712)

Der Bundestag hat mit Zustimmung des Bundesrates das folgende Gesetz beschlossen:

Artikel I

Das Biersteuergesetz in der Fassung der Bekanntmachung vom 14. März 1952 (Bundesgesetzbl. I S. 149) wird wie folgt geändert und ergänzt:

1. § 1 erhält die folgende Fassung:

„Gegenstand der Biersteuer

§ 1

Bier, das im Geltungsbereich dieses Gesetzes mit Ausnahme der Zollausschlüsse (Erhebungsgebiet) hergestellt oder in das Erhebungsgebiet eingeführt wird, unterliegt einer Abgabe (Biersteuer). Die Biersteuer ist eine Verbrauchsteuer im Sinne der Reichsabgabenordnung."

2. Die Überschrift des § 2 erhält die folgende Fassung:

„Steuerschuld bei Herstellung im Erhebungsgebiet".

3. § 2 Abs. 3, § 4 und § 6 Abs. 2 werden gestrichen. Der bisherige Absatz 3 des § 6 wird Absatz 2.

4. Nach § 6 wird folgender § 6a neu eingefügt:

„Steuerschuld bei Einfuhr in das Erhebungsgebiet"

§ 6a

(1) Bei der Einfuhr von Bier in das Erhebungsgebiet gelten für die Entstehung der Steuerschuld, für die Person des Steuerschuldners, für die persönliche Haftung, für den für die Bemessung der Steuerschuld maßgebenden Zeitpunkt, für die Fälligkeit und die Tilgung der Steuerschuld und für das Steuerverfahren die Vorschriften für Zölle entsprechend. Zahlungsaufschub ist unzulässig.

(2) Bier ist von der Steuer befreit, wenn es unter Voraussetzungen in das Erhebungsgebiet eingeführt wird, unter denen nach § 69 Abs. 1 Nr. 1 bis 38 des Zollgesetzes Einfuhrzoll nicht erhoben wird.

(3) Bier, das in das Erhebungsgebiet eingeführt wird, ist mit dem höchsten Staffelsatz für das im Erhebungsgebiet hergestellte Bier mit entsprechendem Stammwürzegehalt zu versteuern. Das gilt auch für Bier, das nach § 7 Abs. 2 steuerfrei ausgeführt worden ist."

5. In § 8 erhält der zweite Halbsatz folgende Fassung:
„wird die Biersteuer nach näherer Bestimmung des Bundesministers der Finanzen erstattet."

6. § 12 Abs. 2 wird gestrichen. Die bisherigen Absätze 3 bis 5 des § 12 werden Absätze 2 bis 4.

7. § 19 Satz 1 erhält die folgende Fassung:
„Zuwiderhandlungen gegen § 10 werden nach § 413 der Reichsabgabenordnung bestraft, soweit die Tat nicht nach anderen Vorschriften mit schwererer Strafe bedroht ist."

8. In § 23 wird der Hinweis auf § „4" ersetzt durch „6a Abs. 3".

9. Nach § 24 wird folgender § 25 neu eingefügt:

„Durchführung"

§ 25

(1) Der Bundesminister der Finanzen wird ermächtigt, mit Zustimmung des Bundesrates durch Rechtsverordnung

1. die in §§ 1, 2, 3 und 9 verwendeten Begriffe zu erläutern, in den Freihäfen den Verbrauch von unversteuertem Bier zu verbieten und andere Zollausschlüsse als die Freihäfen in das Erhebungsgebiet einzubeziehen,

2. das Nähere über die Gewährung der Steuerermäßigung für Hausbrauer (§ 3 Abs. 1), die Entrichtung der Steuer (§ 6), die steuerliche Behandlung von Bier bei der Einfuhr (§ 6a), den Verkehr mit Bier (§ 10) und die Zubereitungen (§ 11) anzuordnen sowie Bestimmungen über das anzuwendende Verfahren zu erlassen,

3. die Vorschriften zur Durchführung der §§ 12 bis 16 und 21 Abs. 1 zu erlassen und die in §§ 191 und 192 der Reichsabgabenordnung vorgesehenen Bestimmungen zu treffen.

(2) Der Bundesminister der Finanzen wird ermächtigt, den Wortlaut des Biersteuergesetzes und der zu diesem Gesetz erlassenen Durchführungsverordnungen in der jeweils geltenden Fassung mit neuem Datum, unter neuer Überschrift und in neuer Paragraphenfolge bekanntzumachen und dabei Unstimmigkeiten des Wortlauts zu beseitigen."

Artikel 2

Dieses Gesetz gilt nach § 12 Abs. 1 des Dritten Überleitungsgesetzes vom 4. Januar 1952 (Bundesgesetzbl. I S. 1) auch im Land Berlin. Rechtsverordnungen, die auf Grund dieses Gesetzes erlassen werden, gelten im Land Berlin nach § 14 des Dritten Überleitungsgesetzes.

Artikel 3

Dieses Gesetz gilt nicht im Saarland.

Artikel 4

Dieses Gesetz tritt am Tage nach seiner Verkündung in Kraft.

Das vorstehende Gesetz wird hiermit verkündet.

Bonn, den 10. Oktober 1957.

Der Bundespräsident

Theodor Heuss

Der Stellvertreter des Bundeskanzlers

Blücher

Der Bundesminister der Finanzen

Schäffer

Anhang I

Verordnung zur Änderung der Durchführungsbestimmungen zum Biersteuergesetz

Vom 2. Dezember 1957 (BGBl. I S. 1831)

Auf Grund des § 25 Abs. 1 des Biersteuergesetzes in der Fassung der Bekanntmachung vom 14. März 1952 (Bundesgesetzbl. I S. 149) und des Gesetzes zur Änderung des Biersteuergesetzes vom 10. Oktober 1957 (Bundesgesetzbl. I S. 1712) wird mit Zustimmung des Bundesrates hiermit verordnet:

Artikel 1

Die Durchführungsbestimmungen zum Biersteuergesetz in der Fassung vom 14. März 1952 (Bundesgesetzbl. I S. 153) werden wie folgt geändert und ergänzt:

1. § 2 wird gestrichen.
2. In § 4
   a) erhält die Überschrift folgende Fassung:
   „Besondere Anordnungen für die Freihäfen";
   b) werden die Worte „Zollausschlüssen der deutschen Seehäfen" und „Zollausschlüssen" jeweils ersetzt durch „Freihäfen";
   c) wird das Wort „Inland" ersetzt durch „Erhebungsgebiet".
3. § 10 wird gestrichen.
4. Nach § 11 wird eingefügt:
   „Zu § 6a des Gesetzes

Einfuhrbier

§ 11a

Die besonderen Bestimmungen über die steuerliche Behandlung von Bier, das in das Erhebungsgebiet eingeführt wird, sind in der Anlage B enthalten."

5. In § 12 Abs. 2 Satz 1 werden der Halbsatz „die nicht gemäß § 16 des Gesetzes abgefunden sind" und die diesen Halbsatz einschließenden Beistriche gestrichen.
6. In § 14 wird das Wort „Inland" ersetzt durch „Erhebungsgebiet".
7. § 29 wird gestrichen.
8. § 30 Abs. 2 erhält folgende Fassung:
   „(2) Wenn Gefäße amtlich verschlossen werden, so ist der Brauereiinhaber für die Erhaltung der Verschlüsse verantwortlich."
9. In § 31 Abs. 1 Satz 2 werden die Worte „nach Maßgabe der in Anlage D gegebenen Anleitung" gestrichen.

10. In § 70 Abs. 1 werden die Worte „unter Beachtung der für Steuerbescheide im § 211 der Reichsabgabenordnung vorgeschriebenen Formen" gestrichen.

11. In § 73 Satz 1 wird nach der Zahl „11" eingefügt „12".

12. In § 84 Abs. 1 Satz 1 werden die Worte „nach Maßgabe der Anlage E" gestrichen.

13. §§ 91 bis 94 und die Muster 24 bis 26 werden gestrichen.

14. In der Anlage A — Farbebierordnung —

a) erhält § 6 Abs. 1 folgende Fassung:

„(1) Der Inhaber der Farbebierbrauerei hat das Farbebier, das er an einen empfangsberechtigten Betrieb abgeben will, spätestens am vierten Tage nach der Entfernung aus der Farbebierbrauerei dem für den Empfänger zuständigen Oberbeamten des Aufsichtsdienstes mit einer Versendungsanmeldung nach vorgeschriebenem Muster anzumelden.";

b) werden in § 7 Abs. 1 Satz 2 die Worte „unter Benutzung des freigemachten Briefumschlags" gestrichen;

c) wird Muster II gestrichen.

15. Die Anlage B — Steuerordnung für Einfuhrbier — wird wie folgt geändert:

a) § 1 wird gestrichen;

b) § 2 erhält folgende Fassung:

„(1) Das in das Erhebungsgebiet eingeführte Bier ist in der Zollanmeldung oder mit der Anmeldung nach § 5 Abs. 3 der Interzonenüberwachungsverordnung vom 9. Juli 1951 (Bundesgesetzbl. I S. 439) zur Steuerfestsetzung schriftlich anzumelden und vorzuführen. Im kleinen Grenzverkehr und im Reiseverkehr ist auch mündliche Anmeldung zulässig.

(2) Wird im Interzonenverkehr Bier in das Erhebungsgebiet eingeführt, das sich im zollrechtlich freien Verkehr befindet, so können die eingeführten Warensendungen gemäß §§ 9 bis 11 der Interzonenüberwachungsverordnung überwiesen werden. Die Überweisung hat die gleiche Wirkung wie eine Abfertigung im Zollanweisungsverfahren nach den Vorschriften des Zollrechts."

c) In § 4 Abs. 2 werden die Worte „nach Anlage D zu den Biersteuerdurchführungsbestimmungen" gestrichen.

d) § 6 wird gestrichen.

16. Die Anlage C — Bierausfuhrordnung — wird wie folgt geändert:

a) In § 1 Sätze 1 und 3 wird jeweils das Wort „Inland" ersetzt durch „Erhebungsgebiet".

b) In § 2, § 7 Abs. 1 Satz 2 und in § 10 Abs. 1 werden nach dem Wort „Ausfuhr" und in § 6 nach dem Wort „Frist" jeweils eingefügt die Worte „aus dem Erhebungsgebiet".

c) In § 2 werden die Worte „nach Muster a", in § 3 Satz 1 die Worte „nach Muster b" und in § 7 Abs. 2 die Worte „nach Muster c" jeweils ersetzt durch die Worte „nach vorgeschriebenem Muster".

d) In § 8 Abs. 1 Satz 1 wird nach dem Wort „Grenzzollstellen" ein Beistrich gesetzt und danach eingefügt „Grenzkontrollstellen".

e) In § 10 Abs. 2 Satz 1 werden nach dem Wort „fristgemäß" und nach dem Wort „Ausfuhr" jeweils eingefügt die Worte „aus dem Erhebungsgebiet".

f) Die Muster a, b und c werden gestrichen.

17. Die Anlagen D und E werden gestrichen.

Artikel 2

Diese Verordnung gilt nach § 14 des Dritten Überleitungsgesetzes vom 4. Januar 1952 (Bundesgesetzbl. I S. 1) in Verbindung mit Artikel 2 des Gesetzes zur Änderung des Biersteuergesetzes vom 10. Oktober 1957 (Bundesgesetzbl. I S. 1712) auch im Land Berlin.

Artikel 3

Diese Verordnung gilt nicht im Saarland.

Artikel 4

Diese Verordnung tritt am Tage nach ihrer Verkündung in Kraft.

Bonn, den 2. Dezember 1957.

Der Bundesminister der Finanzen

Etzel

Zu der Verordnung zur Durchführung des Biersteuergesetzes vom 2. Dezember 1957 (BGBl. I S. 1831)

BdF-Erlaß vom 3. Dezember 1957 III C/4 — V 2030 — 13/57
(BZBl. 1957 S. 594)

Zu Nr. 9: (§ 31 Abs. 1 BierStDB)

Der Stammwürzegehalt des Bieres wird nach der in der Anlage 1 gegebenen Anleitung festgestellt.

Zu Nr. 12: (§ 84 Abs. 1 BierStDB)

Der Schwund in Brauereien wird nach der in der Anlage 2 gegebenen Anleitung ermittelt. Hierdurch ist der durch Erlaß vom 29. April 1955 III C/4 — V 2030 — 9/55 (BZBl. S. 320) veröffentlichte Entwurf einer Anleitung zur Ermittlung des Schwundes in Brauereien und einer Dienstanweisung dazu überholt. Die Vorschriften der bisherigen Dienstanweisung sind in die Anleitung eingebaut worden.

Zu Nr. 13:

Die Bestimmungen über die Biersteuerstatistik sind in der Anlage 7 enthalten.

Zu Nr. 14a: (§ 6 FBierO)

Für Versendungsanmeldungen nach § 6 FBierO sind Vordrucke nach Muster II (Anlage 3)[1]) zu verwenden.

Zu Nr. 16c: (§§ 2, 3 und 7 BierAO)

Für Ausfuhranmeldungen nach § 2 BierAO sind Vordrucke nach Muster a (Anlage 4)[2]), für das Bierausfuhrbuch nach § 3 a. a. O. sind Vordrucke nach Muster b (Anlage 5)[3]) und für das Bierausgangsbuch nach § 7 a. a. O. sind Vordrucke nach Muster c (Anlage 6)[4]) zu verwenden.

Zu Nr. 13, 14a und 16c

Die bisherigen Gebrauchsvordrucke Muster 24 und 26 BierStDB, Muster II FBierO und Muster a, b und c BierAO können handschriftlich berichtigt und aufgebraucht werden.

---

[1]) s. S. 261. [2]) s. S. 271. [3]) s. S. 275. [4]) s. S. 277.

Anlage 1
zu dem BdF-Erlaß vom 3. Dezember 1957
III C/4 — V 2030 — 13/57

Anleitung
zur Feststellung des Stammwürzegehaltes im Bier (§ 31 BierStDB)

I. Grundsatz

(1) Der Stammwürzegehalt wird festgestellt nach dem Refraktometerverfahren durch Bestimmung der Dichte und Lichtbrechung des Biers oder nach dem pyknometrischen Destillationsverfahren.

(2) Die nach § 31 Abs. 1 der Biersteuer-Durchführungsbestimmungen entnommenen Bierproben werden vom Oberbeamten unmittelbar an die Zollehranstalt oder Zolltechnische Prüfungsstelle gesandt, die den Stammwürzegehalt nach dem Refraktometerverfahren (Aussonderungsverfahren) feststellt. Wenn sich hierbei ergibt, daß der Stammwürzegehalt für Einfachbier weniger als 2 oder mehr als 5,5 v. H., für Schankbier weniger als 7 oder mehr als 8 v. H., für Vollbier weniger als 11 oder mehr als 14 v. H. und für Starkbier weniger als 16 v. H. beträgt, wird eine weitere Bierprobe mit dem entstandenen Schriftwechsel, aus dem auch das Feststellungsergebnis nach dem Refraktometerverfahren zu ersehen sein muß, an die Zolltechnische Prüfungs- und Lehranstalt zur Untersuchung nach dem pyknometrischen Destillationsverfahren (Nachuntersuchung) übersandt. Bei Feststellung des Stammwürzegehalts aus Anlaß eines Rechtsmittel- oder Strafverfahrens werden die Bierproben sogleich an die Zolltechnische Prüfungs- und Lehranstalt zur Untersuchung nach dem pyknometrischen Destillationsverfahren gesandt. Die Feststellung nach dem Refraktometerverfahren entfällt.

(3) Sehr dunkle oder solche Biere, bei denen aus besonderen Gründen eine Untersuchung durch die Zollehranstalt oder Zolltechnische Prüfungsstelle nicht für geboten erachtet wird (z. B. bei stark gesüßten oder bei Weizenbieren), werden von dieser alsbald an die Zolltechnische Prüfungs- und Lehranstalt zur Feststellung des Stammwürzegehalts im Nachuntersuchungsverfahren (II b) gesandt.

II. Untersuchung

a) Aussonderungsverfahren

(1) Etwa 550 ccm Bier werden von ihrem Kohlensäuregehalt durch mindestens dreimaliges kräftiges Schütteln in einer halbgefüllten Flasche möglichst befreit, wobei nach jedem Schütteln das Bier durch Umgießen in ein anderes Gefäß mit Luft in Berührung gebracht wird. Nach dem letzten Schütteln wird die Probe durch ein doppeltes Faltenfilter filtriert.

(2) Die so vorbereitete Probe wird alsbald in einen vollkommen trockenen Standzylinder von etwa 35 cm Höhe und etwa 40 mm lichter Weite gegossen und durch

Einstellen in ein größeres mit Wasser gefülltes Gefäß auf die Temperatur von genau + 20° C gebracht. Bei dieser Temperatur wird die Dichte des Bieres mit einer bei + 20° C amtlich geeichten und sorgfältig gereinigten Dichtespindel (Präzisionsspindel) bestimmt, und zwar bis auf vier Stellen hinter dem Komma. Zweckmäßig wird zuerst die Dichte mit einer Suchspindel annähernd bestimmt und nach dem hierbei festgestellten Wert die entsprechende Präzisionsspindel ausgewählt.

(3) Zur Bestimmung der Lichtbrechung des Biers wird das Zeißsche Eintauchrefraktometer benutzt, das für eine Ablesung bei + 20° C justiert sein muß. Ein Becherglas wird mit dem nach Absatz 1 vorbereiteten Bier etwa zur Hälfte gefüllt und in den Temperiertrog eingehängt, dessen Wasserfüllung auf genau + 20° C gehalten wird. In das Becherglas wird sodann das Eintauchrefraktometer eingetaucht, die Probe etwa 5 Minuten bei genau + 20° C gehalten und alsdann der Wert abgelesen. Es ist darauf zu achten, daß die Skala des Refraktometers scharf eingestellt ist und die Trennlinie keinen farbigen Saum zeigt. Die Einstellung der Trommelskala wird viermal wiederholt und aus den verschiedenen Ablesungen der Durchschnitt berechnet. Weichen die beim Ablesen gefundenen Werte um mehr als 0,2 Skalenteile voneinander ab, so wird die Trommelskala sechsmal eingestellt und aus den Ablesungen der Durchschnitt errechnet.

(4) Aus den ermittelten Werten der Dichte (Absatz 2) und der Lichtbrechung (Absatz 3) wird in dem Nomogramm nach Gerum-Wißner der Stammwürzegehalt in der Weise abgelesen, daß man mit dem schwarzen Strich des durchsichtigen Lineals den Wert der Dichte (Skala I des Nomogramms) mit dem Wert des Lichtbrechnungsgrads (Skala II) verbindet. Der Schnittpunkt des schwarzen Strichs auf dem Lineal mit der Skala III zeigt alsdann den Stammwürzegehalt des Biers an.

(5) Beispiele:

a) Dichte bei + 20° C = 1,0080
Lichtbrechung bei + 20° C = 39,0
Stammwürzegehalt = 12,5 v. H.

b) Dichte bei + 20° C = 1,0055
Lichtbrechung bei + 20° C = 25,2
Stammwürzegehalt = 4,1 v. H.

b) Nachuntersuchungsverfahren

Bei der Nachuntersuchung wird das pyknometrische Destillationsverfahren angewendet und der Stammwürzegehalt nach der großen Ballingschen Formel

$$St = \frac{100\,(2{,}0665 \,.\, W + E)}{100 + 1{,}0665 \,.\, W}$$

(W = Weingeist, E = Extrakt,
je in Gewichthundertteilen)

berechnet.

Anlage 2
zu dem BdF-Erlaß vom 3. Dezember 1957
III C/4 — V 2030 — 13/57

Anleitung zur Ermittlung des Schwundes in Brauereien

(1) Der Schwund ist der Gesamtverlust an Würze und Bier, der bei der Bierbereitung vom Ausschlagen der Würze aus der Braupfanne bis zum beendeten Abfüllen des Bieres auf Versandgefäße in den Abfüllräumen entsteht (§§ 84 und 51 BierStDB). Die zutreffende Festsetzung des Schwundes einer Brauerei ist für die Berechnung der überwachungspflichtigen Biermenge wichtig.

(2) Die Schwundermittlungen sind, soweit möglich, im Rahmen der allgemeinen Steueraufsicht unter den üblichen Betriebsverhältnissen durchzuführen (Normalsude). Es ist nicht erwünscht, daß die Brauerei besondere Sude nur zum Zwecke der Schwundermittlungen durchführt.

(3) Die Schwundermittlungen sind für jede Bierart und Biergattung an mehreren Normalsuden in allen Herstellungsabschnitten und — mit Rücksicht auf die klimatischen Einflüsse — zu verschiedenen Jahreszeiten vorzunehmen (vgl. Sp. 2 der Anlage b). Von einer Schwundermittlung an mehreren Normalsuden zu verschiedenen Jahreszeiten kann abgesehen werden, wenn in der Brauerei eine Biergattung oder eine Bierart nur in einem oder in wenigen Suden hergestellt wird oder infolge der besonderen Betriebsverhältnisse der Brauerei (z. B. bei Verwendung von Plattenkühlern an Stelle des Kühlschiffes) die Jahreszeit ohne Einfluß auf die Verdunstung ist.

(4) Da nach den Erfahrungen die Mengenverluste bei den einzelnen Biersorten innerhalb einer Biergattung verschieden sind, ist bei der Ermittlung des Schwundes für die betreffende Biergattung das Verhältnis der Anteile der Biersorten an der Gesamterzeugung dieser Biergattung zu berücksichtigen (vgl. auch die Mustereintragungen in Spalten 4 und 65 der Anlage b).

(5) Im allgemeinen wird der Schwund in den Brauereibetrieben zwischen 6,7 bis 25,5 v. H. der heißen Ausschlagwürze schwanken und sich in nachstehender Weise zusammensetzen:

1. Zusammenziehung der heißen Würze durch Abkühlung je nach Ausschlagtemperatur und Würzeverdrängung durch Hopfen (vgl. Absatz 6)	2,7 — 4,5 v. H.
2. Verdunstung	1 — 9 v. H.
3. Verlust durch Hopfengeläger, Kühlgeläger und Benetzung	0,5 — 3 v. H.
4. Verlust im Gärkeller	1 — 4 v. H.
5. Verlust im Lagerkeller	1 — 3 v. H.
6. Verlust beim Abfüllen	0,5 — 2 v. H.
zusammen	6,7 —25,5 v. H.

Es sind jedoch stets die im Einzelfall ermittelten Schwundwerte maßgebend, auch wenn sie über oder unter diesen Zahlen liegen. Es kann z. B. in kleineren Brauereien der Verlust beim Abfüllen bis zu 5 v. H. der heißen Ausschlagwürze betragen. In Ausfuhrbrauereien können die Verluste im Lagerkeller und beim Abfüllen die Durchschnittsschwundzahlen übersteigen.

Die Höhe des Gesamtschwundes kann nicht ohne weiteres zur Beurteilung der Arbeitsweise einer Brauerei dienen, da der Schwund auch durch andere Umstände als die Arbeitsweise, z. B. die Einrichtung und Betriebsgröße der Brauerei beeinflußt wird. In Brauereien, die nur obergäriges Einfachbier (z. B. Jungbier) herstellen, ist im allgemeinen wegen der kürzeren Dauer der Gärung und der Behandlung des Bieres bis zum Ausstoß mit einem wesentlich niedrigeren Gesamtschwund zu rechnen.

(6) **Der im Absatz 5 unter Nummer 1** bezeichnete Schwund infolge Zusammenziehung (Kontraktion) der heißen Würze durch Abkühlung von 100° bis 1° C ist für alle Brauereien gleich. Die Kontraktion der heißen Würze ist nicht proportional zu dem Temperaturabfall. Die bis zum Zeitpunkt der Ermittlung der Ausschlagwürze durch Abkühlung eingetretene Kontraktion kann nicht berücksichtigt werden, da auch die bis dahin eingetretene Verminderung des Volumens der Ausschlagwürze nicht erfaßt wird. Es ist daher im Zeitpunkt der Mengenmessung anhand eines geeichten Maximum-Thermometers der Wärmegrad der Würze festzustellen. Hierbei ist das Maximum-Thermometer tunlichst in der Mitte der Sudpfanne auf halbe oder dreiviertel Füllhöhe einzutauchen, wenn an diesen Punkten die Ermittlung der mittleren Temperatur gewährleistet ist. Die Temperatur soll nicht an eingebauten Thermometern abgelesen werden, weil Metallröhren, die diese Thermometer umgeben, die Temperaturanzeigen beeinflussen können. Der im Absatz 5 unter Nummer 1 bezeichnete Schwund, in dem die raumeinnehmenden Stoffe Hopfen und Trub bis zu einer normalen Hopfengabe von 200 g je hl und die Pfannenausdehnung inbegriffen sind, ist anhand des ermittelten Wärmegrades in der nachstehenden Tabelle abzulesen. Die Kontraktion beträgt bei einer Abkühlung der heißen Würze

von 100°	auf	1° C	4,20 v. H.
,, 99°	,,	1° C	4,12 v. H.
,, 98°	,,	1° C	4,04 v. H.
,, 97°	,,	1° C	3,97 v. H.
,, 96°	,,	1° C	3,90 v. H.
,, 95°	,,	1° C	3,83 v. H.
,, 94°	,,	1° C	3,75 v. H.
,, 93°	,,	1° C	3,68 v. H.
,, 92°	,,	1° C	3,60 v. H.
,, 91°	,,	1° C	3,53 v. H.
,, 90°	,,	1° C	3,46 v. H.
,, 89°	,,	1° C	3,39 v. H.
,, 88°	,,	1° C	3,31 v. H.
,, 87°	,,	1° C	3,24 v. H.
,, 86°	,,	1° C	3,16 v. H.
,, 85°	,,	1° C	3,09 v. H.
,, 84°	,,	1° C	3,01 v. H.
,, 83°	,,	1° C	2,93 v. H.
,, 82°	,,	1° C	2,85 v. H.
,, 81°	,,	1° C	2,78 v. H.
,, 80°	,,	1° C	2,70 v. H.

Die Würzeverdrängung durch den Hopfen ist bei den Brauereien verschieden. Bier nach Pilsener Brauart hat etwa die doppelte Hopfengabe wie Bier nach Dortmunder oder Münchener Brauart und damit auch die doppelte Würzeverdrängung. Das muß bei Brauereien mit einem hohen Anteil von stark gehopften Bieren (Pils) berücksichtigt werden. Der Mehrteilschwund an Würzeverdrängung durch größere Hopfengabe kann entsprechend dem folgenden Beispiel errechnet werden:

Beispiel:

Nach den ermittelten Mengen der Ausschlagwürze und den Hopfenzusätzen enthält 1 hl Ausschlagwürze durchschnittlich 425 g Hopfen. Die normale Hopfengabe (200 g/hl) ist damit um 225 g je hl überschritten. 1 kg Hopfen verdrängt etwa 0,8 l Würze. Der Mehrverbrauch an Hopfen von 225 g/hl hat demnach an Würze mehr verdrängt $0{,}225 \times 0{,}8 = 0{,}18$ Liter. Das entspricht bei 100 Liter Würze einem Mehrteilschwund von 0,18 v. H.

Werden Hopfenentlauger verwendet und Hopfen in der Braupfanne nicht mitgekocht oder werden an Stelle von Naturhopfen Hopfenauszüge verwendet, so entsteht für Würzeverdrängung durch Hopfen kein Schwund. In diesen Fällen sind die Vomhundertsätze der vorstehenden Tabelle um 0,16 zu kürzen.

(7) Der im **Absatz 5 unter Nummer 2** bezeichnete Schwund durch Verdunstung (Verdunstungsschwund) bedeutet keinen Verlust an löslichen Stoffen, sondern nur einen Wasserverlust. Es ist abhängig von der Art der Betriebseinrichtung, von der Zeitdauer der Abkühlung der heißen Würze, von der Witterung und von dem Feuchtigkeitsgehalt der Luft. Eine Brauerei, die ihr Kühlschiff und ihre Kühlapparate belüftet, wird einen hohen Verdunstungsschwund haben. Eine Brauerei, die mit Setzbottichen, Separatoren und Plattenkühler arbeitet, wird nur einen geringen Verdunstungsschwund haben.

Bei der Ermittlung des Verdunstungsschwundes sind die Extraktgehalte der Ausschlagwürze und der Anstellwürze nach § 83 Abs. 5 BierStDB festzustellen. Temperaturanzeigen und Spindelanzeigen müssen genau abgelesen werden. Die zu spindelnde Würzeflüssigkeit muß gleichmäßig temperiert sein. Der Verdunstungsschwund kann aus dem Vergleich der Zuckerspindelanzeigen der Ausschlagwürze und der Anstellwürze bei + 20° C berechnet werden. Dabei sind die Spindelanzeigen, die Gewichtshunderteile Extrakt anzeigen, in Gramm Extrakt in 100 ccm Würze nach der Tabelle von Großfeld (Anlage a) umzuwandeln.

Beispiel:

Extraktgehalt der Ausschlagwürze: 11,6 Gew. %, nach der Tabelle von Großfeld	12,12 Gramm Extrakt in 100 ccm
Extraktgehalt der Anstellwürze: 12,1 Gew. %, nach der Tabelle von Großfeld	12,67 Gramm Extrakt in 100 ccm
Unterschied	0,55 Gramm Extrakt in 100 ccm

„Der Schwund durch Verdunstung (x) beträgt nach der Formel

$$x = \frac{0,55 \cdot 96}{12,67}$$

4,16 v. H."

Die Zusammenziehung der heißen Ausschlagwürze und die Würzeverdrängung durch den Hopfen (vgl. Absatz 5 Nr. 1 und Absatz 6) sind in diesem Zusammenhang durch den Faktor 96 hinreichend berücksichtigt. Dieser Faktor stammt daher, daß von der Zahl 100 eine mittlere Kontraktion von 4 v. H. abgezogen ist.

Die Berechnung des Verdunstungschwundes ist auch dann möglich, wenn der Extraktgehalt der Anstellwürze durch betriebsbedingte Wasserzusätze niedriger als der Extraktgehalt der Ausschlagwürze ist (z. B. in Brauereien mit Setzbottichen und Plattenkühlern). In solchen Fällen ist der Verdunstungsschwund negativ. Der ermittelte Wert ist rot anzuschreiben und bei der Bildung des Gesamtschwundsatzes von der Summe der übrigen Teilschwundsätze abzuziehen.

Die nach § 83 Abs. 3 BierStDB im Laufe eines Jahres ermittelten Extraktgehalte tragen in ihrem Durchschnittswert den wechselnden Einflüssen auf die Verdunstung weitgehend Rechnung. Zu beachten ist dabei, daß die Extraktgehalte der Ausschlagwürze und der Anstellwürze jeweils bei demselben Sud gemessen werden müssen.

(8) Der im **Absatz 5 unter Nummer 3** bezeichnete Schwund durch Verlust durch Hopfengeläger, Kühlgeläger und Benetzung ist abhängig von der Höhe der Hopfengabe und von den Betriebseinrichtungen. Hopfenpressen, Filter- oder Trubpressen wirken schwundmindernd, normale Hopfenseiher und Trubsäcke wirken schwunderhöhend. Der Würzeverlust durch Hopfengeläger schwankt im Durchschnitt für 1 kg verwendeten Hopfen je nach Art der Behandlung (Abtropfen, Ausspritzen oder Auspressen) zwischen 6,6 und 0,8 Liter (vgl. Spalten 19a — 19e der Anlage b).

Der Würzeverlust durch Kühlgeläger kann im Durchschnitt beim Verwenden von Trubsäcken mit 4 bis 6 Litern, beim Verwenden von Pressen mit 2,8 bis 3 Litern Würze für 100 Kilogramm Malz angenommen werden (vgl. Spalten 23 und 24 der Anlage b). Beim Verwenden von Separatoren ist dieser Würzeverlust noch geringer. Der Benetzungsverlust ist, in Hundertteilen der Ausschlagwürze gerechnet, in größeren Betrieben meist geringer als in kleineren, weil oft in beiden Arten von Betrieben die Rohrleitungen genau so lang, die durch diese hindurchgeführten Würzemengen aber verschieden groß sind. Zum Benetzungsverlust rechnen auch die Verluste, die beim Verbringen der Würze zum Gärkeller mit einem Fuhrfaß entstehen (Schüttverluste und Benetzungsverluste). In der Regel beträgt der Benetzungsschwund 0,1 bis 0,3 v. H. der Ausschlagwürze.

Die Durchschnittssätze für Verluste durch Hopfengeläger und Kühlgeläger können im allgemeinen als zutreffend angesehen werden. Jedoch können in der Praxis die tatsächlichen Verluste von diesen Durchschnittssätzen abweichen. Es ist daher zu prüfen, ob die Durchschnittssätze angewandt werden können. Folgende Beispiele zeigen, wie die tatsächlichen Verluste festgestellt werden:

a) Verlust durch Hopfengeläger:

Extraktgehalt der Anstellwürze	11,7 Gew% = 12,23 GewVol% nach Anlage a	
Hopfengabe	10	kg
Menge der Hopfentreber	50	kg

In den Hopfentrebern befindet sich neben der zurückbehaltenen Flüssigkeit die Hopfentrockensubstanz. Diese ist nicht gleich der Menge der Hopfengabe, da vom Gesamtgewicht des Hopfens 28 bis 35 v. H., durchschnittlich rd. 30 v. H. Extraktstoffe in die Würze übergehen. Von der verwogenen Menge der Hopfentreber sind daher (10—3) = 7 kg

als Hopfentrockensubstanz abzuziehen, so daß an reiner Flüssigkeit verbleiben = 43 kg

Der Hopfentrebersaft wurde mit 4,0 Gew% Extraktgehalt gespindelt.

43 kg mit einem Extraktgehalt von 4,0 Gew %

entsprechen nach der Formel $\frac{43 \cdot 4}{12{,}23}$

einer Menge von 14,06 l mit einem Extraktgehalt von 11,7 Gew %.

b) Verlust durch Kühlgeläger:

Malzverwendung	800	kg
Rückstand aus der Trubpresse	23	kg
davon sind als Trubtrockensubstanz erfahrungsgemäß 0,15 kg für je 50 kg verwendete Malzmenge, also	2,4	kg
abzuziehen, so daß an reiner Würzeflüssigkeit	20,6	kg

verbleiben. Hierbei kann ohne wesentliche Auswirkung auf das Ergebnis 1 kg für 1 l gesetzt werden, so daß der Verlust durch Kühlgeläger mit 20,6 l festgestellt werden kann.

Voraussetzung ist, daß kein Wasserzusatz zu weiterer Würzegewinnung aus dem Kühlgeläger durch die Trubpresse geschickt wird.

Eine Prüfung auf solche Wasserzusätze ist durch Spindelung der Würzeflüssigkeit möglich, die zuletzt von der Trubpresse der Anstellwürze zugeführt wird.

(9) **Wenn die Menge der Anstellwürze in geeichten Gefäßen ermittelt werden kann (zu vgl. § 77 BierStDB), ist der Schwund von der Braupfanne bis zum Gärkeller aus dem Unterschied zwischen der Menge der Ausschlagwürze und der Anstellwürze zu berechnen. Eine besondere Ermittlung der Teilschwundsätze nach Absatz 5 Nummer 1 bis 3 erübrigt sich in diesem Fall.**

(10) Der im **Absatz 5 unter Nummer 4** bezeichnete Schwund im Gärkeller kann durch Abpressen der Hefe vermindert werden. In vielen Brauereien geschieht

das jedoch nicht. Die Hefe wird vielmehr aus dem Bottich abgelassen, gewaschen und in Hefebänken bis zur nächsten Führung unter Wasser aufbewahrt. Hier ist zwischen Betrieben zu unterscheiden, die mit einer hochvergärenden Staubhefe oder solchen, die mit einer niedrig vergärenden Bruchhefe arbeiten. Die Staubhefe setzt sich lose dünnsuppig im Gärbottich ab und enthält somit größere, beim Waschen verlorengehende Biermengen als die sich dickbreiig absetzende Bruchhefe. Auch die Verwendung großer Gärgefäße vermindert den Verlust. Als Verlust und damit als Schwund ist nicht die Gesamtmenge des Gelägers und der abgeschöpften Schaumdecke zu betrachten, sondern nur die Biermenge, die sich aus dem Würzeverzehr durch die Vermehrung der Hefe und den von der Decke und dem Geläger zurückgehaltenen Biermengen zusammensetzt. Der im Absatz 5 Nummer 4 bezeichnete Schwund ergibt sich demnach aus der Gesamtmenge des Gelägers in Anstellgefäßen und Gärgefäßen einschließlich der Benetzungsverluste und der abgeschöpften Schaumdecke nach Abzug der Hefengabe beim Anstellen der Würze. Dieser Verlust wird gegebenenfalls um die durch Auspressen des Gelägers wiedergewonnenen Jungbiermengen vermindert.

(11) Für den im **Absatz 5 unter Nummer 5** bezeichneten Schwund im Lagerkeller gilt bezüglich der Heferasse das gleiche wie im Gärkeller. Auch die Verwendung großer Lagergefäße (z. B. Tanks) vermindert den Verlust

(12) Der im **Absatz 5 unter Nummer 6** bezeichnete Schwund beim Abfüllen entsteht durch nicht verwertbaren Vorlauf und Nachlauf, Benetzung und Verspritzen. Brauereien mit einem hohen Flaschenbieranteil können bei ungünstigen Betriebsverhältnissen einen höheren Verlust beim Abfüllen haben als Brauereien, die Bier hauptsächlich in Fässern ausstoßen.

(13) Verluste beim Pasteurisieren und bei der Nachgärung von obergärigem Bier in Flaschen durch Flaschenbruch oder Ausbläser sind außer den Teilschwundsätzen nach Absatz 5 zusätzlich zu berücksichtigen.

a) Der auf Flaschenbruch beim Pasteurisieren von Bier entfallende Teilschwundsatz richtet sich nach dem Anteil der durch Pasteurisieren entkeimten Biere einer Biergattung zur Gesamterzeugung dieser Biergattung. Als Anhalt für die Berechnung dient folgendes

Beispiel:

Bei einer Einzelfeststellung wurden 4000 ½-Liter-Flaschen, also 20,00 hl Exportbier pasteurisiert. Durch Bruch von 118 Flaschen gingen dabei 0,59 hl Exportbier verloren.

Es werden von der Erzeugung dieser Biergattung 60 v. H. auf Flaschen und der Rest auf Fässer abgefüllt. Von dem Flaschenbier werden nur 50 v. H., also 30 v. H. der abgefüllten Vollbiererzeugung pasteurisiert.

Der einschließlich Abfüllverlust festgestellte Schwund bei Vollbier soll in diesem Beispiel 12 v. H. der Ausschlagwürze betragen.

Die pasteurisierten 20 hl Exportbier entsprechen daher 88 v. H. der Ausschlagwürze (x) oder nach der Formel

$$20 : x = 88 : 100$$
$$88\,x = 2000$$
$$x = \frac{2000}{88} = 22{,}72 \text{ hl Ausschlagwürze.}$$

Der Verlust (y) von 0,59 hl beträgt nach der Formel

$$22{,}72 : 0{,}59 = 100 : y$$

$$22{,}72\ y = 0{,}59 \cdot 100$$

$$y = \frac{0{,}59 \cdot 100}{22{,}72} = 2{,}59 \text{ v. H.}$$

Da jedoch nur 30 v. H. der Vollbiererzeugung pasteurisiert werden, ist als zusätzlicher Verlust durch Flaschenbruch beim Pasteurisieren von untergärigem Vollbier ein Teilschwundsatz von

$$\frac{30 \cdot 2{,}59}{100} = 0{,}77 = 0{,}8$$ v. H. der Ausschlagwürze zu berücksichtigen.

b) Der zusätzliche Schwund durch Flaschenbruch bei der Nachgärung obergärigen Bieres läßt sich verhältnismäßig leicht feststellen, da im allgemeinen die Abfüllmengen aus ganzen Suden für sich gestapelt gelagert werden. Nach der Zahl der zerbrochenen Flaschen kann die verlorengegangene Biermenge errechnet und auf Grund der im Sudbuch eingetragenen Menge der Ausschlagwürze des betreffenden Sudes der auf Flaschenbruch entfallende Teilschwundsatz ermittelt werden.

(14) Für die Gesamtschwundermittlung steht bei normalen Herstellungsbedingungen und Absatzbedingungen in Brauereien mit sorgfältiger kaufmännischer Buchführung als Vergleichsgrundlage noch eine andere Berechnungsart zur Verfügung, die für jede Bierart und Biergattung in folgender Weise angestellt werden kann:

1. Biervorrat bei Beginn des Geschäftsjahres (Gär- und Lagerkellervorräte sind auf fertiges Bier umzurechnen) einschließlich nicht verkaufter Bierbestände in Niederlagen, z. B.	6800 hl
2. Sudhausherstellung abzüglich der vor Entstehung der Steuerschuld in der Brauerei vernichteten Würzemengen und Biermengen (in der Menge der heißen Ausschlagwürze) im Geschäftsjahr z. B. . . . . Hierbei sind evtl. vorgenommene Bierverschnitte bei den verschiedenen Biergattungen entsprechend zu berücksichtigen.	33350 hl
Summe	40150 hl
3. Biervorrat am Schluß des Geschäftsjahres (wie zu 1), z. B.	6300 hl
4. Bierverkauf einschließlich Gratisbier und vernichtetem Rückbier im Geschäftsjahr, z. B.	28000 hl
5. Haustrunk, z. B.	450 hl
Summe	34750 hl

Der Schwund beträgt hiernach 5400 hl. Sein Vomhundertsatz ist von der Menge der heißen Ausschlagwürze zu berechnen. Der Schwundsatz beträgt nach dieser Berechnung, die jedoch nur ungefähre Vergleichswerte liefert, 16,19 v. H. Fremdbier ist bei dieser Berechnungsart nicht zu berücksichtigen.

(15) Für die Schwundermittlung hat der Aufsichtsoberbeamte seine Feststellung in eine Schwundermittlungsübersicht nach dem Muster b einzutragen. Nach Abschluß der Feststellungen hat der Aufsichtsoberbeamte die Übersicht dem Hauptzollamt vorzulegen. Nach Festsetzung des Schwundes (§ 84 Abs. 2 BierStDB)

übersendet das Hauptzollamt eine Abschrift der für den Brauereiinhaber bestimmten Festsetzungverfügung (§ 84 Abs. 4 BierStDB) und die vom Aufsichtsoberbeamten aufgestellte Schwundermittlungsübersicht an die für die Brauerei zuständige Zollstelle. Diese nimmt die Abschrift der Festsetzungsverfügung und die Schwundermittlungsübersicht zu ihrem Brauereibelegheft (§ 36 Abs. 2 Nr. 8 BierStDB).

Anlage a
der Anleitung zur Ermittlung
des Schwundes in Brauereien

Tabelle

für die Umrechnung der Extraktgehalte (Gewichtsprozente) in Gramm Extrakt in 100 ccm (Nach der Tabelle von Grossfeld).

Extrakt-gehalt Gew.-%	Gramm in 100 ccm	Extrakt-gehalt Gew.-%	Gramm in 100 ccm	Extrakt-gehalt Gew.-%	Gramm in 100 ccm	Extrakt-gehalt Gew.-%	Gramm in 100 ccm
2,00	2,01	3,19	3,23	4,38	4,45	5,56	5,67
2,02	2,03	3,22	3,26	4,41	4,48	5,59	5,70
2,05	2,06	3,25	3,28	4,44	4,50	5,61	5,73
2,07	2,09	3,27	3,31	4,46	4,53	5,64	5,75
2,10	2.11	3,30	3,33	4,49	4,56	5,66	5,78
2,12	2,14	3,32	3,36	4,51	4,58	5,69	5,80
2,15	2,16	3,35	3,39	4,54	4,61	5,71	5,83
2,17	2,19	3,37	3,41	4,56	4,63	5,74	5,86
2,20	2,22	3,40	3,44	4,59	4,66	5,76	5,88
2,22	2,24	3,41	3,46	4,61	4,69	5,78	5,91
2,25	2,27	3,45	3,49	4,64	4,71	5,81	5,94
2,28	2,29	3,47	3,51	4,67	4,74	5,84	5,96
2,31	2,32	3,50	3,53	4,69	4,76	5,86	5,99
2,33	2,35	3,52	3,57	4,71	4,79	5,89	6,01
2 36	2,37	3,55	3,59	4,74	4,82	5,91	6,04
2,38	2,40	3,58	3,62	4,76	4,84	5,94	6,07
2,41	2,42	3,60	3,65	4,79	4,87	5,96	6,10
2,43	2,45	3,63	3,67	4,81	4,89	5,99	6,12
2,46	2,48	3,65	3,70	4,84	4,92	6,01	6,14
2,48	2,50	3,68	3,72	4,86	4,95	6,04	6,17
2,51	2,53	3,70	3,75	4,89	4,97	6,06	6,20
2,53	2,55	3,73	3,78	4,91	5,00	6,08	6,22
2,56	2,58	3,75	3,80	4,94	5,02	6,11	6,25
2,57	2,60	3,78	3,83	4,96	5,05	6,14	6,28
2,61	2,63	3,80	3,85	4,99	5,08	6,16	6,30
2,64	2,66	3,83	3,88	5,01	5,10	6,19	6,33
2,66	2,68	3,85	3,91	5,04	5,13	6,21	6,35
2,69	2,71	3,89	3,93	5,06	5,15	6,24	6,38
2,71	2,73	3,90	3,95	5,09	5,18	6,26	6,41
2,74	2,76	3,93	3,98	5,11	5,21	6,29	6,43
2,76	2,79	3,95	4,01	5,14	5,23	6,31	6,46
2,79	2,81	3,98	4,04	5,16	5,26	6,34	6,48
2,82	2,84	4,01	4,06	5,19	5,28	6,36	6,51
2,84	2,86	4,03	4,09	5,21	5,31	6,39	6,54
2,87	2,89	4,06	4,11	5,24	5,34	6,41	6,56
2,89	2,92	4,08	4,14	5,26	5,36	6,43	6,59
2,92	2,94	4,11	4,17	5,29	5,39	6,46	6,61
2,94	2,97	4,13	4,19	5,31	5,41	6,48	6,64
2,97	2,99	4,16	4,22	5,34	5,44	6,51	6,67
2,99	3,02	4,18	4,24	5,36	5,47	6,53	6,69
3,02	3,05	4,21	4,27	5,39	5,49	6,56	6,72
3,04	3,07	4,23	4,30	5,41	5,52	6,58	6,75
3,07	3,10	4,26	4,32	5,44	5,54	6,61	6,77
3,09	3,13	4,28	4,35	5,46	5,57	6,63	6,80
3,12	3,15	4,31	4,37	5,49	5,60	6,66	6,82
3,14	3,18	4,33	4,40	5,51	5,62	6,68	6,85
3,17	3,20	4,36	4,43	5,54	5,65	6,71	6,88

Umrechnung der Extraktgehalte

Extraktgehalt Gew.-%	Gramm in 100 ccm	Extraktgehalt Gew.-%	Gramm in 100 ccm	Extraktgehalt Gew.-%	Gramm in 100 ccm	Extraktgehalt Gew.%-	Gramm in 100 ccm
6,73	6,90	8,16	8,41	9,58	9,93	10,98	11,44
6,76	6,93	8,19	8,44	9,60	9,95	11,00	11,47
6,78	6,95	8,21	8,46	9,63	9,98	11,02	11,50
6,81	6,98	8,24	8,49	9,65	10,00	11,05	11,52
6,83	7,01	8,26	8,52	9,68	10,03	11,08	11,55
6,86	7,03	8,28	8,54	9,70	10,06	11,10	11,58
6,88	7,06	8,31	8,57	9,72	10,08	11,12	11,60
6,91	7,08	8,33	8,59	9,75	10,11	11,15	11,63
6,93	7,11	8,36	8,62	9,77	10,13	11,17	11,65
6,95	7,14	8,38	8,65	9,80	10,16	11,20	11,68
6,98	7,16	8,41	8,67	9,82	10,19	11,22	11,71
7,00	7,19	8,43	8,70	9,85	10,21	11,24	11,73
7,03	7,21	8,46	8,73	9,87	10,24	11,27	11,76
7,05	7,24	8,48	8,75	9,89	10,26	11,29	11,78
7,08	7,27	8,50	8,78	9,92	10,29	11,32	11,81
7,10	7,29	8,53	8,80	9,94	10,32	11,34	11,84
7,13	7,32	8,55	8,83	9,97	10,34	11,36	11,86
7,15	7,34	8,58	8,86	9,99	10,37	11,39	11,89
7,18	7,37	8,60	8,88	10,02	10,40	11,41	11,92
7,20	7,40	8,63	8,91	10,04	10,42	11,43	11,94
7,23	7,42	8,65	8,93	10,06	10,45	11,46	11,97
7,25	7,45	8,68	8,96	10,09	10,47	11,48	11,99
7,27	7,48	8,70	8,99	10,11	10,50	11,51	12,02
7,30	7,50	8,73	9,01	10,14	10,53	11,53	12,05
7,33	7,53	8,75	9,04	10,16	10,55	11,55	12,07
7,35	7,55	8,77	9,06	10,19	10,58	11,58	12,10
7,38	7,58	8,80	9,09	10,21	10,60	11,60	12,12
7,40	7,60	8,82	9,12	10,23	10,63	11,63	12,15
7,42	7,63	8,85	9,14	10,26	10,66	11,65	12,18
7,45	7,66	8,87	9,17	10,28	10,68	11,68	12,20
7,47	7,68	8,90	9,19	10,31	10,71	11,70	12,23
7,50	7,71	8,92	9,22	10,33	10,73	11,72	12,26
7,52	7,74	8,95	9,25	10,35	10,76	11,73	12,29
7,55	7,76	8,97	9,27	10,39	10,79	11,77	12,31
7,57	7,79	8,99	9,30	10,40	10,81	11,79	12,33
7,60	7,81	9,02	9,33	10,43	10,84	11,82	12,36
7,62	7,84	9,04	9,35	10,45	10,87	11,84	12,38
7,65	7,87	9,07	9,38	10,47	10,89	11,87	12,41
7,67	7,89	9,09	9,40	10,50	10,92	11,89	12,44
7,70	7,92	9,12	9,43	10,52	10,95	11,91	12,47
7,72	7,95	9,14	9,46	10,54	10,97	11,94	12,49
7,75	7,97	9,16	9,48	10,57	11,00	11,96	12,52
7,77	8,00	9,19	9,51	10,59	11,03	11,99	12,54
7,80	8,02	9,21	9,53	10,62	11,05	12,01	12,57
7,82	8,05	9,24	9,56	10,64	11,08	12,03	12,60
7,84	8,08	9,26	9,59	10,66	11,10	12,06	12,62
7,87	8,10	9,29	9,61	10,69	11,13	12,08	12,65
7,89	8,13	9,31	9,64	10,71	11,16	12,11	12,67
7,92	8,16	9,34	9,66	10,74	11,18	12,13	12,70
7,94	8,18	9,36	9,69	10,76	11,21	12,15	12,73
7,97	8,20	9,38	9,72	10,79	11,23	12,18	12,75
7,99	8,23	9,41	9,74	10,81	11,26	12,20	12,78
8,01	8,25	9,43	9,77	10,83	11,29	12,22	12,81
8,04	8,28	9,46	9,79	10,86	11,31	12,25	12,83
8,06	8,31	9,48	9,82	10,88	11,34	12,27	12,86
8,09	8,33	9,51	9,85	10,91	11,37	12,30	12,89
8,11	8,36	9,53	9,87	10,93	11,39	12,32	12,91
8,14	8,39	9,55	9,90	10,96	11,42	12,34	12,94

Extrakt-gehalt Gew.-%	Gramm in 100 ccm	Extrakt-gehalt Gew.-%	Gramm in 100 ccm	Extrakt-gehalt Gew.-%	Gramm in 100 ccm	Extrakt-gehalt Gew.-%	Gramm in 100 ccm
12,37	12,96	13,74	14,48	15,10	16,00	16,45	17,52
12,39	12,99	13,77	14,51	15,13	16,03	16,47	17,55
12,42	13,02	13,79	14,53	15,15	16,06	16,49	17,58
12,44	13,04	13,81	14,56	15,17	16,08	16,52	17,60
12,46	13,07	13,84	14,59	15,19	16,11	16,54	17,63
12,49	13,09	13,86	14,61	15,22	16,13	16,56	17,66
12,51	13,12	13,88	14,64	15,24	16,16	16,59	17,68
12,54	13,15	13,91	14,67	15,26	16,19	16,61	17,71
12,56	13,17	13,93	14,69	15,29	16,21	16,63	17,74
12,58	13,20	13,95	14,72	15,31	16,24	16,66	17,76
12,61	13,23	13,98	14,74	15,33	16,27	16,68	17,79
12,63	13,25	14,00	14,77	15,36	16,29	16,70	17,81
12,65	13,28	14,02	14,80	15,38	16,32	16,72	17,84
12,68	13,30	14,05	14,82	15,40	16,34	16,75	17,87
12,70	13,33	14,07	14,85	15,43	16,37	16,77	17,89
12,73	13,36	14,09	14,88	15,45	16,40	16,79	17,92
12,75	13,38	14,12	14,90	15,47	16,42	16,82	17,95
12,77	13,41	14,14	14,93	15,50	16,45	16,84	17,97
12,80	13,43	14,17	14,95	15,52	16,48	16,86	18,00
12,82	13,46	14,19	14,98	15,54	16,50	16,89	18,02
12,84	13,48	14,21	15,01	15,57	16,53	16,91	18,05
12,87	13,51	14,24	15,03	15,59	16,55	16,93	18,08
12,88	13,54	14,26	15,06	15,61	16,58	16,96	18,10
12,91	13,56	14,28	15,08	15,64	16,61	16,98	18,13
12,94	13,59	14,31	15,11	15,66	16,63	17,00	18,15
12,96	13,62	14,33	15,14	15,68	16,66	17,02	18,18
12,98	13,64	14,35	15,16	15,71	16,68	17,05	18,21
13,00	13,67	14,38	15,19	15,73	16,71	17,07	18,24
13,03	13,69	14,40	15,22	15,75	16,74	17,09	18,26
13,05	13,72	14,42	15,24	15,79	16,76	17,12	18,29
13,07	13,75	14,45	15,27	15,81	16,79	17,14	18,31
13,10	13,77	14,47	15,29	15,83	16,82	17,16	18,34
13,13	13,80	14,50	15,32	15,86	16,84	17,19	18,37
13,15	13,82	14,52	15,35	15,88	16,87	17,21	18,39
13,17	13,85	14,54	15,37	15,90	16,90	17,23	18,42
13,20	13,88	14,57	15,40	15,91	16,92	17,26	18,45
13,22	13,90	14,59	15,43	15,94	16,95	17,28	18,47
13,24	13,93	14,61	15,45	15,96	16,97	17,30	18,50
13,27	13,95	14,64	15,48	15,99	17,00	17,32	18,52
13,29	13,98	14,66	15,50	16,01	17,03	17,35	18,55
13,32	14,01	14,68	15,53	16,03	17,05	17,37	18,58
13,34	14,04	14,71	15,56	16,05	17,08	17,39	18,60
13,36	14,06	14,73	15,58	16,08	17,10	17,42	18,63
13,39	14,09	14,75	15,61	16,10	17,13	17,44	18,65
13,41	14,11	14,78	15,63	16,12	17,16	17,46	18,68
13,44	14,14	14,80	15,66	16,15	17,18	17,49	18,71
13,46	14,17	14,82	15,69	16,17	17,21	17,51	18,73
13,48	14,19	14,85	15,71	16,19	17,24	17,53	18,76
13,51	14,22	14,87	15,74	16,22	17,26	17,55	18,79
13,53	14,25	14,89	15,76	16,24	17,29	17,58	18,81
13,55	14,27	14,92	15,79	16,26	17,31	17,60	18,84
13,58	14,30	14,94	15,82	16,29	17,34	17,62	18,86
13,60	14,32	14,96	15,84	16,31	17,37	17,65	18,89
13,62	14,35	14,99	15,87	16,33	17,39	17,67	18,92
13,65	14,38	15,01	15,90	16,36	17,42	17,69	18,94
13,67	14,40	15,03	15,92	16,39	17,45	17,72	18,97
13,70	14,43	15,06	15,95	16,40	17,47	17,74	19,00
13,72	14,45	15,08	15,98	16,42	17,50	17,76	19,02

Umrechnung der Extraktgehalte

Extraktgehalt Gew.-%	Gramm in 100 ccm	Extraktgehalt Gew.-%	Gramm in 100 ccm	Extraktgehalt Gew.-%	Gramm in 100 ccm	Extraktgehalt Gew.-%	Gramm in 100 ccm
17,78	19,05	18,36	19,71	18,93	20,37	19,49	21,02
17,81	19,08	18,38	19,73	18,95	20,39	19,51	21,05
17,83	19,10	18,40	19,76	18,97	20,42	19,54	21,08
17,85	19,13	18,42	19,79	18,99	20,45	19,56	21,10
17,87	19,16	18,45	19,81	19,02	20,47	19,58	21,13
17,90	19,18	18,47	19,84	19,04	20,50	19,60	21,15
17,92	19,21	18,49	19,87	19,06	20,52	19,62	21,18
17,94	19,23	18,51	19,89	19,08	20,55	19,65	21,21
17,97	19,26	18,54	19 92	19,11	20,58	19,67	21,23
17,99	19,29	18,56	19,94	19,13	20,60	19,69	21,26
18,01	19,31	18,58	19,97	19,15	20,63	19,71	21,28
18,03	19,34	18,60	20,00	19,17	20,66	19,74	21,31
18,06	19,37	18,63	20,02	19,20	20,68	19,76	21,34
18,08	19,39	18,65	20,05	19,22	20,71	19,78	21,37
18,10	19,42	18,67	20,08	19,24	20,73	19,81	21,39
18,13	19,45	18,70	20,10	19,26	20,76	19,83	21,42
18,15	19,47	18,72	20,13	19,29	20,79	19,85	21,45
18,17	19,50	18,74	20,16	19,31	20,81	19,87	21,47
18,20	19,52	18,76	20,18	19,33	20,84	19,90	21,50
18,22	19,55	18,79	20,21	19,36	20,87	19,92	21,52
18,24	19,58	18,81	20,24	19,38	20,89	19,94	21,55
18,26	19,60	18,83	20,26	19,40	20,92	19,96	21,58
18,29	19,63	18,86	20,29	19,42	20,94	19,99	21,60
18,31	19,66	18,88	20,31	19,45	20,97	20,01	21,63
18,33	19,68	18,90	20,34	19,47	21,00		

Anlage b
der Anleitung zur Ermittlung
des Schwundes in Brauereien

Hauptzollamt N.

Bezirkszollkommissariat N.

Schwundermittlungen

in der

Brauerei: X. Y.

in Z.

Bierart: untergärig

Biergattung: Vollbier

Anmerkungen:

1. Die Angaben in den mit + bezeichneten Spalten sind nur auf Grund tatsächlicher Ermittlungen im Einzelfall auszufüllen.
2. Die Teilschwundsätze sind bis auf zehntel Vomhundertteile genau zu ermitteln, ggfs. nach Auf- oder Abrundung (vgl. Spalte 9).
3. Sofern die Schwundwerte an vollständigen Suden hinsichtlich des Bierschwundes (Gärkellerverlust — Lagerkellerverlust — Abfüllverlust) ermittelt werden, sind die Spalten 34, 40, 43, 46, 51, 53, 61 und 63 nicht auszufüllen.
4. Wird der Bierschwund an Teilmengen (von vermischten oder unvermischten Suden) unter Rückrechnung auf die Ausschlagwürze (100 v. H.) festgestellt, so sind die Mengenfeststellungen fortlaufend vorzunehmen. Die Schwundwerte (Spalten 43, 51 und 63) werden jedoch erst dann errechnet, wenn der bis zu dem betreffenden Betriebsabschnitt entstandene Teilschwund anhand aller Schwundermittlungen im Durchschnitt festgestellt ist. Daraus ergibt sich, daß die Schwundwerte für den Bierschwund erst nach Beendigung der Mengenfeststellungen zu errechnen sind.
5. Sofern nach dem Abfüllen noch Bierverluste beim Pasteurisieren von Flaschenbier oder bei der Nachgärung von obergärigem Bier in Flaschen entstehen, sind diese in einer besonderen Spalte festzuhalten und ihr Vomhundertsatz von der Ausschlagmenge zu berechnen (vgl. Absatz 13 der Anleitung).
6. Die Hauptzollämter sind ermächtigt, die Anlage b den besonderen Verhältnissen des einzelnen Betriebes anzupassen.

Schwund-

Lfd. Nr.	des Sudes: Tag der Ermittlung	des Sudes: Nr. (nach dem Sudbuch)	des Sudes: Gattung	der Braustoffe: Art (Gersten- oder Weizenmalz, Gerstenmalz-schrotflocken, Zucker, Farbebier usw.)	der Braustoffe: Menge (lt. Sudbuch) kg	Hopfengabe in der Sudpfanne kg
1	2 +	3 +	4 +	5 +	5 a +	6 +
1	12. 3. 57	IV/56—68	Vollbier hell	Gerstenmalz	1300	16
2	8. 6. 57	I/57—64	Vollbier hell	Gerstenmalz	1300	16
3	1. 10. 57	III/57—1	Vollbier hell	Gerstenmalz	1300	16
4	30. 11. 57	III/57—49	Vollbier dunkel	Gerstenmalz	1300	14
5	15. 12. 57	III/57—59	Vollbier (Pils)	Gerstenmalz	1500	36

ermittlungen

Menge der Ausschlagwürze hl	Menge der Ausschlagwürze *l*	Temperatur in + °C im Zeitpunkt der Mengenermittlung (Sp. 7)	Kontraktion lt. Tabelle in Absatz 6 der Anleitung v. H.	Kontraktion $^1/_{100}$	Hopfengabe je hl Ausschlagwürzemenge $\frac{\text{(Sp. 6} \times 1000)}{\text{Sp. 7}}$ Gramm	Die normale Hopfengabe je hl übersteigende Menge in Gramm je hl (Sp. 8—200) Gramm	Mehrteilschwund durch erhöhte Hopfengabe nach der Formel $\frac{\text{Sp. 8a} \times 0{,}8}{1000}$ v. H.	Mehrteilschwund $^1/_{100}$	Teilschwund nach Nr. ① des Absatzes 5 der Anleitung (Sp. 7b + Sp. 8b) v. H.	Teilschwund $^1/_{10}$
7 +		7 a +	7 b		8	8 a	8 b		9	
82	—	97	3	97	195	—	—		4	0
81	—	97	3	97	197	—	—		4	0
82	—	97	3	97	195	—	—		4	0
85	—	97	3	97	165	—	—		4	0
81	—	97	3	97	444	244	0	19	4	2
								im Durchschnitt	4	0

Menge der Anstellwürze in geeichten Gefäßen festgestellt (ohne Hefengabe)		Der Würzeabkühlung: a) Art (Kühlschiff, Beriesler, Windflügel) b) Verhältnis der Ausschlagwürzemenge zum Fassungsvermögen des Kühlschiffs (Sp. 7: Fassungsvermögen des Kühlschiffs)	Der Würzeabkühlung: a) Dauer auf dem Kühlschiff (Stunden) b) Witterungslage	Extraktgehalt (bei + 20° C) der Ausschlagwürze: Gew% lt. Spindelanzeige		Extraktgehalt (bei + 20° C) der Ausschlagwürze: Gewichtsvolumen% lt. Tabelle in Anlage 1 zur Anleitung		Extraktgehalt (bei + 20° C) der Anstellwürze: Gew% lt. Spindelanzeige		Extraktgehalt (bei + 20° C) der Anstellwürze: Gewichtsvolumen% lt. Tabelle in Anlage 1 zur Anleitung		Unterschied zwischen Extraktgehalt der Ausschlag- und Anstellwürze (Sp. 13 a) — Sp. 12 a)	
hl	l			v. H.	1/100	v. H.	1/100	v. H.	1/100	v. H.	1/100	v. H.	1/100
10 +		11 +	11 a +	12 +		12 a		13 +		13 a		14	
—		a) Kühlschiff Beriesler	a) 2	11	30	11	79	11	70	12	23	0	44
				11	50	12	01	11	80	12	34	0	33
		b) 2:3	b) bedeckt und feucht	11	40	11	91	11	80	12	34	0	43
				11	00	11	47	11	50	12	01	0	54
				13	20	13	88	13	30	14	55	0	67

Durchschnittlicher Extraktgehalt der Ausschlagwürze: Gew.-% lt. Spindelanzeige		der Ausschlagwürze: Gewichtsvolumen % lt. Tabelle in Anlage 1 zur Anleitung		der Anstellwürze: Gew. % lt. Spindelanzeige		der Anstellwürze: Gewichtsvolumen-% lt. Tabelle in Anlage 1 zur Anleitung		Unterschied zwischen Extraktgehalt der Ausschlagwürze und Anstellwürze (Sp. 16a—Sp. 15a) a) lt. Sudbüchern b) auf Grund der Ermittlungen gem. § 83 (3) BierStDB		Teilschwund nach Nr. (2) des Abs. 5 der Anleitung nach der Formel $\frac{\text{Sp. } 14 \times 96}{\text{Sp. } 13\text{a}}$		Gegenprobe zu Sp. 18: Verdunstungsschwund gem. Sp. 15a und Sp. 16a nach der Formel $\frac{\text{Sp. } 17 \times 96}{\text{Sp. } 16\text{a}}$ a) lt. Sudbüchern b) auf Grund der Ermittlungen gem. § 83 (3) BierStDB	
gleicher Biergattung während des vor den Schwundermittlungen liegenden Rechnungsjahres a) lt. Sudbüchern b) auf Grund der Ermittlungen gem. § 83 (3) BierStDB													
v. H.	1/100	v. H.	1/100	v. H.	1/100	v. H.	1/100	v. H.	1/100	v. H.	1/10	v. H.	1/10
15		15a		16		16a		17		18		18a	
										3	5		
a) 11	72	12	26	12	15	12	73	a) 0	47	2	6	a) 3	5
b) 11	65	12	18	12	08	12	65	b) 0	47	3	3	b) 3	6
										4	3		
										4	4		
								im Durchschnitt		3	6		

Der Würzeverlust durch Hopfengeläger beträgt im Durchschnitt für 1 kg Hopfen: a) bei Abtropfen 6,6 Liter	b) bei leichtem Ausspritzen 3,5 Liter	c) bei Auspressen 2,8 Liter	d) bei gutem Ausspritzen 1,8 Liter	e) bei Ausspritzen und Auspressen 0,8 Liter	Würzeverlust durch Hopfengeläger auf Grund tatsächlicher Ermittlungen	Wird ein Hopfenentlauger verwendet? Wenn ja, wo ist er aufgestellt?	Standort des Hopfenseihers (Sudhaus oder Kühlschiff)	Würzeverlust durch Hopfengeläger nach der Formel $\frac{\text{Sp. } 19 \times 100}{\text{Sp. } 7 \text{ (in } l)}$	
Nach der verwendeten Hopfenmenge (Sp. 6) und der zutreffenden Betriebsweise (a, b, c, d oder e) sind demnach an Würze verlorengegangen									
Liter	Liter	Liter	Liter	Liter	Liter			v. H.	$^1/_{10}$
19a	19b	19c	19d	19e	19f +	20 +	20a +	21	
—	56	—	—	—	—	nein	Kühlschiff	0	7
—	56	—	—	—	—			0	7
—	—	—	—	—	51			0	6
—	49	—	—	—	—			0	6
—	—	—	—	—	116			1	4

Formel: Der Würzeverlust durch Kühlgeläger beträgt $\frac{\text{Sp. 22, Sp. 23 oder Sp. 24} \times 100}{\text{Sp. 7 (in } l)}$									Etwa durch Nachdrücken von Wasser im Filter gewonnene Würze	Schwund nach der Formel $\frac{\text{(Sp. 24—Sp. 25)}}{\text{Sp. 7 (in } l)} \times 100$		bei Verwendung von Fuhrfaß (Verbringen der Würze in den Gärkeller): Fassungsvermögen des Fuhrfasses		In wieviel Partien wird die Würze (Sp. 7) zum Gärkeller gebracht?
bei Verwendung von Separatoren			bei Verwendung von Trubsäcken a) 4—6 l für 100 kg Malz (siehe Sp. 5a) b) tatsächlich festgestellt			bei Verwendung von Filter- oder Trubpressen a) 2,8—3,0 l für 100 kg Malz (siehe Sp. 5a) b) tatsächlich festgestellt								
Liter	v. H.	$^1/_{10}$	Liter	v. H.	$^1/_{10}$	Liter	v. H.	$^1/_{10}$	Liter	v. H.	$^1/_{10}$	hl	l	
22 +	22a		23	23a		24	24a		25 +	25a		26 +		26a
—	—	—	—	—		a) 39	0	5	—	—				
—	—	—	—	—		a) 39	0	5	—	—				
—	—	—	—	—		b) 32	0	4	—	—		./.		./.
—	—	—	—	—		a) 39	0	5	—	—				
—	—	—	—	—		a) 45	0	6	—	—				

Länge der Würzeleitung in m unter Angabe a) mit Gefälle b) mit Steigung	Benetzungsschwund (in der Regel 0,1 bis 0,3 v. H. der Ausschlagwürze) in größeren Betrieben meist geringer als in kleineren (siehe auch Sp. 26 bis Sp. 27)		Teilschwund nach Nr. ③ des Absatzes 5 der Anleitung (Sp. 21 + Sp. 22a bzw. Sp. 23a bzw. Sp. 24a bzw. Sp. 25a + Sp. 28)		Würzeschwund d. i. der Schwund vom Ausschlagen bis zum Anstellen (Sp. 9 + Sp. 18 + Sp. 29) bzw. 100 (Sp. 7—Sp. 10) / Sp. 7		Gegenprobe zu Sp. 30 Unterschied zwischen Sp. 7—Sp. 10				Tag der Ermittlung	Anstell- oder Gärbottich Nr.
Meter	v. H.	1/10	v. H.	1/10	v. H.	1/10	hl	l	v. H.	1/10		
27 +	28		29		30		31				32 +	33 +
a) 6	0	2	1	4							11. 3. 57	6
b) 12	0	2	1	4							8. 4. 57	4
	0	2	1	2							23. 8. 57	6
	0	2	1	3							20. 9. 57	5
	0	2	2	2							4. 11. 57	1
											10. 12. 57	3
im Durchschnitt			1	5	9	1						

Befüllter Rauminhalt des Gärgefäßes nach Abnahme der Decke	Hefengabe beim Anstellen	bei Führung über Anstellbottich entstandener Verlust	Menge der Decke	Menge des Gelägers			Etwa durch Auspressen des Gelägers gewonnene Biermenge	Anstellwürzemenge an dem Gärgefäß zu errechnen aus (Sp. 34 + Sp. 36 + Sp. 37) — Sp. 35	Bierverlust im Gärkeller (Sp. 36 + 37 + 38) — (Sp. 39 + Sp. 35)
				Vorzeug	Kernhefe	Unterzeug			
Liter	Liter	Liter	Liter	Liter	Liter	Liter	Liter	Liter	Liter
34 +	35 +	36 +	37 +	38 a +	38 b +	38 c +	39 +	40	41
4023	25	—	5	20	68	8	—	4003	76
2518	15	—	4	12	38	7	—	2507	46
4112	25	—	5	22	64	9	—	4092	75
4837	30	—	6	26	72	10	—	4813	84
6140	40	—	10	33	114	12	—	6110	129
5987	40	—	9	30	108	12	—	5956	119
Sa. 27617	175	—	39	143	464	58	—	27481	529

Teilschwund nach Nr. ④ des Absatzes 5 der Anleitung: Gärkellerschwund (nur bei Ermittlungen an ganzen Suden ausfüllen) nach der Formel $\frac{\text{Sp. 41} \times 100}{\text{Sp. 7 (in } l\text{)}}$ v. H.	1/10	Teilschwund nach Nr. ④: Gärkellerschwund nach der Formel $\frac{\text{Sp. 41} \times (100 - \text{Sp. 30})}{\text{Sp. 40}}$ v. H.	1/10	Tag der Ermittlung	$\frac{\text{Lagerfaß}}{\text{Lagertank}}$ Nr.	Befüllter Rauminhalt des Lagergefäßes Liter	Benetzungsverluste in der Leitung vom Gärkeller bis zum Lagerkeller oder bei Verbringen des Jungbiers vom Gärkeller zum Lagerkeller in einem Fuhrfaß Liter	Faßgeläger (nach Abzug etwa ausgepreßter Biermengen) Liter	Verlust im Lagerkeller (Sp. 47 + Sp. 48) Liter	Teilschwund nach Nr. ⑤ des Absatzes 5 der Anleitung: Lagerkellerschwund (nur bei Ermittlungen an ganzen Suden ausfüllen) nach der Formel $\frac{\text{Sp. 49} \times 100}{\text{Sp. 7 (in } l\text{)}}$ v. H.	1/10	Teilschwund nach Nr. ⑤: Lagerkellerschwund nach der Formel $\frac{\text{Sp. 49} \times [100 - (\text{Sp. 30} + \text{Sp. 43})]}{\text{Sp. 46} + \text{Sp.47}}$ v. H.	1/10
42		43		44 +	45 +	46 +	47	48 +	49	50		51	
				26. 2. 57	64	3458	2	46	48				
				12. 4. 57	22	3380	2	45	47				
				7. 7. 57	19	3515	2	52	54				
				20. 10. 57	3	3604	2	54	56				
				12. 1. 58	8	3218	2	48	50				
		1	8		Sa.	17175	10	245	255	—		1	3

Durchschnittliche Größe der Lagergefäße	Abfüllmenge (Sp. 46—Sp. 48)	Nach Beendigung der Abfüllung festgestellt						
		Fertigbier: a) in Versandfässern b) in Tankwagen — lt. besonderer beiliegender Liste	Fertigbier: a) in Flaschen b) in Dosen — lt. besonderer beiliegender Liste	brauchbarer Vor- und Nachlauf	Abseihbier vom Lagergefäß im Restfaß	Restbier vom Füller (in teilweise befüllten Flaschen)	Tropfbier (aufgefangen)	Insgesamt abgefüllte Menge Sp. 54 bis Sp. 59)
Liter	Liter	Liter	Liter	Liter	Liter	Liter	Liter	Liter
52 +	53	54 +	55 +	56 +	57 +	58 +	59 +	60
3500	3412	a) 1321,5	a) 1967,5	38	12	3	—	3342
	3335	a) 1024	a) 2186,5	40	14	2	—	3266,5
	3463	a) 1526	a) 1806,5	46	16	2,5	—	3397
	3550	a) 722	a) 2695	37	11	3	—	3468
	3170	a) 1482	a) 1572,5	40	10	1,5	—	3106
	16930	6075,5	10228	201	63	12	—	16579,5

Abfüllverlust (Sp. 53—Sp. 60)	Teilschwund nach Nr ⑥ des Absatzes 5 der Anleitung				Anteil des Ausstoßes an		Bemerkungen (z. B. über Zusätze von Vorderwürze bei obergärigem Bier nach dem Ausschlagen)
	Abfüllschwund (nur bei Ermittlungen an ganzen Suden ausfüllen) nach der Formel $100 - \left[(\text{Sp. } 30 + \text{Sp. } 42 + \text{Sp. } 50 + \frac{\text{Sp. } 60 \times 100}{\text{Sp. } 7 \text{ (in } l)}\right]$		Abfüllschwund aus der Formel $\frac{\text{Sp. } 61 \times [100 - (\text{Sp. } 30 + \text{Sp. } 43 + \text{Sp. } 51)]}{\text{Sp. } 53}$		Faßbier / Flaschenbier zum Gesamtausstoß in dem vor den Schwundermittlungen liegenden Rechnungsjahr		
Liter	v. H.	$^1/_{10}$	v. H.	$^1/_{10}$	v. H.	v. H.	
61	62		63		64		65
70 68,5 66 82 64					40	60	Bei Vollbier werden rd. 20% an Pils ausgestoßen
350,5	—		1	8			

Schwundermittlungen

Der Gesamtschwund wurde demnach ermittelt mit:

1. Zusammenziehung der heißen Würze durch Abkühlung und Würzeverdrängung durch den Hopfen (Sp. 9)	4,0 v. H.
2. Verdunstung (Sp. 18)	3,6 v. H.
3. Verlust durch Hopfen- und Kühlgeläger und Benetzung (Sp. 29)	1,5 v. H.
4. Verlust im Gärkeller (Sp. 43 bzw. Sp. 42)	1,8 v. H.
5. Verlust im Lagerkeller (Sp. 51 bzw. Sp. 50)	1,3 v. H.
6. Verlust beim Abfüllen (Sp. 63 bzw. Sp. 62)	1,8 v. H.
Gesamtschwund	14,0 v. H.
Bisher war der Gesamtschwund auf festgesetzt.	14,5 v. H.

Der Brauereiinhaber hat auf eine Stellungnahme zur Schwundermittlung verzichtet.

Der Brauereiinhaber hat zur Schwundermittlung die beigefügte Stellungnahme abgegeben.

(Nichtzutreffendes streichen)

Abgeschlossen am 20. Januar 1958

N. N.

. . . .

(Unterschrift der Beamten, die die Schwundermittlungen durchgeführt haben)

Anlage 7

zu dem BdF-Erlaß vom 3. Dezember 1957
III C/4 — V 2030—13/57 (BZBl S. 594

Bestimmungen über die Biersteuerstatistik[1])

I. Monatliche Nachweisung der versteuerten und steuerfrei abgelassenen Biermengen

(1) Die Zollämter haben dem Hauptzollamt bis zum 10., die Hauptzollämter der Oberfinanzdirektion bis zum 15., die Oberfinanzdirektionen dem Statistischen Landesamt bis zum 20. jeden Monats eine Nachweisung über die im Vormonat versteuerten und steuerfrei abgelassenen Biermengen nach Muster 1 in doppelter Ausfertigung einzusenden. Bei nicht abgefundenen Brauereien ist dabei das Rückbier abzusetzen. Das Hauptzollamt stellt die Nachweisung für seinen Bezirk, die Oberfinanzdirektion für ihren Bezirk zusammen. Die Hauptzollämter fügen ihrer Nachweisung für die Oberfinanzdirektion je eine Ausfertigung der Nachweisung der Zollämter bei. Die Oberfinanzdirektionen fügen ihrer Nachweisung für das Statistische Landesamt je eine Ausfertigung der Gesamtnachweisung der Hauptzollämter bei.

(2) Das Statistische Bundesamt fertigt aus den ihm zugehenden Nachweisungen der Statistischen Landesämter monatliche Zusammenstellungen und veröffentlicht sie.

II. Jährliche Nachweisung über den Bestand an Brauereien, über verbrauchte Braustoffmengen, über Biererzeugung und Einfuhr von Bier

(1) Die Zollämter haben dem Hauptzollamt bis zum 10. Juni, die Hauptzollämter der Oberfinanzdirektion bis zum 1. Juli und die Oberfinanzdirektionen dem Statistischen Landesamt bis zum 1. August jeden Jahres eine Nachweisung über den Bestand an Brauereien, über verbrauchte Braustoffmengen, über Biererzeugung und Einfuhr von Bier im abgelaufenen Rechnungsjahr nach Muster 2 in doppelter Ausfertigung einzusenden. Die Anordnungen im Abschnitt I Absatz 1 Sätze 3 bis 5 gelten entsprechend.

(2) Die Oberfinanzdirektionen legen Abschrift der Nachweisung für den Oberfinanzbezirk dem Bundesminister der Finanzen vor.

(3) Das Statistische Bundesamt fertigt aus den ihm zugehenden Nachweisungen der Statistischen Landesämter jährliche Zusammenstellungen und veröffentlicht sie.

---

[1]) Die Biersteuerstatistiken mit Ausnahme der von den OFD München und Nürnberg erstellten sind ab 1. 7. 1958 von den OFD nur noch unmittelbar dem Statistischen Bundesamt in Wiesbaden in doppelter Ausfertigung — vorzulegen. Für die OFD München und Nürnberg verbleibt es bei der bisherigen Regelung. Sie übersenden jedoch 1 Abschrift der Hauptnachweisung an das Statistische Bundesamt (BZBl 1958 S. 287).

Muster 1
(BierStat)

Oberfinanzdirektion	Einzusenden von den	des auf den Berichtszeitraum folgenden Monats
Hauptzollamt	Zollämtern an das Hauptzollamt bis zum 10.	
Zollamt	Hauptzollämtern an die Oberfinanzdirektion bis zum 15.	
	Oberfinanzdirektionen an das Statistische Amt bis zum 20.	

Nachweisung

der im Monat .... 19....
versteuerten und steuerfrei abgelassenen Biermengen

Anleitung

1. In die Spalten 3 bis 14 werden die in den Biersteuerbüchern und Abfindungsbüchern als steuerpflichtig oder steuerfrei nachgewiesenen Biermengen eingetragen.
2. Die Biermengen werden in vollen Hektolitern angegeben. Mengen unter ½ Hektoliter bleiben außer Betracht. Mengen von ½ bis 1 Hektoliter werden als 1 Hektoliter angesetzt.
3. Etwaige Mehr- oder Fehlmengen, die sich nach Abschluß der Nachweisungen ergeben, werden in den Angaben der Nachweisungen für die folgenden Monate berücksichtigt. Änderungen, die hiernach nach Schluß desselben Rechnungsjahrs noch zu melden wären, werden bei Aufstellung der Jahresstatistik (Muster 2) berücksichtigt.
4. In der Spalte 15 (Bemerkungen) sind nach Bierart und Biergattung in Hektolitern nachrichtlich zu vermerken:
   a) an die Streitkräfte gegen DM unversteuert geliefertes Bier,
   b) an die Streitkräfte gegen Devisen unversteuert geliefertes Bier.
5. In der Spalte 15 (Bemerkungen) sind außerdem die Gesamtsummen der in Spalte 7 der Biersteuerbücher nachgewiesenen Biermengen mit der Bezeichnung „Bier in Flaschen usw.", die im Berichtsmonat aus den Lagerräumen der nicht abgefundenen Brauereien ausgegangen sind, in Hektolitern zu vermerken.

Lfd. Nr.	Zollamts- / Hauptzoll-amts-Bezirk	Steuerfrei abzulassen und steuerpflichtig waren									Von der Menge in Spalte 11 waren			Bemerkungen
		Einfach-bier hl	davon ober-gärig hl	Schank-bier hl	davon ober-gärig hl	Vollbier hl	davon ober-gärig hl	Stark-bier hl	davon ober-gärig hl	Summe der Spalten 3, 5, 7 u. 9	steuer-frei als Haus-trunk hl	steuer-frei als Ausfuhr-bier hl	steuer-pflichtig hl	
1	2	3	4	5	6	7	8	9	10	11	12	13	14	15

Nachweisung über den Bestand an Brauereien

Oberfinanzdirektion ....

Muster 2
(BierStat)

Hauptzollamt ....

Zollamt ....

Einzusenden von den
- Zollämtern an das Hauptzollamt bis zum 10. Juni
- Hauptzollämtern an die Oberfinanzdirektion bis zum 1. Juli
- Oberfinanzdirektionen an das Statistische Amt bis zum 1. August

Nachweisung

über den Bestand an Brauereien, über verbrauchte Braustoffmengen, über Biererzeugung und Einfuhr von Bier im Rechnungsjahr 19

Anleitung

1. Die Angaben in den Spalten 24 bis 28 werden den Brauereibetriebsgegenbüchern für das Berichtsjahr entnommen. Die Braustoffmengen werden in vollen Doppelzentnern angegeben. Mengen unter 50 kg werden außer Betracht gelassen, solche von 50 bis 100 kg als 1 dz angesetzt. Süßstoff ist in vollen Kilogramm nachzuweisen. Mengen unter 500 g bleiben außer Betracht; Mengen von 500 bis 1000 g sind als 1 kg anzusetzen. Die in Spalte 28 eingetragenen Braustoffe sind in Spalte 58 nach Art und Menge zu erläutern. Die zur Herstellung bierähnlicher Getränke verwendeten Rohstoffe werden nicht angegeben.
2. Die Angaben in den Spalten 30 bis 51 werden den Biersteuergegenbüchern für das Berichtsjahr entnommen. Die von Hausbrauern erzeugten steuerbegünstigten Biermengen werden ohne Rücksicht auf die in Spalte 32 angegebene Jahreserzeugung in den Spalten 34 bis 43 nur in der zweiten Zeile (Jahreserzeugung von über 10 bis 15 hl) mit nachgewiesen. Diese Biermengen sind außerdem unter der zweiten Zeile in rot zu vermerken. Die Zahl der in Spalte 33 mit nachzuweisenden steuerbegünstigten Hausbrauer ist jedoch nach der in Spalte 32 Nr. 1 und 2 vorgesehenen Jahreserzeugung zu trennen. Die Angaben über die Zahl der Farbebierbrauereien sind in den Spalten 3 bis 12 in schwarzer Schrift unter der Linie nachzuweisen (in die Zahlen auf der Linie nicht einrechnen). Brauereien, die Farbebier und anderes Bier herstellen, sind auf und unter der Linie nachzuweisen, der

doppelte Nachweis ist in Spalte 58 zu vermerken, in der auch die Menge des erzeugten Farbebiers und die Zahl der Farbebierlager anzugeben sind. Die Biermengen werden in vollen Hektolitern angegeben. Mengen unter 50 l werden außer Betracht gelassen, solche von 50 bis 100 l als 1 hl angesetzt.

3. Als Jahreserzeugung (Spalte 32) gelten die im Rechnungsjahr versteuerten und steuerfrei abgelassenen Biermengen.
4. Die in Spalte 44 eingetragenen Biermengen sind, soweit sie an die Streitkräfte geliefert worden sind, in Spalte 58 nach Bierart und Biergattung in folgender Weise zu erläutern:

   a) Lieferung gegen Zahlung in DM,
   b) Lieferung gegen Zahlung in der Währung des Heimatlandes der Streitkräfte.

5. In Spalte 58 ist außerdem die Zahl der Brauereien, die im Berichtsjahr erstmalig nicht in Betrieb gewesen sind, und ihre letzte Jahreserzeugung nach dem Muster der Spalten 32 und 33 zu vermerken. Beispiel: Im Rechnungsjahr ... sind erstmalig nicht in Betrieb gewesen:

   1 Brauerei von 15 — 100 hl Jahreserzeugung,
   2 Brauereien von 2000 — 4000 hl Jahreserzeugung,
   1 Brauerei von 7000 — 10000 hl Jahreserzeugung.

6. Die Nachweisung wird in den Spalten 1 bis 31 und 52 bis 57 von den Hauptzollämtern und von den Oberfinanzdirektionen nach Hauptzollamtsbezirken, in den Spalten 32 bis 51 nach Hauptzollamts- bzw. Oberfinanzbezirken aufgestellt.

Nachweisung über den Bestand an Brauereien

Nr.	Zollamts- / Hauptzollamts-Bezirk	An Brauereien sind				Von den Brauereien in Spalten 3 und 4 sind											Davon (Spalte 17) stellten vorwiegend obergäriges Bier her	Zahl der in Betrieb gewesenen **gewerblichen** Braustätten
		zu Beginn des Rechnungsjahrs vorhanden gewesen	im Laufe des Rechnungsjahrs		am Schluß des Rechnungsjahrs vorhanden gewesen	nicht in Betrieb gewesen	in Betrieb gewesen											
							als nicht abgefundene					als abgefundene				Summe der Spalten 8 u. 13		
							insgesamt	davon (Spalte 8)				insgesamt	davon (Spalte 13)					
								mit einer Jahreserzeugung			hatten eine Malzmühle mit selbsttätiger Verwiegungsvorrichtung		mit einer Jahreserzeug.		hatten eine Malzmühle mit selbsttätiger Verwiegungsvorrichtung			
			an-	abgemeldet worden				von über 500 hl	von über 15 bis 500 hl	bis 15 hl			von über 15 hl [1]	bis 15 hl				
1	2	3	4	5	6	7	8	9	10	11	12	13	14	15	16	17	18	18a

[1]) Darunter .... Brauereien, die mehr als 500 hl Bier hergestellt haben (§ 75 der Durchführungsbestimmungen).

Zahl der					Verwendete Braustoffe					Zahl der Betriebe, die bierähnliche Getränke hergestellt haben[1])	Versteuerte und steuerfrei abgelassene Menge bierähnlicher Getränke	Biersteuer von bierähnlichen Getränken
gemeinsam benutzten Braustätten (§ 3 Absatz 3 des Gesetzes	Personen, die die in Spalte 19 angegebenen Braustätten benutzt haben	Personen, die Bier nur für den Bedarf des eigenen Haushalts hergestellt haben (Hausbrauer)	Brauereien, die die Vergünstigungen des § 3 Absatz 1 Sätze 2 und 3 des Gesetzes in Anspruch und ihr Bier versteuert haben zum Satze von 7,20 DM		Gerstenmalz	anderes Malz	Zuckerstoffe	Farbebier	sonstige Braustoffe			
			nicht abgefundene	abgefundene	dz						hl	DM
19	20	21	22	23	24	25	26	27	28	29	30	31

Davon haben ....Betriebe auch Bier hergestellt und sind in Spalte 17 mit aufgeführt.

Nachweisung über den Bestand an Brauereien

Von den in Betrieb gewesenen Brauereien hatten eine		Steuerfrei abgelassen und versteuert wurden									
		Einfachbier		Schankbier		Vollbier		Starkbier		Summe	
		insgesamt	davon obergärig	insgesamt	davon obergärig	insgesamt	davon obergärig	insgesamt	davon obergärig	der Spalten 34, 36, 38 und 40	der Spalten 35, 37, 39 und 41
Jahreserzeugung	Zahl	hl	hl	hl	hl	hl	hl	hl	hl	hl	hl
32	33	34	35	36	37	38	39	40	41	42	43
1. bis 10 hl											
2. von über 10 bis 15 hl											
3. von über 15 bis 100 hl											
4. von über 100 bis 200 hl											
5. von über 200 bis 500 hl											
6. von über 500 bis 1000 hl											
zusammen 3 bis 6											
7. von über 1000 bis 2000 hl											
8. von über 2000 bis 4000 hl											
9. von über 4000 bis 7000 hl											
10. von über 7000 bis 10000 hl											
zusammen 8 bis 10											
11. von über 10000 bis 15000 hl											
12. von über 15000 bis 20000 hl											
zusammen 11 und 12											
13. von über 20000 bis 30000 hl											
14. von über 30000 bis 60000 hl											
15. von über 60000 bis 90000 hl											
16. von über 90000 bis 120000 hl											
17. von über 120000 hl											
zusammen 1 bis 17											

Davon (Spalte 42) wurden								Eingeführt und versteuert wurden						
steuerfrei		versteuert												
ausgeführt oder an die Streitkräfte geliefert	als Haustrunk abgelassen	nach dem Steuersatz von	Einfachbier	Schankbier	Vollbier	Starkbier	Summe der Spalten 47—50	Einfachbier mit 7,50 DM	Schankbier mit 11,25 DM	Vollbier mit 15,00 DM	Starkbier mit 22,50 DM	Zusammen	Eingangszoll vom Bier	Bemerkungen
hl	hl		hl	hl	hl	hl	hl	Hektoliter					DM	
44	45	46	47	48	49	50	51	52	53	54	55	56	57	58
		7,20 DM (§ 3 Absatz 1 Satz 2 des Gesetzes)												
		12,00 DM (1. Staffelsatz)												
		12,30 DM (2. Staffelsatz)												
		12,60 DM (3. Staffelsatz)												
		12,90 DM (4. Staffelsatz)												
		13,20 DM (5. Staffelsatz)												
		13,80 DM (6. Staffelsatz)												
		14,40 DM (7. Staffelsatz)												
		15,00 DM (8. Staffelsatz)												
		Zusammen												

ANHANG II

Bestandsaufnahme in Brauereien und Buchberichtigung

BdF-Erlaß vom 13. Februar 1953 III C — V 2160 — 1/53.

(BZBl. 1953 S. 70)

I. Für die Verhandlung über die Bestandsaufnahme in Brauereien ist vom Beginn des Rechnungsjahres 1953 an das als Anlage abgedruckte Muster zu verwenden.

Die Zollstellen führen vom Beginn des Rechnungsjahres 1953 ab für jede nicht abgefundene Brauerei „Fortlaufende Anschreibungen zu den Bestandsaufnahmen in der Brauerei" nach dem gleichfalls als Anlage abgedruckten Muster.

Die Vordrucke werden von der Beschaffungsstelle der Zollverwaltung geliefert.

Die Oberfinanzdirektionen treffen für ihren Verwaltungsbereich nähere Anordnungen für die Durchführung der Bestandsaufnahmen und die Führung des Brauereibetriebsgegenbuchs und des Biersteuergegenbuchs nach den durch diesen Erlaß besonders mitgeteilten Richtlinien.

II. Die Zollstelle fordert die Biersteuer für eine steuer*pflichtige* Fehlmenge mit förmlichem Sondersteuerbescheid (§ 211 AO) an. Sie trägt die nachversteuerten Biermengen, soweit der Steuerbescheid noch in demselben Rechnungsjahr erlassen wird, in dem die Steuerschuld entstanden ist (§ 2 Abs. 1 BierStG oder § 196 AO), mit Menge und Steuerbetrag im laufenden Biersteuergegenbuch unter einer besonderen Nummer ein. Sie vermerkt die Biermengen, für die die Steuerschuld in früheren Rechnungsjahren entstanden ist, nur in Spalte 62 des laufenden Biersteuergegenbuchs.

Fehlmengen aus Schwarzsuden oder unangemeldete Zusätze, z. B. von Wasser, müssen außerdem nachträglich als Zugang an überwachungspflichtigem Bier im Brauereibetriebsgegenbuch nachgewiesen werden. Die Zollstelle trägt solche Biermengen, die im laufenden Rechnungsjahr hergestellt und steuerpflichtig geworden sind, in die Spalte 10 bis 17 des laufenden Brauereibetriebsgegenbuchs ein. Sie vermerkt die Biermengen, die in früheren Rechnungsjahren hergestellt und steuerpflichtig geworden sind, nur in Spalte 20 des laufenden Brauereibetriebsgegenbuchs. Mehrmengen und steuer*frei* belassene Fehlmengen werden im laufenden Sudbuch ohne Rücksicht auf den Zeitpunkt der Bestandsaufnahme eingetragen.

Zollstelle ....

Verhandlung über die Bestandsaufnahme

am .... 19...

in der Brauerei .... in ....

für unter-/ober- gäriges Bier.

Die letzte gültige Bestandsaufnahme hat am .... 19... stattgefunden.

.... Anlagen

A. Sollbestand	...........bier		..........bier		..........bier		..........bier	
	hl	l	hl	l	hl	l	hl	l
I. Zugang:								
1. Sollbestand bei Beginn des lfd. Rechnungsjahrs								
2. Hergestellte Biermenge im lfd. Rechnungsjahr								
a) in den abgelaufenen Vierteljahren nach Sp. 10 bis 17 des Brauereibetriebsgegenbuchs (lfd. Nr. 1—.....) und nach Sp. 20 des Brauereibetriebsgegenbuchs hinsichtlich aus früheren Rechnungsjahren stammender, ursprünglich nicht erfaßter Bierzugänge								
b) im lfd. Vierteljahr nach Sp. 14 bis 21 des Sudbuchs (lfd. Nr. 1—.....)								
3. Zugang an Rückbier im lfd. Monat nach Sp. 11 bis 14 des Rückbierbuchs (lfd. Nr. 1—.....)								
Gesamtzugang . . .								
II. Abgang								
1. Ausgang aus der Brauerei:								
a) in den Vormonaten des lfd. Rechnungsjahrs nach Sp. 6 bis 10, 12 bis 16, 28, 38, 48 und 57 des Biersteuergegenbuchs (lfd. Nr. 1—.....) . .								
b) im laufenden Monat nach Sp. 8 bis 12, 14 bis 18, 20 bis 24 des Biersteuerbuchs (lfd. Nr. 1—.....) zuzügl. steuerfrei aus unversteuerten Beständen nach § 13 Abs. 3 BierStDB im lfd. Monat abgegebener Haustrunk ausweislich der dafür geführten besonderen Anschreibungen . .								

c) am Tag der Bestandsaufnahme nach den Ausschreibungen der Brauerei (im Biersteuerbuch noch nicht vorgetragen) . . . .
d) nachversteuerte auf frühere Rechnungsjahre entfallende Fehlmengen und ursprünglich nicht erfaßte Bierausgänge aus früheren Rechnungsjahren nach Sp. 62 des Biersteuergegenbuchs . . . .

2. Vernichtetes Rückbier
a) in den Vormonaten des lfd. Rechnungsjahrs nach Sp. 62 des Biersteuergegenbuchs (§ 15 Abs. 7 BierstDB) . . . .

b) im laufenden Monat nach Sp. 25 bis 28 des Rückbierbuchs . . . .

Gesamtabgang . . .

Sollbestand . . .

B. Istbestand
nach umstehender Aufstellung

Mehrmenge . . .

Fehlmenge . . .

Zugang seit der letzten Bestandsaufnahme . . . .
a) bis zum Ablauf des vorhergehenden Viertels des lfd. Rechnungsjahrs bzw. für Fremdbier im Sinn des § 65 Abs. 1 BierStDB bis zum Ablauf des Vormonats nach den fortlaufenden Anschreibungen zu den Bestandsaufnahmen bei der Zollstelle . . . .
b) im lfd. Vierteljahr nach dem Sudbuch bzw. im lfd. Monat für etwa nach § 65 Abs. 1 BierstDB behandelte Fremdbiermengen nach dem Rückbierbuch . . . .

Gesamtzugang . . .

Vomhundertsatz der Mehrmenge . . . .

Vomhundertsatz der Fehlmenge . . . .

Der vorgedruckte Text ist — soweit im Einzelfall erforderlich — entsprechend abzuändern.

Aufnahmeliste*) zur Berechnung des Istbestandes

für Sudhaus, Kühlschiff, Setzbottich — Gärkeller — Lagerkeller —
Abfüllkeller a) Abfülltanks etc., b) Versandfässer, c) Flaschen

bei der Bestandsaufnahme in der Brauerei ....

in .... am ....

Teilschwundsätze nach Anlage E zu § 84 BierstDB 1. .... v. H.

2. .... v. H.

3. .... v. H.

4. .... v. H.

5. .... v. H.

6. .... v. H.

Gesamtschwund .... v. H.

Der Istbestand an unter-/ober- gärigem Bier ist wie folgt festgestellt worden:

Der aufgenommenen Gefäße		Ermittelte Würze- oder Biermenge		Bis zum Zeitpunkt der Mengenermittlung entstandener Schwund	Überwachungspflichtiges Bier								Bemerkungen
					..........bier		..........bier		..........bier		..........bier		
Art.	Nr.	hl	l	%	hl	l	hl	l	hl	l	hl	l	

Die Aufnahme anerkennt der Betriebsinhaber oder Betriebsleiter:

Für die Richtigkeit der Aufnahme:
(Name u. Amtsbezeichnung des Beamten)

¹) Nichtzutreffendes streichen.

Zusammenstellung der Istbestände

Betriebsabschnitt:	.............bier		.............bier		.............bier		.............bier	
	hl	l	hl	l	hl	l	hl	l
1. Sudhaus, Kühlschiff oder Setzbottich								
2. Gärkeller								
3. Lagerkeller								
4. Abfüllkeller a) Abfülltanks, Zwischenlauf-Sammelgefäß usw.								
b) Versandfässer								
c) Flaschen								
Summe Istbestand								

Prüfung der Bestände an fremdem Bier, das nicht im Rückbierbuch festgehalten ist (§ 65 Abs. 2 BierStDB)

	hl	l
1. Sollbestand nach Sp. 4, 6 und 7, 11 bis 13 des Anschreibebuchs (Muster 15 BierStDB)		
2. Istbestand		
3. Abweichungen zwischen Ist- und Sollbestand		

Erklärungen des Brauereiinhabers oder Betriebsleiters zu der festgestellten Mehr- oder Fehlmenge:

Ort Datum

(Unterschrift und Dienstbezeichnung des Beamten) (Unterschrift des Brauereiinhabers oder Betriebsleiters)

Bezirkszollkommissariat

........................, ... 19......

Vorgelegt mit ....Anlagen

dem Hauptzollamt ....

zur Entscheidung § 67 Abs. 4 BierStDB gemäß mit dem Antrag

Hauptzollamt

........................, ... 19......

Zurück mit ....Anlagen

an das Bezirkszollkommissariat ....

Bestandsaufnahme in Brauereien und Buchberichtigung

Zollstelle ....

Fortlaufende Anschreibungen

zu den Bestandsaufnahmen für ....gäriges Bier in der Brauerei

de.. .... in ....

Anleitung

1. Werden in einer Brauerei sowohl untergäriges wie obergäriges Bier (oder bierähnliche Getränke) hergestellt, so ist für jede Art eine besondere Anschreibung zu führen.

2. Die Spalten 2 bis 6 sind auf Grund der Verhandlungsniederschrift auszufüllen, sobald diese mit der hauptamtlichen Entscheidung der Zollstelle zugegangen ist.

   Der Sollbestand (Spalte 3) ist darauf nach Abzug etwa versteuerter Fehlmengen (Spalte 6) je nach der betreffenden Biergattung in den Spalten 8a bis d einzutragen.

   Wenn eine neue Bestandsaufnahme vorzubereiten ist und das Hauptzollamt über die vorhergehende Bestandsaufnahme noch nicht entschieden hat, so ist in den Spalten 8a bis d in der obersten Zeile der laufenden Nummer der Istbestand der letzten Bestandsaufnahme einzusetzen. Die Spalten 2 bis 6 bleiben bis zum Eintreffen der hauptamtlichen Entscheidung über die letzte Bestandsaufnahme unausgefüllt. In der Bemerkungsspalte ist zu vermerken, ob der Sollbestand oder der Istbestand eingetragen worden ist.

3. In den Spalten 8a bis d ist der Zugang vom Tag der Bestandsaufnahme ab auf Grund der Eintragungen in den Spalten 14 bis 21 des Sudbuchs (Muster 12 BierStDB) jeweils am Vierteljahresschluß mit Angabe des Zeitraums, für den die Menge zugegangen ist (Spalte 7), einzutragen. Auch etwa seit der letzten Bestandsaufnahme ursprünglich nicht erfaßte Herstellungen (Schwarzsude oder unangemeldete Zusätze, z. B. von Wasser) sind dort einzutragen.

4. Etwaige in die Brauerei seit der Bestandsaufnahme eingebrachte und im Rückbierbuch gemäß § 15 Absatz 8 BierStDB festgehaltene Menge fremden Biers (vgl. § 65 Abs. 1 BierStDB) sind monatlich nach Abschluß des Rückbierbuchs in die Sp. 10 einzusetzen.

   In der Sp. 9 ist der Monat anzugeben, für den das Rückbierbuch geführt wurde.

5. Bei der Vorbereitung einer neuen Bestandsaufnahme sind die Einträge in der Sp. 8 (a bis d) aufzurechnen. Etwa in Sp. 10 verbuchte Mengen Fremdbier sind in die entsprechenden Sp. 8a bis d umzubuchen. Die Gesamtsumme wird in die vorzubereitende Verhandlungsniederschrift unter B a eingetragen.

6. Die Eintragungen in den fortl. Anschreibungen sind von einem zweiten Beamten nachzuprüfen. Die Nachprüfung ist in der Bemerkungsspalte (Sp. 11) zu vermerken.

Lfd. Nr.	Tag der Bestands-aufnahme	Sollbestand: a) Einfachbier b) Schankbier c) Vollbier d) Starkbier — hl	l	Mehrmenge: a) Einfachbier b) Schankbier c) Vollbier d) Starkbier — hl	l	Fehlmenge: A. Im ganzen a) Einfachbier b) Schankbier c) Vollbier d) Starkbier — hl	l	Fehlmenge: B. Davon versteuert a) Einfachbier b) Schankbier c) Vollbier d) Starkbier — hl	l
1	2	3		4		5		6	
	Mustereinträge:								
1	2. 3. 1952	a) 2	40	a) —		a) 2	40	a) —	
		b) rot 3	80	b) 3	80	b) —		b) —	
		c) 4 832	10	c) —		c) 458	20	c) 350	—
		d) 566	20	d) —		d) 43	10	d) 30	—
2	14. 2. 1953	a) —		a) —		a) —		a) —	
		b) 4	10	b) —		b) 4	10	b) —	
		c) 3 840	—	c) —		c) 210	50	c) 200	—
		d) 153	10	d) 6	10	d) —		d) —	

Zugang seit der Bestandsaufnahme													Bemerkungen
Eigen hergestelltes Bier									Fremdbier (§ 65 Abs. 1 BierStDB)				
Zeitraum	Einfachbier		Schankbier		Vollbier		Starkbier		Zeitraum	a) Einfachbier b) Schankbier c) Vollbier d) Starkbier			
	hl	l	hl	l	hl	l	hl	l			hl	l	
7	8a		8b		8c		8d		9	10			11
	2	40	rot 3	80	4482	10	536	20					Berichtigter Sollbestand
3. 3.—31. 3. 1952	—		—		652	30	87	15	August 1952	d)	43	20	
I. RV. 1952	rot 2	40	3	80	2211	20	243	60	Sept. 1952	d)	62	20	
II. RV. 1952	235	20	480	70	1968	70	120	50	—		—		
III. RV. 1952	—		—		2358	90	477	—	—		—		
	235	20	480	70	11673	20	1464	45		d)	105	50	Summe
	—		—		—		105	50		rot	105	50	Umbuchung Sp. 10 in Sp. 6
	235	20	480	70	11673	20	1569	95			—		Zugang bis 31. 12. 1952
	—		—		3629	50	159	20	—		—		Istbestand der BA vom 14. 2. 1953, da am 3. 7. 1953 die Entscheidung über das Ergebnis dieser Bestandsaufnahme noch nicht ergangen war
15. 2. 1953 bis 31. 3. 1953	—		—		1420	30	210	70	—		—		
I. RV. 1953	—		—		2400	20	300	10	—		—		
	—		—		7450	—	670	—	—		—		Zugang bis 30. 6. 1953

ANHANG III

Gesetze über den Eintritt Württembergs, Bayerns und Badens in die Biersteuergemeinschaft[1])

1.

Gesetz über den Eintritt des Freistaats Württemberg in die Biersteuergemeinschaft vom 27. März 1919 (RGBl. S. 345) in der Fassung des Gesetzes zur Änderung der Gesetze über den Eintritt der Freistaaten Württemberg, Bayern und Baden in die Biersteuergemeinschaft vom 9. Juli 1923 (RGBl. I S. 563), des Gesetzes über Erhöhung der Bier- und Tabaksteuer vom 10. August 1925 (RGBl. I S. 244) und des Gesetzes zur Änderung der Gesetze über den Eintritt usw. vom 9. April 1927 (RGBl. I S. 94).

Die verfassungsgebende Deutsche Nationalversammlung hat das folgende Gesetz beschlossen, das nach Zustimmung des Staatenausschusses hiermit verkündet wird:

§ 1

Der Freistaat Württemberg tritt der Biersteuergemeinschaft bei.

§ 2

(1) Das Biersteuergesetz vom 9. Juli 1923 (RGBl I S. 557) gilt auch im Gebiete des Freistaats Württemberg.

(2) Die Anwendung der Vorschriften des Biersteuergesetzes über die Verwendung von Zucker und von aus Zucker hergestellten Farbmitteln sowie von Süßstoff bei der Bereitung obergärigen Bieres, ferner der Vorschrift im § 10 Abs. 6 des Gesetzes kann im Gebiete des genannten Freistaates von der obersten Landesfinanzbehörde ausgeschlossen werden.

§ 3

Aus den Reineinnahmen an Biersteuer, gleichviel in welcher Form aus der Belastung des inländischen Bieres in der Biersteuergemeinschaft Einnahmen für das Reich gewonnen werden, werden in jedem Rechnungsjahre dem Freistaat Württemberg 2,50 vom Hundert, jedoch nicht mehr als acht Millionen sechshundertdreiunddreißigtausend Reichsmark überwiesen.

§ 4

Treten künftig weitere Staaten oder Gebietsteile der Biersteuergemeinschaft bei, so wird unter Aufrechterhaltung des Höchstbetrags die in § 3 für die Überweisungen festgesetzte Verhältniszahl entsprechend den sich

[1]) S. die geschichtliche Einleitung und Bem. 1 zu § 1 des Gesetzes.

ergebenden erhöhten Reineinnahmen der Biersteuergemeinschaft an Biersteuer neu berechnet; die Berechnung erfolgt bis auf zwei Zehnerbruchstellen unter Abrundung nach unten auf die nächste durch fünf teilbare Zahl.

§ 5

Wird mit einem anderen Staate oder Gebietsteile der Eintritt in die Biersteuergemeinschaft nach für ihn günstigeren Grundsätzen vereinbart, so finden diese Grundsätze auf Verlangen des Freistaates Württemberg vom Tage ihrer Wirksamkeit an auch auf Württemberg entsprechende Anwendung.

§ 6

Änderungen dieses Gesetzes können nur unter den Voraussetzungen erfolgen, die nach der Reichsverfassung für Verfassungsänderungen vorgesehen sind.

§ 7

Dieses Gesetz tritt am 1. April 1919 in Kraft.

Weimar, den 27. März 1919.

Der Reichspräsident
Ebert

Der Reichsminister der Finanzen
Schiffer

2.

Gesetz über den Eintritt der Freistaaten Bayern und Baden in die Biersteuergemeinschaft vom 24. Juni 1919 (RGBl S. 599) in der Fassung des Gesetzes zur Änderung der Gesetze über den Eintritt der Freistaaten Württemberg, Bayern und Baden in die Biersteuergemeinschaft vom 9. Juli 1923 (RGBl I S. 563), des Gesetzes über Erhöhung der Bier- und Tabaksteuer vom 10. August 1925 (RGBl I S. 244) und des Gesetzes zur Änderung der Gesetze über den Eintritt usw. vom 9. April 1927 (RGBl I S. 94).

§ 1

(1) Die Freistaaten Bayern und Baden treten der Biersteuergemeinschaft bei.

(2) Die Gebiete des zum Freistaat Sachsen-Weimar gehörigen Vordergerichts Ostheim und des zum Freistaat Sachsen-Coburg-Gotha gehörigen Amtes Königsberg werden in die Biersteuergemeinschaft einbezogen.

§ 2

(1) Das Biersteuergesetz vom 9. Juli 1923 (RGBl I S. 557) gilt auch in den im § 1 genannten Freistaaten und Gebietsteilen. Der Reichsminister der Finanzen bestimmt, in welcher Weise in den außerhalb der Zollinie

liegenden Gebietsteilen Badens die Biersteuer von dem aus dem Auslande eingeführten Biere zu erheben ist.

(2) Die Anwendung der Vorschriften des genannten Gesetzes über die Verwendung von Zucker und von aus Zucker hergestellten Farbmitteln sowie von Süßstoff bei der Bereitung obergärigen Bieres, ferner der Vorschriften in § 10 Abs. 5 und 6 des Gesetzes kann in den Gebieten der im § 1 Abs. 1 genannten Freistaaten von der obersten Landesfinanzbehörde ausgeschlossen werden.

§ 3

(1) Aus den Reineinnahmen an Biersteuer, gleichviel in welcher Form aus der Belastung des inländischen Bieres in der Biersteuergemeinschaft Einnahmen für das Reich gewonnen werden, werden in jedem Rechnungsjahre dem Freistaat Bayern 13,55 vom Hundert, jedoch nicht mehr als fünfundvierzig Millionen Reichsmark, und dem Freistaat Baden, 1,60 vom Hundert, jedoch nicht mehr als fünf Millionen siebenhundertfünfundfünfzigtausend Reichsmark überwiesen.

(2) Bei der Feststellung der Reineinnahmen an Biersteuer, aus denen gemäß Abs. 1 die Überweisungen gewährt werden sollen, bleiben die Beträge außer Ansatz, die vor dem 1. Juli 1919 fällig geworden sind, jedoch erst nach diesem Zeitpunkt zur Zahlung gelangen.

(3) Insoweit gemäß § 69 des Biersteuergesetzes vom 26. Juli 1918 in Bayern und Baden eine Anrechnung von Landesabgaben auf nach dem 30. Juni 1919 zu entrichtende Reichsbiersteuer stattfindet, sind die angerechneten Beträge von dem beteiligten Freistaat dem Reiche zu vergüten.

§ 4

Treten künftig weitere Staaten oder Gebietsteile der Biersteuergemeinschaft bei, so werden unter Aufrechterhaltung der Höchstbeträge die im § 3 Abs. 1 für die Überweisungen festgesetzten Verhältniszahlen entsprechend den sich ergebenden erhöhten Reineinnahmen der Biersteuergemeinschaft an Biersteuer unter Beibehaltung der Grundlagen für die Feststellung der im § 3 Abs. 1 erwähnten Verhältniszahlen neu berechnet; die Berechnung erfolgt bis auf zwei Zehnerbruchstellen unter Abrundung nach unten auf die nächste durch fünf teilbare Zahl.

§ 5

Wird mit einem anderen Staat oder Gebietsteil der Eintritt in die Biersteuergemeinschaft nach für ihn günstigeren Grundsätzen vereinbart, so finden diese Grundsätze auf Verlangen der Freistaaten Bayern und Baden vom Tage ihrer Wirksamkeit an auch auf diese Freistaaten entsprechende Anwendung.

§ 6

Den Freistaaten Sachsen-Weimar und Sachsen-Coburg-Gotha wird mit Rücksicht darauf, daß infolge dieses Gesetzes die zwischen ihnen und dem Freistaat Bayern bestehenden Verträge über die Bierbesteuerung im Vordergericht Ostheim und dem Amte Königsberg vorzeitig aufgehoben werden, eine einmalige Entschädigung aus den Einnahmen an Biersteuer gewährt.

§ 7

Gestrichen.

§ 8

Änderungen dieses Gesetzes können nur unter den Voraussetzungen erfolgen, die nach der Reichsverfassung für Verfassungsänderungen vorgesehen sind.

§ 9

Dieses Gesetz tritt am 1. Juli 1919 in Kraft.

Weimar, den 24. Juni 1919.

Der Reichspräsident
Ebert

Der Reichsminister der Finanzen
Erzberger

Bekanntmachung des Bayerischen Staatsministeriums der Finanzen vom 29. 6. 1924 (Gesetz- u. Verordnungsbaltt für den Freistaat Bayern 1924 S. 176):

Auf Grund des Artikels 2 des Gesetzes, betreffend Abweichungen von dem Biersteuergesetz vom 26. 7. 1918, vom 9. 7. 1922 (RGBl S. 572) und des § 2 Abs. 2 des Gesetzes über den Eintritt der Freistaaten Bayern und Baden in die Biersteuergemeinschaft vom $\frac{\text{24. 6. 1919}}{\text{9. 7. 1923}}$ (RGBl $\frac{\text{1919 S. 599)}}{\text{1923 S. 563}}$ wird bestimmt:

Die Anwendung der Vorschriften des Artikels I des vorbezeichneten Gesetzes vom 9. 7. 1922, dann der Vorschriften des Biersteuergesetzes vom 9. 7. 1923 über die Verwendung von Zucker und von aus Zucker hergestellten Farbmitteln sowie von Süßstoff bei der Bereitung obergärigen Biers, ferner der Vorschriften im § 10 Abs. 5 und 6 dieses Gesetzes bleibt für Bayern ausgeschlossen.

Verordnung des Württembergischen Finanzministeriums vom 26. März 1930 über Ersatz- und Zusatzstoffe bei der Bierbereitung (Regierungsblatt für Württemberg 1930 S. 141):

Auf Grund des § 2 Abs. 2 des Reichsgesetzes über den Eintritt des Freistaats Württemberg in die Biersteuergemeinschaft vom 27. 3. 1919 (RGBl S. 345) in der Fassung des Änderungsgesetzes vom 9. Juni 1923 (RGBl I S. 563) wird bestimmt:

Anhang III

1. Die Anwendung der Vorschriften des Biersteuergesetzes vom 9. Juli 1923 (RGBl I S. 557) über die Verwendung von Zucker und von aus Zucker hergestellten Farbmitteln sowie von Süßstoff bei der Bereitung obergärigen Biers, ferner der Vorschrift in § 10 Abs. 6 des Gesetzes für Hausbrauer bleibt für Württemberg ausgeschlossen.

2. Die Bekanntmachung des Finanzministeriums, betreffend den Eintritt Württembergs in die Reichsbiersteuergemeinschaft vom 27. März 1919 (Staatsanzeiger Nr. 27) wird aufgehoben.

Verordnung des Badischen Finanz- und Wirtschaftsministers vom 20. Juli 1936 über Ersatz- und Zusatzstoffe bei der Bierbereitung (Badisches Gesetz- und Verordnungsblatt 1936 Nr. 22).

Auf Grund des § 2 Absatz 2 des Reichsgesetzes über den Eintritt der Freistaaten Bayern und Baden in die Biersteuergemeinschaft vom 24. Juni 1919 (RGBl I S. 599) in der Fassung des Änderungsgesetzes vom 9. Juli 1923 (RGBl I S. 563) wird bestimmt:

§ 1

Die Anwendung der Vorschriften des Biersteuergesetzes vom 28. März 1931 (RGBl I S. 111) über die Verwendung von Zucker und von aus Zucker hergestellten Farbstoffen sowie von Süßstoff bei der Bereitung obergärigen Biers, ferner der Vorschriften im § 9 Absatz 5 und 6 dieses Gesetzes bleibt für Baden ausgeschlossen.

§ 2

Die Verordnung des Badischen Finanzministeriums über die Einführung des Reichsbiersteuergesetzes vom 30. März 1920 (Gesetz- und Verordnungsblatt S. 65) wird aufgehoben.

ANHANG IV

Auszug

aus der Verordnung über den Verkehr mit Süßstoff vom 27. Februar 1939 (Reichsgesetzbl. I S. 336) und der Verordnung zur Änderung der Süßstoff-Verordnung vom 9. Februar 1953 (Bundesgesetzbl I S. 43)

Auf Grund des § 13 des Süßstoffgesetzes vom 1. Februar 1939 (Reichsgesetzbl. I S. 111) wird verordnet:

§ 5

Benzoesäuresulfinid und Dulcin dürfen verwendet werden zur gewerblichen Herstellung von

....

3. obergärigem Einfachbier

ANHANG V

Auszug

aus dem Maß- und Gewichtsgesetz vom 13. Dezember 1935 (Reichsgesetzbl. I S. 1499) in der Fassung der Zweiten Verordnung zur Änderung des Maß- und Gewichtsgesetzes vom 12. März 1940 (Reichsgesetzbl. I S. 497)[1]) und der Zweiten Verordnung zur Änderung des Maß- und Eichrechts vom 30. November 1942 (Reichsgesetzbl. I S. 669)

II. Eichung . . . .

A. Eichpflicht

1. *Neueichung*

a) Meßgeräte im öffentlichen Verkehr

§ 11

Fässer, in und mit denen Bier, ... verkauft werden, müssen auf ihren Raumgehalt geeicht sein, nicht aber wenn die Erzeugnisse aus dem Ausland eingeführt sind und in Gebinden des Ursprungslandes in den Verkehr kommen.

2. *Nacheichung*

§ 16

Die eichpflichtigen Gegenstände sind innerhalb bestimmter Fristen zur Nacheichung zu bringen, verspätet vorgelegte gelten als ungeeicht.

§ 17

(1) Die Nacheichfrist beträgt

1. zwei Jahre
   für alle eichpflichtigen Gegenstände, für die dieses Gesetz nicht ausdrücklich eine andere Frist festsetzt,

2.—4. . . . . .,

5. zehn Jahre bei Lagerbehältern, die als Meßgeräte dienen.

§ 18

(1) Die Nacheichfrist beginnt mit dem Ablauf des Kalenderjahrs, in dem die letzte Eichung vorgenommen worden ist.

(2) . . . . .

[1]) Reichszollbl. 1942 S. 225.

B. Eichung

1. *Prüfung und Stempelung*

§ 24

(1) Die Eichung besteht in der eichtechnischen Prüfung und Stempelung des Gegenstands durch die zuständige Eichbehörde.

(2) Die erste Eichung eines Gegenstands heißt Neueichung. Die danach vorgenommenen Eichungen heißen Nacheichungen.

(3) . . . . .

§ 25

Als geeicht dürfen nur Gegenstände bezeichnet werden, die von der Eichbehörde geprüft und gestempelt worden sind.

IV. Flaschen

§ 52

Die nach dem Inkrafttreten dieses Gesetzes neu hergestellten Flaschen für die im § 54 genannten Lebensmittel müssen mit einer Bezeichnung des Raumgehalts (Nenninhalts) nach Litermaß und mit einer Fabrikmarke versehen sein und den im § 54 bezeichneten Maßgrößen entsprechen.

§ 53

Die Bezeichnung des Raumgehalts ist außen am Flaschenboden oder auf dem Zylindermantel in der Nähe des Bodens durch Schnitt, Schliff, Ätzung, Brand, Einpressen, Einblasen oder Anblasen anzubringen und muß leicht erkennbar sein.

§ 54

(1) Als Maßgrößen der Flaschen sind nur zugelassen für

1. bis 6. . . . . .

7. Bier und dem Bier ähnliche Getränke 0,7 *l*, 0,5 *l*, 0,33 *l*.

(2) Außerdem sind für alle unter Nr. 1 bis Nr. 7 aufgeführten Flüssigkeiten als Maßgrößen zugelassen: 1 *l*, 1,5 *l*, 2 *l*, 3 *l* und 5 *l*.

(3) . . . . .

(4) Flaschen von einem Raumgehalt bis zu 0,125 *l* und von mehr als 5 *l* sind unbeschränkt zugelassen und brauchen mit der Bezeichnung des Raumgehalts und mit einer Fabrikmarke nicht versehen zu sein.

§ 55

(1) Die Flaschen mit dem in untenstehender Spalte 1 angegebenen Nenninhalt müssen den in Spalte 2 genannten „Inhalt gestrichen voll" aufweisen. Der tatsächliche Raumgehalt darf vom „Inhalt gestrichen voll" höchstens um die in Spalte 3 angegebenen Fehlergrenzen auf- oder abwärts abweichen.

Anhang V

Nenninhalt	Inhalt gestrichen voll	Fehlergrenze
1	2	3
5 *l*	5,15 *l*	100 cm^3
3 *l*	3,09 *l*	60 cm^3
2 *l*	2,06 *l*	40 cm^3
1,5 *l*	1,54 *l*	30 cm^3
1 *l*	1,03 *l*	20 cm^3
0,75 *l*	0,78 *l*	20 cm^3
0,7 *l*	0,73 *l*	20 cm^3
0,5 *l*	0,52 *l*	15 cm^3
0,375 *l*	0,4 *l*	15 cm^3
0,35 *l*	0,37 *l*	15 cm^3
0,33 *l*	0,35 *l*	15 cm^3
0,25 *l*	0,265 *l*	10 cm^3
0,2 *l*	0,215 *l*	10 cm^3

(2) . . . . .

Auszug aus der Verordnung über die Stempel der Eichbehörden vom 3. September 1937 (Reichsgesetzbl. I S. 962)

Auf Grund der §§ 26 u. 41 des Maß- und Gewichtsgesetzes vom 13. Dezember 1935 (Reichsgesetzbl.. I S. 1499) wird hiermit verordnet:

Artikel 1

Die bei der Eichung anzuwendenden Stempel- und Jahreszeichen

§ 1

(1) Bei der Eichung ist als Stempelzeichen ein gewundenes Band, dem die Buchstaben DR (Deutsches Reich) eingeschrieben sind, in nachstehender Ausführung anzuwenden:

(2, 3 . . . . .)

§ 2

§ 3

Als Jahreszeichen sind die beiden letzten Ziffern der Jahreszahl in Schildumrahmung anzuwenden:

Auszug aus der Eichordnung

§ 4

Für die Ziffern in dem Stempelzeichen und Jahreszeichen sind die folgenden Zahlentypen zu verwenden:

1 2 3 4 5 6 7 8 9 0

§ 5

Ist einem bereits geeichten Meßgerät die Verkehrsfähigkeit zu entziehen, so ist, wenn die Stempelung nicht ganz beseitigt wird, das nachstehende Entwertungszeichen anzuwenden:

Auszug aus der Eichordnung vom 24. Januar 1942 (Beilage zu Nr. 10 des Amtsblatts der Physikalisch-Technischen Reichsanstalt vom 14. März 1942)[1]

Allgemeine Vorschriften

§ 4

Eichung, Befundprüfung

1. (1) Ein Meßgerät kann vorgelegt werden zur Eichung oder zur Befundprüfung (Prüfung auf weitere Verkehrsfähigkeit).

(2) Die Eichung ist entweder Neueichung oder Nacheichung.

(3) Die Nacheichung ist entweder einfache Nacheichung oder verschärfte Nacheichung.

2. (1) Der Fall der Neueichung liegt bei solchen Meßgeräten vor, die der Eichung noch nicht unterzogen worden sind.

(2) Der Fall der Nacheichung liegt bei solchen Meßgeräten vor, die der Eichung bereits unterzogen worden sind.

(3) bis (5) .....

(6) Die Befundprüfung darf an jedem Meßgerät vorgenommen werden, das der Eichung bereits unterzogen worden ist.

3. .....

§ 19

Stempelung

1. (1) Bei der Neueichung sind das Eichzeichen und das Jahreszeichen aufzubringen, gegebenenfalls nach Maßgabe der Besonderen Vorschriften auch das Hoheitszeichen. Diese Zeichen bilden gemeinsam den Hauptstempel. Sie sollen an der in den Besonderen Vorschriften angegebenen Stelle möglichst auf einer Stempelstelle (Hauptstempel-

[1]) Vgl. Änderungsverordnung vom 24. April 1943 (Amtsblatt der Physikalisch-Technischen Reichsanstalt, 16. Reihe Nr. 2 S. 26) und vom 30. November 1943 (Amtsblatt der Physikalisch-Technischen Reichsanstalt, 16. Reihe, Nr. 2 S. 30) und Dritte Verordnung zur Änderung der Eichordnung vom 10. Dezember 1953 (Bundesanzeiger Nr. 16 vom 23. Januar 1954).

stelle) aufgebracht werden; sind für den Hauptstempel zwei Stempelstellen erforderlich, so müssen diese möglichst nahe beieinander angebracht sein. . . . . .

(2) Für weitere Stempel (z. B. Sicherungsstempel) ist nur das Eichzeichen anzuwenden.

2. (1) Bei der einfachen Nacheichung ist der Hauptstempel durch Aufbringen des neuen Jahreszeichens zu ergänzen, wenn in den Eichvorschriften nicht anders bestimmt ist. Das neue Jahreszeichen ist dabei dem die vorangegangene Eichung kennzeichnenden Jahreszeichen möglichst nahe hinzuzusetzen.

(2) . . . .

(3) Undeutlich gewordene Sicherungsstempel sind durch neue zu ersetzen.

3. (1) Bei der verschärften Nacheichung wird hinsichtlich des Hauptstempels wie bei der Neueichung verfahren, wenn nicht anders bestimmt ist.

(2) Undeutlich gewordene Sicherungsstempel sind durch neue zu ersetzen, fehlende neu aufzubringen.

4. Bei der Befundprüfung findet eine Stempelung nicht statt.

Meßgeräte für besondere Zwecke

1. Lagerbehälter, welche als Meßgeräte dienen

§ 288

Bezeichnungen

1. (1) An dem Lagerbehälter muß ein Schild angebracht sein, auf dem angegeben sein müssen

a) eine Behälterbezeichnung (z. B. die Nummer des Behälters im Werkgelände),

b) die Nummer des zugehörigen Eichscheins.

(2) Auf dem Schild dürfen nach näherer Bestimmung in der Eichanweisung außerdem angegeben sein

a) der Gesamtrauminhalt des Behälters bzw. der Kammern (erforderlichenfalls unter Angabe der zugehörigen Füllhöhen),

b) bei Behältern mit konstantem Querschnitt der mittlere Liter/Millimeter-Wert (erforderlichenfalls unter Angabe der Bereiche, für die er gilt) sowie der Rauminhalt des „Sumpfes“ (Eiserner Bestand),

c) Name (Firma) und Wohnort oder die Fabrikmarke des Herstellers des Behälters,

d) eine Fabriknummer und das Baujahr,

e) Name (Firma) und Wohnort des Besitzers.

Die Zahlenwerte für die Angaben unter a und b dürfen bei der Vorführung zur Eichung noch nicht angebracht sein; sie werden erst nach der Ausmessung entsprechend den festgestellten Werten aufgebracht.

2. (1) Das Schild darf bei oberirdisch gelagerten Behältern nicht an einem abnehmbaren Teil (z. B. nicht am Mannlochdeckel) angebracht

sein. Zweckmäßig wird es in der Nähe der Ablese- bzw. Peileinrichtung befestigt.

(2) Bei unterirdisch gelagerten Behältern ist das Schild am Peilrohr oder am Dom außen oder innen zu befestigen. Ist das Schild am Dom innen befestigt, so muß im Domschacht ein zweites Schild mit den gleichen Aufschriften angebracht sein.

3. Auf dem Peilstab müssen die Behälterbezeichnung und die Eichscheinnummer angegeben sein, damit die Zusammengehörigkeit von Peilstab und Behälter gekennzeichnet ist. Bei den nach Längenmaß geteilten Peilstäben, die für mehrere Behälter benutzt werden, darf nach näherer Bestimmung in der Eichanweisung von der Angabe der Behälterbezeichnung abgesehen werden.

4. (1) Die Bezifferung der Skalen und der Peilstäbe nach Raummaß muß so ausgeführt sein, daß der Rauminhaltswert der einzelnen Teilabschnitte leicht und eindeutig zu erkennen ist. Die Bezeichnung der Einheit muß der letzten Zahlenangabe der Skale beigefügt sein. Es ist zulässig, auch anderen Ziffern der Skale die Bezeichnung der Einheit beizufügen.

(2) Für die Bezifferung der nach Längenmaß geteilten Skalen und Peilstäbe gelten die Vorschriften im § 28.

5. .....

Maisch- und Gärbottiche

(Meßgefäße für ..... und für Anstellwürze im Braubetrieb)

§ 308

Bezeichnungen

1. .....

(2) Der Gesamtrauminhalt muß bei den Maisch- und Gärbottichen nach Hektolitern bezeichnet sein, und zwar mit dem ausgeschriebenen Wort oder der vorgeschriebenen Abkürzung hl.

2. Die Bezeichnung muß in die Außenwand des Gefäßes in der Nähe des Randes eingebrannt, eingeschlagen oder eingeprägt sein. Bei metallenen Meßgefäßen darf sie auf einem besonderen Schild angebracht sein.

Besondere Vorschriften

VI. Fässer .....

§ 361

Größen

1. Zulässig sind
   a) Fässer von beliebigem Rauminhalt und beliebigem Gewicht,
   b) .....

2. (1) Der Rauminhalt des Fasses ist der Raum, den die Flüssigkeit bei vollständiger Füllung des Fasses einnimmt. Das Faß gilt als vollständig gefüllt, wenn die Flüssigkeit den unteren Rand der Füllöffnung berührt. Sind in den Faßraum hineinragende Teile vorhanden (§ 363

Nrn. 2 und 3), so gilt der obere Rand der Aussparungen oder Bohrungen dieser Teile als unterer Rand der Füllöffnung.

(2) . . . . .

3. Als Gewicht des Fasses ist das Gewicht des leeren Faßkörpers einschließlich der zum Verschluß der vorhandenen Öffnungen dienenden Zapfen, Pfropfen usw. anzusehen.

§ 368

Bezeichnungen

1. (1) Der Rauminhalt ist mit dem ausgeschriebenen Wort Liter oder der Abkürzung *l* zu bezeichnen.

(2) Außer dem Rauminhalt darf bei Fässern auch das Gewicht des Fasses angegeben werden. Das Gewicht ist mit dem ausgeschriebenen Wort Kilogramm oder der Abkürzung kg zu bezeichnen. Vor die Gewichtsbezeichnung sind die Buchstaben NT (Nasse Tara) zu setzen, wenn das Gewicht nach vorangegangener innerer Nässung des Fasses bestimmt wurde, oder die Buchstaben TT (Trockene Tara), wenn der Gewichtsbestimmung keine Nässung voranging.

(3) Die Bezeichnung wird durch die Eichbehörde aufgebracht. Die Anbringung weiterer Inhalts- oder Gewichtsangaben, die mit den amtlichen übereinstimmen, ist zulässig. Frühere Inhalts- oder Gewichtsangaben müssen vor der Einlieferung zur Eichung entfernt sein, sofern in der Eichanweisung nicht anders bestimmt ist.

2. (1) Bei den Fässern ist die Bezeichnung in der Regel auf einem der Böden aufzubringen, und zwar auf diesem selbst oder auf einem an ihm befestigten Schild oder in einem an ihm befestigten Rahmen mit auswechselbaren Ziffern (Faßeichplatte). Bei allen metallenen und bei den kleineren hölzernen Fässern darf die Bezeichnung in gleicher Weise auch auf dem Umfang an einer Stelle aufgebracht werden, an der sie vor Beschädigung bei der Beförderung usw. gesichert ist. Die einzelnen Ausführungsformen der Faßeichplatten bedürfen der besonderen Zulassung.

(2) Bierfässer . . . . . müssen durch ein deutliches über der Bezeichnung aufgebrachtes B besonders als solche gekennzeichnet sein, wenn ihre Zweckbestimmung nicht bereits in anderer Weise deutlich ersichtlich ist.

3. . . . . .

4. (1) Die Angabe des Rauminhalts ist nach unten abzurunden, und zwar bei Bierfässern . . . . .

von 10 Liter oder weniger				....	auf	0,1	Liter
„	mehr als	10 bis	30 Liter	....	„	0,5	„
„	„ „	30 „	150 „	....	„	1	„
„	„ „	150 „	500 „	....	„	1	„
„	„ „	500 „	1500 „	....	„	2	„
„	„ „	1500 „	5000 „	....	„	5	„
„	„ „	5000		....	„	10	„

(2) Die Angabe des Gewichts ist bei Fässern von weniger als 100 kg auf 0,1 kg, bei schwereren Fässern auf 1 kg nach unten abzurunden.

5. Jedes Faß muß eine *Nummer* tragen; jedoch kann auf Antrag von der Anbringung einer Nummer abgesehen werden, wenn der Hersteller das Faß zur Eichung stellt.

6. . . . . .

§ 370

Stempelung

1. Der Hauptstempel (§ 19 Nr. 1 Abs. 1) ist in der Nähe der Rauminhaltsangabe aufzubringen.
2. Bei den Metallfässern ist erforderlichenfalls die Unveränderlichkeit des Rauminhalts durch *Stempelung* zu sichern.
3. Die Verschraubungen der Öffnungen von Metallfässern erhalten ein Eichzeichen, erforderlichenfalls auf einer besonders hergerichteten Stempelstelle.
4. . . . . .

ANHANG VI

Bierzoll

Nr. 22.03 des Deutschen Zolltarifs 1958 (Bundesgesetzbl. I S. 1395) lautet:

22.03 Bier, aus Malz hergestellt, tarifmäßiger Zollsatz: 20% des Wertes.

ANHANG VII

Beispiele für die Berechnung der Biersteuer

(§ 63 und § 74 BierStDB)

A.

In einer nicht abgefundenen Brauerei sind im abgelaufenen Monat nach dem Biersteuerbuch steuerpflichtig geworden:

10 hl Einfachbier
23 hl Schankbier
479 hl Vollbier.

Im Rückbierbuch, Sp. 11 bis 14, sind für den abgelaufenen Monat eingetragen worden:

1 hl Einfachbier
10 hl Vollbier.

Bis zum Schluß des Vormonats sind in der Brauerei 1975 hl Bier erzeugt worden (§ 6 BierStDB). An steuerfreiem Haustrunk sind im abgelaufenen Monat 12 hl Bier abgegeben worden.

Es sind für die Steuerberechnung zunächst die im Rückbierbuch Sp. 11 bis 14 eingetragenen Biermengen von den im Biersteuerbuch als steuerpflichtig in den Sp. 20 bis 25 eingetragenen Biermengen abzusetzen:

Für die Steuerberechnung ergeben sich danach folgende Mengen:

Einfachbier	10 — 1 =	9 hl
Schankbier	23 — 0 =	23 hl
Vollbier	479 — 10 =	469 hl
insgesamt zu versteuern		501 hl.

Bis zum Schluß des Vormonats sind bereits 1975 hl erzeugt worden. Von den ersten 2000 hl der Jahreserzeugung, die einem Steuersatz von 12 DM für 1 hl Vollbier unterliegen, bleiben demnach noch 2000 — 1975 = 25 hl übrig, die noch zum Steuersatz von 12 DM für 1 hl Vollbier versteuert werden. Dieser Steuersatz wird für Einfachbier um die Hälfte (6 DM), für Schankbier um ein Viertel (3 DM) ermäßigt (§ 3 Abs. 1 u. 2 BierStG).

Es sind demnach zu versteuern:

25 hl {	9 hl Einfachbier	nach dem Satz von	6,— DM	mit	54,— DM
	16 hl Schankbier	„ „ „ „	9,— DM	„	144,— DM
	7 hl „	„ „ „ „	9,23 DM	„	64,61 DM
	469 hl Vollbier	„ „ „ „	12,30 DM	„	5768,70 DM
	501 hl Bier			Steuerbetrag:	6031,30 DM

Zur steuerpflichtigen Biermenge mit	501 hl
treten hinzu:	
steuerfreier Haustrunk	12 hl
steuerfrei ausgeführtes Bier	—
bis zum Schluß des Vormonats erzeugte Biermenge	1975 hl
Gesamte im abgelaufenen Jahresteil erzeugte Biermenge	2488 hl.

Diese Menge von 2488 hl ist der Steuerberechnung für den nächsten Monat zugrunde zu legen.

B.

In einer nicht abgefundenen Brauerei sind im abgelaufenen Monat nach dem Biersteuerbuch steuerpflichtig geworden:

19 hl Einfachbier
750 hl Vollbier
6 hl Starkbier.

Im Rückbierbuch, Sp. 11 bis 14, sind für den abgelaufenen Monat eingetragen worden:

22 hl Einfachbier
8 hl Vollbier
10 hl Starkbier.

Bis zum Schluß des Vormonats sind in der Brauerei 19765 hl Bier erzeugt worden (§ 6 BierStDB). Im abgelaufenen Monat sind an steuerfreiem Haustrunk 20 hl Bier abgegeben worden. Ferner sind 19 hl Bier steuerfrei ausgeführt worden.

Es sind für die Steuerberechnung zunächst die im Rückbierbuch Sp. 11 bis 14 eingetragenen Biermengen von den im Biersteuerbuch als steuerpflichtig in den Sp. 20 bis 25 eingetragenen Biermengen abzusetzen.

Für die Steuerberechnung ergeben sich demnach folgende Mengen:

Einfachbier	19 — 22 =	3 hl (rot)
Vollbier	750 — 8 =	742 hl
Starkbier	6 — 10 =	4 hl (rot)
insgesamt zu versteuern		735 hl.

Bis zum Schluß des Vormonats sind bereits 19765 hl Bier erzeugt worden. Von den ersten 20000 hl der Jahreserzeugung, deren letzte 10000 hl einem Steuersatz von 12,60 DM für 1 hl Vollbier unterliegen, bleiben demnach noch 20000 — 19765 = 235 hl übrig.

Die Steuer für die rot abgesetzten Biermengen wird zuerst errechnet und rot dargestellt und zwar in der Reihenfolge, daß zuerst das Starkbier und dann das Einfachbier abzusetzen ist. Danach entfallen von den zu versteuernden 742 hl Vollbier auf den Steuersatz von 12,60 DM 20000 hl — (19765 hl — 4 hl — 3 hl) = 242 hl. Die restlichen 742 hl — 242 hl = 500 hl Vollbier sind zum Steuersatz von 12,90 DM zu versteuern.

Es sind demnach zu versteuern:

4 hl (rot)	Starkbier	nach dem Satz von 18,90 DM mit	75,60 DM (rot)
3 hl (rot)	Einfachbier	„ „ „ „ 6,30 DM „	18,90 DM (rot)
242 hl	Vollbier	„ „ „ „ 12,60 DM „	3049,20 DM
500 hl	„	„ „ „ „ 12,90 DM „	6450,— DM
735 hl	Bier	Steuerbetrag:	9404,70 DM

Zur steuerpflichtigen Biermenge mit	735 hl
treten hinzu:	
steuerfreier Haustrunk	20 hl
steuerfrei ausgeführtes Bier	19 hl
bis zum Schluß des Vormonats erzeugte Biermenge	19765 hl
Gesamte im abgelaufenen Jahresteil erzeugte Biermenge	20539 hl

Diese Menge von 20539 hl ist der Steuerberechnung für den nächsten Monat zugrunde zu legen.

C.

In einer nicht abgefundenen Brauerei sind im abgelaufenen Monat nach dem Biersteuerbuch steuerpflichtig geworden:

40 hl Einfachbier
570 hl Vollbier.

Im Rückbierbuch, Sp. 11 bis 14, sind für den abgelaufenen Monat eingetragen worden:

60 hl Einfachbier
40 hl Vollbier.

Bis zum Schluß des Vormonats sind in der Brauerei 20010 hl Bier erzeugt worden (§ 6 BierStDB). Im abgelaufenen Monat sind an steuerfreiem Haustrunk 12 hl Bier abgegeben worden.

Es sind für die Steuerberechnung zunächst die im Rückbierbuch Sp. 11 bis 14 eingetragenen Biermengen von den im Biersteuerbuch als steuerpflichtig in den Sp. 20 bis 25 eingetragenen Biermengen abzusetzen.

Für die Steuerberechnung ergeben sich demnach folgende Mengen:

Einfachbier	40 — 60 =	20 hl (rot)
Vollbier	570 — 40 =	530 hl
insgesamt zu versteuern		510 hl.

Die Steuer für die rot abgesetzten Biermengen wird zuerst errechnet und rot dargestellt. Es sind bis zum Schluß des Vormonats bereits 20010 hl erzeugt worden. 10 hl sind bereits nach dem Steuersatz von 12,90 DM versteuert worden. Es ist daher von den rot abgesetzten 20 hl Einfachbier zuerst die Steuer für 10 hl nach dem Steuersatz von 6,45 DM und danach die Steuer für die restlichen 10 hl nach dem Steuersatz von 6,30 DM zu errechnen und rot darzustellen. Es entfallen dann von den zu versteuernden 530 hl Vollbier 10 hl auf den Steuersatz von 12,60 DM (20010 hl — 20 hl = 19990 hl). Die restlichen 520 hl Vollbier werden nach dem Steuersatz von 12,90 DM versteuert.

Es sind demnach zu versteuern:

10 hl (rot)	Einfachbier	nach dem Satz von	6,45 DM	mit	64,50 DM (rot)
10 hl (rot)	,,	,, ,, ,, ,,	6,30 DM	,,	63,— DM (rot)
10 hl	Vollbier	,, ,, ,, ,,	12 60 DM	,,	126,— DM
520 hl	,,	,, ,, ,, ,,	12 90 DM	,,	6708,— DM
510 hl Bier			Steuerbetrag:		6706,50 DM

Zur steuerpflichtigen Biermenge mit	510 hl
treten hinzu:	
steuerfreier Haustrunk	12 hl
steuerfrei ausgeführtes Bier	—
bis zum Schluß des Vormonats erzeugte Biermenge . .	20 010 hl
Gesamte im abgelaufenen Jahresteil erzeugte Biermenge	20 532 hl

Diese Menge von 20 532 hl ist der Steuerberechnung für den nächsten Monat zugrunde zu legen.

D.

In einer nicht abgefundenen Brauerei sind im abgelaufenen Monat nach dem Biersteuerbuch steuerpflichtig geworden:

100 hl Einfachbier
20 hl Schankbier
50 hl Vollbier.

Im Rückbierbuch, Sp. 11 bis 14, sind für den abgelaufenen Monat eingetragen worden:

20 hl Einfachbier
190 hl Vollbier.

Bis zum Schluß des Vormonats sind in der Brauerei 6000 hl Bier erzeugt worden (§ 6 BierStDB). An steuerfreiem Haustrunk sind im abgelaufenen Monat 10 hl Bier abgegeben worden.

Es sind für die Steuerberechnung zunächst die im Rückbierbuch, Sp. 11 bis 14, eingetragenen Biermengen von den im Biersteuerbuch als steuerpflichtig in den Sp. 20 bis 25 eingetragenen Biermengen abzusetzen.

Für die Steuerberechnung ergeben sich danach folgende Mengen:

Einfachbier	100 — 20 =	80 hl
Schankbier	20 — 0 =	20 hl
Vollbier	50 — 190 =	140 hl (rot)
insgesamt zu versteuern		40 hl (rot).

Die Steuer für die rot abgesetzten Biermengen wird zuerst errechnet und rot dargestellt.

Es sind demnach zu versteuern:

140 hl (rot)	Vollbier	nach dem Satz von	12,30 DM	mit	1722,— DM (rot)
80 hl	Einfachbier	,, ,, ,, ,,	6,15 DM	,,	492,— DM
20 hl	Schankbier	,, ,, ,, ,,	9,23 DM	,,	184,60 DM
40 hl (rot)			Steuerbetrag:		1045,40 DM (rot)

Der Betrag von 1045,40 DM ist zur Absetzung bei der nächsten Steuerfestsetzung gutzuschreiben.

Zur steuerpflichtigen Biermenge mit . . . . treten hinzu:	40 hl (rot)
steuerfreier Haustrunk	10 hl
steuerfrei ausgeführtes Bier	—
bis zum Schluß des Vormonats erzeugte Biermenge . .	6000 hl
Gesamte im abgelaufenen Jahresteil erzeugte Biermenge	5970 hl

Diese Menge von 5970 hl ist der Steuerberechnung für den nächsten Monat zugrunde zu legen.

E.

In der nicht abgefundenen Braustätte A brauen seit 1900 auch der nicht abgefundene Brauer B und seit 1912 auch die nicht abgefundenen Brauer C und D. Jeder dieser vier Brauer braut für eigene Rechnung.

Nach den Biersteuerbüchern sind im abgelaufenen Monat steuerpflichtig geworden:

für A:	30 hl Einfachbier,	150 hl Vollbier
„ B:	20 hl „	240 hl „
„ C:	90 hl „	1200 hl „
„ D:	60 hl „	450 hl „

In den Rückbierbüchern, Sp. 11 bis 14, sind für den abgelaufenen Monat eingetragen worden:

für A:	—	10 hl Vollbier
„ B:	—	—
„ C:	10 hl Einfachbier	40 hl Vollbier
„ D:	—	10 hl „

Bis zum Schluß des Vormonats sind in der gemeinsam benutzten Braustätte A erzeugt worden (§ 6 BierStDB):

von A:	2400 hl
„ B:	3200 hl
„ C:	7900 hl
„ D:	6400 hl.

An steuerfreiem Haustrunk sind im abgelaufenen Monat abgegeben worden:

von A:	10 hl Bier
„ B:	10 hl „
„ C:	20 hl „
„ D:	10 hl „

Keiner der vier Brauer hat im abgelaufenen Monat Bier steuerfrei ausgeführt.

Es sind für die Steuerberechnungen zunächst die in den Rückbierbüchern Sp. 11 bis 14 eingetragenen Biermengen von den in den Biersteuerbüchern als steuerpflichtig in den Sp. 20 bis 25 eingetragenen Biermengen abzusetzen.

Für die Steuerberechnungen ergeben sich danach folgende Mengen:

A:	Einfachbier	30 — 0 = 30 hl
	Vollbier	150 — 10 = 140 hl
B:	Einfachbier	20 — 0 = 20 hl
	Vollbier	240 — 0 = 240 hl
C:	Einfachbier	90 — 10 = 80 hl
	Vollbier	1200 — 40 = 1160 hl
D:	Einfachbier	60 — 0 = 60 hl
	Vollbier	450 — 10 = 440 hl.

Bei den Steuerberechnungen für die vier Brauer, die die Braustätte A gemeinsam benutzen, sind § 3 Abs. 3 BierStG und § 9 BierStDB zu beachten. Daraus ergibt sich folgendes:

A und B benutzen bereits seit 1900 gemeinsam die Braustätte A. Bei A und B ist daher für die Höhe des Steuersatzes nicht die in der Brauerei A von A und B *insgesamt* hergestellte Biermenge, sondern die Biermenge entscheidend, die jeder einzelne von ihnen auf eigene Rechnung hergestellt hat. Da jedoch in der Braustätte A seit 1912 zusätzlich auch noch die Brauer C und D auf eigene Rechnung Bier herstellen, müssen die von C und D hergestellten Biermengen jeweils der Erzeugung des A und der Erzeugung des B wegen der Höhe der für A und B anzuwendenden Steuersätze zugerechnet werden. A, C und D einerseits und B, C und D anderseits gelten als nach dem 1. August 1909 errichtete Brauereien, die daher die Vergünstigung des § 3 Abs. 3 Satz 1 BierStG nicht erhalten.

Da C und D erst seit 1912 die Braustätte A benutzen, ist bei ihnen für die Höhe des anzuwendenden Steuersatzes die in der Braustätte A insgesamt von A, B, C und D hergestellte Biermenge entscheidend. C und D sind bei der Steuerberechnung wie eine Brauerei zu behandeln. Wenn hierbei mehrere Steuerstaffelsätze angewandt werden müssen, so ist der jeweils niedrigere der Brauerei D anzurechnen, die im Vorjahr die geringere Biermenge hergestellt hat, weil die Beteiligten eine andere Regelung nicht beantragt haben (vgl. § 9 Abs. 1 letzter Satz BierStDB).

Steuerberechnung für A

Erzeugung A bis zum Schluß des Vormonats	2400 hl
,, C ,, ,, ,, ,, ,,	7900 hl
,, D ,, ,, ,, ,, ,,	6400 hl
zusammen:	16700 hl.

Es sind demnach zu versteuern:

30 hl	Einfachbier nach dem Satz von	6,30 DM mit	189,— DM
140 hl	Vollbier ,, ,, ,, ,,	12,60 DM ,,	1764,— DM
170 hl		Steuerbetrag	1953,— DM

Zur steuerpflichtigen Biermenge mit	170 hl
treten hinzu:	
steuerfreier Haustrunk	10 hl
bis zum Schluß des Vormonats erzeugte Biermenge . .	2400 hl
Gesamte im abgelaufenen Jahresteil erzeugte Biermenge	2580 hl

Steuerberechnung für B.

Erzeugung B bis zum Schluß des Vormonats		3200 hl
,, C ,, ,, ,, ,, ,,		7900 hl
,, D ,, ,, ,, ,, ,,		6400 hl
	zusammen:	17500 hl.

Es sind demnach zu versteuern:

20 hl	Einfachbier nach dem Satz von	6,30 DM mit	126,— DM
240 hl	Vollbier ,, ,, ,, ,,	12,60 DM ,,	3024,— DM
260 hl		Steuerbetrag	3150,— DM.

Zur steuerpflichtigen Biermenge mit	260 hl
treten hinzu:	
steuerfreier Haustrunk	10 hl
bis zum Schluß des Vormonats erzeugte Biermenge . .	3200 hl
Gesamte im abgelaufenen Jahresteil erzeugte Biermenge	3470 hl.

Steuerberechnung für C und D

Erzeugung A bis zum Schluß des Vormonats		2400 hl
,, B ,, ,, ,, ,, ,,		3200 hl
,, C ,, ,, ,, ,, ,,		7900 hl
,, D ,, ,, ,, ,, ,,		6400 hl
	zusammen:	19900 hl

Es sind demnach zu versteuern:

Brauerei D:	60 hl	Einfachbier nach dem Satz von	6,30 DM mit	378 DM
,, C:	40 hl	,, ,, ,, ,, ,,	6,30 DM ,,	252 DM
,, C:	40 hl	,, ,, ,, ,, ,,	6,45 DM ,,	258 DM
,, D:	440 hl	Vollbier ,, ,, ,, ,,	12,90 DM ,,	5676 DM
,, C:	1160 hl	,, ,, ,, ,, ,,	12,90 DM ,,	14964 DM
	1740 hl		Steuerbetrag	21528 DM

Es sind an Biersteuer zu zahlen:

Von C: 252 DM + 258 DM + 14964 DM	= 15474 DM
Von D: 378 DM + 5676 DM	= 6054 DM
zusammen:	= 21528 DM

Zur steuerpflichtigen Biermenge der Brauereien C und D mit 1740 hl treten hinzu:

steuerfreier Haustrunk (20 + 10)	30 hl
bis zum Schluß des Vormonats von C und D erzeugte Biermenge (7900 + 6400)	14300 hl
Erzeugung von A im lfd. Rechnungsjahr	2580 hl
,, ,, B ,, ,, ,, ...	3470 hl
Gesamte im abgelaufenen Jahresteil	22120 hl

von den Brauerein A, B, C und D erzeugte Biermenge.

Diese Menge von 22120 hl ist der Steuerberechnung für den nächsten Monat bei den Brauereien C und D zugrunde zu legen.

Bei der Brauerei A ist der Steuerberechnung für den nächsten Monat zugrunde zu legen:

Gesamte im abgelaufenen Jahresteil von A erzeugte Biermenge	2580 hl
Gesamte im abgelaufenen Jahresteil von C u. D erzeugte Biermenge	16070 hl
zusammen:	18650 hl

Bei der Brauerei B ist der Steuerberechnung für den nächsten Monat zugrunde zu legen:

Gesamte im abgelaufenen Jahresteil von B erzeugte Biermenge	3470 hl
Gesamte im abgelaufenen Jahresteil von C und D erzeugte Biermenge	16070 hl
zusammen:	19540 hl

F.

Die nicht abgefundene Brauerei A wird seit 1905 von fünf Hausbrauern und seit 1920 von weiteren zehn Hausbrauern mit benutzt. Alle Brauer brauen für eigene Rechnung. Alle fünfzehn Hausbrauer genießen die Steuervergünstigung nach § 3 Abs. 1 Satz 2 BierStG.

Nach den Biersteuerbüchern sind im abgelaufenen Monat steuerpflichtig geworden: für A: 250 hl Vollbier
für jeden der fünfzehn Hausbrauer 2 hl Vollbier.

Rückbier ist im abgelaufenen Monat nicht angefallen.

Bis zum Schluß des Vormonats sind in der gemeinsam benutzten Braustätte A erzeugt worden (§ 6 BierStDB):
von A: 1800 hl
von den fünfzehn Hausbrauern je 6 hl, zusammen 90 hl.

An steuerfreiem Haustrunk sind im abgelaufenen Monat
von A 10 hl Bier abgegeben worden.

Die Höhe der für die Brauerei A anzuwendenden Steuersätze ist von ihrer eigenen Erzeugung und der Erzeugung von zehn Hausbrauern, die die Brauerei A erst seit 1920 (also nach dem 1. August 1909) benutzt haben, abhängig. Die Erzeugung der fünf Hausbrauer, die die Brauerei A seit 1905 bereits benutzen, bleibt auf die Höhe der für die Brauerei A anzuwendenden Steuersätze ohne Einfluß (§ 3 Abs. 3 BierStG).

Steuerberechnung für A

Erzeugung A bis zum Schluß des Vormonats	1800 hl
„ von zehn Hausbrauern bis zum Schluß des Vormonats	60 hl
zusammen:	1860 hl

Es sind demnach zu versteuern:

140 hl	Vollbier nach dem Satz von 12,— DM mit	1680 DM
110 hl	„ „ „ „ „ 12,30 DM „	1353 DM
250 hl	Steuerbetrag:	3033 DM

Zur steuerpflichtigen Biermenge mit	250 hl
treten hinzu:	
steuerfreier Haustrunk	10 hl
bis zum Schluß des Vormonats erzeugte Biermenge .	1800 hl
Gesamte im abgelaufenen Jahresteil erzeugte Biermenge	2060 hl

Bei der Brauerei A ist der Steuerberechnung für den nächsten Monat zugrunde zu legen:

Gesamte im abgelaufenen Jahresteil von A erzeugte Biermenge	2060 hl
Gesamte im abgelaufenen Jahresteil von 10 Hausbrauern erzeugte Biermenge (10 × 6 hl + 10 × 2 hl)	80 hl
zusammen:	2140 hl

Die Hausbrauer erhalten die Vergünstigung des § 3 Abs. 3 Satz 1 BierStG auch dann, wenn sie nach dem 1. August 1909 errichtet worden sind (§ 9 Abs. 3 BierStDB). Jeder der fünfzehn Hausbrauer hat daher für die im abgelaufenen Monat hergestellten 2 hl Vollbier 2 × 7,20 DM = 14,40 DM Biersteuer zu entrichten.

G.

In einer abgefundenen Brauerei sind im abgelaufenen Monat zur Herstellung von Einfachbier insgesamt 2000 kg Braustoffe verwendet worden. Der vom Hauptzollamt festgesetzte Ausbeutesatz beträgt 12 hl Einfachbier für je einen Doppelzentner der angemeldeten Braustoffmengen.

Bis zum Schluß des Vormonats waren 90 hl Bier hergestellt. Der Inhaber der Abfindungsbrauerei beschäftigt Angestellte und Arbeiter.

Berechnung der Steuer

Für 100 kg Braustoffe sind anzusetzen . . . . 12,— hl

Es gelten mithin bei 2000 kg Braustoffen als hergestellt

$$\frac{2000 \times 12}{100} = \qquad 240,\text{— hl}$$

Von dieser Menge sind als steuerfreier Haustrunk abzuziehen 3 v. H. $= \frac{3 \times 240}{100} =$ 7,20 hl

Demnach steuerpflichtig: 232,80 hl

Der für 1 hl Einfachbier anzuwendende Steuersatz beträgt 6 DM. Die Steuer für 232,80 hl beträgt demnach 6 × 232,80 = 1396,80 DM.

Bis zum Schluß des Vormonats waren im lfd. Rechnungsjahr hergestellt	90 hl
Dazu die im abgelaufenen Monat als hergestellt errechnete Biermenge	240 hl
Mithin sind bis zum Schluß des abgelaufenen Monats im lfd. Rechnungsjahr insgesamt hergestellt	330 hl

ANHANG VIII

Die verbrauchsteuer- und zollrechtliche Behandlung von Bierlieferungen an die ausländischen Streitkräfte in der Bundesrepublik

Überblick über die Entwicklung

1.1 *Die Zeit bis zum Inkrafttreten der Pariser Verträge*

1. Nach dem Beginn der Besatzungszeit wurden zunächst einzelne Brauereien mit der Herstellung von Bier für die Besatzung beauftragt. Die Besatzung stellte hierbei die erforderlichen Rohstoffe zur Verfügung und übernahm das daraus hergestellte Bier gegen Bezahlung aus Besatzungskosten. Im Laufe der Zeit wurden einige Brauereien zu „Heeresbrauereien" bestimmt, die für die Besatzung aus gelieferten Rohstoffen Bier herstellten. Nach der Währungsreform bezogen die Besatzungsmächte Bier auch von anderen Brauereien, die sich die für das Bier erforderlichen Rohstoffe selbst beschaffen konnten. Diesen Brauereien, denen das Bier mit Devisen bezahlt wurde, erteilte die Verwaltung für Ernährung, Landwirtschaft und Forsten des Vereinigten Wirtschaftsgebietes befristete, auf eine bestimmte Biermenge lautende Lieferungsgenehmigungen.

2. Die *rechtliche Grundlage* für die steuerliche Behandlung des Bieres, das für den Verbrauch durch die Besatzungstruppen bestimmt war, bildeten vor dem Inkrafttreten der Pariser Verträge die Anordnungen der Besatzungsmächte (vgl. Nr. 2e des Besatzungsstatuts vom 12. Mai 1949). Diese hatten die deutschen Behörden angewiesen, den Besatzungsstreitkräften, ihren Dienststellen, den zur Erleichterung der Besatzungsziele tätigen Organisationen, den bei diesen Stellen tätigen alliierten und neutralen Staatsangehörigen und ihren Familien nach Maßgabe näherer Einzelanweisungen Befreiung von Zöllen und Steuern zu gewähren (vgl. z. B. die Anordnung Nr. 16-226 der amerikanischen Militärregierung — Steuer und Wirtschaft 1950 Sp. 332).

3. Die Voraussetzungen, unter denen Bier aus dem *freien Inlandsverkehr* abgabenfrei an die Besatzung geliefert werden konnte, wurden unter Berücksichtigung der Vorschriften des Biersteuergesetzes in den Erlassen des Bundesministers der Finanzen (BdF) vom 1. Februar 1951 III V 2100 — 23/50 und 5. April 1951 III V 2100—8/51 näher festgelegt. Hiernach war das Bier, sofern die Anordnungen der Besatzungsmächte diese Frage nicht ausdrücklich regelten, unmittelbar aus den nach § 51 der Durchführungsbestimmungen zum Biersteuergesetz anmeldepflichtigen Räumen der Brauerei an eine zum Bezug von Bier berechtigte Stelle zu liefern. Eine nach-

trägliche Vergütung der Biersteuer bei Lieferung von Bier an die Besatzung über Händler konnte nicht zugelassen werden. Die Brauerei mußte dem Zollamt eine Bescheinigung der belieferten Besatzungsdienststelle vorlegen, auf der der Empfang des Bieres bestätigt und bescheinigt wurde, daß das Bier nur zum Verbrauch durch die Angehörigen der Besatzung bestimmt war. Die Bescheinigung sollte die empfangende Dienststelle erkennen lassen und von dem Dienststellenleiter oder Vertreter unter Beifügung des Dienstsiegels unterschrieben sein. Die Rechtsgültigkeit dieser Erlasse ist vom Bundesfinanzhof anerkannt worden (Urteile vom 13. Dezember 1955 Vz 60/55 und vom 21. Dezember 1955 Vz 111/55 U — Bundessteuerbl. 1956 III S. 63 = Bundeszollbl. 1956 S. 233 —). Nur unter bestimmten Voraussetzungen wurde die Einschaltung eines Bierverlegers als Frachtführer später zugelassen (BdF-Erlaß vom 20. 4. 1954 III C — V 2116 — 5/54 — vgl. 2, 2.12, Bem. 3). Im Laufe der Zeit wurde zur Verhütung von Mißbräuchen die Steuerbefreiung auf Bezüge durch bestimmte Beschaffungsstellen eingeschränkt, zu denen insbesondere NAAFI, EES und AFEX gehörten (vgl. 2, 2.12, Bem. 1).

4. Die Frage, ob eine Veräußerung von Waren im Zollgebiet an die ausländischen Streitkräfte als *Ausfuhr* anzusehen sei, war in verbrauchssteuerrechtlicher Hinsicht stets bestritten. *Verfahrensrechtlich* sollte an die Besatzung geliefertes Bier wie ausgeführtes Bier behandelt, dabei aber im Biersteuerbuch, Steuerbescheid, Biersteuergegenbuch und in den statistischen Nachweisungen besonders gekennzeichnet werden (BdF-Erlaß vom 1. Februar 1951 III C — V 2100 — 23/50 Ziffer I Abs. 2).

5. Die *deutschen Arbeitsgruppen* der Besatzungsmächte wurden bei der Befreiung von Verbrauchsteuern auf Grund von alliierten Anordnungen bei offiziellen Käufen den Einheiten der alliierten Streitkräfte gleichgestellt (BdF-Erlaß vom 20. August 1951 III V 9930 — 100/51). Als offiziell gekauft waren auf Requisitionsschein bezogene Waren anzusehen (BdF-Erlaß vom 23. November 1951 *III* — V 9930 — 153/51). Die hierdurch entstehenden Fragen erledigten sich dadurch, daß Abgabenbefreiung nur bei Bezügen durch bestimmte Beschaffungsstellen gewährt wurden.

6. Für *private* Einkäufe *einzelner Besatzungsmitglieder* und Mitglieder der deutschen Arbeitsgruppen wurden von Anfang an keine Abgabenbefreiungen gewährt.

7. Die Herstellung von Bier für die Besatzung aus *unverzollten ausländischen Rohstoffen*, bei der die Besatzung die Rohstoffe lieferte und das hergestellte Bier übernahm, war ihrem Wesen nach eine Lohnveredelung, weil die Besatzung als außerhalb des deutschen Hoheitsgebietes befindlich angesehen wurde. Mit der Rückkehr geordneter Verhältnisse wurden diese Veredelungsaufträge allmählich dem für Veredelungsverkehre vorgeschriebenen Zollverfahren zugeführt. Als später deutsche Lieferer Rohstoffe selbst einführen konnten, wurden auch Eigenveredelungsverkehre möglich (vgl. Schulz-Zimmermann, Der Veredelungsverkehr, 1957, S. 34, 148 und unten **2**, 2.22, Bem. 5 und 6). Hierbei hing die Steuerbefreiung nach Besatzungsrecht nicht davon ab, in welcher Währung die veredelten Waren bezahlt wurden. Geschäfte, bei denen der Lieferer die Rohstoffe in Devisen

erwarb und gegen Zahlung mit DM an die Streitkräfte weiter lieferte, konnten nur durch eine geeignete Handhabung des Genehmigungsverfahrens unter Kontrolle gehalten werden (vgl. dazu jetzt Runderlaß Außenwirtschaft Nr. 61/56 — Bundeszollbl. 1956 S. 642 — Nr. 4 b, 13g).

8. Zur Überwachung der *Einfuhren* wurde durch das Gesetz Nr. 43 der Alliierten Hohen Kommission (AHK) und die Durchführungsverordnungen hierzu eine Zollkontrolle eingeführt. Für amtliche Sendungen der Besatzungsbehörden mußte ein amtliches Zollabfertigungsformular (z. B. Formblatt EC 69, AE 69, Besatzungsfrachtbrief usw.) verwendet werden (vgl. Bundeszollbl. 1951 S. 59, 60, 399, 511). Einfuhren von Mitgliedern der Besatzung wurden auf den persönlichen Bedarf beschränkt (vgl. Gesetz Nr. 40 der AHK — Bundeszollbl. 1950 S. 245, dazu Bundeszollbl. 1954 S. 86, 143). Erwerber von Waren aus dem Besitz der Besatzungsmächte waren gestellungspflichtig und den deutschen Einfuhrbestimmungen unterworfen.

1.2 *Die Pariser Verträge*

1. Am 5. Mai 1955 trat das am 23. Oktober 1954 in Paris unterzeichnete Protokoll über die Beendigung des Besatzungsregimes in der Bundesrepublik Deutschland mit den diesem Protokoll beigefügten Listen I bis V und dem dazu gehörenden Briefwechsel in Kraft. Von diesem — hier „Pariser Verträge" genannten — Vertragswerk sind für die Biersteuer insbesondere folgende Bestimmungen von Bedeutung:

a) Abkommen über die steuerliche Behandlung der Streitkräfte und ihrer Mitglieder in der gemäß Liste V zu dem Pariser Protokoll geänderten Fassung (Bundesgesetzbl. — BGBl. — 1955 II S. 469, auszugsweiser Abdruck Bundeszollbl. — BZBl. — 1955 S. 296, — Steuerabkommen),

b) Vertrag über die Rechte und Pflichten ausländischer Streitkräfte und ihrer Mitglieder in der Bundesrepublik Deutschland in der gemäß Liste II zu dem Pariser Protokoll geänderten Fassung (BGBl. 1955 II S. 321, auszugsweiser Abdruck BZBl. 1955 S. 280 — Truppenvertrag),

c) Schreiben des Bundeskanzlers an jeden der drei Hohen Kommissare vom 23. Oktober 1954 betreffend Erleichterungen für Botschaften und Konsulate (BGBl. 1955 II S. 488, auszugsweiser Abdruck BZBl. 1955 S. 297).

Zu diesen Bestimmungen sind auf Grund von Besprechungen deutscher und alliierter Sachverständiger Durchführungsvorschriften vereinbart worden.

2. Unter Berücksichtigung dieser Vereinbarungen sind die Richtlinien für die Ausführung der zoll-, verbrauchsteuer- und monopolrechtlichen Bestimmungen des Vertrages über die Rechte und Pflichten ausländischer Streitkräfte und ihrer Mitglieder in der Bundesrepublik Deutschland (Truppenvertrag) und des Abkommens über die steuerliche Behandlung der Streitkräfte und ihrer Mitglieder (Steuerabkommen) — BdF-Erlaß vom 4. Mai 1955 III B/9 — Z 2021 (TrV) — 182/55 (BZBl. S. 298) herausgegeben worden. Diese enthalten eine Vorbemerkung, allgemeine Bemerkungen, drei Abschnitte über die zoll-, verbrauchsteuer- und monopolrechtlichen

Verhältnisse der Streitkräfte sowie die den Streitkräften in zoll-, verbrauchsteuer- und monopolrechtlicher Hinsicht gleichgestellten Organisationen, einen Abschnitt über die Zusammenarbeit zwischen den deutschen Behörden und den Behörden der Streitkräfte und eine Schlußbemerkung. Diese Richtlinien sind durch Bestimmungen über den abgabenbegünstigten Erwerb durch die Streitkräfte ergänzt worden, die ebenfalls auf Grund von Vereinbarungen mit den Streitkräften ergangen sind.

3. Nachdem die Rechtslage durch die Pariser Verträge in völkerrechtlicher Hinsicht klargestellt war, konnten auch die Rechte und Pflichten der Personen geregelt werden, die mit den Streitkräften in Rechtsbeziehungen traten und dem deutschen Zoll- und Verbrauchsteuerrecht unterstanden. Hierzu erging das Gesetz zur Ausführung der Artikel 33, 34 und 35 des Truppenvertrages und des Artikels 3 des Steuerabkommens vom 29. Oktober 1955 (BGBl. I S. 691 = BZBl. S. 716 — Truppenzollgesetz — TrZG). Dieses Gesetz enthält in §§ 12, 15 und 16 Bestimmungen über abgabengünstige Lieferungen und in § 14 Bestimmungen über die Zollveredelung für die Streitkräfte. Zu dem Truppenzollgesetz ist eine Durchführungsverordnung vom 20. Dezember 1955 ergangen (BGBl. I S. 753 = BZBl. S. 859).

4. Der Truppenvertrag, das Steuerabkommen und ihre Durchführungsbestimmungen einschließlich des Truppenzollgesetzes und der Durchführungsverordnung hierzu gelten *nicht* im Lande Berlin.

5. Das Abkommen zwischen der Bundesrepublik Deutschland und den Vereinigten Staaten von Amerika über die von der Bundesrepublik zu gewährenden Abgabenvergünstigungen für die von den Vereinigten Staaten im Interesse der gemeinsamen Verteidigung geleisteten Ausgaben (Offshore-Steuerabkommen — BGBl. 1955 II S. 821 = BZBl. 1955 S. 610) ist für Lieferungen von Bier ohne Bedeutung, weil die in diesem Abkommen eingeräumten Vergünstigungen nach Nr. 1 seines Anhangs nicht für Einkäufe und Einfuhren der Post Exchange Organisation und Einkäufe der einzelnen Mitglieder der Streitkräfte der Vereinigten Staaten in Deutschland gelten und sich das Abkommen nicht auf Vergünstigungen bei Steuern bezieht, deren Aufkommen (wie die Biersteuer) den Ländern zufließt.

1.3 *Die Regelung des NATO-Truppenstatuts und der Zusatzvereinbarungen dazu*

1. Nach Artikel 8 Abs. 1 b des Vertrages über die Beziehungen zwischen der Bundesrepublik Deutschland und den Drei Mächten (Fassung des am 23. Oktober 1954 in Paris unterzeichneten Protokolls über die Beendigung des Besatzungsregimes in der Bundesrepublik Deutschland — BGBl. 1955 II S. 305, 309) bleiben der Truppenvertrag und das Steuerabkommen nur bis zum Inkrafttreten neuer Vereinbarungen über die Rechte und Pflichten der Streitkräfte der Drei Mächte und sonstiger Staaten, die Truppen auf dem Gebiet der Bundesrepublik unterhalten, in Kraft. Diese neuen Vereinbarungen sollen auf der Grundlage des in London am 19. Juni 1951 zwischen den Parteien des Nordatlantikpaktes über den Status ihrer Streitkräfte unterzeichneten Abkommens (hier „NATO-Truppenstatut" — NTrSt —

genannt) getroffen werden. Sie sollen durch Bestimmungen ergänzt werden, die im Hinblick auf die besonderen Verhältnisse der in der Bundesrepublik stationierten Streitkräfte erforderlich sind.

2. Nach Artikel IX Abs. 8 NTrSt genießen auf Grund dieses Artikels weder eine Truppe noch ein ziviles Gefolge noch ihre Mitglieder oder deren Angehörige Befreiung von Steuern oder Abgaben, die nach den Steuerbestimmungen des Aufnahmestaats für den Ankauf von Waren und für die Leistung von Diensten zu entrichten sind. Inwieweit für den Warenbezug durch die Truppe in der Bundesrepublik in den Zusatzbestimmungen Vergünstigungen vorgesehen werden, z. B. bei Zahlung in der Währung des Heimatlandes, bleibt abzuwarten.

3. Zur Vorbereitung der für die ausländischen Streitkräfte in der Bundesrepublik vorzusehenden Zusatzbestimmungen hat im Oktober 1955 in Bonn die sogenannte Truppenvertragskonferenz begonnen. Sie ist noch nicht zum Abschluß gekommen.

4. Besondere Bestimmungen über den Status der auf Grund des Nordatlantikvertrages aufgestellten internationalen Stäbe enthält ein Protokoll vom 28. August 1952. Diesem Protokoll ist die Bundesrepublik Deutschland bisher noch nicht beigetreten. Bei Lieferungen an NATO-Stäbe können daher Abgabenbefreiungen nur gewährt werden, soweit eine Rechtsgrundlage dafür nach sonstigen Bestimmungen, z. B. dem Truppenvertrage oder dem Steuerabkommen, gegeben ist.

Die geltenden Bestimmungen

2.1 *Abkommen über die steuerliche Behandlung der Streitkräfte und ihrer Mitglieder (Steuerabkommen — StA) und ergänzende Bestimmungen*

2.11

Steuerabkommen (StA)

Biersteuer Artikel 3

(1) Bier, das von den Streitkräften unmittelbar aus einem inländischen Herstellungsbetrieb bezogen wird, ist von der Verbrauchsteuer befreit. Diese Steuerbefreiung gilt nur für Einkäufe durch die amtlichen Beschaffungsstellen der Streitkräfte zum Verbrauch durch die Streitkräfte oder ihre Mitglieder.

(2) Bier, das die Streitkräfte oder ihre Mitglieder im Rahmen der Bestimmungen der Artikel 34 und 35 des Truppenvertrages in das Bundesgebiet verbringen, ist von der Verbrauchssteuer befreit.

(3) Die Streitkräfte werden bei jedem Bezug von Bier eine Bescheinigung ausstellen, in der bestätigt wird, daß das Bier, das nach Gattung und Menge genau zu bezeichnen ist, ausschließlich zum Verbrauch durch die Streitkräfte oder ihre Mitglieder bestimmt ist.

Artikel 4

Steuerliche Behandlung der Organisationen und Unternehmen im Dienste der Sreitkräfte

. . . . .

(2) Die in Artikel 3 dieses Abkommens enthaltene Steuerbefreiung findet nur auf solche in Absatz (1) des Artikels 36 des Truppenvertrages genannte Organisationen Anwendung, deren Dienste für die Streitkräfte den Verkauf von Bier an die Mitglieder der Streitkräfte umfassen.

Aus dem Schreiben des Bundeskanzlers an jeden der drei Hohen Kommissare für Botschaften und Konsulate

.....

(7) Die Mitglieder der Botschaften und Konsulate (hier folgt die Bezeichnung einer der drei Mächte), die nicht die deutsche Staatsangehörigkeit besitzen, sind berechtigt, die für den Gebrauch der von den Streitkräften der Vereinigten Staaten von Amerika, des Vereinigten Königreichs von Großbritannien und Nordirland und der Französischen Republik auf Grund des Artikels 36 des Vertrages über die Rechte und Pflichten ausländischer Streitkräfte und ihrer Mitglieder in der Bundesrepublik Deutschland oder auf Grund ähnlicher Bestimmungen in Abkommen, die gegebenenfalls an Stelle dieses Vertrages treten, bestimmten Einrichtungen der nichtdeutschen Organisationen zu benutzen.

Truppenzollgesetz (TrZG)

§ 16

Lieferung von verbrauchsteuerbaren Waren an die Streitkräfte unter Inanspruchnahme von Steuerbefreiungen

(1) Für verbrauchsteuerbare Waren, die die Streitkräfte unter Inanspruchnahme der Steuerbefreiung gemäß Artikel 33 Abs. 1 des Truppenvertrages oder gemäß Artikel 3 des Abkommens über die steuerliche Behandlung der Streitkräfte und ihrer Mitglieder unmittelbar aus einem inländischen Herstellungsbetrieb beziehen, fällt die mit der Entfernung der Waren aus dem Herstellungsbetrieb entstandene Steuerschuld weg. wenn die Waren in den Besitz der empfangsberechtigten Dienststelle der Streitkräfte gelangt sind.

(2) Es entsteht eine neue Steuerschuld, wenn die Waren

1. von den Streitkräften oder ihren Mitgliedern einer anderen Person übergeben worden sind und dieser auf ihren Antrag von der Zollstelle, bei der sie gestellt worden sind, gemäß § 7 Abs. 2 Satz 3 oder 5 überlassen werden,
2. entgegen den Vorschriften dieses Gesetzes nicht der zuständigen Zollstelle gestellt werden,
3. dem Besitze der Streitkräfte oder ihrer Mitglieder oder der Personen, die die Waren für diese befördern oder verwahren, ohne deren Willen entzogen werden.

(3) Steuerschuldner ist

1. im Falle des Absatzes 2 Nr. 1 derjenige, der die Überlassung der Waren bei der Zollstelle beantragt,
2. im Falle des Absatzes 2 Nr. 2 derjenige, der die vorgeschriebene Gestellung unterläßt,
3. im Falle des Absatzes 2 Nr. 3 derjenige, der den Besitz entzieht.

(4) Für die Bemessung der Steuerschuld und ihre Fälligkeit gelten die Vorschriften, die in den Verbrauchsteuergesetzen bei der Einfuhr derartiger Waren vorgesehen sind.

2.12 *Bemerkungen:*

1. Das nach dem Steuerabkommen von der Biersteuer befreite Bier muß von den Streitkräften bezogen werden. Streitkräfte im Sinne dieser Bestimmungen sind die im Bundesgebiet stationierten Truppen der Drei Mächte und anderer Entsendestaaten (Artikel 1 Nr. 5 des Truppenvertrages, Artikel 1 Abs. 1 des Steuerabkommens). Hierbei gilt die Steuerbefreiung nur für Einkäufe durch die amtlichen Beschaffungsstellen der Streitkräfte. Die amtlichen Beschaffungsstellen sind aufgeführt:

für die *französischen* Streitkräfte in dem Erlaß vom 8. September 1955 (BZBl. S. 675) in Verbindung mit dem Erlaß vom 1. Juli 1955 III B/9 — Z 2021 (TrV) — 363/55. Für die Beschaffung von Bier kommen danach der Service Social des Forces Françaises en Alllemagne (FFA) und der Comptoir Central des Economats des Forces Françaises en Allemagne in Betracht;

für die *britischen* und *dänischen* Streitkräfte in dem Erlaß vom 26. Januar 1956 (BZBl. S. 103), ergänzt durch Erlasse vom 14. Januar 1957 (BZBl. S. 25) und vom 4. September 1958 (BZBl. S. 575). Zu den Beschaffungsstellen gehört insbesondere Navy, Army and Air Force Institute (NAAFI);

für die *amerikanischen* Streitkräfte in den Erlassen vom 10. März 1956 und 18. Dezember 1956 (BZBl. S. 236 und 792). Beschaffungsstellen sind hiernach unter anderen European Exchange System (EES) und Air Forces Exchange (AFEX). Beschaffungsaufträge anerkannter Clubs und Messen gelten nur dann als durch eine amtliche Beschaffungsstelle erteilt, wenn der *einzelne* Beschaffungsauftrag von bestimmten Offizieren (z. B. Adjutant des vorgesetzten Regiments, einer Gruppe oder gewissen anderen Offizieren) schriftlich beglaubigt worden ist;

für die *belgischen* Streitkräfte in dem Erlaß vom 9. Juni 1956 (BZBl. S. 415). Beschaffungsstellen sind hiernach die Direction des Achats, die Direction des Travaux und die Direction des Finances;

für die *kanadischen* Streitkräfte in dem Erlaß vom 30. Januar 1958 und vom 24. Juni 1958 (BZBl. S. 155, 479) Beschaffungsstelle für die kanadische Armee sind hiernach insbesondere die Maple Leaf Services.

Bei Bezügen von Bier durch andere Besteller als die in den maßgebenden Bestimmungen aufgeführten Beschaffungsstellen, also z. B. durch deutsche Arbeitsgruppen, wird die in dem Steuerabkommen vorgesehene Abgabenbegünstigung *nicht* gewährt.

2. Das Bier muß von den Streitkräften bezogen, d. h. der Empfang des Bieres durch die Streitkräfte muß *nachgewiesen* werden. Dieser Nachweis wird durch eine Empfangsbestätigung der Streitkräfte geführt. Die französischen und belgischen Streitkräfte, die bei der Vergebung der Aufträge auf abgabenfreie Lieferung von Bier zunächst eine schriftliche Auftragsbestätigung (notification de commande) — unter Umständen als Sammelauftragsbestätigung — übersenden, geben über den Empfang ein „Certificat de réception" ab. Die britischen und dänischen Streitkräfte bestätigen

den Empfang auf der Rechnung (BZBl. 1956 S. 101). Mit den amerikanischen Streitkräften ist eine besondere Form der Empfangsbescheinigung für Zahlung mit anderen DM als Stationierungskosten nicht vereinbart; EES will Bierlieferungen in amerikanischer Währung oder dieser Währung gleichgestellen DM bezahlen (vgl. dazu BZBl. 1956 S. 17).

Die Vorschriften der Bierausfuhrordnung finden auf Lieferungen an die Streitkräfte in der Bundesrepublik keine Anwendung (BdF-Erlaß vom 20. August 1955 III C/4 — V 2116 — 23/55).

3. Das Bier muß *unmittelbar* aus einem inländischen Herstellungsbetrieb bezogen werden. Zu dem inländischen Herstellungsbetrieb gehören die nach § 34 BierStDB angemeldeten Räume. Dazu gehören *nicht* auswärtige Niederlagen einer Brauerei, Bierverleger oder auswärtige Vertreter. Verleger und Brauereiniederlagen dürfen nach dem sinngemäß noch anwendbaren BdF-Erlaß vom 20. April 1954 III C — V 2116 — 5/54 lediglich unter gewissen Voraussetzungen als Frachtführer in Lieferungen an die Streitkräfte eingeschaltet werden. Der Bestellschein der amtlichen Beschaffungsstelle muß hierbei der Lieferbrauerei *vor* der Entfernung des Bieres aus den Brauereiräumen vorliegen. Verleger oder Niederlage haben das an sie gelieferte Bier unverzüglich in unveränderten Versandgefäßen auf Grund der Versandanzeige der Brauerei an die Empfangsstelle auszuliefern. Nur wenn die sofortige Auslieferung an die Streitkräfte aus technischen Gründen ausnahmsweise nicht möglich ist, dürfen Verleger oder Niederlage das für die Streitkräfte bestimmte Bier in ihrem Depot einlagern, aber höchstens für 24 Stunden und getrennt von anderem Bier. Die Empfangsbescheinigung der Einheit ist sofort der Lieferbrauerei zu übersenden, und die Streitkräfte müssen unmittelbar an diese zahlen. Die Brauerei darf einem Verleger für diese Geschäfte keine Provision gewähren, sondern nur die ihm als Frachtführer entstehenden Auslagen vergüten.

4. Das Bier muß ausschließlich zum *Verbrauch* durch die Streitkräfte oder ihre Mitglieder bestimmt sein. Streitkräfte sind die im Bundesgebiet stationierten Truppen der Drei Mächte und anderer Entsendestaaten (Artikel 1 Nr. 5 des Truppenvertrages), Mitglieder der Streitkräfte sind das militärische Personal und das sogenannte Gefolge (Einzelheiten siehe Artikel 1 Nr. 7 des Truppenvertrages). Das von zugelassenen amtlichen Beschaffungsstellen der amerikanischen, britischen und französischen Streitkräfte ordnungsmäßig bezogene Bier darf auch an nichtdeutsche Mitglieder der Botschaften und Konsulate dieser Staaten zum Eigenverbrauch weitergegeben werden. Dienststellen der Bundeswehr und deutsche Soldaten fallen nicht unter den begünstigten Personenkreis. Die mit den Streitkräften in gewissem Umfang erörterte Frage, ob die Organisation der deutschen Dienstgruppen bei den ausländischen Streitkräften als ein Teil der Streitkräfte angesehen werden kann, ist für die Brauereien ohne Bedeutung, weil die Arbeitsgruppen jedenfalls keine amtlichen Beschaffungsstellen der Streitkräfte sind. Die einzelnen Mitglieder deutscher Dienstgruppen sind *keine* Mitglieder der Streitkräfte. Von der Gestellung befreit (und damit frei von Eingangsabgaben) sind nach § 3 der Verordnung zur Durchführung des Truppenzollgesetzes vom 20. Dezember 1955 (BGBl. I S. 753 = BZBl.

S. 859) tafelfertige Nahrungs- und Genußmittel zum unmittelbaren Verzehr, wenn sie in Verpflegungsstätten der Streitkräfte von Personen erworben werden, die in den damit verbundenen Einrichtungen der Streitkräfte beruflich tätig sind, oder bei Veranstaltungen der Streitkräfte oder bei ihren Mitgliedern von Personen erworben werden, die als Gäste eingeladen sind. (Ausgenommen sind nur gegen Entgelt erworbene Tabakwaren.) Daß Bier ausschließlich zum Verbrauch durch die Streitkräfte oder ihre Mitglieder bestimmt ist, muß bei jedem Bezug durch eine Bescheinigung der Streitkräfte bestätigt werden. Diese Bescheinigung wird bei Lieferungen an die französischen und belgischen Streitkräfte auf der „Notification de Commande" und der Empfangsbestätigung („Certificat de Réception"), bei Lieferungen an die britischen oder dänischen Streitkräfte auf der Rechnung abgegeben (BZBl. 1955, S. 677, 680; 1956 S. 416, 419; 101).

5. Voraussetzung für die Gewährung der Steuervergünstigung nach Artikel 3 des Steuerabkommens ist *nicht*, daß das Bier in der Währung des Heimatlandes der Streitkräfte bezahlt wird. Ebenfalls ist nicht erforderlich, daß das Bier von einer Zollstelle zur Weitergabe an die Streitkräfte abgefertigt wird (anders §§ 12 und 15 des Truppenzollgesetzes — siehe 2.21 und 2.22 Bem. 2).

6. Durch § 16 TrZG, durch den Artikel 3 StA in die Systematik der Verbrauchsteuergesetze eingepaßt wird, sind die bei einer nach Artikel 3 StA abgabenfreien Bierlieferung entstehenden steuerschuldrechtlichen Wirkungen geregelt. Bei einer Bierlieferung nach Artikel 3 StA an die ausländischen Streitkräfte entsteht die Biersteuerschuld mit der Entfernung aus der Brauerei unbedingt (§ 2 Abs. 1 BierStG). Sie fällt nach § 16 TrZG weg, wenn das Bier in den Besitz der empfangsberechtigten Dienststelle der Streitkräfte gelangt. Sie fällt nicht weg, wenn das Bier auf dem Wege zu den Streitkräften zugrunde geht. Für Bier, das an die Streitkräfte als Ersatz für bei der Beförderung zugrunde gegangenes Bier geliefert wird, wird Biersteuer nicht erhoben, wenn hierfür die nach den geltenden Bestimmungen (vgl. Artikel 3 StA und § 16 TrZG) erforderlichen Voraussetzungen gegeben sind.

7. Durch § 16 Abs. 2 TrZG soll verhindert werden, daß Steuerausfälle entstehen, wenn die abgabenfrei gelieferten Waren von den Streitkräften weiterveräußert oder wenn die Waren dem Besitz der Streitkräfte entzogen werden. Die gesetzlichen Tatbestände sind, soweit möglich, den entsprechenden Vorschriften des Zollrechts (§ 45 Abs. 1 Nr. 1 und 2 des Zollgesetzes) nachgebildet. Die Fassung des Zollgesetzes, wonach die Abgabenschuld durch erstmalige vorschriftswidrige Verfügung über zollbares Zollgut, als wäre es im freien Verkehr, entsteht, ist nicht übernommen, weil aus dem freien Verkehr gelieferte Waren für die Abgabenvergünstigungen nach Artikel 3 StA in Anspruch genommen sind, auch in der Hand der Streitkräfte Freigut bleiben (vgl. Bem. 9). § 16 Abs. 3 TrZG ist § 47 des Zollgesetzes nachgebildet.

8. Für die *Bemessung der Steuerschuld* und die *Fälligkeit* sind bei Entstehung einer neuen Steuerschuld nach § 16 Abs. 4 TrZG die Vorschriften über die *Einfuhr* für anwendbar erklärt worden, weil die Vorschriften über

die Entfernung aus dem Herstellungsbetrieb hier nicht passen. Dies hat zur Folge, daß bei Bier der höchste Staffelsatz anzuwenden ist (§ 6a BierStG).

9. Waren, die unter Inanspruchnahme der in Artikel 3 StA vorgesehenen Abgabenbefreiung an die Streitkräfte geliefert werden, bleiben auch nach der Lieferung *Freigut* im Sinne von § 6 Abs. 3 des Zollgesetzes. Dies ist von Bedeutung, wenn die Waren von den Streitkräften wieder abgegeben werden, z. B. als mangelhaft an die Brauerei zurückgehen. Die Ware (das Bier) braucht dann nicht nach § 1 Abs. 1 TrZG einer Zollstelle gestellt zu werden (§ 2 Abs. 1 Nr. 1 TrZG). Der Brauereiinhaber hat sie nur bei der für seinen Betrieb zuständigen Zollstelle anzumelden. Der sich auf Rückbierbeziehende § 15 BierStDB kann hier nicht unmittelbar angewendet werden, weil er sich nur auf Bier bezieht, für das eine Steuerschuld entstanden ist; nach seinen Grundsätzen wird aber, soweit es sich nicht um die Erstattung von Biersteuer handelt, sinngemäß verfahren werden können, z. B. bei der Vernichtung von Bier und der Anordnung von Überwachungsmaßnahmen durch das Hauptzollamt.

10. Die Bestimmungen des Steuerabkommens über die Abgabenbefreiung bei Lieferungen an die Streitkräfte können mit den entsprechenden Bestimmungen des Truppenvertrages *konkurrieren*.

2.2 *Truppenvertrag und ergänzende Bestimmungen*

2.21 *Texte*

Truppenvertrag (TrV)

Artikel 34

Zollrechtliche Behandlung der Streitkräfte

. . . . . .

(2) Die Streitkräfte dürfen die in ihrem Eigentum stehenden oder für ihren eigenen Gebrauch oder den ihrer Mitglieder bestimmten Sachen frei von Zöllen und sonstigen Bundesabgaben und von Beschränkungen und Verboten in das oder aus dem Bundesgebiet verbringen. Die von den Streitkräften im Bundesgebiet gegen Zahlung in der Währung ihres Heimatlandes erworbenen Waren werden im Sinne dieses Artikels als aus dem Bundesgebiet ausgeführt und durch die Streitkräfte eingeführt behandelt . . .

Artikel 36

Organisationen und Unternehmen im Dienste der Streitkräfte

(1) Vorbehaltlich der Bestimmungen dieses Artikels

a) können nichtdeutsche Organisationen nichtwirtschaftlichen Charakters, die von den Streitkräften oder der beteiligten Macht zum Nutzen der Mitglieder der Streitkräfte eingerichtet worden sind oder die der Truppenbetreuung dienen, den Streitkräften nach Mitteilung an die deutschen Behörden, daß diese Organisationen im Dienste der Streitkräfte stehen, ganz oder zum Teil gleichgestellt werden;

b) kann eine solche Organisation, falls sie ein Klub ist, nur insoweit gleichgestellt werden, als sie einen Teil der Verpflegungs- der Sporteinrichtungen der Streitkräfte darstellt.

. . . . . .

Anhang VIII

Artikel 37

Art und Umfang der Leistungsverpflichtung

(1) Die Bundesrepublik übernimmt es, nach Maßgabe der Bestimmungen dieses Vertrages oder anderer Zusatzverträge sicherzustellen, daß der sich im Bundesgebiet ergebende Bedarf der Streitkräfte und ihrer Mitglieder auf den folgenden Gebieten insoweit befriedigt wird, als dies für die Erfüllung ihrer Verteidigungsaufgabe erforderlich ist:

(a) ......

(b) Sach- und Werkleistungen einschließlich der öffentlichen Versorgung (Artikel 39 und 40)

(c) ....

Truppenzollgesetz (TrZG)

III. Abgabenbegünstigte Lieferung von Waren an die Streitkräfte und ihre Mitglieder im Zollgebiet

§ 12

Lieferung von Zollgut an die Streitkräfte

(1) Wer an die Streitkräfte Zollgut im Zollgebiet ohne Entrichtung der Eingangsabgaben liefern will, hat der zuständigen Zollstelle nachzuweisen, daß der Lieferung ein Vertrag mit einer amtlichen Beschaffungsstelle der Streitkräfte zugrunde liegt, der eine Zahlung des Entgelts in der Währung des Heimatlandes der beteiligten Streitkräfte vorsieht. Er hat die Abfertigung des Zollguts zur Weitergabe an die Streitkräfte zu beantragen.

(2) Die Abfertigung des Zollguts zur Weitergabe an die Streitkräfte hat die gleiche Wirkung wie die Abfertigung zu einem Zollvormerkverkehr mit der Folge, daß die Einfuhrzollschuld bedingt entsteht. Die bedingte Einfuhrzollschuld fällt dadurch weg, daß das Zollgut der empfangsberechtigten Dienststelle der Streitkräfte übergeben und das Entgelt in der Währung des Heimatlandes gezahlt wird.

(3) Befindet sich das Zollgut, das an die in Absatz 1 genannten Stellen geliefert werden soll, bereits in einem Zollvormerkverkehr, so kann es der zuständigen Zollstelle vorgeführt werden mit dem Antrag, die Lieferung im Rahmen des bestehenden Zollvormerkverkehrs zuzulassen. Wird diesem Antrag stattgegeben, so gilt für die bedingte Einfuhrzollschuld des Antragstellers, die auf das zu liefernde Zollgut entfällt, Absatz 2 Satz 2 entsprechend.

(4) Soll regelmäßig Zollgut gleicher Art aus einem Zollvormerkverkehr an die Streitkräfte geliefert werden, so kann das Hauptzollamt die Lieferung des Zollguts im Rahmen des bestehenden Zollvormerkverkehrs unter den von ihm angeordneten Sicherungsmaßnahmen allgemein zulassen und die Vorführung des Zollguts bei der Zollstelle unter der Bedingung erlassen, daß die Gattung und Menge des Zollguts durch auf Zolltreue verpflichtete Personen festgestellt werden.

(5) Soweit die Übergabe des Zollguts an die empfangsberechtigte Dienststelle und die Zahlung des Entgelts in der Währung des Heimatlandes der Streitkräfte oder der Untergang des Zollguts nicht innerhalb einer von der

Zollstelle gesetzten Frist nachgewiesen oder das Zollgut nicht wiedergestellt wird, wird vermutet, daß es in den freien Verkehr getreten ist.

(6) Für die Zollschuld kann Sicherheit gefordert werden.

(7) Die vorstehenden Bestimmungen gelten entsprechend für die sonstigen Eingangsabgaben, denen das Zollgut unterliegt.

§ 14

Zollveredelung für die Streitkräfte oder ihre Mitglieder

(1) Das über eine Lagerbehandlung hinausgehende Bearbeiten oder Verarbeiten von Zollgut, das den Streitkräften oder ihren Mitgliedern gehört oder das zur Lieferung an die Streitkräfte . . . gegen Zahlung in der Währung ihres Heimatlandes bestimmt ist, gilt als Zollveredelung im Sinne des § 16 Abs. 4 des Zollgesetzes.

(2) Die Lieferung von Zollgut, das zu einem Eigenveredelungsverkehr abgefertigt worden ist, an die Streitkräfte richtet sich nach den Bestimmungen des § 12.

(3) Soll Zollgut, das den Streitkräften oder ihren Mitgliedern gehört und zum Zwecke der Lohnveredelung zum Zollvormerkverkehr abgefertigt worden ist, an die Streitkräfte oder ihre Mitglieder im Zollgebiet zurückgeliefert werden, so hat es der Veredeler der zuständigen Zollstelle vorzuführen mit dem Antrag, die Rückgabe im Rahmen des bestehenden Zollvormerkverkehrs zu genehmigen. Wird diesem Antrag stattgegeben, so fällt die auf das zurückgegebene Zollgut entfallende Einfuhrzollschuld des Veredelers dadurch weg, daß das Zollgut der empfangsberechtigten Dienststelle oder dem beteiligten Mitglied der Streitkräfte übergeben wird. Wird regelmäßig Zollgut gleicher Art für die Streitkräfte veredelt, so kann das Hauptzollamt die in § 12 Abs. 4 vorgesehenen Erleichterungen zulassen.

(4) Soll Zollgut, das den Streitkräften oder ihren Mitgliedern gehört und zum Zwecke der Lohnveredelung unter Zollraumverschluß oder Zollbewachung abgefertigt worden ist, an die Streitkräfte oder ihre Mitglieder zurückgeliefert werden, so hat der Veredeler die Abfertigung des Zollguts zur Rückgabe an diese zu beantragen. Für die Abfertigung gilt § 12 Abs. 2 und 6 mit der Maßgabe, daß die bedingte Einfuhrzollschuld mit der Rückgabe des Zollguts wegfällt.

(5) Soweit die Rückgabe des in den Absätzen 3 und 4 bezeichneten Zollguts an die empfangsberechtigte Dienststelle oder das beteiligte Mitglied der Streitkräfte oder der Untergang des Zollguts nicht innerhalb einer von der Zollstelle gesetzten Frist nachgewiesen oder das Zollgut nicht wiedergestellt wird, wird vermutet, daß es in den freien Verkehr getreten ist.

(6) Der Bundesminister der Finanzen wird ermächtigt, im Verwaltungswege die Einfuhrzollschuld für Zollgut zu erlassen, das im Auftrage eines im Zollausland ansässigen Auftraggebers im Zollveredelungsverkehr veredelt und an die Streitkräfte geliefert worden ist. Er kann dies davon abhängig machen, daß der Veredelungslohn in der Währung des Heimatlandes der beteiligten Streitkraft gezahlt wird. Voraussetzung ist, daß die Ausführung der Veredelungsarbeit für die beteiligten Gewerbe wesentliche Vorteile

mit sich bringt, ohne andere Gewerbe zu benachteiligen, oder daß die Vorteile, vom Standpunkt der gesamten Volkswirtschaft betrachtet, gegenüber den Nachteilen erheblich überwiegen. Der Bundesminister der Finanzen kann die Befugnis auf nachgeordnete Zollbehörden übertragen.

(7) Die vorstehenden Bestimmungen gelten entsprechend für die sonstigen Eingangsabgaben, denen das Zollgut unterliegt.

§ 15

Lieferung von Waren des zollrechtlich freien Verkehrs an die Streitkräfte unter Inanspruchnahme von Abgabenbefreiungen, Abgabenvergütungen oder Preisvergünstigungen, die bei der Ausfuhr vorgesehen sind

(1) Wer an die Streitkräfte im Zollgebiet Waren des zollrechtlich freien Verkehrs unter Inanspruchnahme der Abgabenbefreiungen oder -vergütungen oder Preisvergünstigungen liefern will, wie sie in den Zoll-, Verbrauchsteuer- und Monopolgesetzen im Falle der Ausfuhr schlechthin oder der Ausfuhr zum endgültigen Verbleib oder Verbrauch im Zollausland vorgesehen sind, hat der zuständigen Zollstelle nachzuweisen, daß der Lieferung ein Vertrag mit einer amtlichen Beschaffungsstelle der Streitkräfte zugrunde liegt, der eine Zahlung des Entgelts in der Währung des Heimatlandes der beteiligten Streitkraft vorsieht. Er hat die Abfertigung der Waren zur Weitergabe an die Streitkräfte zu beantragen.

(2) Die Waren gelten im Sinne der in Absatz 1 Satz 1 genannten Gesetze als ordnungsmäßig ausgeführt, wenn sie von der zuständigen Zollstelle zur Weitergabe an die Streitkräfte abgefertigt worden sind und der Zollstelle nachgewiesen wird, daß sie der empfangsberechtigten Dienststelle der Streitkräfte übergeben worden sind und das Entgelt in der Währung des Heimatlandes der beteiligten Streitkraft gezahlt worden ist. Mit dem Eintritt dieser Bedingungen werden die Waren Zollgut.

(3) Sollen regelmäßig Waren gleicher Art an die Streitkräfte geliefert werden, so kann das Hauptzollamt für die Abfertigung der Waren zur Weitergabe an die Streitkräfte Erleichterungen zulassen. Es kann insbesondere zulassen, daß die Gattung und Menge der gelieferten Waren durch auf Zolltreue verpflichtete Personen festgestellt werden.

2.22 *Bemerkungen:*

1. Nach Artikel 34 Abs. 2 Satz 2 TrV werden Abgabenbefreiungen gewährt

a) bei Lieferung von Waren des zollrechtlich freien Verkehrs, für die im Falle der *Ausfuhr* in den Zoll-, Verbrauchsteuer- oder Monopolgesetzen solche Abgabenbefreiungen vorgesehen sind (vgl. § 15 TrZG). Für Bier, das nach näherer Bestimmung des Bundesministers der Finanzen unter Steueraufsicht ausgeführt wird, ist in § 7 BierStG eine Befreiung von der Biersteuer vorgesehen;

b) bei Lieferung von *Zollgut* (vgl. §§ 12 und 14 TrZG). Zollgut sind nach § 6 Abs. 3 des Zollgesetzes alle zollhängigen Waren. Waren, die in das Zollgebiet eingehen, werden mit dem Eingang über die Zollgrenze, Waren des freien Verkehrs des Zollgebiets, die zum Zollverkehr (z. B. einem Zollager) abgefertigt werden, mit beendeter Zollabfertigung zollhängig (§ 6 Abs. 2 des Zollgesetzes). Zollgut tritt durch Zollabfertigung in den freien Verkehr. Zollgut sind also insbesondere unverzollte ausländische Braustoffe, mit denen im Zollveredelungsverkehr Bier hergestellt werden soll.

2. Sowohl bei Lieferung von Waren des zollrechtlich freien Verkehrs, bei der die in Artikel 34 Abs. 2 Satz 2 TrV vorgesehenen Abgabenvergünstigungen in Anspruch genommen werden, als auch bei Lieferung von Zollgut muß der Lieferung ein *Vertrag mit einer amtlichen Beschaffungsstelle der Streitkräfte* zugrunde liegen. Dieser Vertrag muß im Gegensatz zu der Regelung in Artikel 3 StA eine *Zahlung* des Entgelts *in der Währung des Heimatlandes* der Streitkräfte vorsehen. Zahlungen aus bestimmten mit Heimatdevisen gespeisten DM-Konten werden dabei als Zahlung in der Währung des Heimatlandes angesehen (BZBl. 1956 S. 101; BZBl. 1957 S. 25, BZBl. 1958 S. 10, 252, 575; — britische und dänische Konten; BZBl. 1958 S. 524 — Amexco; BZBl. 1958 S. 656 — kanadische Konten; BZBl. 1958 S. 206 — französische Konten). Der Nachweis, daß der Lieferung ein Vertrag mit einer amtlichen Beschaffungsstelle der Streitkräfte zugrunde liegt, der eine Zahlung des Entgelts in der Währung des Heimatlandes vorsieht, wird durch einen „*Abwicklungsschein*" geführt (Muster BZBl. 1955 S. 681; vgl. BZBl. 1956 S. 18, 102, 416). Dieser Abwicklungsschein ist von dem im Bundeszollblatt 1955 S. 627 abgedruckten Abwicklungsschein des deutsch-amerikanischen Offshore-Steuerabkommens, das sich nach seinem Artikel X nicht auf die Biersteuer bezieht, zu unterscheiden. Die Streitkräfte bestätigen in dem Abwicklungsschein, daß das Bier ausschließlich zu ihrem Verbrauch oder zum Verbrauch durch ihre Mitglieder bestimmt ist (vgl. Artikel 34 Abs. 3 TrV). Die Ware (das Bier) muß von einer Zollstelle zur Weitergabe an die Streitkräfte *abgefertigt* werden, soweit das Hauptzollamt nicht nach § 12 Abs. 4 oder § 15 Abs. 3 TrZG Erleichterungen zugelassen hat. Bier des zollrechtlich freien Verkehrs wird, wenn der Zollstelle die Übergabe an die empfangsberechtigte Dienststelle der Streitkräfte und die Zahlung des Entgelts in Heimatwährung nachgewiesen wird, *Zollgut* (§ 15 Abs. 2 TrZG).

3. Wenn Brauereien Bier aus dem zollrechtlich freien Verkehr an die Streitkräfte liefern, werden sie häufig die Abgabenbefreiung nach dem Steuerabkommen in Anspruch nehmen, weil hier weder Zahlung mit Heimatmitteln der Streitkräfte noch eine zollamtliche Abfertigung des an die Streitkräfte zu liefernden Bieres verlangt wird. Außerdem wird das nach dem Steuerabkommen gelieferte Bier des zollrechtlich freien Verkehrs nach der Lieferung kein Zollgut. Hierdurch wird das Verfahren z. B. vereinfacht, wenn das Bier nach der Lieferung auf Grund einer Gewährleistungspflicht zurückgegeben wird; in diesem Fall braucht verbrauchsteuerbares Freigut nach § 2 Abs. 1 Nr. 1 TrZG nicht gestellt, sondern nur angemeldet zu werden. Auf der anderen Seite kann eine Lieferung nach dem Truppenvertrag unter Verwendung eines Abwicklungsscheins gewisse umsatzsteuerrechtliche Vorteile haben (Anspruch nicht nur auf Umsatzsteuerbefreiung, sondern auch auf Umsatzsteuervergütung — vgl. Artikel 33 Abs. 2b TrV). Ferner kann es für die Brauerei vorteilhaft sein, daß bei Lieferung nach dem

Truppenvertrag die Steuerschuld mit der Entfernung aus der Brauerei nur bedingt entsteht und bei Untergang wegfällt (vgl. unten Bem. 14).

4. Erhebliche praktische Bedeutung haben die Abgabenbefreiungen nach dem Truppenvertrag in den Fällen, in denen Brauereien unverzollte ausländische Braustoffe (Zollgut) für die Streitkräfte verarbeiten (veredeln). Nach § 16 Abs. 4 des Zollgesetzes (ZG) ist Zollveredelung das über eine Lagerbehandlung hinausgehende Bearbeiten und Verarbeiten von Zollgut, das zum Absatz in das *Zollausland* bestimmt ist. Nach § 14 Abs. 1 TrZG sind die Bestimmungen über die Zollveredelung aber auch anwendbar, wenn Zollgut, also z. B. unverzolltes ausländisches Braumalz, das den Streitkräften oder ihren Mitgliedern gehört oder das zur Lieferung an die Streitkräfte gegen Zahlung in der Währung ihres Heimatlandes bestimmt ist, über eine Lagerbehandlung hinaus bearbeitet oder verarbeitet werden soll. Lagerbehandlung ist u. a. jedes Umfüllen, Teilen und Sondern, durch das keine Zollvorteile entstehen (§ 16 Abs. 3 ZG), also z. B. das Umfüllen von Bier von Fässern auf Flaschen (Schulz-Zimmermann, Der Veredelungsverkehr 1957 S. 55).

5. Die Be- oder Verarbeitung kann im *Eigenveredelungsverkehr* oder im *Lohnveredelungsverkehr* durchgeführt werden. Ein Eigenveredelungsverkehr liegt vor, wenn eine im Inland ansässige Firma (Veredeler); also z. B. eine Brauerei, ausländische Waren (Braumalz, Hopfen) für *eigene* Rechnung erwirbt und im Zollgebiet (zu Bier) veredelt. Ein Lohnveredelungsverkehr liegt vor, wenn eine im Inland ansässige Firma (Veredeler) ausländische Waren im Zollgebiet *im Auftrag* einer im Zollausland ansässigen Firma (an deren Stelle hier die Streitkräfte treten) gegen eine Vergütung veredelt (§ 22 der Zollvormerk-Ordnung in der Fassung vom 28. 9. 1956 — BZBl. S. 693).

6. Wenn ein Unternehmer ausländische Rohstoffe im Eigenveredelungsverkehr verarbeitet, liegt eine Lieferung von Waren (Zollgut) nach Artikel 34 Abs. 2 Satz 2 TrV und § 12 TrZG vor (§ 14 Abs. 2 TrZG). Hierfür gelten die Ausführungen in Bemerkung 2. In diesen Fällen ist also insbesondere das Entgelt für die gelieferten Waren in der Währung des Heimatlandes der Streitkräfte zu bezahlen und der Abwicklungsschein zu verwenden.

7. Wenn ein Unternehmer ausländische Rohstoffe im Lohnveredelungsverkehr verarbeitet, also z. B. wenn die Streitkräfte der Brauerei zur Bierherstellung ausländisches Braumalz zur Verfügung stellen und der Brauereiinhaber von ihm selbst beschaffte ausländische Braustoffe nicht verwendet, ist eine Bezahlung des Veredelungslohns in der Währung des Heimatlandes der Streitkräfte *nicht* erforderlich (vgl. Artikel 37 TrV und Schulz-Zimmermann S. 34, 151). Bei den Verträgen zwischen den Versorgungsorganisationen der Streitkräfte (z. B. NAAFI) und inländischen Brauereien über die Lieferung von Malz und die Rücklieferung von Bier handelt es sich in der Regel um Lohnveredelungsgeschäfte.

8. Eine Zollveredelung kann unter Zollraumverschluß oder Zollbewachung durchgeführt werden (§ 100 des Zollgesetzes) oder im unmittelbaren Besitz des Zollbeteiligten (Zollvormerkverkehr — § 101 des Zollgesetzes und §§ 21ff der Zollvormerk-Ordnung — ZVormO). In der Regel werden

ausländische Braustoffe zu Bier für die Streitkräfte im *Zollvormerkverfahren* verarbeitet (veredelt) werden.

9. Die Veredelung für die Streitkräfte bedarf der *Bewilligung* (vgl. § 14 Abs. 1 TrZG, §§ 21ff ZVormO; dazu Schulz-Zimmermann S. 147ff, 305f). Für die Anmeldung des Zollguts, das im Zollvormerkverfahren veredelt werden soll, mag es aus dem Zollausland eingeführt oder dem Unternehmer von den Streitkräften im Inland übergeben sein, gelten die Bestimmungen der Zollvormerk-Ordnung (§ 32). Für dieses Zollgut, d. h. die für die Bierherstellung bestimmten unverzollten Braustoffe, entsteht eine *bedingte Einfuhrzollschuld* nach seiner Menge und Beschaffenheit im Zeitpunkt des Antrags auf Abfertigung zum Zollvormerkverkehr (§§ 45, 59, 58 ZG).

10. Sollen die im Zollveredelungsverkehr hergestellten Waren an die Streitkräfte geliefert werden, so müßten sie nach den allgemeinen Bestimmungen (§ 35 ZVormO) zunächst im Veredelungsbetrieb wiedergestellt werden. Hierdurch würde nach § 45 Abs. 2 Satz 3 ZG die für die Braustoffe entstandene bedingte Zollschuld wegfallen. Für das fertige Bier müßte nach § 14 Abs. 2, 12 Abs. 1 Satz 2 TrZG die Abfertigung zur Weitergabe an die Streitkräfte beantragt werden mit der Wirkung, daß durch die Abfertigung die Einfuhrzollschuld und nach § 12 Abs. 7, § 14 Abs. 7 TrZG die Biersteuerschuld bedingt für das Bier entstehen würde. Hier sehen die §§ 14 Abs. 2 und 3 und 12 Abs. 3 TrZG Erleichterungen vor. Der Veredeler braucht das Zollgut der Zollstelle nur vorzuführen mit dem Antrag, die Lieferung oder (beim Lohnveredelungsverkehr) die Rückgabe im Rahmen des bestehenden Zollvormerkverkehrs zuzulassen. In diesen Fällen läuft das bei der Abfertigung der Braustoffe zum Zollvormerkverkehr entstandene Zollvormerkverfahren noch weiter (als sogenanntes „verlängertes" Zollvormerkverfahren). Die bedingte Einfuhrzollschuld des Antragstellers für die verarbeiteten Braustoffe fällt beim Eigenveredelungsverkehr erst weg, wenn das fertige Bier der empfangsberechtigten Dienststelle der Streitkräfte übergeben und das Entgelt in der Währung des Heimatlandes der Streitkräfte gezahlt ist, beim Lohnveredelungsverkehr, wenn das Bier der empfangsberechtigten Dienststelle der Streitkräfte übergeben wird. Das Bier bleibt in diesen Fällen Zollgut.

11. Bei der Abwicklung von Lohnveredelungsverkehren ist zum Nachweis dafür, daß das zur Veredelung an die inländische Brauerei übergebene Zollgut (nach Verarbeitung) ordnungsmäßig an die Streitkräfte zurückgeliefert ist, die von der verantwortlichen Dienststelle der Streitkräfte vollzogene Empfangsbestätigung der zuständigen Zollstelle vorzulegen (vgl. BZBl. 1955 S. 676).

12. Nach § 16 Abs. 4 des Zollgesetzes in der Fassung des Dritten Zolländerungsgesetzes vom 9. 8. 1956 (BGBl. I S. 735 = BZBl. S. 594) kann bei der Zollveredelung im Zollvormerkverkehr vom Veredeler verarbeitetes Freigut, das nach Menge, Art und Beschaffenheit aus dem Zollgut hätte hergestellt werden können (Ersatzgut), an die Stelle des Zollguts treten (Zollveredelung mit Gestellung von Ersatzgut). Verfahrensbestimmungen, die hierbei zu beachten sind, enthält die Verordnung zur Änderung der Zollvormerk-Ordnung vom 26. 9. 1956 (BGBl. I S. 806 = BZBl. S. 693)

Nr. 15—35 zu §§ 21—39 ZVormO. Bei einer Zollveredelung mit Gestellung von Ersatzgut würde die für die eingeführten Braustoffe bedingt entstandene Zollschuld nach § 45 Abs. 2 Satz 5 des Zollgesetzes grundsätzlich dadurch wegfallen, daß Ersatzgut gestellt wird. Hier wird eine Vorführung nach § 14 Abs. 2 in Verbindung mit § 12 Abs. 3 und nach § 14 Abs. 3 TrZG der Gestellung gleichgesetzt werden können (Schulz-Zimmermann S. 150f).

13. Nehmen die Streitkräfte von dem Lieferer im Eigenveredelungsverkehr hergestelltes Bier nicht an, so wird die für die Braustoffe bedingt entstandene Eingangsabgabenschuld in der Regel nicht wegfallen, weil die Waren nicht bezahlt werden und damit die Voraussetzungen für die Abgabenbefreiung nicht vorliegen (§ 12 Abs. 1 und 5 TrZG).

14. Wird Bier, das in der Heimatwährung der Streitkräfte bezahlt werden soll, auf Antrag der Brauerei nach Artikel 34 Abs. 2 Satz 2 TrV in Verbindung mit §§ 12, 14 oder 15 TrZG zur Weitergabe an die Streitkräfte zollamtlich abgefertigt, so entsteht mit der Entfernung aus der Brauerei eine auflösend bedingte Abgabenschuld. Eine auflösend bedingte Abgabenschuld besteht auch, wenn Braustoffe im Zollvormerkverkehr für die Streitkräfte zu Bier verarbeitet (veredelt) worden sind und das Bier im verlängerten Zollvormerkverfahren an die Streitkräfte geliefert wird. Die bedingte Abgabenschuld fällt nach § 4 Abs. 3 Nr. 1 des Steueranpassungsgesetzes auch dann weg, wenn das Bier auf dem Wege von der Brauerei bis zur empfangsberechtigten Dienststelle der Streitkräfte untergeht. Der Untergang muß im Einzelfall nachgewiesen sein.

15. § 14 Abs. 6 TrZG wird bei Bierlieferungen im allgemeinen nicht praktisch werden.

16. Grundlage für die abgabenfreie *Einfuhr* von Bier durch die Streitkräfte ist Artikel 34 Abs. 2 Satz 1 TrV. Nach Artikel 34 Abs. 3 TrV erteilen die Streitkräfte amtliche Bescheinigungen für ihre Einfuhren, deren Form im Benehmen mit der Bundesregierung festgelegt wird. Näheres hierüber enthalten die Richtlinien für die Ausführung der zoll-, verbrauchsteuer- und monopolrechtlichen Bestimmungen des Truppenvertrages (BZBl. 1955 S. 298, 301); ein Muster einer solchen Bescheinigung ist im Bundeszollblatt 1955 S. 315 abgedruckt. Nach Artikel 34 Abs. 9 TrV können die Behörden der Streitkräfte im Bundesgebiet bewegliche Sachen der Streitkräfte veräußern, soweit sie nicht aus Stationierungskosten beschafft sind. In diesen Fällen hat der Erwerber die Waren nach Maßgabe des Truppenzollgesetzes zu gestellen. Für ihn gelten die allgemeinen deutschen Bestimmungen, z. B. über die Entrichtung der Eingangsabgaben und das Reinheitsgebot.

Sachverzeichnis

(Die Zahlen bedeuten die Seiten)

Die Zahlen bedeuten die Seiten

H

Die Zahlen bedeuten die Seiten

I

K

L

M

N

S

W

Die Zahlen bedeuten die Seiten

Z

Druckfehlerberichtigung

zu Zapf-Siegert, Biersteuergesetz, 4. Auflage

Seite 45, Zeile 26 und 27: Es ist zu streichen: „(Verordnung vom 14. Oktober 1941, Verordnungs- und Amtsblatt des Chefs der Zivilverwaltung in der Untersteiermark S. 339); Kärnten".

Seite 67, Zeile 7 und 8: Es ist zu streichen: „im Geltungsbereich des Gesetzes".

Seite 115, Zeile 12: ergänze nach 1958: (BZBl. S. 633).

Seite 115, Zeile 13: arderer muß heißen „anderer".

FSC
www.fsc.org
MIX
Papier | Fördert
gute Waldnutzung
FSC® C083411

Kolibri 360 GmbH
Ferdinand-Jühlke-Straße 7
99095 Erfurt, Deutschland
produktsicherheit@kolibri360.de